Breve Dicionário
de Pensadores
Cristãos

Pedro R. Santidrián

Breve Dicionário de Pensadores Cristãos

EDITORA SANTUÁRIO
Aparecida-SP

Dados Internacionais de Catalogação na Publicação (CIP)
(Câmara Brasileira do Livro, SP, Brasil)

Santidrián, Pedro R.
  Breve dicionário de pensadores cristãos / Pedro R. Santidrián; l tradução de Laura Nair Silveira Duartel. — Aparecida, SP: Editora Santuário, 1997.

  Título original: Diccionario breve de pensadores cristianos
  Bibliografia.
  ISBN 85-7200-514-5

  1. Autores cristãos 2. Cristianismo 3. Filósofos I. Título.

97-4187   CDD-200.92

Índices para catálogo sistemático:

1. Pensadores cristão: Biografia e obra 200.92

Título original: *Diccionario breve de pensadores cristianos*
© Editorial Verbo Divino, 1991
ISBN 84 7151 724 8

Dirigido por:
  Pedro R. Santidrián
Colaboradoras:
  Mª del Carmen Astruga
  Manuela Astruga

  DIREÇÃO GERAL: Pe. Luís Rodrigues Batista, C.Ss.R.
  DIREÇÃO EDITORIAL: Pe. Flávio Cavalca de Castro, C.Ss.R.
                     Pe. Carlos Eduardo Catalfo, C.Ss.R.
  COORD. EDITORIAL: Elizabeth dos Santos Reis
         TRADUÇÃO: Laura Nair Silveira Duarte
       COPIDESQUE: Elizabeth dos Santos Reis
  COORD. DE REVISÃO: Maria Isabel de Araújo
          REVISÃO: Luciana Novaes Russi
  COORD. DE DIAGRAMAÇÃO: Marcelo A. Sanna
       DIAGRAMAÇÃO: Paulo Roberto de Castro Nogueira
             CAPA: Márcio A. Mathídios

Todos os direitos em língua portuguesa
reservados à **EDITORA SANTUÁRIO** - 1998

 Composição, impressão e acabamento:
EDITORA SANTUÁRIO - Rua Padre Claro Monteiro, 342
Fone: (12) 3104-2000 — 12570-000 — Aparecida-SP.

Ano: 2009 2008 2007 2006 2005
Edição: **8** 7 6 5 4 3 2

Apresentação

Este breve dicionário de pensadores cristãos nasce do desejo e da necessidade de colocar nas mãos dos interessados uma informação mínima e básica sobre os pensadores e escritores cristãos cujas obras tenham chegado até nós. Oferece, portanto, um pouco do que têm sido a reflexão e a criação dos cristãos ao longo da história. De certa forma, pretende ser algo assim como a história do pensamento cristão, representado por seus personagens, obras, formas, estilos etc.

Deve-se levar em conta, entretanto, que não queremos apresentar somente a memória de um passado que pouco tem a ver conosco. Não estamos aqui para desenterrar mortos; acreditamos que é necessário conhecer o passado para compreender o presente. A fé dos cristãos não se estabelece em um dia. A fé do presente cria raízes num passado, numa tradição, que a explica, difunde e lança para o futuro. Dar lugar ao passado, num dicionário, além de uma exigência da verdade, é torná-lo presente e reconhecê-lo como nosso.

A tarefa não é fácil, pois supõe um critério seletivo. Que autores devem representar a literatura cristã? Se começarmos pelo tempo, os antigos ou os clássicos? Se tratarmos de assuntos, somente os teólogos, juristas, moralistas ou autores espirituais? Poderiam ficar de fora os poetas, novelistas, filósofos de inspiração cristã? E, mais difícil ainda: somente os que chamamos e reconhecemos como católicos ou também aqueles que escrevem a partir da fé cristã, mas a interpretam de maneira diferente? Ou melhor: limita-se a literatura cristã tão-somente aos autores reconhecidos como "ortodoxos" ou se incorpora o pensamento dos "heterodoxos" e dos reconhecidos como hereges? Há lugar, também, para aqueles considerados "contrários" ou inimigos do cristianismo"? Eles, de fato, explicam muitas reações e tendências nascidas sob sua guarda.

O critério escolhido é apresentar, com brevidade, aqueles autores e obras que mais têm influenciado a vida e o pensamento cristão: filósofos, teólogos, educadores, homens da Igreja, homens da ciência, literatos etc. Incorporamos à corrente católica os nomes de outras confissões e Igrejas. Mesmo assim, procuramos contornar e enquadrar o pensamento cristão dentro das diferentes escolas que surgiram ao longo do tempo. Destacamos a presença das mulheres escritoras que, ao contrário do que pode parecer, constituem uma autêntica presença na Igreja.

Acreditamos, sobretudo, que deveríamos incorporar ao dicionário os autores atuais. E o fizemos com amplo critério. Não somente demos lugar a novos teólogos, mas também a pensadores e literatos que, apesar de não quererem para si o título de "filósofos cristãos" ou "novelistas cristãos", inspiram-se no cristianismo. Do mesmo modo demos lugar a escritores que, considerando-se "agnósticos", ou "não-cristãos", escreveram contra a religião cristã. Eles explicam melhor do que ninguém as reações suscitadas pelos cristãos. Pela reprovação ensinam-nos a ver melhor os defeitos e as virtudes cristãs.

Com a finalidade de tornar mais útil o dicionário, confeccionamos dois índices: 1) *Índice de autores* nele incluídos; 2) *Índice temático,* que permite uma visão sinótica de temas e autores. Os índices finais estão acompanhados de uma abundante bibliografia, que completa a que aparece ao final de cada autor.

Os autores deste dicionário percebem as lacunas e omissões que ele apresenta. Pedem desculpas e compreensão por isso. A própria brevidade obrigou-os a cortes, talvez injustos. A mesma desculpa e compreensão pedimos pelo julgamento de obras e autores que talvez não coincidam com o julgamento do leitor. A todo momento estamos dispostos a emendar e corrigir. Antecipadamente, agradecemos as sugestões que venham a ser propostas nesse sentido.

Não é demais acrescentar que, para enquadrar os autores em seu marco histórico ou ideológico, acrescentamos diferentes artigos sobre estilos, correntes de pensamento, de espiritualidade cristã, de filosofia, de teologia etc. Desta forma, o leitor poderá ler e interpretar melhor os autores. Por exemplo, as vozes de gnósticos, escolas e universidades, humanistas, Renascimento, Quietismo, Pietismo, Deísmo, Iluminismo, Modernismo e outras. Remete-se a essas vozes e outras que aparecem dentro do texto, colocando diante delas um asterisco (*).

Abelardo, Pedro (1079-1142)

Nasceu em La Pallet (Nantes) e morreu na abadia de Saint-Marcel. Dialético formidável e teólogo excelente, provocador irresistível em sua vida e em sua obra, constante objeto de polêmica.

Ninguém melhor que ele para nos dizer quem era, como era e o que se propôs fazer. Abelardo deixou para nós em *Historia calamitatum* a trajetória e o sentido de sua vida e de sua obra. Esse juízo completa-se na correspondência epistolar posterior com Heloísa, a freira que foi sua amante e esposa. As declarações de fé, feitas no final de sua vida, completam a visão que tinha de si próprio. Do que se conclui que Abelardo, antes de mais nada, quis ser cristão. "Não quero ser filósofo se isso significa estar em conflito com Paulo, nem ser Aristóteles se isto me separa de Cristo". Porém, um cristão que não renuncia a pensar por sua conta e que vê, na razão humana, um instrumento imprescindível para penetrar nas coisas divinas e humanas, um cristão que, acertadamente ou não, quer ser homem e afirmar-se como tal.

Interpreta-se, pois, a vida de Abelardo a partir da necessidade que ele sentia de investigar a verdade e de transmiti-la aos demais. Nada conseguiu afastá-lo dessa tarefa, que nele ganha sentido de luta. A luta pela verdade, pela sua verdade. Abelardo foi, primeiro, discípulo de Roscelino e de Guilherme de Champeaux. Mais tarde, discípulo de teologia nas aulas de Anselmo de Laon. Polemizou com todos os seus mestres. Depois de ensinar em Melun e Corbeil, chegou a Paris onde fez de suas aulas um clamor da multidão (1100). Paris correu atrás dele desde 1114-1118, atraída por seu magnetismo físico e intelectual: é o mestre por excelência. Nem o encontro amoroso com

Heloísa, nem o desenlace fatal do mesmo — a mutilação de sua virilidade pelas mãos de seus adversários dirigidos pelo cônego Fulbert — nem o conseqüente ingresso e retiro na abadia de Saint-Denis foram capazes de deter a carreira magistral deste homem. "Tão grande multidão — diz-nos depois da vergonha da mutilação — que não havia lugar para albergá-los".

Os vinte anos seguintes (1118-1138) não fazem mais que confirmá-lo. Nem a condenação de sua obra *De unitate et trinitate divina* — queimada diante de seus olhos em Soissons em 1221 —, nem sua peregrinação pelos mais insuspeitos lugares do norte da França, nem as intrigas de seus inimigos e dos monges foram capazes de abatê-lo. Assim no-lo conta em sua *Historia calamitatum* que termina por volta de 1135. Através de João de *Salisbury — que em 1136 assistiu às aulas de Abelardo em Santa Genoveva de Paris — sabemos que os quatro últimos anos (1138-1142) foram envolvidos na campanha de denúncia e condenação posterior promovidas por São *Bernardo. Este conseguiu reunir treze proposições tiradas das obras de Abelardo e que foram condenadas no Concílio de Sens em 1141. Retirado em Cluny, onde Pedro, o Venerável, no-lo apresenta entregue ao estudo e à oração, morreu na abadia de Saint Marcel em 1142.

A obra de Abelardo oferece três blocos distintos: a) dialética ou lógica; b) teologia; c) moral ou ética. Poderíamos apresentar um quarto: miscelânea, composta por sermões, comentários, cartas e poemas. Neste grupo encontra-se a obra, nada desprezível, citada anteriormente como *Historia calamitatum*, correspondência com Heloísa, instruções às religiosas do Paráclito, as declarações de fé e a Apologia. Em sua obra há uma constante: tanto na lógica quanto na teologia revisa, de forma ininterrupta, seu primeiro pensamento. Assim, por exemplo, submete a uma contínua reelaboração sua *Dialectica*, deixando-nos dela três redações. O mesmo vale dizer das *Questiones theologicae*. Abelardo seguiu o critério de aprofundar suas próprias teses. O *De unitate et trinitate divina* (1121) se refaz na *Theologia christiana* (escrita entre 1123-1124). Ocorre ainda com *Sic et non* (1121-1122). As obras de moral aparecem já nos últimos anos: *Ethica seu liber dictus "Scito te ipsum"* (±1138) e a última, sem concluir: *Dialogus inter Philosophum, Iudaeum et Christianum*.

— Para Abelardo, a lógica tem por objeto a "proprietas sermonum", contrariamente à metafísica, que estuda a "natura rerum". Interpreta a lógica como "análise lingüística do discurso científico".

A maior contribuição de Abelardo à lógica está em sua concepção dos universais. "Tudo reside na propriedade das palavras de ser predicados. Algumas podem ser predicado de uma só coisa; outras, de muitas. Universais são aqueles termos que têm a propriedade lógica de ser predicados de muitos sujeitos". Mas Abelardo não se ocupa das "voces" na sua realidade física, e sim do "sermo" ou nome enquanto ligado pela mente humana com certa função predicativa. A "vox" é criação da natureza, o "sermo" é instituição do homem. O "sermo" tem seu fundamento real enquanto supõe predicabilidade, referente a uma realidade significada.

— Para Abelardo, a fé no que não se pode entender é uma fé puramente verbal, carente de conteúdo espiritual e humano. A fé, que é um ato de vida, é inteligência do que se acredita. Portanto, se a fé não é um empenho cego que pode também dirigir-se a preconceitos e erros, deve também ser submetida ao exame da razão.

— Há uma continuidade entre o mundo da razão e o mundo da fé. Conseqüentemente, as doutrinas dos filósofos afirmam substancialmente o mesmo que se encontra nos dogmas cristãos, ou que os filósofos antigos devem ter sido inspirados por Deus como os profetas do Antigo Testamento (AT).

— No âmbito da ética, seu instinto leva-o ao problema central da moral: o do fundamento da moralidade dos atos. Abelardo parte da distinção entre vício e pecado. Não se pode denominar pecado à própria vontade ou ao desejo de fazer o que não é lícito, mas ao consentimento que recai sobre a vontade e o desejo. A ação pecaminosa não acrescenta nada à culpa. As proibições da moral cristã que intimam a não fazer isto ou aquilo são entendidas no sentido de que não se deve consentir nisto ou naquilo. Com relação ao sujeito, o princípio determinante do bem e do mal é, pois, a intenção, o consentimento e a consciência ("Conhece-te a ti mesmo"). É a chamada ética da intenção, da qual Abelardo deduz múltiplas conseqüências.

A influência de Abelardo foi imensa. No final do século XII impôs uma tendência pelo rigor técnico e pela explicação exaustiva — inclusive em teologia —, que encontrará sua expressão completa nas sínteses doutrinais do século XIII. Poder-se-ia dizer que Abelardo impôs um padrão intelectual, do qual já não se pretende derivar.

BIBLIOGRAFIA: *Obras teológicas:* PL 178; leiam-se também V. Cousin, *Petri Abelardi Opera*. Paris 1849-1859, 2 vols.; *Etica o Conócete a ti mismo*. Versão espanhola de Pedro R. Santidrián, 1990; E. Gilson, *A filosofia na Idade Média,* ²1982, 261-277.

Abércio (séc. II)

Hinos e cantos.

Adam, Karl (1876-1966)

Teólogo católico alemão de grande influência na renovação teológica e espiritual do catolicismo anterior ao Concílio *Vaticano II. O nome de Karl Adam acompanha o de uma série de teólogos que, como *Guardini, P. Lippert na Alemanha, *Lubac, *Congar, Chenu na França, tratam de apresentar a profundidade e a atualidade do catolicismo. A obra de Karl Adam distingue-se por sua sábia popularidade, que apresenta, de forma acessível, o mais fundamental do cristianismo.

A atividade de Karl Adam esteve dirigida basicamente para o ensino da teologia católica na universidade de Tubinga (1919-1949). Muito sólida, sua obra escrita aparece principalmente em dois livros que fazem dele um clássico imprescindível: *A essência do catolicismo* (1924), que ganhou repercussão internacional; e *Cristo, nosso irmão* (1926). Posteriormente ampliou e completou o tema com um novo estudo sobre *Jesus Cristo* (1933) e *O Cristo da fé* (1954). Tratou também o tema do ecumenismo: *Una Sancta,* em sentido católico.

Adão de São Vítor (1112-1177)

*Escola de São Vítor.

Adelardo de Bath (séc. XII)

Filósofo e teólogo inglês que tratou de reconciliar a doutrina platônica e aristotélica dos universais. Sua doutrina sobre o universal mantém sua originalidade frente a *Abelardo e Roscelino. Para ele, o universal e o particular são idênticos e só se distinguem pela compreensão que temos deles. Sua doutrina foi exposta na obra *De eodem et diverso*, onde desenvolve também a teoria das artes liberais. Traduziu para o latim os *Elementos* de Euclides e vários escritos árabes sobre aritmética e astronomia.

BIBLIOGRAFIA: N. Abbagnano, *Historia de la filosofía,* I, 360-361.

Afraates (séc. IV)

É o primeiro dos padres da Igreja siríaca. Viveu na primeira metade do século IV. Dele conservam-se *Demonstrações*, mais conhecidas com o título de *Homilias,* compostas entre 337-345. Num total de vinte e duas, as homilias são uma exposição da fé cristã.

Agostinho, Santo (354-430)

Aurélio Agostinho nasceu em Tagaste, África romana, hoje Argélia. Seu pai, Patrício, era pagão; sua mãe, Mônica, cristã que exerceu sobre ele uma constante e decisiva influência. Passou sua infância e adolescência entre Tagaste, Madaura e Cartago, entregue aos estudos clássicos, sobretudo à gramática e à retórica. Sua trajetória vital e religiosa — inclusive de seus primeiros anos até sua conversão em 387 — está magistralmente traçada em *Confissões*.

A leitura de *Hortênsio* de Cícero — obra hoje desaparecida — deu novo sentido à vida de Agostinho. Da gramática passou à investigação filosófica, aderindo à seita dos maniqueístas (374). Passou 10 anos em Cartago ensinando retórica e buscando a verdade e a felicidade na filosofia, na amizade e nos vícios da carne. Em 383 dirigiu-se a Roma disposto a seguir ali o ensino da retórica com alunos não tão desobedientes e melhor preparados que os de Cartago. Depois de um ano, dirigiu-se a Milão para ensinar oficialmente retórica, cargo que lhe havia sido atribuído pelo prefeito Símaco.

O exemplo e a palavra do bispo Ambrósio persuadiram-no da verdade do cristianismo, e Agostinho se fez catecúmeno. Ao mesmo tempo, encontra-se com a filosofia neoplatônica e, através dos livros de Plotino, foi-se desprendendo das sombras e das idéias maniqueístas. Em 386, deixa o ensino e retira para Cassicciaco, perto de Milão, para meditar e escrever. Recebe o batismo em 25 de abril de 387.

Convencido de que sua missão era difundir a sabedoria cristã em sua pátria, África, volta a Tagaste onde é ordenou sacerdote. Em 395 é sagrado bispo de Hipona. Toda a sua atividade posterior foi dirigida a defender e esclarecer os princípios da fé mediante uma investigação da qual a própria fé é mais o resultado que o pressuposto. Morre enquanto os vândalos invadiam o norte da África e assediavam a cidade de Hipona.

A obra literária de Agostinho é imensa! Na patrologia do Migne ocupa 15 volumes (PL 32-47). Como é que esse homem, de saúde delicada, chegou a realizar tanto e a escrever tantos livros? Porque, além de umas 225 cartas que nos restam de sua imensa correspondência, e de mais de 500 sermões que chegaram até nós, sem contar cerca de outros 300 com os *Tratados sobre o Evangelho de João* e os *Comentários aos Salmos* que foram publicados, dispomos de um documento precioso que nos dá facilmente uma idéia de sua produção.

De fato, três ou quatro anos antes de sua morte, Agostinho dedicou-se a revisar, em *Retractationes*, todas as suas obras e sua correspondência. As *Retractationes* ou *Revisiones* dão conta de 93 de um total de 252 livros, uma produção extraordinariamente variada. Todos os assuntos têm nela sua representação: teologia, filosofia, exegese, moral, catequese e, se acaso fosse pouco, respostas a toda uma série de perguntas que lhe faziam dos quatro cantos do mundo. Todos os gêneros se tocam: diálogos, comentários ou anotações de textos bíblicos, reproduções ou resumos de arquivos recolhidos por ele ou de dis-

cussões das quais havia participado, tratados como regras ou efemérides que, como *A Cidade de Deus,* foi provocada pelo saque de Roma em 410, convertem-se em obras mestras.

— Dessa imensa obra selecionamos alguns dos temas favoritos de Agostinho:

— "A procura da verdade é tarefa de todo homem; os graus do saber são graus de nossa avaliação espiritual, que é a conquista de uma interioridade cada vez mais profunda: interiorizar-se para transcender-se. Filosofar é captar a verdade no interior, isto é, alcançar o conhecimento da alma e de Deus. Esse é todo o objeto da filosofia: o homem (eu, tu) e Deus" (*Solilóquios,* I, 7).

— No princípio da interioridade está contida a prova da existência de Deus. Sabemos que para quem julga não há nada melhor do que aquele que acredita ser o melhor. Existe no homem algo superior ou melhor do que a razão? Não, absolutamente (*De libero arbitrio,* II, 6-13). Pois bem, se existe algo superior à razão, necessariamente será algo que transcende o homem e a razão. Mas isto não apenas supera o homem, senão que, ao ultrapassá-lo, supera também qualquer outra coisa; por isso, o que está além não pode ser mais do que Deus. Isto é, se existe "um ser superior ao espírito, este ser é Deus". A passagem se faz da existência real do espírito para a existência do ser superior, ao espírito que é Deus. Comprovar a existência de Deus significa adquirir plena consciência da presença da verdade em nosso pensamento (autotranscendência).

— "Energia vital, energia sensitiva, energia intelectiva: isto é a alma unida a seu corpo", que ela faz viver e por meio do qual sente e conhece as coisas corporais. A alma, inferior a Deus, dá vida ao que é inferior a ela mesma, isto é, a seu corpo. Que é, então, o homem? "Não é somente corpo e alma, mas o ser que se compõe de corpo e alma. A alma não é todo o homem, mas a parte superior dele; o corpo também não é todo o homem, mas a sua parte inferior. Quando a alma e o corpo estão unidos, dá-se o nome de homem, termo que não perde cada um dos elementos, quando se fala deles separadamente" (*A Cidade de Deus*, XIII, 24,2).

— "Si Deus est, unde malum?". Esse problema atormentou Agostinho e, a princípio, o fez aceitar a solução biteísta do maniqueísmo, que depois rechaçou e refutou. O mal não é mais que "corrupção do mundo, da beleza e da ordem natural". Mas a corruptibilidade não é o mal em si, para o que seja necessário um princípio do mal. A natureza má é, pois, a natureza corrompida. O que não está corrompido é bom; mas, "por mais corrompida que esteja, é boa enquanto natureza, má enquanto corrompida" (*De natura boni*, c. 4, 6). As coisas, enquanto existem, são um bem. E todas as coisas que Deus criou, pelo próprio fato de existir, são um bem, mas não absoluto. Portanto, o mal *não é ser*, mas *deficiência*; o mal é privação, *defectus boni*. A imitação do ser inerente à criatura é a causa de suas doenças e sofrimentos em geral: *mal físico*. O *mal moral* tem origem na concupiscência, não em Deus (*De lib. arb.*, I, 1-13*)*.

— O mal não é, pois, liberdade, mas o mau uso que podemos fazer dela. Deus nos deu liberdade para que pequemos. O tema da liberdade e da graça, igual ao do mal, preencheu os últimos anos de Agostinho em controvérsia com o racionalismo de Pelágio e do semipelagianismo. Antes da queda, Adão "poderia não pecar", como "poderia não morrer". Depois do pecado, a situação mudou, e Adão não pôde, em algum momento, não pecar. O resgate foi possível mediante a encarnação do Verbo Divino em Cristo. A graça divina é, pois, sempre necessária para que o homem permaneça no bem e não faça mau uso de sua liberdade. Trata-se da graça atual, a qual impulsiona a vontade humana para querer o bem e para cumpri-lo. Com isto, Agostinho nega a liberdade? Não; a finalidade da graça é potencializar a liberdade. A graça é a liberação do livre-arbítrio, assim como a iluminação é a libertação da mente. Da mesma forma que *o lume da*

18 / Agostinho, Santo

graça não substitui a razão, a graça não anula a liberdade para fazer o bem, além de liberar o livre-arbítrio da possibilidade de fazer o mal.

— Fé e razão não somente não se opõem, como combinam. No ato da fé, Agostinho distingue três momentos: a preparação da razão, o ato da adesão à verdade na qual se deve acreditar e a penetração racional ou inteligência da verdade acreditada. Toda a doutrina e a atitude de Agostinho diante da fé estão contidas nestas duas sentenças: "intellige ut credas; crede ut intelligas". Não significam que com a inteligência ou a razão natural se obtenha, sem mais nem menos a fé, e sim que a razão se deve dispor à fé com atos racionais: "compreender para crer". Mas a verdadeira e plena inteligência do conteúdo da fé vem dada pela própria fé: "crer para poder compreender".

— A última obra de Agostinho, *A Cidade de Deus*, é uma história sapiencial, uma filosofia ou uma teologia da história. A vida do homem como indivíduo é dominada por uma alternativa fundamental: viver segundo a carne ou viver segundo o espírito. A mesma alternativa domina a história da humanidade, constituída pela luta de duas cidades ou reinos: o reino da carne e o reino do espírito, a cidade terrena ou a cidade do diabo, que é a sociedade dos ímpios, e a cidade celestial ou cidade de Deus, que é a comunidade dos justos. Toda a história dos homens no tempo é a história destas duas cidades.

Muitos foram os qualificativos atribuídos a Agostinho. Talvez, o que melhor lhe convenha seja o de "campeão", mas não no sentido usual. Agostinho empreendeu uma árdua batalha difícil de se imaginar em nossos dias, especialmente no campo do combate teológico contra as heresias. Contra o maniqueísmo primeiro, contra os donatistas depois; e, por fim, contra o pelagianismo. E no centro dessa batalha está Deus. A melhor testemunha desse combate é o livro das *Confissões*: um itinerário, uma peregrinação tortuosa e atormentada do homem Agostinho em direção a Deus. "Porque nos fizeste, Senhor, para ti, e nosso coração anda sempre inquieto enquanto não se tranqüilize e descanse em ti" *(Confissões,* I, 1).

BIBLIOGRAFIA: *Obras:* PL 32-47; *Corpus Scriptorum ecclesiasticorum latinorum* (CSEL), 12, 25, 28, 33, 34, 36, 40, 41-44, 51-53, 57, 58, 60, 63; *Obras de san Agustín.* Texto bilíngüe em latim e castelhano (BAC, 39 volumes); Posidio, *Vida de san Agustín,* em *Obras de san Agustín* (BAC, I); Victorino Capánaga, *San Agustín, semblanza biográfica; Confesiones.* Versão de Pedro R. Santidrián. Madrid 1990.

Agrippa von Nettesheim (Heinrich Cornelius) (1486-1535)

Um dos personagens mais curiosos e singulares da época. Seus interesses oscilaram entre a cultura clássica, a Reforma e a vinculação ao movimento de Hermann de Wied. Fez também uma biografia de Carlos V (1529).

Sua obra principal é *De occulta philosophia,* de 1531, embora pareça ter sido escrita já em 1510. Nela procura estabelecer a mútua relação de todas as coisas. Trata-se do conhecimento, ciência ou "magia" verdadeira ao alcance somente de uns poucos. Esse conhecimento ou magia baseia-se na natureza, na revelação e no sentido místico da Escritura. Em sua última obra, *De incertitudine* (1530), parece ter evoluído para o repúdio à ciência e ao estudo. Para ele a Bíblia é a única fonte de verdade, repelindo a escolástica medieval, assim como as instituições da Igreja.

BIBLIOGRAFIA: *Historia de la filosofía, 5. La filosofía en el Renacimiento.* Século XXI, 126s; C. Agripa, *Opera,* 1550, 2 vols., reeditada em Hildesheim 1966; A. Bernárdez Tarancón, *Enrique Cornelio Agripa, filósofo, astrólogo y cronista de Carlos V,* Madrid 1933.

Alano de Lille (+1203)

*Escolas e universidades.

Alberto Magno, Santo (1206-1280)

Conhecido como Alberto, o Grande ou Magno, e também como "Doctor universalis".

Alberto Magno, Santo

Nascido em Lauingen (Suábia), fez seus primeiros estudos em Pádua, onde conheceu o superior geral dos dominicanos, Jordão da Saxônia, por cuja influência entrou na ordem dominicana. Dedicou toda a sua vida ao ensino, primeiro em vários conventos de sua ordem (1228-1245) e depois em Paris, como mestre de teologia. Nesse primeiro período parisiense teve Santo Tomás de Aquino como discípulo. Em 1248 passou para a Universidade de Colônia, seguido por Santo Tomás. De 1254 a 1257 desempenhou o cargo de provincial dos dominicanos, para passar de 1258-1260 a ensinar novamente em Colônia. Foi bispo de Ratisbona de 1261 a 1270. Terminou seus últimos anos em Colônia, onde morreu em 1280.

Se algum título lhe cabe com justiça é o de "mestre". Toda a sua vida foi dedicada ao ensino com aclamação e fama universais. O próprio Roger Bacon, franciscano e professor em Oxford, ainda reconhecendo seus defeitos como docente, diz a respeito dele: "Vale mais que a multidão de homens de estudo, pois trabalha muito, tem visão infinita e por isso soube tirar tantas coisas do oceano infinito dos fatos".

Sintetizando-a contribuição de Alberto Magno ao pensamento cristão, poderíamos resumi-la nos seguintes pontos: a) A adoção do peripatetismo por ele e seu discípulo Santo Tomás deve ser considerada como uma verdadeira revolução na história do pensamento ocidental. "A partir do século XIII, será tal a união entre o aristotelismo e o cristianismo que a filosofia peripatética participará da estabilidade e imutabilidade do dogma" (E. Gilson). b) O mérito principal de Alberto Magno consiste em ter sido o primeiro a ver o enorme acréscimo de riquezas que representavam a ciência e a filosofia greco-árabes para os teólogos cristãos. Alberto Magno se impôs um trabalho de assimilação e interpretação, e sobretudo de conhecimento, ao qual se lançou com veemência. Ao canonizá-lo santo, a Igreja queria justamente glorificar tal veemência heróica. c) Dentro das descobertas atribuídas a

Santo Alberto, a de maior alcance geral continua sendo, sem dúvida, a distinção definitiva que soube introduzir entre a filosofia e a teologia. "É curioso que se tenha adotado o costume de citar Lutero, Calvino, ou Descartes como os libertadores do pensamento, enquanto se considera Alberto Magno como o "cabeça dos obscurantistas da Idade Média" (E. Gilson).

Outro aspecto fundamental em Alberto Magno é seu *pensamento científico*. "Particularmente no campo da botânica, da zoologia, da mineralogia e da alquimia, enriqueceu as noções tradicionais com muitas observações próprias. Mais ainda, a contribuição pessoal de Alberto consegue dar às noções empíricas e causais da ciência tradicional uma validade universal. Por isso foi, precisamente, no campo das ciências naturais, que Alberto encontrou, com toda razão, a admiração de seus contemporâneos e posteriores até a nossa época" (P. Simón, *Dic. de filósofos*).

Todos esses aspectos de mestre e pesquisador fundem-se em sua obra escrita, que é, de fato, vastíssima. Ao todo são 21 volumes em fólio da edição de Jammy e 38 em quarto da edição Borgnet. Sua obra está dividida em quatro grandes blocos:

1) A chamada *Summa de creaturis* (1245-1250); 2) *Commentarii in IV Libros Sententiarum* de Pedro Lombardo; 3) Um amplo conjunto de tratados sobre as diversas partes da teologia (1250-1270); 4) Uma *Summa Theologica* que data do final de sua vida.

BIBLIOGRAFIA: *Opera Omnia*. Ed. A. Borgnet. Vivès, Paris 1890-1899, 38 vols.; A. G. Menéndez Reigada, *Vida de San Alberto Magno, Doctor de la Iglesia*, 1932.

Alcuíno (730-804)

Nasceu em York e recebeu a primeira educação na famosa escola desta cidade, convertida por Egberto, depois da morte de Beda, no principal centro de educação da Inglaterra, e que se tornou célebre pela riqueza de sua biblioteca.

Diretor da escola de York desde 767, foi chamado em 782 a dirigir a escola palatina de Aquisgrano, por instância do imperador Carlos Magno. Salvo certas visitas na Inglaterra, foi em Aquisgrano que Alcuíno se tornou o principal instrumento da organização do ensino. Organizou os estudos da escola intelectual da nobreza e da corte. Os últimos anos, passou-os como abade em São Martinho de Tours. Morreu nesta localidade em 804.

Alcuíno não foi um pensador original. Suas obras didáticas, escritas em forma de diálogo, baseiam-se, em sua maior parte, em autores anteriores. Assim, *Grammatica* foi escrita nos moldes de Prisciliano, Donato, Isidoro, Beda. *Rectorica* é uma mera transcrição do tratado *De inventione* de Cícero. O mesmo se deve dizer de *Dialectica*, cópia de uma obra pseudo-agostiniana sobre as categorias. E assim em outras, como *De animae ratione*, tirado de obras de Santo *Agostinho e de *Cassiano.

Mas não há dúvida que Alcuíno foi um mestre importante e eficaz. Foi o grande impulsor do movimento carolíngio, através de inumeráveis discípulos seus como Rábano Mauro. Seu mérito está em ter sido capaz de organizar o ensino no reino franco e, a partir daí, por toda a Europa. Ordenou seus estudos segundo as sete matérias *Trivium* (gramática, retórica e dialética) e do *Quadrivium* (aritmética, geometria, astronomia e música), por ele denominadas as sete colunas da sabedoria.

Na história do pensamento, dificilmente se pode passar por alto o trabalho exercido por Alcuíno como pedagogo e como organizador do ensino. Seu amor pelo saber e pela ciência levaram-no a enriquecer a biblioteca de Tours com cópias de manuscritos que levou de York. Esse trabalho estendeu-se ainda para o aperfeiçoamento das cópias de manuscritos. Certamente Alcuíno atendeu também à fidelidade e correção dos manuscritos da Bíblia, sendo provável sua revisão da *Vulgata*, encomendada pelo imperador, e que se conhece como versão de Alcuíno.

Fiel a Santo Agostinho em *De ratione animae*, define a alma "como espírito intelectual ou racional, sempre em movimento, sempre vivo e capaz de boa ou má vontade". Para ele, Deus é o inefável; sua essência é impossível de se conceber e de se expressar. Em Deus tudo se identifica: o ser, a vida, o pensamento, o querer, o agir. E, no entanto, ele é a simplicidade absoluta. O destino mais alto do homem é Deus, que se alcança pela fé, pela esperança e pela caridade, e através das virtudes platônicas da prudência, justiça, fortaleza e temperança, que toma do *De officiis* de Cícero.

BIBLIOGRAFIA: *Obras:* PL; G. F. Brown, *Alcuin of York,* 1908.

Altaner, B. (1885-1958)

*Teologia atual, Panorama da.

Ambrósio, Santo (339-397)

Muitos são os títulos pelos quais se conhece esse padre e homem de Igreja. Sua personalidade dificilmente pode ser enquadrada na de um pensador e escritor religioso. Também não é exato dizer que foi somente bispo de Milão ou o pastor que preparou a conversão de Santo Agostinho. Em Santo Ambrósio dá-se a expressão do homem romano, do cristão e do pastor, do político e do pensador, que conjuga harmoniosamente as virtudes humanas e cristãs e dá um elevado sentido à sua vida.

Nascido em Trier, cedo o vemos em Roma com sua mãe e a irmã mais velha Marcelina. No ano 370, foi promovido governador de Emília-Ligúria com residência em Milão. Pouco depois foi aclamado bispo desta cidade por consenso do povo. Em apenas oito dias passou de cidadão sem batismo a bispo de Milão, onde "foi capaz de dominar a vida cultural e política de sua época". A partir desta data (374) até sua morte, fez-se credor da fama de homem sábio e pastor prudente. Dificilmente podem ser esquecidas as páginas que Santo *Agostinho lhe dedica em *Confissões* (l, VI, c. 2s) onde o apresenta absorto na leitura e meditação.

Também é conhecida a imagem de Santo Ambrósio como pastor. Em 385-386 negou-se a entregar uma igreja aos arianos. Em 388 enfrentou o imperador Teodósio por ter castigado um bispo que incendiara uma sinagoga judaica. Em 390 impôs ao mesmo Teodósio uma penitência pública por ter sufocado um motim em Tessalônica, massacrando os cidadãos. Essas intervenções sem precedentes não impediram sua lealdade e sua colaboração com o imperador. Com sua conduta e com seus escritos, Santo Ambrósio antecipa o conceito medieval de imperador cristão "filho fiel da Igreja e servidor às ordens de Cristo" e, pelo mesmo, submetido ao conselho e aos ditames de seu bispo.

Evidentemente, seu labor pastoral não se esgota no que poderíamos classificar de faceta política. Acima dela aparece seu labor literário, musical, epistolar, a serviço direto de sua tarefa episcopal. Os quatro volumes de suas obras da PL de Migne (14-17) apresentam-nos os diferentes aspectos de sua atividade literária: *obras apologéticas, teológicas, morais e tratados céticos*. Destacam-se, sobretudo, seus sermões e seus hinos.

Sua obra apologética é dirigida contra o arianismo. Em suas obras *De incarnatione, De Fide ad Gratianum* e *De Spiritu Sancto ad Gratianum Augustum* tenta convencer o imperador Graciano da necessidade de manter uma estrita ortodoxia. Conhecedor profundo do pensamento antigo, tanto cristão quanto pagão, está familiarizado com as obras de Fílon, de Orígenes, de São Basílio de Cesaréia, de Plotino e de Cícero.

BIBLIOGRAFIA: *Obras:* PL 14-17; J. Quasten, *Patrología*, 3, 240-260; *Obras de San Ambrosio*, tomo I (BAC).

Ames, William (1576-1633)
*Pietistas.

Anacoretismo (séc. II-III)
*Monaquismo.

Anfilóquio de Icônio (séc. IV)
*Jerônimo, São.

Ângela de Foligno (1248-1309)
Santa e mística italiana que depois da morte de seu marido tornou-se terciária franciscana. É célebre por suas freqüentes visões. O relato das visões — ditado pela Santa — é conhecido como *Liber Visionum et Instructionum*. O livro de Santa Ângela de Foligno é um reflexo fiel da primitiva piedade franciscana. É considerada como uma das grandes mulheres místicas na linha da Santa *Catarina de Sena (1347-1380), Santa Catarina de Gênova (1447-1510) e Santa Catarina de Ricci (1522-1590), todas elas italianas.

Ângela de Mérici (séc. XVI)
*Educadores cristãos.

Ano cristão
*Legenda áurea.

Anselmo de Cantuária, Santo (1033-1109)
Nasceu em Aosta del Piamonte (Itália) e morreu em Cantuária (Inglaterra). De nobre família lombarda, seu pai quis educá-lo para a política, pelo que nunca aprovou sua prematura decisão de tornar-se monge. Recebeu uma excelente edu-

cação clássica e teve por mestre um dos melhores latinistas de seu tempo. Essa educação clássica levou-o ao uso preciso das palavras e à necessidade da clareza, perfeitamente demonstrada em sua obra.

Em 1060 entrou no monastério beneditino de Bec (Normandia) sob a direção do abade Lanfranc. Quando este morreu, Anselmo foi eleito abade de Bec por sua capacidade intelectual e sincera piedade (1078). Foi nomeado arcebispo de Cantuária em 1093, onde foi incansável e íntegro defensor da independência da Igreja diante do poder real. Declarado doutor da Igreja em 1720.

Santo Anselmo representa a primeira grande afirmação da investigação da Idade Média. Suas obras ocupam os volumes 158-159 da PL de *Migne. É necessário citar o *Monologium,* cujo primeiro título era *Exemplum meditandi de ratione fidei.* O *Proslogium,* intitulado primitivamente *Fides quaerens intellectum.* Essa obra traz um polêmico apêndice: o *Liber Apologeticus contra Gaulinonem.* Compôs ainda quatro diálogos: *De veritate, De libero arbitrio, De casu diaboli, De grammatica.* Já em seus últimos anos, escreveu seu conhecido livro *Cur Deus homo,* e *De conceptu virginali, De fide Trinitatis, Meditationes* etc.

Santo Anselmo passou para a história do pensamento por seu *argumento ontológico* ou prova *a priori* da existência de Deus. Por solicitação dos monges, escreveu, em 1077, o *Monologium,* um tratado teológico e, ao mesmo tempo, apologético, que é formado por um conjunto de reflexões sobre a essência divina e que conduzem a uma demonstração da existência de Deus. O bem, a verdade, a beleza subsistem independentemente das coisas particulares, e não somente nelas. Há muitas coisas boas por sua bondade e beleza intrínseca, mas pressupõem um bem absoluto, que é sua medida e paradigma; esse bem supremo é Deus. Portanto, o sumo bem, o sumo ser, a suprema beleza, tudo o que no mundo tem verdade e valor coincidem em Deus. O *Monologium* desenvolve uma argumentação cosmológica, que vai do particular ao universal e do universal a Deus.

O *Proslogium*, no entanto, estabelece uma argumentação ontológica; parte do próprio conceito de Deus para demonstrar sua existência. Deus é o ser mais perfeito que se possa imaginar: "quo maius cogitari nequit". Pois bem, se Deus é o maior ou o mais perfeito ser que se possa imaginar, ele existe. Até o néscio deve admitir que o ser, a respeito do qual nada maior se pode pensar, existe no entendimento, embora não exista na realidade. Porém, não pode existir somente no entendimento, já que se não existisse na realidade, não seria o maior que se pudesse imaginar. Existe, pois, no entendimento e na realidade. Tal argumento fundamenta-se em que o que existe na realidade é "maior" ou mais perfeito que o que existe somente no entendimento (*Prosl.* 2).

— A atitude de Santo Anselmo diante da fé e da razão está expressa nesta frase: "Credo ut intelligam". A fé é ponto de partida para a pesquisa racional ou filosófica. Não se pode entender nada se não se tem fé. Mas só a fé não basta; é necessário confirmá-la e demonstrá-la. A fé procura a luz da razão: "Fides quaerens intellectum". Há um acordo essencial e intrínseco entre fé e razão.

— "As teses de Santo Anselmo não constituem uma teologia nem uma filosofia completa, mas sondam profundamente os problemas que tocam e oferecem um primeiro exemplo da exploração racional do dogma, que as teologias denominadas escolásticas desenvolveram logo depois... O que falta nesta doutrina, de pensamento tão forte e de tão firme expressão, é uma filosofia da natureza suficientemente densa para equilibrar o estonteante virtuosismo dialético de seu autor" (E. Gilson, *o. c.*, I, 235).

BIBLIOGRAFIA: *Obras:* PL 158-159; Ed. Schmit, Roma-Londres 1938-1951, 5 vols.; E. Gilson, *A filosofia na Idade Média,* 226-236; *Obras completas de san Anselmo* (BAC), 1952-1953, 2 vols.

Anselmo de Laon (c.1117)

*Abelardo, Pedro.

Antão, Abade, Santo (c. 251-356)

*Atanásio, Santo; *Monaquismo.

Antoniano, Sílvio (séc. XVI)

*Educadores cristãos.

Antonino, Santo (1389-1459)

Frade dominicano que governou vários conventos da ordem, tratando de impor a observância e a austeridade primitivas. Foi nomeado arcebispo de Florença em 1446. Homem de governo, foi conselheiro de papas e de políticos.

Santo Antonino é um dos grandes mestres da moral. Sua obra *Summa*, conhecida como *Summa Antonina*, é um importante texto da "moral para confessores" dentro do que se conhece na história da moral como *Moral casuística*. Passou à história da moral como o defensor do *interesse* gerado pelo capital. Sustenta que o dinheiro investido num negócio é verdadeiro capital. Não é portanto imoral — nem usura — ter interesse por ele.

Apeles de Laodicéia (310-390)

*Gnósticos.

Apocalipse, Livro do (séc. I)

É o último livro do Novo Testamento (NT). Conhecido também como *Apocalipse* de João ou livro da revelação, pois esse é o significado da palavra *apocalipse* (ver *Apocalíptico*). Também é o único livro do NT pertencente ao gênero literário conhecido como apocalipse ou apocalíptico.

Apocalipse, Livro do / 29

Em Ap 1,9, o autor denomina-se a si mesmo João, exilado, no momento em que escreve, na ilha de Patmos, por sua fé em Cristo. Uma tradição muito difundida já nos finais do século II identifica esse autor com o apóstolo João, o discípulo amado de Cristo e autor do quarto evangelho. No entanto, diferenças de linguagem, de estilo e de pontos de vista teológicos — apesar do parentesco com os demais escritos joaninos — tornam difícil assegurar que o livro em questão seja do mesmo João. Atualmente se atribui a algum (ou alguns) do círculo do apóstolo, fortemente impregnado pelo seu ensinamento. Com relação à sua canonicidade, não há nenhuma dúvida. O mais difícil tem sido determinar a data de sua composição. Admite-se comumente que foi composto durante o reinado de Domiciano, por volta de 95. Outros, ao contrário, acreditam que algumas partes foram redigidas já em tempos de Nero, pouco antes do ano 70.

De qualquer forma, para compreender devidamente o Apocalipse é indispensável levar em conta o período de perturbação e perseguições violentas contra os cristãos na metade do século I. Assim como nos textos apocalípticos do Antigo Testamento (AT), o Apocalipse de João é um livro destinado a levantar e afiançar a moral dos cristãos, escandalizados sem dúvida de que se pudesse desencadear uma perseguição tão violenta contra a Igreja. Os fiéis, no entanto, serão preservados na espera de gozar do triunfo no céu. Os c. 4-22 são uma série de visões, alegorias e símbolos dos males que se avizinham, mas também sobre a derrota de Satanás e o estabelecimento definitivo do reino celeste, na felicidade perfeita, depois de a morte ter sido aniquilada. Em pano de fundo, aparece a nova Jerusalém, a cidade perfeita.

Os autores distinguem dois planos na compreensão deste livro sempre difícil. Em primeiro lugar, está o plano ou significação histórica, que acabamos de delinear; depois, o plano superior, cujo alcance supera os limites de uma situação passageira como a perseguição dos imperadores. Acima de tudo, encontra-se a promessa e a presença de Deus que significa proteção contra os inimigos para alcançar a salvação. Agora, mais do que nunca, Deus está presente em seu Filho. Desta maneira, o Apocalipse converte-se na grande epopéia da esperança cristã, o canto triunfal da Igreja perseguida. Cristo é, certamente, a personagem central do Apocalipse, no qual estão depositadas todas as esperanças dos fiéis.

Embora esse significado global fosse prontamente percebido pela Igreja, o texto do Apocalipse apresenta-se como verdadeira "crux interpretum". A parte essencialmente profética, c. 4-22, é composta por dois Apocalipses diferentes, escritos pelo mesmo autor, ou por diferentes autores, e depois fundidos num mesmo texto por outra mão. Isto torna difícil sua recomposição e sua interpretação.

BIBLIOGRAFIA: X. Léon-Dufour, *Vocabulário de teologia bíblica*. Ed. Vozes, 1972. *Conceptos fundamentales de la teología*. Madrid ²1979, 2 vols.; *Diccionario Teológico del NT*, Salamanca ²1978, 4 vols.

Apocalíptico

Gênero literário-religioso muito cultivado na literatura judaica e cristã entre os séculos II a.C. e II d.C. O gênero apocalíptico tem como finalidade incentivar os grupos religiosos que sofrem perseguição ou a pressão cultural do ambiente. Como seu nome indica — *apocalipse* significa *revelação* —, esse tipo de literatura descreve, numa linguagem enigmática que somente a entendem os que crêem, a intervenção repentina e dramática de Deus na história em favor de seus escolhidos. Acompanhando ou anunciando a intervenção dramática de Deus na história da humanidade, sucedem-se cataclismos de proporções cósmicas, como, por exemplo, o poder temporal de Satanás sobre o mundo, sinais no céu, perseguições, guerras, fome e pragas.

A literatura apocalíptica caracteriza-se sobretudo por sua insistência no futuro de fatos como: a) a derrota do mal; b) a vinda do Messias; c) o estabelecimento do Reino de Deus; d) o advento da paz e da justiça eterna; e) o castigo dos maus, enviados ao inferno, e o prêmio dos escolhidos, reinando com Deus ou com o Messias num novo céu e numa nova terra.

Esse tipo de literatura é encontrado tanto nos livros *canônicos* da Bíblia do Antigo e do Novo Testamento quanto nos *apócrifos*. Exemplos de literatura apocalíptica canônica no AT são: Is 24-27; Dn 7-12; Jl 3-4; Zc 9-14. Do NT temos passagens de Mt 24-25; Mc 13; Lc 21. E, fundamentalmente, o Apocalipse ou Revelação de São João, último livro, com que se encerra o NT. Com relação aos textos apocalípticos apócrifos, diremos que se trata de livros pseudônimos, isto é, que se atribuem a grandes personagens do passado. Entre eles citam-se o *Apocalipse de Henoc, de Baruc,* o *IV Livro de Esdras,* a *Assunção de Moisés,* o *Livro dos Jubileus* e o *Testamento dos Doze Patriarcas*. Dos apócrifos do NT podem ser citados o *Apocalipse de Pedro,* os *Atos de Paulo* etc.

Ainda que a literatura apocalíptica floresça entre o ano 200 a.C. e 200 d.C., no marco judaico-cristão, encontramo-la também em outras culturas e religiões como no zoroastrismo (600 a.C.). A literatura apocalíptica teve particular desenvolvimento nas seitas milenares da Idade Média, nos pregadores catastrofistas e nas modernas seitas pseudocristãs, como os adventistas, os mórmons e os testemunhas de Jeová, que se distinguem pelo acento apocalíptico de sua mensagem.

Não se deve esquecer ainda que os temas apocalípticos estão presentes na literatura moderna e no cinema. Livros de ficção-científica, de utopias ou distopias chegaram a ser *best-sellers* de bilheteria e de vendas. Um dos exemplos é *Apocalypse Now,* entre outros, que entram na futurologia.

BIBLIOGRAFIA: J. Quasten, *Patrología,* I, 143s, com a bibliografia citada; G. Greshake, *Más fuertes que la muerte. Lectura esperanzada de los novísimos.* Santander 1981.

Apócrifos

Escritos apócrifos ou literatura apócrifa é uma literatura cristã paralela à literatura ou escritos canônicos ou oficiais do Novo Testamento (NT). Aparece ao longo do século II de nossa era e corre pelos cinco primeiros séculos. Em torno dos livros canônicos do NT surgiu uma coleção de lendas que formam o que denominamos *Apócrifos* do NT: evangelhos, apocalipse, cartas e atos dos apóstolos. Toda uma literatura não canônica faz seu aparecimento em contrapartida aos escritos canônicos.

Em sua origem, a palavra *apócrifo* não tinha o significado espúrio ou falso que tem hoje. Na verdade, um apócrifo revestia-se de caráter demasiado sagrado e misterioso para que fosse conhecido de todo o mundo. Devia ser escondido — *apocryphos* — do grande público e permitido somente aos iniciados da seita. Somente quando se soube que não pertenciam a um apóstolo ou discípulo de Jesus, a palavra apócrifo adquiriu o significado de espúrio, falso, de algo que deve ser repudiado.

Os escritos apócrifos têm a ânsia de querer suprir o que falta aos canônicos. Neles abundam os relatos de presumíveis milagres, muitas vezes absurdos. No entanto, os apócrifos contribuem com valiosa informação sobre as tendências e costumes próprios da Igreja primitiva. Representam, também, os primeiros ensaios da lenda cristã, das histórias populares e da literatura novelesca. Se não são boas fontes históricas num sentido, são em outro. Recolhem as ilusões, as esperanças e os temores dos homens que os escreveram; ensinam o que era aceito pelos cristãos incultos dos primeiros séculos, o que lhes interessava, o que admiravam, os ideais que acariciavam nesta vida, o que eles acreditavam encontrar nesses textos.

"Não têm, além disso, valor como gênero folclórico e novelesco. Revelam aos aficionados e estudiosos da literatura e da arte medievais as fontes de uma parte muito considerável de sua matéria e a solução de mais de um problema. Exerceram, ainda, uma influência totalmente desproporcional a seus méritos intrínsecos, tão grande e tão ampla que não pode ignorá-los alguém que se preocupe com a história do pensamento e da arte cristãos" (M. R. James, *The Apocryphal New Testament,* citado por Quasten, *o. c.*, 111).

Os escritos apócrifos cobrem toda a gama de livros do NT: evangelhos, atos dos apóstolos, cartas e apocalipse.

a) Entre os primeiros — evangelhos — encontramos os seguintes: o *Evangelho segundo os hebreus,* uma espécie de revisão e prolongamento do evangelho canônico de Mateus. Sua composição parece ser do século II e foi escrito originalmente em aramaico com caracteres hebreus. O *Evangelho dos egípcios*, de uso entre os cristãos do Egito, de origem gnóstica, e escrito para comprovar certas heresias. Sectário e herético, foi reconhecido por Clemente de Alexandria e por Orígenes. O *Evangelho ebionita,* dos princípios do século III, foi escrito em favor de uma seita oposta ao do sacrifício. O *Evangelho segundo Pedro* padece de docetismo e relata a paixão, morte e sepultamento de Jesus com detalhes interessantes sobre os milagres que se seguiram. Surgiu em meados do século II. O *Evangelho de Nicodemos,* do último quarto do século IV, princípios do V, recolhe em sua versão latina os *Atos de Pilatos*, bem conhecidos e citados desde o século II. E vários outros, em número de 21 relatos apócrifos de evangelhos atribuídos a diferentes apóstolos. Uma nota característica comum a todos esses evangelhos é a maneira arbitrária como usam os dados canônicos. As narrações dos evangelhos canônicos servem como marco para as revelações gnósticas, feitas pelo Senhor ou por Maria em conversas com os discípulos de Jesus depois de sua ressurreição.

b) *Atos apócrifos dos apóstolos*. Têm em comum com os evangelhos apócrifos a ânsia de querer suprir o que falta no NT. Contam a vida e a morte dos apóstolos no estilo das novelas pagãs. Comprazem-se em descrever aventuras em países longínquos, e seus heróis vêem-se envolvidos em toda espécie de perigos. São, entretanto, de grande interesse para a história da Igreja e da cultura em geral. Projetam muita luz sobre a história do culto cristão dos séculos II e III.

Parecem ter nascido como literatura popular capaz de se opor e substituir as fábulas pagãs de caráter erótico. Seus autores são desconhecidos.

Entre os textos apócrifos dos Atos dos apóstolos destacamos os seguintes: Os *Atos de Paulo*, nos meados do séc. II; os *Atos de Pedro,* próximos do ano 190; os *Atos de Pedro e Paulo*, séc. III, diferente dos anteriores; os *Atos de João*, segunda metade do séc. II; os *Atos de André*, segunda metade do séc. III; os *Atos de Tomé*, escritos em siríaco na primeira metade do séc. III; os *Atos de Tadeu*, lendas locais escritas durante o séc. III.

c) *Apocalipses apócrifos*. São uma imitação do Apocalipse canônico de São João. Entre o reduzido número de apócrifos apocalípticos estão: o *Apocalipse de Pedro* (primeira metade do séc. II). Seu conteúdo consiste principalmente em visões que descrevem a beleza do céu e o horror do inferno. Reflete a escatologia órfico-pitagórica e das religiões orientais. O *Apocalipse de Paulo* (segunda metade do séc. II). E outros apocalipses atribuídos a Estêvão, Tomé, à Virgem Maria etc.

d) *Cartas apócrifas*. Imitando as cartas dos apóstolos, temos toda uma literatura ou gênero literário apócrifo atribuído a eles. Também são anônimas. A principal é a *Epistola apostolorum*, publicada pela primeira vez em 1919 e datada da segunda metade do séc. II. Constitui um exemplo de literatura religiosa popular não oficial. Baseia suas idéias no NT.

Há muitas outras, como as *Epístolas apócrifas de São Paulo,* entre as quais se conta a *correspondência de São Paulo com Sêneca:* oito cartas dirigidas por Sêneca a São Paulo, e seis deste ao filósofo romano.

De toda essa literatura apócrifa, podemos dizer o que diz James Quasten dos Atos dos apóstolos: "Um estudo atento desta literatura, em conjunto e detalhado, aumenta nosso respeito pelo bom sentido da Igreja Católica e pela prudência dos sábios de Alexandria, Antioquia e Roma: eles foram, certamente, bons "cambistas" que experimentaram todas as coisas e ficaram com o que era bom."

BIBLIOGRAFIA: J. Quasten, *o. c.*, I, 111-143, com bibliografia ali publicada; *Los evangelios apócrifos* (BAC, 148, 479, 488).

Apolinário de Laodicéia (310-390)

*Jerônimo, São.

Apologistas (séc. II-III)

Sob esse nome, surge uma série ou grupo de escritores cristãos, principalmente do século II. Muitos de seus escritos estão dirigidos ao imperador ou aos governadores romanos, os únicos que podiam aceitar ou recusar sua causa. Todos os escritos têm um tom marcadamente apologético ou de defesa diante das acusações grosseiras aos cristãos, cada vez mais presentes no Império. Por isso, o tom e o estilo desses textos são bem diferentes dos da época anterior, essencialmente missionários ou querigmáticos.

Nessa época, são bastante conhecidas as acusações contra os cristãos. Entre o povo circulavam vis rumores contra eles. O Estado considerava a adesão ao cristianismo um crime gravíssimo contra o culto oficial e contra a majestade do imperador. As classes mais altas e cultas consideravam o cristianismo como uma ameaça crescente contra a integridade do Império. Por sua parte, escritores da época intervieram contra os cristãos: Luciano de Samosata publicou no ano 170 *De morte peregrini,* em que se zombava do amor fraternal dos fiéis e de seu desprezo pela morte. O mesmo fez Fronton de Cirta, professor do imperador M. Aurélio, em seu *Discurso*. E sobretudo o filósofo Celso, que em 178 publicou seu *Discurso verdadeiro*, e para quem o cristianismo não passava de superstição e fanatismo.

Os textos dos apologistas reúnem, assim, os argumentos e rumores que correm contra os cristãos e os rebatem contundentemente. Dirigem-se, sobretudo, contra três tipos de argumentos: a) Contra a acusação de que os cristãos representavam um perigo para o Estado. Chamam a atenção sobre a maneira de viver dos cristãos: séria, austera, casta e honrada; cidadãos de Roma, como os outros. b) Demonstram o absurdo e a imoralidade do paganismo e de suas divindades. Defendem a unidade de Deus, a divindade de Cristo e a ressurreição do corpo. c) Avançam mais, afirmando que a filosofia não foi capaz de encontrar a verdade, a não ser fragmentariamente. O cristianismo, ao contrário, possui toda a verdade, porque o Logos, que é a mesma razão divina, veio ao mundo por Cristo.

A maior parte dos manuscritos dos apologistas gregos dependem do códice de Aretas, bispo que foi de Cesaréia da Capadócia. Este, em 914, mandou copiá-lo para sua biblioteca, com a intenção de formar um *corpus apologetarum* desde os tempos primitivos até Eusébio. Os manuscritos posteriores foram copiados no século XVI, quando o Concílio de Trento estudava o tema da tradição na Igreja. Podemos, então, concluir que os genuínos escritos dos apologistas foram virtualmente desconhecidos até o séc. XVI.

O primeiro dos apologistas é Quadrato, que entre os anos 123-129 dirigiu seu discurso — hoje perdido — ao imperador Adriano, em defesa de nossa religião, "porque alguns malvados tratavam de incomodar os nossos". Segue-lhe Aristides de Atenas, do qual conservamos o mais antigo discurso ou apologia; seu texto foi encontrado em 1889 no monastério de Santa Catarina do Sinai. Aristón de Pella é o autor da *Discussão entre Jasão e Papisco sobre Cristo*, texto perdido. São Justino (ver *Justino*). *Taciano, o Sírio, compôs o *Discurso contra os gregos,* um argumento contra tudo o que pertence à civilização grega, sua arte, ciência e língua. E o *Diatessaron,* uma combinação dos evangelhos. Os demais escritos se perderam.

Também merecem destaque Milcíades, que escreveu uma *Apologia da filosofia cristã,* dirigida aos "príncipes temporais", cujo texto se perdeu. Apolinário de Hierápolis, que escreveu um discurso ao imperador Marco Aurélio, cinco livros *Contra os gregos,* dois livros *Contra os judeus,* dois livros *Sobre a verdade.* Nenhum deles se conservou, e somente os conhecemos por Eusébio. Atenágoras de Atenas escreveu a *Súplica em favor dos cristãos* e *Sobre a ressurreição dos mortos.* De Teófilo de Antioquia somente nos chegou *Ad Autolycum.* Perdeu-se a maior parte de sua numerosa obra. Militão de Sardes é considerado uma das "grandes luminárias" da Ásia. Dirigiu uma *Apologia* a Marco Aurélio, cujo texto se perdeu. Além destas, atribuem-se a Militão outras 20 obras desaparecidas. Finalmente destacamos Hermas, autor da *Sátira sobre os filósofos profanos,* na qual procura comprovar com sarcasmos a nulidade da filosofia pagã, mostrando as contradições que encerram seus ensinamentos sobre a essência de Deus, do mundo e da alma. Nada se sabe da pessoa do autor. Também se desconhece a data de composição da obra: provavelmente o séc. III. Outro dos apologistas, *Carta a *Diogneto.*

Os apologistas latinos merecem capítulo à parte. Minúcio Félix escreveu em latim o diálogo *Octavius.* É a única apologia do cristianismo escrita em latim e em Roma no tempo das perseguições. O mais representativo dos apologistas latinos é **Tertuliano.*

BIBLIOGRAFIA: J. Quasten, *Patrología,* I, 181-242; 527-682; *Padres apostólicos* (BAC 65); *Padres apologetas griegos* (BAC 116).

Apotegmas dos padres (finais do séc. V)

*Sentenças dos Padres.

Aranguren, José Luís L. (1909-1996)

Catedrático de Ética e Sociologia em Madri, de 1955 até 1965, quando foi afastado da docência, junto com E. Tierno Galván e A. Garcia Calvo, por motivos políticos. Durante dez anos exerceu sua atividade docente em universidades americanas. Voltou para sua cátedra da Universidade Complutense em 1976, onde permaneceu até sua aposentadoria. Desde então continuou seu magistério falado e escrito em conferências, aulas, congressos, artigos de jornais e revistas. O professor Aranguren é uma das figuras que mais entusiasmo e vitalidade intelectual suscitaram na Espanha durante os últimos quarenta anos, principalmente entre os jovens.

Sua obra falada e escrita gira em torno de problemas de ética, filosofia da religião, de política e de cultura geral. Se fosse preciso enquadrar seu pensamento filosófico, dele se falaria em termos de "catolicismo liberal inconformista", inclusive de um forte compromisso cristão e crítico diante da realidade. "A enorme influência que exerceu sobre gerações mais jovens da filosofia — e da vida espanhola — deve ser compreendida menos no sentido doutrinal e mais no sentido socrático" (Miguel A. Quintanilla, *Diccionario de filosofía contemporánea*).

"Aranguren sempre brindou com sua compreensão e estímulo a quantos nos aproximamos dele desolados diante da impossibilidade de encontrar no meio espanhol um marco estabelecido onde desenvolver nossas inquietudes, animando-nos a aprofundar criticamente nossas particulares inclinações teoréticas, fossem de índole filosófica, sociológica ou política."

Fala-se de Aranguren como do intelectual que sempre sentiu e sente uma insubornável, inequívoca vocação pelo ensino, pela comunicação e pelo diálogo. Intelectual inconformista, desnudador de hipocrisias e desvinculado de toda ideologia imperante, um homem que dialoga e critica, fiel à vida mutante, com o olhar posto no futuro, sem jamais se deter no passado.

O tema religioso — e mais exatamente cristão — é básico nele e corre ao longo de toda a sua vida. " *Guardini e a renovação litúrgica, trazida por Maria Laach, abriram-lhe o sentido litúrgico do catolicismo. Max Scheler influiu poderosamente em sua visão do mundo e do homem. Leu Kierkegaard, desentranhou Heidegger e foi um apaixonado do vigoroso e límpido pensar do velho castelhano, poeta e místico de Fontiveros, *João da Cruz". Sua aproximação ao tema religioso é o de um intelectual e crítico. Aranguren confirma essa "imagem minha que nem todo o mundo — isto é, o pequeno mundo que se ocupa de mim — compartilhará hoje, mas que eu, naturalmente, aceito".

Esse intelectual crítico transformou-se num denunciador constante de atitudes e condutas não autênticas, dentro e fora do cristianismo e da Igreja. Seu contexto imediato é a Espanha e todos aqueles que "resistem a olhar de frente a problemática real de nosso tempo, a da liberdade e da socialização, a do Estado de direito e do Estado de justiça social, a dos direitos humanos, a da participação ativa de todos os cidadãos na vida pública, a dos operários de empresa industrial e a de todos os homens nos bens da instrução, a problemática na revolução ou da evolução, a das minorias regionais e a do exílio político, a da neutralidade e do desarmamento" (*Meditação para a Espanha sobre a encíclica "Pacem in terris"*).

Os primeiros estudos de Aranguren estão marcados pela instância religioso-existencialista: *Lutero, Heidegger, *Calvino, Kierkegaard, Jaspers, K. *Barth, M. Scheler, Ortega, *Unamuno e *Zubiri. São autores que configuram o substrato existencial personalista ou ético da autenticidade. Dentro desta primeira linha encontramos: *Catolicismo e protestantismo como formas de existência* (1952); *Catolicismo dia a dia* (1955); *O protestantismo e a moral* (1954); *Ética de Ortega* (1958), e finalmente sua obra mais valiosa, *Ética* (1958). A partir dos anos sessenta, adverte que toda moral pessoal é radicalmente social e seu pensamento centra-se em *Mo-

ral e política (1963); *Moral e sociedade* (1965); *O que sabemos de moral* (1967); *O marxismo como moral* (1968); *A crise do catolicismo* (1969) etc. Particular interesse oferece sua produção sobre a juventude européia e espanhola, e também sobre a problemática da Espanha.

Não obstante o caráter intelectual, crítico e de denúncia na obra de Aranguren, tanto no campo da crença católica quanto em todos os demais problemas filosóficos, políticos, sociais e culturais, nos últimos anos seu pensamento tem sido caracterizado por uma atitude de inconformismo e de "heterodoxia", assim como uma mescla de compromisso intelectual e moral com certo distanciamento que o próprio Aranguren qualificou de "irônico".

BIBLIOGRAFIA: *Obras*: I. Biblioteca Nueva, Madrid 1965. Uma bibliografia bastante completa até 1969, em *Teoría y Sociedad* (Homenagem ao professor Aranguren). Barcelona 1970; *Homenaje a Aranguren*, dirigido por Pedro Laín Entralgo, 1972; J. Muguerza (ed.), *Etica día a día. Homenaje a J. L. L. Aranguren*. Trotta, Madrid 1991.

Areopagita, Pseudo-Dionísio (séc. IV-V)

Eis um autor tão citado quanto desconhecido. Seus escritos começaram a ser conhecidos nos princípios do século VI, e seu autor foi identificado como Dionísio Areopagita, transformado pela pregação do apóstolo São Paulo no areópago de Atenas (At 17,34). A crítica interna e externa destes escritos os situam nos finais do séc. V, sendo impossível sua atribuição a Dionísio Areopagita. De fato, sua fonte principal é o neoplatônico Proclo (411-485), de quem o autor inclui textos completos.

Os livros do Pseudo-Dionísio inspiram-se na direção da filosofia neoplatônica, adaptando-a, da melhor forma possível, às exigências cristãs. Servem-se da terminologia dos mistérios, onde o neoplatonismo se comprazia. Traduzidos para o latim por Hilduino e Juan Scoto *Eriúgena, foram objeto de comentários por muitos autores, entre os quais Hugo de São Vítor, Roberto Grosseteste, São *Boaventura, Santo *Alberto Magno, Santo Tomás. Foi vastíssima sua influência na Idade Média e constituiu o fundamento da mística e da angelologia medieval.

As principais obras do Pseudo-Dionísio são: a) *Teologia mística*. Formula uma teologia *afirmativa* que, partindo de Deus, dirige-se para o infinito com a determinação dos atributos ou nomes de Deus. Todo o conhecimento de Deus vem do próprio Deus. O que se pode dizer dele, de acordo com os nomes que aparecem nas Escrituras constitui o tema da *teologia afirmativa*. Existe também uma *teologia negativa*, que parte do infinito para Deus e o considera acima de todos os predicados e nomes com que se pode designá-lo. Segundo a *teologia mística*, o mais alto grau de conhecimento é o não saber místico: somente prescindindo de toda a determinação de Deus, compreende-se Deus em seu ser em si mesmo. b) *Sobre os nomes divinos*. Nesta obra, o Pseudo-Dionísio insiste na impossibilidade de apreender e designar adequadamente a natureza de Deus, que é superior à própria unidade tal como nós a concebemos: é o uno super-essencial, causa e princípio de todo número e de toda ordem. Deus não pode ser designado como unidade, nem como trindade, nem como número. Nenhum termo com que designamos as coisas finitas pode designá-lo. Nem sequer o próprio nome de bem, o mais elevado de todos, é adequado à sua perfeição divina. Tal é a *teologia superlativa*, consistente em admitir os nomes de Deus, mas sem poder concebê-los.

O Pseudo-Dionísio entende a *emanação* das coisas de Deus — como forma de todas as idéias ou modelos de todas as realidades — como criação. O mundo é produto da vontade divina, não um estágio do desenvolvimento de Deus. Os seres do mundo são símbolos ou manifestações de Deus. As coisas visíveis são um degrau ou escala que permite ao homem ascender até Deus e deste modo refazer, inversamente, o caminho da criação.

Existem outros tratados do Pseudo-Dionísio: *Sobre a hierarquia celeste* e *Sobre a hierarquia eclesiástica*. Na primeira concebe-se Deus como centro das esferas nas quais se ordenam todas as coisas criadas. As criaturas mais perfeitas são as mais próximas dele. A hierarquia celestial é constituída por anjos, distribuídos em nove ordens e reunidos em formações ternárias. Da seguinte forma: 1) tronos, querubins e serafins; 2) potestades, dominações e virtudes; 3) anjos, arcanjos e principados.

À hierarquia celestial corresponde a eclesiástica, disposta igualmente em três ordens: 1) constituído pelos mistérios: batismo, eucaristia, ordem sagrada; 2) o bispo, o sacerdote, o diácono; 3) catecúmenos, possessos e penitentes, isto é, os que são conduzidos à graça divina pelos administradores dos mistérios.

O fim da vida eclesiástica é a deificação ou transfiguração do homem em Deus. Isto se consegue mediante a ascensão mística. Seu cume é o não saber místico, a muda contemplação do uno. A conclusão é uma teologia mística, pela qual o homem alcança o supremo saber através da suprema ignorância.

BIBLIOGRAFIA: *Obras:* PG 3 e 4; (BAC); *Diccionario de filósofos*. Rioduero, Madrid 1987, 351-354.

Aretas (séc. X)

*Apologistas.

Ario (256-336)

Sem a pessoa de Ario e de sua doutrina, seria incompreensível grande parte da literatura cristã dos séculos III-V. Depois da literatura apócrifa e gnóstica dos séculos I e II, que provocou a reação dos primeiros escritos anti-heréticos (*Irineu, Santo), surgem multidões de escritores e de seitas que serão objeto de estudo e de condenação por parte de teólogos e concílios (São *Basílio, São *Gregório de Nissa, São *João Crisóstomo,

Santo *Atanásio). Quase todos eles têm Ario e sua doutrina como ponto de referência.

Oriundo da Líbia, Ario recebeu sua formação teológica em Antioquia e, desta cidade, passou para Alexandria, onde se ordenou diácono e mais tarde sacerdote. Encarregado da igreja de São Baucalis, próximo do ano 318 começou a provocar muitas discussões por causa de uma doutrina teológica própria, que ele apresentava em seus sermões como crença da Igreja. Sua doutrina foi denunciada rapidamente como contrária à tradição. Em um sínodo para o qual foram convocados todos os bispos do Egito, Ario foi condenado, sendo deposto juntamente com seus seguidores. Apesar de ter conquistado adeptos para sua causa, foi novamente condenado no Concílio de Nicéia (325), do qual participaram mais de 300 bispos. Para cortar a heresia pela raiz, o Concílio formulou o célebre *Símbolo Niceno (*Símbolo dos apóstolos)*, e Ario foi expatriado para a Ilíria. O imperador Constantino mandou chamá-lo do exílio em 328. Posteriormente ordenou que fosse reconciliado oficialmente, mas Ario morreu repentinamente na véspera do dia marcado (336).

A doutrina teológica de Ario pode ser resumida nos pontos derivados do princípio geral sobre as relações entre Deus Pai e Deus Filho: que a divindade tem de ser necessariamente incriada, mas também inata. Deste princípio, deduz-se: a) que o Filho de Deus, o Logos, não podia ser verdadeiro Deus; b) que o Filho de Deus é a primeira de suas criaturas e, como todas as demais, foi criado do nada e não da substância divina; c) houve, portanto, um tempo em que o Filho de Deus não existia; d) é Filho de Deus, mas não no sentido próprio da palavra, e sim no sentido moral e se lhe atribue de forma imprópria o título de Deus; e) a filiação do Filho é somente uma adoção, da qual não resulta nenhuma participação real na divindade. Nenhuma semelhança verdadeira com Deus, que não pode ter nenhum semelhante; f) conseqüentemente, o Logos ocupa um lugar intermediário entre Deus e o universo. Deus o criou para que fosse o instrumento da criação. Interpreta a encarnação no sentido de que o Logos se fez carne em Jesus Cristo, cumprindo a função da alma.

A doutrina de Ario atacava na raiz a própria natureza do cristianismo, ao atribuir a redenção a um Deus que não era verdadeiro Deus, incapaz, assim, de redimir a humanidade. Conseqüentemente, a Virgem Maria não era, segundo ele, a verdadeira Mãe de Deus. A fé cristã ficava despojada de seu caráter essencial.

A doutrina de Ario é um produto típico do racionalismo teológico próprio da escola de Antioquia e foi exposta por ele em conversas e contatos com companheiros de estudo e, inclusive, bispos. Valeu-se principalmente da pregação, já que sua obra escrita não é abundante. Os escritos de Ario reduzem-se a três: *Carta a Eusébio de Nicomédia,* condiscípulo e seu protetor; *Carta a Alexandre de Alexandria,* que o condenou; e, finalmente, o *Banquete* ou *Thalia,* — obra escrita em versos da qual somente conservamos fragmentos. Depois de sua condenação em Nicéia, escreveu outra *Carta ao imperador Constantino,* contendo um credo com o qual pretendia comprovar sua ortodoxia.

Ario é o herege mais importante e mais sério do cristianismo no séc. IV. Assim o consideraram a Igreja e os escritores posteriores. Toda a teologia posterior está marcada por sua heresia, que negava a originalidade essencial do cristianismo. E continua sendo até hoje quando o mistério de Cristo Filho de Deus é negado ou omitido.

BIBLIOGRAFIA: J. Quasten, *Patrología,* II, 10-16, com a bibliografia aí citada.

Aristides de Atenas (séc. II)

*Apologistas.

Aristides, Jean Bertrand (1953-)

*Libertação, Teólogos da

Arnauld, Antoine (1612-1694)

Teólogo francês vinculado ao movimento e espiritualidade de *Port-Royal. Desde 1638 esteve unido a Saint-Cyran e a Port-Royal, para onde se retirou em 1641.

Seu livro *Sobre a comunhão freqüente* (1643) acentua a necessidade de uma preparação bastante rígida para a comunhão. Divulgou as idéias jansenistas (*Jansênio) entre o grande e piedoso público e, a partir de 1644, foi o líder do movimento jansenista. Inspirador, juntamente com *Saint-Cyran, das *Cartas provinciais* de Pascal, foi censurado pelos teólogos da Sorbonne em 1656, sendo afastado do ensino. A assinatura da paz de Westfalen em 1668 devolveu-lhe o título de doutor. Viveu os últimos anos em seu retiro na Holanda, de onde continuou escrevendo e animando a controvérsia jansenista, reavivada a partir de 1679.

BIBLIOGRAFIA: *Oeuvres complètes,* 1775-1783, 43 vols.; J. Laporte, *La doctrine de la grâce chez Arnauld,* 1922; Id., *La doctrine de Port Royal,* I. *La loi moral,* 1951; II. *La pratique des sacrements,* 1952.

Arnauld, Jacqueline Marie Angélique (1591-1661)

Conhecida como "Mère Angelique", chegou a ser abadessa de Port-Royal. Sua vida de retiro no convento prolongou-se de 1602 a 1608, ano em que sofreu uma conversão radical. Fruto dessa conversão foram as drásticas reformas introduzidas na comunidade de *Port-Royal. Em 1625 transferiu a comunidade para um monastério mais amplo em Paris. Nos anos seguintes esteve submetida à influência de *Saint-Cyran, sob cuja direção a comunidade foi um centro de irradiação entusiasta dos princípios e práticas jansenistas. A vinculação a Port-Royal da figura de B. *Pascal torna mais interessantes ainda esses anos.

Arndt, Johann (1555-1621)
*Pietistas.

Astete, Gaspar (1537-1601)
*Catecismo.

Atanásio, Santo (279-373)

Denominado a "coluna da Igreja" e o "martelo dos arianos", nasceu em Alexandria, onde recebeu uma formação clássica e teológica. Há indícios de que na primeira juventude teve contatos com os monges de Tebaida. Em 319 foi ordenado diácono pelo bispo Alexandre, a quem mais tarde serviu como secretário. Foi como secretário que acompanhou o bispo ao Concílio de Nicéia (325), no qual se sobressaiu por sua discussão e dialética com os arianos. Três anos mais tarde (328), foi nomeado bispo de Alexandria.

A partir de então, a vida de Atanásio como bispo caracterizou-se pela luta contra os erros dos arianos, a defesa da verdade sancionada em Nicéia, oralmente e por escrito, e por seu indomável zelo e constância diante da adversidade. A Igreja do Oriente denominou-o "padre da ortodoxia" e a Igreja Romana considera-o entre os quatro grandes padres do Oriente. Atanásio, o Grande, foi o alvo da cólera dos arianos até o resto de seus dias. Tentaram reduzi-lo ao silêncio, procurando o favor do poder civil e corrompendo a autoridade eclesiástica. Por cinco vezes, foi expulso de sua sede episcopal e passou mais de 17 anos no exílio. Mas nada conseguiu quebrar sua resistência, pois estava convencido de que lutava pela verdade. Foi reabilitado na sede de Alexandria no dia 1º de fevereiro de 366. Viveu em paz o resto de seus dias e morreu no dia 2 de maio de 373.

É surpreendente a atividade literária de Santo Atanásio, apesar de uma vida tão agitada. Certamente a maior parte de suas obras está estreitamente relacionada com sua luta em defesa da fé nicena. "Submete a exame crítico uma e outra vez a argumentação dialética e exegética de seus adversários, e refuta as acusações que alguns de seus inimigos sem escrúpulos lançavam contra ele." "Em todos os seus escritos, diz Fócio, o estilo é claro, livre de redundâncias e simples, porém sério e profundo, e seus argumentos são extremamente eficazes."

Sua extensa obra pode classificar-se em:

1) *Escritos apologéticos e dogmáticos*. Figuram aqui, fundamentalmente, três obras: o *Tratado contra os pagãos*, o *Tratado sobre a encarnação do Verbo* e os *Discursos contra os arianos*. Estes últimos, esctitos entre 338-339, constituem a obra dogmática mais importante de Atanásio. Faz um resumo da doutrina ariana tal qual foi exposta por Ario na *Thalia* (*Ario) e defende a definição do Concílio de Nicéia de que o Filho é eterno, incriado — *agénetos* — e imutável, e de que existe unidade de essência entre o Pai e o Filho. Entre as obras dogmáticas espúrias atribuídas a Atanásio está o chamado *Símbolo atanasiano*, denominado também *Symbolum Quicumque*. Sua atribuição a Atanásio não é anterior ao séc. VII. Alcançou fama mundial e a partir do século IX foi utilizado no ofício ordinário dos domingos. É uma exposição clara da Trindade e das duas naturezas na única pessoa de Cristo. Provavelmente é de origem galicana e data do séc. V.

2) *Escritos histórico-polêmicos*, dos quais Atanásio se valeu para defender-se de seus inimigos. Nesta seção encontramos a *Apologia contra os arianos*, de fundamental importância para a história da controvérsia ariana; *Apologia ao imperador Constâncio*, obra em que colocou seu maior cuidado, escrita numa linguagem valente e digna, perfeitamente acabada e na qual brilha a arte; *Apologia pela fuga*, que justifica sua fuga da Igreja, e que se tornou um dos escritos mais famosos de Atanásio; *A história dos arianos* ataca o imperador Constâncio como um inimigo

de Cristo, patrocinador da heresia e precursor do Anticristo.

3) *Escritos exegéticos e ascéticos.* Entre os primeiros estão os comentários sobre os Salmos, o Gênesis, o Eclesiastes e o Cântico dos Cânticos. Entre os segundos está a *Vida de Santo Antão,* o documento mais importante do monaquismo primitivo, escrito a partir da morte de Santo Antônio (356). Dedicou-o aos monges, a pedido destes que queriam saber "como Antônio praticou o ascetismo, como viveu anteriormente, como foi sua morte, e se era verdade tudo quanto dele se dizia". Escreveu a *Vida de Santo Antão* com o objetivo de apresentar um modelo de vida consagrada ao serviço de Deus. "É uma regra de vida monástica em forma de narração" (São *Gregório Nazianzeno). Com a *Vida de Santo Antão* criou um novo tipo de biografia, que serviu de modelo para toda a hagiografia grega e latina posterior.

4) *Cartas.* Somente sobreviveu uma pequena parte. Muitas delas são decretos e tratados, mais do que cartas pessoais e privadas. Elas nos chegam nos mesentérios da controvérsia ariana. Em primeiro lugar estão as chamadas *Cartas festivas*, cartas nas quais os bispos de Alexandria anunciavam todos os anos, às sedes sufragâneas, o início da quaresma e a festa da páscoa. São 17 as cartas festais, que começam a partir do ano 329. A mais famosa é a que corresponde ao ano 367. Nela condena-se a tentativa dos hereges de introduzir obras apócrifas como Escritura divinamente inspirada, e enumeram-se os livros do Antigo e do Novo Testamento incluídos no cânon, transmitidos e aceitos pela Igreja.

Há outras cartas importantes: três cartas sinodais, carta aos bispos africanos, duas cartas-encíclicas, cartas dogmático-polêmicas, carta aos monges, cartas ascéticas etc.

Todos os esforços de Atanásio tendem a estabelecer, "desde as origens, a autêntica tradição, doutrina e fé da Igreja Católica que o Senhor deixou, os apóstolos pregaram e os padres conservaram". Seu maior mérito consiste em ter defendido o cristianismo tradicional do perigo da helenização, oculto na heresia de Ario e de seus seguidores. Seus pontos de insistência são: a) A *doutrina sobre a Trindade,* "que é Deus no Pai, no Filho e no Espírito Santo, que não têm associado nenhum elemento estranho ou externo". b) *O logos e a redenção:* "Ele se fez homem para que pudéssemos tornar-nos Deus, e manifestou-se através de um corpo para que tivéssemos uma idéia do Pai invisível". c) *Cristo:* "Assim como é o Verbo de Deus, o Verbo se fez carne. E enquanto no princípio era o Verbo, na plenitude dos tempos a Virgem Maria concebeu-o em seu seio e o Senhor se fez homem". "Sendo realmente Filho de Deus, fez-se também Filho do homem, e sendo Filho Unigênito de Deus, fez-se também primogênito entre muitos irmãos". d) O *Espírito Santo* é Deus, que procede do Pai. Em nenhuma parte afirma explicitamente que o Espírito Santo proceda do Filho. É, no entanto, um corolário de sua doutrina.

BIBLIOGRAFIA: J. Quasten, *Patrología,* II, 22-83; *Obras:* PG 25-28.

Atas dos mártires (séc. II-V)

As *Atas dos mártires* são relatos dos sofrimentos dos mártires cristãos. Formam um subgênero dentro da história dos cinco primeiros séculos do cristianismo. Nascem do próprio fato das perseguições e costumavam ser lidas às comunidades cristãs nos atos litúrgicos que comemoravam o aniversário do martírio.

Como fontes históricas podemos dividi-las em três grupos:

1. O primeiro grupo compreende os *processos verbais oficiais* do tribunal. Contêm as perguntas dirigidas aos mártires pelas autoridades, suas repostas tal como a anotavam os escrivães públicos ou os amanuenses do tribunal, e as sentenças proferidas. Depositavam-se esses documentos nos arquivos públicos, dos quais, algumas vezes, os cristãos conseguiam obter cópias.

O nome de *Atas dos mártires (acta* ou *gesta martyrum)* deve ser reservado exclusivamente para esse grupo. São fontes históricas imediatas e dignas de crédito que se limitam a consignar os atos.

A esse tipo pertencem as *Atas de São Justino e companheiros* (segunda metade do século II); as *Atas dos mártires escilitanos na África*, que contêm as atas oficiais do julgamento de seis cristãos de Numídia, que foram sentenciados pelo procônsul Saturnino e decapitados no dia 17 de julho do ano 180. Também as *Atas proconsulares de São Cipriano*, bispo de Cartago, executado dia 14 de setembro do ano 258.

2. O segundo grupo compreende os *relatos de testemunhas oculares ou contemporâneas*. Costuma-se denominá-los *paixões* ou *martyria*. A esse grupo pertencem o *Martyrium Policarpi* (156); a *Carta das Igrejas de Viena e Lião às Igrejas da Ásia e da Frígia;* a *Paixão de Perpétua e Felicidade;* as *Atas dos santos Carpo, Papilo e Agatônica;* as *Atas de Apolônio* que, na opinião de *Harnak, é "a mais nobre apologia do cristianismo que nos chegou da Antigüidade".

3. O terceiro grupo abrange as *lendas de mártires compostas com fins de edificação e muito depois do martírio*. São uma mescla fantástica de verdade e imaginação. Ou simples novelas sem nenhum fundamento histórico. A esse grupo pertencem as atas dos mártires romanos Santa Inês, Santa Cecília, Santa Felicidade e seus sete filhos, Santo Hipólito, São Lourenço, São Sisto, São Sebastião, Santos João e Paulo, Cosme e Damião etc. O fato de tais atas não serem autênticas não prova, de forma alguma, que esses mártires não tenham existido. Indica apenas que não se podem usar esses documentos como fontes históricas.

— Atenção especial merecem as *coleções* de atas dos mártires da antigüidade cristã. O primeiro que reuniu uma coleção de atas de mártires foi Eusébio em sua obra *Sobre os mártires antigos*. Essa obra se perdeu. Em *História Eclesiástica,* Eusébio dá-nos uma síntese da maioria dessas atas. Além disso, compôs um tratado sobre os mártires da Palestina, vítimas das perseguições entre os anos 303-311. Um autor anônimo recolheu as atas dos mártires persas mortos sob Sapor II (339-379). Escritas em siríaco, seus processos e interrogatórios lembram as relações das autênticas atas dos primeiros mártires. Em troca, as atas siríacas dos mártires de Edessa são pura lenda.

BIBLIOGRAFIA: J. Quasten, *Patrología*, I, 171-180; *Actas de los mártires*. Edição bilíngüe. Versão de Daniel Ruiz Bueno, 1987.

Atenágoras de Atenas (séc. II)
*Apologistas.

Atenágoras, Patriarca (1886-1972)
*Paulo VI; *Schutz, Roger.

Atos dos Apóstolos (séc. I)
*Lucas, São.

Auger, Edmond (1530-1591)
*Catecismo.

Averróis (1126-1198)
*Siger de Brabante.

Azor, João (1536-1603)
*Instituições morais.

Bacon, Roger (1214-1294)

Foi chamado e conhecido entre seus contemporâneos por "Doctor Mirabilis". Seu nome está vinculado à Universidade de Oxford, onde se destacaram Roberto de Grossestete, Pedro de Maricourt e muitos outros que passaram à história como filósofos da natureza ou "naturalistas". Tanto os procedimentos ou métodos de sua investigação quanto seus resultados interessam muito mais à história das ciências que à filosofia.

Roger Bacon é o "homem que se tornou — muitas vezes por confusão com seu homônimo do séc. XVI, Francis Bacon — o pai da ciência experimental". No entanto, é um medieval autêntico, um filósofo e teólogo da corrente franciscana e agostiniana de Oxford.

Nascido em Ilchester (1214), tornou-se franciscano para estudar em Oxford e Paris, onde permaneceu de 1244 a 1250. Nesse mesmo ano, voltou como professor de teologia para Oxford, a cuja escola ficou vinculado para sempre. Por solicitação do Papa Clemente IV, enviou-lhe o *Opus maius,* obra condenada em 1278 pelos franciscanos em geral, impondo a seu autor uma severa clausura, que parece ter-se prolongado até os últimos anos de sua vida. O único dado que temos dele é que em 1292 redigiu o *Compêndio dos estudos teológicos.* Complementam *Opus maius* suas obras *Opus minus* e *Opus tertium;* ambos chegaram até nós através de esboços.

Roger Bacon criou um plano grandioso para uma enciclopédia das ciências. Para ele, a metafísica é a ciência que encerra os princípios de todas as demais ciências.

BIBLIOGRAFIA: E. Gilson, *A filosofia na Idade Média,* 444-450, com a bibliografia nas p. 457-458; René Taton, *Historia general de las ciencias. La Edad Media,* 625 s.

Balmes, Jaime (1810-1848)

*Neo-escolásticos.

Baltasar Gracián (1601-1658)

Pensador espanhol nascido em Belmonte (Saragoça), e morto em Tarazona. Escritor barroco e conceptista, foi um dos pensadores espanhóis de maior e mais ampla influência na literatura e no pensamento da Europa. "A influência de seu estilo e de sua doutrina moral foi importante na França e, em especial, na Alemanha, particularmente em Schopenhauer — que traduziu *Oráculo manual* — e Nietzsche. Schopenhauer chegou a dizer: "Meu escritor predileto é o filósofo Gracián. Li todas as suas obras". Sendo um dos maiores teóricos do conceitualismo, Gracián também teve grande influência na Itália, na primeira metade do séc. XVII, conforme testemunharam suas numerosas traduções. O interesse suscitado na Espanha, há meio século, ganhou dimensões internacionais de caráter duradouro" *(Dic. de filósofos).*

Da mesma forma que Calderón na poesia, Gracián representa uma visão do homem e da natureza na qual o individual desaparece em meio à generalização da ordem dos símbolos. Gracián é um dos grandes escritores do séc. XVII, conhecedor do mundo, da natureza e da sociedade. Sacerdote jesuíta, escreveu com liberdade e sofreu os efeitos da censura interna e da repressão de sua ordem.

Sua numerosa produção pode ser agrupada em três séries: uma de tratados da corte sobre o homem perfeito: *O Herói* (1637); *O Político* (1640); *O Discreto* (1646). Na segunda série estão: *Oráculo manual* (1647); *O Crítico* (entre 1651-1657). Na terceira série: *Arte de engenho* (1642) e *Agude-*

za e arte de engenho (1648). Também escreveu *O comungatório,* um livro de meditações.

— Em seus escritos aparecem em toda sua grandeza a dignidade, a miséria e a condição política e social do homem. O homem está corrompido pela sociedade que desfigura sua imagem de Deus. O homem é seu grande tema. "Não nascemos prontos: vamo-nos a cada dia nos aperfeiçoando como pessoa, no trabalho, até chegar ao ponto do ser consummado, do alcance das virtudes, das excelências: isso se reconhecerá no gosto requintado, no talento purificado; na prudência do juízo, na vontade depurada" (*Oráculo,* 6).

— Em *O Herói* aguça-se o perfil engenhoso do homem ideal. "Em uns reina o coração, em outros a cabeça, e é sinal de necedade um querer estudar, e o outro lutar com a percepção. Para um cavaleiro corajoso não existe arma curta, porque lhe basta dar um passo à frente para que ela se alongue suficientemente, e, assim, o que lhe faltar de aço, o coração lhe suprirá com valentia".

— Do *Príncipe* — cujo exemplo de governador é o rei católico Dom Fernando — diz em *O Político:* "Não pode a grandeza fundamentar-se no pecado que é nada, mas em Deus que é tudo; ser herói do mundo pouco ou nada significa: mas ser herói do céu significa muito".

— Em *O Magistrado,* mais ainda que em *O Herói,* o ideal direciona-se para outra ordem de valores: o verdadeiro cortesão do século XVII. A essência do livro está em irmanar, na vida e na sociedade, o gênio com o talento, a grandeza da alma e da ação com a elegância do trato e a fineza dos gestos. Gracián preconiza o porte elegante, as boas maneiras, o galanteio, o domínio e, principalmente, a prudência, a sensatez, a adaptação aos modos de agir e às circunstâncias. E, acima de tudo, a moderação harmônica, a modéstia. Deve haver tempo para tudo, para a ética e para a sátira burlesca, para o riso e para o pranto, para a meditação e para a dança.

— *O Crítico* é a grande novela simbólica do séc. XVII. Propõe apresentar, no estilo cortesão, conforme o autor, o curso da vida humana, procurando juntar "o árido da filosofia com o divertido da invenção". Nessa obra expressou o sentido trágico da existência: "Ó vida, não devias ter começado, mas, já que começaste, não devias terminar. A felicidade não se encontra na terra. Tudo o que existe zomba do homem miserável: o mundo o engana, a vida mente para ele, a fortuna zomba dele, a saúde lhe falta, a idade passa, o mal o apanha, o bem se ausenta, os anos fogem, a felicidade não chega, o tempo voa, a vida se acaba, a morte o colhe, a sepultura o engole, a terra o cobre, a podridão o desfaz, o esquecimento o aniquila, e o que ontem era homem hoje é pó e amanhã será nada".

BIBLIOGRAFIA: *Obras completas*. Ed. por E. Correa Calderón, Madrid 1947; *Obras Completas*. Ed. e estudo preliminar por Arturo del Hoyo, Madrid 1960.

Balthasar, H. U. von (1905-1988)

*Teologia atual, Panorama da.

Báñez, Domingo (1528-1604)

Teólogo dominicano espanhol. Foi professor de Teologia na Universidade de Salamanca, um dos teólogos da chamada "baixa escolástica" ou escolástica renascentista, com sede na universidade salamanquina. Por sua cátedra passaram muitos discípulos que, mais tarde, ocuparam postos de relevância na vida espanhola. Duas atuações o tornaram célebre: sua participação na controvérsia sobre a graça com Luís de *Molina, e sua condição de diretor e confessor de Santa *Teresa de Jesus.

Domingo Báñez destaca-se por sua sólida formação escolástica, seu critério justo e seguro e seu bom senso prático. Escreveu comentários à *Summa Theologica* de Santo Tomás e vários tratados teológicos e filosóficos.

BIBLIOGRAFIA: *Scholastica Commentaria* (Biblioteca de Tomistas Espanhóis, VIII); Comentários inéditos da

Prima Secundae de Santo Tomás, 3 vols. (Biblioteca de Teólogos espanhóis, IX, XI e XIV); M. Solana, *Historia de la filosofía española,* III, 1941, 173-220.

Bardasanes (154-226)

*Efrém Siro, Santo; Marcião; Gnósticos.

Barlaão da Calábria (1290-1348)

*Hesiquia.

Barnabé, Carta a (séc. I-II)

*Padres apostólicos.

Barônio, César (1538-1607)

Religioso do Oratório, nomeado cardeal em 1596. Destacou-se como erudito e historiador, sem dúvida o mais importante de sua época. Sua obra principal são os *Annales Ecclesiastici,* uma história da Igreja em 12 volumes, que vai das origens até 1198. A redação da obra ocupou os últimos anos de seu autor (1588-1607). A *História* de Barônio é uma réplica da *Historia Ecclesiae Christi* (1559-1574), dividida por centúrias ou séculos e conhecida como "os centuriões de Magdeburgo". É uma visão da história eclesiástica desde a Contra-Reforma, cheia de dados às vezes sem oposição.

A autoridade de Barônio, no entanto, foi reconhecida durante muito tempo.

Barth, Karl (1886-1968)

Teólogo suíço de confissão calvinista. Por sua atitude antinazista, foi obrigado por Hitler a refugiar-se em Basiléia, de cuja universidade foi professor. Faz parte da chamada "teologia dialética" ou "da crise", junto a J. *Moltmann, E. Brunner, R. *Bultmann, F. Gogarten e outros. Barth deu nome a um movimento: o *barthismo,* que propõe uma total e coerente adesão à Palavra de Deus, equivalente ao objetivismo da revelação bíblica e ao fato histórico da encarnação, contra o imanentismo da cultura moderna geral e em particular do "protestantismo liberal". A teologia de Barth é uma reação frente a Schleiermacher e, em geral, contra a cultura do Romantismo e do Iluminismo. Participou, como observador, do Concílio Vaticano II.

A doutrina de Barth está presente em seus numerosos discípulos e em sua extensa e valiosa obra escrita. Destacamos seu monumental *Die Kirchliche Dogmatik* (10 vols., 1955) e o *Comentario à epístola aos Romanos* (1919); *Humanismus* (1950), e outras.

Podemos sintetizar sua teologia nos seguintes pontos: 1) Barth destaca a absoluta transcendência de Deus. Deus é o único positivo, o ser. O homem, no entanto, da mesma forma que o mundo, é a negação, o não ser. Justamente por não ser nada, o homem não tem a possibilidade de autoredenção; nem ao menos de conhecer Deus, mas somente de saber que não o conhece. 2) A iniciativa vem de Deus, que irrompe no mundo do homem através de sua revelação e palavra. A teologia de Barth é, por isso, a teologia da palavra. A revelação de Deus é o objeto da teologia. Barth centra toda a sua atenção na revelação e palavra de Deus na Bíblia. 3) Barth vê a revelação de Deus na Bíblia como algo dinâmico, não estático. A palavra de Deus, diz Barth, não é um *objeto* que nós controlamos como se fosse um corpo morto que podemos analisar e dissecar. Na realidade é como um *sujeito* que nos controla e atua sobre nós. E essa Palavra é capaz de nos fazer reagir de um jeito ou de outro. 4) A Palavra de Deus é o acontecimento mediante o qual Deus fala e se revela ao homem através de Jesus Cristo. E como isto se torna realidade? A Bíblia, Palavra escrita de Deus, é a testemunha do acontecimento da Revelação de Deus. O Antigo e o Novo Testamento colocam Jesus Cristo como o "Cordeiro de Deus", anunciado por João Batista. Por isso, sem dúvida, desde seus primeiros anos como pastor, Barth teve sobre sua mesa a pintura de Grünewald em que João Batista mostra Jesus Cristo crucificado. 5) Hoje, através da Palavra proclamada, a Igreja é testemunha da Palavra revelada. Sua proclamação baseia-se na palavra escrita, a Bíblia. Deus serve-se desta palavra proclamada e escrita, e se transforma em palavra revelada de Deus, quando ele quer falar-nos através dela.

A ênfase da teologia de Barth está na revelação de Deus em Jesus Cristo. A única palavra de Deus está em Jesus Cristo. Toda relação de Deus com o homem se dá em Cristo e através de Cristo. Em sua forma negativa, isto significa a exclusão da teologia natural. Positivamente, tudo deve ser visto e interpretado a partir de Cristo ou, empregando a expressão barthiana, a partir da "concentração cristológica". O pecado original não pode ser entendido independentemente de Cristo. A fé também não é fruto de um raciocínio nem está fundamentada em um sentimento subjetivo. "Em Jesus Cristo não há separação do homem de Deus, nem de Deus do homem."

Barth prega que "a mensagem da graça de Deus é mais urgente que a mensagem da Lei de Deus, de sua ira, de sua acusação e de seu juízo".

A teologia de Barth exerceu e continua exercendo uma influência decisiva na constante procura da palavra autêntica e verdadeira de Deus. Sua condição de "crente" que não invoca nenhum mérito diante de Deus é o melhor estímulo para os cristãos de todos os tempos.

BIBLIOGRAFIA: *Obras: Esboço de dogmática* (1947); *O homem e seu próximo* (1954); *A dogmática cristã em esboço* (1927); *Dogmática eclesiástica* (1932-1967); *Humanismo* (1950).

Bartolomeu de las Casas (1474-1566)

Bartolomeu de las Casas nasceu em Sevilha. Seu pai, amigo de Colombo, fez parte da segunda viagem às Antilhas em 1493. Depois de terminar seus estudos em Salamanca, chegou a Santo Domingo em 1502 e participou de várias expedições sob as ordens de Nicolau de Ovando. Foi premiado por seu trabalho com uma *encomienda,* e se iniciou como *doctrinero* dos índios. Em 1512 ordenou-se sacerdote, talvez o primeiro da América, para participar em 1513 da conquista de Cuba.

O ano de 1514 marcou o giro copernicano da vida e da atuação posterior de Bartolomeu de las Casas. No famoso sermão do 15 de agosto, anunciou que devolvia sua missão e sua reserva de índios ao governador. Convencido de que era inútil defender os índios, estando tão longe, em 1515 voltou à Espanha, onde encontrou o apoio e a ajuda do cardeal Cisneros. O plano para a *Reforma das Índias* foi fruto dessa viagem. Nomeado sacerdote-procurador das Índias, embarcou novamente para a América em 1516.

Desde então, Bartolomeu de las Casas assume a causa dos índios. No ano seguinte, volta para a Espanha e apresenta-se diante do imperador Carlos V, que em 1519 aceita o projeto de Las Casas para "criar as comunidades livres", compostas de índios e de espanhóis, para criarem juntos uma nova civilização na América. Volta para a América em 1520 para experimentar o fracasso desta primeira tentativa em Santo Domingo. Embora fracassado como sacerdote e como reformador social, não abandona a luta. Em 1523 ingressou na Ordem de São Domingos, onde escreve a *História apologética,* que serviria como antecipação e introdução de sua grande obra, a *História das Índias* que, por sua própria vontade, só se publicaria depois de sua morte. A *História* é um relato de todo o ocorrido nas Índias tal e qual ele viu e ouviu; porém, mais do que uma simples crônica, caberia melhor defini-la como uma interpretação profética, já que se trata da exposição do pecado da dominação, da opressão e da injustiça com que os europeus tratavam os índios recém-descobertos.

Junto a essa *História*, que antecipa para a Espanha os castigos que sobreviriam, deve-se colocar as *três cartas* que enviou ao Conselho das Índias (1531-1535). Nelas acusa concretamente pessoas e instituições do pecado de opressão sobre os índios, sobretudo através do sistema de *encomiendas*. Sua situação incômoda diante dos que ofereciam as missões e das autoridades não o impediu de escrever *O único modo*, obra em que estabelece a doutrina da evangelização pacífica dos índios, e trata de implantá-la ajudado pelos dominicanos numa região da atual Costa Rica.

Novamente na Espanha, escreveu em 1542 a *Brevíssima relação da destruição das Índias*, onde expõe e delata a atuação dos conquistadores: "A razão pela qual os cristãos mataram e destruíram tão infinito número de almas é que foram arrastados pelo anseio do ouro e pelo desejo de se enriquecer em muito pouco tempo". Desde então, Bartolomeu de las Casas parece ter recebido seu prêmio. Carlos V assinou *Leis Novas das Índias*, nas quais introduziu um novo direito no regime das *encomiendas*. Las Casas foi nomeado bispo de Chiapas e, em 1544, embarcou novamente para a América com 44 missionários dominicanos. Já em 1545, redigiu os *Avisos e regras para confessores de espanhóis,* em que proibia absolver aqueles que retivessem índios em suas missões. Isto provocou o desagrado dos colonos e governadores, que mais uma vez o obrigaram a abandonar seu posto para voltar à Espanha em 1547. A partir daí, a batalha de Bartolomeu de las Casas permanecerá no Conselho das Índias e na confrontação com os intelectuais e teólogos, principalmente com Juan Ginés de Sepúveda. Las Casas continuou escrevendo livros, folhetos, memoriais, testemunhando assim sua inquebrantável determinação de deixar por escrito seus principais argumentos em favor dos índios da América. Aos 90 anos completou mais duas obras sobre a conquista espanhola na América. Morreu em 1566, no convento de Nossa Senhora de Atocha de Madri.

A vida de Bartolomeu de las Casas gozou sempre de sorte diversa. Também foi interpretada de maneira muito diversa na Espanha e fora dela.

Exaltado, desprezado e depois novamente exaltado, hoje é considerado um dos primeiros a perceber a injustiça econômica, política e cultural do sistema colonial. Como evangelizador, é inegável sua boa vontade e sua entrega total, pelo evangelho, à causa dos fracos.

BIBLIOGRAFIA: *Obras: Del único modo de atraer a todos los pueblos a la verdadera religión*. México 1951; *Historia de las Indias*. Madrid 1957-1958, 4 vols.; Id., *Brevísima relación de la destrucción de las Indias*. Buenos Aires 1960; Ramón Menéndez-Pidal, *Bartolomé de las Casas*. Madrid 1968; L. Galmés, *Bartolomé de las Casas, defensor de los derechos humanos*. Madrid 1980.

Basílides (séc. II)

*Gnósticos.

Basílio Magno, São (331-379)

A figura de São Basílio destaca-se por seu perfil de monge, de pastor, de homem da Igreja e de fino conhecedor da língua e da cultura grega. Nascido em Cesaréia da Capadócia — hoje Turquia Asiática — , recebeu a primeira educação em sua cidade natal para completá-la depois em Constantinopla e Atenas (351-356). Aí conheceu São Gregório Nazianzeno, com quem teve uma sincera e profunda amizade. Os dois, junto com São Gregório de Nissa e Eusébio de Cesaréia, formam a escola de Cesaréia e são conhecidos também pelo nome de "padres capadócios".

O apelido de "Grande" aplica-se a São Basílio por ser monge e fundador do mosteiro oriental, por seu trabalho pastoral como bispo de Cesaréia, por sua doutrina como teólogo e defensor da ortodoxia frente ao arianismo, e por seus dotes de orador e homem culto e superior que lhe valeram a admiração e o reconhecimento de seus contemporâneos.

Basílio deixou obras dogmáticas, exegéticas, ascéticas, homilias e cartas. Em primeiro lugar destacam-se as duas *Regras*, a longa e a breve, fruto de sua longa experiência como monge, e cuja influência é evidente em todo o mosteiro oriental. Das 24 homilias, certamente autênticas, devemos ressaltar os problemas éticos e sociais que apresentavam. As obras dogmáticas — *Contra Eunômio, Sobre o Espírito Santo* — são dedicadas à polêmica contra o arianismo. Na primeira defende a divindade do Filho e, na segunda, expõe a divindade do Espírito Santo, segundo a doutrina da Igreja. Suas nove homilias sobre o *Hexameron* mostram seus conhecimentos científicos da Antigüidade.

De seus escritos, destacamos: a) Sua numerosa correspondência, da qual nos restam mais de 300 cartas. Nelas fala de suas atividades diárias, ou são pequenos tratados de teologia e moral. Várias de suas *epístolas canônicas,* que tratam de disciplina, formam parte do direito canônico da Igreja Ortodoxa. b) De grande interesse é seu *Discurso aos jovens* sobre a cultura clássica e sobre os cristãos. Aconselha o estudo dos poetas, oradores, historiadores e filósofos gregos. A literatura e a erudição gregas são um poderoso instrumento de educação, mas a educação moral é mais importante que a formação literária e filosófica. c) Embora ainda não esteja confirmada sua contribuição à denominada *Liturgia de São Basílio*, deve-se reconhecer pelo menos que, nesta magnífica série de preces eucarísticas, a prece central da consagração reflete seu espírito e é provável que foi utilizada em Cesaréia durante a vida do santo.

O trabalho dogmático mais importante de São Basílio, e dos padres capadócios, apóia-se na sua luta contra o arianismo e, particularmente, contra os imperadores *Juliano e Valente. Seu empenho tem o objetivo de esclarecer a fé da Igreja:

— "Nas discussões sobre Deus deve-se tomar por guia a fé, a fé que impele à aceitação mais fortemente do que à demonstração, a fé que não é produzida por uma necessidade geométrica, mas pela ação do Espírito Santo" (*Hom. In Ps.,* 115, 1).

— "Não aceitamos nenhuma fé que não seja prescrita por outros nem presumimos expor os resultados de nossa reflexão, para não dar como regra de religião o que somente os santos padres nos têm ensinado".

— Em suas discussões sobre a Trindade, mantém firme o fundamento de uma só *substância (ousía) e três Pessoas (hipóstasis)*: igualdade substancial das três Pessoas, distintas, no entanto, em sua individualidade. Frente aos semi-arianos, admitiu a substituição do termo "consubstancial" pela fórmula "semelhante imutavelmente na essência".

— Diante de Eunômio, São Basílio afirma que "o conhecimento da essência divina consiste somente na percepção de sua incompreensibilidade" (*Ep.* 234, 2). Podemos conhecer Deus através de suas obras, mas sua essência nos é inacessível.

BIBLIOGRAFIA: J. Quasten, *Patrología,* II, 213-247; *Obras:* PG 29-32; *Homilias escogidas de San Basílio el Grande* (Biblioteca de autores gregos e latinos), Barcelona 1915.

Batiffol, Pierre (1861-1929)

Historiador da Igreja, especializado na história das origens. Esteve vinculado algum tempo ao Modernismo. Sua obra sobre a *Eucaristia* (1905) criou tal conturbação que se viu obrigado a renunciar ao reitorado do Instituto Católico de Toulouse. Em 1911, seu livro foi incluído no **Index dos livros proibidos*.

Apesar de tudo isto, é notável a contribuição de P. Batiffol para a história da Igreja. São dignas de consideração suas conclusões a respeito da história da Igreja primitiva e, especialmente, sobre o desenvolvimento e evolução do poder do papa até a época de Leão I.

Baur, Ferdinand Christian (1792-1860)

Teólogo protestante liberal, fundador da Escola de Tubinga (Alemanha). Discípulo de

*Hegel, tratou de aplicar no cristianismo e sua história as teorias sobre a evolução da história próprias do seu mestre. O Novo Testamento é dominado por três correntes em luta: a corrente petrina e a paulina, opostas entre si, para terminar na católica. Era a teoria hegeliana da tese, antítese e síntese. Essa mesma teoria, aplicou-a depois no desenvolvimento da doutrina cristã. A obra sobre São *Paulo* (1845) é um reflexo de todas as suas teorias. Nega a autenticidade da maior parte das cartas de São Paulo, a exceção de Gálatas, 1 e 2 Coríntios e Romanos. Em seu estudo sobre os *Evangelhos* (1847) Baur os interpreta como uma simples evolução de um processo que começa em Mateus, que representa o partido judaizante, e termina em João, considerado como a evolução e reconciliação final.

A Escola de Tubinga exerceu grande influência sobre filósofos, teólogos e historiadores (*Feuerbach, *Renan, *Strauss).

Baxter, Richard (1615-1691)

Pietistas.

Bayle, Pierre (1647-1706)

Voltaire.

Bayo, Miguel (1513-1589)

Teólogo belga, delegado da Universidade de Lovaina ao Concílio de *Trento. Em 1567, uma bula papal condenou as seguintes proposições tomadas de suas obras: a) O primitivo estado de inocência não foi um dom sobrenatural de Deus para o homem, mas o complemento necessário da natureza humana. b) O pecado original não é simplesmente a privação da graça, mas a concupiscência habitual, transmitida por herança, que é pecado inclusive nas crianças inconscientes, ou mal moral em si mesma. c) A obra da redenção consiste em capacitar-nos para recuperar os dons da inocência original e assim viver uma vida moral. d) Nossos atos tornam-se meritórios, trocando a concupiscência pela caridade. Desta maneira, a graça que nos confere a redenção não tem por que ser sobrenatural.

Beauduin, Lambert (1873-1960)

Monge beneditino, incentivador do movimento litúrgico com sua obra *La Piété de l'Église* (1914), escrita na abadia de Mont-César, Lovaina, centro de renovação litúrgica. Em 1925 fundou, por solicitação de Pio XI, um centro de oração pela unidade dos cristãos, centro que, definitivamente, mudou-se para Chevetogne em 1939. A comunidade dos monges aí estabelecida procurou o restabelecimento de relações entre a Igreja de Roma e as demais Igrejas. Nela praticavam-se dois ritos nos atos litúrgicos: o rito latino e o oriental (grego e eslavo).

Beauduin acompanhou o cardeal Mercier nas Ligas de Malinas (1921-1925) para tratar da união da Igreja Anglicana com Roma. Sua proposta posterior de que "a Igreja não deveria ser absorvida, mas unida à de Roma", valeu-lhe a desaprovação de Roma. Os últimos anos de sua vida, passou-os em Chevetogne. Beauduin transforma-se assim num dos pioneiros do movimento ecumênico anterior ao Concílio *Vaticano II.

Becket, Santo Thomas (1118-1170)

Salisbury, João de

Beda, o Venerável, São (672-735)

Nasceu em Jarrow (Inglaterra). Monge, teólogo, investigador e historiador anglo-saxão, conhecido principalmente por sua *Historia ecclesiastica gentis anglorum*, imprescindível para o conhecimento das origens do cristianismo na Inglaterra.

Desde os sete anos o vemos no mosteiro de Wermouth (Durham), de onde se mudou para a abadia de Jarrow, aí vivendo até a sua morte. Conforme diz Pedro Abelardo, colhendo o próprio testemunho de Beda, nunca se arrependeu de ter-se tornado monge, jamais se cansou, feliz em viver em plenitude. Sepultado em Jarrow, seus restos foram trasladados mais tarde para a Catedral de Durham.

A obra escrita de Beda está dividida em três grupos básicos: a) estudos de gramática e científicos; b) comentários bíblicos; c) escritos históricos e biográficos. No primeiro bloco, figuram seus tratados sobre a leitura, figuras de linguagem, versos e epigramas. Como obra científica destaca-se *De natura rerum*, baseada preferencialmente na obra de Plínio, o Velho, e *De temporum ratione*, esta última dedicada a instruir os clérigos para determinar a data exata da páscoa cristã. Também é um mérito de Beda a adaptação da cronologia da história universal para a data do nascimento de Cristo.

Com relação a seus comentários bíblicos, é conhecida sua tendência para as interpretações alegóricas, procurando no texto bíblico sentidos simbólicos e mais profundos. Não obstante, soube aplicar um sentido crítico ao texto e tratou de harmonizar e raciocinar suas discrepâncias e diferenças.

A faceta mais brilhante de Beda está em sua condição de monge investigador e historiador. Dele se conhece *Vida de São Cutberto*, em prosa e verso, na qual abundam os milagres. Maior sentido histórico tem sua *Historia abbatum*. Mas a obra que é ligada a seu nome, como o indicamos anteriormente, é sua *Historia ecclesiastica gentis anglorum*. Consta de cinco livros e abrange um período que vai desde a invasão de Júlio César (55-54 a.C.) até a chegada de Santo Agostinho a Kent (597 d.C.). Suas fontes são cartas antigas, tradições dos antepassados e o próprio conhecimento dos fatos pelo autor. Apesar de estar sobrecarregada com os milagres, é a obra de um estudioso preocupado em precisar suas fontes e registrar as que considerava dignas de crédito.

Ainda hoje é fonte indispensável dos fatos e significado da primitiva história anglo-saxã.

Com razão compara-se Beda com São *Isidoro de Sevilha. Beda é outro elo da corrente através da qual se transmite a cultura antiga para a Idade Média. Sua influência perpetuou-se na Inglaterra pela escola de York, fundada por seu discípulo Egbert, e transcendeu o continente através do grande Alcuíno. Beda é o monge paciente cuja imagem é paradigma do estudioso pesquisador das velhas abadias beneditinas.

BIBLIOGRAFIA: *Obras:* PL 90-95; A. H. Thompson, *Bede: His life, Times and Writings,* 1935; M. T. A. Carroll, *The Venerable Bede: His Spiritual Teachings,* 1946. E. Gilson, *A filosofia na Idade Média,* 173-176.

Belarmino, São Roberto (1542-1621)

Teólogo jesuíta, considerado um dos principais executores da "Contra-Reforma". Sobrinho do Papa Marcelo II, ingressou na Companhia de Jesus em 1560. Foi o primeiro professor jesuíta da Universidade de Lovaina. Depois de seis anos de magistério nessa universidade, passou ao Colégio Romano como professor, sendo nomeado cardeal em 1599. De 1602 a 1605 foi bispo de Cápua, sendo posteriormente chamado ao serviço da Cúria Romana.

Belarmino é considerado um defensor da Igreja de Roma frente ao protestantismo emergente e já consolidado na Europa. Sua principal obra, *Disputationes de controversiis Christianae Fidei* (1586-1593), é uma defesa racional, clara e sistemática da Igreja de Roma. Seus estudos da Bíblia, da Igreja primitiva e dos padres fizeram dele um inimigo formidável dos reformadores. Belarmino obrigou a fundar cátedras de teologia nas universidades protestantes para poder contestar os ataques do jesuíta.

De vida impecável, foi um teólogo sincero e exemplar, sem medo de expressar suas convicções. Assim é quando fala da justificação somente pela fé, uma fé viva vivificada pela caridade...

Da mesma maneira quando fala do *poder indireto* — não direto — do papa sobre os assuntos temporais e que mereceu dele a perda da confiança de Sisto V, que colocou o primeiro volume das *Controvérsias* no *Index*. Essa integridade é observada na implicação de Belarmino nas primeiras etapas do caso Galileu. Foi Belarmino quem comunicou a *Galileu (1616) que a Terra é o centro do universo, e não o inverso.

BIBLIOGRAFIA: J. Lortz, *Historia de la Iglesia en la perspectiva del pensamiento*. Cristiandad, 2 vol.; *Historia de la Iglesia* dirigida por Ricardo G. Villoslada (BAC), 1979s.

Bell'Huomo (séc. XVII)
*Molinos, Miguel de.

Belloc, Hilaire (1870-1953)
*Chesterton.

Benoit, Pierre (1886-1962)
*Teologia atual, Panorama da.

Bento de Núrsia, São (480-547)

Nasce em Núrsia (Lombardia). Fundador da ordem beneditina e pai do mosteiro ocidental. Proclamado patrono da Europa, em 1964, por Paulo VI, por sua contribuição bem como a de seus monges para a evangelização e civilização de diversas regiões deste continente.

Sobre a vida de São Bento, temos a testemunha de quatro de seus discípulos, tal como aparece nos *Diálogos* de São Gregório (l.II). Sabemos, de fato, que nasceu de uma boa família de origem lombarda e que foi mandado para estudar na decadente Roma dos godos e do nascente poder dos papas. Enojado de Roma, logo se retirou para Subíaco, a uns 50 km ao leste de Roma, nas cadeias dos montes Abruzos. Aí viveu três anos como eremita em completa solidão. Obrigado a presidir um grupo de monges, chegou a fundar até doze mosteiros com doze monges em cada um. De Roma vieram patrícios e senadores para colocarem-se sob sua direção. Discípulos desta época foram Mauro e Plácido, que sempre o acompanharam.

Depois desses primeiros ensaios, estabeleceu-se em Monte Cassino, no meio do caminho entre Roma e Nápoles, onde permaneceu até a sua morte. A etapa em Monte Cassino foi a mais estável e fecunda, onde fundou propriamente a ordem beneditina e redigiu e ensaiou sua famosa *Regra*. Quem quiser conhecer São Bento, terá de buscar a regra que São Gregório definiu como monumento "claro por sua linguagem e eminente por sua discrição".

São Bento começou sua vida monacal como eremita solitário. Percebeu, entretanto, as dificuldades e perigos espirituais desse tipo de vida. Sua regra observa uma vida totalmente em comum, sob a obediência ao abade do mosteiro e na qual o monge se vincula a ele por toda a sua vida. Nessa regra reconheceram-se elementos da tradição legados pelos padres do deserto, por Santo Agostinho e, principalmente, por Cassiano. A crítica

moderna assinala também, na composição da regra, a inclusão de um documento anônimo conhecido como a *Regra do mestre* — *Regula magistri*. Não existe, no entanto, unanimidade entre os críticos sobre a certeza da inclusão deste documento. Assim, quase um terço da chamada regra de São Bento derivaria da *Regula magistri*. O prólogo e os capítulos sobre a humildade, a obediência e o abade teriam sido derivados desta. De qualquer maneira, a regra que se impôs em toda a Europa por sua prudência e discrição foi a chamada regra de São Bento, conhecida até hoje como tal.

— De um nível constitucional, a regra de São Bento é a primeira tentativa séria de racionalização da vida e da atividade de uma comunidade de homens. Sob o lema de "Ora et labora", tenta-se realizar o "opus Dei", distribuindo racionalmente o tempo da jornada diária entre oração, trabalho, descanso e sono (de 7-8 horas diárias). A jornada de trabalho diurno está igualmente distribuída em 5 horas de oração litúrgica e particular, 5 horas de trabalho manual e outras 5 horas de leitura da Bíblia, estudo, pesquisa.

— Em toda a vida monástica permanece o sentido da compreensão humana e cristã: prudência e compreensão. Nada de dureza nem rigidez. O mosteiro ou abadia é como uma família, uma casa ou lar independente e autônomo. O abade é sua figura central: é o pai, *primus inter pares,* que governa e dirige com discrição a vida da comunidade e dos diferentes tipos de pessoas segundo sua idade, capacidade, disposições e necessidades tanto materiais quanto espirituais. A moderação deve presidir sua vida e a dos monges.

— A obediência, que faz do mosteiro "uma escola de serviço do Senhor" (Prólogo), a humildade em seus dozes graus (c. 7), a pobreza: "o vício da propriedade privada deve ser erradicado especialmente do mosteiro" (c. 33) e o trabalho: "a ociosidade é inimigo da alma" (c. 48), e a oração ou "opus Dei" levarão o monge à altura da doutrina e perfeição (c. 73).

BIBLIOGRAFIA: D. João Evangelista, OSB, *Regra de São Bento;* D. Basílio Penido, OSB, *Regra de São Bento;* R. Molina, *San Benito, Fundador de Europa* (BAC), 1980; *La Regla de San Benito.* Edição de G. M. Colombás-Aranguren (BAC), 1970.

Berdiáev, Nikolái (1874-1948)

Representante da filosofia existencialista cristã russa. De vida agitada antes e depois da revolução de 1917, primeiro por suas idéias socialistas e depois por sua oposição ao regime comunista. Berlim e Paris foram os lugares de residência obrigatória. Desde 1925 fez de Paris o centro de sua atividade filosófica e cultural. Sua produção é muito extensa.

Berdiáev defende um espiritualismo *profetizante*. Sobre o fundo comum do existencialismo, concebe o homem como *indivíduo*, ligado ao mundo da natureza. Mas o homem supera o limite que o separa de sua própria singularidade, colocando-se como *pessoa*. O homem, enquanto pessoa, vive sua própria existência, vive sua própria vocação com consciência e responsabilidade. A solidão originária do homem, segundo Berdiáev, não pode ser resolvida senão em Deus: "É nele que a plenitude pode ser alcançada, após descoberto o verdadeiro sentido da existência". "Ontologicamente, a solidão é a expressão da nostalgia de Deus como sujeito e não mais como objeto, porque Deus não pode ser nunca um objeto, um outro, senão que vive na alma e revela-se como momento constitutivo da personalidade espiritual do homem. Na profundidade do espírito, nasce essa humana e eterna nostalgia de Deus, e a procura de Deus por parte do homem transforma-se na procura de si mesmo, da própria humanidade".

Neste surgir de Deus na alma, Berdiáev encontra um movimento duplo: "De Deus ao homem e do homem a Deus". Portanto, pensa Berdiáev que "na filosofia e na teologia seria necessário começar não pelo homem, nem por Deus, mas pelo Deus-Homem. A existência, então, desemboca no Deus-Homem, em Cristo, em quem se restitui o laço desfeito entre o homem e Deus, e o homem liberta-se da escravidão da natureza e da morte". "Entra numa economia nova." "Toda a vida é diferente depois da vinda de Cristo."

Sob essa perspectiva. Berdiáev constrói um ética nova. "A ética da redenção completa-se por uma ética nova, criativa e profética, que carrega sobre o homem a responsabilidade pelo próprio destino e o do mundo". Seu melhor livro, *O destino do homem*, tenta traçar as linhas da existência cristã, entendida como criatividade, que se abre finalmente em visões de ordem escatológica e profética. São reflexões paradoxais e sugestivas, embora nem sempre claras.

BIBLIOGRAFIA: *Obras: Uma nova idade média* (1931); *O sentido da história* (1931); *A destruição do homem* (1947); *O homem e a máquina* (1933); *O destino do homem* (1936); *Ensaio de meditação escatológica* (1940); *Cinco meditacões sobre a existência* (1948); *Liberdade e escravidão do homem* (1959); *O cristianismo e o problema do comunismo* (1959).

Bergson, Henri (1859-1941)

Qualifica-se a filosofia de Bergson como "a máxima expressão do espiritualismo francês deste último século". O tema fundamental da filosofia bergsoniana é a consciência, considerada não como uma energia infinita e infinitamente criadora, mas como uma energia finita, condicionada e limitada por situações, circunstâncias e obstáculos que podem inclusive solidificá-la, degradá-la, bloqueá-la ou dispersá-la.

H. Bergson nasceu e morreu em Paris. Deixou detrás de si uma brilhante e esplêndida obra tanto literária quanto filosófica: conferências, ensaios e livros formam parte de seu legado como professor no Colégio da França. Seu primeiro escrito é *Ensaio sobre os dados imediatos da consciência* (1889), que já revela o que será o método de sua filosofia: libertar a vida original da consciência de estruturas fictícias. Sua obra principal, *A evolução criadora* (1907), interpreta a natureza da vida como corrente de consciência ou *impulso vital (élã vital)*, que se insinua na matéria, sujeitando-a a si, mas ficando também limitada e condicionada por ela. Seguem a essa última outras obras como *Energia espiritual* (1919); *Duração e simultaneidade* (1922); *O pensamento e o movente*, e *As duas fontes da moral e da religião* (1932), na qual expôs o significado ético-religioso de sua doutrina. Desta obra trataremos aqui de maneira preferencial.

Em *As duas fontes da moral e da religião*, Bergson alcançou uma noção muito mais próxima do conceito religioso de Deus do que em *A evolução criadora*. Em 1937 reconheceu: "Minha reflexão levou-me cada vez mais perto do catolicismo, no qual vejo o completo cumprimento do judaísmo". No entanto, embora tenha declarado "sua adesão moral ao catolicismo", nunca foi além disso. "Ter-me-ia convertido, se não tivesse visto de antemão a formidável onda de anti-semitismo que se infiltra no mundo. Gostaria de permanecer entre os que amanhã serão perseguidos". Confirmando essa convicção, poucas semanas antes de sua morte levantou-se da cama e pôs-se na fila para ser registrado como judeu, conforme a lei que acabava de ditar o governo de Vichy, e da qual não quis eximir-se apesar de se ter proposto isto a Bergson.

Bergson distingue duas classes de sociedades, nas quais se dão também duas classes ou tipos de moral e de religião. Existem sociedades fechadas nas quais se pratica e vive uma *moral da obrigação e do costume*. Em tais sociedades, a ordem moral é modelada sobre a ordem física. O indivíduo segue o caminho traçado pela sociedade: automaticamente obedece a suas normas e conforma-se com seus ideais. A sociedade é a fonte das obrigações morais. Junto a esta existe uma *moral absoluta*, a dos santos do cristianismo, dos sábios da Grécia, dos profetas de Israel, que é a moral de uma *sociedade aberta*. Essa moral não corresponde a um grupo social, mas a toda a humanidade. Tem por fundamentação uma emoção original e prolonga o esforço gerador da vida. A moral da obrigação é imutável, a moral absoluta está em movimento e tende ao progresso.

Da mesma maneira há dois tipos de religião: a religião *estática* e a religião *dinâmica*. A primeira é infra-intelectual: uma reação defensiva da natureza contra o poder dissolvente da inteligência. É uma religião natural no sentido de que é produto da evolução natural. Mas há também uma religião dinâmica: religião supra-intelectual, que empreende e continua diretamente o impulso vital originário. Bergson identifica essa religião dinâmica com o *misticismo*.

Sobre essa religião dinâmica ou misticismo, Bergson diz que é própria dos homens privilegiados e geniais. Não obstante, confessa que é algo que está em todos os homens, enquanto tende a libertá-los da religião estática e dá lugar a numerosas formas de religião. "O resultado do misticismo — diz Bergson — é uma tomada de contato e, conseqüentemente, uma coincidência parcial com o esforço criador que a vida manifesta. Esse esforço é de Deus, senão o próprio Deus." Sobre esse misticismo, Bergson escreveu suas páginas mais belas. Assinalou que o misticismo completo é o dos grandes místicos cristãos: São Paulo, Santa Teresa, Santa Catarina, São Francisco, para os quais o êxtase não é um ponto de chegada, mas a partida para uma ação eficaz no mundo. Bergson prediz o surgimento de algum gênio místico como correção dos males sociais e morais de que hoje sofre a humanidade. Termina seu pensamento afirmando: "O corpo imensuravelmente engrandecido do homem e da natureza espera um suplemento de alma, e a mecânica exigiria uma mística".

As duas fontes reproduzem as linhas de um panteísmo romântico. O homem é constituído, em sua mais íntima essência, por um impulso vital, supra-individual e sobre-humano, que "é o divino ou o próprio Deus", nas palavras do próprio Bergson. Isto não é panteísmo? Mas não impede de reconhecê-lo como um dos filósofos que maior influência exerceram nos pensadores cristãos atuais.

BIBLIOGRAFIA: *L'Evolution* Creatrice, Paris 1948; *Cartas, Conferências e Outros Escritos*, S. Paulo 1974 Obras *escogidas*. Aguilar, Madrid 1963; *La risa*. Valencia 1973; F.Copleston, *Historia de la filosofía*, 9, 179-212; *Diccionario de filósofos*. Madrid 1987.

Bernanos, Georges (1888-1948)

Católico inconformista, inspirado em Léon Bloy, Bernanos é considerado um dos grandes escritores e novelistas católicos franceses. Como Bloy, vê o mundo sobrenatural muito presente entre os homens. Seu humor e sua humanidade levam-no como que por instinto a repudiar o materialismo e o compromisso de seus contemporâneos com o mal. Contra esses dois demônios dirigirá toda a artilharia de sua obra literária durante toda a sua vida, sem deixar de aflorar o tema político, presente, também, sobretudo em seus últimos escritos.

"Bernanos — afirma Ch. Moeller — é um escritor profeta. Com seu olhar profundo, de uma penetração fulgurante, ele nos transporta ao eterno. Obriga-nos a ver o verdadeiro risco de nossa vida: "se as nossas felicidades são com freqüência terrestres, nossas desgraças são sempre sobrenaturais". Em meio a uma mensagem que ficará entre as mais trágicas deste século, uma formidável força de alegria irrompe. A chave da obra bernanosiana é o mistério pascal, morte e vida."

Desde sua primeira novela, *Sol de Satã*, (trad. de Jorge de Lima), (1926), baseada em parte nas experiências do Cura d'Ars, o tema de Bernanos é a luta entre as forças do bem e do mal para apoderar-se da alma do homem. Personifica essa luta no sacerdote, protagonista de suas principais novelas. Seus personagens representam os pólos opostos da conduta humana: da santidade à depravação total. Exemplo disto é o *Diário de um pároco de aldeia* (1936), no qual descreve a guerra de um jovem sacerdote contra o pecado. O pecado e seus efeitos na alma e no mundo são os que fazem surgir, em seus personagens, a angústia e a desesperança.

"A semente do mal e a do bem voam por todas as partes — disse o cura. A grande desgraça está em que a justiça dos homens intervém sempre demasiado tarde; reprime ou seca os atos sem poder elevar-se mais alto nem mais longe do que quem os cometeu. Mas nossas faltas ocultas envenenam o ar que outros respiram... Creio que se Deus nos desse uma idéia clara da solidariedade que nos une aos demais, no bem e no mal, não poderíamos, efetivamente, continuar vivendo" *(Diário de um pároco de aldeia)*.

O mal, com efeito, manifesta-se no pecado que se expressa na luxúria das crianças e dos mais velhos, no espancamento de crianças por seus pais e adultos e nos maus-tratos destes não só no corpo e na alma das crianças, mas também no *espírito de infância,* exaltado pelas bem-aventuranças evangélicas.

Por essa luta contra o mal em todas as suas formas, entra Bernanos na denúncia social e política: o fundo de seu pensamento nas obras políticas está aqui e não em outro lugar. "A cada vinte anos, diz em *Filhos humilhados*, os jovens do mundo fazem sua pergunta, à qual nossa sociedade não pode responder. Pela falta de resposta, a sociedade os mobiliza... A mobilização da juventude chega a ser uma medida indispensável, uma necessidade do Estado, um fenômeno universal." Esse desmascaramento do mal social e político está presente, principalmente, em suas duas obras *O grande medo dos bem-pensantes* (1931), sobre o materialismo das classes médias, e *Os grandes cemitérios sob a lua* (1936), onde, surpreendendo-o a guerra espanhola em Mallorca, denuncia as matanças que se fizeram em nome de uma rebelião presumidamente católica.

A política acabou comprometendo e turvando sua vida e sua obra. De 1938 a 1945 auto-exilou-se com sua mulher e seus seis filhos em um sítio no Brasil. Denunciou como escândalo o Tratado de Munique (1938); apoiou De Gaulle em sua luta de resistência contra a invasão alemã na França, escrevendo e transmitindo mensagens de esperança para a população francesa através do rádio e da imprensa. Voltou à França em 1945, encontrando nela a falta de renovação espiritual que sempre havia desejado. Sua última obra antes de morrer em 1948, foi *Diálogo das Carmelitas*. Uma grande peça teatral, abordando o caso de uma freira que iniciou sua vida religiosa por seu medo temperamental, mas enfrenta o martírio com valentia, porque sua morte foi trocada pela da superiora, que, apesar da serenidade e de toda a sua vida de fé, morre entre espasmos de terror.

"Bernanos encanta certos leitores e irrita outros; mas a importância de sua mensagem cresce dia a dia. Impossível incluir Bernanos entre os jansenistas que se ignoram. Se concordarmos em passar por cima de certos excessos de linguagem, certo sobrenatural por vezes inspirado em teatro de fantoches, imediatamente ressalta a precisão teológica das suas visões. Precisamos dele. Depois de Péguy faltava-nos uma voz que nos desse a impressão quase física da presença do sobrenatural" (Ch. Moeller, *o. c.*, I, 423).

BIBLIOGRAFIA: Ch. Moeller, *Literatura do século XX e cristianismo*, I.

Bernardo de Claraval, São (1091-1153)

Nasceu em Fontaines (Dijón) e morreu em Clairvaux. Conhecido tardiamente como "Doctor melifluo" (1953), por sua doutrina "mais suave que o mel". Concebeu o misticismo como arma de combate contra toda forma de heresia religiosa ou filosófica e como instrumento para reforçar o poder eclesiástico.

Considerado "o último dos padres", São Bernardo reúne em sua pessoa o homem místico e de ação inigualável: ardente e calmo, conciliador e guerreiro, monge e soldado, pregador e martelo dos hereges, guardião da Igreja e exaltado devoto de Maria. Monge aos 21 anos, depois de uma ruptura ruidosa com o mundo, foi escolhido abade de Clairvaux aos 25. Deste reduto de solidão e de trabalho, transforma-se no reformador e vigia de sua ordem e da Igreja. Bernardo consegue reunir em Clairvaux mais de 700 monges, agrupa 160 mosteiros em torno de sua reforma, anima a cavalaria cristã dos templários, aconselha os reis da França e principalmente — de 1130 a 1145 — transforma-se em guardião da Igreja e do pontificado: teve tempo para resolver cismas e heresias, interveio na eleição dos papas, participou do Concílio de Sens (1141) para condenar Abelardo e, finalmente, proclamou a segunda cruzada em 1146.

Não é menos notável sua atividade literária e sua incessante pregação. Suas mais de 400 cartas existentes dão-nos uma idéia do mundo medieval no qual viveu e atuou: idéias, personagens, problemas. Sua pregação ardente e combativa ocupou boa parte de sua obra. Cartas e sermões são caracterizados por sua freqüente alusão aos padres da Igreja e pelo uso de analogias, etimologias, aliterações e símbolos bíblicos, cheios de ressonâncias poéticas. Basta citar seus *Sermones in cantica canticorum*, exemplo admirável de linguagem mística.

O restante de sua obra está agrupado em dois blocos: 1) Obras de controvérsia: *Contra quaedam capitula errorum Abelardi* e *Capitula haeresum Petri Abelardi*. 2) Os escritos ascéticos e místicos: *De gradibus humilitatis et superbiae* (1121); *De diligendo Deo* (1126); *De gratia et libero arbitrio* (1127); *De consideratione* (1149-1152). Sem esquecer seus *Louvores à Virgem Mãe*, o clássico livro sobre a devoção mariana.

São Bernardo encarna o gênio religioso de toda a sua época. Sua obra combina uma vida mística de dedicação a Deus, com sua entrega aos pobres e sua preocupação com os problemas da Igreja. Há nele uma constante tensão entre o desejo de servir aos demais e seu desejo de cultivar a vida interior, permanecendo no claustro.

Sua doutrina sintetiza-se nestes pontos: 1) *Negação do valor da razão*. Não nega a utilidade que, conforme o caso, podem ter os conhecimentos filosóficos e dialéticos, mas sustenta que o conhecimento das ciências profanas é de ínfimo valor, comparado com o das ciências sagradas. Bernardo pronuncia-se sem reservas contra a razão e a ciência. O desejo de conhecer parece-lhe uma "torpe curiosidade". Classifica as discussões dos filósofos como "eloqüência cheia de vento" (*Sermones in Cantica,* 36, 2; 58, 7). A isto se deve, sem dúvida, sua oposição a Abelardo, o dialético que "nihil videt in speculo, nihil in aenigmate". Em conseqüência, mantém uma atitude de permanente suspeita em relação à filosofia e à razão.

— Diante desta negação da razão e do valor do homem, elabora com profundidade a doutrina do *amor místico*. "Minha mais sublime filosofia é esta: conhecer Jesus e sua crucifixão" (*Sermones in Cantica,* 43, 4). O caminho que conduz à verdade de Cristo é a humildade. Subir os doze graus de humildade — segundo ele — é alcançar a humildade e a verdade, que consiste em conhecer a própria miséria e a do nosso próximo. Assim nos introduzimos no reino da justiça e purificamos nossa consciência.

— A alma alcança o ponto culminante do conhecimento humano no êxtase. Aqui a alma, de certa forma, separa-se do corpo, esvazia-se e perde-se a si própria para gozar numa espécie de contato com Deus. Trata-se de uma fusão e como "deificação da alma pelo amor". Só a caridade pode efetuar essa maravilha de uma união perfeita numa distinção radical de seres *(De diligendo Deo,* 11, 32; 11, 36; 15, 39).

— Amar a Deus por si mesmo é conformar nossa vontade com a sua. Isso nos torna livres. Enquanto se ama como Deus ama, há perfeito acordo entre nossa vontade e a vontade divina. Há perfeita semelhança entre o homem e Deus. A vida cristã, portanto, identifica-se com a vida mística, e esta, por sua vez, pode ser considerada como uma reeducação do amor.

E. Gilson resume assim seu juízo sobre São Bernardo: "A profunda influência que São Bernardo exerceu depende de múltiplas causas: o prestígio de sua santidade, a eloqüência de seu estilo e sua autoridade como reformador religioso. No entanto, devemos assinalar, além das já citadas, outras causas: que fundou sua doutrina numa experiência pessoal do êxtase e que deu uma interpretação totalmente elaborada dessa experiência" (*A filosofia na Idade Média*, 279).

BIBLIOGRAFIA: *Obras completas de san Bernardo.* Edição bilíngüe (BAC), 6 vols.; E. Gilson, *La théologie mystique de S. Bernard;* Id., *A filosofia na Idade Média,* 277-280, com a bibliografia indicada.

Bérulle, Pierre de (1575-1629)

*Educadores cristãos.

Bessarión, João (1403-1472)

Cardeal, humanista e colecionador de manuscritos, filósofo e teólogo. Modelo de pensamento e ação do homem renascentista a serviço da cultura e da Igreja. Em 1437 foi nomeado arcebispo de Nicéia, e no ano seguinte acompanhou o imperador João VII Paleólogo ao Concílio de Ferrara-Florença (1438). Entusiasta pela união de gregos e latinos, ficou na Itália depois de terminado o Concílio. Sua diplomacia não agradou aos gregos. Nomeado cardeal em 1439, desempenhou diversas missões diplomáticas a serviço dos papas. Foi grande amigo e protetor da maior parte dos mais destacados humanistas italianos e imigrantes gregos de seu tempo. Em 1468 legou sua coleção de manuscritos gregos para a república de Veneza, doação que foi o núcleo da futura Biblioteca de São Marcos — Biblioteca Marciana. Morreu em Ravena em 1472.

— Devemos a Bessarión a tradução em latim da *Metafísica* de Aristóteles e de algumas das obras de Teofrasto e Xenofontes. Escreveu ainda quatro livros em defesa de Platão: *In calumniatorem Platonis*, redigido em grego e traduzido depois para o latim. Sua condição de discípulo do grande humanista Pleton (1355-1452) levou-o a um profundo conhecimento de Platão e de sua religiosidade.

— Bessarión ficará sempre como exemplo de homem a serviço das idéias da unidade cristã e da cultura antiga.

Betti, Hugo (1892-1953)

*Literatura atual e cristianismo

Beza, Teodoro de (1519-1605)

Teólogo e líder da Igreja Calvinista suíça. Renunciou ao catolicismo em 1548. De 1549 a 1558 foi professor de grego em Lausana, para passar depois a dirigir a nova Academia de Genebra fundada por Calvino. Depois da morte deste em 1564, converteu-se em chefe dos calvinistas suíços.

A atividade literária de Beza centra-se na edição do texto grego do Novo Testamento (1565). É a primeira edição crítica do texto e, para realizá-la, consultou e copilou 17 manuscritos. Expoente dessa erudição de Beza é o chamado *Codex Bezae* ("D"), manuscrito greco-latino do s. V., apresentado em 1581 à Universidade de Cambridge por Teodoro de Beza. É considerado como o texto mais representativo dos códices ocidentais.

Em *Tractationes theologicae* expõe a doutrina cristã, toda ela imbuída do espírito rigidamente determinista de Calvino.

BIBLIOGRAFIA: *Obras,* em *Corpus Reformatorum* (Brunswick). Berlim 1850s; Leipzig 1893s.

Bíblia

Nosso fundamental interesse centra-se aqui na Bíblia como livro de fé para os cristãos. Não entraremos em seu valor científico, histórico, nem sequer literário. O leitor poderá encontrar estudos desses aspectos e outros mais — como os do texto, interpretação e classificação de cada livro — em dicionários e livros especializados.

1. A palavra *Bíblia* vem do grego *biblia* (plural): livros. Passou para as línguas modernas vinda do termo latino *biblia* (singular): livro, o livro por excelência. Recebe também outros nomes, como Escritura, Sagrada Escritura, Bíblia Sagrada, Santa Bíblia, Texto Sagrado.

Por Bíblia entende-se, pois, o conjunto de livros que os cristãos consideram inspirados por Deus. São, portanto, Palavra ou mensagem de Deus aos homens. Esses livros estão divididos em duas partes chamadas Antigo Testamento (AT), ao qual correspondem 46 livros, e Novo Testamento (NT), que consta de 27 livros. A palavra Testamento significa aliança ou pacto de Deus com Moisés (AT), e nova e definitiva Aliança com todos os homens na pessoa de Jesus Cristo, seu Filho (NT).

Os livros que compõem a Bíblia não foram escritos de uma só vez nem por um só autor. Como Revelação de Deus no tempo e na história, esses livros foram escritos num longo período de tempo: uns mil anos, desde o séc. IX a.C. ao séc. II d.C.. Deste modo oferecem diferentes estilos de autores e de gêneros literários. No AT, por exemplo, há narrações combinadas com normas e instruções (Pentateuco). Passagens de personagens: profetas, sacerdotes, reis e mulheres célebres. Há uma narração anti-racista (Rute), outra de uma mulher envolvida num jogo perigoso (Ester). Há coleções de epigramas e de sentenças de sabedoria (Provérbios), e até uma visão filosófica aparentemente pessimista da vida (Eclesiastes). Temos ainda textos de alta poesia e poesia devocional nos salmos e poesia erótica no Cântico dos Cânticos. Há poesia elegíaca, diálogo, drama nas mensagens dos profetas.

No NT também encontramos diferentes formas literárias. Os Atos dos Apóstolos são uma narração histórica. Os Evangelhos (*Evangelhos), embora não sejam uma história no sentido comum da palavra, são uma recomposição das ações e palavras de Jesus contadas para incentivar a fé. Há também o Apocalipse ou Revelação. Mas a parte mais extensa de escritos é formada pelas cartas de Paulo e dos demais apóstolos: João, Pedro, Tiago, Judas. Tradicionalmente, tanto os livros do AT quanto os do NT dividem-se em históricos, proféticos e sapienciais.

2. O estudo e compreensão da Bíblia apresentaram e continuam apresentando numerosos problemas, o primeiro dos quais é o chamado *cânon*. Que livros compõem a Bíblia? Que critérios temos para fixar os livros oficiais ou reconhecidos? Não obstante os diversos cânones adotados por judeus, católicos, protestantes e ortodoxos sobre o AT, mais do 90% do texto é aceito por todos. Os chamados livros "deuterocanônicos" são para os católicos verdadeira palavra de Deus; para os demais, "livros de leitura piedosa e edificante", não inspirados. O porquê dessa diferença está em que os católicos recebem a Bíblia da tradução grega chamada dos LXX, que os judeus da diáspora utilizavam. Esse texto foi o comum dos cristãos da Igreja primitiva. Ora pois, nessa tradução grega, aparecem livros não reconhecidos no cânon hebreu estabelecido definitivamente no concílio de Jâmnia (100 d.C.), que só reconhece os livros escritos em hebreu. Por sua parte, a Igreja reconheceu oficialmente o conjunto desses livros traduzidos para o grego — alguns deles também escritos em grego — tal como se encontravam na tradução latina chamada *Vulgata. Hoje, na prática, a questão do cânon fica resolvida nas edições conjuntas chamadas *ecumênicas*, feitas pelas diferentes confissões cristãs. As bíblias erroneamente chamadas protestantes ou suprimem esses poucos livros ou os editam em separado.

3. Em qualquer caso, a Bíblia é sempre o livro dos cristãos. Nela se encontra a Palavra de Deus: o que acontece à humanidade aos olhos de Deus. Trata de sua natureza divina, sua justiça, sua fidelidade, sua misericórdia e seu amor. E aparece a rebelião do homem e seu afastamento de Deus.

A Bíblia mostra-nos a redenção operada por Deus, o perdão e a reconciliação do homem, os dons da graça, a nova vida, a chegada do Reino e a consummação final da esperança do homem em outra vida para além do tempo.

BIBLIOGRAFIA: "Cuadernos bíblicos". Verbo Divino, Estella 1976s.; *Diccionario bíblico abreviado*. Verbo Divino, Estella 1986; *Enciclopedia de la Biblia*. Verbo Divino, Estella 1985.

Biel, Gabriel (1420-1495)

Teólogo alemão nascido em Spira. Passou pelas Universidades de Heidelberg, Erfurt e Colônia, onde conheceu a "via antiga" do tomismo e a "via moderna" de Guilherme de Ockham, de quem foi um aferrado seguidor. Em 1460 iniciou a participação nos *Irmãos da vida comum,* entre os quais se distinguiu por seu estudo e piedade. Sua espiritualidade é uma mescla de *Devotio Moderna* e de misticismo ilustrado, bem longe do antiintelectualismo de T. De Kempis. Posteriormente (1484) ensinou teologia na nova Universidade de Tubinga, onde foi designado reitor durante o período de 1485-1489.

Biel incorpora em seus *Comentários às Sentenças* as idéias de G. de Ockham. Juntamente com Bradwardine e Wiclef, foi o inspirador de Lutero no tema da graça. Deus estabeleceu um *pacto de generosidade* com o pecador que faz o que pode para sair do pecado. Deus promete o prêmio de sua graça a esse pecador. E ao mesmo tempo há um *pacto de justiça,* pelo qual Deus reconhece como justos aqueles que, com sua graça, realizam boas obras. Mas Deus não é obrigado a nenhum desses pactos, que nascem da *livre e gratuita escolha de Deus*. Afirma pois, Biel, que a salvação se realiza pelas obras e pela graça. Uma graça à qual Deus não está obrigado, mas que torna possíveis as obras de salvação. Tudo, pois, começa e termina com a ação gratuita de Deus.

É interessante relembrar dois princípios de Biel sobre moral econômica: 1) O "preço justo vem determinado mais pela *lei da oferta e da demanda* que pelos princípios teológicos. 2) O mercador é um membro útil da sociedade.

BIBLIOGRAFIA: *Christian Thought*. Lion, Londres 1984; Louis Bouyer, *Histoire de la Spiritualité chrétienne*. Paris 1961-1966, 4 vols.

Billot, Louis (1846-1931)

Neo-escolásticos.

Blondel, Maurice (1861-1949)

Filósofo francês que estudou na Escola Normal Superior da França, tendo como mestre a L. Ollé-Laprune. Conhecido como formulador da "filosofia da ação", na qual integra o pensamento neoplatônico clássico com o pragmatismo moderno, dentro do contexto da filosofia cristã da religião.

Blondel tem sido freqüentemente apresentado como apologista católico. De fato, assim foi, e ele próprio considerava-se dessa forma. No projeto de tese sobre *A Ação* referia-se a esse trabalho, chamando-o de apologética filosófica. Numa carta a Delbos disse que para ele a filosofia e a apologética eram basicamente uma mesma coisa. Já desde o início estava convencido da necessidade de uma filosofia cristã. Mas em sua opinião não houve ainda, restritamente falando, uma filosofia cristã. Blondel aspirava preencher esse vazio ou, pelo menos, indicar a forma de preenchê-lo" (F. Copleston, *Historia de la filosofía,* tomo 9).

Toda a sua obra, desde *A Ação* (1893) até *A filosofia e o espírito cristão* (1944-1946) e *Exigências filosóficas do cristianismo* (sua obra póstuma, publicada em 1950), parece dirigida para a construção de uma filosofia cristã autônoma. Seus numerosos ensaios e sua correspondência voltam ao mesmo tema. Blondel estava convencido de que a reflexão filosófica autônoma, levada de forma consistente e rigorosa, revelaria que realmente existe no homem uma exigência do sobrenatural, daquilo que é inacessível apenas pelo esforço humano. Assim surgiu a "filosofia da ação". E o que é a ação? A ação é o dinamismo do indivíduo, a aspiração e o movimento da pessoa em busca de sua auto-realização. É a vida do indivíduo ao integrar ou sintetizar potencialidades e tendências pré-conscientes, em seu expressar-se no pensamento e no conhecimento, e em sua inclinação para metas ulteriores" *(Ibid.)*.

Em sua elaboração da filosofia da ação, Blondel foi influenciado pela teoria de que a fé é uma questão de vontade tanto quanto de demonstração lógica. O termo ação significa e compreende o dinamismo da vida em todas as suas manifestações e tendências. Inclui todas as condições que permitem a gestação, o nascimento e a expansão do ato livre. Blondel interessa-se pela orientação básica da pessoa enquanto esta tende a uma meta. Então, a vontade total do sujeito somente é compreensível nos termos de uma orientação a um absoluto transcendente, ao infinito como meta última da vontade. Isso não quer dizer que o transcendente possa ser descoberto como um objeto interno ou externo. Melhor dizendo, trata-se de que o indivíduo vai-se tornando consciente de sua orientação dinâmica para o transcendente e de que para ele é iniludível fazer uma opção: a de escolher entre afirmar ou negar a realidade de Deus. Isto é, a reflexão filosófica dá origem à idéia de Deus; mas precisamente por Deus ser transcendente, o homem pode afirmar ou negar a realidade de Deus.

"É difícil imaginar que Blondel não possa ser um escritor popular. Mais do que para o público geral, escreve para os filósofos. E é provável que muitos de seus leitores, mesmo filósofos, freqüentemente fiquem sem saber o que ele quer dizer. Mas como pensador católico que desenvolveu suas idéias no diálogo com a corrente espiritualista, idealista e positivista da filosofia moderna, Blondel é uma notoriedade. Não advogou pela simplicidade de um retorno ao passado medieval, embora o comparasse com a ciência moderna. Nem adotou a atitude de discípulo com relação a algum pensador. Ainda que possamos discernir algumas linhas de seu pensamento vinculadas a Santo *Agostinho e a São *Boaventura, e também afinidades com *Leibniz, *Kant, Maine de Biran e outros, foi um pensador completamente original. Além disso, sua concepção geral de uma filosofia que deve ser intrinsecamente autônoma, mas ao mesmo tempo autocrítica e autolimitante e aberta à revelação cristã, a princípio parece aceitável para todos os pensadores católicos que recorrem à filosofia metafísica" (F. Copleston, *Ibid.*).

BIBLIOGRAFIA: *Obras: L'Action*. Paris 1936-1937, 2 vols.; *La philosophie et l'esprit chrétien*, 1944-1946, 2 vols.; *Exigences philosophiques du christianisme*, 1950; H. Bouillard, *Blondel et le christianisme*. Paris 1961.

Bloy, Léon (1846-1917)

*Literatura atual e cristianismo.

Boaventura, São (1221-1274)

Nasceu em Bagnoregio (Viterbo), recebendo no Batismo o nome de Juan de Fidanza. A lenda vincula o nome de Boaventura a São Francisco de Assis, que o curou de uma doença quando era criança. Sua mãe, agradecida, fez votos de consagrá-lo à ordem franciscana, na qual ficou conhecido como Frei Boaventura.

Ingressou na ordem franciscana aos 17 anos. Fez seus estudos em Paris com o mestre Alexandre de Hales. Bacharel em 1248, começou a expor a Escritura e as *Sentenças* de Pedro Lombardo, e o fez até 1251. Em 1253 obteve a "licentia docendi". Sua carreira viu-se alterada pelas lutas de clérigos seculares e canônicos que se opunham à presença das ordens mendicantes nas universidades. Em 1255 foi excluído do ensino na universidade parisiense. Em 1256 voltou às tarefas da universidade, sendo oficialmente nomeado

88 / Boaventura, São

mestre junto com seu amigo Santo Tomás de Aquino.

Sem deixar totalmente as tarefas docentes, em 1257 passou a desempenhar o cargo de guardião geral dos franciscanos. Terminou seus dias como arcebispo de Albano e cardeal da Igreja. Morreu durante o Segundo Concílio de Lyon em 1247. Foi canonizado em 1482 e declarado doutor da Igreja em 1587, com o título de "Doctor Seraphicus".

Não cabem numa simples resenha a vida, a obra e a doutrina de São Boaventura. Sua figura é chave para compreender a vida incipiente dos mendicantes na Universidade de Paris e, posteriormente, nas universidades medievais como Oxford. É representante da corrente culta do franciscanismo e superior geral que soube canalizar as diversas tendências e movimentos dentro deste, em direção ao ideal comum franciscano de seguimento de Cristo na humildade e na pobreza.

Mas o aspecto principal, do qual nos ocupamos aqui, é seu pensamento e doutrina como filósofo, teólogo e mestre espiritual. Diz-se, com razão, que em São Boaventura, "filosofia, teologia e mística encontram-se sistematicamente fundidas, mas não confundidas". Talvez possa-se dizer que é o "filósofo cristão por excelência", para quem a filosofia é "naturaliter christiana", como também o é a alma da qual brota, assim como a verdade integral quando indaga sobre as últimas causas" (L. Veuthey). Essa filosofia "naturaliter christiana" encontra sua raiz mais profunda em Santo Agostinho. "Não em vão — diz E. Gilson — a doutrina de São Boaventura tem sido designada com o nome de agostinismo" (*Historia da filosofia na Idade Média*, 240).

Sobre o aristotelismo que começa a surgir triunfante em Santo Alberto Magno e em Santo Tomás de Aquino, São Boaventura nos diz: "Não tento combater as novas opiniões, mas quero reter as comuns e aceitas. E ninguém queira crer que quero ser o criador de um novo sistema". Somente deseja percorrer os caminhos traçados, voltar a tecer a trama ininterrupta do pensamento cristão, que vai de Santo Agostinho até seu mestre Alexandre. Resumindo: para São Boaventura, Aristóteles é um filósofo, não "o filósofo". Com isso abre a corrente de pensamento franciscano vinculada a Santo Agostinho, Platão e ao neoplatonismo.

A obra escrita de São Boaventura está contida nos 10 volumes da edição crítica dos franciscanos de Quaracchi (1883-1902). Nela se destaca sua obra teológica fundamental: *Commentarii in Quattuor Libros Sententiarum Petri Lombardi,* escrita durante seus anos de docência em Paris (1248-1255). Sua obra mística principal é o *Itinerarium mentis in Deum,* escrita no outono de 1259. Outras obras importantes são: *De scientia Christi; Quaestiones disputatae; Breviloquium* ou brevíssima summa teológica. *De reductione artium ad theologiam* apresenta a teologia como fim e coroamento de todas as ciências.

A doutrina de São Boaventura distingue-se por um estilo e espírito próprios e por um fim muito definido. Esse fim é o amor de Deus, meta última inevitável do homem. Os caminhos que nos conduzem a ele são os da teologia e da filosofia. "Deus é o único em quem se encontra a última resposta, inclusive para as questões filosóficas. A filosofia termina, pois, na teologia, e o impulso da razão, unido ao impulso do amor, em vez de ficar em áridos conceitos abstratos, transforma-se em oração, isto é, no "elevatio mentis in Deum" e na mística, ou seja, na vida de união com Deus" (L. Veuthey).

A filosofia e a teologia se São Boaventura culminam na sabedoria mística. "Toda a nossa vida não é mais do que uma peregrinação até Deus. O caminho que seguimos — se estamos na boa via — é a *via iluminativa*. A finalidade nos é dada pela fé; alcançamo-la e nos unimos a ela através do amor".

Três etapas principais marcarão os momentos desta ascensão. A primeira consiste em encontrar os *vestígios* de Deus no mundo sensível. A segunda, em buscar sua imagem em nossa alma. A terceira ultrapassa as coisas criadas e nos introduz nos gozos místicos do conhecimento e da adoração de Deus. Tudo indica um finalismo que nos leva ao conhecimento sapiencial, intuitivo e profundo das coisas e de nós mesmos em Deus.

BIBLIOGRAFIA: *Obras:* (BAC). Madrid, 6 vols.; *Opera omnia*. Edição crítica chamada "edição de Quaracchi", 10 vols., 1882-1902. E. Gilson, *La philosophie de Saint Bonaventure*, 1924.

Boécio (486-525)

Ancius Manlius Torquatus Severinus Boecius nasceu em Roma. Cônsul em 510, esteve a serviço de Teodorico, rei dos ostrogodos. Acusado mais tarde de traição e práticas mágicas, foi encarcerado em Pavía e executado.

Boécio foi chamado de "o último romano e o primeiro escolástico". Sua obra, de fato, é um exemplo quase perfeito de uma obra limite, e expressa a intenção de conservar para o futuro o que ameaçava ser ruína e parecia estar a ponto de ser destruído" (Ferrater Mora, *Diccionario de filosofía,* ver *Boécio).*

Boécio assumiu a tarefa de interpretar e traduzir as obras de Platão e de Aristóteles e de demonstrar seu acordo fundamental. Apenas parcialmente conseguiu realizar esse vasto projeto. Temos as traduções dos *Analíticos* I e II de Aristóteles, além de *Tópicos, Elencos sofísticos* e *Da interpretação*, com dois comentários. Possuímos a tradução das *Categorias*, com um comentário. Também temos sua tradução da *Isagoge* de Porfírio, com comentário e outros trabalhos da *Lógica*. Sobre Platão, que saibamos, não traduziu nem comentou nada.

Porém a sua mais famosa obra é *De consolatione philosophiae,* escrita em forma retórica e alegórica. Apresenta-se à filosofia em forma de uma nobre dama que reconforta Boécio e responde às suas dúvidas. Está dividida em cinco livros, em verso e prosa. Nela aparecem dados biográficos importantes para conhecer a vida e o estado de ânimo de seu autor. Seu conteúdo é o seguinte: Livro I: A filosofia vem para consolar Boécio no triste estado em que se encontra. Livro II: Mostra a Boécio que a felicidade não se encontra nos bens mutáveis da fortuna. Livro III: Teoria da felicidade, fundamentada no próprio Deus, que é o bem supremo. Livro IV: Deus reitor do mundo: expõe sua teoria da providência e do destino.

O fato de não se encontrar na obra nada especificamente cristão, deu lugar à crença de que Boécio não era cristão, ou o era somente de nome. Por isso alguns colocaram em dúvida seus opúsculos teológicos: *De Sancta Trinitate; De fide; Liber contra Nestorium* etc. Com exceção de *De fide*, a autenticidade desses opúsculos está comprovada. Por outro lado, o livro *De consolatione philosophiae,* embora careça de referência para os mistérios do cristianismo, está cheio daquele espírito platônico ou neoplatônico que os escritores da patrística consideram substancialmente cristão.

A importância de Boécio para a cultura medieval foi muito grande. As traduções e os escritos lógicos de Boécio asseguraram a sobrevivência da lógica aristotélica, ainda no período de maior obscurantismo medieval, e fizeram dela um elemento fundamental da cultura e do ensino do medievalismo. Fundamentalmente, Boécio é um transmissor de cultura. Não é um pensador original, mas soube unir a mentalidade latina à especulação grega. Seguindo Santo Agostinho, une, na medida do possível, a fé e a razão.

BIBLIOGRAFIA: *Obras:* PL 63-64 e no *Corpus* de Viena, vol. 48.

Boff, Leonardo (1940-)

É o mais popular dos teólogos da libertação. Nos últimos anos foi submetido a uma série de advertências, processos e controles por parte da Congregação da Doutrina da Fé, os quais o tornaram popular. De certa forma, esse teólogo brasileiro representa tudo o que a Teologia da Libertação teve de pagar para que fosse conhecida, vivida e posta em prática na América Latina. Porque em Boff reúnem o homem de estudo, que pensa e analisa a realidade da América — e particularmente do Brasil — à luz do Evangelho, e o homem de ação profundamente comprometido com a realidade de seu povo. É sob o ângulo da luz cristã da realidade e da ação que leva a transformá-la, que deve ser vista e interpretada a obra escrita de Boff: estudos, conferências, participações em assembléias e congressos e a atividade pastoral: formação de líderes cristãos, comunidades de base etc. Boff é um teólogo não somente na teoria, mas também na práxis de um bom conhecedor da realidade que o envolve.

Para Boff a opção está muito clara: "Para os teólogos da libertação, o central no aspecto político não é o socialismo, são os pobres". Boff preocupa-se mais com a opção pelos pobres que com os problemas de Roma, dos quais prefere não falar. Quando fala da opção pelos pobres, prefere fixar sua atenção nos esquadrões da morte que a cada semana assassinam entre 10 e 20 crianças e jovens de 12 a 15 anos. "Jamais ninguém foi detido por isso — diz. Os assassinos geralmente são ex-policiais pagos por comerciantes e sua atuação não deve ser considerada como um fato isolado, já que tem funcionalidade no sistema".

Nessa mesma opção vê a situação social e religiosa do Brasil. "No Brasil, os desníveis sociais fazem com que a forma de vida, o luxo no qual vivem as famílias da burguesia brasileira, dificilmente sejam igualados ao Primeiro Mundo. Um informe do Banco Mundial, de 1989, assegurava que o Brasil é o país que tem a mais alta taxa de inflação".

Não é estranho, pois, que Boff se sinta comprometido, como cristão e como membro de sua Igreja, com esta situação. Veja aqui seu pensamento: "A luta pelo futuro apresenta um compromisso para a Igreja do Brasil. Nas últimas eleições presidenciais, desde bispos até comunidades de base mostraram-se favoráveis ao Partido dos Trabalhadores. Isso originou acusações no sentido de que se estava construindo uma cristandade de esquerda... A Igreja no Brasil — replica Boff — não defende interesses corporativos, mas defende protestantes, os que praticam religiões afro-brasileiras, marxistas... O que a Igreja faz é colocar seu capital histórico acumulado a serviço da causa do povo em sua luta pela construção de uma sociedade mais democrática na qual todos tenham seu lugar: seja o ateísmo, o espiritualismo, a macumba".

"Os cristãos renunciamos a uma visão da Igreja como poder que quer conduzir a sociedade." Boff teme, no entanto, que a orientação desta Igreja do Brasil possa mudar, como em outros países de América Latina. "Existe um refluxo, um processo de neo-romanização, mas a realidade é mais forte que a estratégia de Roma e, à força de tomar contato com a realidade, muitos bispos terminam por converter-se e fazer a opção pelos pobres".

BIBLIOGRAFIA: Algumas obras: *Como fazer teologia da libertação; A graça libertadora no mundo; Jesus Cristo libertador; O destino do homem e do mundo; Os sacramentos da vida e a vida dos sacramentos; A Trindade, a Sociedade e a Libertação; Igreja, Carisma e Poder – Ensaios de eclesiologia militante; Nova Era, a civilização planetária*

Bonald, Louis de (1754-1840)

*Chateaubriand; J. de *Maistre.

Bonhoeffer, Dietrich (1906-1945)

Pastor protestante que, junto a K. Barth e R. Bultmann, estabeleceu as premissas de uma transformação na teologia contemporânea. Esse teólogo alemão, incentivador da chamada "Igreja Confessional", opôs-se ao nazismo em nome do Evangelho. Detido pela Gestapo em 1943, foi enforcado pelos nazistas pouco antes da libertação. Seu pensamento e seu exemplo exerceram uma grande influência não só na teologia, mas também na vida dos cristãos de hoje.

É extensa sua obra como professor e conferencista. Em sua produção destacamos: *Criação e queda* (1933); *A imitação* (1937); *Vida em comum* (1938). No entanto, suas obras mais conhecidas são: *O preço do ser discípulo* (1937); *Cartas e anotações do cárcere; Tentação* (póstuma, 1953).

Os principais pontos de sua doutrina podem ser assim formulados: a) Ataque à "graça barata" ou visão cômoda do cristianismo. "A graça barata — diz — é pregar o perdão sem exigir o arrependimento, o batismo sem a disciplina da Igreja, comunhão sem confissão, absolvição sem confissão pessoal. Graça barata é graça sem ser discípulo, graça sem cruz, graça sem Jesus Cristo, vivo e encarnado" (*O preço do ser discípulo*). b) O verdadeiro discípulo entrega-se a Cristo até a aceitação da dor e da morte. "A 'graça cara' é cara porque nos chama a seguir Cristo." c) Nem no terreno das idéias, nem na prática diária, o homem moderno "necessita do Deus que serve para tapar buracos". "Deus sabe que devemos viver como homens que tratam de viver a sua vida sem ele... Diante de Deus e com Deus vivemos sem Deus" (*Cartas*). A situação de maturidade do homem moderno está de acordo com os desígnios de Deus. Portanto, hoje será necessário um "cristianismo sem religião".

Esses dois últimos parágrafos apontam para o mais novo e original da teologia de Bonhoeffer: *um cristianismo sem religião*, uma fé sem religião. O mundo chegou a ser adulto e demonstrou que pode viver sem religião. Que isto significa? Pode existir um cristianismo sem religião? Para Bonhoeffer, o cristianismo sem religião significa, antes de mais nada, viver o cristianismo isento de certos aspectos da religiosidade burguesa. A religião concebe a transcendência de Deus e faz dele um Deus abstrato e remoto. A religião leva a um individualismo, preocupado somente com a própria salvação em detrimento da Igreja e do mundo. A religião confina o cristianismo a uma parcela da vida, e leva sempre a uma separação do mundo secular e à despreocupação com ele. Finalmente, o "cristianismo como religião" leva à concepção de uma Igreja composta de indivíduos preocupados somente com sua salvação. E faz do mundo um campo inimigo do qual se deve fugir.

O propósito de Bonhoeffer é trazer Deus e a Igreja para o âmbito secular. Deus está no próprio centro da vida e a transcende, sem que isto queira dizer que está longe dela. Daí que o cristão tenha de aprender a viver e a falar de Deus com um estilo novo, secular. Esta é sua lição e contribuição para os cristãos de hoje. Deve-se seguir Cristo, "o homem para os demais", no serviço ao mundo.

Bossuet, Jacques-Benigne (1627-1704)

A maior parte dos leitores, inclusive eclesiásticos, somente conservam de Bossuet a fama de sua oratória e seu estilo solene do barroco. A figura de Bossuet, entretanto, continua sendo a de um grande homem de Igreja, um teólogo e pensador que, por causa de sua fé cristã, se enfrenta com quase todos os problemas de seu tempo. Bossuet põe a serviço do cristianismo, entendido como catolicismo, toda a gama de seus dotes como pensador, como orador e como escritor.

Nascido em Dijón em 1627, recebeu nesta mesma cidade uma excelente educação em colégio jesuíta. Em 1642, mudou-se para Paris, onde adquiriu profundos conhecimentos teológicos no Colégio de Navarra, ao mesmo tempo que se impressionou pela obra de apostolado e caridade de São Vicente de Paulo e seus companheiros. Em 1652, ordenou-se sacerdote e doutorou-se em teologia. A partir dessa data, passou sua vida de sacerdote entre Metz e Paris. Em 1670, foi nomeado tutor do delfim do rei da França. Em 1681, foi nomeado bispo de Meaux, cidade na qual viveu até sua morte.

A vida e a atividade de Bossuet podem ser enquadradas em quatro ou cinco grandes fontes de atividade: a pregação, principalmente quaresmal e de orações fúnebres; a controvérsia com os protestantes franceses; a defesa da "Igreja galicana" e direitos do rei; os problemas morais e religiosos de seu tempo e sua filosofia da história.

— A atividade e interesse fundamental de Bossuet está na pregação e na controvérsia. Iniciou-se já nos primeiros anos de Metz onde calaram fundo seu *Panegírico do apóstolo São Paulo* (1657) e seu sermão sobre *A eminente dignidade dos pobres na Igreja* (1659). Tornou-se popular como pregador em Paris na década de 1660-1670. Primeiro começou seus sermões quaresmais nas Igrejas dos Mínimos e Carmelitas, depois passou à corte de Luís XIV, para acabar pronunciando as primeiras *Orações fúnebres* na morte de figuras nacionais importantes. Voltará a essa atividade como bispo de Meaux, já na última etapa de sua vida, pronunciando entre outras a *Oração fúnebre do Grande Condé* (1687). As orações fúnebres são peças magistrais da oratória francesa: cheias de dignidade, de equilíbrio e de solene grandeza. Da mesma forma que nos sermões da Quaresma, tais orações abundam em citações bíblicas e em suas paráfrases. Procuram a majestade e o pathos do ideal barroco, mas sem cair no exagero nem no maneirismo.

— É importante também, na vida de Bossuet sua controvérsia com os protestantes franceses. Inimigo da perseguição e da tortura, estava convencido da força dos argumentos. Não obstante, apoiou a revogação do Edito de Nantes (1685), proibindo o protestantismo francês. Sua primeira obra de controvérsia com os protestantes foi a *Refutação do catecismo de Paul Ferry*. Seguiu-a sua obra principal: *História das mudanças das Igrejas Protestantes* (1688), e depois *Avisos aos protestantes* (1689-1691). O mais significativo nesta controvérsia com os protestantes é a correspondência de Bossuet com Leibniz, o grande filósofo e ecumenista alemão.

— Mais espinhosa e criticada ainda foi a atuação de Bossuet na controvérsia galicana. Na assembléia geral do clero francês (1681-1682), Bossuet dirigiu seu discurso inaugural e leu sua declaração final dos *quatro artigos*. Estes afirmavam a independência do rei com relação a Roma, em seus assuntos seculares, e proclamavam que o juízo do papa em matéria de fé não era infalível sem o consentimento da Igreja universal. Não faltou quem visse na atitude de Bossuet uma intenção política de afiançamento do poder "absolutista" do monarca. Seu sentido da moderação e do equilíbrio permitem reconhecer seu triunfo neste caso, assim como no dos jansenistas e "quietistas". A unidade da Igreja e a sustentação de sua doutrina impulsionaram sempre sua conduta. A partir deste ponto pode-se ver sua intervenção na controvérsia jansenista, sua atuação com os protestantes e sua condenação (1699) de Fénelon, assim como seus escritos contra os "novos místicos" do quietismo. Só foi duro contra a imoralidade do teatro e as formas aberrantes dos místicos quietistas.

— Todavia Bossuet teve tempo para o estudo de problemas filosóficos, políticos e históricos. Em seu *Tratado do livre-arbítrio* tenta conciliar a liberdade e autonomia do homem com a onipotência e onisciência divina. "Se Deus não respeitasse a liberdade desejada, não só faltaria com o respeito a esta, mas se contradiria a si próprio". Em seu livro *Política tirada das próprias palavras da Escritura*, Bossuet atinge sua fama de teórico do absolutismo. Expõe a teoria do direito divino de todo governo legitimamente constituído: expressa a vontade de Deus, sua autoridade é sagrada e qualquer rebelião contra ele é criminosa. Mas ao mesmo tempo recalca a responsabilidade do monarca e dos governantes. No *Discurso sobre a história universal* coloca-se na linha do *De civitate Dei*. Contempla a história em seu desenvolvimento universal como realização progressiva de um plano divino, através da ação do homem guiado pela providência. A história universal é a história da redenção do gênero humano pela redenção de Cristo.

— A figura de Bossuet, no entanto, está permanentemente em julgamento. Talvez o único ponto de acordo seja a excelência de seu estilo e eloqüência. Sempre foi discutida, e continua sendo, sua atuação e conduta na política frente ao monarca e ao Estado, e frente aos grupos jansenistas, quietistas e protestantes com quem tratou. Sua idéia central da "imutabilidade da doutrina e da perfeição da Igreja" não teve eco no Concílio Vaticano II.

BIBLIOGRAFIA: *Oeuvres complètes*. Ed. de E. N. Guilleaume. Paris 1877, 11 vols.; Jacques Le Brun, *La spiritualité de Bossuet*, 1973.

Bradwardine, Thomas (1290-1349)

Arcebispo de Cantuária. Iniciou-se como professor de teologia em Oxford, para passar depois a confessor de Eduardo III (1337). Em 1349 foi sagrado arcebispo de Cantuária, morrendo nesse mesmo ano.

Bradwardine é considerado um dos teólogos que mais influenciará a concepção luterana da graça. Frente aos semipelagianos, insiste na necessidade da graça nas boas obras e para sair do pecado. Fala da "eficácia irresistível" da vontade ou querer de Deus, causa de toda ação, tanto necessária como contingente. A graça é um dom livre e gratuito de Deus, que o homem não pode merecer. "Antes que estudasse teologia, a graça veio a mim como um raio e numa representação mental da verdade acreditei ver ao longe como a graça de Deus precede todas as boas obras no tempo e na natureza." Essa doutrina foi exposta em sua obra *A causa de Deus contra os pelagianos* (1344).

Diante das acusações que lhe fizeram de *determinismo físico e determinismo teológico,* Bradwardine responde afirmando a soberania de Deus que não só *permite* o mal, mas que também o permite porque já *o quer.* A predestinação de

Deus é soberana, e o homem depende totalmente da graça porque é uma criatura. Bradwardine foi muito além de Santo Agostinho. Não obstante esse tipo de necessidade, Bradwardine não inclui a *livre vontade humana*.

Breviário, Reforma do (1562-1563)

Trento, Concílio de.

Bruno, Giordano (1548-1600)

Nasceu em Nola e morreu queimado em Roma. Giordano Bruno representa o primeiro pensador e escritor anticristão da Idade Moderna. É considerado mártir da intolerância religiosa da Igreja e da Inquisição, e herói da liberdade e do livre pensamento. Durante o séc. XIX foi tido como o protótipo do revolucionário e do homem progressista que encontrava na Igreja seu maior inimigo. Com efeito, entre suas múltiplas preocupações, Bruno apresenta uma nota fundamental: "O amor à vida em sua potência dionisíaca, em sua infinita expansão. Esse amor à vida fez com que o claustro lhe parecesse insuportável e alentou seu ódio inextinguível a todos aqueles pedantes, gramáticos, acadêmicos, aristotélicos, que faziam da cultura um puro exercício livresco e tiravam o olhar da natureza e da vida". Esse amor desenfreado pela vida explica, como veremos a seguir, toda a atividade e todo o pensamento de Bruno.

Tendo ingressado aos 15 anos nos dominicanos, aos 18 começou a sentir as primeiras dúvidas sobre a verdade da religião cristã; tais dúvidas obrigaram-no, primeiramente, a sair do claustro e, depois, a entrar em conflito com as autoridades eclesiásticas. Conseqüência disso foi sua perpétua peregrinação por Genebra, Toulouse, Paris (1576-1582). Em 1583 passou de Paris à Inglaterra, onde lecionou em Oxford e esteve em contato com a corte da rainha Isabel. Voltou a Paris em 1585 para estabelecer-se na Alemanha, ensinando em Marburgo, Wittenberg e Frankfurt. Foi detido em Veneza em 1592 e entregue à Inquisição veneziana, que, por sua vez, o entregou à Inquisição de Roma em 1593. Permaneceu na prisão durante sete anos. Não quis retratar-se de suas doutrinas e afirmava que não tinha nada por que se retratar. Foi queimado vivo no Campo dei Fiori, em Roma, no dia 17 de fevereiro de 1600. Tampouco quis reconciliar-se com o crucifixo, do qual afastou seu olhar nos seus últimos momentos.

— A obra escrita de G. Bruno aponta uma multiplicidade de temas que agitaram sua vida. Pode ser classificada no seguinte: a) A comédia *O Candelabro* (1582); b) Escritos lulianos: *De lampade combinatoria lulliana* (1587); *De progressu et lampade venatoria logicorum* (1587), e outras nas quais segue o pensamento de R. Lúlio; c) Escritos mnemotécnicos: *De umbris idearum* (1582); *Ars memoriae* (1582), e outras sobre o tema da memória, favorito de Bruno. Nelas pretende apoderar-se do saber com artifícios mnemotécnicos, fazendo progredir a ciência com uma técnica inventiva, rápida e milagrosa. d) Escritos mágicos, como *De magia et theses de magia; De magia mathematica* etc., escritos entre 1589-1591. Baseado no pressuposto do panpsiquismo universal, quis conquistar de assalto a natureza, tal como se conquista um ser animado. e) Escritos de filosofia natural: *A ceia das cinzas* (1584); *Da causa, do princípio e do uno* (1584); *Do infinito universo e dos mundos* (1584) etc. Nestes escritos expõe sua doutrina sobre a natureza, que exalta com ímpeto lírico e religioso e para a qual, às vezes, encontra uma expressão poética. f) Escritos morais: *O espaco da besta triunfante* (1584) e *Furores heróicos* (1585). E outros temas ocasionais.

— O ponto de partida do pensamento complexo de Bruno é seu inicial interesse pela natureza, que se poderia qualificar como *religião da natureza*. É um ímpeto lírico, *raptus mentis, contractio mentis, exaltação e furor heróico*. Mas a sua é uma natureza concebida pitagoricamente, não matematicamente.

— Essa paixão pela natureza faz-nos compreender sua postura em relação à religião como sistema de crenças. A religião parece-lhe repugnante e absurda. Embora reconheça sua utilidade "para a educação dos povos rudes que devem ser governados", nega-lhe, no entanto, todo valor. A religião transforma-se então num conjunto de superstições, diretamente contrárias à razão e à natureza.

— Vários de seus escritos estão entretecidos com uma feroz sátira anticristã que não se detém sequer diante do mistério da Encarnação do Verbo. Sequer o cristianismo reformado — que Bruno teria conhecido diretamente em Genebra, Inglaterra e Alemanha — salva-se de sua condenação. Inclusive parece-lhe pior que o catolicismo, porque nega a liberdade e o valor das boas obras.

— A essa religiosidade natural e cristã, Bruno contrapõe outra religiosidade, a dos doutos. Essa religiosidade não é outra senão o próprio filosofar e com a qual estão de acordo os filósofos gregos, os orientais e os cristãos. Bruno volta à "sabedoria primitiva" proclamada por humanistas como Pico e Marcílio Ficino e que o Renascimento tomou para si.

— Para o filosofar natural, Deus não é a substância transcendente da qual fala a Revelação, mas a própria natureza em seu princípio imanente. Como natureza, Deus é causa e princípio do mundo: *causa,* no sentido de determinar as coisas que constituem o mundo; *princípio,* enquanto constitui o próprio ser das coisas naturais. Mas em nenhum caso distingue-se das coisas naturais nem da natureza como tal. "A natureza é o próprio Deus ou é a virtude divina que se manifesta nas mesmas coisas". Deus é o "entendimento universal", "a forma universal do mundo", "a matéria e a forma do mundo". "Deus é a única forma como alma do mundo, a matéria é o receptáculo das formas, o substrato disforme que o entendimento divino plasma e dá vida".

— Se para Bruno a natureza é Deus, a meta última do homem é a visão e a identificação mágica da natureza em sua unidade. Nem o êxtase nem a união com Deus têm sentido para ele. O homem realiza-se quando pode "contemplar a imagem do sumo bem na terra". Com isso negava todo valor ao mundo sobrenatural revelado pela fé.

BIBLIOGRAFIA: *Opere italiane*. Ed. de G. Gentile, Bari 1927-1935, 3 vols.; *Opera latina conscripta*. Ed. de G. Fiorentino. Florencia 1879-1891, 8 vols. A. Guzzo, *G. Bruno*. Turim 1960; R. Mondolfo, *Figuras e ideas de la filosofía del Renacimiento*. Buenos Aires 1968.

Bryennios, Filoteo (1833-1914)

*Didaqué.

Bucerus, Martinho (1491-1551)

Teólogo alemão que aderiu às idéias de Lutero. Em 1523 começou a pregar o luteranismo na Alsácia. Com a morte de Zwinglio (1531), tornou-se líder das Igrejas Reformadas da Suíça e do sul da Alemanha. Foi representante dos reformadores em várias reuniões entre católicos e protestantes. Em 1549, Bucer foi para a Inglaterra, ocupando a cátedra de teologia da Universidade de Cambridge. Foi homem de orientação e conselho para os reformadores da Igreja da Inglaterra, intervindo nas decisões de T. Cranmer e na preparação do *Livro das ordens* de 1551.

Bula "Aeterni Patris" (1868)

*Vaticano I, Concílio.

Bulgakov, Miguel (1816-1882)

*Macário de Moscou.

Bultmann, Rudolf (1884-1976)

Teólogo e escritor alemão. Estudou teologia nas Universidades de Tubinga, Berlim e

Bultmann, Rudolf / 103

Marburgo. Professor nesta última universidade desde 1921 até a sua aposentadoria em 1951. Muito discutido, tanto nos círculos protestantes quanto nos católicos, por sua interpretação dos Evangelhos, da pessoa histórica de Jesus e de sua mensagem, aplicou as normas da crítica histórica do século XX, assim como o "método das formas", ao texto bíblico. Esteve em contato com as correntes filosóficas modernas, valendo-se, principalmente, da análise existencial de M. Heidegger. De imensa erudição e capacidade, é uma figura importante e discutida do pensamento cristão atual.

Seu pensamento está contido principalmente em *A história da tradição sinótica* (1922), na qual analisa os evangelhos à luz das diferentes formas. E no *Novo Testamento e mitologia* (1941), obra várias vezes revisada e publicada em dois volumes sob o título de *Querigma e mito* (1961-1962). Em 1927 surgiram uma série de ensaios e escritos menores de Bultmann com o título de *Existência e fé*, nos quais projeta sua visão cristã através do existencialismo.

Uma análise da doutrina de Bultmann leva-nos às seguintes conclusões: 1) Ceticismo quase absoluto sobre o valor histórico do Novo Testamento (NT). Para Bultmann, os evangelhos estão menos interessados na pessoa de Jesus e mais no período posterior à sua morte. Os evangelhos são simples construções convencionais posteriores. 2) O cristianismo atual enlaça com o primitivo somente pela aceitação do querigma, que aparece em Rm 1,3-4; 6,3-4; At 2,21-24; 1Cor 11,23-26. 3) Somente desta forma não podemos saber nada sobre a vida e a personalidade do "Jesus histórico". Assim como *Barth, Bultmann reage contra a figura perfeita do Jesus histórico reconstruído pela teologia liberal do séc. XIX. É pouco o que sabemos e podemos reconstruir sobre a figura histórica de Jesus. As afirmações do NT sobre ele não se referem à sua natureza, mas à sua significação. 4) O tema central do evangelho é a morte e ressurreição de Jesus. A ressurreição não é um acontecimento objetivo, mas uma experiência viva que nos introduz numa nova dimensão da existência e nos liberta de nós mesmos — do pecado — para abrir-nos aos outros. Doutrinas tão básicas do cristianismo como a encarnação, morte, ressurreição e segunda vinda de Cristo dissipam-se numa interpretação existencialista da vida. A interpretação mítica dissolve-se num existencialismo que não deixa quase nada intacto no *credo dos apóstolos*.

A conclusão final de Bultmann é que o mito ou forma de pensamento em que aparece envolvido o Evangelho apresenta-nos uma versão manipulada e desfigurada de Jesus, Filho de Deus, que morreu e ressuscitou. Esse mito transmite-nos um querigma, uma palavra divina dirigida ao homem, que este deve aceitar de maneira desmitificada, isto é, desprovida de sua proteção. O Cristo com que nos encontramos hoje é o Cristo da evangelização, não o Jesus da história. É o querigma desmitificado de formas do passado — todavia existentes na fé e na pregação de Jesus — que nos obriga e nos defronta a uma opção entre uma vida autêntica e outra inautêntica.

Da doutrina de Bultmann deduz-se que a fé cristã deve interessar-se pelo Jesus histórico para centrar-se no Cristo transcendente do querigma. "A fé cristã é a fé no querigma da Igreja, pela qual se pode dizer que Jesus Cristo ressuscitou, e não fé no Jesus histórico."

Todas as Igrejas, após reconhecer a boa vontade de Bultmann, rejeitam a postura radical do grande mestre. Sua doutrina permitiu reconstruir melhor o "Jesus histórico" e sua função dentro da teologia atual. Os mesmos discípulos de Bultmann evoluíram para uma nova hermenêutica e interpretação da forma lingüística da existência.

BIBLIOGRAFIA: R. Bultmann, *Teología del NT*. Salamanca 1981.

Bunyan, John (1628-1688)

Bunyan é o escritor religioso inglês mais conhecido e lido. Até o século XIX, o puritano

Bunyan podia ser encontrado em todos os lares ingleses junto com a Bíblia. Depois dos anos de crítica do século passado e do presente, Bunyan continua sendo um clássico não apenas da literatura puritana, mas também da cristã.

Nascido em 1628 de uma família de operários, viveu seus primeiros anos marcados pela pobreza, pela leitura da Bíblia e da literatura popular puritana da época: conversas e sermões morais ao ar livre e em casa, livros de orientação espiritual etc. Arraigado, não obstante, "na Igreja nacional" de seus pais, sua alma de camponês ficou cheia de experiência visual do povo e de sua linguagem. A partir de 1644, viu-se obrigado a deixar sua casa para entrar no exército onde permaneceu durante toda a Guerra Civil até 1647. No exército, entrou em contato com chefes e soldados das seitas consideradas então progressistas de esquerda como os "quackers", os "ranters" etc., que questionavam toda autoridade. Bunyan afirmou-se nas idéias centrais do puritanismo mantidas por Cromwell. Estava convencido de que se consegue a verdade religiosa com uma procura obstinada, confiando na graça livremente concedida ao indivíduo, sem que para isso se precise nenhuma forma de organização exterior e pública. Próximo do ano de 1648 casou-se, tendo quatro filhos com a sua primeira mulher. Recebeu o Batismo por imersão como membro da Igreja separatista de Bedford (1653).

A conversão e posterior convocação de Bunyan ao ministério foi marcada, como ele próprio diz em sua autobiografia, por uma tormenta de tentações que lhe duraram vários anos. Em 1657 foi reconhecido oficialmente como pregador, desdobrado numa intensa atividade tanto na pregação quanto na luta contra os "quackers". Depois da Restauração de Carlos II, foi acusado de praticar um serviço não em conformidade com a Igreja da Inglaterra, o que lhe valeu doze anos de cárcere (1660-1672) em Bedford. Morreu em Londres, em 1688.

Bunyan deixou três obras fundamentais: 1) sua autobiografia, intitulada *Graça abundante* (1666), uma análise detalhada e sincera de sua vida interior. Neste já demonstra as qualidades de estilo que manteve nas demais obras. 2) *A caminhada do peregrino* (*The Pilgrim's Progress*, 1678), a história da peregrinação cristã, em meio aos perigos, em direção à cidade celestial. Bunyan descreve as provas, tentações e alegrias do cristão em sua viagem ao céu. E o faz com a particularidade de que sua doutrina se afasta da tradição calvinista e batista para transformar-se num guia espiritual cristão. Não é, neste sentido, um livro sectário: é de todos os cristãos. E prova disso é a aceitação que teve imediatamente, chegando a ser traduzido para mais de cem línguas.

A guerra santa (*The Holy War*, 1682), com a alegoria da cidade da alma assediada pelo exército do demônio e libertada por Emanuel, mostra-nos em vários níveis todo o processo da redenção do homem, desde a queda do primeiro homem, até o juízo final, passando pela redenção de Cristo.

Estas são suas principais obras, ainda que, apesar de seu intenso e ativo ministério, durante os dez últimos anos de sua vida tenha publicado muitas outras. Bunyan põe toda a ênfase na vida interior, na vida espiritual da alma, onde se dá constantemente a luta e a guerra santa com o pecado. Não lhe interessa nada mais do que a salvação da alma. Seus livros são uma continuação da pregação direta, sobre a qual tanto insiste o puritanismo. Conversão, experiência religiosa individual e pregação são os pontos que caracterizam o puritanismo frente aos ritos e formas da "religião estabelecida".

BIBLIOGRAFIA: *The Works of John Bunyan*, 1853-1862, 3 vols.; O. E. Winslow, *John Bunyan*, 1961; H. A. Talon, *John Bunyan (1628-1688), l'homme et l'oeuvre*, 1948.

Cabasilas, Nicolau (1320-1390)

Nasceu em Tessalônica. Teólogo ortodoxo leigo, representante da tradição teológica e litúrgica bizantina.

Desenvolveu uma atividade política em diversas missões diplomáticas. Na guerra civil motivada pelas lutas teológicas entre o imperador João V Paleólogo e João VI Cantacuceno, Cabasilas pôs-se ao lado deste último, mantendo uma postura conciliadora e tradicional. Isso não foi obstáculo para que se alinhasse ao lado de São Gregório Palamas (1296-1359) na defesa da *Hesiquia* ou mística da contemplação de quietude.

Nicolau Cabasilas passou à história do pensamento e da espiritualidade ortodoxa e cristã principalmente por duas obras: 1) *Comentário sobre a divina liturgia,* um dos comentários ou exposições mais brilhantes da teologia sacramental cristã. 2) *A vida em Cristo*, sem dúvida a obra ascético-mística mais conhecida e mais importante de N. Cabasilas. Apresenta um programa de iniciação tanto na oração individual quanto litúrgica e sacramental. Um livro profundo, ditado por quem viveu, na fonte dos sacramentos, a vida em Cristo. No fundo aparece a sua doutrina da **Hesiquia,* essa vida de quietude na qual nos vamos transformando em Cristo e desaparecendo nele.

Não termina aqui a obra de N. Cabasilas. Seus outros tratados e compromissos políticos e sociais demonstram uma consciência social muito sensível com as desigualdades econômicas e institucionais ao seu redor (Constantinopla). O alto nível intelectual de suas conferências e sermões, assim como a fineza de sua poesia religiosa, mereceram-lhe uma aceitação geral entre os cristãos do Oriente e Ocidente.

Cabasilas, Nilo (1298-1363)

Nasceu em Tessalônica e morreu em Constantinopla, tio de Nicolau Cabasilas, teólogo e pesquisador ortodoxo, nomeado metropolitano de Tessalônica.

Dois aspectos definem a atividade e a personalidade de Nilo Cabasilas:

1. Seus tratados de crítica à teologia latina medieval, que se tornaram clássicos na defesa da tradição ortodoxa da Igreja bizantina. Suas teses estão expostas em sua volumosa obra *De processione Spiritus Sancti,* em que defende a doutrina ortodoxa da procedência do Espírito Santo do Pai, não do Filho. Recusa, portanto, a postura da Igreja latina sobre a procedência do Espírito Santo do Pai e do Filho.

2. Sua luta contra a doutrina de São Gregório Palamas e de seu próprio sobrinho Nicolau sobre a ascética e mística da *Hesiquia.* Estes ensinavam um método ascético-místico de oração contemplativa que afirmava a possibilidade da comunhão real com a vida divina. No início desprezou tal doutrina, que considerou contrária à lógica e à metafísica aristotélica. Posteriormente terminou inclinando-se a favor deste método e doutrina.

Tanto Nilo quanto Nicolau Cabasilas afiançam e dão corpo à grande tradição oriental, teológica e espiritual, da qual se transformam em verdadeiros clássicos.

Cabrol, Fernand (1855-1937)

Monge beneditino, abade de Farnborough, foi um dos grandes pesquisadores e promotores do movimento litúrgico. Junto a H. Leclercq, publicou os *Monumenta Ecclesiae liturgica* (1900-

1913), assim como o *Dictionnaire d'archéologie et de liturgie* (1903-1953). Toda a vida deste sábio foi dedicada ao estudo da liturgia, sobre a qual publicou várias obras. A esses dois eminentes historiadores e pesquisadores deve-se acrescentar a figura de L. Duchesne (1843-1922), que foi especialista no campo da arqueologia e da história da Igreja primitiva. Sua crítica exagerada e negativa às lendas tradicionais suscitou contra ele a oposição de muitos.

Calasâncio, São José (1556-1648)

*Educadores cristãos.

Calvino, João (1509-1564)

Teólogo e reformador francês, nasceu em Noyon e morreu em Genebra. Estudou nas Universidades de Paris, Orleans e Bruges. Humanista e grande admirador dos humanistas, principalmente de Erasmo, transformou-se em leitor assíduo dos clássicos, fazendo um comentário e tradução ao tratado *De clementia* de Sêneca. Dessa formação humanista dão testemunho sua admiração pelos clássicos, sua capacidade de síntese, seu estilo conciso, seu amor pela ciência, pela arte e pela música.

Tudo isso, entretanto, fica sujeito a sua missão primeira de reformador e teólogo. Desde seu rompimento com a Igreja de Roma em 1533, depois de uma experiência religiosa em que acreditou ter recebido a missão de restaurar a Igreja a sua pureza primitiva, entrou em contato com os homens da Reforma na Alemanha e na Suíça e se dirigiu a Basiléia (1535). Ali escreveu sua obra principal: *Institutio Religionis Christianae* (1536), que foi aperfeiçoando em sucessivas edições e que ele mesmo traduziu para o francês. Depois de uma estada em Estrasburgo (1536-1539), voltou a Genebra onde se dedicou a estabelecer um regime teocrático sobre as bases do Antigo Testamento (AT). Servindo-se de uma série de "ordens" que colocaram o governo da cidade nas mãos de pastores, anciãos e diáconos, assistidos por um consistório ou tribunal de caráter fundamentalmente moral, exerceu um poder onímodo na cidade até a sua morte. Os delitos religiosos: heresia, oposição à fé estabelecida etc., foram castigados com severas penas, entre elas a excomunhão e a pena de morte, como no caso de Miguel *Servet (1553). Desde 1555, quando Calvino foi considerado mestre indiscutível de Genebra, o reformador viveu inteiramente para a sua obra: pregação, participação nos problemas de outras comunidades protestantes da Europa e redação de seus numerosos livros e demais escritos. É considerado o segundo reformador depois de Lutero.

— Apesar de Calvino reconhecer repetidas vezes sua "natural tendência à brevidade" e à concisão, sua produção literária é uma das mais extensas. Assim o atestam: a) Os dois grossos volumes de *cartas*, em correspondência mantida praticamente com os principais homens do momento: *Erasmo, *Lutero, *Bucer etc. Destaca-se sua resposta ao cardeal Sadoleto, um de seus melhores trabalhos sobre a Reforma, escrito num só dia. b) Seus *sermões*: Calvino pregou regularmente em Genebra, e seus sermões foram registrados taquigraficamente desde 1549. Alguns foram publicados no século XVI. A maior parte foi vendida como papel velho no século XIX, perdendo-se assim três quartas partes deles. c) *Comentários* de muitos dos livros do AT e do NT. Continua sendo um dos grandes comentaristas do texto bíblico. d) *Tratados: Sobre a eucaristia,* em que mantém uma postura média entre Lutero — empanação e consubstanciação — e a doutrina tradicional católica — transubstanciação; *Sobre as relíquias; Sobre a predestinação* (1552).

— Entre suas obras destaca-se *Institutio Religionis Christianae,* que já mencionamos. Desta obra fez três edições em vida, que foi completando e aperfeiçoando até 1559. Fez ainda a edição francesa, que dedicou ao rei da França e que é concebida como de "summa da piedade" e para a edificação do povo da França.

— A obra falada e escrita de Calvino culmina com a fundação da Academia de Genebra (1559), que continuou sua obra e a transformou mais tarde na Universidade de Genebra. Será o principal foco de estudo e de propaganda de sua doutrina.

— De modo geral, podemos dizer que "se para Lutero o retorno às fontes religiosas é essencialmente o retorno ao Evangelho, e para Zwinglio retorno à revelação originária concedida a pagãos e cristãos, para Calvino é, ao contrário, *retorno à religiosidade do Antigo Testamento*. Desta obra nasceram as Igrejas Reformadas, que não foram organizadas sob a influência do Estado, como ocorreu na Alemanha, mas que se desenvolveram livremente.

Em *Instituições* destaca a impossibilidade da doutrina do Evangelho sem o AT. E, na realidade, em sua interpretação da Bíblia os conceitos do AT são os que prevalecem (*Inst.*, 7, III, 62-63).

— Embora partilhe com Lutero sua fé na Bíblia como única norma de fé, a negação do livre-arbítrio e a doutrina da justificação somente pela própria fé, é do AT, porém, que tira o conceito principal de sua concepção religiosa: *a soberania de Deus*. Deus como absoluta soberania e potência, diante da qual o homem não é nada. Na teologia de Calvino, Deus é onipotência e impenetrabilidade, mais que amor.

— De seu decreto depende o curso das coisas e o destino dos homens e, portanto, também a sua salvação. "Dizemos que o Senhor decidiu de uma vez, em seu desígnio eterno e imutável, quais homens queria admitir para a salvação e quais queria deixar na ruína. Aqueles aos quais chama para a salvação dizemos que os recebe por sua misericórdia gratuita, sem ter em conta sua própria dignidade. Ao contrário, o acesso à vida está fechado para todos os que ele permite que sejam condenados. E isso acontece por um juízo seu oculto e incompreensível, mas também justo e equitativo" (*Ibid*).

— "A santidade tem sua origem e princípio unicamente na eleição divina. É impossível reconhecer no homem um mérito qualquer com relação a Deus. O homem se reconcilia com Deus somente pela mediação de Cristo e pela participação em suas promessas. Mas a mesma obra mediadora de Cristo é um decreto eterno de Deus, que está incluído na ordem providencial do mundo" (*Inst.*, 6, II, 275). Quem acredita, porém, nos méritos de Cristo e na virtude de tais méritos sente-se predestinado, adquire uma força de convicção que não retrocede diante das dificuldades e que o leva até ao fanatismo.

— Com esta certeza da ajuda divina, inclusive nos negócios, o trabalho transforma-se num dever sagrado, e o bom êxito nos negócios é uma prova evidente do favor de Deus; e conforme a doutrina do AT, num signo de sua predileção. Sobre a ética calvinista modelou-se o espírito da nascente burguesia capitalista, isto é, o espírito ativo e agressivo, com desprezo de todo sentimento, continuamente direcionado para o êxito.

— Contrariamente ao defendido por Lutero, a Igreja é independente do poder civil, mas este, além de respeitá-la, deve contribuir para a implantação do Reino de Deus sobre a terra, castigando os maus e premiando os bons, segundo as orientações da Igreja. O Estado fica reduzido a um instrumento nas mãos da Igreja e, em contraposição à tendência moderna da autonomia e diferença de campos, volta-se para a mais absoluta teocracia.

"Sua profunda religiosidade parece como enxertada em sua forma metódica de ser, extraordinariamente lúcida e clara, inclinada a sistematizar sempre os problemas através de um trabalho paciente e contínuo, que ele prolonga apesar de sua saúde fraca, ajudado por sua memória de ferro e por sua fácil veia de escritor. Sóbrio e eficaz no estilo, capta imediatamente a substância dos problemas, expondo-os com clareza, evitando as fórmulas escolásticas e preferindo as expressões facilmente inteligíveis por todos" (G. Martina, *La Iglesia: De Lutero a nuestros días,* 140).

BIBLIOGRAFIA: *Obras: Corpus Reformatorum* (Brunswick). Berlim 1850s.; Leipzig 1893s.; J. L. L. Aranguren, *Catolicismo y protestantismo como formas de existencia.* Madrid 1957; M. Weber; *La ética protestante y el espíritu del capitalismo.* Madrid 1962.

Câmara, Hélder Pessoa (1909-)

Bispo de Olinda e Recife no Brasil desde 1964. Onze anos como secretário da Conferência Nacional dos Bispos do Brasil — CNBB — permitiram-lhe conscientizar o episcopado e a Igreja sobre a situação social de pobreza de grande parte da população. Durante esses anos, sua atividade na pregação, tanto no púlpito quanto na televisão, foi alertar os cristãos sobre o estado de miséria física, moral e espiritual das favelas e bairros marginalizados do Rio de Janeiro. No Concílio Vaticano II, advogou por uma distribuição mais justa das riquezas da Igreja em favor dos pobres.

Como bispo, sua atividade centrou-se numa série de programas sociais, educacionais e religiosos tendentes a elevar a vida dos camponeses de sua diocese. Como conseqüência, teve em 1966 sérios confrontos com as autoridades governamentais do Estado e da nação que terminaram em tiros e ataques à sua própria residência. Em 1967, deu origem a uma forte oposição por parte do exército e dos proprietários da terra, quando afirmou, na cidade de Pernambuco, que somente a ação social da Igreja poderia evitar uma revolução violenta dos necessitados. Ao mesmo tempo, denunciava a injustiça social resultante da má e injusta distribuição da riqueza no Brasil, que fomentava o "colonialismo interior" e a violação dos "direitos humanos básicos".

O trabalho social de Dom Hélder Câmara foi reconhecido por vários Organismos Internacionais. Seu pensamento foi compilado em dois volumes: *Revolución dentro de la paz* (1968) e *Revolución por medio de la paz* (1971). Esses dois livros contêm boa parte dos numerosos sermões, conferências, mediações que o bispo de Recife pronunciou e das quais participou. D. Hélder

Câmara será lembrado sempre como um dos grandes apóstolos e missionários dos pobres em sua justa reivindicação dos direitos fundamentais. Seu trabalho está vinculado ao da Igreja do Brasil e da América Latina em geral, na luta pela libertação. Sua obra tem sido uma "educação libertadora", segundo o método de Paulo Freire e os princípios da "Teologia da Libertação". Seu reconhecimento é hoje unânime.

BIBLIOGRAFIA: *O Deserto é Fértil; O Evangelho com Dom Helder; Indagacoes Sobre uma Vida Melhor*; L. Boff, *Eclesiogênese. As Comunidades de Base reinventam a Igreja; E a Igreja se fez povo*; Equipo Seladoc, *Panorama de la teología latinoamericana.* Salamanca 1975-1984, 6 vols.; Instituto fé e Secularidade, *Fe cristiana y cambio social en América Latina.* Sígueme 1973.

Camus, Albert (1913-1960)

"Escritor e filósofo, jornalista e político a seu jeito, Camus foi o escritor francês que mais profundamente influenciou os leitores de todo o mundo durante as últimas gerações. O Prêmio Nobel concedido a Camus, em 1957, corroborou o fato inegável dessa fascinação universal. Humanista doloroso e sensível, entre o absurdo que descreve e a solidariedade que converte para sua própria causa, é uma imagem de lucidez inquieta e exigente que se revisa a si próprio entre distensões incuráveis" (M. de Riquer-José Mª Valverde, *Historia de la Literatura Universal*).

Charles Moeller, em *Literatura do século XX e cristianismo*, intitula seu estudo sobre Camus: *Albert Camus ou a honestidade desesperada*. E acrescenta: "O autor de *Calígula* não é um filósofo no sentido técnico dessa palavra. Precisamos retomar a seu respeito o termo, infelizmente muito gasto, de *testemunha*. Sua obra testemunha certa sensibilidade contemporânea diante do aparente silêncio de Deus".

Depois de analisar de forma pormenorizada suas principais obras: *O mito de Sísifo*, ensaio (1942); *A peste*, novela (1947); os dramas *Calígula* (1947) e *Os justos*, além de suas primeiras obras como *As bodas* e outras, Ch. Moeller chega a este resumo geral:

— "Partindo do *romantismo* da felicidade sensível, Camus orienta-se, através de uma revolta contra o absurdo, para uma *religião* da felicidade que impõe aos seus adeptos uma espécie de martírio. Concentrada inicialmente sobre a inquietude individual, a obra de Camus vai-se abrindo aos poucos para as desgraças do mundo; ela assume um tom de lealdade quase impessoal, que obriga ao respeito. Enfim, violentamente anti-religiosa a princípio, a obra camusiana torna-se mais serena; desinteressando-se cada vez mais da 'ideologia' cristã, Camus exorta-nos com fervor a enquadrar-nos na luta pelos 'universais concretos', contra a injustiça e a violência".

Esse julgamento conjunto sobre a pessoa e a obra de Camus, Moeller o explica em separado nas seguintes afirmações:

— "Não é 'a peste' o que está na origem da incredulidade do autor de *Noces*, mas o seu racionalismo, a sua recusa de acreditar em Deus porque tal fé implicaria numa desvalorização da vida. Esta conclusão é decisiva: Camus nunca se preocupou seriamente com o problema de Deus; sua incredulidade é um ponto de partida, uma negativa prévia".

— "A geração Gide-Claudel está obcecada pela *idéia da salvação*... Em Camus, a opção em favor da felicidade é exclusiva; tomada no ponto de partida, mantém-se até o fim; é dentro do tema da felicidade que se realiza uma promoção religiosa. O homem deve sacrificar a sua felicidade pessoal para tentar dá-la aos outros; ao mesmo tempo é-lhe impossível levar a feito seja o que for, sem fazer violência aos outros, ou matá-los".

— "Camus ignora a religião cristã; também não é um filósofo. Sua descrença instala-se no ponto de junção da ignorância religiosa e do ressentimento. A lealdade da sua lógica leva-o a dar à morte dos 'justos' um valor de redenção".

— "Como viver sem a graça, é o problema que domina o século XX", escreve Camus. Esta frase-chave, já dita em outras palavras por Tarrou, explica-se melhor agora; como 'viver', significa como evitar, após o abandono do 'sagrado' a queda na abominável revolução que mata e assassina? A resposta de Camus contém-se nesta simples linha: "A verdadeira generosidade para o futuro consiste em dar tudo ao presente. Os que nada dão ao 'presente' mas lhe sacrificam um 'futuro' divino, serão os revolucionários e os homens religiosos".

Assim poderíamos continuar criando inumeráveis frases lapidares sobre esse mago das palavras e das idéias. Moeller finaliza o estudo com estas duas reflexões: "Camus nunca refletiu a sério na solidez do seu ponto de partida. Além disso, o ateísmo é a raiz mais forte da sua incredulidade". Moeller acabou dizendo: "Como não estimar um homem que em meio ao nosso mundo da vigésima quinta hora, de náusea e de 'desprezo do homem', escreveu estas linhas: 'No homem há mais coisas a admiração que a desdenhar'?".

BIBLIOGRAFIA: Ch. Moeller, *Literatura do século XX e cristianismo*. Há tradução em português de quase toda a obra de A. Camus.

Canísio, São Pedro (1521-1597)

Principal artífice da Contra-Reforma na Alemanha, uniu a uma eminente santidade a eficácia de uma atividade programada e multiforme. Como jesuíta e depois superior da Companhia na Alemanha, cuidou de estabelecer pontos estratégicos e homens preparados para a docência e o apostolado nesse país. Dirigiu seus ataques contra o arcebispo eleito de Colônia, muito inclinado para a Reforma. A partir de 1549, pregou na Baviera, em Viena e em Praga. Frutos dessa pregação paroquial e popular são os *catecismos* em diversos graus que publicou para os diferentes níveis de fiéis. O catecismo, mais conhecido como *Catecismo de São Pedro Canísio,* apareceu sob o título de *Summa doctrine christianae* em 1554.

Adiantou-se em 12 anos ao chamado Catecismo Romano ou de São Pio V (1566) (*Catecismo).

Cano, Melchior (1509-1560)

Teólogo dominicano da Universidade de Salamanca, tomista e escolástico bem munido para o debate dialético. Escreveu *De locis theologicis,* onde expõe o método e os argumentos da teologia. Como teólogo, participou do Concílio de Trento nos debates sobre a Eucaristia e a Penitência. Depois de várias lutas internas com teólogos de outras escolas e tendências, foi nomeado bispo de Santa Cruz de Tenerife, onde morreu.

BIBLIOGRAFIA: *Obras: Tratado da vitória si mesmo* (1550); *De sacramentis in genere y De poenitentiae sacramento; De locis theologicis* (1563). M. Solana, *Historia de la filosofía española,* 1941, III, 131-150.

Caramuel (1606-1682)

Instituições morais.

Carlos Borromeu São (1538-1584)

*Educadores cristãos; *Contra-Reforma.

Carta de Judas (séc. I)

*Cartas católicas.

Carta de Tiago (séc. I)

*Cartas católicas

Cartas católicas

Com esse nome se conhece uma coleção de cartas canônicas do Novo Testamento (NT), atribuídas uma a Tiago, uma a Judas, duas a Pedro, três a João. No total, sete. O título *católicas* procede, sem dúvida, de que a maioria delas não vão destinadas a comunidades ou pessoas particulares, mas aos cristãos em geral.

1. *Carta de Tiago*. Mais que uma carta, poderia classificar-se como uma homilia ou catequese que exorta à paciência nas tribulações, ao domínio da língua, à misericórdia etc. É dirigida a todas as comunidades cristãs, simbolizadas pelas doze tribos de Israel. A Carta, sobretudo, reduz a lei ao mandamento do amor ao próximo: exalta os pobres e adverte severamente os ricos. Insiste nas práticas das boas obras e previne contra uma fé estéril. A exigência do amor exclui a exploração, e apresenta a passagem mais violenta do NT contra os ricos exploradores na linha profética do AT.

O autor se dá o nome de Tiago, irmão ou parente do Senhor, que dirigiu o Concílio de Jerusalém e morreu mártir no ano 62. No entanto, o estilo e o grego refinado da carta tornam improvável ter sido escrita por um judeu de Jerusalém. Talvez se deva pensar num judeu helenista do final do séc. I, entre os anos 80-100. Até o séc. III não foi considerada como canônica.

2. *Carta de Judas*. O autor desta carta se diz irmão de Tiago, que é, sem dúvida, o parente do Senhor. O estilo e a linguagem retórica da carta não são próprios de um judeu palestinense. Isso e outras referências a pregações dos apóstolos sobre os tempos difíceis sugere uma época relativamente tardia. Assim como a carta de Tiago, parece ser do final do séc. I.

O que interessa a Judas é delatar os perversos doutores que colocam em perigo a fé cristã. Ameaça-os com um castigo divino. Suas blasfêmias e abusos morais não passarão sem o castigo diante Deus.

3. *Cartas de Pedro* (1 e 2).

1Pd é um escrito didático e exortatório que se propõe afiançar na fé grupos de cristãos ameaçados pelo perigo da apostasia. O ensino gira em torno da graça e do compromisso do Batismo e da esperança na vinda de Cristo. Os cristãos foram escolhidos e convocados por Deus para seguir e obedecer a Jesus Cristo na sua vida e em seus ensinamentos. A Igreja é escolhida Templo de Deus e do Espírito, cuja firmeza é Cristo, a pedra angular sobre a qual está construída.

O autor é o apóstolo Pedro, conforme nos diz na própria carta. É escrita na Babilônia, denominação pejorativa de Roma no Apocalipse (14,8). Embora alguns coloquem em dúvida sua autenticidade, não há razões para não atribuí-la a Pedro. Data do ano de 64, anterior à perseguição de Nero.

2Pd apresenta-se como o testemunho de Pedro que vê próxima a sua morte. Os autores, no entanto, costumam atribuir-lhe uma data posterior, apoiados em razões de tipo interno, de estilo, vocabulário etc. É atribuída a um discípulo do apóstolo na primeira metade do séc. II.

O tema central da carta é a volta de Cristo. Não a descreve como uma transformação do mundo nem como o reinado de Deus sobre a sua criação, senão como a destruição total da realidade presente. Três pontos da carta merecem destaque: a vocação cristã à "participação da natureza divina"; a definição do caráter inspirado das Escrituras; a certeza da parusia futura (segunda vinda de Cristo no final dos tempos), apesar da demora e da incerteza de seu dia. Termina com a perspectiva de um mundo novo onde habitará a justiça.

Cartas de João (séc. I)

João Evangelista, São.

Cartas de Paulo (séc. I)

Paulo Apóstolo, São.

Cartas de Pedro (séc. I)

Cartas católicas.

Cartuxo, Dionísio (1402-1471)

Teólogo e místico, escreveu comentários aos livros da Escritura, às obras de Boécio, de Pedro Lombardo, de São João Clímaco e do Pseudo-Dionísio. Embora não sejam originais, suas obras chegaram a ser muito lidas no seu tempo. Foi muito apreciado pela segurança de sua doutrina em temas morais e de disciplina.

Cartuxo, Ludolfo (+1378)

Ludolfo de Saxônia, mais conhecido por "Cartuxo", passou à história por sua famosa *Vita Christi*. Não é uma biografia de Cristo no sentido rigoroso da palavra, senão uma prolongada meditação sobre a vida e as ações de Jesus, com instruções doutrinais, espirituais e morais. Inclui também diversas orações. Foi um dos livros mais populares da Baixa Idade Média.

Casel, Odo (1886-1948)

Monge beneditino da abadia de Maria Laach. São bem conhecidos seus trabalhos sobre os aspectos teológicos da liturgia. A Eucaristia resume e atualiza os mistérios de Cristo através da Igreja. Sua principal obra, *Os mistérios do culto cristão*, foi o texto clássico para a compreensão da liturgia nos anos anteriores ao Concílio Vaticano II. Odo Casel é um elo importante na corrente de autores pioneiros e líderes do movimento litúrgico.

Cassiano, João (360-431)

Ainda muito jovem, ingressou como monge no mosteiro de Belém, de onde saiu, logo depois, com ânimo de conhecer melhor e estudar a vida monacal no Egito. Em 415 fundou dois mosteiros perto de Marselha.

De Cassiano ficaram duas obras fundamentais. Escritas num latim simples e narrativo, exerceram uma influência decisiva na organização da vida monacal.

— As *Institutiones*. Nelas estabelece as regras fundamentais da vida monástica, assim como as dificuldades que apresenta sua organização e prática.

— As *Collationes* ou Conferências. Coletam as conversações com os padres do deserto egípcio. É uma obra fundamental para compreender a vida e a espiritualidade monástica. A tradução para todas as línguas modernas faz deste livro e de Cassiano um dos "clássicos cristãos" imprescindíveis.

Em seu tempo, e posteriormente, viu-se em sua doutrina um toque de semipelagianismo.

BIBLIOGRAFIA: *Obras*: PL 49-50; *Corpus Vindobonense*, 13 e 17.

Cassiodoro (485-580)

Flavius Magnus Aurelius Cassiodorus, senador, conhecido como "salvador da civilização ocidental". Nascido na Calábria, deixou a vida pública em 545, retirando-se para a vida monástica. Fundou o "Vivarium", mosteiro onde morreu.

A obra principal de Cassiodoro é *Institutiones divinarum et saecularium litterarum*, em que advoga pela união dos estudos cristãos e profanos. Consta de dois livros: o primeiro refere-se à cultura bíblica e cristã; o segundo, à profana. A obra é uma espécie de enciclopédia universal, básica para a cultura medieval.

— Na segunda parte, distingue três artes e quatro disciplinas: o conhecido "trivium" e o "quadrivium". As três artes são a gramática, a retórica e a dialética. Essa última, própria de Cassi.odoro, contra a tradição latina. As quatro disciplinas são as matemáticas, que compreendem aritmética, geometria, música e astronomia.

— Compôs também outras obras: *De anima*, em 12 capítulos. Nela faz referência a textos de

Santo Agostinho, C. Mamerto e à Escritura, para provar e definir a natureza, as virtudes e o destino ultraterreno da alma. Em *De musica* coleta as teorias musicais dos antigos.

BIBLIOGRAFIA: *Obras*: PL 69-70.

Catarina de Gênova, Santa (1447-1510)

*Ângela de Foligno.

Catarina de Ricci, Santa (1522-1590)

*Ângela de Foligno.

Catarina de Sena, Santa (1347-1380)

Nascida em Sena, recebeu o nome de Catarina Benincasa; morreu em Roma. Foi canonizada em 1461. Proclamada *doutora* da Igreja, junto a Teresa de Ávila, em 1970. Santa Catarina de Sena é uma das mulheres de vida mais intensa: por sua atividade em favor da paz, é reconhecida e proclamada padroeira da Itália; por seu incansável zelo em favor da volta do papa de Avinhão para Roma, mereceu o título de apóstola da unidade do papado e da Igreja. Ao mesmo tempo, o fervor de sua atuação pública não diminuiu a intensidade de seus êxtases nem do rigor das práticas ascéticas. Morreu aos 33 anos, deixando atrás de si uma obra e um exemplo indeléveis.

Três coisas resumem a vida dessa freira terciária dominicana, que em 1363 ingressa no convento das Irmãs da Penitência de Sena: 1) Trazer a paz às cidades da Itália. 2) Conseguir a volta do Papa Gregório XI a Roma. 3) Promover uma cruzada contra os muçulmanos. Para isso não deixou de viajar pelas diversas cidades italianas, entrevistando e escrevendo às pessoas que pudessem trazer a paz à Itália. Foi para Avinhão na qualidade de mediadora não oficial do Papa Gregório XI, cuja volta a Roma deu-se em 1377. Não conseguiu, no entanto, mobilizar a cruzada. Contudo, deve sua influência no mundo eclesiástico e político do séc. XIV à sua excepcional força de vontade e à energia e zelo com que atuou nos conflitos da época. É uma mulher de fogo: "il mio cuore é fuoco". De sua condição de "simples cristã", dirigiu-se com liberdade a todos, particularmente ao papa. Disse a Urbano VI: "Meu doce pai, faze as coisas com moderação, pois fazê-las imoderadamente, antes estraga do que compõe; com benevolência e coração tranqüilo... elege um bom grupo de cardeais italianos".

Os escritos de Santa Catarina de Sena, que foram todos eles ditados, incluem umas 380 cartas, 26 orações e os *Quatro tratados da Divina Doutrina*. Essa última obra é conhecida como o *Diálogo de Santa Catarina* ou simplesmente o *Diálogo*, composto entre 1376-1378.

Através de suas *Cartas* e sobretudo do *Diálogo*, Santa Catarina de Sena transmite-nos sua experiência religiosa e mística. Graças a essas obras, passou a ser uma das grandes mestras da ascética e da mística cristã, merecedora do título de "Doutora da Igreja".

Santa Catarina vive a mística da "essência" como os grandes místicos da época, por exemplo o mestre Eckhart, Tauler etc. A experiência espiritual é o encontro ou a permanência estável do homem nesse "lugar" onde se encontra simultaneamente a "essência" da existência humana e a "essência" de Deus. Nossa mística nos fala "da cela interior" onde se produz o encontro de Deus e da Alma.

— No *Diálogo* esboça-se também o que se denominou de "mística nupcial", de um fundo mais tipicamente bíblico e cristão, e que terá seus grandes mestres em Santa Teresa e em São João da Cruz. Utiliza-se o símbolo nupcial por sua capacidade de expressar a experiência, não propriamente do ser-um, senão do estar-unido, da comunhão na transformação, da presença que convida, do amor recebido que faz amar de uma maneira nova, inédita.

— "Sua prosa carece de riqueza técnica, mas se apóia nos infinitos recursos da imaginação e na intuição da santa, que freqüentemente conferem a suas páginas tons vivos, tumultuados e quase 'barrocos'. E, assim, Santa Catarina supre a falta de experiência literária com sua sensibilidade sutil e variada, com a eficácia de suas razões, com uma singular penetração psicológica, com a sinceridade de suas efusões estáticas e com o ardor de seu apostolado ascético, tudo o que dá a sua obra momentos de grande intensidade lírica" *(Diccionario Bompiani de Autores Literarios).*

BIBLIOGRAFIA: *Obras de Santa Catarina de Siena. El diálogo, Oraciones y Soliloquios.* Edição de Salvador e Conde (BAC); A. Royo Marín, *Doctoras de la Iglesia. Doctrina espiritual de Santa Teresa de Jesús y Santa Catalina de Siena* (BAC).

Catecismo

O *catecismo* ou os catecismos, como gênero didático dentro da Igreja, é uma continuação escrita da catequese oral e direta, praticada desde os primeiros séculos do cristianismo. Aparece como substituição desta e do catecumenato, que fora uma instituição perfeitamente definida na Igreja primitiva e posterior.

O catecismo é um gênero literário didático em forma de manual de instrução cristã, preparado à base de perguntas e respostas. Seu surgimento é tardio, já que remonta aos séculos XV-XVI. Isto não quer dizer que anteriormente não se tenham dado manuais de instrução para os jovens, para os rudes ou lavradores, para os convertidos, os infiéis ou testemunhar a fé. São conhecidos, nesse sentido, alguns dos tratados de Santo Agostinho, de São João Crisóstomo e em especial de São Cirilo de Jerusalém com suas famosas *catequeses*. Com mesmo sentido e finalidade foram escritas algumas das *summas* da Idade Média, como as de Santo Tomás, de São Raimundo de Peñafort e de Raimundo Lúlio, entre outras. O termo *catecismo*, no entanto, foi utilizado para designar os manuais escritos em forma de perguntas e respostas, surgidos no começo da Idade Moderna.

A partir da invenção da imprensa no séc. XV, e principalmente da Reforma Protestante do séc. XVI, o catecismo transforma-se em um meio de instrução, de exposição da fé e de muito importante controvérsia. Seguindo um pouco os manuais de instrução religiosa da Idade Média, contém três partes correspondentes às três virtudes teologais: a) *significado da fé*: explicação do Credo dos Apóstolos; b) *esperança*: explicação do *"pai-nosso"*; e c) *a caridade*: *os Dez Mandamentos*. Os catecismos surgidos da Reforma estão estruturados em quatro partes: *em que acreditar, a que orar, o que realizar e o que receber*, segundo o esquema dos clássicos catecismos de Astete e Ripalda.

A era dos catecismos cobre todo o século XVI e estende-se com uma nova compreensão até nossos dias. São clássicos os dois catecismos de Lutero: O *Catecismo Menor* (1529) e o *Catecismo Maior* destinado ao clero (1529). Neles se fixa a doutrina luterana sobre os sacramentos, sobretudo a do Batismo e da Eucaristia. Em 1537, Calvino publicou um Catecismo para as crianças, que pela sua dificuldade de compreensão teve de ser adaptado e publicado novamente em 1542. O *Catecismo de Heildelberg* (1563) se impôs nas Igrejas Reformadas da Suíça. As Igrejas Presbiterianas confeccionaram seu pequeno e grande catecismo, conhecido como *Catecismo de Westminster* (1647). Em 1549, juntamente com o *Book of Common Prayer*, publicou-se a primeira parte do catecismo anglicano e a segunda em 1604, com a doutrina sobre os dois sacramentos. Até 1661 sofreu diversas modificações.

Da parte católica e durante o Concílio de Trento (1545-1563), publicou-se o catecismo católico mais famoso, a *Summa Doctrinae Christianae* (1554) de São Pedro Canísio, jesuíta alemão. Seguiram-lhe o de São Roberto Belarmino na Itália (1597); os de Edmond Auger

(1563) e J. B. Bossuet (1687) na França; os de Gaspar Astete (1599), com mais de 600 edições, e Ripalda (1615) na Espanha etc. Seria interminável a lista dos que apareceram ao longo dos séculos seguintes até nossos dias. Os catecismos dos séculos XVIII-XX supõem um esforço de síntese sistemática e apologética de teólogos e educadores. Mas a maior parte deles, sobretudo os que se dirigem a um público culto, abandonam a forma tradicional de perguntas e respostas para se converter em *tratados* ou manuais de formação e informação cristã. Seguindo o exemplo do chamado *Catecismo romano* — publicado em 1566 por São Pio V, que não é um catecismo no sentido indicado, porém, uma exposição doutrinal para utilização dos sacerdotes — a maior parte dos catecismos modernos adotam a forma de exposição doutrinal. São a adaptação dos manuais de teologia em linguagem mais acessível e a forma pela qual a doutrina cristã sai das salas de aula e dos livros em latim e chega ao povo.

Finalmente em 1993 foi publicado o *Catecismo da Igreja Católica*.

Como reação aos catecismos católicos e protestantes, o teólogo ortodoxo Pedro Mogila compôs a *Confissão ortodoxa da Igreja católica e apostólica oriental*. Foi aprovada por um Sínodo provincial em 1640 e estendida a todas as Igrejas Orientais pelo Sínodo de Jerusalém em 1672. Mesmo assim, por ordem do czar Pedro I, o Grande, preparou-se em 1723 um pequeno catecismo ortodoxo.

BIBLIOGRAFIA: Para maiores informações sobre o catecismo, os catecismos, oferecemos as seguintes obras: *Catecismo Católico para adultos*. La fe de la Iglesia, pela Conferência Episcopal alemã (BAC); *Novo catecismo para adultos* (Catecismo holandês).; J. N. D. Kelly, *Primitivos credos cristianos*. Salamanca 1980; *Catecismo romano de san Pío V* (texto bilíngüe) (BAC); *Catecismo de Astate y Ripalda*, por L. Resines (BAC); *Comentarios sobre el "Cathecismo Christiano"* por B. de Carranza. Edição crítica e introdução por J. L. Tellechea (BAC maior), 2 vols. *Catecismo da Igreja Católica*, Vozes e Loyola, 1993.

Cayetano, Tomás de Vío (1469-1534)

Teólogo dominicano. Duas facetas destacam-se em sua vida:

1. É considerado o mais autorizado comentarista de Santo Tomás de Aquino. Seu *Comentário à Summa Teológica* (1507-1522) é um verdadeiro monumento e origem do renascimento tomista do séc. XVI. Dele nasce a "nova escolástica renascentista", que dará esplêndidos frutos na Espanha (Salamanca) e Portugal (Coimbra).

2. Cayetano foi também um homem de Igreja, um diplomático a serviço da causa de Roma. Primeiro como geral de sua ordem (1508-1518), como cardeal (1517) e bispo de Gaeta (1519), e depois, como legado do papa, teve um papel importante na política religiosa do seu tempo. Apressou a reforma da Igreja no Concílio de Latrão em 1512. Procurou convencer Lutero em 1518, e finalmente se opôs ao projetado divórcio de Henrique VIII (1530).

CELAM (Conselho Episcopal Latino-Americano) (1955)

As conferências episcopais — com longa tradição na Europa, América, Ásia e África — receberam um impulso e funções muito especiais no Concílio *Vaticano II.".... Esse sacrossanto Sínodo julgou ser de toda a conveniência que, em todo o mundo, os Bispos de uma nação ou região se agrupem numa única assembléia, para que periodicamente se reúnam, comunicando entre si as luzes da prudência e da experiência, deliberar entre si e formar uma santa conspiração de forças para bem comum das Igrejas" (CD 37s.). "Onde as condições especiais o exigirem, os Bispos de várias nações, com a aprovação da Sé Apostólica, podem constituir uma única conferência" (idem 38, 5).

Tanto as conferências nacionais quanto as continentais adquirem uma dimensão e uma influência que nunca tiveram anteriormente. Em nível continental, merece destaque o Conselho Episcopal Latino-Americano, conferência de bispos de 22 nações de língua portuguesa e espanhola. O protagonismo que esse conselho tem representado na vida religiosa, pastoral, social e política na América Latina nos leva a abrir um espaço maior para ele.

O CELAM nasceu em 1955, e *João XXIII o descreveu como um dos "organismos mais importantes da estrutura católica universal". Tem seu secretariado permanente em Bogotá (Colômbia). Com sua constituição e estatutos próprios, celebra uma assembléia geral anual, à qual comparecem delegações episcopais de todos os países da América Latina. Essa assembléia geral é seguida de uma sessão extraordinária dedicada a questões monográficas sobre temas candentes. Desta maneira, o Conselho converte-se na caixa de ressonância de todos os problemas que a Igreja tem na América do Sul. É uma tomada de consciência, de estudo, de planejamento e deliberação de orientações e decisões a seguir, através de seus treze departamentos pastorais.

A atuação preferencial do CELAM é marcada pela realidade de América do Sul: uma realidade plural de subdesenvolvimento e riqueza, de revolução e repressão, de democracia e ditadura, de ignorância e atraso cultural e de eclosão vital e social. Nos quarenta longos anos de existência, o CELAM teve e ainda tem de fazer frente, tanto aos problemas internos da Igreja Sul-Americana, quanto à realidade sociopolítica e cultural do meio. A eles fez frente em três grandes conferências. A primeira, em 1966, realizada em *Mar del Plata* (Argentina), cuja ordem do dia era: "A presença ativa da Igreja no desenvolvimento econômico e social". Em sua declaração final, convidavam-se os católicos latino-americanos a "estimular as reformas de estruturas necessárias para maior participação da população na vida política, econômica, social e cultural". Sublinha-se, de maneira particular, a necessidade da reforma agrária. O resultado mais positivo dessa primeira conferência geral foi o chamado *Manifesto dos Bispos do Terceiro Mundo*, assinado em 1967 por Hélder *Câmara, arcebispo de Recife no Brasil; Méndez Arceo, bispo de Cuernavaca, no México, e Larraín, bispo de Talca no Chile.

A II Conferência geral do CELAM aconteceu em Medellín (Colômbia) em 1968. Medellín é um nome mágico, que representa o ponto de partida real e eficaz da postura e da ação pastoral dos últimos anos da Igreja Latino-Americana. Presidida pelo Papa *Paulo VI, que pronunciou seu discurso inaugural, Medellín resultou numa sacudida muito forte na consciência de toda a América. "A realidade da América é trágica — diz o documento-base — e exige uma resposta tão rápida quanto eficaz". Medellín fez uma análise da situação real na América, procurou suas raízes e tratou de encontrar caminhos para soluções eclesiais. Não canonizou a violência, mas deu a entender que a compreendia sem compartilhar quando criticou duramente a violência institucional dos poderosos que se opõem à dignidade humana e oprimem a liberdade".

O mais importante de Medellín foi a colaboração conjunta do episcopado, de sacerdotes, religiosos, leigos de diferentes tendências, assim como de alguns dos teólogos e movimentos mais comprometidos da América. Pela primeira vez atuaram teólogos da libertação na pessoa de seu principal representante, o peruano Gustavo Gutiérrez. "Um continente como a América Latina — diz — não vem, em primeiro lugar, do não-crente, senão do não-homem; quer dizer, daquele a quem a ordem social não reconhece como tal: o pobre, o explorado, o que é sistemática e legalmente despojado de seu ser de homem, o que apenas sabe que é um homem"... Essas palavras explicam e justificam essa magna assembléia.

Desde então, o CELAM tem prosseguido seu trabalho "orientado por uma linha de prudência", como se viu nas assembléias de São José (Costa Rica, 1970) e de Sucre (Bolívia, 1972). Essa mesma linha de "compromisso prudencial" refletiu-se na III Conferência do Episcopado Latino-Americano, ocorrida em Puebla (México) em 1979. Não obstante, a Conferência de Puebla retomou as propostas de Medellín nos cinco núcleos preparados pela própria assembléia: 1) Visão pastoral da realidade na América Latina (4 temas); 2) Reflexão doutrinal: desígnios de Deus sobre essa realidade e evangelização; 3) Evangelização na e pela Igreja na América Latina; 4) A Igreja, evangelizadora e missionária hoje e no futuro da América Latina; 5) Grandes prioridades pastorais. Em torno destes cinco grupos temáticos, sobre o esquema votado e aprovado por unanimidade, estruturou-se o trabalho dos quinze dias que durou a III Conferência. Seu fruto mais visível e imediato foi a publicação dos documentos: a mensagem aos povos da América Latina e o documento, propriamente dito, objeto da maior parte dos trabalhos.

"Parece que a reunião de Puebla fez-se perfeitamente consciente, diante das pressões da direita e da esquerda, da realidade latino-americana e evitou a tentação fácil da condenação indiscriminada. E se é certo que condena o coletivismo marxista, também condena o liberalismo capitalista e a doutrina da segurança nacional. Condena a violência guerrilheira, mas também a violência institucionalizada desde o poder... Há, por outro lado, uma justa valorização das culturas autóctones e uma defesa das denúncias proféticas, e muito escassas, embora claras, referências a temas mais polêmicos e menos essenciais, como o do celibato".

BIBLIOGRAFIA: *Medellín. Reflexiones en el CELAM*, pelo Secretariado do CELAM (BAC). Madrid; *Conclusões da Conferência de Puebla, Evangelização no presente e no futuro da America Latina, 1979;* B. Hernando. *Puebla-79*, em *2000 Años de cristianismo*, 6, 280s.

Celso (séc. II)

Filósofo que, junto a *Luciano de Samosata, *Juliano Apóstata, e Porfírio, é um dos escritores pagãos mais virulentos contra o cristianismo. Seu *Discurso verdadeiro* é o primeiro ataque literário contra os cristãos. Somente se conservou uma parte da obra original. A réplica que lhe fez Orígenes transmite-nos boa parte do texto.

Celso reconhece e elogia a doutrina cristã do Logos (Verbo de Deus, Segunda Pessoa da Trindade) e o alto código moral dos cristãos, mas nega ao cristianismo seu título de religião única e verdadeira. Considera repugnante a doutrina da Encarnação e da crucifixão de Cristo. Ao mesmo tempo convida os cristãos a deixar sua intolerância religiosa e política.

O *Discurso verdadeiro* (c. de 178) foi o alvo de controvérsias de muitos padres da Igreja.

BIBLIOGRAFIA: *Discurso verdadero*. Alianza Editorial, Madrid 1988.

Cenobitismo (séc. III-V)

*Monaquismo; *Bento de Núrsia, São.

Cesbron, Gilbert (1931-1979)

*Literatura atual e cristianismo.

Chateaubriand, François René, visconde de (1768-1848)

Escritor romântico francês. Está incluído no grupo de "escritores tradicionalistas", surgidos depois da Revolução Francesa, no período da restauração da monarquia pela qual lutaram. Tornou-se célebre por sua obra *O gênio do cristianismo* (1802): uma exaltação e defesa do cristianismo. Tentou ressuscitar o cristianismo do afundamento a que havia sido levado pelos filósofos e pensadores ilustrados do séc. XVIII. Chateaubriand substitui a razão ou os argumentos racionais pelo "sentimento". Seu livro despertou entusiasmo nas fileiras da Igreja a partir de seu surgimento. Colocou a defesa da tradição a serviço do catolicismo, considerado como o único depositário da tradição autêntica da humanidade. Junto com De Bonald, De Maistre e Lamennais, constitui as bases, no campo filosófico-político, da defesa da tradição. São conhecidos como os pensadores *teocráticos, ultramontanos* ou *tradicionalistas*.

Chenu, M. D. (1895-1990)

*Teologia atual, Panorama da; *Congar, Yves Marie.

Chesterton, Gilbert Keith (1874-1936)

Crítico e autor inglês de uma versátil e originalíssima personalidade. Cultivou a poesia, o ensaio, a novela, a narração curta, a biografia etc. Tudo o que Chesterton diz — com estilo inimitável — o conduz ao paradoxal, ao contraste, ao absurdo e, principalmente, ao riso e até à gargalhada. Mas também há sua faceta de cristão católico convencido e beligerante. De fato, Chesterton publicou, em 1908, *Ortodoxia,* a obra que aponta para sua ruptura definitiva com o credo unitário no qual havia sido educado, e a plena aceitação das verdades cristãs. Em 1922, passou para a Igreja católica, acrescentando ainda mais vivacidade e controvérsia a sua vida e escritos.

Os estudiosos da obra de Chesterton costumam distinguir nele o crítico social da primeira época de jornalista que evolui do liberalismo ao socialismo, e deste — junto a seu amigo H. Belloc, cristão e medievalista— ao distribucionismo, favorável à distribuição da terra. A seguir, vem sua segunda preocupação: a crítica literária e a controvérsia, que o transformam na primeira figura nacional. Não menos interessante é sua obra de ficção literária: a novela policial e de suspense e a coleção de novelas curtas. Basta citar algumas como *O homem que era quinta-feira* (1908), ou a série dedicada ao Padre Brown: *A inocência do P. Brown* (1911), *A sabedoria do P. Brown* (1914),

A incredulidade do P. Brown (1926), *O segredo do P. Brown* (1927) e *O escândalo do P. Brown* (1935).

Nosso interesse centra-se aqui no aspecto mais sério e profundo de Chesterton: suas convicções e crenças cristãs. Às suas primeiras obras, *Hereges* (1905) e *Ortodoxia* (1909), deve-se acrescentar *Igreja católica e conversão* (1926); *Afirmações e negações* (1934); seu ensaio de teologia histórica, *O homem eterno* (1925); suas biografias de *São Francisco* e de *Santo Tomás* (1923 e 1933 respectivamente). E, finalmente, sua *Autobiografia* (1936).

— "O universo é um intricado tecido — diz em *Ortodoxia* — de admirável variedade, e sua explicação é o cristianismo, que contém dentro de si tudo o que de verdadeiro e justo podem dar as demais religiões e filosofias".

— A ortodoxia, ao contrário da heresia, é equilíbrio, difícil porém rico, entre exigências contrapostas e tensões internas da realidade. "Não há nada tão cheio de perigos nem tão excitante quanto a ortodoxia; ela é sabedoria, e ser sábio é mais dramático que ser bobo" (*Ortodoxia*).

— Em seus ensaios leva a irreverência paradoxal até a sua mais completa falta de seriedade. Assim, diz em sua *Defesa da nescidade:* "A nescidade e a fé são as duas afirmações simbólicas supremas da verdade". E, no entanto, esse homem, que dominava o paradoxo como ninguém, fez uma obra de idéias e de grandes e categóricas verdades. Em suas inumeráveis biografias, pesquisas e ensaios sobre literatos, poetas, santos e escritores, supera-se sobretudo quando tem de sustentar um desafio dogmático às idéias de seu tempo. Predominava nele um interesse fundamental, o religioso, que não ficava isolado e sectário, mas que animava os diversos problemas que se lhe apresentavam.

BIBLIOGRAFIA: *Obras: Clásicos del siglo XX*. Plaza e Janés, Barcelona, 4 vols. Além destas existem traduções de obras avulsas.

Ciência e fé (Galileu)

O eterno problema entre razão e fé, ciência e fé, ciência e revelação manifesta-se claramente no conhecido "caso Galileu". Desde então (séc. XVII), as relações entre ciência e fé, ciência e cristianismo têm sido definitivamente alteradas. Hoje podemos falar de um verdadeiro divórcio existente entre ambas. O séc. XVII havia conquistado a autonomia da ciência a tal preço e, conseqüentemente, esteve preocupado em defendê-la. A história posterior demonstra que se dedicaram mais esforços para colocar a ciência numa perspectiva superior, do que em ressaltar os laços entre ciência e fé. Ainda hoje, apesar de sensíveis progressos, essa síntese, sem dúvida alguma, não tem sido realizada de forma satisfatória.

Galileu (1564-1642) nasceu em Pisa e morreu em Arcetri. Começou a ficar famoso e polêmico quando, em 1610, publicou sua obra *Sidereus nuntius*. O que expõe nesse livro? "Que a Lua apresenta, como a Terra, irregularidades em sua superfície. Que uma e outra giram ao redor do Sol. Que o Sol não é o centro do mundo; e que, além disso, a enorme multidão dos astros impede

que se possa enumerá-los". Todas essas afirmações escandalizam aquela época. Contradiziam formalmente o ensino da Igreja nesse campo. Esta, de fato, argumentava que a Terra é o centro do cosmos, segundo a velha teoria de Aristóteles e Ptolomeu, e considerada como a única de acordo com as Escrituras. Segundo ela, a interpretação literal da Escritura era contrária à doutrina de Galileu e, naturalmente, à de Copérnico, na qual se apoiava.

Tudo se agravou quando em 1615, em carta a Cristina de Lorena, Galileu lançou-se ao ataque, e do ponto de vista teológico fez duas afirmações:

1. Separação de poderes entre Igreja e ciência: cada uma tem seu próprio âmbito e não deve avançar em terreno alheio. "A Bíblia —diz— não foi escrita para ensinar-nos astronomia... A intenção do Espírito Santo não é mostrar-nos como funcionam os céus, mas como ir para o céu".

2. Em teologia afirma-se "que não pode ser considerado herético aquilo que antes não se demonstre ser impossível ou falso". Em conseqüência, pede a demonstração da falsidade de seu sistema.

Simplificando, os fatos que se sucederam foram os seguintes: em 1616 era colocado no *Index de livros proibidos o *De revolutionibus orbium coelestium,* de Copérnico. Ao mesmo tempo, Galileu era intimado a não defender em público o sistema copernicano. A reação de Galileu consistiu em publicar, em 1632, os *Diálogos sobre os dois grandes sistemas do mundo.* Esses dois sistemas são o antigo de Ptolomeu e o novo de Copérnico, resultando desacreditado o primeiro. No ano seguinte (1633), foram proibidos os *Diálogos.* Declara-se Galileu "suspeito de heresia por haver acreditado e mantido uma doutrina falsa e contrária às santas e divinas Escrituras". Recebe de joelhos uma fórmula de abjuração e submete-se solenemente a ela. "Eu, Galileu, florentino, de setenta anos de idade, de joelhos diante de vocês... juro que sempre acreditei, acredito agora, e com a ajuda de Deus continuarei acreditando no futuro em tudo o que a Santa Igreja Católica e Apostólica tem por verdadeiro, prega e ensina" *(Texto da abjuração)*. Não obstante, é obrigado a residência forçada em sua casa de Arcetri, perto de Florença, onde morreu, não sem antes publicar (1638) as *Considerações e demonstrações matemáticas sobre duas novas ciências*, última exposição de seu pensamento.

Depois de três séculos e meio, o "caso" Galileu não perdeu nada de sua atualidade, porque Galileu foi o primeiro a questionar as relações entre a ciência e a religião, e reivindicar sua autonomia recíproca. Galileu foi certamente vítima de uma época de rigor da Igreja: era a hora da contra-ofensiva católica, acompanhada de uma atitude defensiva. "Galileu passou à história como o defensor dos direitos do espírito científico, da razão e da experiência frente ao espírito dogmático; como o artífice de uma revolução cultural e, a esse título, como o homem que abriu a era da ciência moderna".

Contudo, isso não nos deve fazer pensar que ciência e fé, ciência e religião sejam contraditórias. Tanto no campo da filosofia quanto no da ciência, o século XVII apresenta numerosos casos de harmonia e união entre fé e razão, entre ciência e cristianismo. Assim acontece na filosofia racionalista de Descartes, de Leibniz e de outros grandes filósofos, como Malebranche. A razão remete, em último instância, à fé e à teologia. E na vida prática esses autores combinaram suas vidas com os princípios cristãos. Quanto à ciência deste século, homens como Pascal, Newton e muitos outros demonstraram que viveram em harmônica aceitação de sua fé cristã. No mesmo século XVIII — século da ciência empírica — encontramos muitos homens como Mersenne (católico), Willkins (anglicano) e o beneditino espanhol Feijoó que harmonizaram e conjugaram ciência e fé.

Em 1757, as obras de Galileu foram retiradas do *Index*. A Igreja de hoje reconheceu, por meio do Papa João Paulo II, a contribuição de Galileu à ciência. Contudo, a Igreja foi e continua sendo o bastião do obscurantismo . Boa parte da apologética destes últimos séculos tem-se dedicado a rebater tal acusação sem consegui-lo totalmente. Os séculos XVIII e XIX em particular trataram de construir uma ciência autônoma sem relação alguma com a fé, relação sentida e vivida como impossível.

BIBLIOGRAFIA: *Le opere di G. Galilei*. Firenze 1890-1909, 15 vols.; *A mensagem e o mensageiro sideral; Opúsculos sobre o movimento da terra; Carta a Cristina de Lorena; Diálogos sobre os dois máximos sistemas do mundo ptolemaico e copernicano*; R. Mondolfo, *El pensamiento de Galileo y sus relaciones con la filosofía y la ciencia antiguas* (1944); Georges Gusdorf, *La revolución galiléene*, 1969, 2 vols.; G. de Santillana, *O crimen de Galileo*, 1960.

Cipriano, São (200-258)

Nasceu provavelmente em Cartago, de família pagã, rica e summamente culta.De grande prestígio como hábil retórico e mestre da eloqüência. "Sob a inflüência do presbítero Cecílio, converteu-se ao cristianismo e deu todas as suas riquezas aos pobres" (São Jerônimo, *De Viris*, III, 67). Pouco tempo depois de sua conversão, foi elevado ao sacerdócio e logo após, "por aclamação do povo", foi escolhido bispo (248). Após um pontificado atormentado por perseguições e controvérsias, foi desterrado para Cucubis em agosto de 257. No ano seguinte, no dia 14 de setembro, foi decapitado perto de Cartago. É o primeiro bispo africano mártir. Sobre sua prisão, julgamento e martírio contamos com a *Acta proconsularia Cipriani*, que se baseia em documentos oficiais.

Cipriano é tido como o segundo teólogo africano depois de *Tertuliano, a quem, por outro lado, admirava. "Tinha por costume — diz São Jerônimo— não deixar passar um só dia sem ter lido algo de Tertuliano, e falava com freqüência a seu secretário: 'Dá-me o mestre' referindo-se a Tertuliano". No entanto, difere notavelmente dele, já que possuía aqueles dons do coração que vão sempre unidos à caridade e à amabilidade, à prudência e ao espírito de conciliação, coisas que o diferenciavam da intemperança e dureza de Tertuliano.

São muitas e de valor as fontes que nos informam sobre a vida e atividade de Cipriano. As mais importantes e fidedignas são seus próprios tratados e sua numerosa correspondência. Todas as suas obras foram provocadas por circunstâncias particulares e estão intimamente relacionadas com os acontecimentos de sua vida e de sua época. Era um homem de ação a quem interessava mais a direção das almas que as especulações teológicas. Sua linguagem e estilo são claros e bem trabalhados, mostrando uma clara influência da Escritura. Na antiguidade cristã e na Idade Média, Cipriano foi um dos autores mais populares.

Suas obras chegaram-nos através de três catálogos antigos. Destacam-se os tratados: *Ad Donatum* (247), dirigido a seu amigo Donato, em que descreve os efeitos da graça divina em sua conversão; *Sobre a roupagem das virgens* foi considerado por Santo *Agostinho como modelo para os jovens oradores cristãos. São normas de conduta para as virgens, "flores da Igreja, honra e obra mestra da graça"; *Sobre os apóstatas* (251), um livro candente, pois lembra a conduta dos mártires que deram suas vidas pela fé, dos que sacrificaram aos deuses antes de que fossem obrigados a isso, dos que foram frágeis depois de grandes torturas...Todos devem fazer penitência. Esse livro, lido no Concílio de Cartago de 251, foi recebido como norma de atuação no difícil problema dos *lapsi*.

O mais importante tratado de Cipriano é *A unidade da Igreja* (251). "Dá-nos a chave de sua personalidade e de tudo o que escreveu em forma de livros ou cartas." Diz em sua introdução que "os cismas e heresias são causados pelo diabo. Que são mais perigosos inclusive que as perseguições, porque comprometem a unidade interna dos crentes, arruínam a fé e corrompem a verdade. Todo cristão deve permanecer na Igreja Católica, porque não há mais do que uma só Igreja, a que está edificada sobre Pedro. Não há salvação fora da Igreja": "Não pode ter a Deus por pai quem não tem a Igreja por Mãe". São treze os tratados que Cipriano escreveu. Versam sobre a morte, as boas obras e as esmolas, as vantagens da paciência, do ciúme e da inveja, exortação ao martírio etc.

As *Cartas* refletem, por sua vez, os problemas e as controvérsias com que teve de enfrentar a administração eclesiástica do séc. III. Revelam-nos também as esperanças e os temores, a vida e a morte dos cristãos numa das mais importantes províncias eclesiásticas. No total, 81 cartas, das quais 65 são de Cipriano e 16 foram escritas a ele ou ao clero de Cartago. Encontra-se nessas cartas, além de uma fonte importante para a história da Igreja e do Direito Canônico, um monumento extraordinário do latim cristão, pois enquanto seus tratados acusam as influências de procedimentos estilísticos, suas cartas reproduzem o latim falado dos cristãos do séc. III.

BIBLIOGRAFIA: *Obras de San Cipriano*, W. Hartel: CSEL 3, 1-3 (1868-1871) ML Supplementum 1,1 (Paris 1958) 67-72; *Obras de San Cipriano*. Valladolid 1807, 2 vols. Edições parciais das obras: *Obras de San Cipriano*. Ed. bilíngüe preparada por J. Campos (BAC).

Cirilo de Alexandria, São (375-444)

Seu nome ficou vinculado à segunda grande controvérsia cristológica que conduziu ao Concílio de Éfeso (431) e à condenação de Nestório. Teólogo profundo e dialético sutil, foi reconhecido tardiamente como doutor da Igreja.

Natural de Alexandria, sucedeu seu tio Teófilo, o intrigante e polêmico arcebispo, na sede alexandrina, em 412. Seu pontificado também foi marcado pela polêmica, tanto frente à administração civil quanto às lutas teológicas, arianas e nestorianas de seu tempo. Sua formação clássica e teológica foi a da escola alexandrina, sempre defrontada com a antioquena. Como seu tio, teve reticências e silêncios diante da doutrina e gestão de São João Crisóstomo. Seu caráter duro exercitou-o contra os judeus, novacianos, hereges e pagãos. Houve quem o responsabilizasse pela morte da famosa filósofa Hipácia, cruelmente despedaçada, em março de 415, na escadaria de uma Igreja, por uma chusma de cristãos.

Os últimos anos no patriarcado de Alexandria estão marcados pela luta contra Nestório. Sobretudo a partir de 428, quando Nestório foi nomeado bispo de Constantinopla, Cirilo converteu-se no paladino da ortodoxia. "A velha rivalidade entre Antioquia e Alexandria converteu-se num conflito de toda a Igreja. Nestório afirmou que em Cristo há duas pessoas, uma pessoa divina que é o Logos, que mora numa pessoa humana, e que não se poderia chamar de *Theotokos*, Mãe de Deus, à Virgem Maria" (Quasten, *Patrología*, II, 122s.). Cirilo rejeitou os argumentos de Nestório e não parou até condená-lo no Concílio de Éfeso, 431, em que atuou como delegado do papa. Nesse esforço continuou lutando até a sua morte em 444.

A obra literária de São Cirilo está praticamente motivada pela controvérsia ariana e nestoriana. Completam seu labor os comentários bíblicos. Num simples esquema poderíamos classificar sua obra: a) exegese; b) teológica e apologética; c) sermões; d) cartas e outros escritos. No total, 10 volumes da coleção Migne: PG 68-77.

A *obra exegética* de Cirilo compreende diversos comentários até de livros do Antigo Testamento (AT). Destaca-se o que tem forma de diálogo entre Cirilo e Paládio sobre a *Adoração e o culto em espírito e em verdade* e seu complemento *Glaphyra*, e os 13 livros dos "comentários nobres" sobre passagens escolhidas do Pentateuco. Segue-se o comentário sobre Isaías e os profetas menores. Do Novo Testamento (NT) restam-nos os que fez aos Evangelhos de São João, São Lucas e São Mateus.

De seus comentários dogmático-polêmicos cabe citar seu *Thesaurus de sancta et consubstantiali Trinitate*, contra os arianos. Contra os nestorianos escreveu *Adversus Nestorii blasfemias; De recta fide; Scholia de Incarnatione Unigeniti; Adversus nollentes confiteri Sanctan Virginem esse Deiparam; Quod unus sit Christus* etc. Do ponto de vista apologético, é interessante sua *Apologia contra Juliano*, resposta aos três livros *Contra os galileus*, publicados pelo apóstata em 363.

Em forma de *Homilias* e *sermões* chegaram-nos as *Cartas* ou *Homilias pascais*, escritas às Igrejas do Egito entre os anos 414-442. Nelas exorta ao jejum e à abstinência, à vigilância e à oração, à esmola e obras de misericórdia. De seus sermões ficaram-nos somente 22. O sermão 4 é o sermão mariano mais famoso da Antigüidade.

"A volumosa correspondência de Cirilo é muito importante para a história civil e eclesiástica, para a doutrina e o direito da Igreja, para as relações do Oriente e Ocidente, para a rivalidade entre escolas teológicas e entre sedes episcopais" (Quasten, *Patrología*, II, 137-138). Imprescindíveis são também para a história do dogma as cartas escritas a Nestório.

O Papa Celestino honrou-lhe com esses títulos: "bonus fidei catholicae defensor", "vir apostolicus" e "probatissimus sacerdos". A Igreja grega o considerou, depois de sua morte, como a suprema autoridade em questões cristológicas.

BIBLIOGRAFIA:*Obras,* PG 68-77.

Cirilo de Jerusalém, São (315-387)

A história deste homem, bispo de Jerusalém desde 348, ficou em segundo plano diante das célebres séries de instruções catequéticas que pronunciou próximo ao ano 350, na igreja do Santo Sepulcro de Jerusalém. Sua vida foi posta à prova, primeiro da suspeita de ter obtido sua nomeação por concessões feitas ao arianismo, e depois pelo triplo exílio a que o submeteram: o Concílio de Jerusalém de 357, que o depôs; o imperador Acácio, em 360; e, finalmente, o imperador Valente, que o privou mais uma vez de sua sede no ano 367, não podendo voltar a ela a não ser onze anos mais tarde (378). Em 381, tomou parte do II Concílio Ecumênico de Constantinopla. Morreu, provavelmente, no dia 18 de março de 387.

Dos poucos escritos que ficaram: *Carta ao imperador Constâncio, Homilias* e as famosas *Catequeses*, essas últimas são um dos tesouros mais apreciados da antigüidade cristã. São 24 conferências catequéticas tomadas taquigraficamente, conforme é dito nas notas de vários manuscritos. As Catequeses dividem-se em dois grupos. O primeiro compreende a *protocatequese* ou discurso introdutório, mais 18 catequeses dirigidas aos candidatos que deviam receber o Batismo na próxima Páscoa. Pronunciou-os na quaresma do ano 350, como dissemos. O segundo grupo é formado pelas cinco últimas instruções chamadas catequeses mistagógicas e dirigidas aos neófitos na semana de Páscoa.

A primeira catequese pré-batismal trata da fortaleza de espírito que faz falta para receber o Batismo. A segunda, da penitência e do perdão dos pecados, do demônio e suas tentações. A terceira, do Batismo e da salvação, do rito batismal: de seu significado e efeitos. A quarta resume a doutrina cristã. A quinta sobre a fé: natureza e origem. Nas 6-18 há uma exposição dos artigos do Símbolo dos Apóstolos. Nas 19-23, que são as *catequeses mistagógicas,* trata do Batismo (19-20), da Confirmação (21), da Eucaristia (22) e da liturgia da Missa (23).

As catequeses desmentem que São Cirilo tivesse participado da heresia ariana. Em sua catequese 11 ensina claramente a divindade de Cristo e rejeita o argumento ariano de que "houve um tempo em que ele não existia" e que é Filho de Deus "por adoção". Da mesma maneira, afirma que o Espírito Santo participa da divindade do Pai. Resume assim sua fé trinitária: "Nossa fé é indivisível, nossa reverência é inseparável. Nem separamos a Trindade Santa nem a confundimos, como faz Sabélio".

"O interesse teológico das catequeses de Cirilo — conclui J. Quasten — baseia-se principalmente na fonte valiosíssima de informação sobre a história da liturgia e dos sacramentos. Temos aqui, pela primeira vez, uma descrição detalhada dos ritos batismais e eucarísticos e o essencial de uma teologia da liturgia" (*Patrología,* II, 389).

BIBLIOGRAFIA: *Obras*: PG 33, 331-1180; A. Ortega, *Las Catequesis de San Cirilo de Jerusalén* (Col. Excelsa). Madrid 1946; J. Solano, *Textos eucarísticos primitivos,* I e II (BAC). Madrid 1952.

Clara, Santa (1194-1253)

*Francisco de Assis.

Claudel, Paul (1868-1955)

*Literatura atual e cristianismo.

Clemente de Alexandria (150-215)

Tito Flávio Clemente nasceu provavelmente em Atenas, cerca do ano 150 d.C. Depois de sua conversão ao cristianismo, viajou pela Itália, Síria, Palestina, Egito. Foi discípulo de Panteno, fundador da escola catequética de Alexandria, da qual foi diretor depois de sua morte (c. 200). Obrigado a deixar Alexandria pela perseguição de Sétimo Severo, mudou-se para a Ásia Menor, onde morreu.

De Clemente de Alexandria restaram três obras: *Exortação aos gregos, Pedagogo* e *Stromata.* As três são consideradas como um todo, destinadas a ser uma introdução progressiva ao cristianismo. A *Exortação aos gregos* é de caráter apologético e no estilo da literatura apologética do séc. II. *O Pedagogo,* em três livros, pretende educar na vida cristã o leitor que já se afastou do paganismo. O *Stromata* (Tapetes) são "tecidos de comentários científicos sobre a filosofia", uma espécie de exposição científica da revelação cristã.

A doutrina de Clemente de Alexandria é compreensível, somente se conhecendo o ambiente filosófico desta cidade. A "gnose" como forma superior de conhecimento e como ideal da filosofia e da religião aparece dentro das minorias e dos círculos cultos da cidade. Não é estranho, pois, que Clemente:

— Trate de elaborar o conceito de uma *gnose cristã*, pois o conhecimento é o limite mais alto que o homem pode alcançar. "É o ápice do homem, a demonstração certa do que tem sido aceito pela fé" (*Stromata,* VII, 10).

— Mas a fé é condição do conhecimento. A fé é tão necessária para o conhecimento quanto os quatro elementos o são para a vida do corpo.

— A filosofia foi para os gregos guia para Cristo. Em todos os que se dedicaram à especulação racional há um "eflúvio divino", uma "faísca do logos divino" que lhes descobre uma parte da verdade, sem que lhes faça chegar a verdade inteira, que é Cristo.

— A verdadeira gnose é a cristã, que subordina a filosofia à fé. Daí que o cristianismo se considere como a educação progressiva do gênero humano e na qual Cristo é essencialmente o Mestre, o Pedagogo. Desta consideração, passa a conceber o trabalho do cristianismo como "uma regeneração gradual que deve verificar-se através da história com a assimilação e a compreensão progressiva do ensinamento de Cristo".

O acesso a Deus e seu conhecimento somente é possível por meio do logos, "sabedoria, ciência, verdade e guia de toda a humanidade" (*Ped.,* I, 7). É também guia e norma da conduta humana. A máxima estóica de "viver conforme a razão" significa para Clemente "viver conforme os ensinamentos do Filho de Deus" (*Ped.,* VII, 16).

BIBLIOGRAFIA: *Obras:* PG 8-9; G. Bardy, *Clemente de Alejandría,* 1930; *El Pedagogo.* Introdução de A. Castiñeira Fernández. Tradução e notas de J. Sariol Díaz. Gredos, Madrid 1970.

Clímaco, São João (570-649)

*Hesiquia.

Codex Sinaiticus ("a") (c. séc. V)

Manuscrito da Bíblia grega. Foi descoberto por C. Tischendorf no mosteiro de Santa Catarina (Monte Sinai, 1868). Por instâncias do próprio Tischendorf, o manuscrito foi adquirido pelo czar da Rússia. Depois o governo soviético o vendeu em 1933 ao Museu Britânico, onde se encontra.

Os estudiosos acreditam que foi escrito no Egito por volta do séc. V. Esse mesmo manuscrito contém, também, a *Carta de Barnabé* e parte de *O Pastor de Hermas*.

*Pastor de Hermas; *Padres apostólicos.

Codex Vaticanus ("b") (c. séc. IV)

Manuscrito da Bíblia grega que se conserva, pelo menos desde 1481, na Biblioteca Vaticana. Os estudiosos tendem a acreditar que foi escrito em Alexandria no séc. IV. No Novo Testamento falta-lhe desde o cap. 9 até o final da Carta aos Hebreus e todo o Apocalipse.

Comenius (1592-1670)

*Educadores cristãos.

Companhia de Jesus (1540)

*Loyola, Santo Inácio de; *Ratio studiorum.

Concílio

Os concílios constituem a mais alta expressão da doutrina da Igreja. São reuniões ou encontros extraordinários e solenes para estudar e regulamentar matérias de doutrina, administração, disciplina e outros assuntos da Igreja, de uma província eclesiástica ou de várias Igrejas. Os concílios terminam geralmente em formulações doutrinais: constituições, decretos, cânones ou artigos que determinam a prática a seguir em matéria de fé e costumes.

Não é objetivo deste dicionário fazer a teologia e a história dos concílios. Somente queremos insistir em seu aspecto literário e doutrinal. Os concílios constituem uma fonte de importantíssimo pensamento e de doutrina. São a expressão do que acredita, pratica e vive a Igreja. Interessa, portanto, conhecer seu significado, sua evolução e o impacto que produzem na comunidade de cristãos.

Na Igreja primitiva, a palavra *concílio* aplica-se a qualquer reunião realizada. Desde o século III, no entanto, a palavra ganha uma qualificação especial: significa o *concílio* ou o *sínodo* dos bispos — embora não estivessem presentes somente bispos — para a administração da Igreja. Os primeiros a serem celebrados foram os concílios provinciais, que já nos finais do séc. II e durante todo o séc. III tornaram-se habituais. A partir da época constantiniana, e passadas as perseguições, foi possível convocar concílios mais gerais. A idéia de um *concílio ecumênico* e, o próprio termo, encontramo-la pela primeira vez em Eusébio para descrever, o Concílio de Nicéia (325). A partir deste, generaliza-se o problema da autoridade de suas decisões com relação a outro tipo de concílios mais particulares. Foi Santo Atanásio quem viu no de Nicéia uma autoridade especial pela presença nele de bispos de toda a Igreja. Os concílios de Éfeso (431) e de Calcedônia (451) confirmaram a doutrina e a autoridade de Nicéia. Desde essa época, determinou-se que os concílios ecumênicos, uma vez reconhecidos como tais, não poderiam errar, pelo menos em matérias de fé. Em assuntos de disciplina, os concílios posteriores alteraram as decisões dos primeiros concílios ecumênicos, conforme as circunstâncias foram fazendo inúteis cânones ou decisões.

Desde o século IV, pois, os concílios ecumênicos vieram-se sucedendo até os nossos dias. A teologia tem avançado no estudo de sua definição, de sua autoridade e de seu valor doutrinal. Dentro da Igreja Latina, um concílio não é ecumênico se não é convocado pelo papa, e seus decretos não têm caráter vinculante, a menos que sejam promulgados por ele. Os decretos assim promulgados têm valor e vigência para toda a Igreja (ver *Concílio* no *Dicionário de Pastoral*, Santuário-Perpétuo Socorro).

Outra fonte do conhecimento da doutrina, prática e vida da Igreja em nível mais reduzido são hoje as *Conferências de Bispos* reforçadas pelo *Vaticano II. Esse mesmo Concílio instituiu em caráter permanente o *Sínodo dos Bispos,* que se reúne em Roma periodicamente. Somente tem caráter consultivo e de orientação.

A Igreja Ortodoxa Oriental reconhece somente 7 concílios ecumênicos. A Igreja Romana reconhece esses 7 concílios, mais o IV Concílio de Constantinopla (869-870), onde foi excomungado seu patriarca Fócio.

Os concílios ecumênicos reconhecidos tanto pelos ortodoxos quanto pelos católicos são os seguintes:

I Concílio de Nicéia (325).

I Concílio de Constantinopla (381).

Concílio de Éfeso (431).

Concílio de Calcedônia (451).

II Concílio de Constantinopla (553).

III Concílio de Constantinopla (680-681).

II Concílio de Nicéia (787).

Concílios reconhecidos pela Igreja Romana:

IV Concílio de Constantinopla (869-870).

I Concílio de Latrão (1123).

II Concílio de Latrão (1139).

III Concílio de Latrão (1179).

IV Concílio de Latrão (1215).

I Concílio de Lyon (1245).

II Concílio de Lyon (1274).

Concílio de Viena (1311-1312).
Concílio de Constância (1414-1418).
Concílio de Ferrara-Florença (1438-1445).
V Concílio de Latrão (1512-1517).
Concílio de Trento (1545-1563).
Concílio Vaticano I (1869-1870).
Concílio Vaticano II (1962-1965).

Dentro das Igrejas nascidas da Reforma mantiveram-se as velhas instituições de sínodos, concílios e conferências, mas com significado e valor diferentes. Ao longo do século XIX nascem organizações nacionais ou mundiais protestantes de tipo consultivo. Em 1948 surge o *Conselho Mundial das Igrejas*, uma associação mundial das igrejas protestantes, com seu departamento de *Fé e Doutrina*.

BIBLIOGRAFIA: A. Antón, *El misterio de la Iglesia*. Madrid 1986, 2 vols.; Id., *Primado y colegialidad*, 1970; *O Concílio Ecumênico na estrutura da Igreja:* Concilium n. 187 (1983) 5-132; A. Fábrega y Grau, *Historia de los Concilios Euménicos*. Barcelona 1960.

Concórdia, Livro da (1580)

O *Livro da Concórdia* foi publicado em Dresden em 1580. Contém as fórmulas e profissões de fé (confissões) clássicas luteranas. Na realidade, o livro coleta: 1) A denominada *Fórmula de Concórdia,* redigida depois de muita discussão por vários teólogos. 2) Os três *credos*: o credo dos apóstolos, o Niceno e o Atanasiano. 3) A *Confissão de Augsburgo* (*Confessio Augustana*) e a *Apologia* ou defesa que dela fez *Melanchton em 1530. 4) Os *Artigos de Smalkalda* (1537). 5) Os dois *Catecismos* de Lutero. 6) Os três rascunhos primitivos da *Fórmula*.

Como se sabe, esse *Livro da Concórdia* encontrou grande oposição fora da Alemanha.

Condren, Charles de (1584-1641)

Educadores cristãos.

Confissão de Augsburgo (1530)

*Concórdia, Livro da; *Confissões de fé; *Melanchton, Ph.

Confissões de fé

Semelhantes aos credos (ver *Símbolo dos apóstolos*), somente se diferenciam destes por sua extensão. São fórmulas doutrinais do conteúdo da fé destinadas à sua aceitação por parte de indivíduos, grupos, congregações, um sínodo ou uma Igreja. As *Confissões de fé*, diferentemente dos símbolos ou credos, nascem fundamentalmente com a Reforma protestante do séc. XVI.

As *Confissões de fé* produzem-se depois de um longo período de tempo em que os credos dos sete primeiros séculos foram aceitos por toda a cristandade. Durante a Idade Média, certos pontos doutrinais foram definidos pelos concílios como resultado das controvérsias doutrinais. Assim, o Concílio de Ferrara-Florença em 1439, redigiu um decreto sobre os sete sacramentos como parte do sistema doutrinal. No entanto, os movimentos heréticos dessa época não formularam declarações de fé (*Concílios*).

A Reforma do séc. XVI chegou à formulação das declarações ou confissões, procurando para si uma definição dos principais pontos de seu sistema doutrinal. A maior parte desses documentos foram redigidos com o objetivo de expressar a doutrina da Igreja ou de uma Igreja particular. Logo adquiriram a categoria de princípios doutrinais, separando-se dos *Catecismos*, destinados principalmente ao ensino. Os primeiros documentos ou *Confissões de fé* são os rascunhos que precederam à *Confissão de Augsburgo* de 1530. Esse exemplo foi seguido pelas demais Igrejas reformadas. Enumeramos as principais:

1537: Artigos luteranos de Smalkalda.

1577: Fórmula de Concórdia.

1580: Livro da Concórdia.

1536-1566: Confissões helvéticas reformadas.

1559: Confissão galicana.
1561: Confissão belga.
1619: Cânones de Dort.
1571: Os 39 artigos anglicanos.
1648: Confissão presbiteriana de Westminster.

Em 1967, um comitê da Igreja Unida Presbiteriana publicou o *Livro das Confissões*. Inclui o credo dos apóstolos, o Niceno, a *Confissão escocesa* (1560), a *Segunda Confissão Helvética* (1566), a *Confissão de Westminster*, o *Catecismo breve de Westminster* (1648), a *Declaração Barmen* (1934) e a nova *Confissão* de 1967. É um exemplo das múltiplas confissões de fé existentes dentro das Igrejas protestantes, o que indica a atualidade desse gênero literário.

BIBLIOGRAFIA: J. N. D. Kelly, *Primitivos credos cristianos*. Salamanca 1980; W. Pannenberg, *La fe de los apóstoles*. Salamanca 1975; Vários, *Para decir el Credo*. Estella 1988.

Congar, Yves Marie-Joseph (1904-)

Teólogo dominicano francês. Preso em 1940-1945 nos campos de concentração de Golditz e Lübeck. Professor de teologia na faculdade teológica de Le Saulchoir. Congar é a ponta de lança de uma equipe numerosa de teólogos dominicanos franceses que renovaram a teologia católica ao longo dos últimos cinquenta anos. Basta citar teólogos como Chenu, Liégé, Lelong, Cardonnel, *Schillebeeckx etc.

Duas atividades fundamentais ocupam a vida de Congar:

1. O estudo da Igreja sob todos os seus aspectos. Fruto desse estudo são seus primeiros *Ensaios sobre o mistério da Igreja* (1952); *Verdadeira e falsa reforma da Igreja* (1950) onde ataca, pela primeira vez, o tema da reforma da Igreja; *Balizas para uma teologia do laicato* (1953), onde aborda o tema dos leigos na vida e na atividade missionária da mesma Igreja. Em 1964, formula os princípios do diálogo entre as diferentes Igre-

jas cristãs com *Cristãos em diálogo,* continuação de obras anteriores como *Cristãos desunidos* e *Princípios para um ecumenismo católico* (1957). Complemento e expressão de seu trabalho e estudo sobre o tema da Igreja é a grande coleção sobre teologia da Igreja, "Unam Sanctam", fundada e dirigida por ele.

2. Mas Congar não tem sido apenas um homem de estudo; mas, fundamentalmente, o homem que "preparou o clima do Concílio *Vaticano II". Como teólogo do Concílio, influenciou decisivamente nos novos enfoques da teologia, na preparação de novos teólogos e, finalmente, na redação e orientação dos documentos do Concílio Vaticano II, de um modo especial, a *Constituição Dogmática sobre a Igreja, A Igreja no mundo de hoje* e o documento sobre o *Ecumenismo.* O mesmo Papa Paulo VI agradeceu publicamente a Congar pela sua colaboração ao Concílio Vaticano II.

A atividade de Congar continuou depois do Concílio: *Situação e tarefas atuais da teologia* (1967) e *A Igreja desde Santo Agostinho até a época moderna* (1970) são contribuições geniais deste homem que, já numa cadeira de rodas, confessa que sua teologia não vale mais do que a vida de um simples cristão em pé.

Conselho Mundial das Igrejas (1948)

A "União das Igrejas que aceitam Nosso Senhor Jesus Cristo como Deus e Salvador" ficou formalmente constituída em Amsterdã em 1948. Em sua constituição participaram 147 Igrejas de 44 países. O Conselho Mundial das Igrejas foi o resultado de movimentos anteriores e muito particularmente da Assembléia Missionária Mundial realizada em Edimburgo em 1910. Não pertence a ela a Igreja Católica Romana, mas tem confiáveis observadores em suas assembléias desde 1961. O organismo romano correspondente é o Conselho Pontifício para a Promoção da Unidade.

O trabalho do Conselho é fundamentalmente de estudo, orientação e ajuda às Igrejas. Desde sua sede central em Genebra, tem organizado, ao longo de mais de 40 anos, estudos e conferências através de seus departamentos: Fé e Ordem, Vida e Trabalho e O Conselho Missionário Internacional. Através desses departamentos, oferece sua ajuda às Igrejas, principalmente para as missões, os refugiados, a fome no mundo etc. O Conselho está intimamente interessado no movimento ecumênico de união dos cristãos e nas relações com outras religiões não cristãs.

O que melhor define o caráter da função do Conselho são suas assembléias gerais, convocadas periodicamente. Nelas se estudam os principais problemas relacionados ao cristianismo em ação e que afetam a todos os seus membros. Desde 1948, data da fundação em Amsterdã, realizaram-se as seguintes assembléias, todas elas de grande alcance:

Evanston (Illinois, 1954), com o tema *Cristo, Esperança do Mundo*.

Nova Delhi (Índia, 1961), com o tema: *Jesus Cristo, luz do mundo*. Foi a primeira assembléia fora do Ocidente. A ela aderiram as Igrejas Ortodoxas.

Uppsala (Suécia, 1968), com o tema: *Eis que faço novas todas as coisas*. Nela se estudou e se redigiu o documento sobre a *Renovação da missão,* que foi controvertido. Excluiu-se a "dimensão vertical" da reconciliação com Deus, na qual se havia insistido em outras assembléias, e se passou a enfatizar a "dimensão horizontal" de reconciliação com a humanidade. A idéia do "cristianismo anônimo", tal como já o havia formulado K. Rahner, foi adotada pela maioria. Não obstante, o documento guarda a necessidade da conversão pessoal a Jesus Cristo, embora em muitos casos não ocorra uma opção consciente por Cristo e haja muitas pessoas que, sem sabê-lo, servem "o homem para os demais". Outros reparos a esse documento saíram da *Declaração de Frankfurt* (1970), em que se denunciava a concepção da salvação formulada em Uppsala como simples "humanização", "universalismo" e "cristianismo anônimo". Finalmente, na Conferência de Bangkok (1973) concretizou-se ainda mais o conceito de "salvação" num documento redigido por Moltmann: *Salvação hoje*. Nele se contemplam os aspectos sócio-econômicos, políticos e jurídicos da sociedade e da pessoa humana. Em 1974, o Congresso de Lausanne formula uma teologia que globaliza os dois aspectos vertical e horizontal da conversão.

Nairobi (1975), com o tema: *Jesus Cristo liberta e une*. A frase "Toda a Igreja dá todo o Evangelho a toda pessoa em todo o mundo" capta o sentimento da assembléia.

Vancouver (1983), com o tema: *Jesus Cristo, vida do mundo*. É um passo a mais em direção às Igrejas nascidas da Reforma e às demais Igrejas, como as ortodoxas e a católica. Não em vão havia acontecido a visita do Papa Paulo VI à sede do Conselho em 1975, assim como sua publicação prévia sobre a evangelização no mundo moderno *"Evangelii nuntius"*.

BIBLIOGRAFIA: A. González, *Enchiridion Oecumenicum*. Salamanca 1985; H. Fries-K. Rahner, *La unión de las Iglesias*. Barcelona 1987; N. Goodall, *El movimiento ecuménico*. Buenos Aires 1970; W. A. Visser't Hooft, *The Genesis and Formation of the World Council of Churches*. Genebra.

Constituição Eclesiástica dos Apóstolos (séc. IV)

Constitui uma fonte valiosa para o direito eclesiástico. De autor desconhecido, data, provavelmente, dos princípios do séc. IV. A crítica assinala o Egito ou a Síria como seu provável lugar de origem. O texto grego foi publicado pela primeira vez em 1843 e seu título verdadeiro parece ser *Cânones eclesiásticos dos santos apóstolos*.

Assim como o conjunto desses textos de legislação, pode ter sido escrito pelos doze apóstolos por ordem de Cristo e está dirigido aos "filhos e às filhas".

Consta de duas partes: a primeira contém preceitos morais (4-14); a segunda (15-29), a legislação canônica. A primeira parte reproduz e adapta para os cristãos do séc. IV os preceitos morais que aparecem já na *Didaqué* (1-4), apresentadas no marco das duas vias, a do bem e a do mal. A segunda direciona normas para a eleição de bispos, presbíteros, leitores, diáconos e viúvas.

Não se deve confundir esse texto com a *Tradição apostólica* de Santo Hipólito nem com a *Didascalia apostolorum syriaca*. Também não se deve confundir com uma obra posterior escrita na Síria próximo do ano 380, fruto de um copilador, provavelmente ariano, intitulada *Constituições apostólicas*. Seu título oficial é *Determinações dos santos apóstolos através de Clemente*, a mais extensa coleção de direito eclesiástico que chegou até nós, anterior ao século V.

Constituições apostólicas (c. 380)

*Constituição eclesiástica dos apóstolos;
*Didascalia apostolorum.

Contra-Reforma

O termo tardio *Contra-Reforma* costuma ser utilizado para designar uma época de renovação dentro da Igreja Apostólica Romana, durante os séculos XVI-XVII. Essa renovação dirigiu-se externamente contra a Reforma Protestante — daí o termo Contra-Reforma —, e internamente procurando a renovação da Igreja. Nem todos os estudiosos e historiadores estão de acordo na hora de fixar os limites, os conteúdos, as causas e os resultados dessa renovação. Outros preferem falar da *Reforma Católica* como movimento interior e renovador da Igreja, para deixar a palavra *Contra-Reforma* aplicada à reação contra o protestantismo, dirigida pelo papado e pelo Concílio de Trento. Daí que muitos afirmem que "a Igreja deve ao protestantismo a sua própria reforma".

De qualquer maneira, o que define esse período da Contra-Reforma, paralelo no tempo à Reforma Protestante, é a relação da Igreja de Roma frente aos reformadores. A Contra-Reforma foi, ao mesmo tempo, um amplo movimento de renovação e transformação interna da Igreja por longo tempo desejada. Além disso, e principalmente através do Concílio de Trento (1545-1563), transformou-se num instrumento para criar uma nova consciência e uma nova disciplina, marco necessário para o surgimento de uma nova espiritualidade, uma nova mística e evangelização. E acima de tudo, uma nova maneira de educar e pastorear.

Pode-se dizer que a Contra-Reforma estabeleceu as características diferenciadoras do cristianismo católico frente ao protestantismo e à ortodoxia do Oriente, características que se mantiveram até o Concílio Vaticano II, em que se enfatizou mais o ecumenismo e a unificação de todos os cristãos.

"A Contra-Reforma é a verdadeira reforma moral e espiritual da Igreja Romana no séc. XVI — afirma R. G. Villoslada — como fruto maduro das mil tentativas anteriores... É uma reforma disciplinar e canônica... É o brio inquisitório do Papa Carafa, a santidade orante e militante de Pio V..., as ordens religiosas novas e reformadas... A Contra-Reforma é a teologia escolástica rejuvenescida por Francisco de Vitória..., o ascetismo rigoroso de Pedro de Alcântara, o paulinismo de João de Ávila, os escritos de Fr. Luís de Granada, a *Noite escura* e a *Chama viva de amor* do frágil frade carmelita, e o grito de guerra lançado por Santa Teresa a suas freiras contemplativas em suas últimas moradas...; é o ímpeto conquistador dos missionários e toda a imensa literatura que vai desde Fr. Luís de Leão, Torquato Tasso, e Lope de Vega até Friedrich Spee, Ângelo Silésio e a grande arte do Maneirismo e do Barroco, o misticismo musical de Tomás de Victoria e a polifonia de Pierluigi

Palestrina os que significam a exaltação mais serena da Contra-Reforma."

À margem dessa exaltada visão da Contra-Reforma, apareceu nela um "desenvolvimento autônomo de renovação, e por sua vez contra a Reforma, com tentativas e meios antes de tudo negativos e defensivos": expansão missionária e repressão da heresia, fé vigorosa, dinâmica, conquistadora e dura intolerância com recurso à força. E outras limitações, talvez necessárias, como os perigos inerentes à centralização, as tendências negativas e defensivas da teologia, da eclesiologia etc.

O resultado é um misto de conquistas e também de sombras. Sob o nosso ponto de vista, o da literatura e do pensamento cristão da época, parece-nos tanto a Reforma quanto a Contra-Reforma a época mais rica e mais diversificada, como se pode ver inclusive neste dicionário. Porém, evidentemente, são muitas mais as obras e autores que deveriam constar. Para completar a visão do que pressupôs a Contra-Reforma no campo da filosofia, da teologia, da espiritualidade, da pedagogia e da pastoral com os autores que a cultivaram, será necessário recorrer a outras fontes.

BIBLIOGRAFIA: P. Prodi, *Riforma Cattolica e Controriforma: Nuove cuestioni di storia moderna*. Milán 1964; M. Marcocchi, *La Riforma cattolica. Documenti e testimonianze*. Brescia 1967-1971, 2 vols.; G. Martina, *La Iglesia de Lutero a nuestros días: I. Época de la Reforma: II. Época del Absolutismo*. Madrid 1974.

Conversações de Malinas (1921-1925)

*Beauduin, Lambert.

Copérnico, Nicolau (1473-1543)

A vida e a obra de Copérnico está vinculada ao movimento científico do Renascimento e da ciência moderna. Copérnico é considerado o pai da astronomia moderna. Sua importância reside fundamentalmente em: 1) Ter rejeitado o sistema do universo concebido por Ptolomeu e aceito pelo mundo antigo e pela Igreja até praticamente o séc. XVII. 2) Ter colocado como centro do sistema solar não a Terra mas o Sol.

Sacerdote polonês e cônego de Frauenburg desde 1497, Copérnico expôs sua teoria num pequeno comentário — *Commentariolus* (1531) — , tendo a aprovação do papa. Sua obra mais importante e pela qual ficou conhecido na posteridade, *De revolutionibus orbium coelestium*, não foi publicada até 1543, data de sua morte. Essa obra foi colocada no *Index de livros proibidos em 1616, como conseqüência do caso Galileu (*Galileu).

Couturier, Paul Irénée (1881-1953)

Sacerdote francês, pioneiro e líder do movimento pela unidade dos cristãos. Couturier começou sua atividade apostólica em Lyon com os refugiados russos da Revolução de 1917. A partir de 1932, no centro de Amay-sur-Meuse, passando posteriormente a Chevetogne, dirigiu sua atividade para o movimento ecumênico. Primeiro introduziu um tríduo de oração pela unidade cristã (Lyon, 1933). No ano seguinte, ampliou-o para uma semana de oração: de 18 a 25 de janeiro.

Para desenvolver esse movimento em nível mundial, Couturier serviu-se de uma rede ampla de correspondentes e colaboradores em todos os países cristãos e de diferentes confissões. Compôs e distribuiu uma infinidade de folhetins sobre a oração pela unidade. E finalmente esteve em contato permanente com o *Conselho Mundial das Igrejas. O trabalho de Couturier cristalizou-se, anos mais tarde, no documento sobre o *ecumenismo* do Concílio *Vaticano II.

Cranmer, Thomas (1489-1556)

Personagem chave na Reforma da Igreja da Inglaterra. Depois de seus estudos universitários em Cambridge, destacou-se na vida pública inglesa por causa do divórcio de Henrique VIII (1529). Foi Cranmer quem aconselhou o monarca a consultar as universidades da Europa sobre o tema, depois do papa ter-lhe negado o divórcio. Por ordem do rei, Cranmer visitou várias universidades do continente, voltando com a solução favorável ao problema. Em 1532 foi nomeado arcebispo de Cantuária, sendo dócil instrumento do poder real nos anos que seguintes. Sua intervenção na *Ata da Supremacia* (1534), no matrimônio de Henrique VIII com Ana Bolena e no posterior matrimônio e divórcio de Ana de Clèves, tornou Cranmer o alvo de todos os inimigos da Reforma e da política inglesa.

Cranmer é responsável pela publicação dos *Dez Artigos* de estilo luterano (1536). Sob sua própria direção publicou-se uma nova versão da Bíblia, baseada na tradução de Tyndale, que a impôs a todas as paróquias. Em 1549 apareceu o *Book of the Common Prayer (Livro da oração comum),* inspirado nas idéias protestantes de Cranmer, porém mitigado para não ferir a suscetibilidade dos católicos. Sucessivas revisões em 1552, e posteriormente em 1662, fizeram dele o livro litúrgico oficial do anglicanismo, propício a uma "via intermediária" entre o protestantismo do continente e o catolicismo de Roma. A Cranmer deve-se também a reforma doutrinal. Em 1547 publicou-se o *Livro de Homilias,* muitas das quais foram escritas por Cranmer.

A morte prematura do jovem rei Eduardo em 1553, que tinha favorecido Cranmer, e o acesso ao trono de Maria, conhecida como a rainha Maria, "sanguinária" e católica, levou à fogueira muitos destacados líderes do movimento reformador da Inglaterra: entre eles os bispos Latimer, Ridley, o próprio Cranmer, e outros 200 mais. Depois de um julgamento muito tumultuado — retratou-se e voltou outra vez a confessar sua fé anglicana —, foi levado à fogueira em 1556.

Crisóstomo, São João (347-407)

Nasceu em Antioquia e morreu em Cumana (Helesponto), enquanto ia para o exílio. Padre e doutor da Igreja, pregador e arcebispo de Constantinopla. Seu zelo e sua eloquência na pregação valeram-lhe o título de "Crisóstomo": "boca de ouro". Seu pontificado foi particularmente atormentado, devido em parte às intrigas combinadas entre a imperatriz Eudóxia, mãe do imperador Teodósio II, e de Teófilo, patriarca de Alexandria.

Como todos os grandes padres, destacou-se, em primeiro lugar, por sua formação clássica. Sabemos que estudou retórica sob a direção de Libânio, e teologia com o mestre Diodoro de Tarso. A escola antioquena lhe dará o realismo e o bom senso que caracterizam sua obra.

Cedo sente o chamado à solidão e ao deserto. Sua fraca saúde o faz voltar a Antioquia, onde se ordenou diácono e sacerdote. Durante doze anos, a partir de 386, exerceu sua função de pregador, pronunciando parte de suas melhores homilias sobre o 1º e 4º Evangelhos, e sobre as Cartas de São Paulo. Sua oratória acerta a sintonia com os problemas do povo. Exemplo disso podem ser suas famosas homilias sobre as *Imagens*, com as quais consegue deter a vingança do imperador pela profanação de sua estátua e da estátua de sua família, por parte do populacho. Em 398 foi chamado, contra sua própria vontade, a ocupar a sede de Constantinopla, onde conseguiu o aplauso e o apoio popular. Não obstante, sofreu três desterros durante os nove anos de seu pontificado. Confrontado com a imperatriz por sua vida de ostentação, e com as invejas de Teófilo, patriarca de Alexandria, sucumbiu por fim a caminho do terceiro e definitivo desterro em Cumana (Helesponto). Seus restos mortais foram trazidos em solene procissão a Constantinopla, no dia 27 de janeiro de 1438.

"Nenhum escritor oriental — diz Quasten — conseguiu a admiração e o amor da posteridade no grau que ele conseguiu." A própria tragédia de sua vida, ocasionada pela extraordinária sinceridade e integridade de seu caráter, serviu para realçar sua glória e sua fama. Continua sendo o mais encantador dos padres gregos e uma das personalidades mais simpáticas da Antigüidade. "Seu estilo é a expressão mais harmoniosa de uma alma ática".

A obra escrita de São João Crisóstomo, a mais numerosa de toda a patrística, divide-se em três grandes blocos: a) Sermões-homilias; b) Tratados; c) Cartas e liturgia.

A parte mais volumosa é a primeira, onde aparecem suas *Homilias sobre o AT:* sobre o Gênesis, os Salmos — as melhores sobre 58 salmos escolhidos — e sobre Isaías. *Sobre o NT* estão suas homilias ao Evangelho de Mateus, de João, aos Atos dos Apóstolos e às Cartas de São Paulo. Outro bloco é composto por suas *Homilias dogmáticas e polêmicas*, os discursos morais, sermões para as festas litúrgicas, os panegíricos, as homilias sobre as *Imagens* e outras duas em *Defesa de Eutrópio*.

Entre os tratados encontramos o clássico *De sacerdotio*, e sobre a vida monástica, a virgindade e a viuvez, sobre a educação dos filhos, sobre o sofrimento etc. De suas cartas conservam-se, aproximadamente, 236. Sua *Liturgia* — conhecida como liturgia de São João Crisóstomo — a crítica supõe que seja muito posterior ao santo.

Um julgamento de conjunto leva-nos a afirmar com Quasten que "São João Crisóstomo não é um teólogo eminente. É, no entanto, um soberbo orador". Em seus sermões nunca apelou para o sentido alegórico. Falava claro e combinou a intuição do sentido da Escritura com seu gênio para sua aplicação pessoal. Cada um de seus sermões tem sua lição moral ou social (Quasten, *Patrología,* II, 496s.).

BIBLIOGRAFIA: *Obras de San Juan Crisóstomo* (BAC), 3 vols.; *Obras:* PG 47-64; J. Quasten, *Patrología,* I, 444-505, com a bibliografia ali publicada.

Croiset, J. (1656-1738)

Legenda áurea.

Cullmann, Oscar (1902-)

Teólogo de confissão luterana e um dos mais notáveis de nosso tempo. Seus trabalhos de história e exegese contribuíram decisivamente para o conhecimento das origens do cristianismo.

Seus anos de estudo e docência discorrem entre Estrasburgo e Basiléia. Posteriormente é professor da Sorbonne e da Faculdade de Teologia Protestante de Paris. Além dessas atividades acadêmicas, Cullmann foi presidente da ajuda aos refugiados franceses na Suíça entre 1940-1945. Mais tarde, foi escolhido membro do comitê executivo do Instituto Ecumênico de Jerusalém, fundado em 1967 por Charles Moeller. De 1962 a 1965 participou como observador não católico das quatro sessões do Concílio *Vaticano II, diante do qual, praticamente, representou o protestantismo.

A obra de Cullmann, como dissemos, é uma contribuição notável para a exegese e para a história dos primeiros séculos do cristianismo. É clássico seu estudo *Cristo e o tempo* (1946). Em *São Pedro, discípulo, apóstolo e mártir* (1952), aborda o problema do primado pontifício. Em *Deus e César* (1953) e em *Jesus e os revolucionários de seu tempo* (1970) abordam-se os problemas da relação entre fé e política.

Dois aspectos caracterizam a obra e a atividade literária de Cullmann: 1) O método exegético, pelo qual tenta desprender-se de todo sistema filosófico ou teológico na interpretação dos textos do NT. 2) Uma atitude de espírito particularmente impressionante: o encontro com as demais confissões. Rejeita um ecumenismo fácil, no qual os cristãos se encontrem sobre a base de uma crítica puramente negativa às Igrejas, ou sobre a base de uma capitulação diante do mundo e, em especial, diante das correntes do mundo moderno. Está convencido do universalismo cristão, e este pode ser o seu terceiro aspecto: "Toda escolha se faz para outros, para um grande número, para uma missão. Assim, Israel é escolhido para a humanidade, Jesus Cristo para o mundo inteiro e os doze apóstolos para uma Igreja destinada a cobrir a terra. Esses princípios são indissociáveis".

Cusa, Nicolau de (1400-1464)

Nicolau Krebs (caranguejo) é conhecido como o Cusano ou de Cusa, pela cidade de Cues (Trier), onde nasceu. Sua vida intensa apresenta as facetas de estudioso, pesquisador, conhecedor de códices e manuscritos antigos gregos e latinos, diplomático e homem de Igreja, filósofo e teólogo. Sua doutrina e filosofia são, na realidade, sabedoria. Solitário e não adscrito a nenhuma escola, pensa por conta própria. Quis procurar razões últimas para sua profunda vivência humana e cristã. Sem dúvida por isso, sua filosofia e sua vida são objeto de permanente estudo. São de uma paixão e intensidade tais que pode ser proposto como modelo de todo pensador e homem de ação cristão.

Nicolau Cusano iniciou seus estudos entre os Irmãos da Vida Comum de Deventer (Holanda). Passou depois para a Universidade de Heildelberg, para doutorar-se logo depois em Direito, em Pisa. Em Roma iniciou sua vocação e carreira eclesiástica, que exerceu em Colônia como um dos secretários do legado papal Cesarini. Aqui se inicia no manejo e conhecimento de códices e manuscritos da biblioteca da catedral de Colônia. Essa primeira afeição se reforça com humanistas chegados para o Concílio de Basiléia (1433-1437). Ampliou também suas pesquisas a manuscritos gregos com vistas ao Concílio de Florença (1438). Foi amigo pessoal de Gutenberg e apoiou a arte da imprensa, de tal modo que, graças a ele, foi possível durante sua estada em Roma e Subiaco a publicação dos que hoje são os primeiros incunábulos da Itália.

Sua condição de experto permitiu-lhe assistir aos Concílios de Basiléia e Florença. Para preparar este último, foi enviado a Constantinopla, intervindo ativamente no problema da união das Igrejas Grega e Latina. Seus últimos quinze anos (1449-1464) puseram em relevo sua índole pastoral, primeiro como cardeal da Igreja, como visitador apostólico na Alemanha, Países Baixos e Boêmia, e finalmente como bispo de Brixen e vigário do papa em Roma. As relações, os discursos, as cartas, os projetos e os decretos desta época demonstram a dignidade, o zelo e inclusive o rigor com que concluiu sua missão contra os muitos desvios que minavam os costumes e a fé daqueles tempos tão próximos já da Reforma.

— A obra escrita de Cusa é imensa. Sua produção corre ao longo de toda a sua vida. Começa com sua primeira obra polêmica *De concordantia catholica*, que apresentou ao Concílio de Basiléia (1433). Reconhece o primado da sede de Roma. Sustenta que nenhum Concílio é legítimo se o papa não participa diretamente ou por representação. Mas, uma vez convocado ao Concílio, o papa está obrigado a aceitá-lo e a executar suas resoluções. Logicamente, o Concílio somente é infalível como representante único de toda a Igreja. A partir de 1436, Cusa defenderá a supremacia papal.

— Mas Cusa é conhecido principalmente pela sua obra *De docta ignorantia* (1440), seguida nesse mesmo ano por *De coniecturis*, em três livros — Deus, universo e Cristo como união de ambos. Nesta mesma linha filosófico-teológica estão o livro *Idiota* (1450), que compreende o *De sapientia* (dois livros), o *De mente* e o *De staticis experimentis*. Importantes são também a *Apologia doctae ignorantiae* (1449), o *De venatione sapientiae* (1463), e sua última obra *De apice theoriae* (1464). Além de outros tratados especificamente teológicos e de outros científicos como *De mathematicis complementis* (1450-1457), *De circuli quadratura* (1453-1454) e *De mathematica perfectione* (1458), devemos assinalar suas numerosas cartas e sermões, muitos dos quais permanecem inéditos.

— Na viagem de regresso da Grécia, Nicolau Cusano teve a inspiração de sua doutrina fundamental da *docta ignorantia* e que expôs em suas duas obras acima mencionadas:

— "O ponto de partida é uma precisa determinação da natureza do conhecimento tomando como modelo o conhecimento matemático. A possibilidade do conhecimento reside na *proporção* entre o desconhecido e o conhecido. Pode-se julgar aquilo que ainda não se conhece somente em relação àquilo que já se conhece, mas isto somente é possível se aquilo que ainda não se conhece possui certa *proporcionalidade* com o que se conhece. O conhecimento é tanto mais fácil quanto mais próximas das coisas conhecidas estiverem aquelas que se pesquisam; daí se conclui que quando o que se ignora e se procura não tem proporção alguma com o conhecimento que já possuímos, este escapa a toda possibilidade de conhecimento, e a única coisa que se pode fazer é proclamar a própria ignorância. Esse reconhecimento da ignorância, esse saber que não se sabe, é a *docta ignorantia*".

— A atitude da *docta ignorantia* é a única possível diante do ser como tal, ou seja, diante de Deus. Esse é, de fato, o grau máximo do ser e, em geral, da perfeição; é "aquilo com relação ao qual nada pode ser maior". Deus é o infinito, e entre o finito e o infinito não existe proporção. Daí se conclui que o homem não pode chegar ao conhecimento de Deus.

Com relação ao relacionamento entre Deus e o mundo em *De coniecturis*, *De idiota* e em *De visione Dei*, Cusa enfatiza a inacessibilidade da transcendência divina, afirmando que a única fórmula para expressá-la é a *coincidentia oppositorum* — a coincidência dos opostos —, coincidência do máximo e do mínimo, da complicação e da explicação, do tudo e do nada, do criar e do nada. Essa coincidência, porém, não pode ser entendida nem alcançada pelo homem, e assim Deus está além de todo conceito humano, como o infinito absoluto com relação ao qual são inúteis todos os passos para aproximar-se dele.

— Com relação ao homem, a criatura não é mais do que um "Deus ocasionado" ou um "Deus criado" que não pode aspirar a ser mais do que é, e somente desta maneira chega de certa forma a reproduzir a infinitude de Deus. O valor que a criatura possui dentro de si, em sua limitação, é claramente manifestado pela encarnação do Verbo. Pelo fato de ter adquirido a natureza humana, reúne e unifica em si todas as coisas, enobrece e eleva, junto com o homem, todo o mundo natural.

— O julgamento que a pessoa mereceu e a doutrina desse grande homem, estão acima de toda ponderação. Viveu numa época de profunda crise, "crise de todo tipo de autoridade, divina e humana, papal e imperial, religiosa e civil, e tratou de reagir contra isto, unindo Deus e o direito, a religião e a política, o fiel e o súdito no âmbito de dois princípios nos quais se havia baseado o complexo social durante o período medieval: a Igreja e o império... Foi humanista: seu humanismo não se contentou com a procura de códices e de formas belas, mas consistiu numa valorização do homem e da natureza — "dignificare naturam"— enquadrando de forma cristã a essência daquele e a realidade desta numa síntese de razão e revelação" (P. Rotta-G. Santinello, *Dic. de filósofos*).

BIBLIOGRAFIA: *Opera omnia*. Ed. de von Ernst Hoffmann, 1932; *La Docta Ignorancia*. Tradução de Manuel Fuentes Benot, Buenos Aires [5]1981; P. Rota, *Nicolás de Cusa*. Milán 1942.

D'Ailly, Pierre (1350-1420)

*Lutero.

D'Alembert, M. (1717-1783)

*Enciclopédia, A.

Dâmaso, São (304-384)

Papa de origem espanhola, eleito em 366. A figura simpática desse papa oferece aspectos verdadeiramente importantes para as letras. Foi o criador dos arquivos papais, mudando-os para prédios novos. Foi poeta inspirado que cuidou das tumbas dos mártires, ilustrando-as com criativos epitáfios.

Como papa, promulgou em 382 um cânon sobre os livros da Escritura. Existe também a *Fides Damasi*, uma fórmula de fé atribuída a São Dâmaso, que hoje é interpretada como nascida na Gália no séc. V. Com o nome de *Tomo de Dâmaso* conhece-se também uma coleção de 24 cânones enviados por Dâmaso a Paulino, bispo de Antioquia, nos quais anatematizam-se as heresias trinitárias e cristológicas da época.

Porém, sem dúvida, a obra mais importante de São Dâmaso como papa é ter encomendado a São *Jerônimo a revisão do texto latino da Bíblia (382), conhecida como *Vulgata*.

Daniélou, Jean (1905-1974)

*Teologia atual, Panorama da.

Dante Alighieri (1265-1321)

"Florentinus et exsul immeritus" (Florentino e exilado sem o merecer) — diz Dante numa de suas cartas. Nascido efetivamente em Florença, onde viveu uma boa parte de sua vida, três vezes foi desterrado por questões políticas, morrendo em Ravena, acompanhado já por grande fama de poeta e sábio: "Inclita fama cuius universum penetrat orbem" (Cuja elevada fama chega ao mundo inteiro), como se lê no seu epitáfio.

Poeta, filósofo, teólogo e político, Dante é incluído diretamente na lista dos pensadores e escritores cristãos. Sua própria condição de leigo, comprometido com sua cidade, com a arte e a ciência de seu tempo, torna ainda mais interessante sua figura. Pertencente a uma nobre família guelfa florentina, quis viver em plenitude sua condição de homem e cidadão livre. Por volta dos 9 anos, encontrou uma jovenzinha, Beatriz, pela qual ficou espiritualmente subjugado, ela dominou toda a sua vida. A morte desta, em 1290, consumiu-o em lágrimas, obrigando-o a encontrar consolo na leitura de Boécio — *De consolatione philosophiae* — e de Cícero — *De amicitia*. Parece ter encontra-

do neles muito mais do que um remédio para sua dor.

Com esses autores abriram-se realmente para ele o horizonte e o desejo de saber. Pensou que a filosofia era algo superior. "Dirigiu-se, pois — diz-nos em *Vida nova* — para onde ela se mostrava mais autêntica, isto é, nas escolas dos religiosos e nas disputas dos filósofos." Freqüentou as escolas de dominicanos e franciscanos de sua cidade onde se comentavam Aristóteles, Santo *Agostinho e São Boaventura. Entre os filósofos estava seu mestre Brunetto Latini e o primeiro de seus amigos, Guido Cavalcanti, averroísta e epicurista. Foi tal sua paixão pela filosofia que, depois de 30 meses, esquecera seu primeiro amor.

Casado com Gemma Donati, com quem teve pelo menos três filhos, superou sua crise juvenil com a primeira de suas obras, *Vida nova* (1295), na qual mescla prosa e verso no estilo de Boécio. Criador da primeira prosa italiana, revigorando seu espírito em chave religiosa, Dante manterá desde agora seu mundo ideológico e ético. "O homem virilmente ativo para continuar 'virtude e conhecimento', desprezador de baixezas e de ambições vulgares, o constante pensador, o firme crente, harmoniosamente coordenados, o trarão, junto à fama gradualmente conseguida, seu erigir-se em flagelador dos vícios e desordens gerais de seu tempo, seu constituir-se em mestre de vida, distribuidor da justiça, defensor de um ideal humano superior e da restauração política e religiosa. O estudioso não afogou, no entanto, o poeta" (G. Mazzantini — A. Tognolo, *Dic. de filósofos*).

— Sua personalidade completa-se na atividade política. Participou ativamente na vida política florentina, como cultivador da "filosofia natural" no grêmio dos médicos e boticários, pertencendo ao partido "blanco". Isso foi por volta de 1300. Nos anos seguintes e com a entrada dos "Néri" em Florença, viu como vieram abaixo seus ideais políticos. Em 1302, pela primeira vez, foi condenado ao exílio, depois trocado pela condenação à fogueira. Seguiram anos de desterro e de anonimato por várias cidades, sem que seja fácil precisar datas de suas paradas. A partir de 1309 voltou para sua amada Florença, onde viveu até 1315. Nova condenação à morte para ele e seus filhos o obrigou a procurar um refúgio em Verona (1315-1320), onde precedeu-lhe sua fama de poeta e de sábio. Sua permanência nesta cidade permitiu-lhe avançar na obra poética *A divina comédia,* que concluiu em Ravena. Morreu em Ravena, sendo levado até o sepulcro nos ombros dos principais cidadãos "como poeta e grande filósofo".

— O pensamento de Dante foi expresso em sua variada obra. Inicia-se com *Vida nova* (1295) e termina em *A divina comédia* (1321). Entre essas duas datas trabalhou no *Convívio* (entre 1304-1307), ampla obra de filosofia aristotélica em que afirma que "Aristóteles é o filósofo mais digno de fé e obediência". É a primeira obra de prosa científica italiana. O *Convívio* foi interrompido no 3º dos cantos dos 14 que Dante concebera. Também ficou interrompida sua obra *De vulgari eloquentia,* simultânea à anterior. Destaca algumas intuições sobre a filosofia da linguagem, o problema da formação das línguas etc. Depois vem o tratado filosófico-político *De monarchia* (1310-1313), uma das obras políticas mais interessantes que nos deixou o período medieval. "Dante apresenta-nos sua própria visão política centrada numa distinção clara e precisa de duas ordens: Igreja e império. Ambos absolutos, autônomos e soberanos, têm o seu fundamento na pessoa humana que tende a um duplo fim: natural e sobrenatural (*Monarchia*, III, XVI, 7). Essas ordens permanecem claramente diferentes, sem que o menos válido deva se subordinar de forma alguma ao que, por si só, já é mais válido".

— Continuando bem próximo da *Ética a Nicômaco* de Aristóteles, Dante em sua *Monarchia:* a) Vê a vida do homem, segundo a natureza, como um desenvolvimento progressivo dirigido pela razão. b) Esse desenvolvimento racional do homem somente se dá num mundo politicamente organizado na *monarquia,* e na *monarquia universal*. c) Monarquia universal porque somente na universalidade é possível uma paz sem oposições (*Monarchia,* I, V-XVI). d) Mas o cristianismo revelou, também, o mundo da graça, o Reino de Deus, para cujo desenvolvimento e plena realização está na terra o vigário de Cristo, o papa. O pontífice tem a sua jurisdição sobre tudo o que é sobrenatural, e seu poder é monárquico e universal, isto é, católico, cujos limites estão marcados pela mesma finalidade de seu poder, dirigido a um fim ultraterreno. e) Imperador e pontífice são independentes. A independência de ambos dentro dos próprios limites é absoluta e nenhuma autoridade, em seu próprio âmbito, tem ninguém acima dela.

Tal é a síntese política de Dante, respeitosa com a razão e com o dado revelado. Harmonia entre a fé e a razão, que muito logo se veriam quebradas.

— Que dizer de *A divina comédia* que já não se tenha dito? Concluída pouco antes da morte do poeta, em 1321, é o testamento poético do séc. XIII. Toda a ciência, toda a especulação política, toda a experiência moral e espiritual da época se expressa nela, ao longo do caminho que conduz Dante e o seu guia do inferno ao purgatório, e por último, ao substituir Beatriz por Virgílio, através das esferas do paraíso, até um Deus que é a fonte suprema da luz.

— Toda a sua obra é um desenvolvimento de teologia humanista: Deus e o homem são os grandes protagonistas da história. "O humanismo de Dante é um humanismo cristão; é integral, porque abrange e valoriza todo o homem, em todas as suas atividades e dimensões; é um humanismo que reconhece o valor da vida social do indivíduo na história; é um humanismo que não esquece a realidade humana de miséria e debilidades, como também não esquece que a mais alta meta, e sua maior perfeição, a alcança a pessoa na visão beatífica de Deus. Esse humanismo no qual coexistem, sem se anularem mutuamente, o universal e o particular, Deus e o homem, Estado e indivíduo é certamente muito diferente do posterior humanismo do 'Quatrocentos' e do 'Renascimento'. Esta é a mensagem imortal do divino poeta" (C. Mazzantini-A. Togno, *o. c.* 10).

BIBLIOGRAFIA: *Obras: A divina comedia,* Rio 1948; *Obras completas:* Edição espanhola de N. González-Ruiz (BAC); E. Gilson, *Dante et la philosophie médiévale,* [2]1953; M. Asín Palacios, *La escatología musulmana en la Divina Comedia,* [2]1943.

Décio (c. 250)

*Monaquismo; *Orígenes.

Deísmo

Uma das notas características do Iluminismo e dos iluministas é a *secularização da razão*. Com o slogan "Atreva-se a pensar", "Abandone a menoridade", o Iluminismo rompe o equilíbrio entre fé e razão e sua tensão dialética. Mediante um processo redutivo da fé ao racional, realiza o postulado e a exigência da progressiva e total secularização da vida humana mediante a dessacralização.

A concepção religioso-teológica do mundo dominante no Ocidente até o séc. XVII mantinha-se e elevava-se sobre a relação homem-Deus. Deus constitui o centro, origem e princípio de determinação do sentido do mundo. Temos assim o teocentrismo. Da mesma maneira, o sentido da humanidade e da história é estabelecido e regido por Deus providente (providência). Finalmente, o destino último do homem, o fim da providência e o "eschaton" da história se somam na salvação sobrenatural e eterna do homem, realizada por e com a graça de Deus: Redenção divina, religião positiva, cristianismo.

O Iluminismo ou "razão secularizada" dá uma interpretação radicalmente oposta a tais questões. No teocentrismo, estarão a natureza e o homem como centro e ponto de referência. A providência será substituída pelo progresso contínuo e sem limites da razão e da humanidade. Na redenção sobrenatural — religião revelada, cristianismo histórico — impor-se-á a salvação da situação infeliz do homem, que ele próprio deverá procurar com o trabalho e na história. Temos, pois, uma Redenção horizontal, no marco exclusivo do tempo e da história.

Essa secularização da razão mantém, no entanto, o reconhecimento do divino, assim como uma peculiar interpretação da religião. É necessário que a verdadeira religião seja racional: "Enquanto não nos guiemos pela razão — diz Locke —, disputaremos em vão, e em vão tentaremos convencer-nos mutuamente em assuntos da religião". Nasce assim o conceito de religião natural e de "deísmo". Somente é verdadeira a religião da razão. A razão é a norma e o critério último da verdade e da religião.

À religião natural, proclamada pelo Iluminismo, vai unida uma luta contra os milagres e as profecias, os ritos e os dogmas. E, principalmente, se fará uma crítica implacável da religião positiva, do cristianismo estabelecido no Ocidente. Em nome da "religião natural" se derrubarão as barreiras entre a religião e a moral. A religião consistirá no conhecimento dos deveres ou mandatos morais, e sua atividade ou exteriorização não será mais do que a ação simplesmente ética. Puro moralismo, baseado nas palavras de Voltaire: "Entendo por religião natural os princípios da moralidade comuns à espécie humana" (*Dic. de filósofos*).

O "deísmo" expressa as exigências da razão iluminada e concretiza os princípios da religião natural. O conceito de "deísmo" foi moldado pelos ingleses John Toland em sua obra *Cristianismo sem mistérios* e M. Tindal, em *O cristianismo tão velho como a criação*. Foi, em especial, *Voltaire quem formulou as notas ou teses gerais do deísmo. Reduzidas a sua mínima expressão, são as seguintes: a) Deus existe e é autor do mundo. b) Não é possível determinar a natureza e os atributos de Deus. c) Deus não criou o mundo livremente, mas por necessidade. Em conseqüência, Deus não é responsável pelo mal. d) Não há lugar para a providência divina, pois a ação de Deus no mundo termina em sua criação. e) O deísmo é cético diante da outra vida, seus prêmios e castigos.

De acordo com o que acabamos de ver, o deísmo baseia-se na razão teórica e obedece a uma colocação estritamente intelectual. Também se baseia na razão prática, já que identifica a religião natural com os mandatos morais. Nega o caráter sobrenatural da religião ignorando, portanto, o caráter positivo e sobrenatural do cristianismo. A luta ideológica contra este marca, de alguma forma, toda a filosofia, a ciência, a educação, a política e a literatura surgida desde o séc. XVIII até os nossos dias. Os pensadores cristãos, daqui por diante, terão de apresentar e defender a identidade própria do cristianismo frente à crítica, frente à ciência, frente à secularização da vida.

BIBLIOGRAFIA: D. Hume, *Diálogos sobre religião natural*; K. E. Weger, *La crítica religiosa en los tres últimos siglos*. Barcelona 1986; Jean-Jacques Rousseau, *Escritos religiosos*; John Locke, *A racionalidade do cristianismo* Madrid-1977.

Delehaye, Hippolyte (1859-1941)

O nome de H. Delehaye está vinculado aos "bolandistas", um grupo de jesuítas liderados por J. van Boland (1596-1665) que iniciaram as *Acta Sanctorum* ou vidas e feitos dos santos. Delehaye foi seguidor das *Acta Sanctorum* e colaborador em vários de seus volumes.

Além de sua colaboração nessa obra, Delehaye publicou a *Bibliotheca hagiographica graeca* (1895), onde se encontram catalogados os manuscritos hagiográficos gregos, junto aos da Biblioteca Nacional de Paris e do Vaticano. Toda a sua obra é fruto de um constante trabalho de investigação e de sua extensa erudição. Além desses livros dedicados a especialistas, publicou estudos para um público não especializado.

De Maistre, Joseph (1753-1821)

Escritor francês *"tradicionalista" e "ultramontano". Junto com *Chateaubriand e outros escritores da época, forma o grupo de escritores católicos reacionários às idéias da Revolução de 1789.

A obra principal de De Maistre é *Du Pape*, um escrito volumoso redigido já no final de seus dias (1819). Nela advoga por uma sociedade firmemente ancorada na autoridade e, portanto, contrária os princípios da revolução. Essa autoridade é dupla: a) a *autoridade espiritual* tal como aparece no papado de Roma, ao longo dos séculos; b) a *autoridade temporal* encarnada nos reis. A obra, portanto, defende um restabelecimento desta autoridade na Europa, enfraquecida pela revolução e pelas guerras napoleônicas.

Du Pape é uma obra ao mesmo tempo política e religiosa. Tem sua importância no marco histórico em que se produz.

Denifle, Heinrich Suso (1844-1905)

Pesquisador e historiador da Igreja. Religioso dominicano alemão, foi chamado a Roma como assessor geral da ordem (1880). Três campos ocuparam sua atividade como historiador. Em primeiro lugar está o seu monumental *Chartularium Universitatis Parisiensis*, escrito em colaboração, entre 1889-1897. Seu segundo campo de estudo e pesquisa foram os místicos dominicanos alemães do séc. XIV: Mestre *Eckhart, J. *Tauler e H. Suso. E finalmente empreendeu sua obra, que não pôde concluir, sobre Martinho *Lutero. Na historiografia do Reformador, Denifle ocupa um posto importante pela solidez de documentos com que contribui e pela interpretação que faz do personagem. E principalmente, seu estudo abre o caminho para uma interpretação mais serena e objetiva de outros historiadores católicos.

Devotio moderna
*Tomás de Kempis.

Didaqué (50-70)

Primeiro dos escritos integrados nos denominados "padres apostólicos". No original grego, seu título completo é "A instrução do Senhor aos gentios através dos doze apóstolos". Breve resumo da doutrina de Cristo tal como a ensinaram os apóstolos às nações.

Publicado em 1883 pelo metropolita grego de Nicomédia, Filoteo Bryennios, de um códice grego em pergaminho, a *Didaqué* é o documento mais importante da era pós-apostólica e a mais antiga fonte de legislação que possuímos. De autor desconhecido e objeto de inumeráveis estudos, sua composição pode ser datada entre os anos 50-70 da era cristã. Outros a reportam aos pirmeiros anos do séc. II. Essa obra vem a ser "o código eclesial mais antigo, protótipo venerável de todas as coleções posteriores de *Constituições ou cânones apostólicos* com que começou o direito canônico no Oriente e no Ocidente" (Quasten).

O livrete está dividido em 16 capítulos, nos quais se distinguem claramente duas partes principais. *A primeira* (c. 1-10) apresenta instruções litúrgicas; a *segunda* (c. 11-15) compreende normas disciplinares. A obra termina com o capítulo sobre o advento do Senhor e sobre as conseqüências que este tem sobre a vida dos cristãos. Se julgamos somente pelo título, poder-se-ia acreditar que a *Didaqué* contém a pregação evangélica de Cristo. Melhor: é um compêndio de preceitos morais de instruções sobre a organização das comunidades e de ordenanças relacionadas às funções litúrgicas, sobretudo a Eucaristia, o Batismo, os profetas, os bispos etc. São muito interessantes os princípios de caridade e de assistência social expressos na *Didaqué*: esmola, obrigação de ganhar a vida com o próprio trabalho.

A *Didaqué* gozou de tanto respeito e reverência na Antigüidade que muitos chegaram a considerá-la tão importante quanto os livros do Novo Testamento.

BIBLIOGRAFIA: *Padres apostólicos*. Edição bilíngüe completa, Texto da *Didaqué* S. Paulo (Paulus); BAC. Madrid ⁵1985, 30-98.

Didascalia apostolorum syriaca (séc. III)

Constituição eclesial composta nas primeiras décadas do séc. III. Seu título é *Didascália ou Doutrina católica dos doze apóstolos e dos doze santos discípulos de nosso salvador*. O texto grego se perdeu; porém, chegou até nós numa tradução siríaca. Foi a fonte principal das **Constituições apostólicas*, nas quais se reproduzem os seis primeiros livros.

"Há pouco dogma na *Didascália*, já que seu principal objetivo é dar uma instrução moral e regras canônicas para a manutenção da ordem e da disciplina da Igreja. Apesar disso, proporciona-nos informação farta para a história da vida e dos costumes cristãos. Trata, por exemplo, detalhadamente toda a questão da penitência. Contra as tendências rigorosas, afirma que se podem perdoar todos os pecados, inclusive o de heresia. Menciona igualmente o pecado do adultério e de apostasia entre os pecados que se podem perdoar. Também não há nada indicando que depois do Batismo não haja perdão dos pecados. Apresenta uma liturgia muito desenvolvida da penitência pública, uma noção clara de seu caráter sacramental, mas nenhuma alusão à penitência particular" (Quasten).

Diderot, Denis (1713-1784)

*Enciclopédia, A.

Dídimo, o Cego (313-398)

Embora cego de nascimento, chegou a ser diretor da escola catequética de Alexandria. Admirador e seguidor da doutrina de *Orígenes, sofreu também como este a condenação do Concílio de Constantinopla (553). Sua doutrina sobre a Trindade foi decididamente nicena.

Dídimo, o Cego, mereceu o respeito da Antigüidade por seus tratados *Sobre o Espírito Santo, Sobre a Trindade e Contra os Maniqueus.* Escreveu também comentários sobre alguns livros da Bíblia, como o demonstram os descobrimentos de alguns papiros perto de Toura, ao sul do Cairo, em 1941.

Diodoro de Tarso (finais do séc. IV)

Escolas teológicas, Primeiras.

Diogneto, Carta a (séc. II-III)

Trata-se de uma apologia do cristianismo em forma de carta dirigida a Diogneto, eminente dignidade pagã. Até esta data nada se sabe nem do autor nem do destinatário da carta. Somente suposições levaram a afirmar que o autor poderia ser Quadrato ou Aristides, e o destinatário o tutor de Marco Aurélio. As mesmas suposições existem a respeito da data de sua composição, provavelmente do séc. III.

A carta foi escrita por solicitação de Diogneto. Nela, o autor pinta em termos brilhantes a superioridade do cristianismo sobre a néscia idolatria dos pagãos e sobre o formalismo externo dos judeus.

— Porém, o melhor dela é a descrição que faz o autor da vida sobrenatural dos cristãos (c. 5-6): "Os cristãos, de fato, não se distinguem dos demais homens nem por sua terra, nem por sua fala, nem por seus costumes. Porque nem habitam cidades exclusivas suas, nem falam uma língua estranha, nem levam um gênero de vida separado dos demais... Dão mostras de um teor particular de conduta admirável e, por confissão de todos, surpreendente. Habitam suas próprias pátrias, porém, como forasteiros; tomam parte em tudo como cidadãos e tudo suportam como estrangeiros; toda terra estranha é para eles pátria e, toda pátria, terra estranha. Casam-se como todos, como todos geram filhos, mas não expõem os que nascem. Colocam mesa comum, mas não leito. Estão na carne, mas não vivem conforme a carne. Passam o tempo na terra, mas têm a sua cidadania no céu. Obedecem às leis estabelecidas, mas, com a sua vida, ultrapassam as leis. A todos amam e por todos são perseguidos. São ignorados e são condenados. Ao serem mortos, ganham a vida. São pobres e enriquecem muitos. Carecem de tudo e são fartos em tudo..." (BAC, 65).

A *Carta a Diogneto* é "um dos documentos mais belos da literatura cristã. Seu conteúdo revela um homem de fé ardente e vastos conhecimentos, um espírito totalmente impregnado dos princípios do cristianismo. Sua linguagem transborda vitalidade e entusiasmo" (Quasten).

BIBLIOGRAFIA: *Padres apostólicos*. Edição bilíngüe completa. Texto da *Carta a Diogneto* (BAC). Madrid [5]1985, 845-862.

Döllinger, Johann Joseph Ignaz von (1799-1890)

Professor de História da Igreja na Universidade de Munique de 1826 a 1873. "Ultramontano" em sua primeira etapa, para depois passar a uma crítica impiedosa à Igreja de Roma. O centro de seus ataques foi o Concílio Vaticano I. Suas *Cartas de Jano* (1869) e as *Cartas de Quirino* (1870), escritas em parte em colaboração com outros, tornaram-no conhecido como um dos críticos mais formidáveis do *Vaticano I e da doutrina da infalibilidade do papa. Acabou sendo excomungado em 1871. Posteriormente, e até a sua morte, esteve em contato com os chamados velhos católicos. Em 1874-1875 teve duas reuniões em Bonn para procurar a união de todas as Igrejas separadas de Roma, mas que tinham mantido a fé e a ordem do cristianismo histórico.

Domingos de Gusmão, São (1170-1221)

Nasceu em Caleruega (Burgos). Estudante e professor em Valência de 1184 a 1191. Nos últimos anos do século XII, encontramo-lo em Osma, onde ingressou no cabido de cônegos reformados. Em 1204 saiu pela primeira vez da Espanha para ir ao sul da França, líder de movimentos populares que reagiram desaforadamente contra a situação rígida da Igreja: cátaros, valdenses, albigenses e outros grupos agitam a Igreja, perturbando-a em sua fé e costumes. Durante vários anos, Domingos desenvolveu uma atividade incansável nessa região francesa. Em 1207, bem próximo de Toulouse, nasceu a primeira comunidade de dominicanos, a "santa pregação".

Em 22 de dezembro de 1216, Honório III confirmou solenemente a fundação de Domingos. Era uma comunidade profética que deveria conhecer o que morre e o que nasce, mantendo sua liberdade para fomentar toda novidade evangélica. Assim se entende a dispersão dos frades, quando eram somente 16, por diferentes partes do mundo. Em 1217, ano do "pentecostes dominicano", esses 16 frades dirigiram-se a Paris, Bolonha e Roma, centros mais destacados do movimento cultural europeu. Quatro foram para a Espanha. "Todos eram enviados para estudar, pregar e fundar um convento". Diante da estranheza dessa dispersão, Domingos responderá: "Deixai-me agir; eu sei bem o que faço: amontoado o trigo, corrompe-se; esparso, frutifica".

Durante os três anos restantes de sua vida, Domingos pregou em Roma e em distintas regiões da França, visitou as comunidades e organizou a ordem. Presidiu os primeiros capítulos gerais de 1220 e 1221... Nos finais de julho de 1221, Domingos voltou a Bolonha doente e esgotado, para morrer a 6 de agosto. Foi canonizado em 1234, reconhecido como "varão apostólico".

De fato, Domingos faz sua a convicção de pregar o Evangelho imitando os apóstolos. Assim é como consegue, com certa rapidez, fundar uma instituição de um novo estilo com relação ao paternalismo monacal da época anterior. Instituir o carisma da Palavra de Deus sem esgotar sua força, lançar ao mundo missionários itinerantes, tal é sua vocação e sua obra. Os pregadores são profetas, isto é, homens comprometidos com a realidade dos tempos. Assim o pontífice romano os qualifica em reiteradas ocasiões, e até em sua carta de fundação.

A ordem de irmãos pregadores fundada por São Domingos no séc. XIII rompe com o modelo e o estilo das ordens monacais anteriores. De caráter itinerante e mendicante, como os franciscanos, colocam sua atenção na imitação de Cristo e dos apóstolos pregando a palavra evangélica em meio da sociedade e nas grandes cidades. A pregação do Evangelho fica plasmada em seu grande lema: "contemplata aliis tradere". Ou na grande divisa da ordem: "Veritas". Meditar e ensinar a verdade: a) nas universidades, que adquirem com os mendicantes seu máximo auge e esplendor; b) pregação ao povo, rompendo o "sinistro silêncio" que há um século cobria a cristandade; c) abrindo novos campos de missão para judeus e muçulmanos; d) falando e convencendo os hereges. A repressão da heresia, em todas as suas formas, parte da mensagem dos pregadores, atividade que exercerão um pouco mais tarde através da *Inquisição*.

São Domingos, além disso, dá um toque de originalidade à sua obra, antecipando-se aos tempos. Instaura uma sociedade democrática, uma comunidade de irmãos que vivem o Evangelho em caridade. Há uma mútua influência entre *Francisco de Assis e Domingos nesta implantação de um "estilo novo de religião", que levam até a fundação das "ordens terceiras" de seculares.

A ordem de pregadores mantém até hoje sua vocação de pregadores da Palavra de Deus em todas as frentes: a universidade, a teologia, a filosofia, a ciência, a evangelização na América, na Ásia; a palavra falada, escrita; o rádio, a televisão etc. Grandes homens apareceram em todos os tempos de sua história: Santo *Alberto Magno, *Tomás, *Savonarola, *Cayetano, *Francisco de Vitória, *Báñez, *Bartolomeu de las Casas, *Lacordaire, *Lagrange, *Congar, *Schillebeeckx, e outros.

Na Espanha surgiram também grandes figuras. Além dos mencionados, devemos assinalar São *Raimundo de Peñafort, Domingos de Soto e os teólogos da escola Salmanticense. Sem esquecer Raimundo Martí (séc. XIII) a quem Menéndez y Pelayo chamam "insigne teólogo, filósofo, escritor e filólogo, das maiores e injustamente obscurecidas glórias de nossa esquecida Espanha". Sua obra principal, *Pugio fidei (Punhal da fé)*, é semelhante à de Santo Tomás (*Summa contra gentiles*) e a de seu compatriota catalão São Raimundo de Peñafort.

BIBLIOGRAFIA: L. Galmés-V. T. Gómez, *Santo Domingo de Guzmán. Fuentes para su conocimiento* (BAC).

Donato (séc. VI)

Isidoro de Sevilha.

Doutores da Igreja (séc. XIII)

O título de "Doutor da Igreja" é tardio. Remonta a Bonifácio VIII, que em 1298 nomeou Ambrósio, Jerônimo, Agostinho e Gregório Magno como padres e doutores da Igreja (*Padres da Igreja*).

Não se deve confundir, entretanto, o título de "padre da Igreja" com o de "doutor". Às notas características dos padres da Igreja, — ortodoxia de doutrina, santidade de vida, Antigüidade e aprovação da Igreja —, os doutores têm de acrescentar dois requisitos importantes: *erudição eminente e expressa declaração da Igreja*. A atual lista de doutores da Igreja supera o número de trinta. Alguns deles foram nomeados vários séculos depois de sua morte. Tal ocorreu com Santo Antônio de Pádua, que morreu no séc. XIII, e foi declarado doutor no séc. XX por Pio XII. Algo parecido e mais surpreendente é o caso das duas mulheres doutoras: santa *Catarina de Sena e Santa *Teresa de Jesus, incluídas nos catálogos de doutores em 1970.

— O título de "doutor da Igreja" não é somente um reconhecimento honorífico; pressupõe a consagração e, de certa forma, "a oficialização de sua doutrina" por parte da Igreja. Seu valor consiste em ser testemunhos e mestres qualificados do pensamento da Igreja nos campos que lhe são próprios: teologia, espiritualidade, mística e moral. É um reconhecimento "post mortem" e um aval de sua doutrina que o tempo consagrou. De fato, não há nenhum doutor da Igreja nos dois últimos séculos. O último dos doutores é Santo *Afonso Maria de Ligório (1796).

— A "autoridade" dos doutores da Igreja é importante enquanto interpretam "a tradição e o sentimento comum e o fazem avançar". São testemunhas culminantes do pensamento da Igreja, e sua vida exemplar lhes dá um peso específico. A teologia positiva valoriza o seu testemunho e doutrina na hora de expressar e formular o pensamento da Igreja. Não obstante, são filhos de seu tempo e seu valor deve submeter-se a condicionamentos de escola, opiniões e estilos do mesmo.

Não se deve confundir o título de "doutores da Igreja" com o de "doutores escolásticos". Esse último era o título que, nas universidades da Idade Média, se dava aos professores que se sobressaíam, eminentes em alguma matéria ou em algum tipo de habilidade ou em alguma nota que representasse toda a sua personalidade, por exemplo *Doctor subtilis, Doctor invincibilis, Doctor sublimis etc*.

Doutrina Social da Igreja (DSI)

1. A doutrina social da Igreja tem um significado de *caráter teológico e eclesial*. Não é uma simples formulação de conteúdos morais. É uma *reflexão teológica:* conjugação de evidências da fé e evidências dos saberes humanos. Reflexão formulada dentro do marco da moral: os conteúdos pertencem ao universo dos valores e, mais concretamente, ao âmbito da moral social. "Os princípios fundamentais pelo que tem atuado o influxo do Evangelho na vida social contemporânea, encontram-se no conjunto sistemático da doutrina que tem sido proposta gradual e oportunamente desde a encíclica *Rerum novarum* até a carta apostólica *Octogésima Adveniens*". Com a constituição *Gaudium et Spes* do Concílio Vaticano II, a Igreja entendeu melhor do que antes qual é o seu lugar no mundo atual, no qual o cristão, pregando a justiça, trabalha por sua própria salvação. A *Pacem in Terris* deu-nos a verdadeira carta dos direitos do homem. Na *Mater et Magistra* começa a ocupar o primeiro lugar a justiça internacional, a qual se expressa na *Populorum Progressio* mais minuciosamente em forma de um verdadeiro e próprio tratado sobre o direito ao desenvolvimento, e na *Octogesima Adveniens* passa a ser uma síntese das orientações relativas à ação política.

2. Servindo-se da tradição teológico-moral, a doutrina social da Igreja constitui um modelo teológico-moral específico. Ao lado do gênero moral *De iustitia et iure* e *De septimo praecepto* deve-se situar também o que corresponde à DSI. Essa doutrina é um verdadeiro "oásis" ou zona verde no deserto da teologia moral casuísta e neoescolástica.

Não se pode poupar elogios ao que tem sido e ao que será o acontecimento teológico eclesial da DSI: a) Através dela, os católicos têm vivido seu compromisso radical de serviço à humanidade. b) Na DSI adverte-se a tentativa séria de uma reflexão teológica interdisciplinar. c) A teologia sente-se questionada pela realidade e assume em sua reflexão a racionabilidade que ocasionam os saberes humanos: ciência e técnica. d) Os conteúdos da DSI não são abstratos nem atemporais, mas incidem na problematização da realidade histórica e concreta. e) Finalmente, supôs-se para a tradição teológica moral uma grande contribuição com estudos que integram a rica herança do pensamento teológico moral cristão. Além disso, a influência da DSI manifestou-se no apoio à construção de estruturas sociais democráticas.

3. Nas últimas décadas aconteceu uma profunda crise na DSI. No significado da DSI podem estar outras crises de grande dimensão como: a) O *impacto da secularização* sobre a compreensão e a vivência do cristianismo. b) A crise da *especificidade cristã*, que encontra na mesma DSI um lugar de verificação. c) A crise do *modelo de Igreja* hierárquica, centralizadora etc. d) Finalmente, a *crise teológica*, que questionou as mesmas bases metodológicas da DSI.

Essas diferentes crises acumularam sérias objeções tanto de caráter *teológico, quanto ético e tático,* até o ponto de se falar de "morte da doutrina social da Igreja". Mais que falar de morte e desaparecimento da função da DSI, acreditamos oportuno falar de uma *reformulação* que se concretiza nestas propostas:

1) O modelo teológico-moral da DSI não é o modelo único e perfeito para a formulação atual da ética social cristã.

2) Quanto aos *conteúdos,* a DSI pode e deve ter vigência global. A maior parte de tais conteúdos gozam de validade, desde que sejam colocados dentro de uma nova estrutura.

3) Pode e deve ser recuperado o significado profundo da Doutrina Social da Igreja, recolocando-a dentro do novo *horizonte teológico da libertação.* Orientação que, por outra parte, vem tomando a doutrina social dos últimos papas.

BIBLIOGRAFIA: *Encíclicas e Documentos Sociais (Da "Rerum Novarum" à "Octogesima Adveniens",* S. Paulo 1972; *Ocho grandes mensajes* (BAC). Madrid 1971; S. Giner, *Historia del pensamiento social.* Barcelona ²1975.

Duns Scot, John (1266-1308)

Nasceu na Escócia e morreu em Colônia. Conhecido como *Doctor Subtilis* por sua sutileza e sagacidade. Estudou as primeiras letras nos franciscanos, onde entrou aos quinze anos. Fez estudos de filosofia e teologia em Oxford e Paris. Em 1304, foi nomeado mestre em teologia desta última universidade. Em 1305-1306 voltou a Oxford como professor de língua estrangeira, onde escreveu sua obra principal o *Comentário às sentenças*, conhecido como *Opus Oxoniense*. Em 1308 foi chamado a Colônia, onde morreu.

A breve vida de Duns Scot é ocupada toda ela por sua atividade docente e científica. Entre suas obras destacam-se o *Tractatus de primo principio;* as *Quaestiones in Metaphysicam;* o *Opus Oxoniense* ou *Comentário às Sentenças;* as *Reportata parisiensia* e um *Quodlibet*. As três primeiras pertencem à época de sua estada em Oxford; as outras duas são resultantes de seu magistério em Paris. O catálogo definitivo das obras autênticas somente se terá no término da edição crítica iniciada em 1950. A pesquisa moderna prossegue em busca de novas obras. Hoje a crítica considera apócrifas algumas delas.

Convém afirmar que Scot é fundamentalmente agostiniano, como inglês e franciscano. Seu pensamento sente o peso da tradição de Oxford e de sua ordem franciscana, particularmente a dos grandes mestres como São *Boaventura.

Seus pontos básicos de repercussão são os seguintes:

— O ponto de partida básico, que o separa de Santo Tomás é: a) O contraste entre a verdade racional da metafísica — própria da razão humana e válida, portanto, para todos os homens — e a verdade da fé à qual a razão pode somente se submeter e que tem uma certeza bem sólida para os católicos. b) A fé não tem nada a ver com a ciência. A fé pertence ao domínio prático. "A fé não é um hábito especulativo, nem o crer é um ato especulativo, nem a visão que segue ao crer é uma visão especulativa, mas prática" (*Opus Ox.*, pról. c. 3).

— Tudo o que ultrapassa os limites da razão humana já não é ciência, mas ação ou conhecimento prático. Daí: a) A separação e a antítese na doutrina de Scot entre o teórico e o prático. b) O *teórico* é o domínio da necessidade, da demonstração racional e da ciência. O *prático*, o domínio da liberdade e, por conseguinte, da falta e impossibilidade da demonstração e da fé. c) Em conseqüência, o fim da teologia não é teórico, mas educativo e prático. A teologia não pode ser chamada ciência propriamente dita.

— De acordo com esse conceito de ciência, Scot considera impossível demonstrar por meio da razão todos os atributos de Deus e, inclusive, a imortalidade da alma. Derruba a tentativa da escolástica, principalmente tomista, de experimentar racionalmente a existência de Deus. "Não se pode provar, demonstrar que Deus vive, que é sábio e inteligente, que é dotado de vontade, que é a primeira causa eficiente etc" (*Theoremata*, c. XIV, XV, XVI etc.).

— A *univocidade*, em aberta oposição a Santo Tomás, é característica de Scot. O ser, conceito fundamental e primeiro, não entra em nenhuma categoria: *é transcendente*. É uma noção unívoca, não análoga, e é comum a todas as coisas existentes: às criaturas e a Deus.

Desse princípio nascem os caracteres peculiares da teodicéia escotista, particularmente de cara as afirmações sobre o problema da cognoscibilidade de Deus, que podemos resumir nestes pontos: a) Os conceitos que a nossa mente forma de Deus não são unicamente negativos nem são apenas análogos, mas positivos, conotativos da essência divina e, em parte pelo menos, unívocos. b) O conceito mais simples e, por isso, o mais perfeito, que a nossa mente pode formar sobre Deus é o de ser infinito. c) Partindo de que o ser infinito é sem causa e necessário, Scot assume o *argumento ontológico* de Santo *Anselmo.

"Se um ser sem causa é possível, devemos concluir, de acordo com o princípio de contradição, que esse ser existe de fato." Afasta-se assim das vias de Santo *Tomás: os *feitos a posteriori* de evidência sensível empregados por este são substituídos por uma verdade de evidência intelectual.

— Da mesma forma, a doutrina escotista ressalta o primado da vontade sobre o entendimento. E isto em todas os sentidos, para Scot, a vontade: a) não é passiva mas ativa; b) não se determina por uma necessidade; c) sua importância moral é superior à do entendimento. Daí que para ele o amor seja superior à própria fé. "Vale mais amar a Deus do que conhecê-lo. E vice-versa: a perversão da vontade é mais grave do que a do entendimento".

— Não acaba aqui a doutrina de Scot. Interessante é sua doutrina sobre o conhecimento do singular, os universais, a união da alma e do corpo, o princípio de individualização, o conceito de lei natural, a estrutura do ato moral etc.

— "Sua tentativa de enriquecer a tradição agostiniana com as doutrinas do aristotelismo mereceu-lhe a honra de ser considerado o doutor mais representativo da escola franciscana. No entanto, os pontos fracos e as conciliações superficiais, que freqüentemente o fazem oscilar entre Aristóteles e Santo *Agostinho, infundem a muitos estudiosos sérias dúvidas sobre a coerência e a solidez intrínsecas de seu pensamento: Aqui reside, mais do que no restante, seu significado histórico e seu valor teórico" (E. Bretton, *Diccionario de filósofos*).

BIBLIOGRAFIA: *Opera omnia*. Ed. Wading, 12 vols. Lyon 1639 (Ed. Vivès, Paris 1891-1895, reimpresão); *Opera omnia*. Cidade do Vaticano 1950, em publicação; *Obras del Doctor Sutil Juan Duns Escoto*, 2 vols. (BAC); Id., *Tratado acerca del primer principio*. Edição bilíngüe, preparada por Félix Alluntis (BAC).

Eckhart, Johann (1260-1327)

Conhecido desde a Idade Média como "magister Eccardus" e considerado o fundador da mística alemã. Pertenceram à sua escola homens como J. *Tauler (1300-1361), E. Suso (1295-1366), J. de Ruysbroeck (1298-1381) e muitos outros ao longo dos séc. XIV-XV. Todos eles — juntamente com o mestre Dietrich, que influenciou poderosamente Eckhart — são dominicanos. Todos têm um trabalho comum: a elaboração do chamado *misticismo alemão* que já não é "uma simples descrição da elevação do homem até Deus, mas a investigação da possibilidade desta ascensão e reconhecimento de seu fundamento último na unidade essencial de Deus e do homem".

J. Eckhart nasceu em Hochheim, perto de Gotha (Alemanha). Ingressou nos dominicanos e realizou seus estudos em Colônia e Paris. Concluída sua carreira, voltou a Paris como "magister in sacra página" (1302-1303). Daí passou a desempenhar o cargo de provincial dos dominicanos da Saxônia (1303-1311). Voltou a Paris com os maiores graus acadêmicos (1312-1314). Nesse último ano passou a reger a escola teológica de Estrasburgo, para viver os últimos anos de sua vida em Colônia, à frente do *Studium generale* da província alemã. Tanto sua pregação como suas aulas na cátedra levantaram suspeitas sobre sua ortodoxia, o que lhe valeu um processo que só terminou depois de sua morte.

Três atividades ocupam praticamente toda a sua vida: o ensino na universidade, a pregação e o governo das comunidades dominicanas da Alemanha. Frutos dessa atividade conjunta são as suas obras. Eckhart é considerado um dos iniciadores da filosofia alemã e um dos forjadores, senão o primeiro, do idioma alemão como linguagem filosófica e teológica.

Suas obras iniciais como *Reden der Unterscheidung; Collatio in Libros Sententiarum* e o *Tractatus super orationem dominicam* remontam ao ano 1298. As *Quaestiones utrum in Deo; Utrum intelligere angeli; Utrum laus Dei* são do período 1302-1304. Aos anos 1311-1314 pertencem as "quaestiones" *Aliquem Motum* e *Utrum in Corpore Christi,* assim como sua obra em alemão *Buch der göttlichen Tröstung — ou livro da divina consolação —*. O *Opus tripartitum* foi concluído em 1323. Posterior é a sua obra *Opus expositionum*. A essas obras se devem acrescentar seus numerosos sermões, tanto em latim quanto em alemão, e cuja datação não é fácil.

"A obra de Eckhart é a maior tentativa de justificar especulativamente a fé — diz Abbagnano —, à qual a última escolástica tirara toda a fundamentação das capacidades naturais do homem". Sua obra é substancialmente "uma teoria da fé: sua fundamentação tenta estabelecer aquela unidade essencial entre o homem e Deus, entre o mundo natural e o sobrenatural" (*Historia de la filosofía*, I, 564).

Por outro lado, não é simples o pensamento de Eckhart. E compreendemos as dificuldades dos historiadores que desejam enquadrá-lo numa fórmula ou designá-lo com um nome. Alguns vêem nele, antes de mais nada, uma mística; outros uma dialética platônica e plotiniana; é provável que todos tenham razão. Mística e dialética estão longe de se excluírem. Talvez não nos afastaríamos muito da verdade, imaginando Eckhart como alma devorada pelo amor de Deus, favorecida talvez por um intenso sentimento da presença divina e pedindo à dialética todas as justificativas que ela era capaz de lhe dar.

Com esse estilo, já podemos adiantar algumas de suas características, sempre com as reservas, contradições e antinomias que apresentam os seus escritos.

— Deus é o ser — *esse est Deus* — e o é na sua pureza e plenitude, *esse purum et plenum*. Deus é o Uno: o *intelligere* puro que se identifica com a unidade. É o mesmo que dizer que Deus é *intellectus ex toto* que *Deus unus est*.

— Ninguém mais que Deus é o ser. A criatura é um puro nada, pelo menos no sentido de que por si mesma não é.

— Mas a criatura é, pelo contrário, na medida em que participa do intelecto e do intelectual. É concebida para permitir a volta do homem ao Uno pelo conhecimento intelectual.

— A alma é uma substância espiritual. Nela Eckhart descobre um elemento mais secreto e propriamente divino, que designa com imagens diferentes: "centelha", "chispa", "castelos da alma", "essência da alma", "broto", "pobreza do espírito". Nomes todos que têm a sua origem histórica no "centro da alma" de Plotino e na "flor do intelecto" de Proclo. Ou melhor na mística cristã latina, especialmente em Santo *Agostinho, que a chama "acies cordis" ou agudeza do coração. E em São *Boaventura. Essa centelha ou chispa da alma é o "fundo ou fio da alma" de nossos místicos, de onde Deus sai ao encontro da alma.

— Que é essa "centelha" ou "chispa" da alma? Uma chispa do entendimento divino, una e simples como Deus. Uma das 28 proposições condenadas de Eckhart diz: "Na alma existe algo que é incriado e incriável; se toda a alma fosse igual, seria incriada e incriável, e isso é o entendimento". É a idéia central no pensamento de Eckhart, e que nos leva, de forma direta, à união da alma com Deus, posto que já não é mais do que o Uno.

— Para chegar a tal união, o homem deve elevar-se acima das criaturas e compreender que elas são apenas um puro nada. A única criatura que nos levará diretamente a Deus será a nossa própria alma que, livre de todas as travas que a limitam, perceberá em si mesma a continuidade de seu ser com o ser do qual deriva. "Negando-se a si próprio pelo amor de Deus, o homem voltará a se encontrar a si mesmo." Somente assim a alma alcança sua independência e sua total liberdade: sua mais pura essência. Chegou à mais alta virtude: a pobreza e o desinteresse. Desde agora, a alma "já não sabe nada, já não pode nada, já não possui nada". A alma perdeu-se em si mesma, perdendo o sentido de toda determinação, por seu retorno a Deus.

— "O resultado dessa união e abandono é que todas as prescrições da moral são secundárias ou vazias. Oração, fé, graça e sacramentos somente são preparações e meios. Tornam-se inúteis no momento em que se realiza na alma como que uma nova natividade de Deus. Já pode renunciar a todas as coisas, inclusive ao próprio Deus, pois não tem de desejar o que já possui. Por tal virtude suprema, confunde-se com Deus na beatitude de sua comum unidade" (E. Gilson, *o. c.*, 642s.).

BIBLIOGRAFIA: *Obras: El libro del consuelo divino*. Madrid 1955; *Cuestiones parisienses*, 1962; *Sermones*, 1970.

Educadores cristãos (séc. XVI-XVII)

Sob essa epígrafe englobamos os homens e instituições dedicados ao ensino, nascidos no calor da Contra-Reforma. O cenário é a Europa e a América dos séc. XVI e XVII. Já havíamos visto as escolas e as universidades da Igreja na Idade Média (*Escolas e Universidades). Também se podem ver a atividade e a orientação pedagógica dos Irmãos da vida comum (*Kempis, *Erasmo). Não menos interessante foi a atividade pedagógica dos jeronimianos, que desde o séc. XIV se dedicaram à educação gratuita de todo tipo de crianças nos numerosos centros fundados por eles no centro da Europa. Para os jesuítas, *Ratio Studiorum, *Santo Inácio.

Entre as numerosas instituições surgidas do espírito de Trento e fomentadas por Pio V e seus sucessores, queremos relembrar as seguintes: 1) O "oratório" de São Filipe Néri; 2) São Carlos Borromeu e sua obra; 3) As "Escolas Pias" de São

José Calasâncio; 4) As "Escolas cristãs" de São João Batista de la Salle; 5) O "oratório" de Pierre de Bérulle na França etc.

1. *São Filipe Néri* (1515-1595), denominado o "Apóstolo de Roma", é a figura do educador inteiramente consagrado à elevação das classes populares. No seu tempo foi conhecido como o "Santo Sorridente". Fundou o *Oratório* com o fim de entreter e reeducar os rapazes dos bairros humildes de Roma, conseguindo desta forma sua formação religiosa e educação social. A instituição do Oratório adiantou-se a seu tempo, oferecendo métodos pedagógicos vivos e atraentes como passeios, jogos, recreio e trabalho comum, canto polifônico, acompanhando representações teatrais.

2. O típico homem da Contra-Reforma é *São Carlos Borromeu* (1538-1584), cardeal arcebispo da arquidiocese de Milão. Assistiu às últimas sessões do Concílio de *Trento. Iniciou as reformas do Concílio em sua diocese e criou os primeiros seminários para a formação do clero. Na questão de educação, favoreceu os jesuítas, barnabitas e somascos; fundou o Instituto da escola, promoveu a criação de escolas, orfanatos, colégios, como o Colégio helvético (1579). Seguindo as recomendacões do Concílio de Trento, dispôs com o caráter obrigatório que todo pároco deveria criar gratuitamente uma escola elementar. E para a juventude universitária criou um centro, depois chamado *Almo colégio Borromeu,* para que, através da ciência e da fé, conseguisse um nível superior. Estimulou a beata Ângela de Mérici na organização das ursulinas (1544) para a formação das jovens.

Sua obra escrita de grande alcance e influência é o *Catechismus romanus ad parochos* (1564), texto oficial para o ensino cristão em sua diocese. E um tratado teórico de formação pedagógica para seus centros de educação: *A educação cristã e política dos filhos,* escrito por Sílvio Antoniano, inspirado na doutrina e no espírito do santo bispo.

3. *São José Calasâncio* (1556-1648). Nascido em Peralta da Sal (Huesca), estudou em Alcalá e Salamanca. Estabeleceu-se em Roma onde se dedicou ao ensino popular. É o fundador da escola popular moderna e patrono da escola primária cristã. Abriu sua primeira escola popular no Trastevere romano em 1597. Para dar continuidade à sua obra, fundou uma congregação religiosa chamada das Escolas Pias, cujas *constituições* expressam as características, o estilo e o método distintivos da nova instituição. Sob o lema "piedade e letras" incluíram-se os ensinamentos fundamentais: leitura, escritura, cálculo e língua latina. Deu-se ao ensino um caráter eminentemente prático como preparação para o futuro trabalho. Às *Constituições* (1610) deve-se acrescentar outros escritos, fundamentalmente cartas, dirigidos para manter e aperfeiçoar a obra, principalmente para a formação dos mestres.

4. *Pierre de Bérulle* (1575-1629), conhecido por seus escritos espirituais, e também por ter criado o *Oratório de Paris* (1611), que se estendeu por toda a França, Bélgica, Savóia e Roma. Inspirada nos princípios de São Filipe Néri, a obra de Bérulle adquire um desenvolvimento tanto em seus métodos quanto em seu programa e público. O oratório francês é uma elevada instituição para a formação do clero e das elites. Ganhará a admiração de Descartes e de seu discípulo Malebranche. Sob a direção do superior geral P. Condren, redigiu-se um plano geral — uma *Ratio studiorum a magistris et professoribus congregationis Oratorii Domini Jesu observanda* (1631) —, em que se tratava da disciplina, dos estudos e dos métodos, acrescentando-se novas disciplinas ao *curriculum*.

5. Na segunda metade do século XVII e no primeiro quarto do XVIII, encontramos *São João Batista de la Salle* (1651-1719). É, de longe, a figura mais representativa da pedagogia popular francesa do século XVII. Nesta tentativa foi precedido e estimulado por notáveis exemplos de sacerdotes e mestres dedicados ao ensino da ju-

ventude, entre eles São Pedro Fourier. Em 1686, João Batista de la Salle uniu-se a vários sacerdotes para criar uma nova congregação, totalmente dedicada ao ensino gratuito, ainda que para isso fosse necessário que seus membros "pedissem esmola" ou "vivessem somente de pão". Preocupado com a formação dos novos mestres, criou um seminário de mestres urbanos e um seminário para mestres rurais, que constituíram os primeiros e sérios ensaios de escolas normais que conhecemos. Seu trabalho pedagógico completou-se com as escolas dominicais para jovens operários, a escola de artes e ofício para a reeducação dos delinqüentes, internos, classes de adultos, escolas noturnas, patronatos — toda uma rede de serviços pedagógicos concebidos dentro do que se conhece como "escolas cristãs".

Para dar base teórica às suas numerosas fundações, La Salle publicou vários tratados escolares como *Os deveres do cristão*; *As regras de boas maneiras e urbanidade*; *Coleção de cânticos,* com coplas para serem cantadas na escola. Mas a obra propriamente didática é o *Guia das escolas* — em seu original francês *Conduite des Écoles Chrétiennes* —, aplicação na prática escolar de uma teologia da educação.

6. Em último lugar, porém não menos importantes, citamos a *Didactica Magna* de *Comenius*, latinização de João Amós Comensky (1592-1670), pertencente à ordem dos Irmãos moravos. Escrita em tcheco em 1628, mereceu para seu autor o qualificativo de pai da pedagogia moderna e o organizador e propagador da escola nacional. "Teve a arte de integrar em suas obras idéias dos melhores moralistas e pedagogos anteriores a ele, elaborando assim um interessante plano pedagógico de grande influência posterior".

Os séculos XVIII-XX produziram grandes pedagogos e instituições pedagógicas, algumas das quais estão resenhadas neste dicionário.

BIBLIOGRAFIA: *San José de Calasanz. Su obra. Escritos, I* (BAC). Madrid 1956; S. Gallego, *Teología de la educación en San Juan Bautista de la Salle.* Madrid 1958;

V. Caballero, *Orientaciones pedagógicas de San José de Calasanz*. CSIC, Madrid 1945; F. Charmot, *La pedagogía de los jesuitas*. Madrid 1956; R. Ruiz Amado, *Pedagogía ignaciana*. Barcelona 1912; Enciclopédia da Educação, de Santillana, e obras gerais sobre a história da educação; Mª A. Galino, *Historia de la Educación. Edad Antigua y Media*. Gredos, Madrid 1973; Isabel Gutiérrez, *Historia de la Educación*. Interciência, Madrid 1970.

Efrém, Santo (306-373)

Conhecido como Efrém o Sírio, diácono de Edessa, a "cítara do Espírito Santo". Nasceu em Nísibe (Mesopotâmia) e morreu em Edessa, cidade pela qual é conhecido. Teólogo, poeta, grande compositor de hinos, foi declarado doutor da Igreja universal por Bento XV em 1920.

A obra escrita de Efrém cobre uma ampla gama que vai desde a poesia à exegese bíblica. Diácono a serviço do bispo em tarefas de ensino, estabeleceu-se em Edessa, onde escreveu a maior parte de sua obra. Se acreditamos em Sozomenes, Efrém escreveu mais de 1.000 obras, uma verdadeira riqueza literária e teológica. A primeira é formada pelos *Carmina Nisibena — Cantos de Nísibe*, onde narra em verso os acontecimentos ocorridos em Nísibe ao ser tomada pelos persas. Como exegeta bíblico, Efrém escreveu comentários aos livros do Gênesis e do Êxodo e, principalmente, pôs as notas da versão greco-siríaca do Novo Testamento conhecida como o *Diatessaron*.

Sua forma literária favorita foi o verso. Em verso, de fato, e em siríaco, escreveu sermões, tratados e hinos. Seu freqüente uso da metáfora continuada e da alegoria amplificada torna-se hoje um tanto pesado. Serviu-se dos hinos para combater as heresias, de forma particular os gnósticos do século II como *Marcião e Bardasanes. Muitos de seus hinos são dirigidos também a combater as heresias de seu tempo, principalmente o arianismo. Seus temas favoritos são os da exaltação da Igreja, da fé cristã, da virgindade e da paixão e ressurreição de Cristo. Em particular, a ênfase de sua poesia exalta a devoção à Virgem Maria, sua concepção sem mancha e sua prova de fidelidade. Mas, tanto em prosa quanto em verso, seu pensamento teológico centra-se na eternidade do Pai, do Filho e do Espirito Santo; na união da divindade e da humanidade em Cristo; na função essencial do Espírito Santo na oração, especialmente em tornar possível a presença real de Cristo na Eucaristia; e, de forma especial, na ressurreição de todos os homens. Sobre esse ponto mantém e defende a tradição siríaca de que cada indivíduo terá de esperar o juízo final para conseguir a bem-aventurança eterna.

Egéria (séc. IV-V)
*Literatura autobiográfica.

Eliot, Thomas (1888-1965)
*Literatura atual e cristianismo.

Ellacuria, I. (1930-1989)
*Libertação, Teólogos da; *Zubiri,

Encíclica

Em seu sentido originário, uma encíclica, é uma carta ou documento circular que corre entre os membros de um mesmo grupo, região, circunscrição, nação. Pelo uso do termo, a *encíclica* passou a ser uma carta pastoral que o bispo de Roma dirige a toda a Igreja sobre matérias de doutrina, de moral ou de disciplina.

A prática de dirigir cartas e outros documentos a todas as Igrejas ou a uma Igreja particular remonta aos próprios livros da Escritura. No Novo Testamento encontramos as chamadas *Cartas Católicas* dirigidas a todas as Igrejas. Paulo, também, as dirigiu a algumas das Igrejas que evangelizara, como a Carta aos Romanos, duas Cartas aos Coríntios, aos Gálatas etc. Essa mesma prática a encontramos nas primeiras Igrejas: escreviam-se de uma Igreja a outra, de um bispo a uma Igreja determinada. Inácio de Antioquia e Policarpo as escreveram a diversas Igrejas.

Também os papas costumavam escrevê-las desde os primeiros tempos, fosse a uma, ou a todas as Igrejas. O exemplo mais antigo, temo-lo no Papa Clemente, que dirigiu suas duas cartas a toda a Igreja. A prática tornou-se comum ao longo de toda a história da cristandade até nossos dias. Cabe dizer, entretanto, que o qualificativo de *Carta Encíclica* aplica-se somente a partir do séc. XVIII. Com essa denominação, conhece-se a primeira encíclica *Ubi primum* de Bento XIV, sobre as obrigações dos bispos, publicada em 1740.

As encíclicas tornam-se um meio ordinário do magistério dos papas a partir do século XIX. Pio IX (1846-1878) serviu-se desse meio de uma maneira periódica e regular. Os papas que o sucederam, *Leão XIII, Pio X, Pio XI, *Pio XII, *João XXIII, *Paulo VI, e *João Paulo II fizeram das encíclicas um elemento imprescindível de seus respectivos pontificados.

As cartas são dirigidas, em primeiro lugar, aos bispos locais e a seus respectivos fiéis. Excepcionalmente, como ocorreu com a *Pacem in Terris* de *João XXIII, dirigem-se também "a todos os homens de boa vontade". Estão escritas em latim e numa linguagem um tanto solene e áulica. A primeira ou as primeiras palavras diferenciam-nas das demais e por elas são conhecidas. Outro aspecto mais importante das encíclicas é o seu valor doutrinal. Que valor ou força têm para as Igrejas e para os fiéis em particular? A teologia tem formulado juízos de valor que permitem ler, interpretar e aplicar as encíclicas na vida concreta. Não se trata de documentos infalíveis. Com tais cartas do magistério pontifício "a luz dos princípios evangélicos aplica-se à realidade mutante das comunidades humanas; interpretam-se os 'sinais dos tempos' e se assinalam as máximas necessidades dos homens, para onde caminha o mundo e quais são os grandes caminhos pelos quais se deve procurar uma paz fundamentada na justiça". Os ensinamentos das encíclicas colocam-se não num nível puramente teórico, nem técnico, nem político no sentido imediato da palavra, mas de "responsabilidade pastoral". Neste sentido e nível deve-se ler, interpretar e aplicar sua doutrina e orientação. Por isso mesmo têm também um caráter normativo e de orientação na vida prática.

Os temas de maior incidência nas encíclicas são: *Os temas sociais*. A essa parte pertencem *Rerum Novarum,* sobre a situação dos operários, de Leão XIII; *Quadragesimo Anno,* sobre a restauração da ordem social, de Pio XI; *Mater et Magistra,* sobre o recente desenvolvimento da questão social, e *Pacem in Terris,* sobre a paz entre os povos, as duas de *João XXIII; *Ecclesiam Suam,* sobre o diálogo, e *Populorum Progressio,* sobre a necessidade de promover o desenvolvimento dos povos, ambas de Paulo VI. Mas não é exclusivo o tema social das encíclicas. A família e a educação têm fornecido, ultimamente temas para as encíclicas dos últimos papas (*Pio XII, *Paulo VI, *João XXIII, *João Paulo II). Ver *Doutrina Social da Igreja*.

Enciclopédia, A (1750-1780)

Quando falamos de *A Enciclopédia,* utilizamos esse termo especialmente para referir-nos à *Enciclopédia Francesa* do séc. XVIII. *A Enciclopédia* ou *L'encyclopédie* é o termo que, na história da filosofia e do pensamento, designa a "enciclopédia por antonomásia". Antes e depois do evento, houve muitas tentativas e êxitos de enciclopédias, dicionários, textos científicos, summas etc., transmissores de um saber total ou geral das ciências e das artes. A palavra original grega *enkuklios paideia* indica, de fato, um sistema completo de educação que abrange todas as disciplinas e seus fundamentos. E passou depois a significar a exposição dos conhecimentos em forma sintética e mais completa possível. Nenhuma, porém, conseguiu em seu tempo, e posteriormente, os resultados desejados quanto *A Enciclopédia*. Tanto é assim, que criou um estilo ou corrente de pensamento chamado "enciclopedismo", significativo das tendências iluministas e liberais que se manifestam ou se deixam transluzir nos artigos de *A Enciclopédia*.

O título completo é: *Enciclopédia ou Dicionário Raciocinado das Ciências, das Artes e dos Ofícios, por uma sociedade de homens de letras. Organizado e publicado por M. Diderot...; e a parte matemática por M. d'Alembert*. Entre 1751 e 1765 apareceram os 17 primeiros volumes do texto. Sucederam-lhe 11 volumes de pranchas ou lâminas entre 1762-1772. Esses 28 volumes foram complementados com mais 5 volumes de suplementos (1776-1777), mais 2 volumes de índices (1780). Ao todo, 35 volumes em fólio. Foram numerosos os autores que escreveram para *A Enciclopédia*, embora alguns deles anônimos. Além de Diderot e D'Alembert, colaboraram *Voltaire, Rousseau, Holback, F. Quesnay, A. R. J. Turgot, L. J. M. Daubenton, J. F. Marmontel e o abade A. Morellet. Diderot conseguiu reunir em torno de a *A Enciclopédia* os homens mais destacados do Iluminismo francês. Ele mesmo escreveu inumeráveis artigos, principalmente de filosofia e de teoria social. Em 1782 fez uma nova edição corrigida e aumentada, mas por ordem sistemática de matérias e não por ordem alfabética, como tinha sido a primeira. Foi dada continuidade a essa edição, depois da morte de Diderot durante a Revolução francesa, e se concluiu em 1832.

A publicação de *A Enciclopédia* coincide com o auge do Iluminismo francês, e também europeu (*Deísmo). Foi um dos grandes acontecimentos intelectuais e sociais da época. E, principalmente, um dos instrumentos mais eficazes na difusão das idéias que anos depois se cristalizariam na Revolução Francesa: tolerância religiosa, otimismo com relação ao futuro da humanidade, confiança no poder da razão livre, oposição à autoridade excessiva da Igreja, interesse pelos problemas sociais etc. Com tudo isso, formou-se um estado de espírito, cuja influência, como expressão do pensamento progressista, serviu de prólogo à Revolução Francesa, e praticamente a todo o século XIX.

Direta e indiretamente, a publicação de *A Enciclopédia* tem uma influência decisiva no pensamento e na literatura cristã dos últimos 200 anos. Desde sua publicação, suscitou a reserva e a oposição tanto do estamento eclesiástico quanto do governo. É sabido que foi submetida à censura dos jesuítas e que o Conselho de Estado francês suprimiu vários volumes (1752), chegando em 1759 a proibir sua publicação durante vários anos. *A Enciclopédia* e os enciclopedistas, por outro lado, conseguiram criar duas fortes correntes de pensamento na Igreja: os conservadores ou ultramontanos e os liberais ou progressistas. Em torno destas duas correntes, transcorreu a passagem do cristianismo à modernidade.

BIBLIOGRAFIA: Joseph Le Gras, *Diderot et l'Encyclopédie,* 1928; Arthur M. Wilson, *The Testing Years (1713-1759); The Appeal to Posterity (1759-1784),* 1972.

Epifânio, Santo (+403)

João Damasceno, São

Erasmo de Rotterdam, Desidério (1467-1536)

Conhecido como "o príncipe dos humanistas cristãos", recebeu sua primeira educação entre os Irmãos da vida comum em Gouda (Holanda). Depois foi a Deventer, onde estudou a fundo o latim para ingressar mais tarde e fazer seus primeiros votos como cônego regular de Santo Agostinho (1486). Ordenou-se sacerdote e foi nomeado secretário do bispo de Cambrai. Praticamente desligado de seus compromissos monásticos e sacerdotais, durante vários anos deslocou-se para Paris (1495), Itália, Oxford, Lovaina, Inglaterra, onde visitou Oxford, e foi o primeiro professor de grego na Universidade de Cambridge (1511-1514). Durante esse tempo observou e estudou os movimentos humanísticos da Europa, criando

uma rede de amigos e colaboradores de sua obra. Merece destacar-se a amizade que sempre professou, desde sua primeira visita à Ilha (1494), a *Tomás Morus. Essa amizade, partilhada pelo inglês, deu lugar a estadas prolongadas de Erasmo em Londres e também a uma colaboração estreita entre ambos os humanistas no campo da tradução. A casa de Morus era o lar de Erasmo, onde escreveu sua famosa obra o *Elogio da loucura* em oito dias.

A partir de 1521, Erasmo mudou-se para Basiléia, onde morou na casa de seu impressor J. Froben. Mudou sua residência para Friburgo (1529-1535), e voltou para morrer em Basiléia.

Sua vida e atividade se ambientaram na Europa de seu tempo. Da Europa dessa época, Erasmo se preocupou com a política, a educação, os homens e a religião. De frente para essa Europa que bem conheceu, podemos traçar os temas e problemas objeto de sua preocupação:

a) Começa pelo problema do humanismo em sua primeira acepção: *o retorno às letras antigas gregas e romanas*. Erasmo encontrou nos modelos clássicos greco-latinos o modelo perfeito da *humanitas*. Durante os primeiros anos dedicou-se com paixão e fervor ao estudo do latim e do grego. A leitura, o comentário e a tradução dos autores clássicos serão o passatempo e exercício constante ao longo de toda a sua vida. Leu Homero, de quem "somente ao ver a obra dá-lhe alegria e o devora avidamente com os olhos". Leu e traduziu Cícero: *De officiis* (1501); *De amicitia* (1520); *De senectute* (1520). A partir de 1509, fez edições de Plauto, Terêncio, Platão, Píndaro, Eurípides etc. Foi leitor assíduo de Sêneca e de Plutarco, de quem fez traduções e comentários. Riu com a graça e a ironia de Aristófanes, Marcial, Juvenal e, principalmente, de Luciano, seu autor favorito, cujos *Diálogos* traduziu a quatro mãos com Tomás Morus.

b) Esse *retorno às fontes* transformou-o no mais prestigiado editor dos clássicos de seu tempo. Junto com seus dois impressores Aldo Manúcio (Veneza) e J. Froben (Basiléia), preparou, revisou, fez o prólogo de edições de Cícero, Suetônio, Tito Lívio, Plínio, Aristóteles, Demóstenes e Ptolomeu, além das já mencionadas. Para a compreensão e estudo dos clássicos, escreveu várias de suas primeiras obras, como o *Antibarbarorum liber* (1494), contra os que falam mal o latim; os *Colloquia*, para o exercício do latim (1495); os *Adagia* (1500); e, ao final de seus dias, *Ciceronianus* (1527).

c) Essa preocupação pelas fontes levou-o ao estudo dos documentos da Bíblia, particularmente o Novo Testamento, e da tradição cristã, refletida nos escritos dos padres. Já em 1516 publicou o *Novum Instrumentum* ou *Novum Testamentum*: uma edição bilíngüe — grego e latim — do NT. Dos textos gregos fez sua própria versão latina, resultado de um confronto com os textos mais confiáveis.

Junto a esse estudo da Bíblia, citamos a série de estudos, comentários e edições dos padres, principalmente de *Jerônimo, João *Crisóstomo, *Cipriano, *Agostinho etc.

d) Sua atividade literária não se encerrou aqui.

Ao longo de sua vida, junto às edições de clássicos greco-latinos e cristãos, sucedeu-se uma série de obras nas quais apareceu o chamado *erasmismo*. Com seus livros, dirigiu-se às diversas classes e condições sociais de seu tempo — crianças, casais, príncipes, papas, cristãos em geral —, aos quais transmitiu uma nova forma de educação cristã e humana. Nesta linha estão *De civilitate morum puerilium* (1526); *Declamatio de pueris statim ac libenter instituendis* (1529); *Institutio Christiani Matrimonii* (1526); *Vidua Christiana* (1529). Estes foram precedidos por obras mais conhecidas como o *Enchyridium Militis Christiani* (1503); o *Encomium stultitiae — Elogio da loucura —* (1511), e *Institutio Principis Christiani* (1516).

e) A atividade literária de Erasmo dirigiu-se, finalmente, para os problemas políticos e religiosos de seu tempo. Odiou visceralmente a guerra, que para ele era antimoral e anti-evangélica, sejam guerras internacionais, sedições ou guerras civis. A paz, ao contrário, era um fim em si mesmo que se deve conseguir a qualquer custo. Em todas as suas obras volta a esse tema da paz e da guerra como um obsessão. O Evangelho é uma mensagem de paz, a guerra é o anti-Evangelho. Por isso escreveu seus dois livros sobre a paz contra as guerras de Júlio II: *Julius exclusus e coelis* (1513) e em especial o *Querella pacis* (1516).

f) A situação religiosa, todavia, causou-lhe maior preocupação. Para ele, a Igreja de seu tempo apresentou a distopia: a corrupção e a desordem máxima na hierarquia eclesiástica, as ordens religiosas, os reis e príncipes que se diziam cristãos. A experiência de uma Igreja e de uma sociedade afastadas do ideal do cristão fará com que ele deixe as palestras para lançar-se contra papas, bispos, abades e clérigos que desmentiam em sua pessoa e em seu ofício o nome e o ideal de cristãos. Sua correspondência epistolar e suas obras pediram e prepararam uma reforma da Igreja *in capite et in corpore*. Lutero verá nele um de seus mais fortes aliados, mas perceberá também de quanto se diferenciava dele na sua maneira de entender a reforma cristã.

— Que nos resta de Erasmo? Evidentemente, Erasmo não é um teólogo profundo nem um reformador social radical. Seu pensamento religioso segue uma linha de evolução que o leva a amadurecer, em uma cada vez mais meditada ortodoxia.

— Fica para nós sua radical sinceridade que o leva a detestar o farisaísmo. Esse homem paradoxal e polêmico amou e defendeu a pura espiritualidade do cristianismo. Sua *philosophia Christi,* baseada na *Christi sodalitas,* tem um conteúdo profundo capaz para armar o cristianismo e defender-se de seus inimigos. Advoga por uma religião de conversão interior, de retorno à Escritura e aos padres, assim como de exigência, de harmonia social e de paz entre as nações.

— Deixa-nos sua crítica à sociedade e à Igreja, principalmente no *Elogio da loucura.* "A publicação da *Moria* — diz Bataillon —tão agressiva, sob o véu da ironia, contra tudo o que parecia morto no catolicismo, põe Erasmo na vanguarda dos inovadores." Esse livro representa um novo estilo e um novo modo de compreensão das idéias. Através da sátira aos soldados, mercadores, príncipes, sábios, teólogos, monges e prelados, conduz-nos ao paradoxo de uma sabedoria mais elevada: a sabedoria cristã.

— Permanece, finalmente, a "excepcional eficácia dos livros de Erasmo. Carregado com os tesouros da Antigüidade cristã e com tudo o que a cristandade poderia reivindicar da herança greco-romana, Erasmo soube administrar esses bens com surpreendente consciência das necessidades do mundo moderno. Falou a esse mundo com a linguagem familiar; séria o necessário para seduzi-lo. Foi sábio e edificante, refinado e popular" (Bataillon).

— Para a Espanha, concretamente, Erasmo "gozará de maior crédito intelectual entre os espanhóis do que em nenhum outro povo europeu" (J. L. Abellán). Foi ao mesmo tempo iluminação e progresso das luzes. Ofereceu à Espanha o que tem de mais íntimo e universal. Enriqueceu o seu patrimônio de forma imperecedoura" (Bataillon).

BIBLIOGRAFIA: *Opera*. Leyden 1703-1706, 11 vols.; reimpressão em Hildesheim 1961-1962; *Opus epistolarum*. Oxford 1906s., 9 vols.; *Obras escogidas*. Tradução, comentários e notas de L. Riber. Madrid ³1971; *Elogio de la locura*. Tradução de Pedro R. Santidrián. Madrid ³1985; M. Bataillon, *Erasmo en España*. México ²1966.

Eriúgena, Johannes Scotus (810-877)

Nasceu na Irlanda. Homem e pensador singular, preocupado em integrar a filosofia grega e neoplatônica com a fé cristã. "Na pobreza cultural e investigadora de seu tempo, esse homem, dotado de um espírito extremamente livre, de excepcional capacidade especulativa e de vasta erudição greco-latina, apareceu como um milagre" (Abbagnano, *Historia de la filosofía,* I, 312).

Desde 845 o vemos na corte de Carlos, o Calvo, da França, como professor de gramática e dialética. Depois foi nomeado pelo próprio rei diretor da *Schola palatina* de Paris. Participou das disputas teológicas sobre a Eucaristia e a predestinação, escrevendo sua primeira obra contra o monge Godescalco, *De divina praedestinatione,* livro condenado, mais tarde, pela Igreja. A partir da morte de Carlos, o Calvo, em 877, nada há de seguro sobre sua vida. Para uns, morreu na França naquele mesmo ano. Para outros, teria sido chamado pelo rei inglês Alfredo, o Grande, à escola de Oxford, para ser depois assassinado pelos monges sendo abade de Malmesbury.

Podemos distinguir dois períodos na atividade filosófico-teológica de Eriúgena. No primeiro inspirou-se principalmente nos padres latinos *Gregório Magno, *Isidoro e, principalmente, *Agostinho. Pertence a esse período *De divina praedestinatione*. O segundo período é marcado pela influência dos teólogos e filósofos gregos. No ano 858, traduziu os escritos do *Pseudo-Dionísio; em 864 traduziu também *Ambigua* de *Máximo, o Confessor, algumas obras de São

*Gregório de Nissa e de Santo Epifânio. Com isso, pôs em circulação, no Ocidente, o pensamento do Pseudo-Dionísio, de tanta influência posterior na teologia e na espiritualidade.

Esses estudos capacitaram Johannes Eriúgena para redigir sua obra principal e pela qual ficou conhecido, *De divisione naturae*, escrita entre 862-866. Constitui uma tentativa de reconciliar a doutrina neoplatônica da emanação com o princípio cristão da criação. Dividida em 5 livros e escrita em forma de diálogo entre mestre e discípulo, concebe a natureza: a) como aquilo que cria e não é criado; b) o que cria e é criado; c) o que não cria e é criado; d) o que não cria e não é criado.

— *A* e *c* são Deus como princípio e fim; *b* e *c* são o modo dualista de existência das coisas criadas, as inteligíveis e as sensíveis. Todas as criaturas voltam a Deus a partir da libertação do pecado e da morte física, e entram na vida futura.

— Concebe o homem como microcosmos que sente, que raciocina e examina as causas das coisas e da natureza inteligível, e que tem uma inteligência capaz de contemplar a Deus. A redenção introduz o homem na união com Deus e o liberta de sua animalidade.

O livro foi condenado pela Igreja por suas implicações panteístas. No entanto, é o primeiro grande livro especulativo da Idade Média. Nele já aparece o caráter de investigação escolástica que o autor maneja com grande maestria. Sua cultura e sua capacidade especulativa, além do domínio do grego, colocam-no acima de seus contemporâneos.

BIBLIOGRAFIA: *Obras:* PL 122; DTC V, I, 410-434.

Escolas e universidades (séc. IX a XIII)

Para conhecer o pensamento cristão e sua evolução, é imprescindível entender o papel das escolas e universidades. Também é necessário saber o papel que a Igreja desempenhou na gênese e no desenvolvimento destas instituições. Já vimos algumas das escolas teológicas da Antigüidade, estabelecidas em volta dos centros urbanos e culturais (*Escolas teológicas). Agora nos referimos às escolas e universidades como centros da ciência e do saber não apenas religioso, mas também geral.

Depois da queda do Império no Ocidente, a Igreja destacou-se na transmissão da cultura clássica. E o fez fundamentalmente através das escolas que se formaram em volta dos mosteiros: são as chamadas *escolas monásticas ou abaciais*. Posteriormente, com o auge das catedrais formaram-se em volta destas as escolas *catedralícias ou capitulares*. E, a partir do séc. IX, as escolas *palacianas* ou reais, nascidas sob o patrocínio dos reis. Exemplos destas últimas podem ser as organizadas por Carlos Magno, sob a direção de *Alcuíno, como as escolas palatinas de Aquisgrano e de Tours. Das catedralícias, tornou-se famosa a de Chartres. E das monásticas, as de St. Gall, Corbie e Fulda, e as da Irlanda e Inglaterra.

Nos mosteiros, proporcionava-se educação não apenas àqueles alunos destinados a converter-se em membros da ordem religiosa, mas também a outros discípulos. O mesmo acontecia nas escolas capitulares e palatinas. Quanto ao conjunto de matérias de estudo, ou *curriculum,* consistia, além do estudo da teologia e da exegese, especialmente para os discípulos que se preparavam ao sacerdócio ou à vida religiosa, no estudo do *Trivium e Quadrivium*. Estes constituíram, durante muito tempo, na Idade Média, as chamadas "sete artes liberais", isto é, as artes do homem livre, diferentes das artes do homem servil, chamadas "artes mecânicas". Essa divisão, conhecida desde a Antigüidade clássica, ficou definitivamente consagrada por Alcuíno. O *Trivium* compreendia: gramática, dialética e retórica. E o *Quadrivium*: aritmética, geometria, astronomia e música.

A evolução e a influência dessas escolas pertence à história da Idade Média. Para nós é interessante relembrar a contribuição das mesmas à cultura: foram um centro do saber antigo e transformaram-se, a maior parte delas, em bibliotecas de obras teológicas e religiosas, que constituíam o grosso dos catálogos: obras jurídicas ou gramaticais e certo número de autores clássicos. Exemplo delas é a escola de York (Inglaterra), principal centro de educação do país, famosa pela riqueza de sua biblioteca. O mesmo se pode dizer da de Tours, na França, e da de Palência, na Espanha. A riqueza de seus pergaminhos identificou-se com a de seu saber.

Das escolas, principalmente das catedralícias, surgiram no séc. XIII as universidades. A "universitas" ou universidade não designava, na Idade Média, o conjunto de faculdades estabelecidas numa mesma cidade, mas o conjunto de pessoas, mestres e discípulos, que participavam no ensino que se dava nessa cidade. Bastava a necessidade de se dirigir ao conjunto de professores e estudantes que residiam num mesmo lugar, para que a expressão se empregasse naturalmente. Um *studium generale,* ou *universale,* ou também *commune,* não era o lugar onde se estudavam todos os conhecimentos, mas um centro de estudos no qual podiam ser admitidos estudantes de procedências diferentes. A expressão aplicava-se, principalmente, às escolas abertas pelas ordens religiosas nas cidades, que podiam ser centros importantes do ponto de vista da ordem, mas que não possuíam universidade.

O surgimento das universidades é um fenômeno europeu, assim como o das catedrais. A primeira *universitas* que se transformou num corpo organizado regularmente e numa entidade coletiva análoga às nossas universidades é a de Bolonha (1119). Seguiram-lhe a de Paris (1150), Oxford (1166), Cambridge (1200), Palência (1208), Salamanca (1218), e muitas outras. Todas elas nascidas das escolas catedralícias, adquiriram já no século XIII o caráter de instituições de educação superior de artes liberais e ciências, com colégios maiores e escolas profissionais com competência para conferir graus. A partir também do séc. XIII, as universidades adquiriram a independência econômica e jurídica, que lhes conferiram principalmente os imperadores e os papas. Também a partir desta época, transformaram-se em universidades ou centros onde se estudavam as "essências" ou "universais", isto é, a generalidade dos estudos.

Porém, as universidades, no seu início, são, como a de Paris, "o meio de ação mais poderoso de que dispunha a Igreja para expandir a verdade religiosa no mundo inteiro, ou ainda uma fonte inesgotável de erros, capaz de envenenar toda a cristandade. Inocêncio III foi o primeiro a querer, resolutamente, fazer dessa universidade uma mestra de verdade para a Igreja inteira, e que transformou esse centro de estudos num organismo cuja estrutura, funcionamento e lugar foram definidos na cristandade com esse único ponto de vista". "Se o esquecemos tanto — continua E. Gilson — que freqüentemente discutimos sobre esse organismo como se fosse comparável a qualquer de nossas universidades, os homens da Idade Média tinham, ao contrário, clara consciência do caráter especial e único da Universidade de Paris. O *studium parisiense* foi uma força espiritual e moral cuja significação mais profunda não foi nem parisiense nem francesa, mas cristã e eclesiástica; foi um elemento da Igreja universal, dotado do mesmo direito que o sacerdócio ou o império" (E. Gilson, *A filosofia na Idade Média*). O mesmo vale para a Universidade de Oxford. "O interesse religioso era tão forte quanto em Paris". "O pensamento filosófico inglês pôs a serviço da religião a Matemática e a Física, tal como acabavam de revelar-lhes as obras dos sábios árabes (*Ibid.*).

Das universidades saíram aperfeiçoados os *currículos de estudos,* os métodos de ensino, como a *lição* e a *discussão,* as *quaestiones disputatae* e as *quaestiones quodlibetales*, que caracterizariam todo o sistema educativo medieval. Delas saíram eminentes professores e mestres. Também proveio das universidades uma doutrina filosófica e teológica conhecida como Escolástica. E finalmente, "o monumento no qual o pensamento medieval alcança plena consciência de si próprio e encontra a sua expressão acabada, a *Summa theologica* de Santo *Tomás de Aquino. É o resumo completo e sistematicamente ordenado de todas as verdades da teologia natural e sobrenatural, classificadas conforme uma ordem lógica, acompanhadas de demonstrações mais breves, enquadradas entre os mais perigosos que a contradizem e a refutação de cada um destes erros: tudo para uso dos principiantes em teologia. A *Summa theologica* de Santo *Tomás e o *Comentário às Sentenças* de São *Boaventura são magníficos exemplos das fecundas virtualidades que possui o exercício de um ensino elevado para o pensamento do próprio mestre" (E. Gilson, *o.c.*, 373).

BIBLIOGRAFIA: B. Llorca-R. García Villoslada-F. J. Montalbán, *Historia de la Iglesia Católica*, II (BAC 104). Madrid 1968. Concretamente: II. *La enseñanza universitaria*, 918-970, com a extensa bibliografia que acompanha.

Escolas teológicas, Primeiras (séc. II-V)

Aos padres apostólicos e apologistas dos séc. I-II, seguiu-lhes um novo tipo de escritor com uma disposição e orientação completamente originais. Até a data, nenhum escritor cristão tentara considerar o conjunto da doutrina cristã como um todo. Também, a reflexão cristã perdeu o caráter de arma contra o inimigo e se transformou em instrumento de trabalho pacífico dentro da própria Igreja. Pretendia-se dar aos catecúmenos, cada vez mais numerosos, uma instrução à altura de seu meio ambiente e formar mestres para esse fim. Assim foi como se criaram as escolas teológicas, berço da ciência sagrada. Estas nasceram sob o amparo dos grandes centros do helenismo e das cidades onde já se sentia a presença cristã. Tais foram as escolas teológicas de Alexandria, Antioquia, Cesaréia, Jerusalém etc.

Assinalamos a seguir as principais:

1) *Escola de Alexandria*. A mais famosa de todas e a que melhor conhecemos é a de Alexandria, no Egito. Essa cidade, fundada por Alexandre em 331 a. C., era centro de uma brilhante vida intelectual muito antes do cristianismo. Foi onde nasceu o helenismo: a fusão das culturas oriental, egípcia e grega deu origem a uma nova civilização. Nesta cidade, compôs-se a obra que constitui o início da literatura judaico-helenística: *A tradução dos Setenta (Septuaginta)*. E nessa cidade viveu o melhor representante dessa cultura: Fílon.

Sob o nome de "padres alexandrinos" ou "escola teológica alexandrina", formou-se um grupo de teólogos cristãos que se destacaram em Alexandria entre os séculos II-V d.C. Os nomes mais destacados desta escola são: Panteno, seu fundador (200 d.C.), *Clemente (150-215 d.C.), *Orígenes (186-255), e, mais tardiamente, outros como Santo *Atanásio, São *Cirilo etc.

A Escola de Alexandria é o centro mais antigo de ciências sagradas na história do cristianismo. O ambiente em que se desenvolveu imprimiu-lhe os traços característicos: a) marcante interesse pela pesquisa metafísica do conteúdo da fé; b) preferência pela filosofia de Platão; c) interpretação alegórica das Sagradas Escrituras; d) concepção do ideal cristão como uma verdadeira gnose, iluminada pela fé cristã, que antecipa as coisas invisíveis; e) concepção do ideal místico como deificação com base bíblica e neoplatônica; f) aceitação na ascese da *apatheia* estóica e da providência, às quais se dá um sentido cristão.

A escola alexandrina influiu decisivamente no pensamento e na mística cristã dos primeiros séculos.

2) *Escola de Antioquia*. Antioquia foi a capital da Síria, fundada perto do ano 500 a.C. Segundo Atos 11,19-26, nesta cidade começaram a chamar-se "cristãos" os "seguidores do caminho" ou "discípulos de Cristo". Na segunda metade do séc. I de nossa era, Antioquia foi o ponto de apoio

da atividade missionária da primitiva Igreja (At 13,1-3).

Antioquia também foi famosa por sua escola teológica, denominada "escola antioquena". Desabrochou entre os séculos III-V. Seus mestres mais importantes foram Inácio, Policarpo, *Luciano de Samosata, *Ario, São *João Crisóstomo, e muitos outros.

A escola antioquena apareceu como rival e diferente da alexandrina. Centrava cuidadosamente a atenção no próprio texto e encaminhava seus discípulos para a interpretação literal e para o estudo histórico e gramatical da Escritura. Conseqüentemente, essa escola: a) cultivou a catequese e a exegese bíblica, dando-lhe um sentido literal, não simbólico nem espiritual; b) a escola antioquena tratou de resolver os problemas colocados pela heresia sobre a pessoa e natureza de Cristo; c) contrariamente à escola alexandrina, a antioquena baseou-se numa filosofia realista de caráter aristotélico, portanto, racionalista.

Essa escola foi o berço de uma grande tradição exegética. Alcançou seu apogeu sob a direção de Diodoro de Tarso, nos finais do séc. IV, que foi mestre de São *João Crisóstomo. Dela saíram homens extremistas como Teodoro de Mopsuéstia e Ario. Sua tendência racionalista foi a causa de se converter em foco de heresias.

3) *Escola de Cesaréia*. Nesta cidade refugiou-se *Orígenes ao ser desterrado do Egito (232), e fundou a escola de Cesaréia, que herdou o legado de idéias e livros de Orígenes. Suas obras formaram o fundo de uma biblioteca que o presbítero Pânfilo transformou em centro de erudição e saber. Como diretor, continuou a tradição do mestre. Nesta escola educaram-se Gregório, o Taumaturgo, e Eusébio de Cesaréia. Os padres capadócios, *Basílio Magno, *Gregório de Nissa e *Gregório Nazianzeno receberam a influência e inspiração da teologia de Cesaréia e de seu grande mestre Orígenes.

Houve também outras escolas como a de Jerusalém, a de Odessa, Nísibe etc.

Eunômio (séc. IV)

*Gregório Nazianzeno, São; *Basílio Magno, São.

Eusébio de Cesaréia (265-340)

Nasceu em Cesaréia da Palestina. Foi nomeado bispo desta mesma cidade em 313, onde morreu. Eusébio é um dos personagens chaves da história eclesiástica de seu tempo e tem um lugar reconhecido como historiador da Igreja. De fato, sua vida está intimamente ligada às lutas trinitárias do séc. IV, ao arianismo e à figura do imperador Constantino, de quem foi biógrafo e amigo.

Antes de mais nada, Eusébio é conhecido por sua *História eclesiástica*, um riquíssimo arquivo de dados, documentos e extratos de obras de toda classe, desde a primeira época da Igreja até o ano 324. Diz-se que sua *História eclesiástica* é para a Igreja dos primeiros séculos o mesmo que os *Atos dos Apóstolos* foram para as comunidades cristãs. Embora esse livro lhe tenha valido o título de "pai da história eclesiástica", a historiografia de hoje não lhe perdoa o caráter apologético que Eusébio dá a sua obra, seu tratamento inadequado à heresia e sua quase total ignorância ou omissão de tudo que era relativo à Igreja Ocidental. Como historiador tem também outro livro intitulado *Histórias diversas* e a *Vida de Constantino,* panegírico que, além de importantes dados históricos, demonstra uma admiração e uma exaltação exagerada pelo papel e missão excepcionais deste imperador.

Além das obras históricas, Eusébio escreveu obras *dogmáticas: Contra Marcelo* e *Sobre a teologia eclesiástica*, na qual surge uma tendência acentuada para o arianismo, defendendo a não identidade de natureza entre o Pai e o Logos.

Seu livro apologético mais importante é a *Preparação evangélica*, em 20 livros, dos quais restam apenas 10. Servindo-se da rica biblioteca de Cesaréia, que herdou de seu mestre Pânfilo, acumulou um vastíssimo material de extratos de escritos gregos, cujos originais se perderam. Essa obra é regida pelos seguintes princípios:

— A filosofia e a revelação são idênticas. A verdade encontrou sua plena expressão no cristianismo que já havia surgido nos filósofos gregos.

— Platão é considerado como um profeta ou como um Moisés ático. Platão e Moisés combinam e têm as mesmas idéias.

— Platão conheceu a Trindade Divina porque pôs a alma do mundo ao lado de Deus e do Logos. Nas doutrinas éticas e pedagógicas coincidem Platão e Moisés, Platão e São Paulo. Porém, Platão chegou apenas até o vestíbulo da verdade, não à própria verdade.

— A verdade foi revelada pelo cristianismo, verdadeira e definitiva filosofia. No cristianismo, não só os homens são filósofos, também o são as mulheres, os ricos e os pobres, os escravos e os senhores.

Como se vê, é a mesma convicção que havia animado *Justino, *Clemente, *Orígenes e, em geral, os padres alexandrinos.

BIBLIOGRAFIA: *Historia eclesiástica de Eusebio de Cesarea*. Ed. bilíngüe por A. Velasco (BAC), 2 vols.

Êutiques (378-454)

*Leão I, Papa

Evágrio (345-399)

*Hesiquia; *Monaquismo

Evangelho, evangelhos (séc. I)

Nossa atenção centra-se, principalmente, nas significações do termo, do livro ou livros que contêm a Boa Nova ou Evangelho de Cristo. Sabe-se que a palavra *evangelho* significa, em grego, boa notícia ou notícia que causa alegria. Deste primeiro significado deriva o verbo evangelizar, a ação de transmitir a boa notícia. Significa também o conteúdo, doutrina e mensagem da transmissão. Outro significado importante de evangelho é o instrumento ou meio através do qual nos chega a mensagem. Neste sentido falamos dos evangelhos que contêm e transmitem a doutrina de Cristo. A seus autores denominamos "evangelistas".

1. Os *evangelhos*, no plural, referem-se aos diferentes relatos que, sobre a doutrina de Cristo, começaram a ser redigidos depois da morte de Jesus. Os quatro evangelhos "segundo *Mateus, *Marcos, *Lucas e *João" são tão-somente os quatro reconhecidos como oficiais ou canônicos pela Igreja. Foram escritos na segunda metade do séc. I. Existem também outros evangelhos conhecidos como *apócrifos*, que não são reconhecidos como canônicos pela Igreja. O abuso que fazem do fantástico e do maravilhoso classifica-os dentro da lenda, embora ofereçam dados de interesse histórico para se conhecer a época. Apareceram no final do séc. I e durante todo o século II (*Apócrifos*).

2. Já falamos sobre o conteúdo, data de redação e autor desses quatro evangelhos ao estudarmos seus autores. O que nos interessa agora é apontar alguns dos problemas que afetam o próprio gênero literário dos evangelhos, o texto, seu valor histórico e outros. E o primeiro de todos é sua origem: Como nasceram? Convém saber que, como textos escritos que são, os Evangelhos foram e ainda estão sendo submetidos à análise histórica, literária, à crítica textual etc., como qualquer outro texto da Antigüidade.

Quanto à sua origem, podemos dizer que os evangelhos começam com a pregação oral dos apóstolos, centrada em torno do "querigma" que anunciava a morte redentora e a ressurreição do Senhor. Acompanhavam essa primeira pregação relatos mais detalhados, como o da paixão. Vieram logo depois fatos curiosos da vida do Mestre que esclareciam sobre sua pessoa, sua missão, seu poder, por algum episódio ou palavra memorável, milagre, sentença, parábola etc. Os episódios transmitidos de viva voz e de forma isolada foram-se agrupando em pequenas antologias de palavras e ações. Surgiu, então, rapidamente a preocupação de pôr em escrito essa tradição. Em conseqüência, as palavras, ações e episódios relativos à figura e doutrina de Cristo tenderam a agrupar-se numa ordem cronológica; em ordem lógica, primeiro em pequenas seções, depois em conjuntos mais extensos. Apareceram os evangelistas, autores materiais dos quatro evangelhos.

— Que valor histórico têm os evangelhos? Sem dúvida, nem os apóstolos nem os demais pregadores e narradores evangélicos tentaram fazer "história" no sentido técnico da palavra. Seu propósito era menos profano e mais teológico; falaram para converter e edificar, para inculcar e ilustrar a fé, para defendê-la contra os adversários. Mas o fizeram apoiando-se em testemunhas verídicas e controláveis. Os redatores evangélicos fizeram-no com o mesmo afã de honrada objetividade que respeita as fontes. Resumindo: a) a origem apostólica e a gênese literária dos três sinóticos justificam seu *valor histórico*; b) se os três sinóticos não são "livros de história", não é menos certo que não tentam oferecer nada que não seja histórico.

Isto não significa, por outro lado, que cada uma das ações ou palavras sejam considerados como reprodução rigorosamente exata do que aconteceu na realidade. O mesmo vale para a ordem em que estes se acham dispostos entre si. Há que reconhecer que muitas narrativas ou palavras evangélicas perderam sua relação primitiva com o tempo e lugar em que foram pronunciadas. Em todo caso, tais comprovações de modo algum anulam a autoridade desses livros inspirados pela fé dos cristãos.

BIBLIOGRAFIA: X. Léon-Dufour, *Los evangelios y la historia de Jesús*. Cristiandad, Madrid 1982.

Faber, Frederick William (1814-1863)

Estudante em Oxford, esteve dentro da órbita e idéias de J. H. Newman. Educado no calvinismo, ordenou-se sacerdote anglicano. Em 1945 passou ao catolicismo, junto com muitos outros discípulos e companheiros de *Newman. Com outros convertidos do anglicanismo, formou uma pequena comunidade que, em 1848, se uniu ao Oratório de São Filipe Néri. Foi superior do Oratório de Londres (*Brompton Oratory*), onde escreveu hinos para a liturgia e livros de devoção.

Fabri, Diego (1911-)

Literatura atual e cristianismo.

Feijóo, Benito (1676-1764)

Ciência e fé.

Fénelon, François de Salignac (1651-1715)

Filósofo, teólogo, escritor literário e pedagogo. Suas idéias políticas e pedagógicas, assim como sua concepção da oração mística, *amor puro*, valeram-lhe a oposição tanto da Igreja quanto do Estado.

Descendente da alta nobreza, nasceu no castelo de Fénelon (Périgord). Em 1672, iniciou seus estudos superiores no seminário de São Sulpício de Paris. Ordenado sacerdote, foi destinado à educação das jovens católicas convertidas do protestantismo. O fruto dessa educação dada às jovens é seu primeiro *Tratado da educação das jovens*

(1687). Apesar do tom conservador da obra, não deixam de ser originais suas idéias sobre a educação feminina, assim como suas críticas aos métodos coercitivos de seu tempo. Nesta mesma linha pedagógica, e já como tutor do delfim da França, Fénelon publicou sua obra mais conhecida, *As aventuras de Telêmaco* (1699), que expressa as idéias políticas básicas do autor. Nos 18 livros das *Aventuras*, escritos para o delfim, descreve o ideal do soberano humanamente rico, capaz de compreender e guiar seu povo. Os preceitos morais e religiosos estão acompanhados, no curso das aventuras, com os mais variados encontros de homens e deuses, com observações de natureza política e econômica, que dão à obra outros valores, além do pedagógico e do literário. No *Exame de consciência sobre os deveres da realeza* abre-se aos problemas de natureza ético-política, que mostram a complexa personalidade de Fénelon.

Depois de sua eleição à Academia Francesa (1693) e ao arcebispado de Cambrai (1695), período de máxima popularidade nos círculos oficiais, Fénelon viu-se envolvido numa polêmica que o jogou no isolamento e na oposição tanto da Igreja quanto do Estado. Iniciado na experiência religiosa de Madame Guyon (1688), elaborou e explicou o que na história da filosofia e das idéias religiosas se conhece pela "doutrina do amor puro". Segundo essa doutrina, é necessário que o espírito se deixe levar livremente pela oração para que alcance um "gosto íntimo". Então se ama a Deus com um amor puro, que não depende nem da esperança de recompensas nem do temor a castigos. O amor puro chega a não possuir consciência de si, sem que signifique que seja independente da vontade. É fruto de um consentimento, mas se realiza quando a vontade se entrega a Deus sem reservas. Com essa doutrina, Fénelon alinhava-se nas filas do *quietismo*, junto a Miguel Molinos e outros. Teve a mesma sorte que o aragonês *Molinos. Foi denunciado publicamente por *Bossuet, e seu livro *Explicação das máximas dos santos sobre a vida interior* (1697) foi condenado pelo papa. Morreu exilado na sua diocese em 1717.

— De suas idéias filosófico-teológicas informam-nos seus dois últimos livros: *Tratado da existência e dos atributos de Dios* (1705) e *Cartas sobre diversos temas de metafísica e de religião* (obra póstuma, 1716). Reúnem os grandes temas da existência de Deus e da liberdade humana e se movem dentro da filosofia de Descartes, Malebranche e, em especial, Bossuet.

BIBLIOGRAFIA: *Oeuvres complètes*. Paris 1852, 10 vols.; *Correspondance de Fénelon*, 1972, 3 vols.; E. Carcasonne, *Fénelon, l'homme et l'oeuvre*, 1946; Pietro Zovatto, *Fénelon e il quietismo,* 1968.

Feuerbach, Ludwig (1804-1872)

Iniciador do chamado "naturalismo humanista" ou "humanismo naturalista" no pensamento moderno, que preparou o caminho ao materialismo dialético de Marx, Feuerbach fez parte da "esquerda hegeliana", da qual o marxismo tomará os seus postulados básicos. Também pode reivindicar uma nova atualidade no pensa-

mento contemporâneo, principalmente com relação ao existencialismo de esquerda de *Sartre e de *Camus.

Eis seus dois postulados fundamentais:

1) "O ser enquanto ser é finito", porque sempre está nos limites do tempo e do espaço concretos, e "onde não há limites, nem tempo, nem necessidades, também não há qualidades, energia, *spiritus*, fogo, nem amor algum". 2) A negação de Deus é o fundamento para a afirmação do homem: "Eu nego a Deus", escreve Feuerbach, isto significa para mim: "Eu nego a negação do homem" *(Diccionario de filósofos)*.

Entre a imensa obra filosófica deste filósofo de vida discreta, que viveu seus últimos anos na miséria, destacamos suas duas obras principais: *A essência do cristianismo* (1841), seguida, em 1845, de *A essência da religião*. Todas as demais obras de caráter filosófico-religioso não são mais do que a ampliação das anteriormente mencionadas. Nessas duas obras expressa a crítica que se deve fazer da religião em geral e do cristianismo em particular, como religião positiva e revelada. Segundo Feuerbach, no lugar de "Deus" deve-se pôr e escrever "humano", de forma que a essência divina que se revela na natureza não seja mais do que a sua própria natureza. A natureza, pois, "não é somente o objeto primeiro e originário, senão também o fundo permanente e o fundamental desenvolvimento da religião". A natureza sensível e concreta é a base do real.

— Segundo a crítica de Feuerbach, deve-se fazer descer a religião da teologia à natureza e à *antropologia*. "O ser absoluto, o Deus do homem, é o ser próprio do homem." Em conseqüência, "não foi Deus quem criou o homem", mas foi o homem que criou Deus com a sua própria imaginação, ao unir a especulação à base de abstrações, em oposição aos sentidos". "Deus é o princípio imaginado ou fantástico da realização total de todas as vontades e desejos humanos." Daqui o princípio: "Como é o teu coração, assim é o teu Deus". Tais como são os desejos dos homens, assim são as suas divindades. Acreditar em Deus é "Criar Deus". A divinização dos homens é o objetivo último da religião.

— A crítica ao cristianismo aprofunda a instância antropológica individualista: o cristianismo genuíno é a antítese do paganismo, porque no cristianismo autêntico o indivíduo é somente uma parte do gênero e este se encontra somente na humanidade imediata. A expressão mais clara do gênero e do indivíduo no cristianismo é Cristo: o Deus verdadeiro dos cristãos. Cristo é o modelo, o conceito existente da humanidade, o compêndio de todas as perfeições morais e divinas... "O mistério da Encarnação é o mistério do amor de Deus pelo homem, o mistério do amor de Deus, mas na realidade é o mistério do amor do homem a si próprio..." Esse dogma fundamental do cristianismo expressa, pois, o princípio supremo e último da filosofia, ou seja, a unidade do homem com o homem. Em conseqüência, e essa é a finalidade de toda a obra de Feuerbach, "o homem é o Deus do cristianismo, e a antropologia é o segredo da teologia cristã".

— Feuerbach considera essa humanização de Deus como a missão da Idade Moderna. A gênese de Deus a partir da projeção que o homem faz de si próprio e da sua essência produz neste a *alienação*, que expropria o homem de sua própria natureza ou substância de ser sensível e a coloca fora dele: em Deus. Ao mesmo tempo produz a *servidão*: submetimento e veneração a algo estranho erguido contra a realidade sensível e o homem. A verdade é que o homem é um "ser sensitivo" e seu ser abre-se e fecha-se em relação à natureza e à comunidade dos outros homens mediante o amor. Tal é a luta que deve empreender o homem moderno.

Sua importância histórica está ligada à influência decisiva e amplamente reconhecida que a sua obra exerceu na formação do materialismo dialético de *Marx. De fato, o jovem Marx reconheceu que Feuerbach "fundou o verdadeiro *materialismo e a ciência real*, elaborando sua teoria". Por isso, a obra de Feuerbach toma parte da "biblioteca dos clássicos" do marxismo.

A crítica ao cristianismo, tanto de protestantes quanto de católicos, não se fez esperar. Feuerbach reduzia a religião à filosofia e a teologia à antropologia. "O segredo da teologia está na antropologia" repete com freqüência. Sua teoria da religião é puro sensualismo e materialismo, que não acrescenta nada às posições do ateísmo grego ou do Iluminismo francês do séc. XVIII. Todos reconhecem, no entanto, que faz uma análise brilhante do homem, que no plano tático "pode ser útil para a denúncia das falsificações do homem moderno". A qualificação que mais se adapta ao seu pensamento é a de *realismo humanista*. E é inexato caracterizar o pensamento de Feuerbach *unicamente* como *ateísmo* (Diccionario de filósofos).

BIBLIOGRAFIA: *Obras completas*. Ed. de W. Bolin e F. Jodl, 1903-1911, 10 vols.; reimpressão em 13 vols., 1960-1964; *La esencia del cristianismo; La esencia de la religión; Lecciones sobre la esencia de la religión*; M. Cabada Castro, *El humanismo premarxista de L. Feuerbach*, 1975; A. Alessi, *L'Ateismo di Feuerbach. Fondamenti metafisici*, 1975.

Ficino, Marcílio (1433-1499)

Platônico e humanista, Ficino é uma das figuras representativas da cultura italiana e florentina do séc. XV. Representa o trânsito da etapa filológica do humanismo à filosófica, como afirmação do lugar central do homem no universo e revalorização da história humana.

Não se pode duvidar de sua profunda e sentida fé cristã. No entanto, como muitos de sua época, encara a reação contra a escolástica que havia subordinado a teologia à filosofia. Para a renovação da teologia e do cristianismo, aposta em Platão e no neoplatonismo que lhe emprestam a base e a forma de seu pensamento.

— Considerado como o mais importante neoplatônico renascentista, já que professou verdadeiro culto a Platão, começou o estudo do grego na década de 1450. Em 1459 foi apresentado a Cosme de Médicis, que projetava para Florença uma escola de platonismo. Rodeado de intelectuais e eruditos com quem formou a *Academia*, pôde traduzir pela primeira vez do original grego ao latim todos os diálogos de Platão (entre 1463-1477). Durante outros 20 anos ocupou-se dos *comentários* aos *Diálogos* de Platão. Entre esses comentários fez-se clássico o do *Banquete* ou *Convívio*.

— Além do estudo e tradução de Platão, traduziu e estudou as *Enneadas* de Plotino, que apareceram em 1492.

— Sua obra original filosófico-teológica aparece sobretudo em *De religione christiana* (1474); *Theologiae platonicae de inmortalitate animorum libri XVIII* (1482); *De triplici vita* (1489). Importantes são também suas epístolas, diálogos, tratados e comentários sobre os principais pontos de seus ensinamentos. Em toda a sua obra aparece sua vasta formação humanista e esse incipiente *ecletismo* que será nota dominante dos humanistas posteriores.

— É típica de Ficino a concepção de Deus, que toma de Plotino. Deus é o Uno, que coleta na simplicidade da própria natureza a infinita multiplicidade dos arquétipos ideais das coisas. Deus é o criador, o bem, a verdade e a beleza por excelência, isto é, a presença interior em tudo, assim como nas partes do ser originário.

— Deus é também o artífice da natureza — seu artífice interior — que faz do universo como um só ser vivo; e é em cada vivente como a *razão seminal* que traz a vida.

— De Platão e do neoplatonismo toma sua idéia da alma e do homem como *copula mundi* e *vera universorum conexio*, onipresente, porque tudo no mundo é animado. Assim, o homem participa da natureza divina da alma universal — situado entre o eterno e o tempo — e é ao seu modo todas as coisas, é o *microcosmos*.

— Sobre tais idéias projeta a sua fé cristã: o Deus cristão cria o mundo e o ama como criatura sua. A emanação plotiniana transforma-se, em Ficino, em criação como ato que tem suas raízes na bondade de Deus. O Filho de Deus feito homem é o ponto de encontro entre o homem e Deus. O amor é descendente e ascendente: vem de Deus em seu Filho e retorna a Deus por ele. O homem pode voltar livremente ao seu lugar de origem, fazendo-se Deus pela graça de Cristo. "A alma ascende pelos diversos graus do amor — do *furor divinus* — e vai percorrendo, em seu caminho ascendente, as mesmas etapas do descenso cósmico."

— Esse ecletismo de conceitos platônicos e cristãos torna-se mais visível quando mistura e combina idéias pagãs e cristãs. Por exemplo: o "amor platônico" como preparação e aproximação ao verdadeiro amor espiritual; a relação entre o cristianismo e as religiões anteriores; a interpretação que faz dos antigos pré-cristãos: egípcios, gregos, e outros. Essa antiga sabedoria — *prisca gentilium theologia* — é uma teologia que contém indícios da verdade cristã. O mesmo se percebe em seu gosto pelos escritos herméticos, em seu interesse pela magia e pela astrologia. Nesse aspecto, Ficino — que defende o caráter único do cristianismo — suscitou as suspeitas de Roma. E iniciou também um caminho de sabedoria pagã e cristã que muitos humanistas e renascentistas seguiriam.

BIBLIOGRAFIA: *Opera omnia*. Ed. de E. Garin, Basiléia1576 — Turim 1959, 2 vols.; P. O. Kristeller, *Ocho filósofos...* México 1974; Id., *The Philosophy of Marsilio Ficino*. Nova York 1954; *Humanismo y renacimiento* (Textos de Lorenzo Valla, Marcílio Ficino...). Seleção e tradução de Pedro R. Santidrián. Madrid 1986.

Filipe Néri, São (1515-1595)

*Educadores cristãos

Filocalia

*Hesiquia.

Fílon de Alexandria (20 a.C.-50 d.C.)

Entre os muitos escritores e obras do judaísmo que podem iluminar o pensamento cristão dos dois primeiros séculos do cristianismo, devemos citar Fílon de Alexandria e Flávio Josefo (37-100 d.C.). Os dois no seu gênero permitem-nos conhecer melhor o mundo em que aparece e se desenvolve o cristianismo.

Filósofo e exegeta judeu, Fílon viveu na diáspora em Alexandria. É um dos autores mais importantes para se conhecer o helenismo alexandrino, as idéias do judaísmo da diáspora e a influência exercida sobre os escritores cristãos da época, especialmente na *escola de Alexandria. Sua imensa produção está escrita em grego.

A doutrina de Fílon gira em torno destes pontos: a) Interpretação do Antigo Testamento judeu em categorias gregas, tomadas fundamentalmente do platonismo. Tende à explicação analógica da Bíblia. b) Interpreta mesmo assim o logos grego como mediador entre Deus e o mundo, uma espécie de demiurgo platônico. c) Sua antropologia é marcadamente órfico-platônica, dualista. A alma é preexistente ao corpo e imortal. Fala da metempsicose ou reencarnação.

Sua influência fez-se sentir no neoplatonismo e no cristianismo, em especial na escola cristã de Alexandria, principalmente em *Orígenes.

BIBLIOGRAFIA: *Philonis Alexandrini Opera quae supersunt*. Edição crítica por L. Cohn e P. Wendland, Berolini 1896-1930, 7 vols. Edição francesa das obras de Fílon: *Les Oeuvres de Philon d'A*. Ed. bilíngüe, 1961s., 34 vols.; J. Daniélou, *Ensayo sobre Filón de Alejandría*, 1963.

Flávio Josefo (37-100)

Fílon de Alexandria.

Florino (séc. II)

Gnósticos.

Fócio (810-897)

*Padres da Igreja.

Fourier, São Pedro (1768-1830)

*Educadores cristãos.

Francisco de Assis (1181-1227)

Francesco Bernardone nasceu em Assis. Na ausência do pai, sua mãe o batizou com o nome de João Batista. Não sabemos quando nem por que o nome de Francisco, em desuso naquele tempo, substituiu o de João. Tampouco temos sua autobiografia, e seus irmãos, muito cedo divididos, interpretaram suas palavras e seus escritos em sentidos diferentes. Não é fácil descobrir o verdadeiro São Francisco.

"É paradoxal que o simples, o aberto, o tantas vezes comentado São Francisco, oculte-se atrás de um dos enigmas mais confusos da historiografia. A primeira dificuldade vem dos seus escritos. O santo, em sua humildade, não fez sua própria biografia. Não se pode esperar de sua obra nenhuma informação precisa de sua vida. Não encontramos mais do que alusões a alguns de seus comportamentos, que ele comunica a seus irmãos como exemplo. Assim, no seu testamento, o mais autobiográfico de seus escritos, lembra que sempre tentou viver do trabalho de suas mãos, para que os irmãos fizessem o mesmo. Além do mais, pelo menos um de seus escritos mais importantes, a primeira Regra que escreveu em 1209 ou 1210, se perdeu. Perderam-se também suas cartas, assim como a maior parte de seus poemas (não conservamos mais do que aquele que é, provavelmente, sua obra de arte, o *Cantico di Frate Sole*)."

Mas a principal dificuldade para descobrir o verdadeiro São Francisco é a existência, ainda estando ele com vida, de duas tendências na ordem. Cada uma delas tentava ganhar o fundador e interpretar a seu modo suas palavras e seus escritos..." (Jacques Le Goff, *2.000 años de cristianismo*, 3, 202s.). Apesar de tudo isso, ou talvez por isso, sua figura teve e continua tendo a capacidade de gerar espanto e produzir uma literatura e um pensamento como poucos personagens da história tiveram. Desde São *Boaventura — que escreveu a vida oficial do santo ou *Legenda Maior* (1263) e Tomás de Celano que escreveu a *Vita Prima* e a *Vita Secunda* (1228-1244) e o *Tratado dos milagres* (1253), passando pela *Legenda dos três companheiros*, o *Espelho da perfeição dos irmãos menores*, a *Legenda Antiqua*, *As bodas espirituais de São Francisco com a pobreza* e *Os fioretti* —, a figura de São Francisco não deixou de apresentar perfis e aspectos novos.

Sua própria vida e obra é um milagre permanente. Representa a utopia cristã levada até as suas últimas conseqüências: reprodução viva de Cristo, pregação do seu Evangelho, amor e entrega aos outros, amor universal a todas as criaturas.

— "Depois que o Senhor me concedeu irmãos, diz em seu *Testamento*, ninguém me mostrou o que deveria fazer. Mas o Altíssimo em pessoa revelou-me que eu deveria viver segundo o modelo do santo evangelho. Então mandei escrever um texto em poucas e simples palavras, e o Senhor Papa me deu sua aprovação. Os que se aproximavam para compartilhar essa vida distribuíam aos pobres o quanto possuíam e contentavam-se com um avental remendado por dentro e por fora, com o cordão e calças. Éramos simples em tudo e submissos a todos... O Senhor revelou-me esse cumprimento que deveríamos usar: 'O Senhor vos dê a paz'".

— "Altíssimo, onipotente, bom Senhor, teus são os louvores, a glória, a honra e toda bênção...

Louvado sejas, meu Senhor, com todas as tuas criaturas, especialmente o irmão sol, o qual faz o dia e nos dá a luz... Louvado sejas, meu Senhor, pela irmã lua e as estrelas...

Louvado sejas, meu Senhor, por nossa irmã mãe terra. .." (*Cântico do irmão sol*).

— São Francisco deixou-nos sua doutrina e seu exemplo. Legou-nos também o *franciscanismo* vivo nos frades menores, nas freiras clarissas e na ordem terceira dos leigos. Esse franciscanismo se renova na vida de instituições e de pessoas ao longo do tempo.

BIBLIOGRAFIA: *Escritos e biografias de S. Francisco de Assis; crônicas e outros testemunhos do primeiro século franciscano*, Fr. Ildefonso Silveira e Orlando dos Reis (orgs), Petrópolis, 1993; *San Francisco de Asís. Escritos. Biografías. Documentos de la época*. Edição de J. A. Guerra (BAC); *Escritos de santa Clara y documentos complementarios*. Edição bilíngüe por J. Omaecheverría (BAC); E. Gemelli, *El franciscanismo*.

Francisco de Sales, São (1567-1622)

Em São Francisco de Sales vê-se o protótipo do homem santo cristão, pleno de humanidade e abertura, disposto a dar tudo aquilo com que a natureza e a graça o enriqueceram. Doutor e mestre da Igreja (1877), foi nomeado patrono e modelo dos escritores e jornalistas por Pio XI (1923). A esses títulos acrescenta-se o de humanista devoto que oferece seu otimismo realista a todos os que, no mundo, procuram a perfeição.

Descendente de uma nobre família, foi educado no colégio dos jesuítas de Clermont (1580-1588) e fez seus estudos de direito na Universidade de Pádua (1591). Depois de um breve exercício de advocacia no senado de Savóia, ordenou-se sacerdote em 1593. O restante de seus dias e sua atividade, dedicou-os a seus labores pastorais como sacerdote e como bispo de Annecy (1602). As principais frentes do seu apostolado foram: a) A luta contra os calvinistas. Ainda estudante em Paris, as doutrinas destes sobre a predestinação provocaram-lhe uma crise profunda até acreditar-se condenado. Somente pôde recuperar a paz num voto de confiança e de amor a Deus. Já sacerdote, dirigiu todo seu empenho em dialogar e trabalhar com os calvinistas do

Chablais, distrito que se separara de Savóia e se havia tornado calvinista. Com a ajuda de Carlos Manuel, duque de Savóia, reconquistou a maior parte da população do Chablais ao catolicismo. b) Uma segunda frente da sua atividade foi a reorganização e o cuidado pastoral de sua diocese: visitas, catecismo, pregações, reforma das comunidades religiosas e fundação de outras. Em 1612, com a ajuda de Santa Joana de Chantal, fundou a Ordem da Visitação, destinada à perfeição das religiosas e ao ensino cristão da juventude. c) Outra das atividades de São Francisco de Sales foi a direção espiritual através de uma espessa rede de correspondentes em toda a França e no estrangeiro. Seus 11 volumes de cartas mostram-nos um diretor espiritual e mestre de toda classe e condição de pessoas.

São Francisco de Sales ainda teve tempo para escrever. Fez da pena seu apostolado permanente, que o transformou num clássico da literatura francesa e, ao mesmo tempo, um mestre espiritual imprescindível. Suas obras principais são a *Introdução à vida devota* (1604) e o *Tratado do amor de Deus* (1612), e outras menores, como tratados de controvérsia contra os calvinistas, cartas, sermões e documentos sobre a vida e a administração pastoral de sua diocese. "Inspirado em sua experiência de missionário e de diretor espiritual, renova a vida interior dos cristãos que vivem no mundo, sugerindo-lhes uma verdadeira devoção alimentada pela oração e pelos sacramentos, assim como pelas 'pequenas virtudes' que impregnam seu comportamento. Seu *Tratado do amor de Deus* amplia as perspectivas da *Introdução à vida devota*, multiplicando as análises teológicas e as observações psicológicas. O otimismo realista desse humanismo devoto ajuda o cristão a levar uma vida espiritual consciente."

BIBLIOGRAFIA: *Obras selectas de San Francisco de Sales*. Edição preparada por F. de la Hoz (BAC), 2 vols.; A. Royo Marín, *Los grandes maestros de la vida espiritual* (BAC).

Francke, Auguste H. (1663-1727)

*Pietistas.

Freire, Paulo (1921-1997)

Pedagogo e filósofo brasileiro nascido em Recife. No departamento de Educação e Cultura da Universidade de Pernambuco criou os círculos de cultura popular que deram lugar ao movimento de Educação de Base, patrocinado pelo episcopado brasileiro (1961). Posteriormente exilou-se no Chile (1964), para trabalhar depois na UNESCO (1968), no *Conselho Mundial das Igrejas (1970) e no Centro Intercultural de Documentação de Cuernavaca (CICDC), colaborando com I. Illich.

Paulo Freire transformou-se num autor clássico e muito popular na pedagogia do século XX. Defende uma educação humanista e libertadora, baseada nestes princípios: a tomada de consciência do oprimido sobre a realidade sociocultural; a educação como prática da liberdade e o processo de alfabetização como uma forma de reconstrução da realidade. Sobre a base de *conscientização* ou aproximação crítica da realidade, escreveu obras como *Consciência* e *Alfabetização* (1963); *A educação como prática da liberdade* (1967); *Pedagogia do oprimido* (1979); *Método psicossocial* (1970); *Ação cultural para a liberdade* (1972) etc.

Nas suas duas últimas obras surgidas em castelhano: *La naturaleza política de la educación* (1990) reuniu suas idéias e obras dos últimos anos e vincula, em parte, sua obra à da *Teologia da Libertação*. Esta, de fato, inspira-se na educação libertadora de Paulo Freire, apoiando seus métodos. A segunda: *Alfabetización: lectura de la palabra, lectura de la realidad* (1989), em colaboração com Donaldo Macedo, é um diálogo em torno da alfabetização, em que se examinam as experiências realizadas em países do Terceiro Mundo.

Como conclusão geral, devemos afirmar que a pessoa e a obra de Paulo Freire estão intimamente ligadas à revolução cultural dos países do Terceiro Mundo. Além disso, vem inspirando grande parte dos movimentos de libertação pacífica suscitadas pela Igreja, de maneira particular pela Igreja do Brasil, em todo o mundo. (*Teologia da libertação, *Boff, Hélder *Câmara).

> BIBLIOGRAFIA: *Ação cultural para a liberdade e outros escritos; Alfabetização; Aprendendo com a própria história; Cartas a Cristina; Cartas a Guiné-Bissau; Contribuições da interdisciplinaridade; Cuidado, Escola!; Dilemas sócio-ambientais e desenvolvimento sustentável; Ecucação como prática da liberdade; Educação e mudança; Educação na cidade; Essa escola chamada vida; Extensão ou comunicação?; Fazer escola conhecendo a vida; Importância do ato de ler; Pedagogia do oprimido; Por uma pedagogia da pergunta; Professora sim, tia não* e outras.

Freud, Sigmund (1856-1939)

Neurologista austríaco, fundador da psicanálise. As teorias freudianas tiveram um grande impacto na psicologia, na psiquiatria e em outros campos. Além disso, Freud levou suas conclusões psicanalíticas ao campo mitológico e cultural, assim como aos fenômenos antropológicos e religiosos. Reconhecido como um dos "filósofos da suspeita", junto a *Marx e *Nietzsche, suas teorias têm sido uma verdadeira revolução na interpretação do comportamento do homem.

Freud ingressou na Universidade de Viena em 1873, para passar ao hospital geral da universidade em 1882. Em 1885, mudou-se para Paris a fim de estudar, ao lado de Charcot, os fenômenos da histeria. De volta a Viena, colaborou com Breuer em seus primeiros *estudos* sobre a *histeria* (1895), em que já aparecem as linhas do método psicanalítico. Foi evoluindo para o estudo dos planos mais profundos da mente: *o inconsciente*. Passou depois ao estudo das neuroses. Em 1899, publicou *A interpretação dos sonhos*, em que analisa os complexos processos simbólicos subjacentes à formação dos sonhos. Em 1905 apareceu sua controvertida obra *Três ensaios sobre a teoria da sexualidade*, que apresenta seus descobrimentos relativos à sexualidade infantil, assim como as etapas do complicado desenvolvimento sexual, no qual inclui a formação do complexo de Édipo. Seguiram-se muitas outras obras famosas como *Tótem e Tabu* (1913); *O mal-estar na civilização* (1930), *Moisés e o monoteísmo* (1939), em que projeta suas teorias e inquietações religiosas. E outras como *O ego e o id* (1923) e *Lições de introdução à psicanálise* (1932), em que aparece sua interpretação definitiva do inconsciente: *Id, ego, superego*.

Da teoria da personalidade e do inconsciente, Freud elaborou uma interpretação da religião, cujos pontos assim se resumem: a) A representação edípica do pai é para Freud a base da crença num Deus que clama culto e obediência e que castiga o pecado. b) Na base da religião, de toda atitude religiosa, está o temor às forças da natureza, das quais depende o homem para sobreviver e às quais não pode controlar. E, junto ao temor, a frustração do instinto que impõe ao indivíduo a vida em companhia dos demais. "Dá-se então — diz — uma resposta coletiva, e tanto as representações fantásticas individuais quanto a conduta neurótica confundem-se com a fantasia coletiva e com o ritual religioso." c) A religião, portanto, é conseqüência dos instintos falidos do amor e segurança que o homem não encontra no seio da sociedade. Conclui-se, então, que as classes sociais mais baixas experimentam uma necessidade maior de religião porque sofrem uma maior frustração nos seus instintos do que as classes dirigentes. d) Nessas condições, a religião serve para frear o instinto de rebeldia das massas ou, no mínimo, de sua exigência de uma igualdade de oportunidades para satisfazer seus desejos. "Enquanto as classes dirigentes desfrutam não somente de um nível real de satisfação desses desejos, senão também de uma satisfação vicária através da arte e da literatura, as massas, sem acesso a eles, necessitam de representações fantásticas compensatórias de caráter religioso."

Desses princípios, Freud tira a conclusão de que a ética sancionada pela religião, através do superego justiceiro, impõe aos instintos humanos mais restrições que as devidas para manter a ordem e a paz na sociedade. Mesmo assim, a ciência proporciona uma sensação de controle e segurança diante das ameaças dos desastres naturais. Nesta situação, as crenças religiosas perdem intensidade. Quanto mais ciência, maior segurança, maior flexibilidade social e menos religião.

BIBLIOGRAFIA: Obras em português: *Adolescência; Ego e os mecanismos de defesa; Freud e a cocaína; Freud/ Jung: correspondência completa; Infância normal e patologia; A interpretação dos sonhos; No interesse da criança?; Histeria: primeiros artigos, I e II* e outras; A. Plé, *Freud y la religión*. Estudo introdutório pelo Dr. Rof Carballo (BAC minor).

Galileu Galilei (1564-1642)

Ciência e fé.

Gardeil, A. (1859-1931)

Teologia atual, Panorama da.

Garrigou-Lagrange, R. (1877-1964)

Neo-escolásticos.

Gemelli, A. (1878-1959)

Neo-escolásticos.

Germano, São (634-733)

Patriarca de Constantinopla (715). Anteriormente fora um dos promotores do Quinto/sexto Concílio de Constantinopla (692). Condenou a doutrina dos monotelitas e se opôs valentemente ao primeiro edito do imperador Leão III contra a veneração das imagens, vendo-se obrigado a abandonar sua sede de Constantinopla em 730.

A obra teológica e de controvérsia de São Germano é extensa. Escreveu um tratado *De haeresibus et synodis* e várias cartas dogmáticas. Ficaram célebres suas homilias em defesa do culto e devoção à Virgem Maria. Junto com São João *Damasceno, foi um dos grandes defensores do culto e veneração das imagens na longa luta iconoclasta.

Gerson, João (1363-1429)

Jean Charlier de Gerson, estudante e doutor em teologia pela Universidade de Paris, chegou a ser seu chanceler em 1391. Empreendeu uma grande atividade como homem de Igreja para pôr fim ao grande Cisma do Ocidente. Em 1415 participou como teólogo no Concílio de Constância, onde defendeu a superioridade do *Concílio sobre o papa. Pediu, mesmo assim, que os teólogos tivessem voz no Concílio junto aos bispos. Tomou parte na redação dos chamados "Quatro Artigos" de Constância. Sua denúncia sobre as proposições de J. Petit a favor do tiranicídio valeram-lhe o ódio do duque de Burgúndia, pelo que não pôde voltar a França até 1419.

Além de suas idéias teológicas sobre a "teoria conciliar", mas sem rechaçar a primazia do papa, Gerson continuou o nominalismo radical de *Ockham: nada é objetivamente bom ou mau. A bondade ou maldade dos atos depende exclusivamente da vontade de Deus. À doutrina tomista da graça contrapôs a nova corrente nominalista baseada na doutrina mística agostiniana. Dentre sua imensa produção literária, teológica e espiritual, destacam suas *Considerationes de theologia* *mystica speculativa; De theologia mystica practica; De perfectione cordis* e *Consolatio theologiae*.

A influência de Gerson, tanto na teologia quanto na vida espiritual e mística, foi enorme ao longo dos séculos XV-XVI.

BIBLIOGRAFIA: *Opera omnia*. Amberes 1706, 5 vols.; *Oeuvres complètes*. Ed. de P. Glorieux, 1960-1973, 10 vols.; J. B. Schawab, *J. Gerson*, 1958.

Gertrudes, Santa (1256-1302)

Mística alemã que nos deixou a sua experiência mística de oração e contemplação no livro intitulado *Legatus divinae pietatis*. Das quatro partes de que se compõe, parece que somente a segunda foi escrita por ela; as outras três foram compostas sobre a base de notas e escritos da santa.

O *Legatus divinae pietatis* é considerado como um dos livros mais belos do misticismo cristão. É um dos testemunhos mais primitivos de devoção ao Coração de Cristo.

Gide, André (1869-1951)

A presente análise não quer nem pode ser um estudo completo da complexa personalidade de Gide. Tendo como fundo sua vida e sua obra, tenta orientar a leitura deste escritor e moralista francês que recebeu o prêmio Nobel em 1947. E mais: é uma orientação para se descobrir sua atitude ante os valores morais e cristãos. A influência que esse autor teve na primeira metade do século e a "Consideração de grande humanista e moralista na grande tradição do século XVII francês" são as razões de sua presença aqui.

A obra literária de Gide sustenta-se sobre o argumento de si mesmo. É um relato pessoal da sua difícil e atormentada travessia pelos mares deste mundo. Em torno do tema de seu eu, escreveu as frases mais brilhantes e ambíguas: "Não sou mais que um menino que se diverte, e ao mesmo tempo um pastor protestante que o enfastia" (*Diário*, 1907). "Nunca soube instalar-me na vida. Sempre sentado de lado, como num braço de sofá: disposto a levantar-me, a partir." Em 1926 confessará, em meio a sua angústia, a sua procura de Deus: "O catolicismo é inadmissível; o protestantismo intolerável; e eu me sinto profundamente cristão", para acabar criando a sua própria ética, anulando seu sentido de culpa, e chegar a ser ele mesmo. Os que o conheceram e com ele conviveram viram nele a "inversão generalizada" incapaz de cumprir em si mesmo o "dever de ser feliz", "de amar e ser amado", primeira e última razão de sua vida e de sua obra. "Seria mais fácil caracterizá-lo como um caso de coquetismo absoluto, que iludiu todo compromisso, em especial o religioso, depois de desfrutar as emoções de uma vaga piedade panteística, de uma tradicional moral calvinista e de uma aproximação ao catolicismo... E também o compromisso político, limpando — *Retorno da URSS* — as possíveis implicações de uma viagem (1936) em que, na Praça Vermelha, havia descoberto, pela primeira vez, que 'o escritor não é um opositor'. Mas também não passando a um anticomunismo militante"

(José M.ª Valverde, *Historia de la literatura universal*, 8, 83s.).

A obra de Gide possui "a sugestão do narcisista, que atrai os demais porque somente está atraído por si mesmo — neste caso, atraído mas não absorto —; certamente, uma atração que deve muito à sua prosa nítida e equilibrada, que não parece esforçar-se para conquistar-nos" (*Ibid.*, 486-487). Sempre elusivo e automarginalizado, disponível somente para si mesmo, em 1891 e com o título *Cadernos de André Walter*, expôs suas tendências homossexuais. Procura a salvação de sua angustiada juventude no matrimônio com sua prima, a quem não desejava: "Teu corpo me coíbe e as possessões carnais me espantam". Sua tendência vai por outro lado, como nos lembra em *O imoralista* (1902). Através de suaves veladuras seminovelísticas, "aparece a pederastia em contraste com uma viagem ao mesmo tempo matrimonial, quase em branco, e cheia de afeto e angústia pela tuberculose que passa de um para outro".

O mais importante na obra de Gide é seu livro *Os alimentos terrestres* (1897). O autor incita um jovem, Natanael, a amar a terra, a vida e as coisas, em tom ao mesmo tempo sensual e religioso. Sua mensagem final: "Não te amarres em ti mais do que ao que sentes que não está em nenhuma parte mais do que em ti mesmo". A sua novelística incorpora uma enorme problemática religiosa e moral, como em *A porta estreita* (1909) e *A sinfonia pastoral* (1909). O tema de si mesmo o encontramos em *Coridon* (1923), onde defende suas inclinações e costumes, uma vez que sua mulher separou-se dele depois de conhecer sua inclinação. A partir dessa data, abundam seus escritos autobiográficos, sobretudo o seu famoso *Diário*, a mais sugestiva de suas obras e cheia de agudeza nas suas observações.

"Eu era bastante semelhante ao filho pródigo, que vai dilapidando grandes bens", escreveu Gide em 1932. De um ambiente puritano desejoso de vida pura e transcendente, primeiro junto à sua mãe e depois ao lado de sua mulher, o escritor passará a descobrir "os alimentos terrestres". "Eu continuo sendo filho desta terra", dirá no final de sua vida. Há em Gide uma constante *conversão* para a vida, o mundo e os sentidos. Acaba rompendo definitivamente com sua vida e com suas primeiras convicções cristãs.

"O que me entristece, aponta Charles Moeller, é a espécie de fervor 'apostólico' com que Gide propõe seu antiteísmo; ele dá a impressão de estar na posse de uma verdade derradeira a entregar aos homens... Parece que fazia, durante os últimos anos da sua vida, uma espécie de apostolado ao inverso. Ele aproveitava todas as ocasiões para tentar convencer os seus melhores amigos da verdade do seu ateísmo. Gide *sectário*, prosélito da descrença, ele que dizia não querer comprometer-se nem servir nenhuma ideologia! Na verdade, esta final metamorfose do nosso Proteu tem qualquer coisa de trágico" (Ch. Moeller, *Literatura do século XX e cristianismo*, I, 184s.).

BIBLIOGRAFIA: Obras em português: *Coridon; Os frutos da terra; Os moedeiros falsos; Paludes; A porta estreita; Se o grão não morre; A sinfonia pastoral* e outras; nos *Clásicos del siglo XX*. Plaza e Janés, Barcelona, 5 vols.; Ch. Moeller, *Literatura do século XX e cristianismo*. I.

Gil de Roma (1243-1316)

Nascido em Roma, entrou para os ermitãos de Santo Agostinho em Paris, terminando como arcebispo de Bourges (1295). Gil de Roma é um sólido filósofo e teólogo escolástico. Fez comentários sobre Aristóteles e *Pedro Lombardo. Escreveu tratados contra *Averróis, sobre os anjos e sobre o pecado original.

O mais conhecido e popular de seus livros é *De regimine principum,* escrito em 1285, e dedicado a seu discípulo, o futuro rei Filipe Belo, no qual estabelece os princípios do poder temporal do príncipe. Complemento desta obra é seu tratado *De summi pontificis potestate*. Nele se inspirou e se apoiou Bonifácio VIII para escrever sua famosa bula *Unam sanctam* (1302), que declara não haver mais do que uma "só Igreja, fora da qual não existe nem salvação nem perdão dos pecados".

Gilson, Etienne (1884-1978)

Dificilmente se pode resumir o trabalho de E. Gilson como filósofo tomista e como historiador, pesquisador e crítico da filosofia, teologia e espiritualidade medieval. A ele se deve, em parte, a renovação e o novo enfoque dos estudos atuais sobre a Idade Média. Graças a ele temos uma nova visão do que foi a ciência, a filosofia, a arte, a espiritualidade e a Igreja do período medieval.

Seus estudos sobre *filosofia medieval (A Filosofia na Idade Média,* ^{5}1982), sobre São *Boaventura, Santo *Agostinho, São *Bernardo, *Abelardo, *Dante, Santo *Tomás e o tomismo, sobre a filosofia e a mística cristã, fazem de E. Gilson um dos pensadores e pesquisadores mais sólidos da doutrina cristã.

Gnosticismo

Gnósticos.

Gnósticos (séc. II-III)

Escritos gnósticos ou literatura gnóstica. Durante os três primeiros séculos do cristianismo floresce uma literatura muito rica de autores. É a denominada *literatura gnóstica*, que tem como contrapartida a literatura agnóstica dos escritores alexandrinos e de outras escolas. O fenômeno destes escritos pode ser comparado ao atual "boom" das seitas. Como as seitas atuais, o gnosticismo e outras correntes de então organizaram uma propaganda muito eficaz e ganharam adeptos nas comunidades cristãs, valendo-se de uma interpretação do cristianismo baseada na gnose ou filosofia religiosa dos gregos. Além dos inimigos externos — o judaísmo e o paganismo

— os autores cristãos têm uns inimigos internos muito mais perigosos: o gnosticismo e o montanismo, que tratam de minar, por dentro, tanto a fundamentação espiritual e o caráter religioso do cristianismo, quanto sua missão e caráter universais.

As origens do gnosticismo devem ser procuradas na época helenística. Como conseqüência das conquistas de Alexandre no Oriente (334-324 a.C.), desenvolveu-se uma estranha mescla de religião oriental e de filosofia grega, conhecida como gnosticismo. Das religiões orientais tomou sua fé num dualismo absoluto entre Deus e o mundo, entre a alma e o corpo. Colocava a origem do bem e do mal em dois princípios totalmente diferentes, e procurava com ânsia a Redenção e a imortalidade. Da filosofia grega, o gnosticismo recebeu seu elemento especulativo. Assim, do neoplatonismo tomou a especulação sobre a Redenção e os mediadores entre Deus e o mundo; do neopitagorismo herdou um misticismo naturalista; e, do estoicismo, o valor do indivíduo e o sentido do dever moral.

O gnosticismo penetrou nas comunidades cristãs quando essas se estabeleceram nas grandes cidades. As diferentes seitas gnósticas trataram de elevar o cristianismo do nível da fé ao da ciência. A produção literária do gnosticismo foi enorme, principalmente no séc. II, e grande parte dela é anônima. É formada por muitos evangelhos apócrifos, cartas e feitos dos apóstolos. Sua enorme difusão e o caráter popular destes escritos fez estragos entre o povo. Mas também essa literatura gnóstica compreende tratados teológicos, compostos pelos mesmos fundadores de seitas e por seus discípulos.

Até há poucos anos, considerava-se perdida a maior parte dessa literatura. Em 1945 descobriu-se no Egito superior uma biblioteca gnóstica de 48 tratados, todos eles inéditos. Entre os numerosos autores gnósticos, resenhamos aqui os principais:

— *Basílides*, professor de Alexandria, que viveu durante o império de Adriano e Antonino Pio (120-145). Escreveu um Evangelho e um comentário do mesmo, chamado *Exegética*, que desapareceu. O resumo de sua doutrina é dado por Santo *Irineu (*Adv. haer.*, 1, 24, 3-4).

— *Valentim,* egípcio de nascimento e educado em Alexandria, instalou-se em Roma e ali propagou sua doutrina. De suas obras restam somente fragmentos de cartas, homilias. Alguns lhe atribuem algum tratado. Valentim teve muitos adeptos tanto no Oriente quanto no Ocidente. Merecem ser citados entre os seus inumeráveis discípulos: *Ptolomeu,* que escreveu uma *Carta a Flora*, sem dúvida a peça mais importante da literatura gnóstica que possuímos; *Heraclião,* o discípulo predileto de Valentim; *Florino,* contra quem Santo *Irineu escreveu duas cartas; Bardasanes, Harmônio, Teodoto e Marco são considerados também discípulos de Valentim no Oriente.

— *Marcião* é, sem dúvida, o autor gnóstico mais importante. Nascido em Sínope (Ponto), instalou-se em Roma próximo ao ano 140. Muito cedo começou a difundir suas idéias gnósticas, pelo que foi excomungado. Depois desse fato, Marcião formou a sua própria Igreja, com bispos, presbíteros e diáconos. Sua liturgia era muito semelhante à da Igreja Romana. Talvez por isso conseguiu mais seguidores do que as demais seitas gnósticas. São *Justino nos diz que a sua Igreja se "havia estendido por toda a humanidade".

A única obra que Marcião escreveu, *Antítesis,* perderam-se, assim como uma carta dirigida aos chefes da Igreja de Roma, na qual dava conta de sua fé. Conservam-se, não obstante, muitos fragmentos. Marcião rechaça o Antigo Testamento, e Cristo não é o Messias profetizado por ele. Não nasceu da Virgem, nem sequer em aparência. Manifestou-se de repente na sinagoga de Cafarnaum, e desde então manteve uma aparência humana que conservou até a sua morte na cruz. Derramando o seu sangue, redimiu todas as almas do poder do demiurgo. Os corpos não foram redimidos e continuam sob o poder do demiurgo.

Teve como discípulo *Apeles*, que lecionou em Alexandria e Roma. Segundo *Eusébio, nesta cidade teve uma discussão com Ródon, qualificada por *Harnack como "a mais importante disputa religiosa da história". Aqui está a relação do próprio Ródon: "O ancião Apeles, quando veio conversar conosco, ficou convencido de que havia muitas afirmações falsas. Desde então costumava dizer que não é necessário pesquisar a fundo o assunto, mas que cada qual deve permanecer em sua própria crença. Afirmava que todos os que depositam sua confiança no Crucificado serão salvos desde que perseverem nas boas obras. Mas, como dissemos, a parte mais obscura de suas doutrinas é o que dizia sobre Deus"... (Eusébio, *Hist. Ecles.*, 5, 13, 5-7).

BIBLIOGRAFIA: Sobre os primeiros gnósticos, ver J. Quasten, *Patrología*, I, 243-267; *Los evangelios apócrifos* (BAC), 3 vols. Os fragmentos gnósticos, em W. Volker, *Quellen zur Geschichte der christlischen Gnosis*. Tübingen 1932; A. Orbe, *Cristología gnóstica, introducción a la soteriología de los siglos II y III* (BAC), 2 vols.; *Los Gnósticos*. Introduções, traduções e notas de J. Montserrat Torrens. Gredos, Madrid, 2 vols.

González, Zeferino (1831-1894)

Neo-escolásticos.

Grabmann, Martin (1875-1949)

Grabmann é considerado um dos grandes historiadores e intérpretes da filosofia e da teologia medievais. De 1918 até a sua morte, foi professor de teologia em Munique. Seguindo os passos de H. S. *Denifle e outros historiadores da Idade Média, investigou a evolução da escolástica desde a época patrística. Seus estudos expuseram as mudanças e a evolução que oferecem as obras de Santo *Tomás, acentuando estes mais do que o esquema de um sistema fixo e imóvel.

Seu trabalho de teólogo e investigador ficou plasmado em seus estudos sobre Santo *Tomás, história da teologia católica, Santo *Alberto Magno etc. Como pesquisador deve-se a ele o descobrimento de manuscritos, edições críticas destes e numerosas e importantes correções e precisões de datas e autores medievais.

Graciano (c. 1140)

*Livros penitenciais.

Granada, Frei Luís de (1504-1588)

"Granada, que exerceu uma considerável influência em toda a Europa, com sua mescla de atitude popular e técnica clássica, com um sentido ingênuo e bondoso da religiosidade, figura com traços inconfundivelmente pessoais entre os quatro ou cinco ápices de nossa mística ascética e entre os primeiros que pode oferecer qualquer outra literatura." Andaluzo, granadino, cheio de imaginação e de sentido fino e detalhista; de origem humilde, filho de uma lavadeira, tudo o predispunha a uma atitude franciscana diante das coisas; bom, crédulo, demasiado confiante nos homens, quase ingênuo. Por sua formação dominicana, conservou uma disposição sistemática das grandes obras de procedência tomista, aristotélica, mas seu espírito estava mais próximo de Santo *Agostinho e de Platão. Há em suas obras muitas citações de Santo *Tomás, porém, não menos de Santo Agostinho. Sua atitude diante da natureza, em cujas obras vê um reflexo da beleza e bondade de Deus, é essencialmente franciscana.

— Desse amor a toda a natureza nasce sua fervorosa religiosidade: amável, franciscana também: "Senhor, Deus meu, nada deseja mais minha alma do que amar-vos". Seu dom da palavra e dotes oratórios — foi comparado a Cícero e a São João Crisóstomo — põe a serviço da fé e da doutrina cristã. Antes de tudo, Frei Luís de Granada foi um pregador, ministério que exerceu durante toda a sua vida, inclusive desde que se instalou em Portugal. Ainda em 1581, Filipe II escreveu a suas filhas: "Por ser tarde, não tenho tempo de dizer-vos mais, senão que ontem pregou aqui, na capela, Frei Luís de Granada, e muito bem, embora seja muito velho e sem dentes".

— Complementos dessa prédica são as obras escritas que nos deixou e pelas quais é considerado um verdadeiro mestre espiritual: *Introdução ao símbolo da fé; Livro da oração e da meditação* e *Guia de pecadores*.

— Toda a primeira parte da *Introdução ao símbolo da fé* (1583-1586), sua obra mestra, é um comentário às belezas das coisas criadas, para nos elevarmos por elas ao conhecimento de Deus. Frei Luís de Granada baseia-se em Plínio, em Eliano, em passagens da Bíblia, para falar-nos de certas propriedades dos brutos, mas, ao lado de seus comentários pessoais a tais textos, acrescenta muitas impressões próprias de sua observação. Todas as belezas da natureza são motivo para aproximar-nos do Criador, e Frei Luís não faz outra coisa do que "filosofar neste grande livro de criaturas". Tão evidente é o sinal de Deus em todos os seres da natureza que, como Santo Agostinho, antes duvidaria de haver alma em seu corpo do que "duvidar se há Deus neste mundo". Em seus argumentos combina e vai dosando os testemunhos dos padres com os filósofos, principalmente de Cícero e Sêneca, de Santo Tomás e de Aristóteles. Não em vão foi um homem do Renascimento.

A 2ª parte do livro refere-se às excelências da fé católica e à história de diversos mártires com o triunfo da religião de Cristo sobre a idolatria. A 3ª parte toca o mistério da redenção. A 4ª trata do mistério da redenção pelas profecias que o anunciaram e pelas objeções que possa suscitar. Na 5ª parte resume as anteriores. Obra teológica prolixa, repetitiva às vezes, de muito discutido valor literário. A verdadeira obra mestra do escritor amante da natureza encontra-se na 1ª parte. As outras, bem inferiores em conjunto, apresentam, contudo, fragmentos e detalhes de indubitável formosura.

— O *Livro da oração e da meditação* é fruto da piedade efusiva do dominicano. Sua meditação centra-se nos mistérios da vida e paixão de Cristo desde o nascimento até depois da morte.

— A principal obra ascética de Frei Luís de Granada é o *Guia de pecadores* (1556). É um tratado completo de ascética, em que aponta o caminho que leva a Deus, os meios que temos e os perigos que nos espreitam. Para empreender esse caminho até Deus, coloca-se diante de nós a excelência da virtude e do serviço de Deus.

— Com esses livros, o padre Granada transformou-se num clássico que nos transmite de forma amena e sólida a doutrina de Cristo.

BIBLIOGRAFIA: *Obra selecta de Frei Luís Granada*. Seleção de textos (BAC); Álvaro Huerga, *Fray Luis de Granada. Una vida al servicio de la Iglesia* (BAC). Madrid 1990.

Gratry, Auguste (1805-1872)

Filósofo e pensador religioso com grande influência no pensamento católico francês da segunda metade do século XIX. Deixou uma obra abundante de filosofia religiosa: *Do conhecimento de Deus* (1853); *Do conhecimento da alma* (1857); *A filosofia do credo* (1861); *A paz* (1861); *Comentário ao evangelho de São Mateus* (1863); *A moral e a lei da história* (1868); *Recordações da minha juventude* (1874).

A doutrina filosófica de Gratry, com ressonâncias em *Blondel e outros filósofos modernos, insiste nestes pontos: a) Uma alma completa é a primeira condição para uma filosofia válida e fecunda, porque não se pesquisa somente com o entendimento, mas com todo o ser. b) Todas as filosofias contemporâneas — fideísmo, positivismo, neocriticismo, neo-hegelianismo etc. — são expressões de um pensamento parcial, afastado do que deve constituir o *humus* e o horizonte do pensamento. c) A filosofia coleta as contribuições de todas as ciências, é o ideal da ciência comparada. d) Admite a solidez e o valor das provas da existência de Deus, mas as integra e completa numa perspectiva de sugestão vital. Para comprovar a existência de Deus, apela ao "sentido divino", de função análoga ao "sentido externo" que nos testemunha a realidade exterior. A culminação da metafísica é a teodicéia, onde encontram seu único ponto de referência e sua única fonte, as normas e diretrizes de nossa vida e as leis que iluminam a história. e) A fé sobrenatural é o complemento legítimo, se bem que gratuito, de nosso horizonte. A verdade cristã garante a paz da inteligência e do coração, conferindo-lhes, com a possessão de Deus, uma felicidade tão abundante e sublime que quase se pode identificar com a da visão beatifica. f) No campo social, a fé liga os homens mais estreitamente entre si e os faz conscientes de participar num projeto comum mais elevado.

Gratry restaurou o Oratório na França e foi um dos pensadores cristãos mais sólidos de seu tempo.

BIBLIOGRAFIA: Julián Marías, *La filosofía de P. Gratry*, em *Obras*, II.

Greene, Graham (1904-1991)

Novelista inglês, criador de um mundo originalíssimo de idéias e de personagens. Foi qualificado como "narrador de problemas", e "fabulador do mundo moral e do pecado". Convertido em 1926 ao catolicismo, educou-se na Universidade de Oxford. Depois de um breve período como jornalista no "Times" de Londres, começou sua carreira de escritor e crítico em 1929. Durante 60 anos foi-nos dando uma rica galeria de intrigas e de personagens em forma de novelas de suspense, de entretenimento, de dramas e de artigos, entrevistas etc.

"As histórias contadas por Graham Greene são aparentemente profanas; nunca o novelista lhes deu aquela demão que orienta o tema num sentido edificante; vários romances seus lêem-se como histórias policiais. A técnica cinematográfica empresta aos sucessivos quadros um incomparável poder de sugestão. Uma atmosfera opressiva paira sobre cada livro: o calor úmido do México, a luxúria melancólica de Brighton, o Expresso do Oriente lançado através da Europa, com o seu carregamento de destinos cômicos ou trágicos, a frialdade matemática de Estocolmo, a nudez quente e putrefacta da Serra Leoa.

O leitor mais desatento adivinha contudo que para além do drama aparente se desenrola outro; uma espécie de contraponto oculto, de estranha ressonância aos menores gestos, nas mais insignificantes palavras. Logo se percebe que a atmosfera é habitada por outra presença, a do mal e do pecado" (Ch. Moeller, *Literatura do século XX e cristianismo*, I, 291).

Como compreender G. Greene? As leituras e interpretações, que a cada dia se fazem deste escritor inglês, deixam-nos perplexos. É simplesmente um escritor de novelas policiais? É um revolucionário simpatizante do comunismo? É, por outro lado, um escritor ou novelista católico? Essas e muitas outras perguntas se fazem, a cada dia, inumeráveis leitores do todo o mundo. Onde está sua originalidade e qual é a diferença que faz deste autor único e diferente de todos? Talvez a resposta a tudo isto a encontremos numa frase atribuída ao próprio G. Greene: "Gostaria de ser conhecido antes como um católico novelista, do que como um novelista católico". O mundo de G. Greene é um mundo caído, e nele está onipresente o mal. A obsessão de Greene é a presença de Satanás: "a graça, a bondade, o poder de Deus estão de tal modo submersos no oceano do mal, que Deus parece morto, crucificado mais uma vez num mundo cego e perverso; seus cristãos ficam a tal ponto fascinados por essa 'morte de Deus', que se sentem esmagados; não são santos; por vezes menos que homens. A impotência aparente de Deus manifesta-se nesses romances, com uma força nunca igualada até agora. A tentação maior é o desespero diante do silêncio de Deus" (Ch. Moeller, *o. c.*, I, 291-292).

Rara é a obra em que não aparece um tema

moral e religioso, do tipo político, social ou simplesmente humano. Assim, em *O poder e a glória* (1940) aparece um sacerdote mexicano, bêbado e com um filho, na época das perseguições anticlericais em seu país, que aceita o risco de morte por auxiliar um moribundo. Em *O revés da trama* (1948), o desenvolvimento religioso e moral resulta um tanto paradoxal: um homem, abandonado por sua mulher e unido a uma jovem também abandonada, não quer se separar dela, mas também não quer deixar de receber a comunhão, e sua escapatória para evitar a continuação do sacrilégio é o suicídio, confiante na misericórdia divina. *Fim de caso* (1951) apresenta o caso curioso de uma mulher que teme que seu amante adúltero tenha morrido num bombardeio. Isto a leva a prometer a Deus, em quem talvez já não acredita, renunciar a ele se ainda estivesse vivo: assim se cumpre, e nas folhas de seu diário começa a crescer a presença de um "Outro", o Deus possível, rival especialmente temível para um amante mortal. Encontramos a temática da fé e da moral em quaisquer de suas novelas. Célebre e discutida é a sua comédia *O quarto de estar* (1953), onde problemas de moral matrimonial fazem aflorar problemas de fé.

Provisório e, logicamente, não definitivo nem dogmático deve ser o juízo sobre a obra literária de Greene. Também não se pode reduzir sua obra numa única mensagem. São muitas as leituras. Mas uma coisa é certa: Graham é o "mártir da esperança". O silêncio de Deus é a paz de Deus; a ausência de Deus, a sua presença mais profunda; e no fundo do crime, a misericórdia lança suas chamas mais prementes. "A obra de Greene, conclui Ch. Moeller, nada mais é que um comentário das palavras divinas: 'Não julgueis'. Não julgueis o mundo que vos parece abandonado por Deus: ele está habitado por Deus. Não julgueis a humanidade que, aparentemente, matou Deus; ela foi salva por Deus. Não julgueis a derrota de Deus, espezinhado em instituições que se entregam a Satanás, zombando da debilidade dos seus sacramentos; o poder e a glória de Deus estão ali presentes" (*o. c.*, I, 339).

BIBLIOGRAFIA: Muitas das obras de G. Greene estão traduzidas para o português: *Os farsantes; Fim de Caso; O homem de muitos nomes; Um lobo solitário; O poder e a glória; Os planetas interiores; O décimo homem* e outras. Ch. Moeller, *Literatura do século XX e cristianismo*, I; L. Durán, *Las crisis del sacerdote en Graham Greene* (BAC).

Green, Julien (1920-)
*Literatura atual e cristianismo.

Gregório XVI (1765-1846)
*Syllabus.

Gregório de Nissa, São (335-395)

A personalidade de Gregório de Nissa destaca-se entre os demais capadócios por sua sistematização doutrinal da fé cristã sobre a base de um encontro substancial com a filosofia grega, principalmente platônica. Torna a repetir o empenho de *Orígenes de iluminar a fé com a grande filosofia grega.

Nascido em Cesaréia de Capadócia, seguiu bem de perto os passos e as lutas dogmáticas de seu irmão São *Basílio Magno, e de São *Gregório Nazianzeno. Começou como professor de retórica, e depois, próximo de 360, passou ao estudo da teologia e da vida monacal sob a inspiração e guia de seu irmão Basílio. Em 372 foi consagrado bispo de Nissa, mas prontamente foi acusado e deposto por instigação de Valente, até que, na morte deste, foi chamado pelo povo à sua sede episcopal. A partir desse momento, entregou-se a seu trabalho como bispo e em várias missões de frente, pela pacificação das Igrejas da Transjordânia. Em 381 tomou parte no II Concílio Ecumênico de Constantinopla, onde foi reconhecido pelo imperador Teodósio como um dos grandes defensores da comunhão ortodoxa. Foi considerado, desde então, o maior defensor da fé católica contra os arianos.

Gregório de Nissa foi, antes de tudo, um homem de estudo, um teólogo. Sua principal obra é o *Grande discurso catequético*, em que, de forma sistemática, mostra o lugar dos sacramentos na restauração da imagem de Deus na natureza humana perdida pelo pecado de Adão. Escreveu também um tratado *Contra Eunômio*, outros dois *Contra Apolinário*, tratados e diálogos *Contra os gregos, Sobre a fé, Sobre a Trindade, Sobre a alma e a ressurreição*. Destaca-se também seu labor exegético, principalmente no *Apologético* sobre o *Hexámeron* e a *Criação do homem*.

Uma das facetas mais pessoais de São Gregório de Nissa são os seus escritos ascéticos e místicos. Citemos, por exemplo, a *Vida de Macrina*, sua irmã; o tratado *Da virgindade*, e principalmente sua obra mística *Vida de Moisés*. A travessia do deserto realizada por Moisés é modelo do progresso da alma através das tentações do mundo para chegar a Deus. Uma de suas idéias fundamentais neste ponto é que a perfeição não é estática, mas está em constante crescimento. Completa-se seu labor pastoral nas cartas e sermões, destinados a celebrar os santos de Capadócia, ou abordar os problemas de ordem dogmática e moral próprios de seu tempo.

— Em São Gregório de Nissa tornamos a encontrar toda a temática dos padres capadócios e das formulações de *Orígenes: doutrina sobre a Trindade já expressa em termos que seriam o ponto de partida para a teologia posterior; doutrina sobre a natureza de Cristo, sobre a fé da Igreja, sobre os sacramentos etc. Particular interesse oferece sua doutrina sobre a criação do mundo e a criação do homem, esta "por um ato de amor superabundante". O homem é um microcosmos, e é também imagem de Deus. Seu tributo fundamental é a liberdade. Sem liberdade não haverá virtude, nem mérito, nem pecado. Somente na liberdade está a origem do mal. O corpo não é um mal, nem a causa do mal, porque é uma criação de Deus. O mal está em nosso interior e consiste no desvio do bem devido ao livre-arbítrio. Pelo pecado, o homem perde sua condição de imagem e semelhança de Deus.

— Para dirigi-lo em seu caminho de retorno ao ideal primeiro, tal como saiu o homem das mãos de Deus, foi necessária a encarnação do Logos. A natureza divina uniu-se à humana como a chama se une ao corpo inflamável, ou como a alma supera os limites de nosso corpo e se movimenta livremente com o pensamento através da criação inteira. A redenção de Cristo transformará os homens e os conduzirá novamente à sua condição primeira.

— "Pela encarnação e redenção de Cristo, toda a natureza, e principalmente todo o homem, chegará à *apocatástasis*, à reconstrução da condição feliz" (*Or. Cath.*, 10). "Até o inventor do mal, isto é, o demônio, unirá sua própria voz no hino de gratidão ao Senhor" (*Ibid.*, 26). Com a ressurreição do corpo, o homem entra no conhecimento místico de Deus, o êxtase. Este paira por cima das aparências e da própria razão. O *ver* consiste em *não ver*, já que a energia divina é inconcebível e inefável.

Gregório de Nissa: a) representa a expressão máxima da especulação cristã dos primeiros séculos, acima, inclusive, de Orígenes. b) A doutrina cristã tem nele sua primeira sistematização doutrinal, sobre o fundamento de uma filosofia grega, particularmente platônica e neoplatônica. c) Fez avançar a teologia trinitária, e do mesmo modo que os demais capadócios não conseguiu explicar satisfatoriamente a unidade (essência) das pessoas com sua diversidade (individualidade).

BIBLIOGRAFIA: *Obras:* PG 44-46; Quasten, *Patrología*, II, 267s.; de J. Daniélou (SC 1, 1956).

Gregório de Tours, São (540-596)

São Gregório, bispo de Tours desde 573, passou à história literária por duas obras fundamentais. A primeira e mais valiosa é a sua *Historia*

Francorum. Começou a escrevê-la em 576 e cobre um longo período, desde a criação do mundo até o ano 591 de nossa era. É particularmente detalhista nos últimos vinte anos, em que relata fatos recentes da história da França. A *Historia Francorum* é de capital importância para a história da Igreja e da França.

De menor peso documental é o seu *Miraculorum libri*, uma série de relatos hagiográficos nos quais abunda o milagroso e o sobrenatural. Iniciou também a literatura hagiográfica, tão em moda ao longo da Idade Média.

Gregório Magno, São (540-604)

Nasceu em Roma e morreu nessa mesma cidade. Passou à história como o arquiteto do papado medieval. Papa de 590 a 604, é reconhecido como um eminente teólogo, administrador e reformador social, litúrgico e moral. Considerado o último doutor da Igreja latina, tratou de modelar as idéias agostinianas de *A cidade de Deus* numa sociedade que cristalizaria, mais tarde, no que hoje conhecemos como cristandade. Seria uma *societas reipublicae christianae*, onde a autoridade secular estaria submetida à autoridade eclesiástica.

São conhecidas as suas facetas de monge — fundou sete mosteiros —, de reformador e de missionário. Foi o grande impulsor da vida monástica iniciada por São *Bento. Em 596 iniciou um dos grandes feitos de seu pontificado, enviando missionários à Inglaterra, de onde mais tarde partiriam São Wilibrordo e São Bonifácio para a evangelização do centro da Europa.

Menção especial merece seu trabalho como administrador e organizador da Igreja. Sem nunca renunciar à sua condição de monge, consolidou o patrimônio de Pedro, chegando a ser, sem perceber, o fundador do que se conheceria mais tarde como Estado Pontifício e da autoridade temporal do papa. Mas sempre pensou que o patrimônio de Pedro deveria estar a serviço imediato da Igreja e dos pobres. Entendeu seu governo como serviço da caridade sobre a autoridade. Assim o demonstra o epitáfio de sua tumba: *Cônsul de Deus*.

A atividade pastoral de São Gregório Magno está registrada no *Registrum epistolarum*, coleção de suas cartas oficiais. Como bom romano, a característica de Gregório é sua praticidade. Seus escritos em geral carecem de originalidade especulativa. Sua formação eclesiástica não foi tão extensa e profunda como a dos padres capadócios. Não captou, como esses, os valores característicos da cultura e da arte. Sua fonte é o sentido organizativo e prático. Daí sua preocupação com o encaminhamento da vida monástica, a formação do clero e do povo, a reforma da Missa e do canto chão, conhecido como canto gregoriano. Daí também sua preferência pela parte prática da teologia: valor dos milagres, exemplos da vida dos santos, a doutrina do purgatório e a conseguinte satisfação com as Missas chamadas *gregorianas* etc.

Três de suas obras exerceram uma influência decisiva no pensamento e na práxis posterior da Igreja: 1) *Liber regulae pastoralis*, conhecido como a *Regra pastoral,* que se transforma no guia espiritual e prático dos bispos da Idade Média. 2) *Os diálogos* sobre a vida e milagres dos primeiros santos da Igreja na Itália. Destaca a vida de São *Bento. 3) *Moralia in Job*, o texto clássico por excelência e encontro obrigatório sobre a moral e interpretação bíblica, que marca um caminho na história da moral cristã. Figuram também entre suas obras duas coleções de homilias sobre os evangelhos e sobre Ezequiel.

A importância de Gregório consiste em ter procurado conservar, num período de decadência total da cultura, as conquistas dos séculos anteriores.

BIBLIOGRAFIA: *Obras de san Gregorio Magno*. Regra pastoral. Homilias sobre a profecia de Ezequiel. Quarenta homilias sobre os evangelhos (BAC).

Gregório Nazianzeno, São (330-390)

Amigo pessoal de São *Basílio, sua vida correu paralela à deste último: monge, bispo, pregador e escritor. Nascido em Nazianzo, foi educado em Cesaréia, Alexandria e posteriormente em Atenas, onde conheceu São Basílio. Primeiro monge e depois bispo de Sásima e de Constantinopla (379), sua incapacidade para governar obrigou-o a se retirar para a vida solitária e dedicar-se ao trabalho literário. Morreu em Arianzo.

Os traços mais característicos de sua vida são sua fidelidade e colaboração com a obra de São Basílio, sua luta contra o arianismo e semi-arianismo e os imperadores *Juliano e Valente, defendendo a doutrina trinitária tal como ficou expressa em "o credo comumente chamado de Nicéia"; sua doutrina contra o apolinarismo, na qual defende a integridade da natureza humana em Cristo.

A obra literária de Gregório Nazianzeno compreende discursos, cartas e poesias. Em colaboração com São Basílio devemos situar sua primeira obra chamada *Filocalia,* uma antologia do pensamento teológico e devocional tomado das obras de *Orígenes. De seus *sermões,* que ele chama de *Orações teológicas,* que lhe valeram o título de "teólogo", destacam-se 5 dos 45 que conservamos. São os que vão do número 27 ao 31. Foram pronunciados em Constantinopla e destinados a justificar a doutrina trinitária contra o ariano Eunômio e o semi-ariano Macedônio. Suas numerosas cartas, com um estilo bem cuidado, aludem a sucessos de sua vida, a seus parentes. Somente a última se refere a questões teológicas.

O restante de seus escritos, as poesias, são de caráter polêmico. Há um longo poema autobiográfico conhecido como *Carmen de se ipso,* e muitos pequenos poemas de escasso valor poético. São dirigidos especialmente contra os apolinaristas.

O valor de São Gregório está vinculado, como nos padres capadócios, à sua luta contra o arianismo; a defesa da fé de Nicéia, principalmente na sua afirmação trinitária e cristológica, sua eloqüência posta a serviço da causa comum da Igreja: entre seus ouvintes teve uma testemunha de exceção, o jovem estudante da Bíblia: São Jerônimo; e finalmente seu sentido da paz e da concórdia, que o levou a renunciar a seu bispado em Constantinopla. Para sermos completos, teríamos de aludir à sua incapacidade para o governo e cuidado pastoral, ainda que as condições e circunstâncias que o rodeavam não fossem nada favoráveis.

BIBLIOGRAFIA: *Obras:* PG 35-38; J. Quasten, *Patrología,* II, 251s., com a bibliografia e textos ali citados.

Grócio, Hugo (1583-1645)

Jurista e teólogo holandês, criador do "jusnaturalismo" e um dos "pais do direito internacional". Pertencente à corrente teológica armênia e de estilo pacífico e liberal, Grócio escreveu duas obras fundamentais: *De veritate religionis christianae* (1622), um manual de teologia prática para os missionários. Nele destacam-se duas tendências: a) o apoio a uma teologia natural concebida desde a natureza e a razão; b) a superioridade do cristianismo sobre as outras religiões.

Mas sua obra mais famosa é *De iure belli et pacis* (1625). Nela: a) separa o direito da teologia; b) estabelece os princípios da justiça e do direito sobre a base inalterável da lei natural (jusnaturalismo); c) essa lei nasce do homem como ser social. Em questões religiosas, Grócio manifestou opiniões a favor da tolerância, mas esta não consiste num "deixar fazer", mas no respeito à lei civil, fundamentada na lei natural.

BIBLIOGRAFIA: *Opera omnia theologica.* Amsterdã 1679, 4 vols.

Groote, Gérard (1340-1384)

*Tomás de Kempis.

Guardini, Romano (1885-1968)

Esse professor ítalo-germânico é um dos grandes valores do pensamento atual cristão. Nascido em Verona (Itália), viveu toda a sua vida de docência e magistério na Alemanha. Realizou seus estudos em Tubinga e Friburgo, onde se doutorou em teologia em 1915. Em 1923 passou a explicar a filosofia da religião em Berlim, sendo privado da cátedra pelos nazistas em 1939. Desde 1945 professou a mesma disciplina em Tubinga e Munique (1948).

A vida e a atividade de Romano Guardini têm sido a de um extraordinário e sábio professor. Sua numerosa obra persegue uma interiorização psicológica e poética de fundamento teológico, ao mesmo tempo que uma visão unitária e total da existência humana. A concessão do prêmio Erasmo, em 1961, foi o reconhecimento a um homem e à sua obra que contribuíram com a reconstrução da Europa na *pax christiana* e na cultura clássica. Permanecem para sempre as suas obras como *O espírito da liturgia* (1918), sem dúvida, o livro que mais contribuiu para fomentar o movimento litúrgico anterior ao *Vaticano II. Seguem-lhe: *O universo religioso de Dostoiesvski* (1933); *Consciencia cristã. Ensaios sobre Pascal* (1935); *O Senhor. Considerações sobre a pessoa e a vida de Cristo* (1937); *Essência do cristianismo* (1839); *Conhecimento da fé* (1944); *A mãe do Senhor* (1954).

Através de seus livros e conferências, Guardini fez da teologia e do pensamento cristão uma forma original, cheia de sensibilidade e de cultura, para aproximar-se do homem culto de hoje. Como P. Lippert, K. *Adam e outros, Guardini permanecerá como o renovador culto do pensamento cristão que prepara o caminho para o Concílio Vaticano II.

Guéranger, Prosper (1805-1875)

Monge beneditino vinculado à restauração do movimento litúrgico na França durante o século XIX. Desde a abadia de Solesmes, que ele comprou e restaurou (1832-1837), realizou um amplo movimento de renovação litúrgica, que se difundiu por toda a França e envolveu toda a Igreja. Solesmes transformou-se no centro mundial de estudo e piedade litúrgica, que atraiu tanto o povo quanto as elites cultas e os escritores. Parte dessa renovação foi motivada pelo estudo das fontes litúrgicas e pela interpretação do *canto gregoriano*.

Guilherme de Champeaux (1070-1121)

*Abelardo, *Vítor, Escola de São.

Gutiérrez, Gustavo (1928-)

*Libertação, Teólogos da.

Guyon, Madame (1648-1717)

*Fénelon; *Quietismo.

Hales, Alexandre de (1186-1245)

É conhecido como o "doctor irrefragabilis". Estudou artes e teologia em Paris, onde se doutorou em 1220. Tornou-se frade franciscano em

1236, mantendo sua cátedra na Universidade de Paris. É considerado o fundador da escola franciscana de teologia, e um de seus méritos é ter sido mestre de São *Boaventura.

A *Summa Theologica* que se atribui a ele é sua só em parte.

Häring, Bernhard (1912-)

Nasceu em 1912 em Böttingen (Alemanha). Ordenado sacerdote em 1937, participou como soldado enfermeiro na frente russa na II Guerra Mundial (1940-1945). Terminada a guerra, obteve o doutorado em teologia em Tubinga. Desde 1949 dedicou-se ininterruptamente ao estudo e à docência da teologia moral. Ao final do curso acadêmico, 1987-1988, deu sua última lição na Academia Alfonsiana de Roma. Desde 1988, reside em Gars, povoado próximo de Munique.

O nome de Häring está vinculado, indissoluvelmente, à renovação da teologia moral católica. O que fizeram, em princípios do séc. XX, P. Lippert, R. *Guardini, K. *Adam no campo da teologia dogmática, fez ele uns anos mais tarde no terreno da teologia moral. Sua tentativa foi redescobrir uma moral bíblica em torno da idéia da imitação de Cristo. O repúdio a uma moral casuísta e ao juridicismo foi o que o guiou em seu esforço para recriar uma moral católica. Esse repúdio é dirigido contra o moralismo e propõe uma superação do formalismo e do legalismo para dar a primazia ao amor, que é a vida com Cristo e em Cristo. Resgata para a moral cristã o *personalismo* como relação da pessoa com o tu, com o tu absoluto: Deus.

Realiza essa volta ao enfoque essencial da moral em sua obra fundamental *A lei de Cristo. Teologia moral para acerdotes e leigos* (1954), que o transforma num dos pais da nova teologia moral católica. Por sua concepção, estrutura e estilo, a obra conseguiu interessar a grandes setores do mundo eclesiástico, apesar de seus três grossos volumes. As edições sucederam-se ininterruptamente ao longo desses 40 anos, tanto em alemão quanto em suas traduções para as línguas cultas.

Seus esforços para conseguir uma síntese vital entre a moral e a vida, partindo da superação da dicotomia existente entre o dogma e a moral, cristalizam-se nestas coordenadas:

1. *Uma moral do credo*. Häring parte do mistério da salvação, que ele resume na palavra central da Bíblia: "Basiléia", o reino. Este expressa tanto o domínio quanto o reinado de Deus, não pela força, mas pelo amor. A autenticidade bíblica deste conceito, seu conteúdo existencial, universal, missionário e escatológico, dá estrutura e forma à moral de Häring, tranformando-a em "boa notícia", termo que repete constantemente. Dentro desta síntese destaca a *espiritualidade* no esquema da teologia moral. O objeto da moral não são os pecados; seu núcleo central deve ser o amor direcionado à perfeição ou à "imitação de Cristo até copiá-lo".

2. *Uma moral da vida*. Na moral de Häring, fé e vida estão sempre unidas. Sua teologia moral tem muito de existencial, porque a encarna como ciência de "Deus em relação comigo". A moral "não pode ser exercida" em forma neutra ou sem se comprometer. Daí: a) seu conceito integral da *pessoa*. O homem deve ser visto inserido na realidade de seu "contexto social": ambiente e comunidade; b) da *responsabilidade*. O homem é pessoa. Por isso lhe vem o que por si e de si responda.

3. *O chamado de Cristo*. Somente há uma resposta quando antes há um chamado. A partir desta idéia central de responsabilidade, ramifica-se a teologia moral de Häring em torno de dois grandes núcleos: o chamado de Cristo e a resposta do homem. Em torno deste chamado de Cristo e à resposta do homem, oferece Häring todos os temas cristãos da moral cristã: a consciência, a liberdade, a lei, o pecado, a conversão, os mandamentos etc.

Esse magistério de Häring através de sua obra central *A lei de Cristo* (Herder, 1960), ampliada e refundida em suas últimas edições sob o título de *Livres e fiéis em Cristo* (Paulinas), ampliou-se ao longo dos anos em quatro frentes fundamentais: a) Publicações de livros e colaborações em revistas científicas e populares. Häring escreveu mais de 40 obras sobre os diversos problemas morais. Mencionamos algumas: *Força e fraqueza da religião; Cristão e o mundo; O matrimônio em nosso tempo; A mensagem cristã e a hora presente* etc. b) Cursos e conferências a grupos especializados e a religiosos e seculares de toda classe e condição, praticamente em todas as partes do mundo. c) Seu trabalho docente na "Academia Alfonsiana", em contato direto com milhares de sacerdotes e educadores ao longo de 40 anos. d) Finalmente, mas não em último lugar, Häring foi um impulsor do espírito e da obra do Concílio *Vaticano II. Sua participação ativa e direta no Concílio, em concreto na redação da *Gaudium et Spes,* posteriormente no debate gerado em torno da *Humanae Vitae* de Paulo VI, e em geral em toda a renovação pós-conciliar da teologia moral fazem dele o pioneiro e o impulsor do movimento renovador no campo moral do espírito do concílio.

Somente resta dizer que, apesar do reconhecimento unânime e universal que seu trabalho obteve, ou talvez por isso, sua pessoa e sua obra viram-se submetidas recentemente a um "processo doutrinal" por parte da Congregação da Doutrina da Fé (1975-1979). Conta os pormenores em seu último livro de caráter autobiográfico: *Fé, história e moral*. Esse processo doutrinal é a raiz da crise da *Humanae Vitae* em 1968. Recrudesce quando em janeiro de 1989 escreveu um artigo, pedindo ao papa uma reconsideração da doutrina oficial sobre a contracepção.

BIBLIOGRAFIA: Grande parte da obra de B. Häring foi traduzida em português por diversas editoras, por exemplo: *É tudo ou nada* e *É possível mudar* (Ed. Santuário); V. Schurr-Marciano Vidal, *Bernardo Häring y su nueva Teología Moral Católica*. PS, Madrid 1989.

Harmônio (séc. II)

Gnósticos.

Harnack, Adolf (1851-1930)

Historiador e teólogo da chamada "escola liberal" alemã. Depois de ter passado por várias universidades, exerceu o magistério na Universidade de Berlim de 1889 a 1921. Considerado o melhor especialista de sua época em temas patrísticos do período anterior a Nicéia (325), provocou a oposição de grande parte das Igrejas cristãs por sua interpretação dos evangelhos, da figura de Jesus, assim como do dogma e da moral cristã.

A obra mais volumosa de Harnack é a *História do dogma* (1886-1889). Seus três volumes originais cobrem a história do cristianismo desde as origens até depois da Reforma. Nela expõe suas teorias sobre a história do cristianismo: a) O evangelho foi corrompido pela influência da filosofia grega, e mais concretamente pela "helenização" subseqüente. b) A religião simples de Cristo foi trocada por Paulo em "religião sobre Cristo". c) Essa religião sobre Cristo sofreu uma transformação ulterior no dogma da Encarnação do Filho de Deus.

Harnack resumiu seu pensamento sobre o cristianismo numa série de conferências populares que se publicaram depois com o título de *A essência do cristianismo* (1898-1900). Do ponto de vista histórico, Harnack estuda a figura de Cristo e sua mensagem. Distingue o medular do evangelho e o acrescido ao longo do tempo. Resume a essência do evangelho nestes pontos: a) Cristo anunciou o Reino de Deus e sua vinda. b) Deus é Pai. c) O mandamento do amor constitui a suprema lei e santidade.

Tudo o mais não é essencial à mensagem do Evangelho é "um adendo da história". Tal é, por exemplo, a poluição do evangelho pela filosofia grega, a asfixia da liberdade evangélica pelo legalismo eclesiástico e a fossilização da mensagem viva num dogma imutável. Porém, apesar de tudo, a doutrina do evangelho continua viva e chega até nós.

Foi enorme a influência de Harnack na "escola liberal" e em geral no mundo científico leigo. Popularizou a imagem do Jesus histórico desprovido de todo halo sobrenatural e fez da teologia uma simples narração histórica.

Hecker, Isaac Thomas (1819-1888)

Nascido em Nova York e convertido ao catolicismo em 1844. Em 1845, ingressou no noviciado com os Redentoristas na Bélgica, e voltou aos Estados Unidos em 1851. Dificuldades com os superiores da congregação o levaram a pedir a dispensa dos votos em 1857. Anos mais tarde, fundou a congregação dos "Paulistas", instituto muito difundido na América do Norte e caracterizado por sua atividade apostólica em várias frentes.

O padre Hecker esteve envolvido na corrente do "americanismo", condenado em 1899 por *Leão XIII. O "americanismo" procurava, entre outras coisas, a adaptação da vida da Igreja à cultura moderna. Exaltava as chamadas "virtudes ativas" e apenas diferenciava o catolicismo das demais confissões cristãs. A biografia do padre Hecker com o título de *O padre Hecker é um santo,* transformou-o num dos missionários mais destacados da América do Norte atual.

Hegel, Georg W. F. (1770-1831)

Kierkegaard.

Hegesipo, São (séc. II)

Historiador eclesiástico. Um dos historiadores da Igreja, predecessor de *Eusébio de Cesaréia, de Sócrates e de *Sozomenes. Escreveu cinco livros de *Memórias,* contra os gnósticos.

O mais importante de Hegesipo é ter-nos transmitido uma lista dos primeiros bispos de Roma. O fato de a mesma lista aparecer no livro sobre as *Heresias* (27,6) de Santo *Epifânio (séc. IV) demonstra que é a testemunha mais antiga dos nomes dos bispos de Roma.

BIBLIOGRAFIA: *Obras:* PG 5, 1307-1328.

Heraclião (145-180)

Gnósticos.

Hermas, O Pastor de (séc. II)

Padres apostólicos.

Hermias (c. 200)

Apologistas.

Hesiquia

Hesiquia ou hesiquismo são duas palavras gregas que significam tranqüilidade, quietude, serenidade. Designam, ao mesmo tempo, um estado interior de paz, de silêncio profundo, em que se instala o monge, e a condição exterior propícia para que possa acontecer esse estado. A Hesiquia não representa um fim em si mesma; é um meio para favorecer a vida contemplativa e chegar à união com Deus. Historicamente é um método e uma escola de oração que, partindo da Bíblia, pratica-se na Igreja, sobretudo no Oriente, e que tem dado grandes mestres e seguidores, alguns dos quais podem ser consultados neste mesmo dicionário (Gregório *Palamas, *Cabasilas). Também se chamou "oração do coração" ou "oração de Jesus".

Que é hesiquia? Segundo São João Clímaco, "a hesiquia do corpo é a disciplina e o estado pacífico dos costumes e dos sentimentos; a hesiquia da alma é a disciplina dos pensamentos e um espírito inviolável". "O hesicasta é aquele que aspira circunscrever o incorporal numa morada corporal, que é o supremo paradoxo... A cela do hesicasta são os estreitos limites de seu corpo e essa cela contém toda uma casa de conhecimentos" *(Degrau 25 da escada mística)*. É, portanto, uma prática e método de interiorização de Deus na alma, valendo-se de recursos exteriores que a memória recorda uma vez ou outra. O hesicasta tenta chegar à união e contemplação de Deus através dos meios que lhe oferece o mundo exterior e que encontra à sua mão. Serve-se fundamentalmente de pequenas orações, como o "pai-nosso" — a oração de Jesus — ou a invocação do nome de Jesus: "Jesus, Filho de Davi, tem compaixão de mim". Essas pequenas fórmulas, constantemente repetidas, "têm o efeito surpreendente de nos colocar diante de Deus" invocando-o com suas próprias palavras. A repetição da oração favorece a volta da memória. Por sua vez, o hábito da oração, que conduz à oração constante, transforma-se num estado permanente em que memória, entendimento e vontade sentem-se submersos em Deus. Isto permite à alma um estado de repouso nele. Por outro lado, o silêncio e a solidão aumentam a memória de Deus naqueles que, paulatinamente, se sentem possuídos por ele. Isto leva a evitar tudo o que nos pode afastar de Deus ou alterar a alma. Daí a necessidade de vigiar o coração, de descer constantemente ao fundo de si próprio para poder chegar a uma oração pura: "Persevera sem cessar no nome do Senhor Jesus — diz São João *Crisóstomo — a fim de que o coração assimile o Senhor e que o Senhor absorva o coração, e que os dois se tornem um só".

Tal como assinalamos, a hesiquia é fruto de uma práxis que nasceu com os primeiros cristãos acostumados a pronunciar o nome de Jesus, ou fórmulas breves de oração que contêm esse nome. Mas principalmente uma práxis cultivada e aperfeiçoada na solidão e no silêncio do deserto por anacoretas e monges. É uma oração breve e contínua, da qual temos referências nas vidas dos padres do deserto (*Sentenças dos Padres*). Entre essas breves fórmulas destaca-se a invocação de Jesus: "Senhor meu, Jesus Cristo, tem piedade de mim"; "Meu Senhor Jesus, socorre-me" (São Macário). E outras, como "Senhor Jesus, guia-me"; "Senhor Jesus, abençoa-me" etc. Evágrio transmitiu-nos muitos exemplos desta oração dos padres do deserto (*Evágrio, *Cassiano*).

A hesiquia não acaba no deserto do Egito. Encontramo-la também na espiritualidade de três grandes centros do Oriente: no mosteiro de Santa Catarina do monte Sinai, no do Stoudion de Constantinopla e no monte Athos da Grécia. No primeiro deles encontramos São João Clímaco, autor da *Escada santa* ou escada espiritual (570-649). Esse monge, junto com Hesíquio, Sinaíta (séc. VIII-IX), desenvolveram o método hesicasta a partir de uma experiência pessoal. No mosteiro de Stoudion (estudistas) encontramos também a figura de São Teodoro (759-826). Entregou-se à oração contínua, o que lhe valeu o apelido de "aquele que não dorme", ou "acemetes". Seguiu-lhe São Simeão o "Novo Teólogo" (949-1022), o grande místico bizantino. "Sem experiência — diz — a teologia é inútil; com a experiência, é demais". Em meados do séc. X, o monte Athos transformou-se em algo assim como a capital do monaquismo oriental. Afastados do mundo, os monges de Athos formaram pequenas comunidades. Seu método de oração foi a hesiquia. Houve entre os monges grandes mestres e também opositores, entre eles Barlaão de Seminaria (+1348), chamado o *Calabrês*, célebre por sua polêmica com São Gregório *Palamas, monge de Athos (1296-1359), a propósito da hesiquia. Athos continua sendo o expoente máximo da hesiquia.

Foi particularmente importante a presença da hesiquia na espiritualidade ortodoxa russa. A oração de Jesus foi introduzida na Rússia no séc. XIV por hesicastas vindos de Bizâncio. Homens como o metropolita de Kiev, Cipriano (1340-1406), São Sérgio (1314-1392), fundador do monaquismo russo, e Nil Majokov (1433-1508), conheciam bem a hesiquia nos mosteiros de Athos e de Bizâncio. Quando esta última foi tomada em 1453, a Rússia continuou a tradição hesicasta praticamente até os nossos dias.

Foi o *Relato de um peregrino russo* o livro que permitiu ao grande público de nosso tempo conhecer e descobrir a "oração de Jesus". Surgido pela primeira vez em 1870 e reeditado em Kazán em 1884, essa obra anônima poderia ter sido copiada pelo abade do mosteiro de São Miguel de Tcheremisses de Kazán, o famoso padre Paissy (1722-1794). Esse monge promoveu a vida espiritual por meio da tradução de escritos como a *Filocalia* do erudito monge do monte Athos, Nicodemos, o Hagiorita (1748-1809), obra que revelou ao mundo contemporâneo a espiritualidade hesicasta. De qualquer forma, o autor seria um camponês russo que, tendo perdido tudo, empreendeu, aos 30 anos, uma peregrinação. Tendo entrado na igreja num domingo, escutou estas palavras de São Paulo: "Orai sem cessar". Essa exortação colocou-o em marcha e constitui o seu viático. O peregrino místico é um dos tantos camponeses que, pelos séculos, percorrem os caminhos da Rússia. "Na impossibilidade de fixar-me em alguma parte, dirigi-me até a Sibéria, até São Inocêncio de Irkoutsk, pensando que nas planícies e nos bosques da Sibéria encontraria mais silêncio para entregar-me mais comodamente à leitura e à oração". O peregrino acaba encontrando um *"staretz"* ou pai espiritual que lhe transmite os rudimentos da Oração de Jesus. Antes de morrer, o "staretz" entregou-lhe a *Filocalia* que, junto à Bíblia, lhe serviria de alimento espiritual e de guia em sua peregrinação.

BIBLIOGRAFIA: J. M. Moliner, *Historia de la espiritualidad*. Burgos 1971; B. Jiménez Duque-L. Sala Balust, *Historia de la espiritualidad*. Barcelona 1979, 4 vols.; *L'oraison du coeur*. Cerf, Paris 1990.

Hesíquio, Sinaíta (séc. VIII-IX)

*Hesiquia.

Hesiquismo

*Hesiquia.

Héxapla

*Orígenes.

Hilarião, Santo (291-371)

*Jerônimo, São.

Hilário de Poitiers, Santo (315-367)

Conhecido como o "Atanásio do Ocidente". Convertido do neoplatonismo, foi eleito bispo de Poitiers em 353. A controvérsia ariana obrigou-o a exilar-se durante quatro anos. Em 359, encontramo-lo já no Concílio de Selêucia, defendendo a causa da ortodoxia.

Como teólogo, Santo Hilário defendeu a doutrina trinitária contra os arianos em *De Trinitate*. Deixou-nos outras duas obras de história: *De synodis* e *Opus historicum*. Na primeira fornece-nos dados importantes para a história de seu tempo.

BIBLIOGRAFIA: *Obras:* PL 9-10.

Hildegarda, Santa (1098-1179)

Conhecida como a "Sibila do Reno", foi abadessa de Rupertsberg. De família nobre, viveu, desde menina, extraordinárias experiências religiosas. Entrou na comunidade beneditina de Diessenberg (1116), onde foi abadessa em 1136.

De 1141 a 1151 ditou seu famoso livro das visões, *Scivias,* provavelmente uma forma abreviada de *Sciens vias*. São 26 visões que contêm duras denúncias do mundo, assim como enigmáticas profecias de desastres. Sua literatura enquadra-se no gênero apocalíptico e da "profecia do desastre". A influência dos escritos de Santa

Hildegarda foi grande nos séculos posteriores à Idade Média.

Hilton, Walter (+1396)

Escritor místico inglês. Iniciou estudos de direito canônico em Cambridge, retirando-se depois à vida eremítica. Acabou seus dias como cônego regular de Santo Agostinho.

Hilton é considerado um dos grandes místicos ingleses na linha de *A Nuvem do não-saber*. Sua obra *Scala perfectionis*, escrita em inglês, trata de restabelecer a imagem confusa de Deus na alma em duas etapas: a) pela fé; b) pela fé e a experiência sensível. Deus encontra-se separado da alma por uma "noite escura". A alma afastada das coisas terrenas é dirigida pela fé até as coisas do espírito. No final está a verdadeira imagem do Deus vivo.

Hilton escreveu também outras obras espirituais em latim.

Hinos e cantos

Lugar destacado na literatura cristã merecem os hinos, salmos e cânticos e, em geral, a poesia. Desempenham um papel importante na liturgia e na vida particular. São fonte ou lugar comum da fé e das crenças cristãs num determinado momento.

No Novo Testamento, encontramos os primeiros cânticos cristãos como o *Magnificat*, o *Benedictus, Gloria in excelsis, Nunc dimittis*. *Clemente de Alexandria compôs um hino métrico em anapestos a Cristo salvador: "Rei dos santos, Verbo todo-poderoso do Pai, Senhor Altíssimo...".

Do séc. II é também o famoso *hino vespertino*: "Phos Hilarion": "Luz serena da glória santa do Pai eterno, ó Jesus Cristo".

Dos princípios do século II são as *Odes de Salomão*, descobertas em 1905, de caráter místico, nas quais se quer reconhecer a influência do evangelho de São *João. Da mesma época são os *Oráculos sibilinos cristãos,* poemas didáticos em hexâmetros.

A poesia cristã faz sua aparição também nos epitáfios, e o faz muito cedo. Por sua antigüidade e importância, merecem ser mencionados os textos dos epitáfios de *Abércio* (finais do séc. II) e de *Pectório* (séc. II). A redação do primeiro está feita num estilo místico e simbólico, segundo a disciplina do arcano, para ocultar seu caráter cristão aos não iniciados: "Chamo-me Abércio, sou discípulo do pastor casto que pastoreia seus rebanhos de ovelhas por montes e campos, que tem os olhos grandes que olham por todas as partes".

Por sua vez, o epitáfio de Pectório, cujos primeiros cinco versos estão unidos entre si pelo acróstico *Ichthys,* diz assim: "Ó raça divina do *Ichthys*, conserva tua alma pura entre os mortais, tu que recebeste a fonte imortal de águas divinas!"

Os séculos III-IV incorporam definitivamente os hinos à liturgia.

Do séc. IV escolhemos dois exímios poetas: Santo *Efrém Ciro (307-373), nascido em Nísibe (Mesopotâmia) e morto em Edessa. É conhecido pelo atributo de "Cítara ou harpa do Espírito Santo". O segundo poeta do séc. IV é Aurélio Clemente *Prudêncio, nascido em Saragoça em 348. Muitos dos hinos desses dois poetas passaram à liturgia tanto oriental quanto ocidental. A partir, principalmente, da legalização do cristianismo (313), encontramos um desenvolvimento sistemático dos hinos. Surgem com maior profusão na liturgia bizantina do que na latina. Santo *Hilário de Poitiers compôs um hinário por volta de 360. E, não muito depois, Santo *Ambrósio criou em sua Igreja de Milão o canto coral de salmos e hinos, em parte para rejeitar os hinos cantados pelos arianos. Da influência desses hinos e de sua beleza temos o testemunho pessoal de Santo Agostinho em suas *Confissões* (l, IX-X).

A história dos hinos e de sua implantação na

liturgia e na piedade da Igreja chega até nossos dias. Seu tratamento recebeu variadas formas musicais: melodias populares, canto gregoriano, polifônico, coral etc. É conhecido o papel que os hinos e salmos tiveram na propagação da Reforma Luterana e em geral das Igrejas Reformadas.

BIBLIOGRAFIA: Para os primeiros hinos cristãos, ver J. Quasten, *Patrología*, I, 155s., com a bibliografia ali reunida; *Obras completas de Aurelio Prudencio*. Edição bilíngüe preparada por A. Ortega e I. Rodríguez (BAC). Para informação geral do tema, ver *Encyclopaedia Britannica*, vol. 6, Hymn.

Hipácia (375-415)

*Cirilo de Alexandria.

Hipólito de Roma (170-236)

Primeiro antipapa e mártir, é venerado pela Igreja como santo até nossos dias. Em uma de suas obras perdidas, afirma ser discípulo de Santo *Irineu, coisa que explica o próprio cuidado de seu mestre pela defesa da doutrina católica contra as heresias. Talvez esse cuidado excessivo o tenha levado a enfrentar-se com o Papa Calixto por ter mitigado a disciplina para os penitentes, acusando-o de herege. Foi eleito bispo de Roma, por um reduzido e influente círculo de cristãos, sendo assim o primeiro antipapa. Morreu mártir na "ilha da morte", e posteriormente seu corpo foi trasladado para o cemitério da via Tiburtina, que ainda leva o seu nome. O Papa *Dâmaso decorou a tumba de Hipólito com uma inscrição. Nela está escrito que fora discípulo de Novaciano, e logo mártir, depois de aconselhar seus seguidores a se reconciliarem com a Igreja. No mesmo cemitério, seus admiradores erigiram-lhe uma estátua, descoberta em 1551, em cuja cadeira aparecem gravadas a sua tabela pascal e uma lista completa de suas obras.

A produção literária de Hipólito foi comparada à de seu contemporâneo Orígenes, por seu volume, não pela profundidade e originalidade de pensamentos. Hipólito preocupa-se mais com questões práticas do que com problemas científicos. Publicou tratados anti-heréticos, uma *Crônica*, um *Ordo*, e até poesia religiosa.

Os escritos de Hipólito tiveram a mesma sorte que os de Orígenes. De suas numerosas obras muito poucas se conservam em seu texto original grego. As razões desta perda são atribuídas à cristologia herética do autor e à sua condição de cismático durante algum tempo.

A obra mais preciosa de Hipólito são os *Philosophumena* ou *Refutação* de todas as heresias. Consta de dez livros, nos quais o autor demonstra o caráter não cristão das heresias, provando a sua dependência da filosofia pagã. Outra obra importante, da qual somente nos restam fragmentos, é o *Syntagma* ou *Contra as heresias*. Desta obra nos falam *Eusébio, Santo *Jerônimo e, mais tardiamente, *Fócio. Temos também o tratado dogmático *De antichristo*, o único que nos chegou completo. Dentro da literatura patrística, esse tratado é a dissertação de maior envergadura sobre o problema do anticristo.

Seguem-lhe os tratados exegéticos, como o *Comentário sobre Daniel*, o *Cântico dos Cânticos*, sobre algumas passagens do Gênesis etc. E as *Homilias sobre os salmos*.

— Outras obras importantes de Hipólito são a *Crônica da história do mundo*, que abrange desde a criação até o ano de sua composição (234). Foi escrita para tranqüilizar a ansiedade dos que acreditavam na proximidade do juízo final e do milênio. E o *Cômputo pascal*, com o qual desejou libertar a Igreja do calendário judeu e calcular cientificamente a lua cheia da Páscoa. Desta obra restam poucos fragmentos.

— Particular interesse merece a *Tradição apostólica*. O título desta obra figura na cadeira da estátua de Hipólito, erigida no séc. III. Seu texto completo foi identificado em princípios de nosso século. A *Tradição apostólica* é a mais antiga, depois da *Didaqué*, e a mais importante das constituições eclesiásticas da Antigüidade. Compreende três partes principais: 1) Contém um prólogo, cânones para a eleição e consagração de um bispo, a oração de sua consagração, a liturgia eucarística que segue essa cerimônia, e as bênçãos do azeite, do queijo e das azeitonas, normas para a ordenação de sacerdotes e diáconos. Fala-se também de confessores, viúvas, virgens etc. 2) Dá normas para os seculares: para os neoconversos, sobre as artes e profissões proibidas aos cristãos, sobre os catecúmenos, o Batismo, a Confirmação e a Primeira Eucaristia. A descrição do Batismo que encontramos aqui é de inestimável valor porque contém o primeiro símbolo romano. 3) A terceira parte trata de vários costumes cristãos: Eucaristia dominical, regras para o jejum e para o ágape etc. Há normas para o enterro, para a oração da manhã, para a instrução catequética e outras.

Santo Hipólito, um escritor brilhante, e o último dos escritores latinos que escreveu em grego, tem para a Igreja o mérito de ser a testemunha da tradição e do pensamento cristão primitivo.

BIBLIOGRAFIA: *Obras:* PG 10, 16, 3; J. Quasten, *Patrología,* I, 452-496.

Hirscher, J. B. (séc. XIX)

*Instituições morais.

Hofbauer, São Clemente Mª (1751-1820)

*Schlegel, Friedrich.

Holbach, F. (1723-1789)

*Enciclopédia, A.

Hopkins, Gerard Manley (1844-1889)

Poeta religioso inglês, o mais personalizado dos escritores vitorianos. Embora sua obra poética não tenha sido publicada até 1918, a influência de Hopkins se pode sentir nos grandes poetas ingleses do século XX: T. S. *Eliot, Dylan Thomas, W. H. Auden, Steven Spender e C. Day Lewis.

Aluno do Balliol College de Oxford, onde estudou línguas clássicas, participou da grande crise religiosa de seu ambiente e época, originada pelo movimento de Oxford. Foi recebido na Igreja Católica em 1866 por quem, mais tarde, seria cardeal: John H. *Newman. Em 1868 entrou na Companhia de Jesus, queimando todos os versos de sua juventude, determinado a "não escrever mais, pois não é próprio de minha profissão".

Só muito tempo depois de sua morte, sua obra poética e praticamente toda a sua produção literária foi reconhecida. Somente em 1918 puderam ser conhecidos, numa edição reduzida, os *Poemas de Gerard Manley Hopkins,* editados por seu amigo e confidente R. Bridges (1918). Seguiu uma segunda edição (1930) que o tornou conhecido no mundo literário e que o reconheceu como um dos grandes e mais personalizados poetas ingleses.

O universo literário de Hopkins completa-se com seu abundante *Epistolário,* seus *Diários e papéis* e um conjunto de *Sermões* e *Escritos devocionais.*

Homem profundamente sensível, dotado para as línguas, a música e a pintura, "serviu-se do verso para projetar nele suas profundas experiências pessoais, seu sentido do mistério de Deus, sua grandeza e misericórdia". Seu olhar contempla incansavelmente a natureza como revelação divina, enquanto não deixa de observar ao seu redor os humanos, vivendo e morrendo. Em suas cartas aparece também o impulso espiritual de seus versos. Estou sempre pensando no "comunismo do futuro" — diz em carta de 2 de agosto de 1871. "Horrível afirmá-lo, de certa forma sou comunista." Preocupava-lhe a situação social da Inglaterra; declarou-se pessimista e decidiu não escrever mais sobre o assunto.

Embora Hopkins possa ser mais estudado como fenômeno literário e poético, sua criação religiosa e cristã é exemplar e estimulante.

BIBLIOGRAFIA: *Antología de poetas ingleses modernos*. Gredos, Madrid 1962.

Hugo de São Vítor (1096-1141)

*Escola de São Vítor.

Humanistas (séc. XIV-XVI)

Este não é o lugar apropriado para falar do termo e do conceito de "humanista", "humanismo". Nem queremos analisar a evolução do conceito até chegar a nossos dias. Queremos simplesmente aludir ao "humanismo" e aos "humanistas" tal e como se produziram e surgiram num período histórico (séculos XIV-XVI). Nosso interesse está centrado, particularmente, nas pessoas e valores que encarnam o chamado "humanismo cristão" desta época. Como em outras épocas e momentos, nosso dicionário quer coletar a forma pela qual os autores e suas obras captam, vivem e expressam o cristão. Tratamos basicamente do humanismo renascentista.

Partimos desta constatação: quando desde os séc. XIV-XVI falamos de um "humanismo cívico", de uma "teoria humanista da educação", de um "humanismo artístico", de um "humanismo científico", e até de um "humanismo utilitário", devemos ter presentes duas coisas: a) Que o núcleo do humanismo era a preocupação íntima do *humanista* pela correção de seu texto: se retirarmos do termo "humanismo" o cheiro da lâmpada do erudito, estaremos utilizando-a de forma enganosa. b) De igual modo, percebe-se nele oposição a um cristianismo que "os humanistas desejavam, no geral, *completar, não contradizer*, através de sua paciente escavação da antiga sabedoria de inspiração divina" (*Enciclopédia do Renascimento italiano*).

Essa constatação, inclusive no chamado "humanismo paganizante", é representada em grande parte pelos italianos, embora com notáveis exceções. O redescobrimento da Antiguidade suscitou um entusiasmo tão vivo que se esqueceram quinze séculos de cristianismo. Contudo, esse humanismo não é anticristão. Se, ao contrário, examinamos o "humanismo cristão", vemos que se caracteriza por um retorno às fontes, ao evangelho, aos grandes textos da tradição, porém despojados dos acréscimos por certa teologia escolástica e pelos comentários medievais, que muitas vezes os falseavam.

Esse humanismo, caracterizado pelo amor e pelo estudo da sabedoria clássica e pela demonstração de sua concordância fundamental com a verdade cristã, produziu resultados admiráveis: a) Produziu uma pedagogia, base da revolução cultural, indispensável à sua época, e contribuiu poderosamente para colocá-la em prática. b) Exaltou o evangelismo como "philosophia Christi" e como modo de vida, refletido em tantas obras da época como o *Enchiridion militis christiani* (*Erasmo) e *Do benefício de Cristo* (anônimo, 1543). Nos dois encontramos que o "cristianismo é essencialmente interioridade e não consiste na observância dos ritos externos; é um combate contra as paixões, que nos eleva sobre os bens materiais até Cristo salvador". c) Descobriu o conceito da função civil da religião e da tolerância religiosa (*Morus): a cidade terrena deve realizar, enquanto seja possível, a harmonia e a felicidade da cidade celestial. A harmonia e a felicidade pressupõem a *paz religiosa*. O ideal da paz religiosa é a forma com que se apresenta tanto no Humanismo quanto no Renascimento, a exigência da tolerância religiosa. d) Finalmente, os humanistas rejeitaram a herança medieval e escolheram a herança do mundo clássico, porque queriam fazer reviver essa herança como instrumento de educação, isto é, de formação humana e social. O privilégio concedido por eles às chamadas letras humanas, ou seja, à poesia, à retórica, à história, à moral e à política, fundamentava-se na convicção herdada também dos antigos, de que tais disciplinas são as únicas que educam o homem enquanto tal, e o colocam na posse de suas faculdades autênticas.

Dos diferentes humanismos da época, coletamos neste dicionário algumas amostras. Do humanismo florentino (*Lorenzo Valla, *Pico de la Mirândola, *Marcílio Ficino). Do restante da Europa (*Morus, *Erasmo, *Melânchton, *Luís Vives, *Lefèvre D'Étaples).

BIBLIOGRAFIA: F. Hermann. *Historia doctrinal del humanismo cristiano*. Valencia 1962, 2 vols.; J. Gómez Caffarena. *La entraña humanista del cristianismo*. Estella [2]1987; H. de Lubac, *El drama del humanismo ateo*. Madrid 1967; *Humanismo y Renacimiento* (textos de Lorenzo Valla, Marcílio Ficino, Angelo Poliziano, Pico de la Mirândola etc.). Seleção de Pedro R. Santidrián. Madrid 1986.

Hume, David (1711-1776)

Hume é, sem dúvida, um dos homens mais representativos e característicos do século XVIII. Em contato com todos os homens importantes do *Iluminismo francês, criou a sua própria filosofia empirista, trazendo uma nova interpretação do conhecimento humano, da moral, da religião, que influirá depois não apenas em *Kant, mas em toda a filosofia e pensamento científico posteriores.

Nascido em Edimburgo (Escócia), cedo abandonou o negócio de seu pai para seguir "sua paixão dominante": o desejo de celebridade literária. Muito jovem, entrou em contato com a literatura e com a cultura francesa. Estudou no famoso Colégio de la Flèche (1734-1737), onde teve seu primeiro contato com os clássicos como Cícero, Sêneca, e os modernos Montaigne, Bayle, e outros céticos. Aqui compreendeu que o seu campo era a filosofia, e aqui escreveu o seu primeiro *Tratado da natureza humana*. Esse livro foi objeto de reelaboração praticamente ao longo de toda a agitada vida de Hume. Sua edição definitiva consta de três partes: *Do entendimento* (L. I); *Das paixões* (L. II); *Da moral* (L. III). Entre 1741-

1742 surgiram seus *Ensaios de moral e política*. E finalmente, a *História natural da religião* (1757), à qual seguiu post mortem, *Diálogos sobre a religião natural* (1779). As obras mencionadas não são mais do que uma ínfima parte de sua fabulosa produção. Devemos acrescentar ainda sua abundante correspondência (2 vols.) e sua autobiografia, *Minha própria vida* (1777) que quis colocar como prólogo de suas obras completas.

Do ponto de vista deste dicionário, interessa assinalar a postura de Hume ante a moral e a religião. Naturalmente, toda a sua doutrina forma um sistema bem travado em que todas as idéias dependem mutuamente e se explicam. Mas é preciso relembrar que onde se evidencia a mentalidade de Hume, com toda a força destrutiva de seu ceticismo, é na filosofia da religião. Mina pela base, não só cristianismo, mas também o resíduo que se pretendia salvar com a idéia de "religião natural" que forjou o *deísmo.

Suas idéias com relação à religião podem ser sintetizadas nestas proposições: a) Não existe uma religião natural comum a todos os povos. b) Existe uma história natural das religiões, variadas conforme as diversas épocas e civilizações. c) A origem do sentimento religioso encontra-se no medo da morte e no horror aos castigos, assim como na ânsia de uma felicidade prometida. d) O politeísmo é a forma primeira e mais genuína do sentimento religioso dos homens, que inventaram heróis e santos para fazê-los propícios e favoráveis ao culto. e) O monoteísmo é fruto da prevalência de um deus sobre outro. Como o restante dos iluministas, na religião não vê mais do que luta de superstições, fanatismos, hipocrisias imorais, ambições de poder temporal, intolerância e aversão à liberdade de pensamento.

No entanto, o pensamento de Hume sobre a religião que acabamos de expor não é completo nem definitivo. Em seus *Diálogos* percebe que o ateísmo não corresponde ao seu ceticismo. Ataca o problema da existência de Deus, não *a priori*, porque semelhante demonstração implica que a existência é tão pensável quanto a não existência de Deus, e em ambos os casos é similar à realidade da idéia. Dos argumentos *a posteriori* nem o argumento da finalidade nem a moral são satisfatórios à mente humana. Que resta, então? Resta a conclusão cautelosa dos *Diálogos:* "Desmontadas as pretensões do racionalismo teológico, subsiste o fato de que, no mundo da experiência, onde nada é peremptoriamente demonstrável, tampouco o homem pode prescindir da crença, ou seja, de uma fé".

Um agnosticismo seria a melhor conclusão, "já que não se pode encontrar uma solução mais satisfatória no que tange a uma questão tão magnífica e extraordinária". Por isso, "o sentimento mais natural que um espírito bem disposto sentirá, nesta ocasião, será uma espera e um desejo ardente de que possa o céu dissipar, ou pelo menos aliviar, essa profunda ignorância, oferecendo à humanidade alguma revelação particular, descobrindo-lhe algo da natureza divina de nossa fé, de seus atributos e de suas operações, com o que uma pessoa penetrada de um justo sentimento das imperfeições da razão natural voará à verdade revelada com a máxima avidez".

"O ceticismo filosófico, ou seja, crítico, pode ser assim o primeiro passo e o mais essencial que conduz a ser um cristão verdadeiro, um crente". Assim acabam os *Diálogos*.

Ainda quando fala nas *Investigações* sobre o tema dos milagres, escreverá: "Há um milagre mais maravilhoso do que qualquer outro: a própria fé sobre a qual se fundamenta a nossa santíssima religião cristã, onde o que é movido pela fé a aceitá-la tem consciência de um milagre contínuo que ocorre em sua pessoa, e transtorna todos os princípios de sua inteligência e lhe determina acreditar o que é mais contrário ao hábito e à experiência".

De todas as formas, Hume tem um inimigo constante: o dogmatismo.

Toda certeza em qualquer esfera — na ciência, na moral ou na religião — é somente certeza moral. Daí que seja difícil concluir que foi um teísta, um ateu ou um agnóstico; sua atitude é freqüentemente agnóstica e, por assim dizer, moderadamente teísta, mas em nenhum caso dogmaticamente teísta ou atéia (Ferrater Mora, *Diccionario de filosofía*).

BIBLIOGRAFIA: *Obras: The Philosophical Works of David Hume,* 4 vols., reimpressão de 1963; *The Letters of David Hume* 1954, 2 vols.; *Investigación sobre el conocimiento humano.* Alianza, Madrid; *Mi vida, Cartas de un caballero a su amigo de Edimburgo.* Alianza, Madrid; *Tratado* (1933); *Investigación sobre los principios de la moral* (1941); *Diálogos sobre la religión natural* (1942); *Tratado de la naturaleza humana* (1974).

Huss, João (1370-1415)

*Marsílio de Pádua; *Wiclef, João

Husserl, Edmund (1859-1938)

*Stein, Edith.

Huxley, Aldous (1894-1963)

Escritor inglês, com residência, desde 1938, nos Estados Unidos. É considerado o arauto e inspirador dos "Twenties": uma geração que sentiu o horror do "grande vazio da paz" nascido da 1ª Guerra Mundial. Desta primeira época recordam-se a suas novelas *Crome Yellow* (Amarelo Brilhante) (1921) e *Point Counter Point (Ponto e Contraponto)* (1928), em meio de uma série de novelas curtas que o tornaram conhecido em todo o mundo.

Na evolução literária de Huxley costumam-se distinguir três etapas. Sua personalidade desliza da etapa estética à etapa ética, e desta à religiosa. De fato, a primeira etapa distingue-se por uma hiperestesia intelectual, iconoclasta e cínica, idealizadora do sexual e do pacifismo. Próximo à década de trinta, caminha em direção a uma crítica progressiva da cultura e da sociedade até desembocar numa utopia negativa, como é o caso de *Admirável mundo novo* (1932); *Eminência parda* (1941); *Depois de muitos verões* (1939). Depois da 2ª Guerra Mundial, inicia-se a terceira etapa de Huxley, a etapa religiosa e mística. Cada vez está mais preocupado com os grandes problemas religiosos. Assim ocorre, por exemplo, em *A filosofia perene* (1946), antologia comentada da espiritualidade de todos os tempos; *Céu e inferno* (1954) etc. Huxley acaba por transformar-se num profeta, proclamando a necessidade de voltar ao transcendente. Para isso, dirige-se, principalmente, à filosofias orientais.

Ao leitor das obras de Huxley lhe interessa saber que, para esse autor, como para tantos outros, principalmente os anglo-saxões, enojados do marxismo, cheios de ressentimento contra um catolicismo que identificam com os regimes totalitários, o mundo oriental exerce uma espécie de fascinação. Procura no conjunto das religiões da Índia uma *nova forma de salvação,* cujos princípios podem ser:

— Repúdio de uma religião encarnada no tempo. Tudo o que pretende ser histórico nas religiões deve ser rechaçado. Não se pode tomar a sério a doutrina cristã da encarnação de Cristo. Os mitos religiosos não têm mais do que um valor simbólico. O erro fundamental dos cristãos é conceder à encarnação do Verbo um lugar excepcional, fazer dela um acontecimento único que se

insere no curso da história. Mais do que encarnação, deve-se falar, segundo Huxley, de encarnações, de "avatares do divino".

— Mais do que uma religião, a sua é uma mística baseada nos princípios monistas da *advaita*. O homem liberta-se quando intui e discerne que o seu eu se identifica com o absoluto. O efeito desta intuição liberta a pessoa de sua implicação no mundo ilusório em que vive e do ciclo da reencarnação. Enquanto isso não se produz, o homem continua sendo vítima da ignorância e da ilusão.

— Esse misticismo de Huxley baseia-se, portanto, na Bíblia que, segundo ele, perdeu toda a força de persuasão para os espíritos ocidentais. Ele se baseará nas menções e nos testemunhos dos místicos, "cuja autoridade é muito maior do que a dos escritos incluídos no cânon da Bíblia".

— No mais, sua *filosofia perene* não é uma religião, nem uma filosofia, nem um reflexo da tradição bíblica, porque não é mais do que o produto do mais cru empirismo. "Huxley volta-se para a mística porque tudo o mais fracassou; a procura do absoluto é uma experiência a mais, a única que pode ter êxito; seu próprio êxito prova sua legitimidade" (Ch. Moeller, *o. c.*). Neste sentido, sua concepção de Deus, do homem, da redenção, da outra vida, não se inspiram na doutrina bíblica e cristã.

Entre nós, a obra mais conhecida de Huxley é *Admirável mundo novo,* uma visão desconcertante de uma sociedade futura, produto da política e da técnica. Alguns viram nele uma *utopia* à inversa, uma *distopia*, que levaria o mundo a uma catástrofe se tal sistema de castas e de homens se produzisse. Outros somente vêem nela um exercício literário de ficção científica.

BIBLIOGRAFIA: *Obras em português: O admirável mundo novo; Chapéu mexicano; Contos escolhidos; Contraponto; Os demônios de Loudun; Folhas inúteis; O Gênio e a deusa; Huxley e Deus; A ilha; O macaco e a essência; Moksha; A situação humana; O tempo deve parar* e outras; *Obras* nos *Clásicos del siglo XX*. Plaza e Janés. Barcelona, 3 vols.; Ch. Moeller, *Literatura do século XX e cristianismo*, I.

Iconoclastas (séc. VIII-IX)
*João Damasceno, São.

Ildefonso de Toledo, Santo (607-667)
*Isidoro de Sevilha.

Iluminismo (séc. XVIII)
*Deísmo, *Hume, *Kant, *Voltaire.

Inácio de Antioquia (+110)
*Padres apostólicos.

Índex de livros proibidos (1557)

Seu título original: *Index librorum prohibitorum*. Lista ou catálogo oficial de livros que a Igreja católica "proibia que os fiéis cristãos lessem ou possuíssem". A primeira edição apareceu em 1557 e foi preparada pela Congregação da Inquisição, mais comumente conhecida por Santo Ofício. A partir de 1571, São Pio V estabeleceu a Congregação do Índex, encarregada de revisar a lista e de nela incluir novos livros. Em 1917 passou a depender do Santo Ofício, hoje Congregação para a Doutrina da Fé. O *Índex* foi abolido depois do *Vaticano II em 1966.

A história do *Índex*, paralela à da Inquisição, oferece capítulos e dados muito obscuros. Sua função e sua utilidade na Igreja e na vida de seus membros foi julgada negativa no geral por estar exposta à subjetividade dos homens e dos tempos.

Instituições morais (moral casuísta) (séc. XVII)

Aos *Livros penitenciais* e às *Summas dos confessores*, seguem as *Instituições morais* ou textos de moral casuísta. "O surgimento nos inícios do século XVII, exatamente em 1600, das *Instituições morais* do jesuíta espanhol Juan Azor marca o nascimento de um gênero literário novo na teologia moral. Desligada daqui por diante da filosofia viva, do dogma, e inclusive de uma teologia moral especulativa, alheia à espiritualidade e à mística, esta *Theologia moralis practica,* modesta servente do confessor, chamava-se pomposamente *Theologia moralis*" (L. Vereecke, *Introducción a la historia de la teología moral*).

O desenvolvimento histórico da moral casuísta vai do séc. XVII até o Concílio *Vaticano II, por assinalar um momento singular. Durante esse período, a história da teologia moral se reduz a um esquema simples: luta entre laxistas e rigoristas, entre probabilistas e probabilioristas. Autores como Juan Azor (1536-1603), já mencionado, *Bartolomeu de Medina, Busembaum com sua obra *Medulla theologiae moralis* (1650), os *Salamanticenses com o *Cursus theologiae moralis,* Caramuel (1606-1682) e muitos outros, militam nas fileiras de um e outro grupo. A luta entre laxistas e rigoristas exigiu a intervenção do magistério eclesiástico. Alexandre VII e Inocêncio XI condenaram proposições laxistas, e Alexandre VIII condenou tanto proposições laxistas quanto rigoristas.

Coube a Santo Afonso Maria de *Ligório ter encontrado uma postura equilibrada entre esses dois extremos. É também o pilar seguro de toda a moral casuísta posterior. O século XIX oferece poucas novidades em matéria de moral católica. Fora do movimento de renovação moral de J. M. Sailer (1751-1832), de J. B. Hirscher e de M. Jocham, na Alemanha, a moral católica continuou plasmando-se em manuais de moral casuísta.

O Vaticano II marca o final da moral casuísta ou pós-tridentina. É verdade que houve tentativas de renovação, ao longo do século XX, sobretudo a partir da II Guerra Mundial. Primeiro foi a crítica à moral casuísta, tachando-a de legalista, de desvinculação da Escritura, da teologia, de vinculação excessiva com "a práxis penitencial". Depois e a partir dos anos 50, com o surgimento de manuais em que "entrava a imposição bíblica e cristocêntrica, ambos os aspectos foram decisivos na renovação teológica posterior. Autores como Tillmann (+1953), G. Thils, J. Leclercq, que publica seu livro sobre *O ensinamento da moral católica* (1950), "considerado como um aríete implacavelmente demolidor"; e finalmente, *B. Häring, que em 1954 publica *A lei de Cristo*, rompem o esquema tradicional da moral casuísta. Durante alguns anos serão o símbolo da moral renovada.

O Vaticano II formula um "votum" para que se coloque um "especial empenho em renovar a teologia moral" (OT 16). É a "culminância de todos os esforços realizados até o presente para renovar a teologia moral, e significa, sem dúvida alguma, o começo de uma nova época". O próprio Concílio especifica os traços desta moral: caráter científico, especificidade cristã, orientação positiva e de perfeição, caráter eclesial, unificada na caridade e aberta ao mundo.

Mesmo sendo bastante difícil fazer um balanço da reflexão teológico-moral depois de Vaticano II, consignamos uma série de dados que em seu conjunto nos ajudam a formar uma idéia do estado atual da teologia moral. Destacamos os seguintes: a) Criação, nas faculdades de teologia, dos ciclos de "licenciatura especializada" em moral. Sobressaem-se os Institutos Superiores, dedicados exclusivamente à pesquisa e ao ensino da teologia moral. Destacam-se a *Academia Alfonsiana* de Roma e o *Instituto Superior de Ciências Morais de Madri*. b) Multiplicam-se as associações de moralistas, os congressos, semanários e revistas dedicadas exclusivamente ao tema moral.

c) Multiplicam-se os *estudos* monográficos em que surgem autores novéis; aparecem *dicionários* e *obras coletivas* que evidenciam o esforço comum e a convergência de mentalidades.

"Na década de 80, a teologia moral oferece um panorama de notáveis conquistas, de decidido progresso e de caminhos abertos para se continuar avançando. O balanço do pós-concílio é francamente positivo no que diz respeito à reflexão teológico-moral" (M. Vidal, *Moral de Actitudes*, I. *Moral Fundamental*, Ed. Santuário, p. 20).

BIBLIOGRAFIA: M. Vidal, *Moral de Atitudes*, I. *Moral fundamental*, 87-132, com a abundante bibliografia ali citada. A contribuição desse autor e de sua obra para a renovação da teologia moral ou "ética teológica", como prefere chamar, é decisiva entre nós. Paralela a essa atividade de M. Vidal está a obra do *Instituto Superior de Ciências Morais* e seu órgão de expressão "Moralia", revista especializada em temas de moral.

Instituto de Teologia Contextual (ITC)

*Smangaliso Mkhatshwa.

Irineu, Santo (c. 130-200)

Nasceu na Ásia Menor, provavelmente em Esmirna. Encontramo-lo como bispo da Igreja de Lyon na perseguição de Marco Aurélio, durante a qual, segundo a tradição, foi martirizado sem que possamos precisar a data.

Das diferentes obras que *Eusébio atribui a Santo Irineu somente nos chegaram alguns fragmentos (PG 7, 1225-1274). Permanece, no entanto, uma grande obra contra o gnosticismo, intitulada *Refutação e desmascaramento da falsa gnosis*, conhecida comumente como *Adversus haereses*, versão latina do original que data do séc. IV.

Irineu preocupou-se em defender a doutrina cristã frente ao *gnosticismo* (*Gnósticos*).

— A verdadeira gnose é a que nos transmitiram os apóstolos da Igreja. Mas essa gnose não tem a pretensão de superar os limites do homem, como a falsa gnose dos heréticos.

— Deus é incompreensível e não pode ser pensado. Todos os nossos conceitos são inadequados. "É melhor não saber nada, mas acreditar em Deus, e permanecer no amor de Deus, do que arriscar-se a perdê-lo com pesquisas sutis" (*Ad. haer.*, II, 28, 3).

— O que nós podemos conhecer sobre Deus, podemos conhecê-lo somente por revelação: sem Deus não se pode conhecer Deus.

— A blasfêmia mais grave dos gnósticos é afirmar que o criador do mundo não é Deus, mas uma emanação dele.

— Afirma a igualdade de essência e de dignidade entre o Filho, o Espírito Santo e o Pai, frente à doutrina gnóstica de que o *logos* e o Espírito são cones subordinados. Não se pode admitir a emanação do Filho e do Espírito, do Pai. A simplicidade da essência divina não permite tal separação.

— O homem é composto de alma e corpo, contra a distinção gnóstica de corpo, alma e espírito. O espírito é somente uma capacidade da alma, pela qual o homem chega a ser perfeito e se constitui em imagem de Deus. O corpo, assim como a alma, é uma criação divina e não pode, portanto, causar o mal à sua natureza. A origem do mal está no abuso da liberdade, e é fruto não da natureza, mas do homem e de sua escolha.

— O bem conduz o homem à imortalidade, que é concedida à alma por Deus, mas que não é intrínseca à sua natureza. O mal é castigado com a morte eterna. Também os corpos ressuscitarão, mas o farão na nova vinda de Cristo, que se verificará depois do Reino do anticristo.

A principal contribuição de Irineu foi ter lutado contra o gnosticismo, ter servido de ponte entre a teologia oriental (grega) e a ocidental (latina).

Uma segunda obra de Santo Irineu chegou-nos através de uma tradução armênia recentemente encontrada. Intitula-se *Demonstração da pregação apostólica*. Nela se enfatizam os elementos principais da Igreja: a) A verdadeira Igreja está baseada na tradição apostólica. b) Essa tradição pode ser comprovada em todas as Igrejas do mundo. c) Essa tradição encontra-se no Credo dos Apóstolos, que contém o Antigo e o Novo Testamento. Irineu é um dos primeiros que falam do NT como fonte de fé no mesmo nível do AT.

BIBLIOGRAFIA: *Obras:* PG 7, 1225-1274; A. Orbe, *Antropología de San Ireneo* (BAC); Id.; *Parábolas evangélicas en San Ireneo* (BAC), 2 vols.

Isidoro de Pelúsio, Santo (+435)

*Monaquismo.

Isidoro de Sevilha, Santo (560-636)

Nasceu em Cartagena e morreu em Sevilha. Bispo desta cidade, foi considerado o último dos padres da Igreja Ocidental. Une esse título ao de Doutor da Igreja Universal.

A sua inquestionável contribuição à cultura medieval está vinculada à sua obra principal: *Originum sive etymologicarum libri viginti,* mais conhecida como as *Etimologias*. Talvez se encaixe melhor no nome moderno de "enciclopedistas". Porque, além deste livro fundamental, estão: 1) Seus tratados teológicos e apologéticos, como *Sententiarum libri tres; De fide catholica contra iudaeos*. 2) Suas obras teológico-cosmológicas e cosmográficas, tais como *De ordine creaturarum* e *De rerum natura*. 3) E, finalmente, suas obras históricas: *Liber de viris illustribus; Historia de regibus gothorum etc.*

Em todos esses trabalhos ressaltam dois interesses: a sistematização e a universalização da cultura e do saber, o que fica evidente, principalmente, nas *Etimologias*. Com a ajuda de considerações etimológicas, definem-se os principais termos e expressões vigentes na cultura latina de sua época. Seu caráter enciclopédico é observado no esquema das *Etimologias:* Livro I (gramática); II (retórica e dialética); III (aritmética, geometria, música e astronomia); IV (medicina); V (leis e tempos); VI (livros e ofícios eclesiásticos; VII (Deus, os anjos); VIII (Igreja, seitas); IX (línguas, pessoas); X (vocábulos), o livro mais utilizado. Os livros XI-XX tratam dos *omni re scibile*: homens, monstros, animais, o mundo e suas partes, a terra, prédios e campos, pedras e metais, agricultura, guerra e jogos etc.

A obra de Santo Isidoro não é a de um pensador original e profundo. Sua originalidade está em ser transmissor da ciência e da cultura clássicas, em especial a latina. Suas obras eram destinadas às escolas abaciais e episcopais onde se educavam os clérigos. Através de sua obra foram salvos os legados da ciência antiga, e destinados a alimentar o trabalho intelectual da Idade Média.

No mais, vale a pena destacar em sua obra a continuidade da tradição, tanto eclesiástica quanto latina. Seu *Sententiarum libri tres* é um manual de moral e de teologia baseado nas obras de Santo *Agostinho e de São *Gregório Magno. Em *De officiis ecclesiasticis,* reúne a tradição litúrgica e, ao estilo de Santo *Ambrósio, estende-se aos deveres dos membros do clero. Com relação às *Etimologias*, suas fontes principais são Servius, gramático latino do séc. IV, os *padres da Igreja e o sempre imprescindível Donato (séc. IV).

BIBLIOGRAFIA: *Obras:* PL 81-84; *Etimologías de San Isidoro de Sevilla.* Edição bilíngüe (BAC), 2 vols.

Jacopone de Todi (1230-1306)
Nuvem do não-saber, A.

Janduno, João de (1280-1328)
Marsílio de Pádua.

Jansênio, Cornélio (1585-1638)

Com o nome latinizado *Cornelius Jansenius* surgiu uma figura polêmica e por trás dela uma corrente de pensamento e de espiritualidade conhecida como *jansenismo*. Essa corrente causou duras lutas e paixões de pessoas e instituições eclesiásticas, praticamente ao longo de dois séculos. Boa parte dessas lutas têm como centro o mosteiro de freiras cistercienses de Port-Royal, o mosteiro próximo a Paris, onde se aprenderam e de onde se difundiram as idéias de Jansênio. Sem identificar ambos os movimentos, é comum falar deles como se fossem a mesma coisa. Falaremos, pois, de Jansênio, os jansenistas ou port-royalistas, e de sua doutrina. Os autores e a literatura implicados nesta contenda são altamente significativos.

Cornelius Otto Jansen nasceu em Acquoi (Holanda). Ingressou na Universidade de Lovaina para estudar teologia, em 1602. Nela recebeu a doutrina de Miguel *Bayo, morto em 1589, mas cuja influência ainda se deixava sentir. Segundo Bayo, o homem fica de tal forma afetado pelo pecado de Adão, desde o seu nascimento, que é arrastado necessariamente ao mal. Somente a graça de Cristo pode salvá-lo, graça dada somente aos poucos que foram predestinados ao reino dos

Jansênio, Cornélio

céus. Essa doutrina definitivamente causou impacto a Jansênio e a outro companheiro seu chamado Jean Duvergier de Hauranne (1581-1643), conhecido como abade *Saint-Cyran. Finalizados os seus estudos, ambos decidiram renovar a teologia como homenagem devida a Deus pelos homens, já que o orgulho dos sábios do Renascimento havia afastado os cristãos de Jesus que se comprazia nos simples e humildes de coração.

Depois de alguns anos dedicados ao ensino (1612-1616), voltou a Lovaina, onde dirigiu o colégio de Santa Pulquéria, criado para estudantes holandeses. Era o momento da violenta disputa entre os seguidores de Bayo e os jesuítas. Nele se dedicou à leitura e ao estudo das obras de Santo *Agostinho, que, como ele mesmo nos diz, leu "dez vezes consecutivas". Interessou-se particularmente pelos textos, dirigidos pelo santo, contra os pelagianos. Foi então quando começou sua grande obra, o *Augustinus*. Esse livro custou-lhe 22 anos de esforço. Foi publicado depois de sua morte, em 1638, após ter sido reitor da Universidade de Lovaina e bispo de Yprès.

Foram esquecidas, praticamente, todas as demais obras e folhetos, em particular os comentários aos evangelhos e ao Pentateuco. Desde sua publicação em 1640, o *Augustinus* transformou-se num ponto de referência obrigatório para jansenistas e seus contrários. Qual era sua doutrina? Esta ficou resumida nas cinco proposições condenadas: 1) alguns preceitos divinos não podem ser cumpridos pelos justos apenas com a força da natureza humana, portanto, lhes é necessária a graça; 2) a graça interior, que opera sobre a natureza corrompida, é irresistível; 3) para o mérito ou demérito se requer unicamente a liberdade da coação externa; 4) os pelagianos ou semipelagianos são hereges, visto que admitem a possibilidade de a vontade humana resistir ou obedecer à graça; 5) é errado afirmar que Cristo morreu *por todos os homens*. Essas proposições, elaboradas pelos teólogos jesuítas foram contestadas pelos port-royalistas. Receberam uma primeira condenação em 1641. Em 1643, *Arnauld pediu em seu livro *Da comunhão freqüente* uma reforma moral e eclesiástica congruente com as doutrinas jansenistas. Em 1653, Inocêncio X condenou as cinco proposições. Desde então e até a primeira metade do séc. XVIII continuou a polêmica jansenista. Alguns aceitaram as disposições papais, os "aceitantes"; outros apelaram, os "apelantes". Nesta luta estiveram envolvidas figuras como Arnauld, Nicole, *Pascal, *Quesnel, *Saint-Cyran (1634-1719) e outros. A luta jansenista transpassou as fronteiras dos Países Baixos. Em 1723 constituiu-se a Igreja Autônoma Jansenista, que ainda existe. Em 1786, o Sínodo de Pistóia defendeu as teses mais extremistas do jansenismo.

— Além de comportar uma dogmática, tal como o apontamos, o jansenismo comporta também uma moral e uma ascética rigorista. É o que se qualificou de "vontade sombria" do jansenismo. Essa vontade pessimista e sombria dos "solitários" de *Port-Royal passou para suas escolas e métodos, dando a todo o movimento jansenista um ar de rigidez característica.

BIBLIOGRAFIA: J. Orcibal, *Les origines du Jansénisme*, 7 vols. publicados entre 1957-1965. Para o Jansenismo na Espanha: M. Menéndez y Pelayo, *Historia de los Heterodoxos Españoles*, III. *El jansenismo regalista en el siglo XVIII* (BAC).

Jerônimo, São (347-420)

Nasceu em Stridon (Dalmácia), próximo da atual cidade de Lubiana, na Eslovênia, e morreu em Belém. Tido como o mais sábio dos padres latinos, reuniu em sua pessoa o ermitão, monge e escritor preocupado com os assuntos da Igreja. É conhecido principalmente por sua tradução da Bíblia para o latim, chamada *Vulgata*.

Filho de uma família cristã, aos doze anos de idade já se encontrava em Roma, onde estudou gramática, retórica e filosofia. Sua inclinação pelo estudo cedo o transformou num apaixonado entusiasta da literatura latina. Concluído seu período de formação em Roma, foi batizado, provavelmente pelo Papa Libério (366).

Os vinte anos seguintes viveu num estilo de vida nômade, distribuída entre as suas ânsias de solidão e de estudo. Fez seus primeiros ensaios de monge e pesquisador em torno do bispo Valeriano (369-373), e logo depois foi para o Oriente. No ano 374, encontrava-se em Antioquia como hóspede de Evágrio. Aí compôs suas primeiras obras, e teve seu famoso sonho, no qual era levado ao tribunal de Cristo acusado de ser mais ciceroniano do que cristão, e em seguida severamente açoitado. Prometeu não voltar a possuir ou ler literatura pagã, promessa que irá mitigando com o tempo. Os anos 375-377 são os do deserto de Calcídia, lugar escolhido por Jerônimo para a solidão e a paz interior. Estudo, penitência e oração foram seus companheiros de deserto. Neste deserto fecundo, aprendeu o hebraico graças a um judeu convertido; estudou o grego, foi reunindo uma sólida biblioteca de manuscritos e manteve uma polêmica correspondência epistolar.

A partir de 378, final de seu retiro em Calcídia, viu-se envolvido nas disputas teológicas do tempo: sabelianismo, arianismo. Ordenado finalmente sacerdote por Paulino de Antioquia, seguiu de perto as idéias de Apolinário de Laodicéia, de *Gregório de Nissa e de Anfilóquio de Icônio, acompanhando-os no Concílio de Constantinopla (381). Sob a influência destes, aperfeiçoou seu grego e começou a sentir uma admiração profunda por *Orígenes, cujas 39 homílias traduziu para o latim.

Os três anos seguintes (382-385), passou-os em Roma na qualidade de secretário do papa São *Dâmaso; prossegue aí seu estudo da Bíblia, revisa a versão latina dos evangelhos e a versão latina do saltério. Desdobrou-se numa atividade inusitada: pregou nas igrejas, atendeu um grupo de viúvas e virgens, a quem iniciou no estudo da Bíblia e do hebraico, algumas das quais o acompanharão no seu retiro definitivo de Belém. Descobriu-se reformador, arremetendo-se contra o clero romano, os monges relaxados e acomodados, e as virgens hipócritas. Inconformista, abandonou a Babilônia que era Roma para dirigir-se à Terra Santa. Desde 386 até a sua morte viveu numa gruta nas proximidades de Belém. Foi a sua época mais fecunda.

O legado literário de São Jerônimo pode ser dividido em três grandes lotes: a) *História e controvérsia*, fruto das lutas teológicas em que se viu envolvido. b)*Traduções e comentários da Escritura.* c) *Obras ascéticas e correspondência.* Suas obras ocupam 9 volumes da coleção de Migne (vols. 22-30).

Começando pela história, temos sua tradução da *Crônica* de *Eusébio de Cesaréia, que continuou até 378. Mais conhecido é seu livro *De viris illustribus*, escrito entre 372-373: um pulso cristão na cultura pagã. Da vertente apologética e de controvérsia, destacamos suas diatribes *Adversus Iovinianum,* exaltação da virgindade frente ao matrimônio; *Contra Vigilantium,* onde faz uma defesa da vida monástica, do celibato dos clérigos e de certas práticas relativas ao culto dos mártires; seu *Dialogi contra Pelagianos* é sua obra de controvérsia mais aguda. Em todas elas, São Jerônimo mostra-se excessivamente duro com seus inimigos.

As preocupações e doutrina ascéticas refletem-se não apenas em suas obras de controvérsia, mas também em biografias como a de Malco, capturado pelos beduínos, e a de Santo Hilário. Nessa mesma linha está a tradução para o latim de obras ascéticas coptas, por exemplo a *Regra de São Pacômio*, as homilias aos monges e um vultoso número de cartas com os mais diversos destinatários.

Fica, finalmente, sua obra escriturística, que dividimos desta forma: 1) *Estudos introdutórios à Escritura*. Tais são, por exemplo, seu *Liber locorum:* uma tradução e adaptação da obra de Eusébio sobre os nomes dos lugares da Palestina; e o *Liber interpretationis hebraicorum nominum*, lista alfabética dos nomes próprios hebreus da Bíblia. 2) *Traduções da Bíblia*. Revisão da *Vetus Latina*, feita do texto grego dos LXX. Entre 391-406 fez a tradução latina do AT, baseada no texto original hebraico. 3) É importante a sua obra de comentário ao Gênesis, aos salmos, aos profetas maiores e menores, a algumas das cartas de São *Paulo e ao evangelho de *Mateus, sem esquecer as traduções que fez dos 39 sermões sobre São Lucas, escritas por *Orígenes.

Um juízo de conjunto da pessoa e da obra de São Jerônimo leva-nos à consideração de uma personalidade singular, diferente de todos os padres da Igreja. Um homem que, acima de tudo, quis ser cristão. Um homem profundamente interessado pela cultura clássica e que, apesar de ter renunciado a tudo, levou consigo a biblioteca até o deserto.

Sua obra, sua revisão e posteriormente sua tradução da Bíblia, conhecida como *Vulgata*, fizeram-no credor do perpétuo agradecimento da Igreja. Sua preparação para o trabalho do estudo e da tradução da Bíblia — chegou a dominar as línguas hebraica, grega, latina e copta — são para nós um exemplo admirável de preparação científica.

BIBLIOGRAFIA: *Obras:* PL 22-30; *Cartas de San Jerónimo*. Edição bilíngüe por Daniel Ruiz Bueno (BAC) 2 vols.; F. Moreno, *La espiritualidad del desierto, San Jerónimo* (BAC).

Jerônimo de Nadal (séc. XVI)
*Ratio studiorum.

Jerônimo de Praga (1370-1416)
*Marsílio de Pádua.

Joana Frémyot de Chantal, Santa (1572-1641)
*Literatura autobiográfica; *Francisco de Sales.

Joana Inês da Cruz, Sóror (1651-1695)
*Literatura autobiográfica.

João Batista de la Salle (1651-1719)
*Educadores cristãos.

João da Cruz, São (1542-1591)

Juan de Yepes y Alvarez nasceu em Hontiveros ou Fontiveros (Ávila) e morreu em Ubeda (Jaén). Estudou gramática e filosofia no colégio da Companhia de Jesus de Medina do Campo. Ingressou na ordem carmelitana em 1563, com o nome de Frei João de São Matias. Na Universidade de Salamanca, estudou humanidades, Escritura, teologia, padres da Igreja e teorias escolásticas. Em 1568, depois de um encontro com Santa *Teresa em Medina, uniu-se à "reforma" empreendida por ela. A reforma de homens o encheu de angústias e perseguições. João foi encarcerado e levado à prisão de Toledo. Após oito meses de sofrimentos causados pelos carmelitas calçados, conseguiu escapar, refugiando-se em Andaluzia (1578), onde praticamente viveu o restante de seus dias: Granada, Baeza, Jaén, Ubeda são o cenário onde reza, medita, escreve. Tem breve estadia em Castilla (1588), para morrer em Ubeda.

João da Cruz era um homem pequeno — "meio frade", chamou-o Santa Teresa, por sua pequena estatura —, tímido, desejoso de solidão e recolhimento. Era um poeta puro e profundo: *o santo poeta* e grande contemplador da natureza. "Muitas noites inteiras passava o venerável Frade João da Cruz apoiado na janela de sua cela, onde se viam o céu e o campo." Afastava-se igualmente do convento, "próximo a uma fonte, onde havia muitas árvores", e ali orava. Outras vezes, antes de amanhecer, "ia à horta e, entre uns arbustos, perto de um canal de irrigação, ficava rezando, até que o calor do sol o expulsava dali". Ou então o viam "por noites inteiras com os braços em cruz, sob as árvores, ou louvando a Deus, olhando a água, se havia arroio ou rio, ou olhando as ervas". Dessa contemplação absorta na natureza, em Deus, saiu sua profunda e personalíssima poesia. É essa contemplação de Deus na natureza e em si mesmo que fez de São João um grande místico: o místico cristão por excelência. Raro poeta lírico, cheio de musicalidade e de harmonia, culminou no místico luminoso e, por sua vez, oculto nas trevas da noite profunda.

— São João da Cruz nos deixou sua experiência mística em sua vida e em sua obra escrita. Nela alternam-se a poesia e a prosa.

Na poesia rompe a "cantar sua desolação e seu desconsolo, seu contentamento e sua embriaguez de amor". Na prosa, ao comentar as poesias, expõe toda a doutrina mística de tradição medieval, e da nova disposição carmelitana. Sem dúvida, a formação tomista e universitária de São João deu uma grande solidez à sua obra doutrinal. "Aquela sólida filosofia aristotélico-tomista que aprendeu nas aulas salamanquinas é a que corre profunda por todos os seus escritos — diz o padre Silvério

—, dando-lhes forte ligação e a consistência da rocha granítica, ainda quando se eleva a regiões onde parece que folga toda humana especulação".

— As quatro obras capitais de São João da Cruz constituem uma unidade orgânica, correspondendo aos diversos graus e vias da mística: a) *Subida do Monte Carmelo,* a ascética mais penosa da purgação do *sentido e do espiritual.* Uma subida difícil por montes ásperos, como a via purgativa; penosa, de lenta meditação pelo triste desprendimento de tudo o que não é *tudo*, do *nada* do mundo, para chegar à *nudez* espiritual e ao *vazio* de tudo o que não é Deus. b) *A noite escura da alma* e o *Cântico espiritual* ocupam o ponto central da doutrina na mística do santo. Na *Noite escura* continuamos "morrendo por verdadeira mortificação a todas as coisas" na negação que a alma faz de si própria e "caminhamos, como na noite, às escuras". c) A *Chama viva de amor* corresponde ao estado da alma, já na divina união, banhada de glória, próxima ao estado de bem-aventurança, em que suspira por romper totalmente a envoltura da vida terrena, para permanecer glorificada.

"Em torno dos três poemas, *Em uma noite escura, Onde te escondeste* e *Ó chama viva de amor*, agrupam-se comentários que constituem um tratado completo, emocional e fervoroso, de teologia mística. O poema e o tratado se completam e causam o mesmo efeito sob pontos de vista diferentes. Deixam uma impressão única desse lírico insuperável na emoção e na musicalidade, desse teólogo místico que, com sólida sistematização filosófica, não se prende ao factual, e superam os outros livros de mística européia de seu tempo" (Valbuena Prat, *Historia de la Literatura Española).*

Toda a obra de São João da Cruz — em prosa e em verso: avisos, recomendações, canções, romanças, cartas, conselhos etc. — cheia de sabedoria divina, mereceu o reconhecimento da Igreja que o declarou o *doutor místico* por excelência. Conhecedor a fundo da teologia e da tradição mística anterior, encaixa a sua doutrina mística na mais sã tradição teológica. Sua síntese doutrinal é simples e audaz. Propõe levar as almas ao grau mais alto possível da união com Deus neste mundo. Além da união natural e da união sobrenatural pela graça, há outra união integral ou total, fruto do amor, e chamada "união de amor". Essa união chama-se "transformadora porque leva a alma a fazer tudo o que agrada a Deus e porque a vontade divina vai comunicando à alma as suas perfeições e tornando-as, cada vez mais, semelhantes a Deus". Nesta situação "une-se completamente a Deus e se transforma completa e sobrenaturalmente em Deus" (*Subida*, II, 5, 4). Para isso propõe a doutrina *nada-tudo*:

"Para vir a gostá-lo todo,
não queiras ter gosto por nada;
para vir a sabê-lo todo,
não queiras saber algo em nada;
para vir a possuí-lo todo,
não queiras possuir algo em nada;
para vir a sê-lo todo,
não queiras ser algo em nada".

— Todo comentário e explicação torna-se pouco e trai a experiência mística deste doutor iluminado. É melhor lê-lo e segui-lo diretamente até onde for possível.

BIBLIOGRAFIA: *A subida do monte Carmelo; Noite escura; O amor não cansa nem se cansa; Poesias completas; Cântico Espiritual; Vida y obras de San Juan de la Cruz* (BAC). Madrid 1978, com bibliografia citada na obra, p. 8-11.

João Damasceno, São (675-749)

Nascido em Damasco, morreu em Jerusalém. Pertencente a uma família cristã, foi o sucessor de seu pai no cargo de oficial administrativo a serviço do califa árabe. João, na verdade, tinha o nome árabe de Mansur.

Sendo ainda funcionário do governo, escreveu os três *Discursos sobre as sagradas imagens* (próximo de 730) defendendo sua veneração contra o imperador bizantino Leão III e os iconoclastas. Iniciava, assim, sua vida de escritor e teólogo, e que logo apareceria como porta-bandeira na luta iconoclasta. Pouco depois o vemos como monge em Massaba, próximo de Jerusalém, onde passou o restante de seus dias estudando, escrevendo e pregando. Seus contemporâneos conheceram-no como o "orador de ouro", "Chrysorrhoas", o "manancial ou corrente de ouro".

Entre suas cerca de 150 obras escritas sobressai a *Fonte do conhecimento,* dividida em três partes. É uma síntese da filosofia e doutrina cristã, que influiu de maneira decisiva no pensamento latino da Idade Média e se transformou no texto principal da teologia ortodoxa grega.

A primeira parte, filosófica ou *dialética*, é tomada da *Isagoge* de Porfírio e segue bem de perto a metafísica e a lógica de Aristóteles. A segunda parte, histórica, é uma transcrição do *Panario* de Epifânio, uma história das heresias até o séc. IV. A terceira e mais importante é a *Exposição da fé ortodoxa*, mais conhecida como *De fide ortodoxa*, traduzida para o latim por Burgúndio de Pisa (séc. XII) e que se transformou num dos textos fundamentais da escolástica. Na essência, é um resumo dos padres capadócios do séc. IV, porém com uma formulação aristotélica. Embora se trate de uma compilação, tem o mérito de coletar e organizar sistematicamente toda a especulação patrística grega que a Igreja reconheceu e fez sua. Sua obra é, portanto, uma espécie de antologia da própria patrística, unificada com o critério da ortodoxia.

João Damasceno assenta o princípio da subordinação das ciências profanas à teologia. A filosodia deve ser serva da teologia.

Estabelece, também, o princípio escolástico de que tudo o que é criado é mutável. Tudo o que existe no mundo, seja sensível ou espiritual, é mutável e, por conseguinte, criado. Pressupõe, pois, um criador, que não seja criado, mas incriado; e esse é Deus. Por outro lado, a conservação e duração das coisas pressupõem a existência de Deus. Finalmente, a ordem e a harmonia do mundo não podem ser produzidas pelo puro acaso, e pressupõem um princípio organizador, que é Deus (*De fide orth.*, 1, 3).

A existência de Deus pode ser alcançada pela razão humana; sua essência, ao contrário, é incompreensível. Podemos negar tudo o que repugna a sua perfeição infinita e atribuir-lhe tudo o que está implícito em tal perfeição. O caminho mais seguro para falar de Deus é o *negativo*, porque cada atributo positivo é totalmente diferente quando aplicado a Deus.

Aplica o mesmo procedimento à natureza da alma humana, que considera imortal, pertencente às substâncias incorpóreas e espirituais e dotada de livre-arbítrio.

Menos conhecida é a sua antologia de exortações morais, intitulada *Paralelos sagrados,* em que combina textos bíblicos com outros tomados dos padres. Também se sobressai por sua revisão e participação nos hinos da literatura oriental, sua famosa obra *Octoëchos*.

BIBLIOGRAFIA: *Obras:* PG 94-96.

João de Ávila, São (1499-1569)

*Literatura autobiográfica.

João, Evangelista, São (séc. I-II)

Conhecido também por "João o Teólogo" e o "discípulo amado" de Jesus. João, de fato, foi um dos apóstolos, junto a Tiago e Pedro, escolhidos por Jesus para ser testemunha de acontecimentos muito importantes da vida do Mestre, como por exemplo a transfiguração no monte Tabor e a agonia de Getsêmani. João, além disso, reclinou sua cabeça no peito de Jesus na última ceia e foi-lhe confiada a Mãe de Jesus aos pés da cruz. Foi também testemunha da tumba vazia na manhã da ressurreição e do reconhecimento do Senhor no mar de Tiberíades. A tradição nos diz que se retirou a Éfeso, sendo desterrado a Patmos, onde escreveu o *Apocalipse*. De volta a Éfeso, segundo a mesma tradição, escreveu o que hoje conhecemos como o *quarto evangelho* e as três *cartas*, conhecidas como 1, 2 e 3 João.

Sobre o *Apocalipse* (**Apocalipse, Apocalíptica*). Em torno do *4º evangelho* — diferente no conteúdo e no ponto de vista dos três anteriores, conhecidos como sinóticos — colocam-se uma série de problemas que os estudiosos denominam "questão joanina". Segundo a tradição, que remonta à segunda metade do séc. II, o quarto evangelho foi escrito pelo apóstolo João. Hoje, muitos pesquisadores negam a origem apostólica do livro. Outros, baseados na leitura e diferente estilo do texto, preferem pressupor dois autores. O texto teria tido duas redações: a primeira pelo que chamamos evangelista, e outra, posterior à sua morte, realizada por um discípulo. Outros, finalmente, pensam que não há nada no próprio evangelho que se oponha à tradição, pois se apresenta sob a garantia de um discípulo amado do Senhor, testemunha ocular dos fatos que narra.

O evangelho de João diferencia-se dos sinóticos, em primeiro lugar, por seu estilo. Os dizeres de Jesus organizam-se em discursos e diálogos longos. Ordena a atividade de Jesus de forma diferente: a vida pública teria durado dois ou três anos. Dispõe o material de forma que desenha a figura de Jesus, colocando em destaque que é o Messias, o Filho de Deus. Seu tema fundamental, portanto, é que Jesus é o enviado de Deus. Interessa-lhe destacar a pessoa de Jesus, sua missão, origem e destino, assim como a atitude dos homens diante dele. Dito de outra forma: o quarto evangelho, melhor ainda que os sinóticos, pretende esclarecer o sentido da vida, das ações e das palavras de Jesus.

O quarto evangelho é uma obra complexa. Não é um simples relato dos milagres e do ensinamento de Cristo ao povo, mas uma representação bem meditada de sua pessoa e doutrina, fruto de um esforço sustentado sob a direção do Espírito Santo. Não à toa, desde a antiguidade, seu autor foi chamado: "João, o Teólogo". Sua data de composição fixa-se entre 90-100.

Entre as sete "cartas católicas", três são atribuídas a João. "Apresentam tal parentesco literário e doutrinal com o evangelho que é difícil não atribuí-las ao próprio autor, a João, o apóstolo." A primeira carta, a mais importante e extensa, é por seu estilo e doutrina a que mais se aproxima do evangelho. Resume a experiência religiosa de João, que consiste na fidelidade ao duplo mandamento da fé em Jesus Cristo e do amor fraterno. Põe-se em guarda contra a doutrina dos falsos mestres.

BIBLIOGRAFIA: J. Mateos-J. Barreto, *El Evangelio de Juan. Análisis lingüístico y comentario exegético.* Cristiandad, Madrid 1979; R. Schnackenburg, *El evangelio según san Juan.* Herder, Barcelona 1980-1987, 4 vols.

João Paulo II (1920-)

Karol Wojtyla, nome original de João Paulo II, nasceu em Wadowice, Polônia, em 1920. Foi eleito papa em 1978, sendo o primeiro não italiano em 456 anos. A 2ª Guerra Mundial truncou seus estudos de literatura polonesa na Universidade de Cracóvia, vendo-se obrigado a trabalhar numa fábrica de soda. Participou da resistência contra os invasores nazistas e atuou num grupo de teatro antifascista. Em 1942 determinou tornar-se sacerdote, ordenando-se em 1946. Ampliou seus estudos na Universidade Angelicum de Roma e na Universidade Católica de Lublin. Exerceu a docência como professor de ética na faculdade de filosofia de Lublin e, mais tarde, na faculdade de teologia de Cracóvia. Bispo auxiliar de Cracóvia em 1958, foi nomeado arcebispo da mesma cidade em 1964 e feito cardeal em 1967.

João Paulo II ascendeu ao pontificado romano com uma densa obra literária e teológica lavrada em seus anos de docência universitária e de vida pastoral. Além de suas narrativas e obras de teatro, publicou em 1960 *Amor e responsabilidade*, onde critica os métodos não naturais de controle de natalidade; seguiram-lhe *Pessoa e ação* (1969), análise da teoria do conhecimento; *Os fundamentos da renovação* (1972), assim como uma monografia sobre Max Scheler. A esses trabalhos devem-se acrescentar mais de 500 ensaios e artigos, alguns deles reunidos no *ABC da ética moral* (1975). Se a isto acrescentarmos as cartas pastorais, alocuções, conferências, discursos e encíclicas, teremos um dos papas mais fecundos no apostolado da palavra e da escrita.

O serviço à palavra em todas as suas formas é, de fato, uma das constantes do atual pontífice. Grande comunicador e poliglota, transformou-se em porta-voz da Igreja e do Evangelho no mundo. Além de seu ministério ordinário em Roma, as viagens realizadas aos cinco continentes permitiram-lhe falar e transmitir a mensagem cristã de muitas e diversas formas e a múltiplas audiências em todo o mundo. As viagens pastorais e as mensagens nelas transmitidas serão, de fato, uma das chaves para compreender seu pontificado. A informação de suas viagens pela imprensa e pela TV fizeram do Papa Wojtyla um dos personagens mais conhecidos.

A chave de interpretação da atividade de João Paulo II está nos centros de interesse dos grandes setores da Igreja e suas prioridade. A Igreja do Ocidente está preocupada com problemas da secularização, da procura de um sistema de valores, de uma reforma moral. Diante desta situação, acusa-se o papa polonês de querer fazer da Europa um novo fortim medieval com essa espécie de medo da verdadeira modernidade. Com a Igreja da América Latina, interpelada pela miséria, pela exploração econômica e pela revolução social, e que opta pela "Teologia da Libertação", o Papa Wojtyla mostrou-se reticente e cauteloso. A mesma atitude de cautela encontramos por parte do papa frente a uma Igreja de diálogo e a serviço dos homens e do mundo. Essa atitude de prudente cautela levou-o a tensões com teólogos, com grupos, pelo que denominam "autoritarismo" e "involucionismo" do pontificado de Wojtyla.

A Igreja do Papa Peregrino, que soube devolver o orgulho a numerosas comunidades católicas nacionais, aparece hoje muito mais forte no mundo se considerarmos seu prestígio político e social. João Paulo II apostou inclusive com sua vida — foi vítima de um atentado a 13 de maio de 1981 — por uma ordem democrática e social baseada na liberdade e na justiça; condenou o comunismo e outros regimes autoritários; saiu na defesa e recuperação dos direitos humanos; pronunciou-se contra a guerra "como o mal sem retorno". "Pertence a seu pontificado um trabalho diplomático em continuidade com o de seus predecessores, que aproveitou com perseverança, de cada abertura e de cada oportunidade de enfrentamento com os regimes comunistas, numa tentativa constante para que as Igrejas locais exercessem uma ação pastoral mais decisiva."

Se a essa luta social e política acrescentarmos a voz do pontífice contra o materialismo, o chamado à fidelidade conjugal, à pureza e santidade dos jovens e da vida familiar, teremos algumas das chaves do pontificado de João Paulo II. Foi e é contestado. Mas certamente, se tivesse uma linguagem espiritual, dogmática ou piedosa que parecesse convir a todos, essa linguagem seria julgada então inadequada para responder às situações concretas de hoje.

João XXIII (1881-1963)

Angelo Giuseppe Roncalli, conhecido como o Papa Roncalli, ou João XXIII, foi e continua sendo "um dos homens mais queridos e amados do mundo". Nascido em uma família humilde de camponeses em Sotto il Monte, perto de Bérgamo, viveu sua vida de sacerdote na simplicidade e na entrega ao serviço da Igreja. Bulgária (1931), Turquia e Grécia (1934), Paris (1944) foram os lugares de seu trabalho como delegado e Núncio Apostólico. Nomeado cardeal em 1953, foi designado patriarca de Veneza, até que, na morte de *Pio XII, foi eleito Papa, a 28 de outubro de 1958.

Sua idade avançada e o escasso destaque que sua conciliadora personalidade até então havia demonstrado fizeram crer que seria um "papa de transição", depois do pontificado tão pessoal de Pio XII. Mas o novo papa surpreendeu a todos. No dia 25 de janeiro de 1959 anunciou a convocação de um concílio ecumênico. Em sua mente, esse concílio estava destinado a: 1) Promover a união dos cristãos das diversas Igrejas, que o papa pensava, se deveria fazer num prazo curto, algo assim como a parusia para os primeiros cristãos. 2) Adaptar e renovar a Igreja e o apostolado a um mundo em plena transformação. A palavra *aggiornare, aggiornamento* foi colocada em circulação pelo papa em todo o mundo. Não se tratava tanto para a Igreja de lutar contra os seus adversários; tratava-se mais de encontrar um modo de expressão no meio do mundo em que vivia e que parecia ignorar. Expressões como "devem-se sacudir o pó imperial" que recobre a Igreja, "deve-se abrir as janelas para que entre um ar fresco", "deve-se examinar os sinais do tempo" foram frases e "slogans" carregados de força e significativos do que o papa queria para o futuro concílio.

A 11 de outubro de 1962 abriu o Concílio *Vaticano II. No ato de abertura chamou a atenção da assembléia, composta de 2.400 bispos, contra a tentação do pessimismo e do integrismo. Realçou o caráter pastoral, de renovação, não condenatório, que o concílio deveria ter.

Ao falar de João XXIII neste dicionário, faz-se necessário aludir a seu magistério. Em consonância com o concílio, que desencadeia a revolução pacífica mais extraordinária do século, o papa dirigiu-se pela primeira vez ao mundo inteiro, "a todos os homens de boa vontade, não apenas aos cristãos", com duas encíclicas: *Mater et Magistra*

(1961) sobre os problemas sociais, e *Pacem in Terris* (1963) sobre a paz e as relações internacionais.

— "Como no passado, também no nosso tempo os progressos da ciência e da técnica influem poderosamente nas relações sociais do cidadão. Por isso é preciso que, tanto na esfera nacional, quanto na esfera internacional, tais relações se regulem com um equilíbrio mais humano" (MM 212).

— "Nenhuma época poderá apagar a unidade social dos homens, já que consta de indivíduos que possuem, com igual direito, uma mesma dignidade natural. Por esta causa, sempre será necessário, na mesma natureza, atender devidamente o bem universal, isto é, o que afeta toda a família humana..." (PT 132).

Contudo, o surpreendente de João XXIII é sua própria personalidade, que inaugurou uma nova era na história da Igreja católica, por sua abertura para a mudança e para o mundo, por sua imensa humanidade. Esse pontífice corpulento e baixo de estatura — nunca pôde dominar sua tendência à gordura — foi-se apoderando gradualmente do mundo até ser tido como o "pai do mundo". Quando morreu em 1963, o coração dos homens estava com ele.

BIBLIOGRAFIA: J. L. Martín Descalzo, *El Concilio de Juan y Pablo* (BAC) 1967; H. Küng, *Iglesia en Concilio*. Sígueme, Salamanca 1965; João XXIII, *Diário espiritual*,; *As encíclicas sociais de João XXIII*, Rio de Janeiro, 1963; Encíclicas, várias edições em português.

Joaquim de Fiore (1145-1202)

Nasceu em Dorfe Celico, Cosenza (Itália) e morreu na Calábria, no mosteiro de São João de Fiore, fundado por ele e do qual era abade desde 1191. A lenda apoderou-se deste abade profeta, místico, teólogo, comentarista bíblico e filósofo da utopia. Os dados sobre sua vida são tardios, pois procedem de um monge do séc. XVI. Destes dados, transmitidos por J. Greco do cenóbio de

Fiore, sabe-se que Joaquim de Fiore, depois de uma viagem à Terra Santa, onde se livrou de uma peste, entregou-se ao ascetismo. Novamente na Itália, entrou no mosteiro cisterciense de Sambrucino e Corazzo (Sicília), onde foi abade. Posteriormente se retirou para a vida de anacoreta (1119), fundando então o cenóbio de São João de Fiore, onde reuniu muitos discípulos.

Mais interessante do que sua vida é a sua doutrina, aliás, sua vida é a sua própria doutrina. De sua numerosa produção restam três obras fundamentais: 1) *Concordia Veteris et Novi Testamenti.* 2) *Expositio in Apocalypsim;* 3) *Psalterium decem chordarum.* Além destas obras indiscutíveis, se lhe atribuem estas outras: *Tractatus super Quattuor Evangelia; De unitate et essentia Trinitatis* contra Pedro Lombardo; um escrito *Adversus Judaeos;* uma exposição sumária da fé católica, intitulada *De articulis fidei.* E finalmente, o *Liber figurarum,* descoberto em 1937, um livro de desenhos e figuras reconhecido pelos pesquisadores como autêntico. Nele expressa a sua doutrina de forma simbólica em árvores que produzem flores e frutos, em figuras geométricas e em visões de formas estranhas em que as árvores se transformavam em águias etc.

Quais são as idéias e a originalidade deste homem tão pesquisado e estudado hoje em dia? Seguindo um pouco a ordem e o conteúdo de suas três obras fundamentais, podemos resumir seu pensamento desta forma:

Concordia Veteris et Novi Testamenti. Neste livro, J. de Fiore elabora sua filosofia da história. A compreensão espiritual da Escritura, meta e tarefa contínua de Joaquim, leva-o a superar o sentido literal tanto do Antigo quanto do Novo Testamento. A história culminará numa era final, produto das duas anteriores, a do AT e a do NT. Assim é como se constrói a sua filosofia trinitária da história, em que as três Pessoas da Trindade se transformam numa estrutura temporal: a era do Pai, Antigo Testamento; a era do Filho, Novo Testamento; a era do Espírito Santo, o tempo atual da história até o final dos tempos. Seu início seria próximo ao ano 1260. Seria a irrupção do Espírito que varreria a corrupção da Igreja e implantaria a verdadeira religião.

Na *Expositio in Apocalypsim* anuncia a iminente crise do diabo, tal como a pintam as imagens do Apocalipse, personificado na figura do anticristo, e a subseqüente vida do Espírito que preencherá a terra.

Seu *Psalterium decem chordarum* interpreta a doutrina da Trindade através do símbolo e visão do saltério de dez cordas. Opõe-se ao pensamento de *Pedro Lombardo, que de tanto distinguir entre a essência e as três pessoas, parecia admitir uma quarta.

Joaquim de Fiore é um grande poeta e artista. É principalmente o homem que luta constantemente contra "o sentido literal" para chegar ao espírito, porque este é o que dá vida e sentido à história. Esse espírito é o que faz dele um profeta dos novos tempos. Suas especulações trinitárias vinculam-se, assim, numa mensagem profética que nos leva ao "Evangelho eterno", obra do Espírito que supera toda letra e toda lei.

O terceiro estado que há de vir, se caracterizará por uma inteligência da Palavra divina, já não literal, mas espiritual. Os homens conhecerão verdadeiramente o seu significado real. "A mensagem joaquinista é documento de uma grande expectativa do advento e dos valores espirituais já sobre a terra. Suas aspirações renovadoras se cristalizarão e se expressarão melhor em sucessivos movimentos ortodoxos. Influenciou principalmente o movimento franciscano, não já em sua inspiração original, mas em sua evolução especulativa. Notável é o seu influxo teórico sobre muitos escritores, especialmente sobre Dante" (*Diccionario de filósofos*). Sua importância e influência são grandes na construção da utopia cristã.

BIBLIOGRAFIA: E. Gebhart, *La Italia mística*, 1945; *Historia Universal*, Siglo XXI. 11, c.10, com a bibliografia.

Juliana de Norwich (1342-1413)

*Nuvem do não-saber, A.

Juliano Apóstata (332-363)

Flavius Claudius Iulianus foi imperador romano desde 361. Sobrinho de Constantino, foi educado no cristianismo para seguir depois neoplatonismo e iniciar-se nos mistérios de Elêusis. Em 355 foi apresentado como César, sendo aclamado imperador por suas tropas em 360.

A partir da morte de Constâncio II (361), atacou uma série de grandes reformas baseadas na restauração da cultura e religião gregas. Seu alvo foi o esmagamento do cristianismo e a promoção do paganismo por todos os meios que não fossem a perseguição aberta. Foi um escritor prolífico. Seu tratado *Contra os Galileus* podemos conhecê-lo somente em parte pela refutação que dele fez São *Cirilo de Alexandria. Muitos dos argumentos formulados por Juliano contra os cristãos foram-se repetindo ao longo de toda a história da Igreja. Junto a *Celso, *Luciano e Porfírio, é um dos grandes inimigos do cristianismo. São também notáveis os dicursos II, IV, V, VIII, a *Carta a Temistio* e o *Banquete* ou a festa dos saturnais.

"Temperamento místico mais do que especulativo, não foi um filósofo autêntico. Seu paganismo foi uma expressão psicológica mais do que uma convicção profunda. Não chegou a compreender o que era o cristianismo, que nunca o entusiasmou. Seus escritos (panegíricos, discursos, cartas) são preponderantemente polêmicos, carentes de sistematização... Do cristianismo rejeitou, em particular, a exegese bíblica e a liturgia..." *(Diccionario de filósofos)*.

BIBLIOGRAFIA: Obras: *Contra los Galileos. Cartas y fragmentos. Testimonios. Leyes.* Introduções, tradução e notas por J. García Blanco e P. Jiménez Gazapo. Gredos, Madrid; Id., *Discursos*. Introduções, tradução e notas de J. García Blanco. Gredos, Madrid, 2 vols.

Jungmann, J. A. (1889-1975)

*Teologia atual, Panorama da.

Justino, Mártir, São (séc. II)

Flávio Justino nasceu no primeiro decênio do séc. II em Flávia Neápolis, a antiga Siquém, atual Nablus, na Palestina. Filho de pais pagãos, freqüentou as diversas escolas filosóficas de estóicos, peripatéticos e pitagóricos. Depois de ter professado durante longo tempo as doutrinas dos platônicos, converteu-se ao cristianismo. Viveu muito tempo em Roma, onde fundou uma escola e onde sofreu também o martírio entre os anos 163-167.

De São Justino conservam-se três obras autênticas: O *Diálogo com o judeu Trifão* e *I e II Apologia*. A primeira e mais importante delas é dirigida ao imperador Antonino Pio e deve ter sido escrita entre os anos 150-155. A segunda, que vem a ser um apêndice da primeira, foi motivada pela morte de três cristãos, réus por se professarem tais. O *Diálogo com o judeu Trifão* apresenta uma discussão ocorrida em Éfeso entre Justino e Trifão, e quer demonstrar que a pregação de Cristo realiza e completa os ensinamentos do AT.

A doutrina fundamental de São Justino pode ser resumida nos seguintes pontos:

— O cristianismo é a "única filosofia segura e útil" (*Diál.*, 8), resultado último e definitivo ao qual a razão deve chegar em sua investigação. E a razão nada mais é do que o Verbo de Deus, isto é, Cristo, do qual participa todo gênero humano (*Apol.*, I, 46).

— Os que viveram conforme a razão são cristãos, embora tenham sido considerados ateus... "De modo que aqueles que nasceram e viveram irracionalmente foram malvados e inimigos de Cristo e assassinos dos que vivem segundo a razão; mas aqueles que viveram e vivem segundo a razão, são cristãos impávidos e tranqüilos."

— Porém, esses cristãos anteriores não conheceram toda a verdade. Havia neles *sementes de verdade* que não puderam entender perfeitamente *(Apol.,* I, 44).

— Tudo o que de verdade se tenha dito pertence a nós, cristãos; já que, além de Deus, nós adoramos e amamos o *logos* do Deus ingênito e inefável, o que se fez homem por nós, para nos curar de nossas doenças, participando delas" *(Apol.,* II, 13).

BIBLIOGRAFIA: *Obras:* PG 6; *Corpus Apologetarum Christianorum saeculi II.* Ed. Otto, Jena 1847-1872, 9 vols.; H. Yaben, *San Justino. Apologías,* Madrid 1943; *Padres apologetas griegos.* Edição bilíngüe (BAC).

Kant, Emmanuel (1724-1804)

Kant nasceu, viveu e morreu na cidade alemã de Königsberg. Professor de lógica e metafísica na mesma universidade de sua cidade, fez seu o lema do *Iluminismo: "Sapere aude", "atreva-se a pensar". Submeteu a razão humana ao juízo para que pudesse responder às quatro perguntas fundamentais da filosofia: Que posso conhecer? Que devo fazer? Que posso esperar? Que é o homem? Sua passagem pela filosofia deu a esta um giro copernicano. Mas suas idéias filosóficas transcendem o âmbito acadêmico e afetam todos os campos da vida, particularmente o moral e o religioso. Homem de arraigada fé protestante e de formação e educação pietistas, submeteu a moral e a religião à crítica, principalmente à existência de Deus, chegando a umas conclusões que terão influência decisiva nas idéias e na conduta posteriores.

Na *Crítica da razão pura* aplica sua teoria do conhecimento ao mundo religioso, e em particular ao conhecimento de Deus, da alma e da eternidade e imortalidade. Segundo Kant, não podemos conhecer o que são as coisas em si mesmas, mas tal como nós as experimentamos através dos sentidos. Em conseqüência: a) Os argumentos ontológico, cosmológico e teológico não servem para demonstrar a existência de Deus. b) Rejeita também toda pretensão de conhecer como é Deus, porque suporia aplicar ao âmbito do incondicional ou absoluto algo que somente tem vigência no terreno do finito e fenomênico. c) Deste princípio, chega à conclusão de que não é válida a tentativa de provar que Deus existe. A razão não tem uma forma sensível que lhe permita dar o salto até Deus. A Deus somente chegamos pela fé, não pelo conhecimento. Não obstante, o conceito de Deus atua como "princípio regulador" que nos mostra um objetivo teórico capaz de orientar nossa vida.

Na *Crítica da razão prática,* na *Crítica do juízo* e na *Metafísica dos costumes,* Kant aborda a fundamentação da moral e da religião. Sustenta que os conceitos de Deus, alma, liberdade e imortalidade são postulados necessários para dar sentido às exigências incondicionais da moral. A razão prática, a consciência: a) Descobre esses conceitos como postulados que a razão é incapaz de demonstrar, mas que se impõem por si mesmos. b) Descobre deste modo que o homem é livre ao dar-se a si mesmo a lei. c) Descobre finalmente que a liberdade exige a imortalidade e a existência de um ser divino, um Deus justo que reivindique os direitos ou exigências da justiça vulnerados pelas injustiças e desajustes deste mundo.

As conclusões a que essa doutrina de Kant conduz não podem ser mais claras: 1) Não há por que pensar numa religião revelada, como pode ser a revelação histórica do cristianismo. Não há necessidade dela. 2) Também não há necessidade de um redentor especial e particular. Cristo seria tão-somente um mestre ou um filósofo dos homens. 3) A religião não é mais do que o reconhecimento de nossos deveres como mandatos divinos. É um puro reconhecimento da razão prática. Não há, portanto, lugar para a chamada experiência místico-religiosa.

A filosofia de Kant deu uma base racional e filosófica às idéias do *Iluminismo sobre o deísmo e a religião natural. (*Deísmo). Ao lado de *Hume, são os dois pensadores mais sólidos que chegaram a propor as bases do agnosticismo filosófico e religioso modernos.

Karlstadt (1480-1541)

Andreas Bodenstein, reformador alemão conhecido pelo lugar de seu nascimento. Foi um dos primeiros professores da nova Universidade de Wittenberg (1505). A visita a Roma, realizada em 1515 provocou-lhe uma profunda crise espiritual. Desde então manteve a doutrina pessimista da extrema debilidade da vontade humana, incapaz por si mesma de nada bom. Na disputa com Eck (1519), sustentou as teses protestantes, sendo reconhecido como um dos reformadores mais extremistas. Próximo a 1521, celebrou o primeiro serviço protestante da comunhão, ou ceia, "sem vestimentas nem cânon, recebendo os leigos a comunhão sob as duas espécies". Tendo-se oposto a Lutero por suas excentricidades, renunciou à sua cátedra em 1524, passando o restante de seus dias na Suíça.

Kazantzakis, Nikos (1885-1957)

Literatura atual e cristianismo.

Kierkegaard, Sören (1813-1855)

Foi educado por seu pai ancião numa severa religiosidade. Depois de uma infância triste e isolada, inscreveu-se na faculdade de teologia de

314 / Kierkegaard, Sören

Copenhague, onde primava a inspiração hegeliana. Dominado sempre por uma "autocompaixão", nunca pôde arrancar de seu corpo a melancolia e a angústia que lhe invadiram toda a vida. Graduou-se em teologia em 1840, mas não se decidira estudar e escrever até praticamente seus últimos anos. Seu *Diário* no-lo apresenta summamente angustiado. Ele próprio viveu totalmente a figura que tão bem descreve nas páginas finais do *Conceito da angústia:* "O que eu sou é um nada; isto dá a mim e a meu caráter a satisfação de conservar minha existência no *ponto zero*, entre o frio e o calor, entre a sabedoria e a necessidade ou entre o algo e a nada, como um simples *talvez*". O ponto zero é a indecisão permanente, o equilíbrio instável entre as alternativas opostas que se abrem diante de qualquer possibilidade.

O ponto de partida da filosofia de Kierkegaard deriva da crítica de Hegel. Este, segundo Kierkegaard, ignorou os traços passionais da subjetividade humana. A verdade não é o "puro pensamento", como acreditava o filósofo alemão; a verdade é a subjetividade. A filosofia, em conseqüência, como sistema de deduções, é uma pura

falácia. Para Kierkegaard, a verdade fica vinculada e limitada ao sujeito existente, concreto e particular, não a seu objeto. Isto torna impossível, em última instância, que a verdade possa comunicar-se com outros indivíduos. A existência é, pois, opção e paradoxo. Esta concepção da verdade e da existência de cada sujeito permitiu ver nele o pai do existencialismo tanto cristão quanto secular.

Levou essas conclusões ao campo religioso, e mais concretamente ao cristianismo. Se a filosofia não é uma especulação, mas um modo de ser do indivíduo, também não se deve falar de uma teologia sistemática: conjunto ou sistema objetivo de verdades doutrinais. Ser cristão é viver a fé desde a própria existência paradoxal no Deus-homem, não num conjunto de verdades. Kierkegaard acentua o abismo entre o tempo e a eternidade, entre o finito e o infinito, entre o homem e Deus. "Deus é o absolutamente desconhecido." Existe também um abismo entre o pecado do homem e a santidade de Deus. "Sem pecado, não há cristianismo... Tirar a consciência pecadora seria como fechar as igrejas e transformá-las em salões de baile. Isto é o que torna paradoxal a fé do cristão: que Deus é absolutamente real e absolutamente incompreensível. Por isso mesmo, não se pode falar de Deus nem muito menos formular uma teologia."

Somente Deus pode salvar o homem do abismo entre ambos. E isto Deus o fez na pessoa de Cristo. Deus revelou-se a si mesmo em Jesus Cristo, mas é uma revelação *sob véus*. Deus se manifestou em Jesus Cristo, mas isto não é patente para o observador casual. Somente aos olhos da fé, Deus é visto em Jesus Cristo. Somente os que têm fé o reconhecem e o encontram. A fé não é racional. É a aceitação do absurdo, do paradoxal. Kierkegaard aceita a expressão de *Tertuliano: "Credo quia absurdum". A fé é uma decisão pessoal, um ato de afirmação, um salto na escuridão. Pressupõe risco e compromisso pessoal e, através deste, chegamos a conhecer Deus.

Como era natural, Kierkegaard não oferece um sistema completo de doutrina. Ele próprio descreveu sua obra como "um pouco de pimenta", como um revulsivo ou corretivo. Suas obras devem ser encaradas como uma "espécie provocativa e profética", mais que como uma dieta regular e completa. Se levadas muito a sério, podem causar grandes desarranjos gástricos. Mencionamos as mais importantes: *O conceito de ironia* (1841); *Diário de um sedutor* (1843); *Migalhas filosóficas* (1844); *O conceito de angústia* (1844); *A enfermidade mortal* (1846-47); *Discursos religiosos* etc. Toda a sua obra e a sua vida foram dedicadas a pôr em destaque o "escândalo" e o "paradoxo" da fé cristã, o caráter mundano da Igreja dinamarquesa, alvo de seus ataques, e a corrupção do cristianismo por parte da filosofia de Hegel. O seu é a "existência cristã" ou o religioso paradoxal. Seu individualismo exerceu uma influência decisiva na teologia dialética e no existencialismo. *Unamuno foi um dos seus admiradores e seguidores mais fervorosos.

BLIOGRAFIA: J. Collins, *El pensamiento de Kierkegaard*, 1958.

King, Martin Luther (1929-1968)

Nasceu em Atlanta, Geórgia, Ministro da Igreja Batista e lutador pelos direitos civis da população negra dos EUA. Estudou na Universidade de Boston, onde se doutorou com uma tese sobre Paul *Tillich. A partir de 1954, quando foi nomeado pastor de uma Igreja Batista em Montgomery, Alabama, sua vida se envolveu completamente no trabalho pastoral e na luta política em favor da raça negra.

A luta pelos direitos civis da população negra começou para M. L. King em 1955, quando uma mulher negra foi levada à prisão por não ter cedido seu lugar no ônibus a um branco. O resultado foi um boicote ao sistema de *apartheid* nos ônibus por parte da comunidade negra. Em 1957 criou a *Conferência de líderes cristãos do sul* para coordenar a ação não violenta pelos direitos civis. Reconhecido como líder indiscutível, adotou o método da ação direta não violenta, conforme a doutrina de Gandhi. A essa primeira medida de estratégia acrescentou a do controle e uso do voto dos negros. Foi levado à prisão em 1960 e 1962. Nessa ocasião escreveu no cárcere: "Sabemos, por penosa experiência, que o opressor jamais concede livremente a liberdade, e que esta deve ser exigida pelo oprimido". No ano de 1963, dirigiu a célebre marcha sobre Washington e, nela, a sua melhor e mais conhecida palestra a mais de 200.000 seguidores: "Tive um sonho de que chegará um dia em que meus quatro filhos viverão numa nação onde não serão julgados pela cor da pele, mas pelo valor de sua própria pessoa...".

Os anos entre 1960-1965 constituíram o ápice de sua glória, quando obteve o apoio de Kennedy e Johnson. Em 1964, o Congresso dos EUA aprovou a Lei de Direitos Civis e, em 1965, a Lei do Direito ao Voto. No ano anterior, foi-lhe concedido o Prêmio Nobel da Paz.

A partir de 1965, o movimento da não violência patrocinado por M. L. King foi criticado e torpedeado pelos grupos do *Poder Negro,* partidários da violência. Em 1968 foi assassinado em Memphis. Nesses anos de luta, o exemplo de M. L. King influenciou decisivamente a luta pelos direitos civis em todo o mundo.

BIBLIOGRAFIA: N. Blázquez, *Los derechos del hombre. Reflexión sobre una crisis* (BAC).

Knox, John (1513-1572)

Reformador escocês de tendência luterana e, depois, calvinista. Redigiu a primeira *Confissão de fé da Igreja da Escócia* em 1560, de caráter calvinista. Assim mesmo, formou uma comissão que aboliu a autoridade do papa e a celebração e assistência à Missa.

Em 1561, com um grupo de reformadores, redigiu o *Livro da disciplina,* ao que seguiu, em

1564, o *Livro da ordem comum*. Todos esses livros, de conteúdo dogmático, disciplinar e litúrgico, foram aprovados pelo Parlamento Escocês e estiveram vigentes até que em 1647 se adotou a *Confissão de Westminster*.

Knox deu à reforma da Igreja da Inglaterra um forte conteúdo luterano-calvinista. Durante o período de Eduardo VI, interveio na redação do *Livro da oração comum*. Posteriormente se opôs à rainha Maria Tudor (católica); não foi aceito pela rainha Elizabeth I, e lutou contra Maria Stuart da Escócia. Contra as três mulheres parece ter escrito sua primeira obra: *Primeiro toque de trombeta contra o reinado das mulheres* (1558). A luta frente a essas três mulheres ocupou praticamente toda a sua vida, tanto na Alemanha, onde fugiu da perseguição de Maria, quanto na Escócia e na Inglaterra. Apesar disso, ainda pôde escrever sua obra de maior empenho: *História da reforma da religião no reino da Escócia* (1644).

Knox, Roland (1888-1957)

*Literatura atual e cristianismo.

Kosuke Koyama (1929-)

*Libertação, Teólogos da.

Küng, Hans (1928-)

Teólogo católico suíço, professor de teologia católica e ecumênica na Universidade de Tubinga. Considerado como o teólogo mais polêmico e problemático de hoje, seus 69 anos apresentam, em retrospectiva, um panorama esplêndido de atividade acadêmica, científica e literária como muito poucos podem oferecer. Seu pensamento destina-se a esclarecer o genuinamente cristão e católico, desmascarando, sem medo, tudo o que de espúrio e corrupto se introduziu no cristianismo ao longo de sua história de séculos. O viver e o acontecer da Igreja é seu campo de pesquisa e sua luta, que o levaram a enfrentamentos, acareações e condenações da Igreja oficial.

Alguém disse que o seu trabalho científico e teológico reproduz na Igreja de Roma o que século e meio realizara *Newman na Igreja da Inglaterra: procurar razões e fundamentos para a sua fé católica. Desde a tese doutoral, *Justificação. A doutrina de Karl Barth e uma reflexão católica* (1957), passando pelo trabalho como conselheiro no Vaticano II, até a última obra *Projeto de ética global* (1990), toda a sua produção é uma pesquisa do cristão em todos os seus planos e dimensões. Assim devemos ler os seus livros: *Existe Deus?*; *Ser cristão*; *Infalível?*. Todos eles suscitaram polêmica e o colocaram contra a parede. Negaram-lhe o título de teólogo e até o de cristão. Muitos se perguntaram: Küng é verdadeiramente católico? Por que continua sendo católico? Ele mesmo se fez esta pergunta e lhe responde da seguinte forma: "A resposta, tanto para mim, quanto para muitos outros, é que não quero deixar que me arrebatem algo que faz parte de minha vida. Nasci no seio da Igreja Católica: incorporado pelo Batismo à imensa comunidade de todos os que acreditam em Jesus Cristo, vinculado por nascimento a uma família católica que amo entranhadamente, a uma comunidade católica da Suíça à qual volto com prazer em qualquer oportunidade; em uma palavra, nasci num solar católico que não gostaria de perder nem abandonar, e isto como teólogo...".

"Desde muito jovem conheço Roma e o papado mais a fundo do que muitos teólogos católicos, e não guardo, apesar do que se tem dito contra, nenhum afeto anti-romano. Quantas vezes ainda terei de falar e de escrever que não estou contra o papado nem contra o papa atual, mas que sempre tenho defendido, ante os de dentro e frente aos de fora, um ministério de Pedro purificado de traços absolutistas, de acordo com os dados bíblicos! Sempre me pronunciei a favor de um autêntico primado pastoral no sentido da responsabilidade espiritual, direção interna e solicitude ativa pelo bem da Igreja universal... Um primado não de domínio, mas de serviço abnegado...

"Desde muito jovem vivi a universalidade da Igreja Católica e nela pude aprender e receber muitas coisas de inumeráveis homens e amigos de todo o mundo. Desde então resulta-me mais claro que a Igreja Católica não se identifique mais com a hierarquia nem com a burocracia romana...

"Por que, então, continuo sendo católico? Não apenas em razão de minhas raízes católicas, mas também em razão dessa tarefa que para mim é a grande oportunidade de minha vida e que somente posso realizar plenamente, sendo teólogo católico no marco de minha faculdade teológica. Mas isso nos leva a outra pergunta: Que significa propriamente o católico, isso que me impulsiona a continuar sendo teólogo católico?

"Segundo a etimologia do termo e da antiga tradição, é teólogo católico quem, ao fazer teologia, sabe-se vinculado à Igreja Católica, isto é, universal, total. E isto em duas dimensões: temporal e espacial... Nesse duplo sentido, quero continuar teólogo católico e expor a verdade da fé católica com uma profundidade e abertura igualmente católicas. Neste sentido podem ser também católicos certos teólogos que se chamam protestantes ou evangélicos, coisa que acontece de fato e, particularmente, em Tubinga. Isso deveria constituir um motivo de alegria para a Igreja oficial...

"Essa aceitação da catolicidade no tempo e no espaço, na profundidade e na abertura, significa que é preciso aprovar tudo o que as instâncias oficiais ensinaram, prescreveram e observaram ao longo do século XX?... Não, não é possível que se refira a uma concepção tão totalitária da verdade... De tudo se depreende que ser católico não pode significar aceitar e suportar tudo submissamente com uma falsa humildade em aras de uma pressuposta 'plenitude', 'totalidade' e 'integridade'. Isso constituiria uma má *complexio oppositorum,* um trágico amálgama de contradições, de verdade e erro...

"Em todo caso, a catolicidade deve ser entendida sempre com um sentido crítico fundamentado no Evangelho... A catolicidade é dom e tarefa, indicativo e imperativo, enraizamento e futuro. Nesta tensão quero continuar fazendo teologia e continuar expondo a mensagem de Jesus aos homens de hoje com a mesma resolução que até agora, disposto a aprender e retificar sempre que se trate de um diálogo amistoso e fraterno...".

BIBLIOGRAFIA: Para o estudo da teologia no momento atual, ver *La teología en el siglo XX* (BAC), 3 vols.; José Maria Gómez Heras, *Teología protestante. Sistema e historia* (BAC minor); H. Küng, *Teología para la postmodernidad. Fundamentación ecuménica*. Alianza, Madrid 1988.

Laberthonnière, Lucien (1860-1932)

Um dos teólogos do movimento modernista, junto a *Tyrrell, *Loisy e outros. O movimento modernista, tolerado por *Leão XIII, foi condenado por Pio X em 1907. Laberthonnière desenvolveu em seus livros uma idéia pragmática da verdade religiosa que ele qualificou de "dogmatismo moral". Aplicado esse princípio ao cristianismo, e mais concretamente a seu processo histórico tal como se manifesta na Igreja, o que interessa é o estado atual da doutrina, não as suas origens.

Suas obras *Ensaios de filosofia religiosa* (1903) e *Realismo cristão e idealismo grego* (1904) foram postas no *Índex em 1913. Igual sorte tiveram: *Positivismo e catolicismo* (1911) e *No caminho do catolicismo* (1912). Dentro da apologética blondeliana, Laberthonnière se opôs ao intelectualismo neotomista. Com o fim de reviver o pensamento cristão, tentou fundá-lo num sentido concreto e vivente da existência e do ser. A fé é algo vivente, isto é, algo "que se faz"; a primeira coisa que se deve fazer com a fé é "interiorizá-la". A fé, portanto, tem um desenvolvimento histórico e reside essencialmente no sujeito individual humano.

Lacordaire, Henri D. (1802-1861)

A esse célebre dominicano francês estão vinculadas três grandes missões dentro do catolicismo francês e da Igreja: a) Foi o iniciador, entre 1835-1836, da primeira série de conferências ou sermões de Notre Dame de Paris. Em anos posteriores, e já no séc. XX, sucederam-lhe no púlpito de Nossa Senhora os melhores oradores franceses, reunindo em torno deles a "inteligência francesa". b) Lacordaire foi um dos líderes da "renovação e restauração" da Igreja na França durante o séc. XIX. O ter unido em sua pessoa um liberalismo aberto nas idéias e um "ultramontanismo" favorável ao poder do papa criou-lhe sérios problemas dentro e fora da Igreja. c) Uma terceira missão teve Lacordaire: restabelecer a ordem dos pregadores na França em 1843, depois da abolição decretada em 1790. Em 1850 foi nomeado provincial dos dominicanos franceses. A vida, as idéias e o estilo de Lacordaire suscitaram muitas vocações à vida religiosa e ao apostolado dos leigos. Sua obra escrita ainda é um estímulo e um exemplo para hoje.

Do ponto de vista doutrinal e político, a vida de Lacordaire parte da condenação pelo papa de "L'Avenir", periódico que fundara juntamente com *Lamennais. Em 1832 foram condenados o periódico e as idéias teológico-filosóficas de Lamennais (1834). Desde esse momento, Lacordaire combateu o sistema de Lamennais, criando seu próprio estilo e sua apologética de base filosófica e racional, mas não tradicionalista nem "pseudo-racional".

BIBLIOGRAFIA: *Oeuvres,* 1911-1912, 9 vols.

Lactâncio (240-317)

Seu nome romano era *Lucius Caecilius Firmianus Lactantius*. Converteu-se ao cristianismo no ano 300, perdendo o cargo de professor de retórica que exercia em Nicomédia. Mais tarde foi para a corte imperial, sendo tutor de Crispo, filho de Constantino.

De Lactâncio ficaram-nos muitas obras, todas elas escritas em perfeito latim de estilo ciceroniano. Na Antigüidade cristã Lactâncio foi considerado como um dos mestres da língua latina e da retórica. Sua obra apologética, sólida e direta, ficou plasmada fundamentalmente nas *Divinae institutiones* e em *De mortibus persecutorum*. Na primeira apresenta, aos homens de letras romanos, a postura cristã diante da vida. A vida não acaba com a morte. A segunda descreve a morte dos perseguidores da Igreja. Lactâncio é considerado na patrística como um dos grandes escritores "apologistas" dos séc. III-IV.

BIBLIOGRAFIA: *Obras:* PL 6-7; *Institutiones divinas.* Introdução, tradução e notas de E. Sánchez Salor. Gredos, Madrid 1978, 2 vols.; *Sobre la muerte de los perseguidores.* Introdução, tradução e notas de R. Teja. Gredos, Madrid 1968.

Lagrange, Marie Joseph (1855-1938)

Dominicano francês, considerado o iniciador dos estudos bíblicos modernos dentro da Igreja Católica. Foi o principal colaborador de *Leão XIII na implantação e restauração dos estudos bíblicos. Para isso, fundou a Escola prática de Estudos bíblicos em Jerusalém (1890) e, no ano seguinte, a "Revue Biblique" (1891). Seus trabalhos de crítica literária, crítica textual e história bíblica o colocaram no ápice dos estudiosos da Bíblia. Sua aproximação das teses da *alta crítica* textual valeram-lhe sérios desgostos e contratempos em seu trabalho.

A obra de Lagrange sobrevive atualmente na Escola de Estudos Bíblicos de Jerusalém, conhecida entre outros trabalhos pelo texto e pela tradução da chamada *Bíblia de Jerusalém*.

BIBLIOGRAFIA: L. Alonso Schökel, *Hermenéutica de la Palabra*. Madrid 1986s., 3 vols.

Lain Entralgo, Pedro (1910-)

Zubiri.

Lamennais, Félicité Robert de (1782-1854)

Polêmico escritor religioso e político francês, ordenado sacerdote contra a sua vontade em 1816. Sua primeira e prematura obra *Ensaio sobre a indiferença em matéria de religião* (1818) invoca e defende o princípio da autoridade, que identifica com a "razão geral" ou com o "sentido comum". Afirma também que o indivíduo depende da comunidade na aquisição e no conhecimento da verdade.

Entre 1821-1823 publicou vários volumes de obras em que desenvolve outros princípios relacionados com a religião. Assim: a) Identifica cristianismo com religião da humanidade. b) Nega o caráter sobrenatural do cristianismo. c) Dispensa os súditos do dever de lealdade aos soberanos quando estes se negam a adequar sua conduta aos ideais cristãos. d) Propõe o papa como líder supremo de reis e povos para combater todos os males. Assim, Lamennais pensa numa teocracia, para acabar anunciando uma revolução de todos os homens em união e liberdade.

Suas idéias foram condenadas por Gregório XVI, em 1832, na encíclica *Mirari vos*. A réplica a essa condenação papal foi a sua famosa obra *Palavras de um crente* (1834), condenada no mesmo ano. Nela admite a autoridade da Igreja em matérias de fé, mas não na esfera do político. Lamennais deixou a Igreja a partir desse momento, fracassando todas as tentativas que se fizeram para reconciliá-lo com ela.

BIBLIOGRAFIA: *Oeuvres complètes,* 1836-1837, 12 vols.; Louis Le Guillou, *L'évolution de la pensée religieuse de F. Lamennais,* 1966.

Leão, Frei Luís de (1528-1591)

Nasceu em Belmonte do Tejo (Cuenca), "mas sua segunda pátria, como no caso de *Unamuno, foi Salamanca, a Salamanca dos humanistas e dos inquietos estudantes do séc. XVI, misto de grandeza clássica e miséria picaresca, de boato e formulismo e de sérios trabalhos literários e escolásticos". Estudou em Salamanca na época de seu maior esplendor e teve como mestre o grande teólogo Melchior *Cano: "Ouvindo o mestre Cano, que foi meu mestre, escrevi-lhe no geral as lições que ouvia dele, como é costume em Salamanca".

Esse frade agostiniano foi chamado "mestre e catedrático" da Universidade de Salamanca já em 1561. De fato, pertencente à ordem de Santo Agostinho desde 1544, desempenhou a cátedra de Bíblia com geral satisfação entre seus numerosos discípulos. A partir de 1565, envolveu-se num processo inquisitório em que "a inveja e a mentira" o mantiveram fechado no cárcere durante cinco anos. Acusavam-no de menosprezar a autoridade da *Vulgata* e por sua tradução clandestina do *Cântico dos Cânticos*. Absolvido em dezembro de 1576, foi recebido triunfalmente em Salamanca, dirigindo-se a seus discípulos como a sua famosa frase: "Dicebamus externa die: Dizíamos ontem". Continuaram suas aulas: a partir de 1578, na nova cátedra de filosofia moral, obtida por oposição e, no ano seguinte, na da Bíblia. Durante todo o ano de 1583, interveio muito ativamente no debate sobre a predestinação e o livre-arbítrio, que novamente o colocou face a face com o Santo Ofício. Terminou seus dias como provincial dos agostinianos, morrendo em seu convento de Madrigal de la Altas Torres, em 1591. Esse é o retrato que Pacheco nos deixou dele: "Foi pequeno de corpo, em devida proporção; a cabeça grande, bem formada, povoada de cabelo um tanto crespo e a franja densa; a testa larga; o rosto mais redondo do que comprido; cor trigueira, os olhos verdes e vivos". Tinha o "dom do silêncio, agudeza no falar, sobriedade no comer e beber, grave, limpo e honesto; de natural colérico, mas se controlando".

— Frei Luís de Leão, em seus diversos aspectos — o escritor, o neo-escolástico das obras latinas, o poeta e prosador em castelhano —, "tem um preciso denominador comum essencial: o elemento religioso. Renascimento cristão, católico, o da época de Felipe II, reúne os aspectos culturais na unidade. Do humanismo se faz escriturário". De fato, Frei Luís é um humanista, um teólogo e um escritor perfeito, conhecedor das antigüidades clássicas. Seu conhecimento do grego e do latim, suas leituras, sua interpretação dos clássicos numa técnica moderna unem o seu nome ao de um Maquiavel, de um Leonardo ou de um Erasmo. Quando se encontrava no cárcere da Inquisição, pediu para ler obras de Sófocles e Píndaro. Sua lírica encontra-se plena de horacionismo, e na prosa realiza a mais bela síntese que qualquer literatura possa apresentar do estilo e técnica do diálogo platônico com o assunto e sentimento cristão e, dentro do cristão, teológico.

— De Frei Luís possuímos: a) Traduções em verso de Virgílio e Horácio, de Píndaro e Tibulo. b) Traduções diretas do hebraico: *Salmos*, *Cântico dos Cânticos* e *Livro de Jó*. c) A obra relativamente breve de sua "poesia", editada por Quevedo em 1637, e da qual disse: "Entre as ocupações de meus estudos, em minha mocidade, e quase na minha infância, caíram de minhas mãos estas obrinhas". d) As obras em prosa — latim e castelhano — das quais se destacam *A casada perfeita* e *Os nomes de Cristo*. Dos sermões, parte importante de sua atividade e personalidade, apenas se conservam exemplos.

— Como poeta, Frei Luís deixa uma obra relativamente breve, porém modelar. Poesias como *Qué descansada vida* — de estilo horaciano, em que substitui o tom epicúreo e cético do venusino por um desenganado estoicismo cristão — ou a ode a Salinas: *El aire se serena* e a *Noche serena* de tom platônico — elevam-nos da natureza inferior ao reino da harmonia dos universos e das idéias. Porém, em Frei Luís culmina o poeta cristão que deixava para trás Pitágoras, Platão, Virgílio e Horácio, para expressar sua fé na ode *La Ascensión* ou *Morada del cielo* com acentos verdadeiramente cristãos. Penetra nas alturas da mística com um sentimento da natureza associado ao pastor divino.

— Em verso, Frei Luís é o criador de auges de beleza. Em prosa é ao mesmo tempo o acerto e o domínio constante de um estilo. Em prosa castelhana, deixou-nos um modelo de elegante e trabalhada simplicidade em dois livros de tema teológico-moral: *Os nomes de Cristo* e *A casada perfeita*. Este último, surgido em Salamanca em 1583, quer ser um espelho exemplar da esposa cristã. Toma como base o capítulo 31 do livro dos Provérbios. Combina as sátiras antifeministas da literatura patrística com as observações dos costumes mais pinturescos de seu tempo. Um documento para conhecer as damas espanholas do séc. XVI.

— A obra mais perfeita quanto ao estilo e ao pensamento é *Os nomes de Cristo*. Grande parte dela foi composta na prisão. Publicou-se pela primeira vez, em Salamanca, em 1583. Explica os nomes de Cristo na Escritura: Criança, Faces de Deus, Caminho, Monte, Pai do Século Futuro, Braço de Deus, Rei de Deus, Príncipe de Paz, Esposo, Pastor, Filho de Deus, Amado, Jesus, Cordeiro. A figura de Cristo aparece em toda a sua radiante humanidade e divindade: "Olhemos o semblante formoso e a postura grave e suave, e aqueles olhos e boca, esta nadando sempre em doçura, e aqueles muito mais claros e resplandecentes que o sol; e olhemos toda a compostura do corpo, seu estado, seu movimento, seus membros concebidos na mesma pureza e dotados de inestimável beleza".

— Frei Luís fala-nos de Cristo chamando a alma, "unida sempre à aldrava de nosso coração". Nele aparecem todas as vivências e emoções de sua alma religiosa, como a devoção a Maria: "Atrevo-me a chamá-la minha em particular, porque desde a minha infância ofereci-me totalmente ao seu amparo". E sobretudo a mística atração da pessoa de Jesus, o "deleite da alma e sua doce companhia".

Frei Luís, que "como poeta figura entre os cinco ou seis ápices da lírica em língua castelhana, é na prosa o autor mais equilibrado, mais clássico, mais perfeito; poeta e prosador, a representação mais harmônica do Renascimento espanhol" (A. Valbuena Prat, *Historia de la Literatura Española*).

BIBLIOGRAFIA: *Obras completas castellanas de Fray Luís de León*. Ed. del P. Félix García (BAC); *La poesía de Fray L. de León*. Universidad de Salamanca, 1970; AA. VV. *Fray Luís de León*. Salamanca 1981.

Leão I, Papa, São (+461)

Conhecido na história como "São Leão Magno", foi papa de 440 a 461. É o expoente do pontificado romano por sua defesa da ortodoxia e manutenção da unidade da Igreja do Ocidente sob a supremacia papal. Uma terceira qualidade ressalta neste papa: seu valor. Em 452 enfrentou-se pessoalmente com Átila, persuadindo-o a retirar-se e não atacar Roma. Em 456, no ataque dos vândalos a Roma, evitou também a destruição e a matança.

A supressão da heresia de Êutiques foi sua primeira e principal tarefa. E o fez não apenas condenando a heresia, mas também formulando a doutrina ortodoxa. Em sua *Epístola dogmática a Flaviano (Tomo a Flaviano*, 449) condenam-se os erros de *Nestório e de Êutiques. Ao mesmo tempo se define de uma maneira precisa e sistemática a doutrina cristológica sobre a dupla natureza de Cristo numa única pessoa. Êutiques defendia uma só natureza divina em Cristo, pois sua natureza humana havia sido absorvida pela natureza divina. O Concílio de Calcedônia (451), convocado para condenar o eutiquianismo, aceitou a doutrina do Papa Leão como a verdade definitiva. Ao mesmo tempo reconheceu, em sua doutrina, "a voz de Pedro".

A doutrina sobre o "primado romano" deve a São Leão seu primeiro e principal defensor. Em suas 432 *Cartas* e 96 *Sermões* expressa e define sua doutrina sobre a primazia do papa na jurisdição da Igreja. Sustenta que o poder do papa foi concedido por Cristo somente a *Pedro, e que esse poder passou de Pedro a seus sucessores. Assim adverte o bispo de Tessalônica, dizendo-lhe que, "embora lhe tenham confiado o ofício e compartilhasse a solicitude do próprio Leão, não possuía a plenitude de poder". Isto significa que o papa, como herdeiro de São Pedro, herdou toda a autoridade dada por Cristo a Pedro (Mt 16,18-19). Assim, o papa é "algo mais que *primus inter pares*". A autoridade dos bispos vem do papa, que tem a responsabilidade de governar a Igreja.

Apesar de tais afirmações, todos viram nele um homem de governo, prático e responsável. Longe da cultura e do talento de Santo *Ambrósio e de Santo *Agostinho, São Leão aparece como o exemplo do gênio romano, artífice da unidade e da disciplina na Igreja. A ele se deve o primeiro missal, conhecido mais tarde como *Sacramentário Leonino*. Foi declarado doutor da Igreja, em 1754, por Bento XIV.

Leão XIII, Papa (1810-1903)

Considerado "primeiro papa social", ou "o papa da renovação dos estudos eclesiásticos", Leão XIII marcou um estilo novo de abertura e de compreensão para o mundo moderno. Seus 25 anos de pontificado são um exemplo dessa renovação interna da Igreja e dessa abertura ao mundo, sem negar a fé, o espírito e a tradição cristãs.

Não há dúvida de que o pontificado de Leão XIII caracterizou-se por um novo espírito. Em

suas relações com os governos civis, mostrou sua preferência pela diplomacia, conseguindo, através dela, conquistas incontestáveis. A grandeza deste papa consistiu precisamente em não ter sido exclusivamente um papa político, apesar de seu gosto pela política. Foi também um intelectual, que se simpatizou com o progresso científico e que viu a necessidade de a Igreja abrir-se para ele. E, principalmente, foi um pastor interessado na vida interna da Igreja e em difundir sua mensagem através do mundo.

Seu interesse pela renovação do diálogo entre a Igreja e o mundo moderno foi manifestado nas encíclicas que publicou a esse respeito. No plano doutrinal, expôs e deu resposta a todos os problemas surgidos pela transformação da sociedade moderna: sustentou os direitos da autoridade (*Diuturnum*, 1884) e condenou a maçonaria (*Humanum Genus,* 1884); definiu, no entanto, o limite legítimo das liberdades populares (*Immortale Dei,* 1885) e da liberdade em geral (*Libertas,* 1888); defendeu a família cristã da onda de divórcios (*Arcanum*, 1880) e combateu o socialismo (*Quod Apostolici*, 1878).

Dois aspectos ou preocupações do pontificado de Leão XIII merecem uma atenção especial. A primeira é o impulso dado aos estudos exegéticos e de pesquisa científica (*Providentissimus Deus*, 1893); abriu aos pesquisadores os arquivos vaticanos e patrocinou, de maneira decisiva, o estudo da filosofia de Santo *Tomás nas aulas. A ele se deve fundamentalmente a renovação da chamada *"neo-escolástica" e a criação das "universidades católicas" em muitas partes do mundo contemporâneo.

O segundo aspecto do pontificado de Leão XIII é a sua atenção aos problemas sociais. Propôs-se a criar uma ordem cristã baseada na justiça social. A culminância de todo o seu trabalho social foi a encíclica *Rerum Novarum* (1891). Nela constata que a sociedade mudou; que a concentração das riquezas traz consigo uma "miséria não merecida" dos trabalhadores. O socialismo é um remédio falso, já que propõe a supressão da propriedade privada querida por Deus. O verdadeiro remédio situa-se nos princípios cristãos ensinados pela Igreja: as desigualdades são uma lei da natureza. É necessária a união de todos, e por isso não é aceitável a luta de classes: "Não há capital sem trabalho, nem trabalho sem capital". O Estado tem de intervir para uma distribuição conveniente dos bens, para a duração do trabalho, o descanso semanal, o salário familiar... Condena-se, portanto, o liberalismo econômico. São úteis e necessárias as associações profissionais de patrões e operários, mas não exclui os sindicatos somente de operários.

"Estamos convencidos de que é preciso acudir em auxílio aos homens das classes inferiores com medidas prontas e eficazes, já que estão, em sua maioria, numa situação de infortúnio e de miséria não merecida" (*Rerum Novarum*).

A importância desse documento é evidente. Suscita na Igreja uma legião de apóstolos, associações e sindicatos operários de caráter cristão que chegam até nossos dias. A importância da encíclica situa-se no interior da Igreja, fixando a atenção não no passado, mas na realidade que tem diante de si. Pede-se aos católicos que considerem o mundo em que vivem e se coloquem no marco das instituições existentes: regimes políticos, sindicatos etc. E, principalmente, a encíclica levou à formação do que se denominou a *doutrina social da Igreja*, desenvolvida pelos papas posteriores.

Esse papa, "dotado de uma inteligência superior, de um temperamento enérgico, de uma aguda consciência de seu valor pessoal e de um fino sentido das relações públicas", quis confrontar todos os problemas que lhe colocaram a Igreja e o mundo. E embora seu pontificado não captasse, de forma imediata, a relação da Igreja católica com o mundo, iniciou atitudes novas que foram amadurecendo em décadas sucessivas (*Concílio, *Neo-escolásticos).

BIBLIOGRAFIA: Suas encíclicas estão nos "Documentos Pontifícios"da Ed. Vozes; R. Soderini, *Il pontificato de Leone XIII,* 1932-1933, 3 vols.; E. Dolleans, *Historia del Movimiento obrero*. Algorta 1970, 3 vols.

Lebreton, J. (1873-1956)

*Teologia atual, Panorama da.

Lefèvre d'Etaples (1455-1537)

No movimento humanista francês, inspirado no italiano, destaca-se Lefèvre d'Etaples. É o tipo de humanista que coleta e expõe, com grande liberdade especulativa, os temas da filosofia humanística. Iniciador dos estudos humanísticos, aspirou a restaurar primeiramente o verdadeiro Aristóteles. Mais tarde inclinou-se para um movimento de pensamento vinculado, por sua vez, com os florentinos, em particular *Ficino e *Pico de la Mirândola, com *Lúlio e com *Nicolau de Cusa. Dos florentinos, de Lúlio e particularmente do Cusano fará edições, apresentando-os como mestres da filosofia cristã. A publicação desses livros, viagens pela França, Alemanha e Itália fizeram dele homem de letras conhecedor perfeito de tudo o que produziram a filosofia, a teologia e a mística anteriores a ele.

— O trabalho literário e editorial de Lefèvre estende-se à edição e estudo de algumas obras de Platão, para passar depois ao estudo e publicação da Escritura e dos santos padres. Iniciado tardiamente no hebraico, publicou uma edição comentada dos *Salmos* e das *Cartas* de São *Paulo. Em 1530, Lefèvre concluiu sua tradução completa da *Bíblia*, o que em seu tempo representava um verdadeiro desafio. A esta precedera (1524) sua tradução do Novo Testamento, com aprovação real e dedicatória a Leão X.

— Nesse humanista esconde-se um místico de vida irrepreensível. Além de editar as *Contemplações* de Lúlio, publicou o tratado *De Trinitate* de Ricardo de São Vítor, *As bodas espirituais* de *Ruysbroeck e outros livros de piedade e de liturgia. Lefèvre buscou constantemente, tanto na Escritura quanto nos escritos espirituais, o sentido de caráter místico. Bem longe de *Lutero, parece admitir, senão uma deificação imediata à maneira de *Eckhart, pelo menos um acesso possível, já nesta vida, à plenitude do Corpo Místico.

— Como em todos os humanistas cristãos, particularmente em *Erasmo, em Lefèvre aparece o aspecto de reformador da Igreja. Quer uma Igreja reformada *in capite et in membris*. "Mas Lefèvre não critica nem as peregrinações nem o culto às relíquias; das indulgências não rechaça mais do que seu abuso simoníaco, e reconhece o valor das práticas ascéticas que reprimem as rebeliões da carne. Se as obras são a seus olhos, antes de tudo, "sinais de penitência", admite com São Tiago que "vivificam" a fé e que quem delas se abstém pode "perder a graça da justificação". Certamente, os monges não são os únicos perfeitos, porque existem "diversos estados de religião", mas Lefèvre está muito longe de condenar o estado monástico. Se destaca em particular o memorial da Ceia, não põe em dúvida nem a presença real do Corpo e do Sangue sobre o altar, nem o caráter sacrificial da Missa. Menciona discretamente o caráter recente do celibato eclesiástico e os escândalos demasiado numerosos que acarreta, assim como a inconveniência de ofícios celebrados numa língua cada vez mais desconhecida pelos fiéis. É preciso assinalar, no entanto, as linhas quase apocalípticas em que recorda, depois da "primeira besta" — isto é, Maomé, sempre ameaçador —, a proximidade da "segunda besta", mais temida ainda para a unidade cristã: "a defecção da monarquia romana" (*Historia de la filosofía*. Século XXI, 5, 174).

— Lefèvre termina sua vida longa um tanto saturado pelos acontecimentos de um movimento reformador que, de acordo com sua intenção, não deveria indispor a fé, a única que salva, contra a filosofia, e menos ainda contra a contemplação mística na qual ambas culminam.

BIBLIOGRAFIA: R. G. Villoslada, *La Universidad de París durante los estudios de Francisco de Vitoria (1507-1522)*. Roma 1938.

Le Fort, Gertrudis von (1876-1971)

*Literatura autobiográfica; *Literatura atual e cristianismo.

Legenda áurea (1264)

"Entre os autores da Idade Média mais destacados pela fama e prestígio proporcionados pelos seus escritos, nenhum alcançou tanta glória e tanto renome como Tiago de Vorágine, que com sua compilação da vida dos santos colheu, durante mais de três séculos, elogios bem superiores a quaisquer das pessoas que escreveram sobre essa matéria". Assim escrevia em 1845 o Dr. Graesse como prólogo à primeira edição crítica da obra.

A *Legenda áurea* ou *Lenda dourada* é um dos

livros clássicos da piedade cristã. Foi escrita por volta de 1264, pelo dominicano genovês Tiago de Vorágine. Com o surgimento da imprensa, multiplicaram-se as edições da *Lenda dourada* e em cada uma delas apareciam, além dos 182 capítulos iniciais do frei Tiago de Vorágine, um número maior ou menor de outros autores desconhecidos. A edição crítica do Dr. Graesse inclui 243 capítulos: os 182 originais e 61 mais, escritos posteriormente por autores anônimos.

A obra escrita em latim intitula-se *Legenda aurea*. A palavra *legenda* (lenda) não tem um significado pejorativo de lenda fantástica ou fabulosa, embora apresente muitas lendas de santos do calendário cristão. Significa, principalmente, escrito para ser lido. O título faz parte de um gênero literário muito em voga na Idade Média e posteriormente. Seria algo assim como o que mais tarde se denominou *Leituras exemplares* ou modelo. O adjetivo *dourada* traduz o latim *aurea* e é evidentemente ponderativo. Essas coleções ou *Lendas douradas* foram a primeira tentativa do que se chamou *Ano cristão* ou *Vida dos Santos*. O livro mais conhecido deste gênero seria o *Ano cristão* do padre Croiset (séc. XVIII), seguido por outros ao longo dos séc. XIX-XX. Foram o livro de cabeceira dos cristãos piedosos.

A obra segue os tempos do ano litúrgico. "De acordo, pois, com a ordem estabelecida pela Igreja, trataremos das festas que caem no tempo da renovação, ou seja, das compreendidas entre Advento e Natal. Em seguida, das que se celebram entre Natal e Septuagésima. Depois, das que ocorrem entre Septuagésima e Páscoa. E, finalmente, das correspondentes à etapa da peregrinação, isto é, das compreendidas entre Pentecostes e Advento". As festas dos santos ficaram marcadas nos ciclos litúrgicos no dia correspondente a sua celebração segundo o calendário cristão.

Convém advertir o leitor culto e crítico de nosso tempo que evite preconceitos "com relação à ingenuidade e à excessiva credulidade de nosso autor". Como adverte o Dr. Graesse, "que o nosso autor colete numerosas historietas mais ou menos fantásticas não significa que ele as tenha por verdadeiras ou que pretenda que as aceitemos como tais... Por outra parte, resultam muito úteis para interpretar corretamente inúmeras passagens obscuras das obras dos poetas e escritores medievais".

BIBLIOGRAFIA: Santiago de Vorágine, *La leyenda dorada*. Tradução de Frei José Manuel Macias, O. P. Madrid ³1987, 2 vols.

Lenda dourada (1264)

*Legenda áurea.

Liberatore, G. (1810-1892)

*Neo-escolásticos.

Libertação, Teólogos da

A "Teologia da Libertação" é um dos fenômenos mais complexos da América Latina, já transportado para outras regiões como África e Ásia. É um fenômeno universal em nível sóciocultural e político e, sobretudo, eclesial. Dada a confusão e desorientação em torno do tema, e dada a imensa literatura produzida em volta dele, fazemos uma nota sobre as causas, os autores e o alcance de tal teologia.

Embora o fenômeno venha de longe, nos últimos quarenta anos a América Latina vive e sente a profunda decepção de comprovar como o desenvolvimento, com toda a sua seqüela de populismos, justicialismos, comunismos, não conseguiu tirá-la do subdesenvolvimento. Começa também a tomar consciência não só deste, mas da dependência econômico-política, causa, em boa parte, desse subdesenvolvimento. Constata-se assim a miséria de grande parte de seus habitantes junto à escandalosa desproporção na distribuição da riqueza e da cultura, que coloca o poder de todo tipo em mãos de uns poucos.

Libertação, Teólogos da / 337

As soluções propostas a esta situação propiciaram todo tipo de movimentos desde o comunismo em Cuba até as diferentes ditaduras que, como febre recorrente, sucederam-se durante esses anos, em boa parte das repúblicas sul-americanas, sem se esquecer, é claro, a guerrilha e as frentes de libertação. Até os homens da Igreja tomam as armas para lutar por uma justiça que não parece poder conseguir-se de outro modo. Tal é o caso, verdadeiramente espetacular, do padre colombiano Camilo Torres, morto em 1966 e que passará à mitologia guerrilheira.

Na Igreja do Concílio *Vaticano II surge outra linguagem. A reflexão sobre a sua doutrina pôs em circulação os termos "conscientização" e "libertação". Urge conscientizar o povo de sua mísera situação e empurrá-lo à sua libertação. "Poderíamos dizer — escreveu Paul Richard, teólogo da libertação — que a Igreja européia viveu o Concílio sob o signo da revolução da burguesia moderna e que a Igreja latino-americana viveu o Concílio sob o signo da revolução dos explorados por essa burguesia moderna. A teologia européia confrontava o problema fé-ciência e entrava num processo de secularização, desclerização e desmitologização. A Igreja latino-americana, ao contrário, confrontava o problema fé-revolução e entrava num processo de libertação".

Esse "processo de libertação" foi tomando consciência e aplicação na práxis das comunidades de uma forma lenta, mas progressiva. Um de seus fatores mais importantes é representado pelos "teólogos da libertação" que refletem individualmente e em equipe em Roma, no Escorial, em Lima, na Bélgica etc., sobre os diferentes aspectos do problema. Pouco a pouco vai-se sistematizando uma doutrina, perfila-se um método, criam-se agentes pastorais. E, o que é mais importante, geram uma nova consciência e uma nova disposição. Nascem as comunidades eclesiais de base.

O primeiro em sistematizar a doutrina da libertação é o sacerdote peruano Gustavo

*Gutiérrez, em sua *Teologia da libertação* (1971), obra traduzida para todas as línguas modernas. Esta teologia não quer ser uma "teologia universal", aplicável em todo tempo e situação. É uma teologia para a situação que vive a América Latina, que "não é de subdesenvolvimento, mas de opressão". Medellín a chamará "situação de injustiça ou de violência institucionalizada, em virtude das estruturas que violam os direitos básicos do povo".

Para Gutiérrez, a Teologia da Libertação "não oferece tanto uma nova temática de reflexão quanto um novo método de fazer teologia". Contrariamente à teologia tradicional européia, parte da situação concreta da opressão em que vive o povo, frente à qual se compromete com os oprimidos. Por isso, a Teologia da Libertação "é uma reflexão crítica sobre a práxis cristã à luz da Palavra". Servindo-se da análise da realidade que faz o marxismo, esta teologia postula "uma libertação total do homem e da realidade", "uma salvação aqui e agora" do homem completo. A salvação é interpretada em termos de libertação política, de compromisso real com o pobre, e das estruturas de opressão em que vive.

Os teólogos da libertação inspiram-se na exegese bíblica, dando um papel central ao texto do Êxodo. Negam além disso que textos como Lc 6,20-21; 24-25 e outros semelhantes nada tenham a ver com a pobreza; que a morte de Jesus não tenha nenhum aspecto político e que a justificação esteja brigada ou divorciada da justiça de cada dia. Segundo Gustavo Gutiérrez, na Teologia da Libertação cabem três níveis de significação "libertação política, libertação do homem ao longo da história, libertação do pecado e entrada na comunhão com Deus".

Como se vê, o termo libertação, amplamente utilizado, encerra uma grande riqueza de significados, conforme os contextos e âmbitos em que se empregue, e também segundo os diferentes autores ou teólogos da libertação. José Porfírio Miranda, mexicano, estudou a libertação na Bíblia sob o ponto de vista de Marx e do comunismo. Assim, em *Marx e a Bíblia* (1971); *Comunismo na Bíblia* (1981); *O humanismo cristão de Marx* (1978) e em outras obras. O jesuíta uruguaio Juan Luís Segundo acentua a dimensão pastoral do movimento com sua *Teologia para os artífices de uma nova humanidade* (1968-1972) e *Libertação da teologia* (1975). Dom A. Oscar Romero defendeu a libertação desde a "radicalidade evangélica", até dar a vida por seu povo. E *Hélder Câmara, desde a injustiça e a opressão que sofre a população desprotegida do Brasil: "Trato de enviar homens ao céu, não ovelhas. E certamente não ovelhas com o estômago vazio e esmagados seus testículos". Outros matizes da idéia de libertação podem encontrar-se em teólogos como Comblin, C. e L. *Boff, I. Ellacuría, J. Sobrino, e no mesmo J. Míguez Bonino, protestante, que escreve sua teologia na perspectiva argentina. Deste fundo comum, cabe ver e interpretar a teologia asiática do japonês Kosuke Koyama (1929-); a africana de John Mbiti (1931-), queniano; do sul-africano *Smangaliso Mrhatshwa (n. 1939); do haitiano, depois presidente da República do Haiti, padre Aristides, e outros que fazem uma teologia da libertação negra, feminista, "de cor" etc., baseada no evangelho "do amor e da justiça".

BIBLIOGRAFIA: R. Oliveros, *Liberación y teología. Génesis y crecimiento de una reflexión (1966-1976)*. México 1977; *Teología de la liberación:* Missão aberta 4 (1984); *Práxis de Libertação e fé cristã*, Concilium 96 (1974); R. Manzanera, *Teología y salvación-liberación en la obra de G. Gutiérrez*. Bilbao 1978; Juan José Tamayo-Acosta, *Para comprender la teología de la liberación*. Verbo Divino, Estella ³1991.

Liégé, Pierre-André (1922-1979)

*Congar, Yves Me Joseph.

Liga de Malinas (1921-1925)

*Beauduin, Lambert

Ligório, Santo Afonso Mª de (1696-1787)

A vida de Afonso de Ligório, é extensa quanto ao tempo: 90 anos completos e densa quanto à atividade desenvolvida. Transcorreu na área social do reino de Nápoles e no ambiente ideológico do séc. XVIII, época de fermentação de grandes revoluções socioculturais (*Deísmo).

Deixando de lado sua atuação inicial como advogado (1713-1723) e restando os anos de formação sacerdotal (1723-1726), assim como os últimos anos de sua vida em que sua atividade diminuiu extremamente (1777-1787), a vida plenamente ativa de Afonso desenvolveu-se durante quatro décadas. Um período longo para o que era e é a média de vida do ser humano.

A densa atividade é a característica de sua vida. Por temperamento e por compromisso de seu trasbordante zelo apostólico, entregou-se de tal modo ao trabalho que lhe pareceu faltar tempo para realizar as tarefas empreendidas. Símbolo de tal característica é o voto que fez de não perder um minuto de tempo, voto especialmente relevante se se contextualiza no ideal da vida napolitana, para a qual "il dolce farniente" é um dos traços típicos.

A vida ativa de Afonso desdobrou-se em três grandes capítulos: fundação e organização da Congregação do Santíssimo Redentor (redentoristas); ministério pastoral — da pregação, da confissão e da direção espiritual — como sacerdote e como bispo (1726-1775); e labor literário. A personalidade histórica resume-se em três traços fundamentais: *fundador, pastor e escritor.* Não se podem separar as três facetas indicadas. Formam um todo indivisível. Mutuamente se implicam e se explicam. Também não é procedente estabelecer graus de importância entre elas. No entanto, a faceta de escritor é tão óbvia que, no retrato simbólico de Ligório, não podem faltar nem a "pena" nem os "livros". A essas três facetas se deve acrescentar os títulos póstumos que a Igreja lhe reconheceu proclamando-o "doctor celantissimus" (1871) e patrono de "confessores e moralistas" (1950).

A obra literária de Afonso de Ligório costuma ser dividida em três grandes blocos: 1) Obras de teología moral; e cabe citar, entre essas, sua principal obra, *Theologia moralis* (1748). A versão popular, ou resumo da mesma feita pelo autor, está nos livros: *Instrução e prática do confessor; Homo apostolicus* e *O confessor da gente do campo*.

2) Escritos ascéticos e devocionais: *Glórias de Maria; Preparação para a morte; A verdadeira esposa de Jesus Cristo* (para religiosas); *Visitas ao SSmo. Sacramento* etc.

3) Temas pastorais e teológicos: *Selva de matérias para pregação* (para sacerdotes); *A vocação religiosa; A oração, grande meio de salvação*. E outros.

A classificação, evidentemente, não é completa. A obra literária de Afonso abrange ainda suas "anotações de consciência", sua numerosa correspondência e, principalmente, seus escritos para o serviço interno de sua congregação: circulares, cartas a religiosos de sua ordem, constituições etc. Esses documentos, melhor do que nenhum outro, apresentam-nos os problemas espirituais e materiais da personalidade psíquica e humana de Afonso.

É indispensável falar de sua atividade como *moralista*, concretizada principalmente em sua *Teologia moral*. Seguindo Marciano Vidal (*Frente al rigorismo moral, benignidad pastoral. Estudios de ética teológica*), formulamos os seguintes juízos globais:

— No século XVIII, Afonso representa a defesa do direito do cristão simples a viver em tranqüilidade de consciência e a sentir a graça do amor que Deus outorga com abundância através de Cristo. A obra moral afonsiana significou o final, não penas cronológico, mas também e sobretudo causal, da crise do rigorismo, uma crise que havia submetido a consciência católica a uma overdose de angústia e de abatimento intoleráveis.

— O significado de Afonso como moralista não reside tanto no conteúdo direto e preciso de seus escritos morais quanto na atitude global adotada por ele em relação à vida moral dos cristãos.

— Desde a segunda metade do séc. XX iniciou-se o segundo grande movimento histórico de conversão para Afonso enquanto guia da moral católica. Também essa nova leitura da moral afonsiana fixou-se mais no espírito do autor do que na letra de seus escritos. Por exemplo, ao analisar o sistema moral afonsiano, procura-se mais o fundo antropológico-teológico do que as regras técnicas que dirigem o juízo de consciência. Nesse fundo antropológico-teológico aparece a orientação personalista da atitude moral proclamada por Afonso: primazia axiológica da liberdade, paixão pela verdade, estima e cultivo do juízo prudente da consciência.

— Se precisasse selecionar um único traço como característica peculiar da obra moral afonsiana, não duvidaria em afirmar que a moral de Afonso é uma *moral salvífica,* isto é, pensada para servir de caudal à abundante salvação cristã. A partir desta compreensão salvífica, o projeto moral afonsiano organiza-se como uma *estratégia contra o rigorismo* (M. Vidal, *o. c.*, 225-228).

— Assim nasceu o projeto moral afonsiano como uma *moral da benignidade pastoral*, recriação pessoal do espírito evangélico, que é ao mesmo tempo benigno e exigente (*Ibid.*, 28).

BIBLIOGRAFIA: *Opere Ascetiche* (ed. Crítica), Roma a partir de 1933; *Obras ascéticas de San Alfonso Mª de Ligorio* (BAC), 2 vols.; Th. Rey-Mermet, *Afonso de Ligório, uma opção pelos abandonados*, Ed. Santuário; M. Vidal, *Frente al rigorismo moral, benignidad pastoral, Alfonso de Liguori* (1696-1787). PS, Madrid 1986; *Theologia Moralis*. Gaudé, Roma 1905-1912, 4 vols.; *Homo apostolicus*. Pela Editora Santuário: *Glórias de Maria, Práticas de amar a Jesus Cristo, A oração, Visitas ao Santíssimo*.

Literatura atual e cristianismo

Na impossibilidade de apresentar todos os escritores cristãos modernos, oferecemos um panorama da chamada "geração de profetas escritores". "Nas três primeiras décadas do século XX — escreve Martín Descalzo — produz-se no mundo um fenômeno que, pelo menos por sua extensão e característica, é único na história de Igreja: o nascimento de um grupo de escritores — poetas, novelistas, autores teatrais — que desde as filas da secularidade transformam sua arte literária numa muito especial apologética da fé" (*2000 años de cristianismo,* IX, 155).

A diferença que traz essa nova geração de "profetas escritores" à imensa obra escrita de autores cristãos de outros séculos é que se trata de escritores, não de pregadores; de apóstolos em luta por suas crenças, não de simples divulgadores do já aceito por todos. Trata-se de novelistas, dramaturgos ou poetas que são fervorosos filhos da Igreja, mas que trabalham nela "livremente", à margem das estruturas hierárquicas e às vezes contra a corrente em relação a elas. Embora em algum caso fossem apresentados como uma nova onda de pais da Igreja, eles se contentam, na realidade, com ser seus filhos...

Não se trata desta vez dos clássicos crentes que, com sua boa fé, fazem má literatura, mas de um autêntico avanço da arte de escrever em nossos dias. Vinte deles, pelo menos, merecem figurar, (e figuram de fato) nas mais exigentes antologias da literatura contemporânea... Não se trata de escritores "morais" no sentido tradicional da palavra, que contraponham as boas "condutas" frente às más. São escritores teólogos — no melhor sentido da palavra —, que se aprofundam nas realidades transcendentes e na raiz dos problemas religiosos do homem contemporâneo. Teologicamente, estão sempre na fronteira, na raia, quase sempre dez centímetros além da linha da ortodoxia, talvez porque toda verdade se torna desmesurada quando se vive...

Como surgiu esse grupo? Não certamente como uma "ação católica literária", como "braço hierárquico na novela, no teatro ou na poesia". Ninguém manda, organiza ou dirige esse grupo. Surgem quase contemporâneos em diversas nações, talvez como fruto das grandes inquietudes espirituais que acompanharam e seguiram a Primeira Guerra Européia.

Dividimo-los em quatro ou cinco grupos, segundo as nações:

1. *Franceses.* O grupo espiritualmente mais importante é o francês. Configura-se em volta da figura gigante de Léon Bloy, que criou um longo rasto de discípulos em todos os campos do pensamento, por exemplo, Jacques e Raïssa *Maritain em filosofia, Rouault na pintura, os novelistas e escritores belga e holandês respectivamente Maxence van der Meersch e Pieter van der Meer de Walcheren, e outra longa fila como Péguy, *Bernanos etc.

Léon Bloy (1846-1917) deixou-nos o testemunho de uma fé ardente, bramante, patética, em luta constante contra a mentira dos ricos e em favor dos pobres. Restam-nos dele seus oito tomos de memórias e livros como *O sangue do pobre; Exegese de lugares comuns; O desesperado; A mulher pobre* etc. Apesar do desmesurado de sua literatura e de seu quixotismo religioso e patriótico, é um exemplo de união entre vida e obra, dor e criação artística.

Charles Péguy (1873-1914) apresenta-nos o exemplo de sua vida dramática entre o socialismo utópico e sua fé no próprio limite da Igreja: "Uma espécie de herege fervorosíssimo, de não praticante que não saísse jamais da oração". "Um dos cristãos mais vivos e sangrantes de nosso século." De sua fé dramática restam-nos os testemunhos de *O mistério da caridade de Joana d'Arc; O pórtico da terceira virtude; O mistério dos santos inocentes,* e suas inesquecíveis *Tapeçarias.*

Outro dos grandes escritores franceses dessa época é G. *Bernanos (1888-1948), de quem já falamos. E Paul Claudel (1868-1955), que reencontrará a fé perdida após uma longa peregrinação pela África e por todos os abismos do pecado. Deixou-nos, em sua obra barroca e empolada, um dos testemunhos mais vivos dos grandes problemas do homem contemporâneo em quatro livros fundamentais: *Partilha do Sul; O sapato de cetim;* o *Livro de Cristóvão Colombo* e *A anunciação a Maria.* Paul Claudel continua sendo o grande poeta, apesar de suas intransigências de cruzada ou de certas defesas do nacional-catolicismo.

O mais importante deste grupo é o novelista François Mauriac (1885-1970). Sua densa novelística cria um mundo de pecadores e de ardentes procuradores da graça. Novelas como o *Mistério de Frontenac; Nó de víboras; TeresaDesqueiroux,* e outras, poderão envelhecer em suas formas, mas não no profundo tremor de seu espírito.

O mesmo tremor interior qualifica a obra de Julien Green (1900-). Green é um novelista a quem ninguém pode ler sem se sentir empurrado para as mais radicais meditações e ao mais brutal choque com o mundo sobrenatural. *Moira; Leviatã; Varouna; Cada homem em sua noite,* e seu extenso *Diário* são testemunhos de um espírito doentio, porém, profundamente aberto para a transcendência.

Junto a esses, citamos uma lista interminável de escritores franceses que, embora menos conhecidos, não deixam de ser importantes. Assim, Joseph Malègue (1867-1940), autor da obra provavelmente mais importante do pensamento religioso contemporâneo: *Agostinho.* Uma novela que é uma minuciosa análise da fé no homem de hoje e um canto inesquecível ao "mistério da doce humanidade de Jesus". No terreno restritamente literário seguem-lhe Charles du Bos (1883-1939), Henri Gheon (1875-1974). E outros muito próximos a nós como Cesbron, Renard, Luc Estang, Jean Cayron, Jean Sullivan, Daniel Rops etc. (Para outros pensadores franceses da época, ver

*Blondel, *Gilson, *Teilhard de Chardin, *G. Marcel).

2. *Escritores de língua inglesa.* Semelhante ressurgir de escritores profetas encontramos nas regiões de língua inglesa. De alguns deles apresentamos referências especiais (*Newman, J. H. *Chesterton, *Graham Greene, *Merton). Dentre os numerosos escritores de língua inglesa merecem ser citados Bruce Marshall, autor de obras como *O mundo, a carne e o P. Smith; O milagre de padre Malaquias; A cada um seu dinheiro.* Essas obras são animadas pelo humor, pela luz e pela mais terna alegria, afastadas de toda complicação novelística. Maior qualidade alcança a obra do inglês Evelyn Waugh (1903-), prodígio da ironia e do melhor humor inglês. Obras como *Um punhado de pó; Retorno a Brideshead* etc., acrescentam a todo o conjunto de escritores crentes um rosto, o risonho e feliz, que os escritores do grupo francês jamais souberam pintar nos crentes. Na mesma linha cabe citar o australiano Morris West, autor de duas obras que prometiam um grande novelista religioso: *O advogado do diabo,* e *As sandálias do pescador.* Junto a Morris West, é justo citar dois novelistas: Cronin e Morton Robinson, autores de novelas como *As chaves do reino* e *O cardeal,* ambas levadas ao cinema.

Seria injusto não mencionar o grande historiador e crítico, Hilaire Belloc, amigo de *Chesterton; o monsenhor Ronald Knox, brilhante escritor de ensaios e novelas policiais e sábio tradutor da Bíblia para o inglês.

Na lista de escritores cristãos de língua inglesa, merece um lugar especial o "anglocatólico" e grande poeta Thomas Eliott (1888-1965). Sua peça de teatro *Assassinato na catedral* é uma das obras fundamentais da espiritualidade literária atual. E sua obra poética *Quarteto* alcança o mais alto destaque da poesia religiosa.

3. *Itália e Alemanha* oferecem uma boa amostra de escritores-profetas desta geração. O nome mais conhecido na Itália é o de Giovanni Papini

(1881-1956). Tenso lutador do espírito, procurador incansável — considerava a si próprio um "pequeno Unamuno" —, deixou uma obra vastíssima e irregular. Suas *Cartas do papa Celestino VI* e sua *Vida de Cristo* — em algumas de suas páginas — jamais serão esquecidas. Junto a Papini cabe citar Carlo Coccioli com sua novela *O céu e a terra;* Hugo Betti (1892-1953), com obras tão perturbadoras e vertiginosas como *Delito na ilha das cabras; Corrupção no palácio de Justiça* e, principalmente, *O jogador.* Também se deve acrescentar a obra de Diego Fabri. Suas duas peças teatrais: *Vigília de armas* e *O processo de Jesus* tiveram seu êxito durante algum tempo. E. I. Silone, ex-comunista, cuja obra *Aventura de um pobre cristão* é uma das peças-chave da literatura católica contemporânea. E como não recordar G. Guareschi com seu inesquecível *Dom Camilo?*

A literatura de caráter cristão na Alemanha é menos conhecida entre nós. Cabe destacar a figura de Gertrudis von Le Fort (1876-1971), convertida ao catolicismo em 1925. Ofereceu-nos algumas das obras mais belas e atuais da literatura deste século, como por exemplo: *O véu de Verônica; A última no cadafalco; O papa do gueto,* em que dá forma e vida a decisões de fé.

4. Na *Espanha* contamos com dois soberbos personagens de tendências literárias e feições bem diferentes. O primeiro, Marcelino Menéndez y Pelayo (1856-1912), escritor, crítico e pesquisador. Entre suas melhores obras, fruto de uma extraordinária formação humanística, de uma grande sensibilidade crítica e de um profundo patriotismo, e ao mesmo tempo de uma religiosidade profunda levada com freqüência até à polêmica, devemos mencionar: *História das idéias estéticas na Espanha; A ciência espanhola,* e *Histórias dos heterodoxos espanhóis.* Com freqüência, a direita eclesiástica e política espanhola viram-no como apoio e defesa de ideais patrióticos e cristãos vinculados ao passado.

Do lado oposto coloca-se Miguel de

*Unamuno, que abre um sulco inesquecível de preocupações com a Espanha atual e com o transcendente cristão.

No campo estritamente literário, apenas encontramos as tentativas mais catequéticas de Pemán ou Calvo Sotelo; os mergulhos de Carmen Laforet em *A nova mulher*; de José Mª Gironella em sua trilogia da guerra civil espanhola; e de M. Delibes em seu encontro com a alma castelhana de suas novelas. Talvez seja preciso fazer uma exceção a essa falta de literatura cristã atual na Espanha e América Latina: a de José L. Martín Descalzo, jornalista, poeta, dramaturgo e novelista que levou a seus escritos a preocupação com os temas cristãos numa prosa limpa, cheia de sinceridade e luz. A ele se devem em parte as opiniões deste artigo sobre literatura e cristianismo. Há uma falta de escritores cristãos no "boom" da recente literatura latino-americana, tão prolífica e tão em evidência atualmente.

Porém, deve-se ressaltar a criação poética espanhola de caráter religioso intimista de um Dâmaso Alonso, *Filhos da ira*, de Luís Rosales, Gerardo Diego, José Mª Valverde *Versos do domingo* — e inclusive Leopoldo Panero...

5. *Em outras nações européias* encontramos também nomes significativos: a norueguesa Sigrid Undset, o dinamarquês Pär Lagerkwist, o grego Nikos Kazantzakis e o polonês Jan Dobraczynski. E tantos outros que produziram obras de alto interesse religioso.

BIBLIOGRAFIA; J. L. Martín Descalzo, *Una generación de profetas-escritores*, em *2000 años de cristianismo*, 9, 159s.; Ch. Moeller, *Literatura do século XX e cristianismo*.

Literatura autobiográfica

O gênero autobiográfico — diários, memórias, itinerários, confissões e autobiografias propriamente ditas — tem sido cultivado na história do cristianismo de forma constante e esplêndida. Em todas as épocas encontramos exemplos magníficos desta literatura. Como simples informação, e sem querer esgotar todos os autores, oferecemos um breve resumo da história literária da autobiografia.

O valor deste tipo de relatos reside nos testemunhos diretos e pessoais de uma experiência e de uma fé vividas. Sua linguagem é concreta e fala de fatos ocorridos com alguém que sabe que são verdadeiros. Entre todas as formas apresentadas por esse gênero autobiográfico, sobressaem os relatos dos convertidos. Nossa época é testemunha deste tipo de narrações e do impacto que causaram entre nós. E leitor desse tipo de literatura encontrará uma ampla gama de textos de homens que vêm ou retornam à fé do comunismo, da indiferença, do agnosticismo, da quebra e do pecado, de qualquer caminho e situação. Pode-se afirmar que tais histórias são paralelas às confissões do ateísmo, da descrença, da literatura geral atual? Talvez, mas o certo é que fica o valor deste relato testemunhal que o leitor saberá apreciar, em última instância, a melhor prova da presença do invisível e do transcendente na existência humana.

Outro dos subgêneros que se deve levar em conta é o epistolar. Mais íntimo e confidencial, oferece-nos uma fonte de experiências e vivências religiosas insuspeitas. Por trás de todos os grandes escritores há uma correspondência que merece ser lida. A grande riqueza psicológica e religiosa das cartas estimula-nos a lê-las; no entanto, sua leitura ficou praticamente para estudiosos e eruditos.

O gênero autobiográfico a já parece no Novo Testamento. São típicas as *Cartas* de São *Paulo, nas quais constantemente se ouve a sua voz em primeira pessoa. Sua experiência mística e seu conhecimento do mistério de Cristo não é algo inventado. Os relatos em primeira pessoa encontram-se nos *Atos dos Apóstolos*. A partir do capítulo 20, fala-se na primeira pessoa do plural, dando à narração um ar muito pessoal de quem conta os fatos porque os viveu. Esse mesmo caráter autobiográfico aparece no último livro da Bíblia: o *Apocalipse*.

Se deixarmos o marco restrito do NT, logo encontraremos as *Cartas* de Santo *Inácio de Antioquia, a *Carta* e o *Martírio* de São *Policarpo, assim como muitas das *Atas dos mártires*. Têm o selo do pessoal e confidencial. O cristianismo antigo deixou-nos pelo menos duas jóias da literatura universal: as *Confissões* de Santo *Agostinho (388) e o *Itinerário* da Virgem Egéria (séc. IV-V). De suas peregrinações a Jerusalém, a espanhola Egéria deixou-nos um documento vivo daquela comunidade, seus hábitos e costumes. Por sua vez, Santo Agostinho inicia propriamente o gênero autobiográfico, colocando-se como modelo não só da literatura religiosa, mas da universal. As *Confissões* são o livro de referência obrigatória para falar de conversão.

A Idade Média apresenta-nos também notáveis exemplos de literatura autobiográfica. Aludiremos tão-somente a alguns exemplos que têm a sua referência própria neste dicionário. Preste-se atenção à presença feminina desta época: *Gertrudes,*Hildegarda, *Ângela de Foligno, *Catarina de Sena, Juliana de Norwich, entre outras. A obra dessas mulheres é eminentemente pessoal, confidencial e mística. Embora já tenhamos feito alusão a *Abelardo, convém destacar sua produção autobiográfica como a *Historia calamitatum,* sem esquecer as *Cartas de Abelardo e Eloísa,* um dos documentos mais relevantes da Idade Média. Abelardo tem ainda duas *Confissões de fé* admiráveis.

Se algo merece ser destacado na literatura religiosa do Renascimento e da Idade Média é seu caráter vivencial em cartas, relatos, autobiografias, poesia religiosa etc. Lembraremos Santa *Teresa, São *João da Cruz, Santo *Inácio, *Inês da Cruz, Maria da Encarnação, *Bunnyan etc. Os movimentos espirituais da época — pietistas, quietistas, port-royalistas — ofereceram uma riqueza impressionante de doutrina espiritual baseada na experiência. Na obra de *Tomás Morus, por exemplo, não se pode esquecer sua mensagem e seu testemunho nas *Cartas da torre*. Riqueza psicológica nas cartas de direção de mestres espirituais como São *Francisco de Sales, São Vicente de Paulo, e nas de almas como Santa Joana Frémyot de Chantal, Santa Luísa de Marillac, Santa Margarida Mª Alacoque etc., que brilharam no séc. XVII francês. O mesmo se diz dos grandes mestres da direção espiritual e de pregadores desta época (séc. XVI-XVII): São João de Ávila, Segneri, Vieira, para não citar mais que alguns.

Passando por cima do séc. XVIII, escasso em literatura religiosa confidencial, adentramos os séculos XIX e XX, que podem ser caracterizados por um "boom" da literatura autobiográfica, paralela à que floresce no campo profano. O gênero epistolar, as memórias, os relatos, as autobiografias, as confissões de fé etc., prodigalizam-se de forma inusitada. Seria interminável citar aqui a relação completa de obras e autores. No século XIX temos documentos esplêndidos desta literatura. Mencionarei, como exemplo, os mais conhecidos: *Apologia pro vita sua* do cardeal *Newman, junto à produção nascida em torno do "movimento de Oxford". Uma segunda obra é o *Relato de um peregrino russo,* *hesiquia, que foi uma verdadeira revolução quando foi descoberto nos meados do século passado. E outro exemplo mais entre muitos: *História de uma alma,* de Santa Teresinha do Menino Jesus (1873-1897), um dos textos mais delicados da espiritualidade moderna.

Do século XX é impossível dar uma lista suficiente, não completa, de obras e autores deste gênero. Autores como *Chesterton, *Merton, Psichari, G. von Le Fort, Sigrid Undset, E. Zolli, e um longo etecétera, escreveram sua experiência e sua aventura cristã. Eles e muitos outros vêm demonstrando a vitalidade e a atualidade deste tipo de escritos. João XXIII deixou-nos seu *Diário espiritual*, um verdadeiro documento autobiográfico.

BIBLIOGRAFIA: Para a leitura dos autores e obras citados, remetemos aos artigos correspondentes deste dicionário. Como complemento, indicamos os seguintes: Severing Lamping, *Hombres que vuelven a la Iglesia*, Madrid 1948; John O'Brien, *Los prodigios de la gracia (The Road to Damascus)*. Trad. de Pedro R. Santidrián. Madrid 1952; Douglas Hyde, *Yo creí (I Believed)*. Trad. de Pedro R. Santidrián. Barcelona 1954; *Testimonios de la fe. Relatos de conversiones. Sigrid Undset, Peter Wust, Mac Jacob...* (Patmos). Rialp, Madrid 1950; E. Zolli, *Mi encuentro con Cristo* (Patmos). Rialp, Madrid 1950; João XXIII, *Diario de un alma;* Paulo VI, *Testamento espiritual*.

Livros penitenciais (séc. VII-XII)

Com esse nome designam-se catálogos de pecados e de penas expiatórias, destinados principalmente a guiar os sacerdotes no exercício de seu ministério, em especial na administração do Sacramento da Penitência. Preenchem o período que transcorre entre o final da época patrística e o século XII.

Aparecem no Ocidente no início da Idade Média, quando a penitência canônica cedeu passagem ao regime de penitência privada. Os *Penitenciais* têm uma grande importância na evolução da penitência na Igreja.

Sua pátria de origem é a Irlanda; desenvolvem-se nas comunidades célticas da Grã-Bretanha, passam ao continente e se estendem principalmente pela Alemanha, França e Espanha. Têm seu apogeu entre os anos 650 e 800. Ante a proliferação excessiva e a confusão que criaram, surgiu frente a eles uma reação negativa por parte dos bispos durante a reforma carolíngia. Aparecem novamente durante a reforma gregoriana (850-1050). A era dos *Penitenciais* termina com Graciano (1140).

Em geral, os *Penitenciais* são obras anônimas, constituídas por longas listas de pecados, com sua valorização moral e sua pena ou castigo correspondente. A ordem ou esquema seguido neles é muito variado.

BIBLIOGRAFIA: L. Vereecke, *Introducción a la historia de la teología moral*. PS, Madrid 1969; M. Vidal, *Moral de Actitudes,* I Madrid ^{5}1981, 105s.

Loisy, Alfred (1857-1940)

Loisy é o mais destacado representante do movimento modernista francês. Especialista em temas bíblicos, aplicou o método histórico-crítico ao estudo da Bíblia. Sua obra primeira e fundamental, *O evangelho e a Igreja* (1902), parte da idéia de que a essência do Evangelho deve ser encontrada não na figura histórica de Jesus, como pretendia *Harnack, mas na fé da Igreja, à medida que esta evolui sob a direção do Espírito. Esse livro, condenado primeiro pelo arcebispo de Paris, foi posto no *Index* em 1903 por Pio X, junto à sua segunda obra *O quarto evangelho*.

Loisy fez um primeiro ato de submissão formal à decisão pontifícia e retirou-se para o campo. A ruptura com a Igreja produziu-se em 1907, quando o mesmo Pio X condenou o modernismo. A resposta de Loisy foi a publicação de *Simples reflexões sobre o decreto "Lamentabili" do Santo Ofício* e do segundo volume de *Os evangelhos sinóticos* (1908). Publicou o primeiro em 1907. Dois meses depois foi excomungado.

De 1909 a 1930, Loisy foi professor do Colégio de França e continuou escrevendo sobre temas bíblicos. Apesar de sua vida de místico preocupado pastoralmente com os temas religiosos, sua obra posterior foi muito desigual e demasiado partidarista. De Loisy permanecem sua preparação científica e sua dedicação aos estudos bíblicos: um teste e um estímulo para os estudiosos posteriores da Bíblia.

BIBLIOGRAFIA: Para a evolução do pensamento de A. Loisy, *Mémoires pour servir a l'histoire religieuse de notre temps*, 1931, 3 vols. Para sua biografia, A. Houtin e F. Sartaux, *Alfred Loisy, sa vie, son oeuvre*, 1960.

Loyola, Santo Inácio de (1491-1556)

Nascido em Loyola (Guipúzcoa), passou sua adolescência entre os pajens da corte real. Cedo destacou-se tanto por sua inclinação militar quanto por seus dotes diplomáticos. Abraçou a carreira militar, sendo ferido no cerco a Pamplona (1521). A leitura da *Vida de Cristo* de Dionísio *Cartuxo e as vidas dos santos fizeram-no decidir ser soldado de Cristo. Depois de pendurar sua espada no altar do santuário de Montserrat, retirou-se durante um ano numa gruta de Manresa (1522-1523), de onde escreveu a maior parte de seus *Exercícios espirituais*. Daqui partiu para Jerusalém com a firme intenção de passar o restante de seus dias nos Santos Lugares. Obrigado a regressar à Espanha, fez seus estudos superiores em Alcalá, Salamanca e Paris. Em 1534, Inácio e mais seis companheiros, fizeram em Montmartre voto de pobreza e castidade, juntamente com o ir em peregrinação a Jerusalém, se as circunstâncias o permitissem. Impedidos na realização da viagem, dedicaram-se a trabalhos apostólicos, dirigindo-se à Itália em 1537, onde ofereceram seus serviços ao papa. Em Roma foi amadurecendo pouco a pouco a idéia e decisão de fundar um instituto religioso, livre das observâncias de tipo monástico e consagrado inteiramente ao apostolado.

Assim nasceu, em 1540, a *Companhia de Jesus*. A partir desta data, o fundador não saiu de Roma. De sua cela, dirigiu a marcha da Companhia com minucioso controle, através de uma abundante correspondência e empregando o restante de seu tempo na lenta e fatigante redação das *Constituições da Ordem* (1547-1550). Quando de sua morte, a Companhia de Jesus contava com mil membros. Havia chegado até a Índia e o Japão, fundara em Roma o Colégio Romano e o Colégio Germânico, e por diversas maneiras havia prestado seus serviços à Igreja na Alemanha, na França, na Espanha e em Portugal.

— A obra escrita de Santo Inácio é variada, porém não muito numerosa. Não é uma obra literária perfeita na forma, mas reflete seu pensamento de modo adequado, ajustando-se perfeitamente ao programa que traçou de serviço a Cristo e à Igreja. Temos em primeiro lugar, embora não cronologicamente, sua *Autobiografía:* um diário que registra sua vida espiritual é um dos documentos de experiência religiosa e mística mais novos e originais. Essa autobiografia ou diário, em que aparece a profunda e sentida piedade e vida espiritual do santo é freqüentemente esquecida.

— A obra capital de Santo Inácio é o livro dos *Exercícios espirituais*, que iniciou em Manresa em 1522-1523 e que veio à luz em 1548. Os *Exercícios* não são uma obra literária; são um instrumento ou método de introspecção, de composição de lugar que permite ao homem entrar no caminho de Cristo e segui-lo com resolução e firmeza. O próprio título do texto é significativo. Diferentemente de *Lutero, e também de *Eckhart e dos místicos do "abandono", Inácio espera da vontade um esforço progressivo que prepare o pecador para receber a graça, em cuja ação esta cooperará ativamente. Deste modo, o domínio de si mesmo transforma-se numa virtude primordial.

O livro dos *Exercícios*, cuja meta é descobrir a vontade de Deus sobre a pessoa, procura a dedicação completa a serviço de Cristo. Os exercícios são concebidos como um programa de quatro semanas. Na primeira, o exercitante enfrenta-se com a sua realidade pessoal de pecador. Na segunda coloca-se diante do Reino de Cristo. O discípulo medita na vida de Cristo e decide alistar-se sob a sua bandeira, rechaçando a bandeira do mundo e do demônio. Na terceira semana, o discípulo dedica-se à meditação da paixão de Cristo. Na quarta semana, dedica-se a meditar o mistério de Cristo ressuscitado. Com isso, espera-se que, ao final dos exercícios, o exercitante, que em sua primeira intenção foi jesuíta, siga Cristo, trabalhando por seu Reino. Para isso inserem-se as *Regras para pensar com a Igreja,* tão características do método e da espiritualidade inaciana.

— Dentro da obra escrita de Santo Inácio assinalamos duas fundamentais: suas *Cartas* e suas *Constituições*, cuja redação levaram-lhe vários anos. A maior parte das cartas são dirigidas a membros particulares da Companhia, e a esta em geral. As *Constituições* definem o que o santo queria que fosse sua instituição, a Companhia. "A maior glória de Deus... o que principalmente nesta jornada de Trento pretende-se por nós, procurando estar juntos em alguma honesta parte, é pregar, confessar e ler, ensinando moços, dando exercícios, visitando pobres em hospitais e exortando o próximo... a confessar, comungar e celebrar com freqüência Exercícios espirituais e outras obras pias", escrevia o santo.

BIBLIOGRAFIA: *Obras completas de San Ignacio de Loyola*. Edição crítica de C. de Dalmases-I. Iparaguirre (BAC); *San Ignacio de Loyola. Nueva biografía* (BAC). Madrid 1986.

Lubac, Henri de (1896-1991)

É considerado um dos principais representantes do pensamento religioso contemporâneo. Seu campo de preocupação e estudo vai desde os *padres da Igreja à teologia medieval e ao ateísmo contemporâneo. Especializado em temas da Igreja, é fundador com Daniélou da coleção de textos cristãos "Sources chrétiennes". Em 1967, recebeu o "Grande Prix" católico de literatura, dando a conhecer ao grande público a importância deste fundador de uma teologia aberta, em diálogo permanente e positivo com as diversas correntes do pensamento moderno.

Nascido em Cambrai (França), entrou na Companhia de Jesus para atuar muito cedo como professor de Teologia Fundamental e História das Religiões na Universidade Católica de Lyon e na faculdade dos jesuítas de Fourvière. Suas qualidades de escritor, sua grande erudição e a agudeza de seu pensamento cedo o levaram ao primeiro plano da investigação teológica francesa. Iniciou sua produção com o ensaio *Catolicismo,* sobre os aspectos sociais do dogma. Fruto de seu estudo da história da teologia patrística e medieval é a criação de "Sources chrétiennes", coleção de textos da literatura cristã. A partir de 1950, apareceram seus estudos sobre patrística e teologia medieval, *História e espírito,* que reabilita

Orígenes e põe em destaque o que significou sua doutrina no pensamento da Igreja. A partir de 1959, apareceram os quatro grossos volumes de *Exegese medieval*.

Como todos os grandes teólogos da época, Henri de Lubac foi objeto, durante algum tempo, de crítica e suspeita por seu livro *O sobrenatural*. Neste livro denuncia a noção escolástica de "natureza pura" e desenvolve a idéia de uma continuidade da natureza e da graça no ser.

Outra das grandes incursões de Lubac foi o pensamento moderno em estudos sobre Proudhon, Blondel, o budismo japonês e temas relacionados com o ateísmo. Mas sem dúvida o trabalho mais importante é dar a conhecer e reabilitar a obra de *Teilhard de Chardin, e seu apoio e participação no Concílio *Vaticano II. Seu humanismo é concebido e expresso numa perspectiva cristã e transcendente: "o humanismo exclusivo é um humanismo inumano", dirá. Seu comentário à constituição conciliar sobre a divina revelação — *Deus se lê na história* (1974) — é um exemplo deste humanismo transcendente.

BIBLIOGRAFIA: *Obras: O drama do humanismo ateu*; *Diálogo sobre el Vaticano II* (BAC popular); *La teología en el siglo XX* (BAC maior), 3 vols.

Lucas, Evangelista, São (séc. I)

O nome de Lucas está vinculado a dois livros canônicos do Novo Testamento: o terceiro *evangelho* sinótico e os *Atos dos apóstolos*. A tradição da Igreja está de acordo em identificar seu autor com Lucas. "Jamais se propôs seriamente, nem na Antigüidade, nem em nossos dias, nenhum outro nome". As qualidades e características de estilo e de composição destes dois livros coincidem com as que sabemos de Lucas. O autor aparece como um cristão, judeu muito helenizado ou, melhor ainda, grego de ampla instrução, conhecedor a fundo das coisas judias e da Bíblia grega, com conhecimentos em medicina e, sobretudo, companheiro de viagem de São Paulo.

A ninguém, de fato, melhor do que a Lucas se encaixam estas características: sírio de Antioquia, conforme uma antiga tradição, médico e de origem pagã. É apresentado por Paulo "como o querido médico" (Cl 4,14) e que esteve a seu lado durante dois cativeiros romanos.

— *Evangelho segundo Lucas*. Como vimos, atribuído desde o séc. II a São Lucas, e reconhecido como canônico desde essa época. A data de composição mais provável situa-se entre 75 e 90 d.C. O mérito especial do terceiro evangelho vem da atrativa personalidade de seu autor, que transparece constantemente. São Lucas é um escritor de grande talento e uma alma delicada. Elaborou sua obra de forma original, com afã de informação e de ordem (Lc 1,3). O evangelho, escrito em grego, tem como principal característica sua insistência na vida, morte e ensinamento de Cristo como mensagem de salvação universal dirigida a todos os homens, não apenas aos judeus. Lucas acentua a misericórdia e compreensão humana de Jesus com os pecadores e marginalizados. Há também retratos de mulheres que não aparecem nos outros evangelhos. Insiste em quais devem ser as atitudes do discípulo de Cristo: amor ao próximo, como sinônimo de serviço. Através do amor e do serviço, o discípulo entra numa nova relação com Deus, a quem pode chamar de Pai. Outra característica de Lucas é a insistência na oração de Jesus.

— *Atos dos Apóstolos*. O autor é o mesmo que o do terceiro evangelho, identificado desde o séc. II com Lucas, "o querido médico". Nem todos os estudiosos compartilham essa identificação. A data de composição costuma situar-se entre 80-90 d.C. "O terceiro evangelho e o livro dos Atos se compuseram como partes integrantes de uma só obra, que hoje chamaríamos de 'História das Origens do Cristianismo'. Separaram-se as duas obras quando os cristão desejaram dispor dos quatro evangelhos num mesmo códice. E deve ter ocorrido muito cedo, antes do ano 150".

— Os *Atos* não pretendem ser uma história

completa, mas assinalar os acontecimentos mais importantes com relação à expansão do Evangelho e, especialmente, da grande decisão de anunciá-lo aos pagãos. A obra é composta com grande destreza e resulta de uma amenidade extraordinária. O autor propõe como exemplo a época apostólica e, em concreto, a vida da primitiva comunidade de Jerusalém. Mostra como a Igreja continua a verdadeira tradição de Israel e deixa claro que a difusão do Evangelho entre os pagãos se faz por expressa vontade de Deus. Paulo é o protagonista da mensagem que quer transmitir o livro: a salvação prometida para os tempos finais já está presente na Igreja guiada pelo Espírito de Jesus, que se vai estendendo com a pregação.

BIBLIOGRAFIA: João de Maldonado, *Comentarios a los cuatro evangelios* (BAC), 3 vols.; J. A. Fitzmayer, *El evangelio de Lucas*. Cristiandad, Madrid 1986, 2 vols.; X. León-Dufour, *Los evangelios y la historia de Jesús*. Cristiandad, Madrid ³1982.

Luciano de Samosata (125-192)

*Apologistas; *Celso; *Escolas teológicas, Primeiras.

Luísa de Marillac, Santa (1591-1660)

*Literatura autobiográfica.

Lúlio, Raimundo (Ramon Llull) (1235-1315)

"Fui casado, pai de família em boa situação financeira, lascivo e mundano. Renunciei a tudo isto de bom grado com o fim de poder honrar a Deus, servir ao bem público e exaltar nossa santa fé. Aprendi o árabe, viajei muitas vezes para pregar aos sarracenos. Detido, encarcerado e açoitado pela fé, trabalhei durante cinco anos para comover os chefes da Igreja e os príncipes cristãos em favor do bem público. Agora sou velho, agora sou pobre, mas não mudei de propósito e permanecerei no mesmo, se Deus o concede, até a morte." Eis o auto-retrato de R. Lúlio tal como o dá em seu *Disputatio clerici et Raymundi phantastici*.

Nascido em Palma de Maiorca, serviu na corte de Jaime II. Como conseqüência de uma visão, tornou-se terciário franciscano (1265) para dedicar-se à conversão dos muçulmanos, tanto com a palavra e testemunho direto quanto com seus escritos. Essa causa dominou toda a sua vida. A partir de 1288, começou a viajar por diferentes cidades para propagar suas idéias. Nesse mesmo ano lecionou em Paris sobre o que depois veio a ser seu *Ars generalis* ou *Ars magna*, uma lógica que concebe como ciência universal, base de todas as ciências. De Paris passou à Tunísia, Nápoles e Oriente. Depois de vários anos, regressou pelo mesmo caminho e voltou a visitar as cidades européias, sempre com o propósito de interessar príncipes e hierarquias eclesiásticas por suas idéias. Finalmente, em 1314, embarcou rumo à Tunísia e, segundo a lenda, morreu apedrejado pelos muçulmanos no dia 29 de junho de 1315.

A história não nos pode fazer esquecer de toda a lenda em torno deste homem fantástico, missionário e filósofo, literato catalão, místico e poeta, cavaleiro andante de sua idéia e um pouco mágico. Conhecemos mais de 250 obras suas, escritas em catalão e em árabe, que ele procurou traduzir para o latim. Nestas, Lúlio fala com freqüência de si mesmo como um homem fantasioso ("phantasticus") e inclusive como um iluminado. "Doctor illuminatus" é, efetivamente, o título deste mestre que acredita ter recebido sua doutrina de uma revelação divina, e que se dedicou com um ardor um tanto quimérico e quixotesco a propagar um método apologético inventado por ele.

A obra de Raimundo Lúlio é a expressão de seu caráter polifacético. Costuma ser dividida em cinco grandes blocos: 1) Obras enciclopédicas, como o *Liber contemplationis*, escrito primeiro em árabe e traduzido depois para o catalão: *Contemplació en Deu* (1271-73), e o *Arbor scientiae* (1295). 2) Obras científicas: *Liber principiorum medicinae; Ars compendiosa inveniendi veritatem, seu Ars magna et maior; Ars inveniendi particularia in universalibus; Liber propositionum* etc. 3) Místicas: *Llibre de amic e amar, Llibre de Erast* e *Blanquerna,* compreendidos os dois últimos no título mais geral de *Art de contemplació.* 4) Finalmente, uma série de obras, umas publicadas e outras inéditas, teológico-filosóficas. São apócrifos os escritos alquimistas e cabalísticos que levam o seu nome.

Observada a vida e, um pouco, a obra de R. Lúlio, surge a pergunta: quem realmente era e quem continua sendo R. Lúlio? Que juízo merecem hoje a vida e a obra deste homem? Num afã de síntese, apontamos estes valores:

1. Em primeiro lugar, R. Lúlio era um franciscano de mente e espírito, com a sensibilidade do próprio São Francisco. Um franciscano devorado pelo zelo da conversão dos infiéis, entre os quais considera os muçulmanos.

2. Um homem de um forte ideal. "O que Lúlio pretende é converter o infiel, mas não é possível atingir essa finalidade se a razão não apóia a crença. Daí a necessidade de demonstrar racionalmente os artigos da fé a que responde o *Ars magna* ou *Ars generalis,* que é em última instância um 'ars inveniendi', uma arte da invenção na idéia da *mathesis universalis* prosseguida por Descartes e Leibniz" (Ferrater Mora).

3. Isto transforma Lúlio num dos grandes mestres da lógica. Em *Ars magna,* estabelece os princípios de uma ciência geral na qual estão implícitos os das ciências gerais. Mediante esta ciência, podem-se aprender facilmente as ciências particulares.

Portanto, a *Ars magna* é a arte de combinar os termos simples e predicados absolutos — 9 predicados relativos, 9 questões, 9 sujeitos, 9 virtudes e 9 vícios — para o descobrimento sintético dos princípios das ciências. Esta é a idéia mais original de Lúlio, que tantos discípulos e seguidores lhe proporcionaram. Até o próprio Leibniz recolheu mais tarde o conceito luliano de uma arte combinatória, dirigida a descobrir, por via sintética, as verdades das ciências.

4. E como ponto culminante há algo profundo e misterioso na figura de Lúlio: seu misticismo, seu iluminismo que tem suas raízes em Platão, Santo *Agostinho, São *Francisco, São *Boaventura. "Parece que lhe deram uma luz para discernir as perfeições divinas — diz de si próprio — em relação a algumas de suas propriedades e relações mútuas, segundo todas as relações que têm entre si... Por essa mesma luz conheceu que o ser total da criatura não é outra coisa do que uma imitação de Deus."

"O mundo moderno está cheio de idéias cristãs que se tornaram loucas" (Chesterton). Muitas idéias cristãs elaboradas por Lúlio correm hoje em lábios de quem nem sequer o conhece. Tal é a fecundidade deste grande mestre e *doctor iluminado* que ainda surpreende o mundo.

BIBLIOGRAFIA: *Obras literarias de Ramón Llull: Libro de Caballería; Libro de Evast y Blanquerna; Fénix de las maravillas; Poesía* (em catalão e castelhano). Edição preparada por M. Batllori e M. Caldentey (BAC); Id., *Obres essencials*, 1957-1960, 2 vols., com a bibliografia ali apresentada.

Lutero, Martinho (1483-1546)

Nascido em Eisleben, Saxônia, no dia 10 de novembro de 1483, morreu na mesma cidade em 18 de fevereiro de 1546. De família de camponeses, conseguiu entretanto estudar filosofia na Universidade de Erfurt, em um ambiente impregnado de ockhamismo. As doutrinas de Ockham e de seus discípulos Gabriel Biel e Pierre d'Ailly empolgaram, desde então, Lutero, que não ocultará dizer: "Sum occamicae factionis, Occam magister meus dilectus". Tudo isso, mais a leitura posterior do místico Tauler, por quem Lutero sentia profunda admiração e cujas obras utilizava e anotava pessoalmente, influenciarão decisivamente o reformador.

Em 1505, conseguido o doutorado, entrou no

convento dos ermitães de Santo Agostinho de Erfurt. Ordenou-se sacerdote dois anos depois e foi transferido para Wittenberg, onde ensinou primeiro ética e depois teologia e exegese, comentando sucessivamente os salmos e diversas Cartas de São Paulo. Foi o período de 1512-1518 o que marcou melhor sua evolução interior. Começou explicando os *Salmos* (1513-1515), a *Carta aos Romanos* (1515-1516), *Gálatas* (1517) e *Hebreus* (1518). Simultaneamente, Lutero aprofundou-se no conhecimento do ockhamismo, como na mística alemã, principalmente de Tauler, tirando daí uma idéia da nulidade absoluta do homem diante de Deus e do abandono passivo nele. Lutero sofreu nestes anos um estado de profunda inquietude, com temores de que não se poderia libertar do pecado e de que pertencia ao número dos condenados. Isso explica a leitura e estudo destes livros, assim como sua nova paixão pela leitura dos tratados antipelagianos de Santo Agostinho e de São Paulo, os dois mestres a quem sempre se agarrara. Fechado nessas leituras, encontrou na "experiência da torre" a solução para seu problema interior. Numa iluminação interior, Lutero intuiu o que significava a justiça de Deus: o ato pelo qual o Senhor cobre os pecados dos que se abandonam a ele mediante a fé. Tal é a justiça de Deus de que se fala na *Carta aos Romanos:* não a justiça reivindicatória, mas a justiça salvífica, isto é, a graça com a qual Deus nos santifica (Rm 1,17).

— Essa iluminação é central no sistema teológico luterano e chave de sua atuação e conduta posterior. Ao reconhecer na graça um dom não só absolutamente gratuito, mas também independente por completo de nossa colaboração, dentro do quadro geral da arbitrariedade divina própria do sistema ockhamista, Lutero encontrava um desabafo para suas ânsias: abandonar-se à ação salvífica de Deus era suficiente para saber-se e sentir-se salvo: *sola fides*.

— Desse primeiro princípio surgiram outros três que resumem todo o luteranismo. 1) *Sola*

Scriptura. A Escritura não só contém materialmente a totalidade da divina Revelação, mas também não tem necessidade de ser iluminada nem esclarecida pela tradição. É suficiente por si mesma e por si só para garantir à Igreja a certeza sobre todas as verdades reveladas. Ficam excluídas assim a tradição e a intervenção da Igreja por meio de seu magistério, e abre-se a porta para o *livre exame*. 2) *Justiça imputada ou puramente atribuída*, não inerente. A natureza humana ficou, após o pecado original, irremediavelmente corrompida; o homem perdeu sua liberdade e todas as suas obras são necessariamente pecado. Deus, contudo, sem apagar os pecados e sem renovar interiormente quem acredita nele e nele confia, aplica-lhe os méritos e a santidade de Cristo, considera-o como se fosse interiormente justo e renovado; o homem é, portanto, simultaneamente justo e pecador. Embora se sinta pecador e não realize obras boas, basta abandonar-se no Senhor e em sua misericórdia, que *de per si* atua no homem. 3) O terceiro princípio é a repulsa da *Igreja hierárquica* e, naturalmente, da Igreja histórica que lhe foi dado viver. a) "A Igreja é concebida como continuidade espiritual de almas unidas numa só fé", "a união de todos os crentes em Cristo sobre a terra", uma união espiritual que basta para formar a Igreja. b) A Igreja é definida pela relação fundamental e direta do Senhor com cada um dos fiéis por cima e à margem de qualquer tipo de mediação: não há diferença essencial entre o sacerdócio dos simples fiéis e o do papa. c) A negação do primado papal e da Igreja como instituição hierárquica visível são corolários necessários desta mesma concepção da Igreja que faz Lutero. d) A negação da Missa como sacrifício é também corolário da doutrina anterior. Com o agravante de que "a missa é o mais grave e horrível delito entre todas as formas conhecidas de idolatria". e) Outros corolários são igualmente a redução dos sacramentos, a liberdade de culto e disciplina, a repulsa e repúdio absoluto às indulgências e a todas as formas de idolatria e de corrupção da Igreja do Renascimento.

— Como se pode apreciar, a Reforma de Lutero começara clamando por um "cristianismo mais puro" proclamado por todos os reformadores nos dois últimos séculos. "Essa atitude constitui a originalidade da doutrina e da obra de Lutero. Indubitavelmente, todos os elementos de tal doutrina são medievais, e não apresentam nenhuma originalidade. Esta se apóia, entretanto, em ter feito valer o retorno ao Evangelho como instrumento de uma palingenesia (eterno retorno) religiosa, e em ter feito de tal retorno uma força de destruição e renovação. A Reforma uniu-se ao Renascimento, precisamente em seu motivo central, em seu esforço de voltar às origens. E, como o Renascimento, tendeu a compreender os homens nas obras da vida, afastando-os das cerimônias e do culto externo.

— Toda a história posterior, desde a exposição das 95 teses em 1517 até a sua morte ocorrida em 1546, formou a trama de sua vida. Um homem de autêntica e profunda religiosidade, tendência ao subjetivismo, ao autoritarismo, e à violência: traços essenciais do reformador que explicam em parte o enorme influxo que exerceu sobre o espírito germânico e principalmente a cultura européia. Sua herança e legado ficaram nos sermões, nas palestras, nas cartas, folhetos e obras de grande porte como seus dois *Catecismos* — o maior e o menor —, suas obras polêmicas: *De servo arbitrio,* suas arengas, suas fórmulas da fé. E sua tradução da Bíblia para o alemão, monumento da língua germânica.

BIBLIOGRAFIA: *Obras: Werke. Kritische Gesamtausgabe.* Weimar, 1883s.; *Obras de Martín Lutero.* Ediciones la Aurora, Buenos Aires, 10 vols.; Ricardo García Villoslada, *Martín Lutero* (BAC maior) [2]1976, 2 vols.; J. Lortz, *Historia de la Reforma.* Madrid 1963, 2 vols.; J. L. L. Aranguren, *El protestantismo y la moral.* Madrid 1954; *Catolicismo y protestantismo como formas de existencia.* Madrid 1957; J. Atkinson, *Lutero y el nacimiento del protestantismo.* Madrid 1971; *Lutero* (Biblioteca grandes personagens). Ed. de Pedro R. Santidrián. Madrid 1984.

Mabillon, Jean (1632-1707)

Pesquisador beneditino francês, qualificado como o erudito mais destacado dos mauristas, monges beneditinos da congregação de São Mauro que se especializaram durante os séc. XVII e XVIII no estudo histórico e literário de obras de autores cristãos. Muitas de suas edições são básicas para as edições críticas dos textos.

Mabillon publicou mais de vinte obras em fólio, entre as quais se destacam edições de São Bernardo e de diversos documentos litúrgicos importantes. A referência a Mabillon é obrigatória em alguns pontos, como a sua defesa do direito das ordens religiosas para cultivar o estudo frente ao abade Rancé, ou como fundador da ciência ou arte da diplomática, com sua obra principal, *De re diplomatica* (1681).

Macário de Alexandria (+395)

*Monaquismo.

Macário de Moscou (1816-1882)

Seu nome de batismo era Miguel Bulgakov, que trocou pelo de Macário ao tornar-se monge. Desde 1879 foi metropolita de Moscou. Homem de estudo, ocupou diversos cargos acadêmicos antes de ser nomeado bispo.

Sua obra literária como historiador e teólogo está contida na *História da Igreja da Rússia,* uma obra em 12 volumes publicada de 1857 a 1882. Escreveu também duas obras sobre *Teologia ortodoxa*, que se tornaram clássicas como expoentes da postura oficial da Igreja russa.

Macário, o Grande, São (300-390)

Conhecido como Macário, "o Egípcio" ou Macário, "o Grande". Aos 30 anos, fundou uma colônia de monges no deserto de Scitia, Egito (Wadi-el-Natrum), que transformou no centro mais importante do monaquismo egípcio.

São-lhe atribuídas *50 Homilias* e vários outros escritos. Embora mais pareça que essas obras foram escritas na Síria do que no Egito, a paternidade das mesmas continua sendo atribuída a São Macário. O que é certo é seu poder e encanto nascido das anedotas, ditos e feitos atribuídos a ele. Sobre a autenticidade de suas cartas, e principalmente a *Grande Carta,* ver Quasten, *Patrologia,* II, 173s.

BIBLIOGRAFIA: *Obras:* PG 34. Outras 7 homilias foram descobertas por G. L. Marriot em 1918.

Maldonado, João (1533-1583)

Teólogo e exegeta espanhol, ingressou na Companhia de Jesus em 1562 e durante quase duas décadas ensinou em Paris. Fruto deste ensino são os seus famosos *Comentários aos evangelhos,* publicados entre 1596-1597, que lhe deram renome e fama universal. Foi acusado de herege e atacado na Sorbonne (1574-1576). Seu reconhecimento posterior como mestre seguro e confiável fez dele um dos comentaristas mais sérios e sólidos do Renascimento. Maldonado introduziu na exegese o sentido comum, a explicação literal do texto e o realismo. Recentemente se publicou uma edição bilíngüe, em latim e espanhol, de seus *Comentários*.

BIBLIOGRAFIA: *Comentarios a los cuatro evangelios* (BAC), 3 vols.

Manjón, Andrés (1846-1923)

Educadores cristãos.

Manning, H. (1809-1892)

*Newman, Henry

Mansi, Giovanni Domenico (1692-1769)

Eminente canonista, transformado em clássico da jurisprudência canônica. Sua obra original *Tractatus de casibus et censuris reservatis* (1724) tornou-se imprescindível nas escolas e faculdades eclesiásticas.

Mansi passou também à história do pensamento teológico por uma série de colaborações e anotações em livros básicos. Assim é, por exemplo, sua participação na *História dos concílios*, que leva o seu nome. É uma fonte importante de documentos, textos, dados para reconstruir a história e a doutrina conciliar ao longo dos séculos.

Mansur (675-749)

*João Damasceno, São.

Manuais para confessores

*Summas dos confessores.

Marcel, Gabriel (1889-1973)

Filósofo, ensaísta e dramaturgo francês. Classificado geralmente — sobretudo por Sartre — como existencialista católico, Marcel seguiu o seu próprio caminho e não pode ser tratado como membro de uma determinada escola. Em 1950, rechaçou o rótulo de "existencialismo cristão", propondo para seu pensamento a qualificação de "socratismo cristão".

Diversas análises e estudos sobre seu pensamento filosófico o consideram desconcertante. Em certos aspectos, seu pensamento produz a impressão de ser muito realista, próprio para andar pela terra. Outros se sentem tentados a considerar sua filosofia como uma espécie de poesia ou como meditações personalíssimas, e não como o que geralmente se costuma entender por filosofia.

"Sua filosofia pretende chamar a atenção sobre o significado metafísico que se oculta no familiar, sobre os indicadores do eterno que há nas relações interpessoais, às quais lhe atribui um valor positivo, e sobretudo uma presença que o invade e unifica tudo. Sua filosofia gira em torno das relações interpessoais — eu-tu-nós — e da relação com Deus. Mas nossa forma de enfocar as coisas está tão condicionada por esse 'mundo' que somos incapazes de discernir as dimensões metafísicas da existência ou, pelo menos, isso é extremamente difícil para nós".

— Para Marcel, a existência de Deus não é uma conclusão resolutória de um problema. A fé não é questão de crer *o que*, mas de crer *em*. Deus é o tu absoluto, a presença absoluta e misteriosa. Mas há diversos modos de se orientar em direção à presença absoluta: o homem pode abrir-se para esta presença — Deus — mediante as relações intra-subjetivas, tais como o amor e a fidelidade

criadora, que são sustentados por Deus e para ele apontam; ou pode também encontrar Deus no culto e na prece, invocando-o e respondendo a seu chamado. Os diversos modos não são, logicamente, exclusivos. São caminhos para chegar a experimentar a divina presença...

— Os conceitos de "mistério", "problema", "presença", "disponibilidade", "mundo rompido", "ser versus ter", são fundamentais no pensamento de Marcel.

— "Para Marcel, termina dizendo Copleston, nosso mundo está *essencialmente rompido*. E em nossa civilização parece revelar uma crescente despersonalização. Em qualquer caso, a idéia de que o mundo marcha, inevitavelmente, cada vez melhor não é certamente sua. A coletivização e o grande desenvolvimento tecnológico de nossa sociedade pareciam-lhe expressões de um espírito prometeico que repudia Deus. Marcel acredita firmemente no triunfo escatológico da bondade, e admite que com base religiosa, isto é, à luz da fé, pode-se manter uma atitude otimista. Mas está convencido de que a invocação e o repúdio foram sempre duas possibilidades para o homem e assim continuarão. E pensa que o dogma do progresso é um "postulado completamente arbitrário" (Copleston, *Historia de la filosofía,* 9, 314-324).

Sua obra filosófica é muito extensa. Inicia-se em 1914 com *Existência e objetividade;* segue-lhe *Diário metafísico* (1914-1923); *Ser e ter* (1918-1933); *Da rejeição à invocação* (1940); *Homo viator* (1944) etc.

Outra das características de Marcel são suas obras de teatro, nas quais põe em cena teses psicológicas e morais. Foi também um excelente crítico teatral de "Nouvelles littéraires".

BIBLIOGRAFIA: M. Bernard, *La Philosophie religieuse de Gabriel Marcel. Étude critique,* 1952; Obras: *Diário metafísico*; *Filosofia concreta*; *Prolegômenos para uma metafísica da esperança*; *O mistério do ser*; *Os homens contra o humano*; *Decadência da sabedoria*; *O homem problemático*.

Marcião (séc. II)

Marcião nasceu em Sínope, no Ponto, atualmente Sinop, na costa do Mar Negro. Pelo ano 140, estabeleceu-se em Roma, inserindo-se na comunidade cristã da cidade. Muito cedo suas doutrinas se chocaram com as dos chefes da Igreja. Em julho de 144 foi excomungado, formando sua própria Igreja para a qual atraiu muitos adeptos.

Marcião parece ter sido dotado de um carisma especial de persuasão. Nenhuma de suas obras chegou até nós, nem sequer as *Antíteses*, onde expunha sua doutrina. Foi, no entanto, o mais combatido pelos escritores cristãos dos primeiros séculos.

Sua doutrina resume-se nestes pontos: a) O cristianismo é o evangelho do amor, não da lei. Rejeitava, portanto, o Antigo Testamento como contrário ao Evangelho de Jesus. b) Do Novo Testamento somente aceitava 10 cartas de São Paulo, e uma versão revisada do evangelho de Lucas. c) Considerava Cristo um demiurgo cujo corpo era aparente (docetismo), e sua crucifixão também aparente.

O marcionismo aparece mesclado com todas as heresias e seitas dos primeiros séculos, passando a engrossar depois as filas dos maniqueus. Santo Ireneu dele nos diz: "Ensinou que o Deus proclamado pela lei e os profetas não é o Pai de Nosso Senhor Jesus Cristo, porque aquele é conhecido, esse desconhecido; um é justo, o outro bom" (*Adv. Haer;* I, 27, I). O próprio Santo Ireneu contava que uma vez o bispo Policarpo de Esmirna encontrou-se com Marcião e, ao ser indagado por este: "Conheces-me?", Policarpo respondeu: "Sim, conheço em ti o primogênito de Satanás".

BIBLIOGRAFIA: J. Quasten, *Patrología,* I, 256ss.; A. Harnack, *Marción. Das Evangelium von fremden Gott* (TU 45). Leipzig 1924.

Marcionismo (séc. II)

*Marcião.

Marco (séc. II-III)

*Gnósticos; *Jerônimo, São.

Marcos, Evangelista, São (séc. I)

Com muita probabilidade, o autor do segundo evangelho sinóptico é João Marcos, primo de Barnabé (At 12,25). Era natural de Jerusalém, onde vivia com sua mãe, e Pedro conhecia sua família (At 12,12). Mais tarde acompanhou Barnabé a Chipre e o encontramos em Roma ao lado de São Pedro. Eusébio refere-se a ele em seus últimos anos em Alexandria.

O *evangelho* de Marcos pode ter sido escrito em Roma ou Antioquia entre os anos 65-67. Dados mais recentes tendem a adiantá-lo ao ano 50. De qualquer forma, já era amplamente conhecido no século I, e tanto o evangelho de Mateus, quanto o de Lucas, parecem depender dele. Papías afirma que Marcos transmite uma informação baseada na pregação de Pedro. Os estudos posteriores aceitaram e coletaram essas afirmações.

O evangelho de Marcos está escrito em grego da "koiné", a língua popular e comum da época helenística. Segue uma exposição linear bastante clara, embora seu esquema, mais do que restritamente cronológico, baseie-se numa sucessão de fatos significativos que constroem um quadro abreviado, porém coerente, de uma realidade mais extensa. O propósito de Marcos é mostrar que Jesus é o Messias, o Filho de Deus. Aparece João Batista como seu arauto e a seguir a figura de Jesus, com a sua consagração messiânica, a plenitude do Espírito e a vitória sobre Satanás, na qual se decide a sorte do mundo. "O paradoxo de Jesus incompreendido e repudiado pelos homens, porém, enviado e triunfando por Deus, é o que interessa em primeiro lugar ao segundo evangelho."

BIBLIOGRAFIA: J. Gnilka, *El evangelio según san Marcos*. Salamanca 1986, 2 vols.; B. Hurault, *Sinopsis pastoral de Mateo-Marcos-Lucas (Juan)*, com notas exegéticas e pastorais. EP, Madrid 1980.

Marechal, J. (1878-1944)
*Neo-escolásticos.

Margarida Maria de Alacoque, Santa (1647-1690)
*Literatura autobiográfica.

Maria da Encarnação, Sóror (1566-1618)
*Literatura autobiográfica.

Marías, Julián (1914-)
*Zubiri.

Maritain, Jacques (1882-1973)

Filósofo neotomista francês, discípulo de Bergson e mais tarde seu crítico. Vinculado na primeira juventude ao socialismo revolucionário, converteu-se ao catolicismo em 1906, com sua mulher Raíssa, influenciado por *Léon Bloy. Maritain iniciou-se como filósofo tomista em 1913 em umas conferências sobre Bergson. No ano seguinte, foi convidado para ensinar História da Filosofia Moderna no Instituto Católico de Paris, para ser posteriormente chamado ao Instituto de Estudos Medievais da Universidade de Toronto (Canadá) e na Universidade de Colúmbia (USA). A vida de Maritain é a de um professor universitário dedicado ao estudo e à pesquisa filosófica. Sua obra é ampla e cobre praticamente todo o âmbito da filosofia. É considerado, ao lado de Gilson, o principal renovador do pensamento de Santo Tomás em nosso tempo. Foi também embaixador da França no Vaticano.

Maritain tentou desenvolver a filosofia tomista — sobretudo a social e política — aplicando seus princípios aos problemas modernos. Segundo nosso pensador, se o Aquinate vivesse na época de Galileu e Descartes, teria libertado a filosofia cristã da mecânica e da astronomia de Aristóteles, sem deixar de ser fiel aos princípios da metafísica aristotélica. E, se vivesse no mundo atual, livraria o pensamento cristão das "imagens e fantasias do sacrum imperium e dos antiquados esquemas e procedimentos de seu tempo".

A obra de Maritain alcançou sua máxima ressonância no campo da filosofia político-social. Rechaçou o comunismo e o socialismo não apenas nas formas atéias, mas inclusive como derivado de uma concepção errônea e defeituosa do homem, do trabalho e da sociedade. Sua concepção político-social baseia-se num "humanismo integral", tal como ficou formulada em sua obra *Humanismo integral*. "O mundo, segundo Maritain, marcha para a construção de um novo tipo de cidade temporal cristã, diferente do que se realizou na Idade Média, onde houve um regime político de ordem sacra. Na civilização futura, entretanto, a esfera do profano será ao mesmo tempo autônoma e subordinada ao sacro, e o Estado será leigo, porém construído cristãmente. Neste Estado os valores temporais terão dignidade de fins. Não serão rebaixados à categoria de instrumentos, mas terão um fim subordinado a um fim último mais elevado.

Maritain dedicou parte de sua atividade ao estudo dos problemas pedagógicos. Concebe a filosofia como uma disciplina pedagógica que pressupõe uma concepção filosófico-religiosa do homem. A meta da educação é a formação da pessoa. Sua luta é contra as concepções pragmatistas, instrumentalistas e empiristas da educação. Assinala alguns erros que infeccionam a colocação do processo educativo, entre os quais contam o desconhecimento dos fins a serem atingidos e a presunção de que tudo se pode ensinar. Não se ensina a intuição e o amor, que são dom e liberdade" (*A educação na encruzilhada*).

Particularmente notável é a especulação estética em Maritain, assim como sua contribuição para o esclarecimento das ciências: ciência e filosofia; ciência e metafísica; ciência e religião etc. (Ver a esse respeito: *Arte e escolástica; A intuição criadora na arte e na poesia; Distinguir para unir* ou *Os três degraus do saber*).

É considerado um filósofo tomista "liberal". No entanto, em seu último livro, *O camponês do Garona* (1969), apresenta uma espécie de testamento não apenas filosófico, mas também teológico, sociológico, político e pessoal, que muitos consideram como uma aproximação ao "integrismo". Deve-se ver também como um ataque contra tudo o que o autor considera um falseamento do cristianismo. No seu entender, esse falseamento é representado por Teilhard de Chardin e pelos seguidores de sua teologia cosmológica, assim como pelo uso da fenomenologia e da psicanálise para propósitos religiosos.

BIBLIOGRAFIA: Boa parte das obras de Maritain foram traduzidas para o português. *Caminhos para Deus*, Villa Rica; *Introdução geral a Filosofia*, Agir; *Lógica Menor*; Agir; *Sete lições sobre o ser*.

Mar Morto, Manuscritos do (séc. II a.C.—séc. I d.C.)

Os "Manuscritos do Mar Morto", conhecidos também como "Manuscritos de Qumrã", são uma coleção de manuscritos hebraicos e aramaicos, descobertos em grutas nas proximidades de Qumrã, a noroeste do Mar Morto. Os achados tiveram lugar de 1947 a 1956. São o mais importante descobrimento bíblico registrado até agora. Compreendem quase todos os livros canônicos do Antigo Testamento, além de outras obras não conhecidas anteriormente. Abrangem um período-chave que vai do séc. II a.C. até o ano 68 d.C.

Junto aos manuscritos do AT foram encontrados também: 1) Uma série de comentários do AT que interpretam o texto bíblico como profecia cumprida em tempos do comentarista. 2) Uma coleção de *Salmos de ação de graças*, de configuração semelhante à do livro bíblico dos Salmos. 3) Uma obra intitulada *Guerra dos filhos da luz contra os filhos das trevas*. 4) Um manual conhecido como o *Manual da disciplina,* com as regras ou normas da comunidade religiosa que vivia na região, identificada com os essênios. 5) Os chamados *Fragmentos de Damasco,* um livro de composição semelhante ao anterior. Foi chamado de Damasco pela descoberta que se fez nessa cidade de um documento semelhante a esse em 1896.

Parece que os manuscritos pertenciam à biblioteca de uma comunidade judia estabelecida em Qumrã desde o início da era cristã. Sua importância está em nos permitir conhecer textos bíblicos anteriores em mil anos aos que até agora se possuíam (**Codex sinaiticus;* *Codex Vaticanus).

BIBLIOGRAFIA: A. González Lamadrid, *Los descubrimientos del mar Muerto* (BAC); Alan Millard, *Discoveries from the time of Jesus*. Lion Publishing, Oxford 1990; *Los papiros griegos de la cueva 7 de Qumrán* (BAC); Jean Pouilly, *Qumrán*. Verbo Divino, Estella 1991.

Marshall, Bruce

**Literatura atual e cristianismo*.

Marsílio de Pádua (1275-1343)

Pensador político radical que encabeçou a polêmica contra o papado e a favor da reforma da Igreja. Elaborou uma teoria totalmente leiga do Estado. A Igreja, segundo ele, não somente deve respeitar a autonomia do poder temporal, mas também submeter-se a ele. Marsílio de Pádua figura na história do pensamento político como elemento *ucrônico*: suas grandes teses inovadoras esperariam séculos até encontrar uma correspondência nos fatos. É considerado como "precursor do absolutismo moderno", e cabeça e inspirador da corrente reformadora da sociedade e da Igreja européias dos séculos XIV-XV. Sua influência é evidente em figuras como J. *Wiclef (1330-1418),

J. Huss (1370-1415), Jerônimo de Praga (1370-1416) e inclusive no mesmo movimento reformador de Lutero.

Nasceu em Praga e morreu em Munique. Sua vida acadêmica esteve vinculada à Universidade de Paris, onde estudou e de onde foi reitor (1312-1313). Aqui mesmo fez amizade com Jean de Jandum, um dos principais "averroístas latinos" da época. As denúncias por essa amizade e colaboração na obra de Marsílio, *Defensor pacis* (1324), obrigaram ambos a refugiar-se em Nürenberg (1327), na corte de Luís da Baviera.

Embora incluído comumente dentro da corrente "averroísta", Marsílio não se destacou nunca nas pesquisas de filosofia natural e metafísica, mas sim na filosofia política e em seu propósito de reforma religiosa. Por essas causas passou à história. Fruto desta opção política são suas duas obras principais: *Defensor pacis* (Paris 1324) e *Defensor minor* (por volta de 1341-1342).

— *Defensor pacis* estabelece, pela primeira vez, a doutrina do Estado em coerência vigorosa desde a teoria aristotélica, e em oposição substancial à doutrina política de Santo Tomás. Neste Estado, auto-suficiente e particular: a) O poder decisório corresponde à comunidade que, em função de "legislator humanus", exerce-o legislando e deliberando. b) A administração efetiva do Estado — poder executivo e sindical — foi confiada à comunidade por eleição de um órgão: a um magistrado individual ou a um colégio restrito, que o exerce sob o controle da comunidade. c) As leis positivas são as únicas que regulam a vida dos cidadãos. d) Em conseqüência, as leis naturais — e as mesmas leis divinas — perdem toda relevância. Reduzem-se a um simples dever de consciência, sem vinculação jurídica alguma.

Dentro da harmonia dessa estrutura jurídica do Estado, o papado e a Igreja de Roma não são mais do que uma desordem e ameaça à tranqüilidade da "policia civilis".

Em conseqüência, na segunda parte de sua obra estabelece uma disputada polêmica contra a

Cúria Romana. Nela pretende: a) Separar a hierarquia sacerdotal da "ecclesia fidelium". b) Identificar a sociedade civil com a comunidade dos fiéis, confiando a um administrador fiel os assuntos religiosos. c) Reduzir o sacerdócio a uma simples função de cada Estado.

Com isso, tenta derrubar o sistema político-eclesiástico de seu tempo e a própria constituição da Igreja. E, finalmente, mostra a inutilidade do papado e de seu "universalis episcopatus".

— No *Defensor minor* é, no entanto, mais radical ainda, se é possível. Entre outras idéias: a) Não se admite a fragmentação definitiva da "respublica christiana" numa pluralidade de Igrejas nacionais. b) Vê no concílio geral, passando por cima da autoridade do papa, o expediente adequado para assegurar a homogeneidade e a unidade dos fiéis. c) Discute o problema técnico para convocar o concílio sem recorrer ao papa.

BIBLIOGRAFIA: *Obras: Defensor pacis*. Edição crítica de C. W. Previté-Orton, Cambridge 1928; *Defensor minor*. Edição crítica de C. H. Brampton, Birmingham 1922; *El defensor de la paz*. Tradução espanhola de Luis Martínez Gómez (Clásicos del pensamiento). Madrid 1980.

Martín Descalzo, José Luis (1930-1991)

*Literatura atual e cristianismo.

Martinho de Dúmio, Abade (séc. VI)

*Sentenças dos Padres.

Marx, Karl (1818-1883)

Filósofo, político e economista, Karl Marx nasceu em Trier (Alemanha). Estudou nas universidades de Bonn e de Berlim, onde foi discípulo de Hegel. Esteve toda a sua vida empenhado na luta social e política, que exerceu através de suas obras, do jornalismo e do contato direto com homens e líderes. Os cenários de suas atividades foram Paris, Bruxelas e finalmente Londres, onde continuou inspirando e dirigindo o movimento operário internacional. Morreu nesta última cidade.

Marx deixou uma volumosa produção filosófica, iniciada em sua juventude e mantida ao longo de toda a sua vida. Assinalamos as principais obras: *Crítica da filosofia do direito de Hegel* (1843); *Economia e filosofia* (1844); *A Sagrada Família* (1845); *O manifesto comunista* (1845); *Teses sobre Feuerbach* (1845); *A miséria da filosofia* (1847); *Crítica da economia política* (1859); *O Capital* (três vols., 1867; os dois últimos póstumos, publicados por Engels em 1885 e 1895 respectivamente).

O ponto de partida de Marx é "a reivindicação do homem, do homem existente, em todos os seus aspectos". O que Marx quis realizar foi uma interpretação do homem e de seu mundo, que ao mesmo tempo fosse empenho de transformação e, neste sentido, atividade revolucionária. Porém, tal interpretação do homem somente é possível se o analisarmos em suas relações externas com os demais homens e com a natureza que lhe proporciona os meios de subsistência. Nada de essência em abstrato. A personalidade real e ativa do homem concretiza-se nas *relações de trabalho* em que se encontra. O homem cria-se a si próprio mediante o trabalho. E é o criador não apenas de sua existência material, mas de seu modo de ser ou de sua existência específica. Em conseqüência, o trabalho é para Marx a única manifestação da liberdade.

Tudo o que impede a realização do homem no trabalho é considerado por Marx como *alienação*. Alienação que nada mais é do que a condição histórica na qual o homem vem a encontrar-se diante dos meios de produção. De fato, a propriedade privada e a sociedade capitalista transformam os meios de produção de simples instrumentos e materiais da atividade produtiva humana, em fins aos quais o mesmo homem se submete.

A essa conseqüência da alienação, Marx, algumas vezes, chama de "alienação religiosa". Neste sentido, considera a religião como "a imagem de um mundo transtornado", isto é, um mundo no qual, no lugar do homem real, colocou-se a essência abstrata do homem. "A religião — diz Marx — é a teoria geral deste mundo transtornado, seu compêndio enciclopédico, sua lógica em forma popular, seu *point-d' honneur* espiritualista, seu entusiasmo, sua sanção moral, seu complemento solene, o fundamento universal da consolação e da justificação do mesmo" (*Crítica da filosofia do direito de Hegel*). Neste último aspecto, "a religião é o ópio do povo", "a felicidade ilusória do povo".

No pensamento de Marx: a) A religião — assim como as ideologias, a filosofia, o Estado, o capital — são fonte de alienação, porque subtraem o homem da vida real, inchando-o com uma vida irreal, inexistente. b) A religião é uma das formas históricas de alienação, porque, além de afastá-lo da realidade e de sua própria identidade, promete ao homem uma felicidade enganosa fora deste mundo e perpetua desta maneira o estado de injustiça e de opressão, já que sanciona a exploração do homem pelo homem.

Na filosofia de Marx, a religião é um superfenômeno, uma super-estrutura humana, nascida do desconhecimento da realidade do mundo e do homem. O universo religioso — Deus-espírito-eternidade — é um falso desdobramento do homem, fruto da alienação, tal como já o formulou Feuerbach. O universo real é a matéria; tudo o que existe explica-se por ela mesma e a partir dela mesma, num duplo processo dialético conhecido como materialismo dialético e materialismo histórico.

O marxismo histórico seguiu a linha imposta pelo mestre. As conversações entre teólogos cristãos e marxistas manifestaram essa verdade. A concepção que o faz marxismo do mundo e do homem é plana e horizontal, não transcendente. Marx também não se ocupou expressamente da ética. De sua filosofia, deduzimos a negação radical que faz da moral platônica e cristã e seu repúdio ao jusnaturalismo, como abstratos e alienantes. Cabe sim falar de uma ética marxista no sentido de que, dada a concepção do homem social, a procura da libertação efetiva do homem não pode coincidir menos com a procura da libertação de todos os homens: a libertação dos demais é inseparável da minha.

BIBLIOGRAFIA: G. Rodríguez de Yurre, *El Marxismo* (BAC), 2 vols.; Id., *El marxismo y marxistas* (BAC popular); *Medellín, reflexiones en el* CELAM (BAC); R. Alves, *Cristianismo, ¿opio o liberación?* Salamanca 1973.

Mater et Magistra (1961)

João XXIII.

Mateus, Evangelista, São (séc. I)

Apóstolo e evangelista. Em Mt 10 é apontado como "publicano". Foi chamado por Cristo ao apostolado (Mt 9,9). No evangelho de Mc e de Lc chamam-no Levi. Não se pode identificar o autor do primeiro evangelho com a pessoa do apóstolo Mateus. Papías, no entanto, afirma que Mateus fez uma coletânea das palavras de Cristo em hebraico. Tradicionalmente vem sendo identificado com o autor do primeiro evangelho sinóptico.

A data de composição do evangelho de Mt é calculada entre os anos 80-90. O destino do mesmo é uma comunidade de língua grega e de maioria judaico-cristã. Provavelmente foi composto em Antioquia por um judeu-cristão de língua grega, com possível formação rabínica, que redigiu as palavras de Jesus, aproximando-as de sua mentalidade, proclamando-o ao mesmo tempo Messias para todas as nações.

Mateus apresenta o Messias vindo a seu povo, porém este o repele. A mensagem de Jesus, no entanto, é destinada a todos os homens. As promessas feitas a Israel no Antigo Testamento estenderam-se à humanidade inteira. A figura de Jesus é a do Messias Salvador enviado por Deus. Ele é intérprete da lei divina, e a interpreta de uma forma radical, libertando-a da tradição que a sufocava, e colocando em destaque sua única exigência profunda, o amor ao próximo. O confronto contínuo com os letrados e fariseus quer livrar os cristãos de qualquer tentação de volta à observância e às instituições judaicas.

BIBLIOGRAFIA: P. Bonnard, *El evangelio según san Mateo*. Tradução de Pedro R. Santidrián, Cristiandad, Madrid 1975; J. Mateos, *El evangelio de Mateo*. Leitura comentada, Madrid 1981.

Mateus, João

*Teologia atual, Panorama da.

Mauriac, François (1885-1970)

*Literatura atual e cristianismo.

Máximo, o Confessor, São (580-662)

Nascido em Constantinopla, foi o teólogo bizantino mais importante do séc. VII, comentarista e seguidor da doutrina mística do Pseudo-Dionísio. Sua obra, no entanto, centrou-se na defesa da doutrina cristológica dos padres gregos. Influiu poderosamente na teologia e mística da Idade Média.

Deste grande cristão, o que primeiro devemos resenhar é a sua própria vida. Secretário do imperador Heráclio I, deixou seu cargo em 613 para empreender uma vida monástica próxima de Crisópolis (Bitínia). Fugindo da invasão persa de 626, dirigiu-se ao norte da África, onde tomou parte da controvérsia monotelista em Cartago. Decididamente inclina-se para dupla vontade, divina e humana, na única pessoa de Cristo, e a defende. Em 645, enfrentou-se com o patriarca Pirro de Constantinopla, exilado em Cartago, diante de quem defendeu a dupla vontade de Cristo contra os monotelistas e os monofisitas. Chamado a Roma em 649, tomou parte muito direta e ativa no sínodo local que, presidido pelo Papa Martinho I, proclamou a doutrina da dupla vontade de Cristo frente aos monotelistas. Como conseqüência disto, tanto Máximo quanto Martinho foram presos e torturados pelo imperador Constantino II. O Papa Martinho foi exilado. Máximo foi capturado e levado de novo a Constantinopla, onde esteve na prisão de 653 a 655. Durante esse tempo, foi pressionado e torturado para que aceitasse a doutrina da única vontade em Cristo. O exílio foi a resposta à sua negativa. Em 661 foi trazido novamente a Constantinopla para ser submetido a novas prisões e torturas. Diz-se que lhe cortaram a língua e o braço direito por não ceder às exigências do poder imperial. Isto lhe valeu um último exílio, próximo do mar Negro, onde morreu em 662.

São Máximo é conhecido com o título de "O Confessor", sem dúvida por sua atitude valente e sincera na defesa da ortodoxia. Seu nome está vinculado aos padres gregos que o precederam na defesa da mesma. Sua doutrina ficou sancionada no Concílio de Constantinopla em 680-681.

Conhecido também como o "pai da teologia bizantina", São Máximo escreveu perto de 90 obras importantes sobre diversos temas, mas principalmente em torno da teologia cristocêntrica e do misticismo. A maioria das obras de São Máximo aparece em forma de comentário ou de coleção de máximas. Entre suas obras destacam-se os *Opuscula theologica et polemica*. Os *Ambigua* (comentários das obras de São Gregório Nazianzeno), e os *Scholia* (comentários ao Pseudo-Dionísio). Nesses três tipos de obras, o centro das especulações teológicas de São Máximo é o Deus-homem.

"Para ele, o logos é a razão e o fim último de tudo o criado. A história do mundo encerra um duplo processo: o da Encarnação de Deus e o da divinização do homem. Esse último processo pode iniciar-se graças à Encarnação para restabelecer no homem a imagem de Deus. Como princípio deste segundo processo, Cristo deve, necessariamente, ser verdadeiro Deus e verdadeiro homem. As duas naturezas não se mesclam nele, nem rompem a unidade de sua pessoa. Posto que a cada uma delas está unida a capacidade de querer, em Cristo subsistiam duas vontades: a divina e a humana; porém a vontade humana era conduzida à decisão e à ação pela vontade divina" (PG 19, 48).

Em seu *400 capita de caritate,* São Máximo propõe um humanismo cristão, calcado na vida diária e na caridade. "O homem pode conhecer Deus, não em si mesmo, mas somente através das coisas criadas, das quais Deus é causa."

"Em seu ser em si, Deus é inconcebível e inefável. Não obstante, se damos as costas às paixões que contrastam com a razão e nos elevamos até o perfeito amor de Deus, podemos alcançar um conhecimento de Deus que transcende a razão e o procedimento discursivo e no qual Deus se revela imediatamente."

"Ao conhecimento de Deus não se pode chegar com a capacidade da natureza humana, mas pela graça divina; contudo, esta não opera por si só, mas eleva e aperfeiçoa a capacidade própria do homem."

BIBLIOGRAFIA: *Obras:* PG 90-91.

Mbiti, John (1931-)

Libertação, Teólogos da.

Medellín, Documento de (1968)

CELAM.

Medina, Bartolomeu de (1527-1580)

Teólogo e moralista dominicano. É conhecido como o "pai do probabilismo". Em seu comentário à *Summa Theologica* de Santo *Tomás defende estas duas proposições: 1) Quando há duas opiniões, ambas igualmente prováveis, pode-se seguir qualquer delas. 2) Quando há duas opiniões não igualmente prováveis, pode-se seguir a menos provável.

A doutrina de B. de Medina foi muito discutida e passou a ser durante os séc. XVII-XVIII a doutrina seguida pelos jesuítas. Contra essa corrente moral surgiram o *probabiliorismo* de tendência rigorista e o *equiprobabilismo* de Santo Afonso de Ligório (*Ligório, Santo Afonso Maria de*).

Melanchton, Philipp (1497-1560)

Teólogo, reformador e educador, conhecido como "Mestre da Alemanha" por ter reorganizado todo o sistema educativo alemão, fundando e reformando várias universidades.

Dois traços fundamentais acompanham toda a sua vida. Por herança paterna recebeu um sentimento de profunda piedade que jamais o abandonou. De sua aldeia local, Bretten, onde cinco pessoas foram queimadas como bruxas em 1504, adquiriu um sentido do oculto e misterioso que seus estudos bíblicos posteriores relacionaram com as estrelas, os sonhos e os demônios. Sempre foi um crente apaixonado pela astrologia e pelos demônios. O segundo traço é o do humanista, influência de seu tio, o grande hebraísta e humanista, J. Reuchlin. Seu amor pela literatura clássica, latim e grego, levaram-no a trocar o seu nome alemão de Schwarzerd pelo equivalente grego Melanchton: "terra negra". Considerado já em seu tempo como o grande humanista da Alemanha, em 1518 ingressou como primeiro professor de grego na Universidade de Wittenberg, depois de ter estudado nas Universidades de Heidelberg e Tubinga, conseguindo o título de mestre em artes. Após quatro dias de sua estada em Wittenberg, expôs o seu programa de retorno às fontes clássicas e cristãs "para regenerar a teologia e rejuvenescer a sociedade".

Em Wittenberg encontrou Lutero, de quem nunca mais se separou. Uma mútua empatia e simpatia uniu a sorte e o destino destes homens, um impetuoso como um vulcão, o outro manso como um riacho. Nos finais de 1519, Lutero conseguira fazer de Melanchton o melhor teólogo da Reforma e o homem mais adequado para seus propósitos reformadores. Daí para a frente seria seu porta-voz e homem de relações públicas diante do imperador e diante de Roma. Seu sentido conciliador o levou, no entanto, a posturas incômodas até parecer traidor da doutrina do Reformador, sobretudo em temas como a Eucaristia e as boas obras.

Assim como a sua vida, a sua obra é totalmente dedicada à Reforma. A instâncias de Lutero, Melanchton passou a explicar a Carta de São Paulo aos Romanos. Imediatamente depois publicou (1521) sua principal obra teológica: *Loci communes*, o primeiro tratado sistemático do pensamento protestante. Trata do pecado, da lei, da graça, do livre-arbítrio, dos votos, da confissão. Apoiado na Escritura, Melanchton afirma "que o pecado é algo mais do que um ato externo, afeta a vontade do homem e suas emoções, de forma que o homem não pode praticar o bem nem merecê-lo diante de Deus. O pecado original é uma propensão natural, um impulso desordenado que se estende a todas as ações humanas. A graça de Deus consola o homem, e as obras deste, embora imperfeitas, são uma resposta alegre e agradecida à benevolência divina". O livro teve um êxito impressionante: três edições num ano. Em 1525, 18 edições, além de uma edição alemã. A edição de 1558, dois anos antes da morte de Melanchton, apareceu muito ampliada e modificada. Os temas da Eucaristia e as boas obras sofreram em Melanchton mudanças importantes.

— Melanchton esteve presente na Dieta de Espira (1529), quando se originou o termo *protestante*, nascido em nome da liberdade de consciência. A partir deste momento, será porta-voz dos protestantes diante do imperador e dos delegados de Roma. A ele se deve a redação da *Confissão de Augsburgo,* a *Confessio Augustana,* de tom moderado. No ano seguinte (1531), escreveu a *Defesa* ou *Apologia da Confissão de Augsburgo,* que cedo se transformaram nos documentos oficiais ou confissões de fé luterana. A estes acrescentou-se um terceiro documento, posto como apêndice aos *artigos de Smalkalda* (1536), *Apêndice sobre o papado,* em que se repele, histórica e teologicamente, qualquer primazia papal por direito divino. Na edição de 1540 da *Confissão de Augsburgo,* Melanchton trocou o n. 10 dos 21 artigos que o documento contém, o que se refere à Eucaristia. Afastando-se de Lutero, expressa o pensamento calvinista da presença simbólica de Cristo no pão e no vinho. Essas confissões, junto à *Fórmula de Concórdia*, redigida em 1577, depois da morte de Melanchton, constituem os documentos de fé luterana (**Confissões de fé*).

— Não termina aqui a obra de Melanchton. Temos seus comentários às Cartas aos Coríntios, aos Romanos, aos Colossenses etc. E sobretudo as *Instruções aos visitadores* (1528), em que além das instruções aos vigários, faz-se uma exposição da doutrina evangélica e se esboça um esquema de educação para os graus inferiores. Com esse e outros livros de texto, Melanchton transforma-se no primeiro educador da Alemanha e organizador da Reforma.

Sua capacidade literária, sua clareza de pensamento e seu estilo elegante fizeram-no o "escriba" da Reforma. Foi também o porta-voz e o representante dos evangélicos diante dos adversários. Não quis, ou não conseguiu, libertar-se totalmente de Lutero, mas modificou algumas de suas posições primeiras. Como dissemos, tais modificações referem-se à Eucaristia, ao papel do homem na conversão e ao lugar das boas obras.

BIBLIOGRAFIA: *Obras,* em *Corpus Reformatorum,* vols. 1-28, Hale 1834-1860: Ricardo García Villoslada, *Martín Lutero,* (BAC maior), 2 vols.; Id., *Raíces históricas del luteranismo* (BAC), 1969.

Méndez Arceo, Sergio (1907-)

*CELAM.

Menéndez y Pelayo, Marcelino (1856-1912)

*Literatura atual e cristianismo.

Mercier, D. J. (1851-1926)

*Neo-escolásticos; *Teologia atual, Panorama da.

Mersenne, J. (1588-1648)

*Ciência e fé.

Merton, Thomas (1915-1968)

Escritor religioso e místico norte-americano. Estudou na Universidade de Cambridge, doutorando-se na de Colúmbia. Em 1938 converteu-se ao catolicismo, ingressando em 1941 no mosteiro trapista de Gethsemani (Kentucky).

Merton iniciou-se como escritor religioso, expondo a sua própria experiência pessoal da conversão na *Montanha dos sete patamares* (1948), que alcançou ampla difusão. Esse primeiro livro permitiu descobrir em Merton um dos grandes escritores cristãos de nosso tempo. As obras que seguiram, como *As águas de Siloé* (1949); *Sementes de contemplação* (1949); *Ascensão à verdade* (1951); *O sinal de Jonas* (1952); *Nenhum homem é uma ilha* (1955) despertaram nos Estados Unidos e em todo o mundo um interesse pela vida e pela espiritualidade monástica muito poucas vezes conhecido.

Outros escritos de Merton destinam-se a conhecer o misticismo oriental no Ocidente. Pode ser considerado como um dos promotores e pioneiros da difusão dos métodos de oração oriental nas comunidades católicas da América. Neste campo deixou-nos sua obra *Místicos e mestres do zen* (1967). Os últimos anos estão marcados por essa atividade de estudo e de relação com as religiões do Oriente. Morreu precisamente em Bangkok quando participava de conversas ecumênicas com budistas.

A preocupação e o interesse de Merton não termina aqui. Desde a sua vocação trapista de trabalho e contemplação, aproxima-se da sociedade e do mundo de hoje com uma mensagem de transcendência e de paz, fruto da oração interior. Ainda teve tempo para preocupar-se com o problema racial americano em sua última obra *Fé e violência* (1968).

A obra espiritual de Merton merece uma atenção particular. Suas *Sementes de contemplação* bastariam para considerá-lo um dos grandes mestres e clássicos da oração e contemplação. Em summa, um grande escritor e poeta, que muito influenciou nos anos cinqüenta, e cuja poesia vibrará por muito tempo nos corações cristãos.

BIBLIOGRAFIA: Quase toda a obra de Th. Merton foi traduzida para o português.

Metafrastes, Simeão (séc. X)

Conhecido também como "Logothetes"; hagiógrafo bizantino que deve sua fama à coleção de vidas de santos ou *Menologion*. Seguindo o calendário do Oriente, traçou as vidas dos santos, algumas delas tomadas de coleções anteriores. Outras foram "metafraseadas" — daí o nome do autor —, isto é, transformadas, escritas com um estilo ao gosto do tempo. O *Menologion* foi durante muito tempo a obra clássica da piedade popular oriental e ortodoxa. Ao longo da história, sofreu adições e amplificações.

Metz, Johann Baptist (1928-)

Nasceu em uma pequena aldeia da Baviera (Alemanha). Mais conhecido dos estudiosos do que do grande público, figura, entretanto, junto aos grandes da cultura alemã empenhados em desvendar a crise do homem contemporâneo. Sua atividade dividiu-se entre a cátedra, o estudo, conferências e viagens do Leste até a América Central. Muito vinculado à *Teologia da Libertação, da qual é inspirador, é o criador da *teologia política,* estreitamente unida a vários movimentos, e especialmente à rebelião das aulas que sacudiu estudantes e professores em maio de 1968.

"Cronologicamente — diz — a teologia política nasceu antes do maio francês e da rebelião dos estudantes. A partida de minha colocação coincide com o momento em que me pergunto como é possível fazer teologia de costas para Auschwitz e para o *Holocausto final.* Porque no meu país continuavam rezando e teologizando como se nada tivesse acontecido. Jurei para mim mesmo não fazer teologia de costas às dores e aos males dos homens."

Metz descobriu que, por trás de todo esse silêncio, está a chamada *religião burguesa.* "Percebi — continua dizendo — que Auschwitz não é um assunto interno dos alemães. Aquilo foi uma catástrofe cristã. Mas se os cristãos — incluída a teologia — calaram-se, não foi por acaso. O cristianismo transformou-se num discurso legitimador de uma determinada cultura, onde a religião perdeu toda a capacidade criativa para resolver as ameaças que pesam sobre a humanidade. O Deus da religião burguesa está morto e não reage sequer diante do holocausto final. Esse Deus é capaz de fazer tremer, mas não é digno de ser suplicado, nem exige nada, nem intervém, nem consola, nem nada. É somente um valor que legitima a identidade burguesa. Em nossa sociedade, Deus é o ópio, mas não dos pobres, como queria Marx, mas sim dos poderosos que fazem das propriedades o seu futuro."

O discurso de Metz vai além até afirmar "que entramos no desmoronamento de uma civilização forjada no Renascimento e no Iluminismo". Reconhece, mesmo assim, que a religião tem algo a dizer neste momento. "A religião cristã, quando não se dilui em desvirtuados secularismos, a religião messiânica, leva consigo sempre uma profecia política, que não anuncia um final cor-de-rosa mas a catástrofe final. O profeta não diz: "Se fizerem isso alcançarão o paraíso", porém diz: "Se não fizerem isso, caminham para o desastre". A profecia implica ruptura, resistência, conversão. Ou melhor, a política do uso desconhece a categoria de ruptura. Isso me parece muito sério porque o pior que pode acontecer é que as coisas continuem como estão: assim vamos ao paroxismo dos conflitos que apontam por todos os lados".

Às objeções surgidas a essa concepção da cultura moderna por parte da teologia política, Metz traz uma tripla resposta: 1) A teologia política não é nem pode ser uma alegação em favor de uma eutanásia da técnica. "O que pretendo é uma confrontação produtiva com idéias dominantes como as de progresso, continuidade, desenvolvimento etc., que não nos levam ao futuro, mas ao rompimento." 2) A teologia política também não advoga por uma nova forma de teocracia. Porque a novidade da teologia dos anos oitentas — diferentemente das épocas anteriores — é que apareceu um sujeito-chave: as comunidades de base, que podem ser um lugar social modelo, onde a vida política se personaliza em novas exigências morais e onde a vida pessoal se prolonga na vida política com toda a sua incidência social. Aqui se faz evidente que os conteúdos contemporâneos da religião cristã, como o pecado, a conversão do coração, o sacrifício etc., além de se oporem a uma interpretação simplesmente intimista, contêm uma carga política muito maior do que seus correlatos secularizados. 3) Finalmente, não acaba com esses movimentos de base — carismáticos, pentecostalistas e muitas outras variantes — que se confessam expressamente apolíticos. Para Metz, "a espiritualidade cristã é propriamente tal quando não é exclusivamente religiosa. Jamais crucificariam Jesus por um comportamento simplesmente espiritualista. Eu me refiro ao que está acontecendo na América Latina, que se transformou no centro da catolicidade do cristianismo e de onde está chegando a II Reforma do cristianismo".

O que afirma Metz sobre a relação existente entre religião e cultura? Há lugar para as notícias de Deus numa sociedade técnica e industrial? Pode-se falar já de um pós-cristianismo? "Na Europa — responde — existe uma relação muito deteriorada entre religião e cultura. Historicamente, a religião tem procurado falsos aliados; daí o antagonismo entre religião e cultura. Creio, no entanto, que dado o caráter universal do cristianismo, a relação entre religião e cultura não se propaga cingindo-nos exclusivamente na Europa. O que acontece no Terceiro Mundo é definitivo. Se não se consegue ali uma nova relação entre religião e libertação, não vejo nada clara a resposta.

BIBLIOGRAFIA: *La fe, en la historia y en la sociedad. Esbozo de una teología política fundamental para nuestro tiempo*. Cristiandad, Madrid 1979; Id., *Teología del mundo*, Sígueme, Salamanca 1970; J. B. Metz-A. Exter-W. Dirks, *La nueva comunidad*. Sígueme, Salamanca 1970.

Migne, Jacques Paul (1800-1875)

O nome de Migne está vinculado à edição de duas grandes coleções de textos cristãos, assim como à publicação de dicionários. Das coleções de textos e obras resta-nos o sua monumental *Patrologia Latina* (PL), um conjunto de escritores eclesiásticos latinos que chegou até Inocêncio III no século XIII. Consta de 221 volumes, publicados entre 1844 e 1864. Junto a esta se coloca a *Patrologia Graeca* (PG), de escritores gregos, que cobre o período que vai do século I até 1439. Consta de 162 volumes e foi publicada entre 1857 e 1866.

Tais coleções ainda são imprescindíveis para a leitura e o estudo da literatura e de textos cristãos. Apesar do surgimento de outras coleções mais críticas das fontes cristãs, as coleções de

Míguez Bonino, José (1924-)

Libertação, Teólogos da.

Milcíades (+314)

Apologistas.

Milenarismo

Sonho de uma felicidade terrena, mil vezes combatida e mil vezes renascida, o milenarismo alimenta-se de um texto do Apocalipse (20,2-15), no qual o evangelista *João narra a visão de um reino que durará *mil anos,* durante o qual Satanás será acorrentado e os justos, que sofreram perseguição e martírio, ressuscitarão para reinar com Cristo. "Ditosos e santos, escreve João, os que tenham parte nesta primeira ressurreição" (v. 6). Será, de fato, a primeira ressurreição e a penúltima fase da história do mundo.

Depois desse período de mil anos, Satanás será solto novamente e seduzirá as nações, mas o seu domínio não será mais do que passageiro, porque será devorado por um fogo do céu; o mesmo acontecerá com todos os seus partidários. Os justos, no entanto, e todos os mortos conhecerão a ressurreição. Um juízo geral marcará o fim do mundo e a inauguração de "um novo céu e uma nova terra".

Essa crença num *millenium* — período de mil anos, chamado também *quiliasmo,* do grego *khilioi,* mil — conheceu um êxito verdadeiramente surpreendente desde os primeiros séculos do cristianismo. De fato, a vinda de Cristo não tinha cumulado todas as esperanças; sua vida acabara na vergonha e na dispersão de seus discípulos. A esperança da realização completa de seu reino — "mil anos" poderia ser interpretada ao pé da letra ou poderia ser interpretada simbolicamente — não seria suprimida, mas demorada. Os crentes que padeciam as perseguições nela encontravam um motivo de alento e de perseverança na prova.

Essa mesma crença inventava o sonho do messianismo, isto é, da espera de uma salvação por sua vez coletiva, terrestre, iminente, total e sobrenatural, já presente na tradição judaica e que adquiriu um novo esplendor depois da ruína de Jerusalém (70 d.C.). Por essa razão, uma série de autores cristãos dos três primeiros séculos deixaram-se seduzir por essa ilusão, enquanto que São *Jerônimo e Santo *Agostinho dedicam-se a combater tal interpretação do *Apocalipse conforme o sentido literal.

Contudo, o movimento milenarista não morre. Vemo-lo renascer na Idade Média com *Joaquim de Fiore, e o movimento ao qual dá seu nome, o joaquinismo. Hoje mesmo aparece com toda pujança ao abrigo das correntes milenaristas — mórmons, adventistas, testemunhas de Jeová, darbistas — e mil outros movimentos e seitas. Esses movimentos milenaristas jogam com o desenvolvimento dos crentes e dos não-crentes frente às desgraças e às injustiças de nossa sociedade. Junto a estes também devemos colocar a literatura atual pseudognóstica e apócrifa (*Gnósticos, *Apócrifos), destinada ao consumo da curiosidade e da demanda de leitores cada dia mais preocupados com o sobrenatural.

Devemos dizer, para concluir, que essa corrente não se justifica nem do ponto de vista da Bíblia nem da teologia. Nenhuma palavra de Cristo faz alusão a período algum de mil anos nem a uma ressurreição parcial dos justos. Sua vinda no final dos tempos coincide com o juízo definitivo e universal (Jo 5,28-29). E embora o milenarismo não tenha sido rechaçado de uma maneira explícita por parte da Igreja, não se coaduna com a fé cristã, que acredita na vinda de Cristo nos finais dos tempos. Não se pode admitir uma terceira volta provisional que, por outra parte, resulta supérflua. Da mesma maneira, não se coaduna com a doutrina cristã esse mundo imaginário criado pela literatura milenarista, embora proposto por autores literários de fama mundial ou seus livros se transformem em "best-sellers". Seu êxito está mais vinculado ao sensacionalismo dos leitores ou espectadores do que à verdade da doutrina.

Como se entendem os "mil anos" de que fala o Apocalipse? O Apocalipse é uma mensagem de esperança para os cristãos do século I, vítimas das perseguições, e para os crentes de todas as épocas. Com sua ressurreição, Cristo já inaugurou o seu Reino. Nesse Reino, seus discípulos perseguidos encontram força, vida e alento para superar toda prova. A luta dos cristãos realiza-se entre as forças do bem e do mal. A esperança da vitória final do bem sobre o mal apóia-se na vitória de Cristo sobre a morte e o pecado. Essa esperança o conduz ao Reino último e definitivo com Cristo, depois da segunda vinda. O Apocalipse que, por seu gênero literário, é construído de imagens e símbolos, deve ser lido por cima e para além destes a fim de poder captar o sentido profundo do texto.

BIBLIOGRAFIA: F. J. Nocke, *Escatología*. Herder, Barcelona 1984; José L. Ruiz de la Peña, *La otra dimensión*. Sal Terrae, Santander 1986; J. B. Libânio-M. C. L. Bingemer, *Escatología cristiana*. EP, Madrid 1985; J. Moltmann, *Teología de la esperanza*. Sígueme, Salamanca 1969.

Militão de Sardes (séc. II-III)
*Apologistas.

Minúcio, Félix (c. 170)
*Apologistas.

Miret Magdalena, Enrique
*Literatura atual e cristianismo.

Modernismo
*Loisy; *Teologia atual, Panorama da.

Mogila, Pedro (1597-1646)

Catecismo.

Molina, Luís de (1535-1600)

Jesuíta espanhol nascido em Cuenca. Criador do sistema teológico conhecido como "molinismo". Entrou na Companhia de Jesus em Coimbra, onde ensinou filosofia e teologia (1553-1562). Nesta mesma universidade e na de Évora, ensinou teologia de 1563 a 1583.

Três obras fundamentais saíram de sua pena: *Concordia liberi arbitrii cum gratiae donis* (1588-1589), sem dúvida a obra principal e mais conhecida de Molina. Seguiram-lhe os *Comentários à Primeira parte de Santo Tomás* (1592). E finalmente seu tratado *De iure et iustitia (Sobre a lei e a justiça)*, 6 vols., publicados de 1593 a 1609, alguns depois de sua morte.

O molinismo suscitou uma grande polêmica nos séculos XVI-XVIII, em toda a Igreja, particularmente entre dominicanos e jesuítas. Boa parte dos melhores teólogos estiveram enredados numa luta estéril e paralisadora. De nada serviram as reuniões de ambos os grupos em Roma (1598-1607) para pacificar e aquietar os ânimos.

O molinismo situa-se no ponto médio entre a premoção física (dominicanos) e a tese extrema agostiniana. Segundo Molina, não se pode considerar o livre-arbítrio como algo físico e intrinsecamente determinado. A criatura física não é inteiramente determinada para o bem ou para o mal, mas pode, em último palavra, decidir se exerce ou não a correspondente faculdade de decisão. Segundo Molina, Deus exerce uma ação sobre a liberdade humana através do "concurso simultâneo", o qual afeta à própria constituição do livre-arbítrio e ainda a seus movimentos, mas não a sua "indiferença". Deus conhece o que fará o homem, justamente porque sabe o que pode fazer em todos os mundos possíveis em que está colocado. Segundo o tomismo, essa solução não satisfaz nem os direitos da criatura nem os de Deus.

"Quanto à moral e ao direito, Molina é dos autores mais importantes de sua época. Por sua contribuição com os problemas da guerra, do direito das pessoas e das relações entre a Igreja e o Estado, pode ser contado entre os fundadores do direito internacional" (*Diccionario de filósofos*).

BIBLIOGRAFIA: *Estudios sobre L. de Molina*, em V. Muñoz, *Zumel y el molinismo*, 1953.

Molinismo (séc. XVI-XVII)

*Molina, Luís de.

Molinos, Miguel de (1628-1696)

A pessoa e a obra de Miguel de Molinos vêm sendo conhecidas paulatina, porém progressivamente, ao longo deste século. Sua obra, que teve uma enorme influência antes de ser proibida pelo Santo Ofício (1688), caiu no esquecimento praticamente até nossos dias.

Esse original aragonês nasceu em Muniesa (Saragoça). Depois de realizados seus estudos no colégio de São Paulo dos jesuítas, ordenou-se presbítero e foi enviado a Roma na qualidade de procurador da causa de beatificação do padre Rojas (1665). Na cidade santa, passou praticamente o restante de seus dias até a sua morte no cárcere da Inquisição.

A direção espiritual a pessoas particulares, a grupos de leigos e religiosos é a atividade fundamental deste sacerdote em Roma, atividade que realizou de viva voz, no contato direto de alma a alma, através de cartas, e posteriormente através dos livros. Fruto desta atividade são suas inumeráveis *cartas* — no processo contra ele foram examinadas mais de 20.000 — e suas obras escritas. Em 1675 publicou em Roma o *Guia espiritual que livra a alma e a conduz pelo caminho interior para alcançar a perfeita contemplação e o rico*

Molinos, Miguel de

tesouro da paz interior. Nesse mesmo ano publicou o *Breve tratado da comunhão cotidiana*. E no ano seguinte (1676), *Cartas a um cavaleiro espanhol para animá-lo a fazer oração mental, oferecendo-lhe modos para exercitá-la*. É enorme a popularidade e a influência que desde esse momento adquiriu Molinos. De 1676 a 1782 surgiram as polêmicas em torno do *quietismo. Em 1678 apareceu a primeira refutação do *Guia* por Bell'Huomo e, em 1680, a *Concórdia* de Segneri contra Molinos. Instâncias maiores como a do cardeal César de Estrées denunciaram o *Guia* diante da Inquisição. Em 1585, quando se encontrava no auge da popularidade e da influência, e sendo papa o seu amigo Inocêncio XI, Molinos foi preso. Acusaram-no de difundir o quietismo em círculos secretos, de defender a licitude dos atos carnais — "o espiritual não peca" — e de induzir a desprezar os crucifixos e os demais símbolos religiosos. Molinos reconheceu a segunda acusação, confessando atos sexuais próprios e alheios. Nesse mesmo ano começou o processo contra Molinos, em que foi acusado de heresia. Pronunciaram-se mais de 70 testemunhas e foram encarceradas na Itália (1686) mais de 200 pessoas acusadas de quietismo. Em 1687, encerrou-se o processo, sendo Molinos condenado à prisão perpétua. Veio em seguida a abjuração solene de Molinos, que se viu condenado a não se confessar mais do que quatro vezes por ano, a rezar diariamente o Credo e uma parte do rosário, e a usar continuamente um hábito de penitente. Em 1688, Inocêncio XI condenou o molinismo na bula *Coelestis Pastor,* coletando as 68 proposições que resumiram a acusação contra Molinos. Depois de nove anos de cárcere, Molinos morreu, prisioneiro da Inquisição. O sumário de seu processo está na Biblioteca Vallicelliana, e suas cartas nos arquivos da Congregação para a Doutrina da Fé.

— Pode-se resumir a doutrina de Molinos? Num esquema muito breve, podemos fazê-lo nos seguintes pontos: a) A perfeição consiste na completa aniquilação de si mesmo. b) A isto se chega pela contemplação passiva, na qual a alma pode perseverar por tempo indefinido, estando totalmente passiva e renunciando a toda atividade própria e natural. c) Neste estado consegue-se uma indiferença total e não há que se preocupar com atos exteriores de ascética. d) Como conseqüência, a parte superior, unida a Deus na contemplação, não é responsável por tudo o que ocorre na parte inferior. e) O espiritual não peca; os pecados da carne são permitidos passivamente para aprofundar mais na quietude de Deus.

— "São *João da Cruz e Molinos parecem ter tomado por modelo de sua experiência mística as experiências terrenas do amor e da fome... Para São João da Cruz, o tempo da vida terrena tem a forma de tormento de amor, de sofrimento da separação e de sofrimento do não poder amar cada vez mais, até atingir a medida infinita do amor. Para Molinos, o tormento de estar separado de Deus apresenta-se como fidelidade total ao objeto eterno e desprezo absoluto pela existência terrena" (S. González-Noriega).

BIBLIOGRAFIA: M. Marcelino Menéndez y Pelayo, *Historia de los heterodoxos españoles,* II (BAC); H. Hatzfeld, *Estudios literarios sobre mística española.* Gredos, Madrid 1968; J.-R. Armogathe, *Le quietisme.* Paris 1973; *Guía espiritual.* Ed. de S. Sánchez Noriega, EN, 1977.

Moltmann, Jürgen (1926-)

Nasceu em Hamburgo e, de 1945-1948, esteve prisioneiro dos aliados na Bélgica e na Inglaterra. Esses anos de prisão levaram-no a refletir sobre o sentido da vocação cristã. A partir de 1952, atuou como pastor da Igreja Luterana. Desde 1967, foi professor de teologia sistemática na Universidade de Tubinga.

Moltmann é um escritor prolífico, centrado integralmente em "olhar a teologia sob um ponto de vista particular: a *esperança.* É uma contribuição sistemática à teologia, na qual considera o contexto e a correlação que os diferentes conceitos têm no campo da teologia".

Suas principais obras são: *Teologia da esperança* (1964), que o torna conhecido como um dos grandes teólogos de hoje na linha de *Barth e de *Bultmann. Nela confirma a importância que a escatologia tem na doutrina do Novo Testamento; a escatologia, não como crença em fatos concretos que devem acontecer nos finais dos tempos, mas como fator que modela toda a teologia cristã. Tal perspectiva escatológica do cristianismo é interpretada como *promessa,* como plataforma para a futura esperança. É base para uma transformação antecipada do mundo da nova terra prometida. A meta da missão cristã não é simplesmente uma salvação individual, pessoal, nem sequer espiritual; é a realização da esperança da justiça, da socialização de toda a humanidade e da paz do mundo. Esse outro aspecto de reconciliação com Deus pela realização da justiça foi descuidado pela Igreja. A Igreja deve trabalhar por essa realização, baseada na esperança *futura.*

O Crucificado (1972) expõe a doutrina de Deus a partir da perspectiva da cruz. O Deus cristão é um Deus que sofre de amor. Não é um sofrimento imposto de fora — pois Deus é imutável —, mas um sofrimento de amor, ativo. É um sofrimento aceito, um sofrimento de amor, livre, ligado ao Deus sofredor de Auschwitz e do extermínio judeu. A esse livro deve-se acrescentar *A Igreja no poder do Espírito* (1975). Neste estuda a atividade reconciliadora de Deus no mundo, vista sob a perspectiva da Ressurreição, da Cruz e de Pentecostes. "A Igreja — diz Moltmann — deve estar aberta a Deus, aos homens, e aberta ao futuro tanto de Deus quanto dos homens. Isso pede da Igreja não uma simples adaptação às rápidas mudanças sociais, mas uma renovação interior pelo Espírito de Cristo e a força do mundo futuro." Isso faz com que a Igreja tenha de ser Igreja de Jesus Cristo e Igreja missionária. Deve ser também uma Igreja ecumênica, que quebre as barreiras entre as Igrejas. E deve ser também política: a dimensão política — agrade ou não — sempre existiu nela. A *Teologia da Libertação ensina a

Igreja a tomar partido pelos pobres e humilhados deste mundo.

Finalmente, em *A Trindade e o reino de Deus* (1980) estuda o mistério da Trindade de Deus fazendo "uma história trinitária". Examina a paixão de Cristo e vê, no abandono de Cristo na cruz por Deus, o centro da fé cristã. "Deus é abandonado por Deus." Apóia a sua doutrina social na "Doutrina Trinitária do Reino", baseada nas idéias de *Joaquim de Fiore, elaborando assim uma "Doutrina Trinitária da Liberdade".

A obra de Moltmann pressupõe uma revitalização e um aprofundamento da teologia cristã.

BIBLIOGRAFIA: *Obras: Teología de la esperanza*. Sígueme, Salamanca 1969; *Esperanza y planificación del futuro*. Sígueme, Salamanca 1971; *La Iglesia, fuerza del Espíritu*. Sígueme, Salamanca 1978.

Monaquismo, Textos e autores do (séc. III-V)

Interpreta-se o monaquismo como uma criação do Egito cristão. Aqui teve seu berço e seu esplendor, embora se estendesse, mais tarde, a outras regiões. A tradição relaciona sua origem com a perseguição de Décio (próximo a 250), quando muitos cristãos fugiram das regiões povoadas do Egito para os desertos, onde permaneceram por algum tempo. Outros lá se estabeleceram de forma permanente, dando lugar assim à vida dos ermitães. Duas características destacam-se na origem do monaquismo: o clima ideal para esse gênero de vida próprio da terra do Egito, e o caráter camponês ou rural dos primeiros eremitas.

Destacou-se, com efeito, que seus fundadores não foram filósofos, nem homens contaminados pelas idéias gregas; foram pessoas não cultas, que quiseram viver seu cristianismo em toda a sua radicalidade. Posteriormente, fugiram para o deserto diante do perigo de secularização que a Igreja corria depois de seu reconhecimento pelo Estado. Combateu-se a difusão da mundanidade, fugindo do mundo. Esse monaquismo de primeira hora opôs-se ao saber e à literatura, mas à medida que passaram os anos, sua estima pela educação e pelo saber foi crescendo lenta mas constantemente. O monaquismo também foi evoluindo em direção a diferentes formas. A mais antiga é o *anacoretismo* ou vida eremítica, isto é, em solidão; a mais recente, o *cenobitismo,* ou monaquismo propriamente dito.

A partir do século IV, apareceu uma nova literatura cristã criada por ermitães e monges. Esse novo gênero literário era composto de regras monásticas, tratados ascéticos, coleções de sentenças espirituais dos padres do deserto, escritos hagiográficos e edificantes, sermões e cartas. Dos trabalhos que refletiam somente os ideais da vida espiritual, passaram a compor ensaios de história e teologia. Outros se transformaram em centros eminentes da ciência sagrada. Para a reconstrução desse período do monaquismo, contamos com *A história lausíaca* de Paládio e a *História dos monges do Egito,* além dos dados que nos proporcionam as *Histórias eclesiásticas* de Sócrates e Sozomenes.

Entre os textos e autores do monasquismo, contamos com uma abundante e seleta literatura. O primeiro é *Antão Abade, criador do monaquismo. Antão — segundo Santo *Atanásio, seu biógrafo — era um homem de "sabedoria divina", cheio de "graça e de cortesia", embora jamais tenha aprendido a ler ou escrever. Não obstante isto, conservamos suas *Cartas e Sermões* e uma *Regra* chamada de Santo Antão, que não é autêntica. Parece ser uma compilação feita por dois ou mais autores, que lhe deram sua forma atual. Os *Sermões* também não parecem autênticos, "embora incendiasse com contínuos sermões o zelo dos que já eram monges e, quanto aos demais, incitava a maioria a amar a vida ascética".

Pacômio foi o organizador da vida cenobítica no sul do Egito. Convertido à fé aos 20 anos, iniciou seu primeiro mosteiro de vida comum na

Tebaida, à margem direita do Nilo (próximo do ano 320). Morreu em 346. Pacômio deixou-nos, fundamentalmente, sua *Regra,* que teve uma influência extraordinária em toda a legislação posterior da vida monástica. Há edições em copta e grego. São *Jerônimo traduziu-a para o latim, e por esta edição foi conhecida no Ocidente. Consta de 192 seções, geralmente curtas, que tratam, com todos os detalhes, das condições da vida monástica. Muitas se referem ao trabalho manual. Em sua maioria, os monges dedicavam-se a tarefas agrícolas; outros exerciam um oficio, mas todo o trabalho manual era considerado serviço divino. Uma das regras dispunha que a todos os monges lhes determinassem um trabalho em proporção a suas forças. Há duas orações em comum, a da manhã e a da noite. Não se admite ninguém que não saiba ler e escrever, e o noviço deveria aprender ambas as coisas antes de ser admitido. Mas a originalidade e o valor da regra de Pacômio apóia-se, especialmente, em ter dado uma base econômica e espiritual à vida comum. Esta descansa nas virtudes monástica de obediência, castidade e pobreza, praticadas sem nenhum voto.

Nesta literatura monástica não se pode deixar de lembrar autores tão importantes e influentes na vida monástica e na espiritualidade posterior como Teodoro (+368); *Macário, o Egípcio (300-390), chamado também o Velho ou o Grande, que escreveu as *Homilias espirituais, Cartas* e principalmente a conhecida como *Grande Carta,* e outros sete *Tratados.* Seguiu-lhe o seu homônimo, Macário, o Alexandrino, que morreu no ano 394, quase centenário.

É obrigatório mencionar aqui *Evágrio Pôntico (345-399), "habilidoso nas discussões contra as heresias", que quando viu sua alma ameaçada por perigos e sua virtude por tentações, retirou-se para o deserto do Egito (382). "Ganhava seu sustento escrevendo, pois escrevia os caracteres Oxyrhynchus de forma excelente". Escreveu muitas e extensas obras e foi o fundador do misticismo monástico e o escritor espiritual mais fecundo e interessante do deserto egípcio. Seu misticismo baseia-se em *Orígenes, de quem também tomou os erros. Expôs sua doutrina em forma de aforismos, imitando, desta forma, a literatura gnômica dos filósofos. De suas obras destacamos o *Antirrhetikos,* "textos seletos da Escritura contra os espíritos tentadores". São os espíritos que atacam o monge: demônios da gula, do adultério, da avareza, do desalento, da irritabilidade, do fastio, da preguiça, da arrogância etc. *Monachikos — O Monge —,* um livro de 100 sentenças organizado por capítulos. E para os eruditos e estudiosos, *Espelho de monges e monjas,* que consta de 50 sentenças. E outros como *Sobre a oração, Sobre os maus pensamentos.* E numerosas *Cartas.*

Terminamos considerando Paládio como imprescindível por sua *História lausíaca* para o conhecimento do monaquismo. No ano 388 foi para o Egito, onde se relacionou com os monges. Viveu com Macário e Evágrio. Descreveu o movimento monástico do Egito, da Palestina, da Síria e da Ásia Menor no séc. IV. É, pois, uma fonte extremamente importante para a história do monaquismo antigo. Fecham essas notas sobre o monaquismo as *Cartas* de Isidoro de Pelúsio (+435), "sacerdote, correto na fé, cheio de sabedoria e de conhecimento bíblico". Sua correspondência revela uma personalidade extraordinária, com educação clássica e uma excelente formação teológica. Suas cartas ultrapassam as 2.000 *(*Sentenças dos Padres; *Cassiano).*

BIBLIOGRAFIA: G. M. Colombás. *El monacato primitivo* (BAC), 2 vols., *La Regla de San Benito* (BAC); R. Molina, *San Benito, fundador de Europa.*

Monte Athos

*Hesiquia.

Moral casuística

*Instituições morais; *Ligório, Santo Afonso Mª de.

Moral para confessores
*Antonino, Santo.

Morte de Deus
*Nietzsche.

Morton, Robinson (1900-)
*Literatura atual e cristianismo.

Morus, Santo Tomás (1478-1535)

Lorde chanceler da Inglaterra de 1529 a 1532. Enfrentou Henrique VIII em razão de seu divórcio, renunciando ao cargo de chanceler. Em 1534, negou-se a aceitar a ata de Supremacia do próprio rei como cabeça da Igreja da Inglaterra. Isso lhe custou o confinamento na Torre de Londres. Depois de 15 anos de cárcere, foi julgado e condenado pela traição de ter-se oposto à ata de Supremacia. Foi decapitado em 1535. Hoje é um dos santos canonizados pela Igreja católica.

Tão apaixonante quanto sua biografia política é sua trajetória como escritor e humanista. Transformou sua casa em Chelsea (Londres) num centro de vida intelectual: *Erasmo, J. Colet, W. Grocyn, Luis *Vives, Hans Holbein e outros deram testemunho de sua grande humanidade, deixando-nos a imagem de "a man for all seasons". Morus, de fato, encarna o perfeito humanista cristão em sua vida e em suas obras. Sua vinculação ao que mais tarde se chamou de "humanismo cristão" fez dele um clássico, junto a seus dois amigos — Erasmo e L. Vives —, desta corrente de pensamento.

— A fama de sua primeira obra, *Utopia* (1516-1517), obra de entusiasmo e de juventude a serviço de uma nova pedagogia, inspirada no *Elogio da loucura* de Erasmo, obscureceu o restante de sua obra. De fato, Morus apenas é conhecido como teólogo que enfrentou a Tyndale e Lutero em suas obras de polêmica escriturística teológica. Também não são conhecidos os seus livros e folhetins de meditação e doutrina espiritual. Desde a Torre, suas cartas são modelo de uma literatura cristã de aceitação da vida e da morte com uma integridade única e superior. Nunca o humanismo cristão esteve tão alto! Hoje, vale a pena ler e meditar *As quatro últimas coisas* (1522); *A ceia do Senhor* (1533); *O diálogo do consolo* (1534); *Meditações e orações* (1535).

— A *Utopia* de Morus é um livro de significado muito profundo. Trata de precisar as atitudes fundamentais do humanismo frente ao mundo, considerado do ponto de vista civil. Não é somente uma indagação da sociedade política, mas uma análise da ótima constituição do Estado capaz de garantir a liberdade total do homem. "Os princípios dessa república olham em especial esta meta: subtrair a todos à sujeição do corpo e levá-los à liberdade da cultura e do espírito, enquanto o consentirem as necessidades públicas. Aqui está, pensam os 'utopianos', a verdadeira felicidade da vida".

— No *plano social,* propõe a abolição da *propriedade privada,* causa de todos os males de que padece a sociedade inglesa em que vive. A raiz do mal está, portanto, na organização da sociedade e não na maldade da natureza humana: a instituição típica de uma sociedade, que consente ao rico despojar e maltratar o pobre, é a propriedade privada; por conseguinte, deve-se aboli-la. Como contrapartida a tal princípio, esboça-se na segunda parte de *Utopia:* a) Uma comunidade de bens, baseada na igualdade de oportunidades para todos os cidadãos. b) O trabalho — seis horas diárias — é o tributo que todo cidadão deve pagar à comunidade para que esta consiga o bem-estar comum. c) Supressão do dinheiro e dos metais preciosos como desnecessários, já que a sociedade decide e facilita tudo o que os cidadãos necessitam. d) Alimento, vestimenta, casa, serviços educacionais e sanitários para todos fazem da *Utopia* a sociedade do bem-estar, a *Eutopia*.

— No *plano moral*, a *Utopia* moreana oferece grandes contrastes com a moral de seu tempo: a) Apóia decididamente uma política de paz como um bem em si mesmo, e à qual deve subordinar toda outra política. b) Organização democrática da sociedade em que todos os cargos se fazem com justiça e por eleição dos delegados do povo. c) Sociedade baseada na célula do matrimônio monogâmico — permite-se o divórcio por causas graves — e na família patriarcal e tribal. d) Aceitação do princípio epicúreo do prazer-felicidade. Em tudo o homem deve procurar o prazer e a felicidade e repudiar a dor. e) Pela primeira vez, aborda o cuidado dos anciãos, a *eutanásia*, o celibato dos sacerdotes, a criação e o fomento da guerrilha com dinheiro do Estado, a formação das colônias e o cultivo de terras, o problema dos conselheiros e conselhos de reis, dos advogados, dos clérigos, dos desempregados etc.

— No *plano religioso* — desde a simples racionalidade —, a *Utopia* propõe: a) Uma religião baseada num só Deus, princípio e fim de tudo, criador e mantenedor de todas as coisas. b) Aceitação do cristianismo como forma superior de religião, embora defenda a liberdade de religiões ou credos. c) O Estado não pode impor pela força, e contra os indivíduos, uma religião particular, nem mesmo o cristianismo. Condena-se todo tipo de proselitismo fanático. d) A religião toma parte da entranha e da natureza do homem, de forma que quem não reconhece Deus não pode ser um bom cidadão e não pode exercer cargos públicos. e) A contemplação da natureza leva ao reconhecimento de um ser superior, Deus, que recebe diversos nomes segundo os povos.

— Dificilmente se pode medir a influência de Morus desde a sociedade de seu tempo até nossos dias.

BIBLIOGRAFIA: *Obras: The Yale Edition of Complete Works of St. Thomas More*. Editadas por Louis L. Martz e Richard S. Sylvester. Nova York e Londres 1963s., 16 vols.;

E. F. Rogers, *The correspondence of Sir Thomas More*. Edição crítica. Princeton University Press, 1947; A. Prévost, *L'Utopie de Thomas More*. Présentation, texte original, apparat critique, éxegèse, traduction et notes. Paris 1978; *Un hombre solo* (Cartas desde la torre); *Diálogo de la fortaleza contra la tribulación; La agonía de Cristo*. Rialp; *Utopía*. Edição completa tomada do original de 1518. Versão de Pedro R. Santidrián. Alianza Editorial, Madrid 1984; A. Vázquez Prada, *Sir Tomás Moro, Lord Canciller de Inglaterra*. Rialp, Madrid [5]1990.

Mosteiro de Santa Catarina (Sinai)

*Hesiquia; *Codex Sinaiticus.

Mounier, Emmanuel (1905-1950)

Nascido em Grenoble, estudou filosofia, primeiro em sua cidade natal e depois em Paris. Sofreu a influência de escritores e de pensadores como Péguy (1873-1914) e do filósofo russo N. *Berdiaev. Alternou a docência da filosofia em institutos com a revista "Esprit", que dirigiu até 1941, quando foi suprimida pelo governo de Vichy. Foi membro ativo da resistência francesa durante a ocupação alemã, passando vários meses na prisão. Depois da guerra, Mounier *reavivou* "Esprit" como órgão do personalismo.

"Mounier pode ser qualificado como 'revolucionário cristão', oposto a toda despersonalização e inimigo acirrado, tanto do conservadorismo reacionário e falsamente tradicionalista, quanto do pseudo-revolucionarismo fascista. Filosoficamente, Mounier é apresentado como um dos principais e mais ativos representantes do personalismo cristão na França" (Ferrater Mora, *Diccionario de filosofía*). O órgão dessa filosofia personalista foi "Esprit", fundada e dirigida por ele.

O personalismo é — segundo Mounier — "uma reafirmação que o homem faz de si mesmo contra a tirania da natureza, representada no plano intelectual pelo materialismo... É a reafirmação que a pessoa faz de sua própria liberdade criativa contra qualquer totalitarismo que queira reduzir o ser humano a uma simples célula no organismo social, ou pretenda identificá-lo exclusivamente com sua função econômica... A primeira condição do personalismo é a descentralização do homem: que ele possa dar-se aos demais e estar à disposição deles. A pessoa existe somente numa relação social, como membro do 'nós'. Somente como membro de uma comunidade de pessoas o homem tem vocação moral". É aqui que Mounier alcança o conceito cristão de pessoa como "próximo", constituída pelo ato, presença e entrega aos demais.

Em seu *Manifesto* do personalismo (1936) chega a esta definição: "Uma pessoa é um ser espiritual constituído como tal, como modo de subsistência e de independência no ser; que mantém essa subsistência mediante sua adesão a uma hierarquia de valores livremente adotados, assimilados e vividos com uma auto-entrega responsável e uma constante conversão; que unifica assim toda a sua atividade na liberdade e, mais ainda, desenvolve mediante atos criadores sua única vocação própria". Naturalmente, esse personalismo é o que pede que repensemos nossas estruturas sociais e políticas para tratar de alcançar o desenvolvimento de um socialismo personalizado. Sua fé cristã está sempre presente para que esse personalismo não seja apanhado nem por uma sociedade burguesa, capitalista e fechada, nem por um marxismo materialista.

Mounier é um exemplo de lutador, de que suas convicções filosóficas tinham de expressar-se na esfera da ação. Aberto como estava ao mundo, "muito provavelmente se simpatizaria com as tentativas de estabelecer um diálogo entre cristãos e marxistas sobre os temas do homem e do humanismo" (F. Copleston, *Historia de la filosofía,* 9, 299-305).

BIBLIOGRAFIA: *Oeuvres complètes,* 1931-1963, 4 vols.; *Obras.* Trad. espanhola, 1974 e ss.; *Emmanuel Mounier, a los 25 años de su muerte,* 1975 (colaboração).

Neo-escolásticos (séc. XIX)

Atentos ao desenvolvimento do pensamento cristão ao longo da história, seguimos sua evolução apresentando as *Escolas teológicas, as *Escolas e universidades da Idade Média e Moderna. Em consonância com isto, demos os nomes daqueles autores que melhor as representam. São os chamados mestres da escolástica cristã, tanto do período medieval (séc. IX-XIV) quanto da escolástica tardia ou espanhola do barroco (séc. XVI-XVII).

Ficaria incompleta a nossa visão se não apresentássemos o desenvolvimento do pensamento escolástico cristão em nossos dias. Esse pensamento recebe o nome de *neo-escolástica*. Designa o movimento filosófico-teológico contemporâneo "que aspira a restaurar os modelos de pensamento medieval, confrontando as teses centrais dos mesmos com as filosofias modernas". Inicia-se na segunda metade do séc. XIX e chega até nossos dias.

Os traços estruturais desse movimento neo-escolástico poderiam ser os seguintes: aceitação e repetição de uma tradição herdada; fidelidade ao método dos grandes mestres da escola; tratamento de uma temática herdada dos clássicos e reelaborada em confrontação com modelos de pensamento moderno, junto a uma atitude excessivamente apologética quando se trata de fundamentar os próprios pressupostos fundamentais.

Não obstante, cabe assinalar os sérios esforços de renovação que, tanto na filosofia quanto na teologia neo-escolástica, se deram, como o demonstram os autores que oferecemos em diversos artigos deste dicionário. Deve-se levar em conta que a neo-escolástica teve de lutar não apenas com as correntes da filosofia kantiana e positivista-materialista do tempo, mas também com outras tendências católicas ecléticas como o semi-racionalismo alemão, o tradicionalismo francês e o ontologismo italiano.

Dentro da neo-escolástica, distinguem-se diversas tendências. Surgida do impulso de *Leão XIII em sua encíclica *Aeterni Patris,* essa nova escola promoveu o professorado a escolásticos convictos, e criou novas instituições universitárias. Na Universidade Gregoriana de Roma surgiram, no primeiro terço do século, J. J. Urráburu e L. Billot, entre muitos outros. No Angelicum, também de Roma, surgiu um número importante de filósofos e teólogos como E. Hugón e R. Garrigou-Lagrange. Em Lovaina, M. Mercier e M. de Wulf. No Sacro Cuore de Milão, A. Gemelli. Em Salamanca, Santiago Ramírez e G. Fraile. E assim em outras universidades como Comillas, Toronto, Nimega, Washington, Dublin, Friburgo da Suíça, Instituto Católico de Paris etc.

Não em todos esses centros se entenderam e se cultivaram da mesma forma a ciência e a filosofia. Sob uma orientação eclesiástica e conservadora na Itália e na Espanha, vemos os autores escolásticos centro-europeus em contextos universitários não clericais, abertos a caminhos e a métodos mais amplos. O Instituto Superior de Filosofia da Univesidade de Lovaina, por exemplo, com Mercier à frente, pratica o estudo histórico-crítico dos clássicos da escolástica e amplia a temática filosófica: psicologia experimental, epistemologia, fenomenologia etc. A neo-escolástica germânica prefere os estudos histórico-críticos, como se pode ver em *H. Denifle, *M. Grabmann e outros. Na França encontramos um grupo de pensadores mais independentes e mais sintonizados com o pensamento contemporâneo. Servem de exemplo, P. Rousselot, J. Maréchal, o neotomista *J. Maritain e o historiador do período medieval *E. Gilson.

Na Espanha são dignos de menção entre os precursores da neo-escolástica e do neotomismo: Jaime Balmes (1810-1848) e Ceferino González. Balmes representa, em parte, a corrente que contribuiu para a reafirmação e florescimento da neo-escolástica, exercendo uma notável influência sobre o cardeal Mercier e a escola de Lovaina. Balmes contribuiu também com a filosofia política, especialmente com vistas a situações concretas colocadas na Espanha do seu tempo. Também não se deve menosprezar o trabalho apologético desenvolvido em sua obra *El protestantismo comparado con el catolicismo* (1842) e *Cartas a un escético en matéria de religión* (1841). A moderação e o bom senso encobrem, às vezes, sua postura conservadora.

BIBLIOGRAFIA: Para a neo-escolástica, ver *Introduction a la Philosophie néo-scholastique*, 1904; Ferrater Mora, *Diccionario de filosofía, Neoescolástica*. Para Balmes: *Obras completas*. Ed. de P. I. Casanova. Barcelona 1925-1927, 33 vols. Reedição na BAC. Madrid 1948-1950, 8 vols.; J. Mª García Escudero, *Antología política de Balmes* (BAC). Madrid, 2 vols.

Nestório (381-450)

Da mesma forma que *Ario, Nestório é imprescindível no estudo e compreensão das lutas cristológicas dos séc. IV-V. Podemos dizer que, tanto ele quanto Ario suscitaram as heresias permanentes que provoca, a todo momento e em toda pessoa, o fato do Deus-homem. Nascido de pais persas em Germanícia (Síria), recebeu sua educação teológica na escola de Antioquia e provavelmente sob a direção de *Teodoro de Mopsuéstia. Monge do mosteiro de Santo Euprópio, e depois presbítero da Igreja de Antioquia, adquiriu grande fama de orador. Sem dúvida por isso foi elevado, por instância de Teodósio II, à sede de Constantinopla (428). Em seu plano de reforma da cidade, empreendeu uma série de medidas contra hereges, cismáticos e judeus. Atacou os arianos, macedônios e novacianos, porém, muito cedo ele mesmo caiu sob suspeita por suas violentas disputas e por seu caráter impetuoso.

Seus sermões foram sua arma de combate, já que transformou sua cristologia em tema favorito dos mesmos. Sua doutrina pode ser resumida em dois pontos fundamentais: a) Em Cristo há duas pessoas, uma pessoa divina que é o Logos, que mora numa pessoa humana. Essas duas pessoas estão completamente separadas, havendo portanto em Cristo dois centros de operação. b) Em conseqüência, não podemos chamar *Theotokos*, Mãe de Deus, à Virgem Maria. São *Cirilo de Alexandria primeiro, e por último o Concílio de Éfeso (431) — que ele presidiu em nome do papa — depuseram e excomungaram Nestório, condenando sua doutrina cristológica, e reconheceram solenemente Maria com o título de *Theotokos*.

Nestório "compôs muitíssimos tratados sobre diversas questões", testemunha Gennadio. De todos eles ficaram apenas alguns, pois Teodósio II mandou queimar todos os seus escritos. O único que se conserva íntegro é o *Bazar de Heráclides*, descoberto em 1895. Nele faz a defesa de sua doutrina e narra a sua vida. Ataca duramente as decisões de Éfeso *(*Concílio)* e de São *Cirilo. Também nos restam quatro *Sermões*, dos muitos que proferiu. E dez *Cartas* autênticas.

Resultado da doutrina e condenação de Nestório foi a heresia nestoriana, iniciada na Ásia Menor e na Síria, por ocasião do Concílio de Éfeso. Hoje sobrevive na chamada Igreja nestoriana, assentada no Iraque e no Irã.

BIBLIOGRAFIA: Michael Schmaus, Alois Grillmeier e Leo Scheffczyk. *Historia de los dogmas,* tomo III: *Cristología, Soteriología, Eclesiología.* Caderno 3º-b: *Eclesiología: Escritura y patrística hasta San Agustín* (BAC). Enciclopédias.

Newman, John Henry (1801-1890)

J. H. Newman foi educado na "religião da Bíblia", que ele mesmo qualifica como o "título reconhecido e a melhor definição da religião inglesa", que consistia "não em ritos nem dogmas, mas principalmente em ler a Bíblia na Igreja, em família e em particular". Essa influência do "evangelismo" no lar permitiu-lhe memorizar totalmente a Bíblia. As incidências de sua infância e suas primeiras experiências religiosas serão melhor apresentadas ao leitor em sua *Apologia pro vita sua* (1864). Por outro lado, toda a produção literária de Newman tem um selo pessoal inconfundível. Cada obra faz parte de sua vida e responde às exigências e problemas que esta expõe ou suscita.

Newman esteve vinculado a Oxford, onde foi "fellow" do Oriel College, e mais tarde (1828) vigário de Santa Maria, para terminar aderindo ao "movimento de Oxford" e ser seu líder e cabeça. É autor de 24 dos *Tracts for the times* dirigidos contra o "papismo e o dissenso". Neles defendia sua tese da "via média", isto é, a crença de que a Igreja da Inglaterra mantinha uma posição intermediária, representada pela posição patrística, frente ao moderno catolicismo romano por um lado e ao protestantismo moderno por outro. No *Tract 90* advogava por uma interpretação dos *39 Artigos* do anglicanismo num sentido muito próximo aos decretos do Concílio de Trento. Apesar do silêncio imposto sobre esse tema pelas autoridades, começou em 1839 a ter dúvidas sobre as reclamações da Igreja da Inglaterra. Em 1842, deixou Oxford pelo retiro quase monástico da aldeia de Littlemore. Em 1843 renunciou ao vicariato de Santa Maria e, dois anos depois, 1845, passou a fazer parte da Igreja de Roma. A conversão de Newman ao catolicismo foi precedida de um intenso labor de prédica e de estudo. Assim foram surgindo suas obras *Conferências sobre a função profética da Igreja* (1837), em que desenvolve o tema clássico da doutrina sobre a autoridade na Igreja; os *Sermões da universidade* (1843), clássicos também por sua teoria da crença ou fé religiosa; e seus *Simples sermões paroquiais* (1834-1842), que coletam todas as incidências do movimento de Oxford. Finalmente, no último ano como anglicano, escreveu o *Ensaio sobre a evolução da doutrina cristã,* que publicou semanas depois de sua conversão ao catolicismo, no dia 9 de outubro de 1845.

Depois de sua conversão, a atividade de Newman teve várias frentes. Os primeiros passos estiveram direcionados para a fundação do Oratório que, depois de várias dúvidas, estabeleceu em Birmingham. Com alguns membros do movimento de Oxford, também convertidos, formou uma comunidade de estudo e oração (1848). A conversão ao catolicismo obrigou Newman a olhar para a postura hostil de muitos católicos ingleses que desconfiavam dele por suas idéias liberais, segundo eles, e a da Igreja da Inglaterra que o atacava. Frente aos dois ele lutou sem convencer, de momento, a nenhum. Do lado católico estava Manning, tractariano também como ele e depois arcebispo de Westminster. Manning representou o "velho catolicismo inglês", que via com receio tudo o que dizia ou fazia Newman. Inclusive foi tachado de herege diante de Roma por um de seus artigos no "Rambler" sobre a necessidade de consultar os seculares em matéria de fé. A mesma suspeita recaiu sobre suas tentativas de formar a universidade católica de Dublin, cujo único resultado foram as conferências que deu e que apareceram com o título de *Proposta de uma universidade* (1852). Nelas aponta o ideal do "intelectual católico" aberto à modernidade. Estas e outras frustrações — como a do processo do ex-dominicano Achilli (1852-1853) — somaram-se aos ataques de Ch. Kingsley sobre o seu ensino moral. Este, de fato, desafiou Newman a justificar a honestidade de sua vida como anglicano. O resultado foi a história de suas opiniões religiosas ou *Apologia pro vita sua* (1864). O impacto que a leitura de sua *Apologia* produziu nos leitores, tanto anglicanos quanto católicos, convenceu-os de sua integridade. Voltaram a reconhecê-lo como o que sempre havia sido: o inglês autêntico e cristão sincero, livre em suas convicções. Sua vida continuou sempre envolvida em debates. Em 1870 expressou sua oposição à definição da infalibilidade do papa, apesar de estar convencido desta verdade. Era questão de oportunidade diante das demais Igrejas. E nesse mesmo ano publicou *A gramática do assentimento*, sem dúvida a obra de maior empenho filosófico. O objetivo do livro é duplo, segundo o próprio Newman: "Na primeira parte demonstra que podes crer no que não podes compreender. Na segunda, que podes crer no que não podes comprovar falando absolutamente". Em 1879, *Leão XIII o fez cardeal. Morreu em 1890, em Birmingham, e está sepultado em Rendal, a casa de descanso do Oratório. Pediu que em sua lápide esculpissem as palavras: "Ex umbris et imaginibus ad veritatem", "Das sombras e imagens até a verdade".

— A figura de Newman ultrapassa qualquer esquema. Seus retratos mostram um rosto de sensibilidade e delicadeza estética: poeta, novelista, escritor, filósofo e teólogo, cheio de força e sagacidade. Talvez o seu defeito intelectual fosse a sua exagerada sutileza; deleitava-se no preciosismo do raciocínio, acabando preso nas armadilhas de de sua própria ingenuidade. Tinha o costume de reduzir sua argumentação ao absurdo. Era consciente, não obstante, da limitação da linguagem e da necessidade da parábola e da analogia.

— Sua natureza sensível o fez especialmente dotado para a amizade e o respeito às idéias e sentimentos alheios. Fez da amizade uma de suas tarefas pastorais. Assim o demonstram as vinte mil cartas que se conservam das muitas que escreveu. A própria *Apologia* é um canto à amizade com aqueles que foram seus companheiros.

— A obra que nos deixou — grande parte da qual foi recompilada por ele mesmo entre 1868-1881 — pode ser classificada nos seguintes blocos: a) Sermões; b) Tratados; c) Obras teológicas; d) Obras polêmicas; e) Obras literárias; f) Obras póstumas; g) Correspondência. Ao todo, 31 volumes da edição iniciada pelo P. Dessain, em 1981.

Encerramos essas linhas com duas notas que explicam o significado de Newman para anglicanos e para católicos. Tiramos da nota necrológica do "Guardian", do dia 13 de agosto de 1890, dois dias depois de sua morte: "O cardeal Newman morreu. Com ele perdemos não apenas um dos maiores mestres de estilo da língua inglesa, um homem de singular pureza e beleza de caráter, um exemplo eminente de santidade pessoal, mas perdemos principalmente o fundador da Igreja Anglicana, tal como a vemos hoje. Dificilmente podemos adivinhar o que teria sido a Igreja Anglicana sem o movimento tractariano, e Newman foi a alma viva e o gênio inspirador do movimento tractariano...".

"Desde que se escreveram essas palavras — escreve Dessain —, a influência de Newman se expandiu e penetrou por todos lados na Igreja Católica. Isto se tornou mais evidente desde a nova abertura iniciada pelo Papa *João XXIII e continuada no Concílio *Vaticano II, que inclusive foi aclamado como o 'Concílio de Newman'. Como o Papa João, gostava de insistir no antigo provérbio: "In necessariis unitas, in dubiis libertas, in omnibus caritas"... Queria que os católicos saíssem do gueto e ocupassem seu lugar no mundo, se adaptassem, ampliassem sua capacidade de compreensão com a confiança de que a verdade nunca pode contradizer a verdade... Suas opiniões sobre a fé, o estudo livre, a Igreja como comunhão, o lugar do laicato na Igreja e no mundo, valorizam-se positivamente, assim como seu retorno à fonte da revelação, e seu esforço para pôr em prática o ensino espiritual do NT" (Ch. S. Dessain, *Vida y pensamiento del Card. Newman*).

BIBLIOGRAFIA: *Obras: Apologia pro vita sua* (BAC); *Sermones católicos; Discursos sobre la fe,* Rialp.; *Gramática del asentimiento* (Biblioteca de Teologia), Herder; *El sueño de un anciano,* Rialp; *La idea de la universidad.* Epesa, Madrid 1950; Ch. Stephen Dessain, *Vida y pensamiento del Cardenal Newman.* EP, Madrid 1990.

Nicodemos Agiorita (1748-1809)

*Hesiquia.

Nicole, P. (1625-1695)

*Jansênio.

Niebuhr, Reinhold (1892-1971)

Depois de estudar em Yale, exerceu o apostolado como pastor da Igreja Evangélica de Detroit. A partir de 1928, deu aulas de teologia pastoral no seminário da União Teológica de Nova York. Até a sua morte em 1971, dedicou-se ao ensino na cátedra, em revistas, conferências, assembléias e congressos. Sua obra escrita é importante por seu sentido pastoral e pela grande influência que exerceu no pensamento religioso americano.

Na doutrina de Niebuhr podemos distinguir três aspectos fundamentais: o aspecto ou plano social, o político e o cristão. Esse último é fundamental e envolve toda a sua atividade.

1. Do ponto de vista social, teve especial sensibilidade para as injustiças do capitalismo norte-americano. Desmontou as pretensões morais de Henry Ford com seu famoso salário de cinco dólares por dia para os trabalhadores de suas fábricas, e fez ver as injustiças e o custo humano que isso pressupunha para os empregados da Ford. Estas e outras experiências o fizeram ver o enganoso desse doce ideal moral que se vem identificando com a fé cristã, frente às realidades do poder de nossa sociedade técnica moderna. Idêntica reflexão fez sobre o liberalismo, ao qual oporá a maldade do pecado original, que atua no homem.

2. A preocupação pastoral de Niebuhr dirigiu-se também para a política. A observação e o contato direto com a realidade americana permitiram-lhe revisar constantemente suas idéias. De sua inocência e otimismo primeiros no liberalismo, que o levaram a acreditar que a ciência e a educação libertariam o homem do pecado, passou a aceitar, através de sua experiência de Detroit, alguns dos pontos da crítica de *Marx ao liberalismo, sem jamais cair no marxismo como tal. Mais

tarde criticou também o marxismo "como a mais profunda tragédia de nosso tempo", doença muito mais terrível que o liberalismo que pretendia curar. A crítica ao liberalismo, Niebuhr a expõe em *Moral, Man and Immoral Society* (1932). "O mal é fruto — diz — tanto dos grupos quanto do egoísmo dos indivíduos. É evidente que os interesses coletivos de classe, raça e nação são mais obstinados e persistentes que o egoísmo dos indivíduos." Suas observações neste sentido aparecem como proféticas em nossos dias. "As relações entre os grupos são sempre predominantemente políticas mais do que éticas, já que estão determinadas pela proporção do poder que cada grupo possui." E mais à frente: "A justiça se manterá na sociedade, assegurando uma justa distribuição do poder entre os diferentes grupos, evitando que uns dominem os outros. Um não fácil equilíbrio do poder poderia ser a meta mais alta à qual a sociedade poderia aspirar". O pensamento político de Niebuhr está exposto em *Nature and Destiny of Man* (1941-1943), uma série de conferências dadas em Edimburgo, em 1939.

3. O compromisso social e político de Niebuhr nasce de sua fé cristã, e nela procura o sentido último de sua existência. Os vícios ou crueldades humanas são conseqüência, ou do esquecimento de Deus, ou da ilegítima apropriação do mesmo para fins egoístas. Como dissemos, Niebuhr não é otimista sobre a natureza do homem, já que o pecado tem suas raízes profundas nele. Somente o amor de Deus é capaz de superar e transcender essa condição pecaminosa do mundo, e por esse amor adquire a liberdade necessária para vinculá-lo ao eterno e vivente amor de Deus. Esse amor de Deus é fundamental, não é contrário à razão, mas faz possível a razão. Suas duas obras mais pessoais e pastorais: *Intellectual Autobiography* e *Leaves from the Notebook of a Tamed Cynic* (1929), são livros que todos os cristãos e pastores responsáveis deveriam ler hoje.

BIBLIOGRAFIA: J. Mª G. Gómez-Heras, *Teología protestante*. Sistema e historia (BAC); *Teología en el siglo XX* (BAC maior), 3 vols. Para a compreensão da obra de Niebuhr, ver *Diccionario de religiones comparadas*. Cristiandad, Madrid 1975, 2 vols., com a bibliografia ali destacada.

Nietzsche, Friedrich Wilhelm (1844-1900)

Escritor e filósofo alemão. Cursou seus estudos nas Universidades de Bonn e Leipzig, onde se especializou em filologia clássica, entusiasmando-se com a filosofia de *Schopenhauer e a música de Wagner. Em 1870 foi nomeado professor de filologia clássica em Basiléia, atividade que deixou em 1878 por grave enfermidade. O restante de seus dias esteve em Sils Maria, na Riviera, e em diversas cidades da Itália e da Alemanha, quase sempre solitário e rodeado, às vezes, de seus escassos amigos e discípulos. Na última década de sua vida foi vítima de um obscurecimento mental e paralisia, fruto de uma depressão nervosa que vinha sofrendo há muitos anos.

No pensamento e atividade de Nietzsche costumam distinguir-se três períodos. O primeiro — que vai desde seus estudos até 1878 — caracteriza-se por seus primeiros trabalhos de interpretação e crítica da cultura do Ocidente e do cristianismo, e pela exaltação e devoção que sente por Schopenhauer e Wagner. Deste período são as suas obras: *A origem da tragédia* (1872); *A filosofia na época trágica dos gregos* (1874) e *Considerações intempestivas* (1875-1876). No segundo — a partir da ruptura com Wagner (1878) — manifesta sua exaltação pela cultura e espírito livres. Está representado por obras como *Humano, demasiado humano* (1876-1880); *Aurora* (1881); *A gaia ciência* (1882). Finalmente, o terceiro, chamado período de Zaratustra ou da vontade de poder, com obras como *Assim falou Zaratustra* (1883); *Para além do bem e do mal* (1889); *Genealogia da moral* (1887). A essas seguiram-lhe outras bem conhecidas como *O anticristo; O imoralista; A vontade de poder; Ensaio de uma transmutação de todos os valores; O niilismo europeu; Os princípios de uma nova escala de *valores,* e os aforismos definitivos sobre o *Eterno retorno.*

Apesar desses períodos de seus contrastes e contradições, os críticos encontraram em Nietzsche uma unidade de pensamento em toda a sua obra. Reduzida a um esquema, poderia ser o seguinte: a) A distinção entre o apolíneo e o dionisíaco na cultura grega e em toda a cultura ocidental leva-o a uma exaltação de Dionísio como "afirmação religiosa da vida total, não renegada nem fragmentada". É a exaltação do mundo tal como ele é, sem diminuição, sem exceção e sem eleição: exaltação infinita da vida infinita. b) A inversão dos valores — na qual Nietzsche via a sua missão e o seu destino — aparece em sua obra como uma crítica da moral cristã, reduzida por ele substancialmente à moral da renúncia e do ascetismo. A moral cristã é a rebelião dos inferiores, das classes subjugadas e escravas, contra a casta superior e aristocrática. Seu verdadeiro fundamento é o *ressentimento:* o ressentimento daqueles a quem é proibida a verdadeira reação da ação, e que encontram sua compensação numa vingança imaginária. c) Os fundamentos da moral cristã: o desinteresse, a abnegação, o sacrifício são o fruto do ressentimento do homem fraco diante da vida. d) O tipo ideal da moral corrente, o *homem bom*, existe somente às custas de uma fundamental mentira: negar a realidade, tal como está feita. O último resultado é negar a vida, não aceitá-la. e) Como contraposição, Nietzsche exalta tudo o que é terreno, corpóreo, anti-espiritual, irracional. "Eu ensino aos homens uma vontade nova: seguir voluntariamente o caminho que os homens seguiram cegamente, aprovar esse caminho e não tentar refugiar-se como os doentes e decrépitos" (*Assim falou Zaratustra*). Tal é a *vontade de viver ou de poder:* porque a vida é o valor supremo.

Para a conquista da vida e do mundo, Nietzsche propõe o *eterno retorno* e o *super-homem.* Porque o "eterno retorno" nada mais é do que o *sim* que o mundo diz a si próprio, é a autoaceitação do mundo, a vontade cósmica de reafirmar-se e de ser ela mesma: expressão cósmica daquele espírito dionisíaco que exalta e bendiz a vida. "Esse mundo tem em si uma necessidade, que é sua vontade de reafirmar-se e, por isso, voltar eternamente sobre si mesmo."

E se a fórmula do "eterno retorno" é a fórmula central, cósmica, do filosofar de Nietzsche, a do *super-homem* é a sua palavra final. "O homem deve ser superado — diz Zaratustra —. O super-homem é o sentido e o fim da terra. É a expressão e encarnação da vontade de poder. Portanto, o homem deve ser superado." O que significa que todos os valores da moral corrente — que é moral gregária — devem ser transmudados. Para conseguir esse super-homem, deve-se renunciar aos valores constitutivos da cultura ocidental: a filosofia, a metafísica e a ética platônicas, juntamente com a contribuição judaico-cristã a ela.

Nietzsche propõe um *niilismo* absoluto e total para a consecução do super-homem. Consiste em fazer tábula rasa de todo pensamento filosófico grego e cristão. O super-homem exige a morte de Deus, do Deus dos metafísicos, do Deus monoteísta, do Deus moral das contraposições metafísicas entre o bem e o mal, mundo real e mundo aparente. Somente assim será possível a liberdade, característica do super-homem. Somente assim se construirá uma vida e uma moral acima e além do bem e do mal.

Dificilmente se pode dizer, em poucas palavras, o que significou e ainda significa Nietzsche para o cristianismo. Filósofo da "suspeita", assim como *Marx e *Freud, "criou uma filosofia onde não há um acontecer objetivo, uma garantia estável, onde Deus morreu e onde o homem só pode existir como super-homem". Nietzsche quis realizar o infinito para o homem e no homem. Transmudou os valores eternos pelos do mundo.

BIBLIOGRAFIA: *Obras em português: O Anticristo; Crepúsculo dos ídolos; A genealogia da moral; A origem da tragédia; Assim falava Zaratustra; A minha irmã e eu; Além do bem e do mal; Ecce Homo: como cheguei a ser o que sou* e outras; Eugen Fink, *La filosofía de N.,* 1969; Gonzalo Sobejano, *Nietzsche en España,* 1967.

Nil Majkov (1433-1508)

*Hesiquia.

Novaciano (séc. III)

*Hipólito de Roma.

Nuvem do não-saber, A (séc. XIV)

Entre as obras místicas anônimas que chegaram até nós, duas merecem destaque: *A Nuvem do não-saber* e o *Livro da orientação particular,* ambas atribuídas a um autor místico inglês do séc. XIV, que permaneceu no anonimato. Essas duas obras figuram entre as dos grandes místicos como o *Pseudo-Dionísio, São *Bernardo, São *Boaventura, Mestre *Eckhart, São *João da Cruz etc.

Sua aparição num dicionário de autores cristãos obedece a múltiplas razões. Além da influência exercida por esses livros na espiritualidade de sua época, cabe a nosso tempo ter redescoberto — depois de cinco séculos de esquecimento quase total — um autor que parece estar em moda nos movimentos de oração e meditação cristã e não cristã no Ocidente. "Neste clima — diz W. Johns —, os que procuram um guia místico não podem fazer nada melhor do que se dirigir ao autor anônimo do século XIV de *A Nuvem do não-saber*."

"Trata-se de um inglês místico, teólogo e diretor de almas, que se situa em plena corrente da tradição espiritual do Ocidente. Um escritor de grande força e de notável talento literário, que compôs quatro tratados originais e três traduções" (W. Johnston, *Introdução* à edição de *A Nuvem do não-saber*).

Suas duas obras principais e mais conhecidas — como dissemos — são *A Nuvem do não-saber* e o *Livro da orientação particular*. Seguindo Johns, analisamos primeiro os pontos de inflexão do místico, para depois estudar rapidamente essas duas obras.

Ambas são tratados eminentemente práticos. Guiam o leitor no caminho da *contemplação;* não ensinam uma meditação discursiva. "Todo conceito, pensamento e imagem devem ser sepultados *sob uma nuvem de esquecimento*." Entretanto, nosso amor nu — nu por estar despojado de pensamento — deve elevar-se até Deus, oculto por trás da nuvem do não-saber. Com a nuvem do não-saber por cima de mim — entre meu Deus e eu, e a nuvem do esquecimento debaixo —, entre todas as criaturas e mim, encontro nele *silentium mysticum,* que o autor inglês conhece pela obra do Pseudo-Dionísio.

— O ponto de partida básico no caminho para a união com Deus é a "perda do eu". O sentimento da própria existência é o maior sofrimento para o homem. "Todo homem tem muito motivo de tristeza, mas somente entende a razão universal da tristeza aquele que experimenta o que é (existe)", diz-se em *A nuvem*. A razão dessa tristeza ou angústia está na separação de Deus. O sofrimento do homem não nasce de sua existência, mas de ser como é.

— "Ele é teu ser, e nele és o que és". "Ele é teu ser, mas tu não és o dele." Não basta aniquilar o eu. De nada serviria afastar-se de tudo, inclusive de si mesmo. Todo o desejo do autor consiste em levar-nos à experiência de que "Ele é teu ser, e de que nele tu és o que és". "Quanto mais unido estou a Deus, mais sou eu mesmo." A união com Deus não destrói nem aniquila o "eu".

— Essa união com Deus não é fruto do conhecimento, mas do amor. "Procura a experiência mais do que o conhecimento. Com relação ao orgulho, o conhecimento pode enganar-te com freqüência, mas esse afeto delicado e doce não te enganará. O conhecimento tende a fomentar a vaidade, mas o amor constrói. O conhecimento está cheio de trabalho, mas o amor é quietude." Deus está no centro da alma que dirige.

— Não se entendem a oração e a contemplação, de que nos falam as duas obras, sem a presença de Cristo: o Homem, a Palavra encarnada. Cristo, que ao mesmo tempo é o porteiro e a porta. Cristo, centro do universo, que dá à contemplação uma dimensão cósmica e universal. Cristo, que ora interiormente em mim e se oferece a si mesmo ao Pai.

A Nuvem no não-saber é um livro de iniciação à contemplação amorosa de Deus, da alma guiada por seu espírito. Não é um livro para "intrigantes, aduladores, escrupulosos, alcagüetes, intrometidos e hipercríticos". Consta de 75 capítulos. O *Livro da orientação particular* não tem divisões nem capítulos. É uma obra de maturidade, de leitura mais difícil, por sua precisão teológica e por sua profundidade espiritual. "É a obra de um amigo desejoso de ajudar e orientar. Tem a autoridade que convém a um homem que percorreu o caminho místico pessoalmente, e que dá a mão a quem quiser escutar suas palavras."

Essas duas obras, escritas nos últimos anos do século XIV, refletem o ambiente e a mentalidade medieval em que foram criadas. Lembre o leitor que, nesse mesmo tempo, floresceram místicos como Juliana de Norwich, e mestre *Eckhart, *Tauler, Suso, Ruysbroek, Jacopone de Todi, *Catarina de Sena, *Ângela de Foligno e *Tomás de *Kempis.

BIBLIOGRAFIA: *La nube del no-saber. El libro de la orientación particular.* Introdução de William Johnston. Tradução de Pedro R. Santidrián. EP, Madrid 1984.

Ockham, Guillerme de (1295-1350)

Conhecido com vários nomes como "doctor invincibilis", "princeps nominalistarum", "venerabilis inceptor" etc., cada um deles refletindo aspectos diferentes da personalidade poliédrica de seu autor. Ockham foi a última grande figura da escolástica que enfrentou o mesmo sistema escolástico que o precedeu, e o poder dominante do papa.

Nascido em Ockham, sul da Inglaterra, ingressou muito cedo nos franciscanos. Estudou em Oxford, onde deu aulas sobre a Escritura e sobre as *Sentenças* de *Pedro Lombardo, de 1312 a 1323. Seu nome apareceu pela primeira vez em 1324, quando foi intimado a declarar-se diante da corte papal de Avinhão. Num processo que durou dois anos, foram censuradas 51 de suas proposições tiradas de seu comentário às *Sentenças*.

Estando em Avinhão, viu-se envolvido na polêmica entre os franciscanos e o Papa João XXII sobre a pobreza de Cristo. Em 1328, fugiu de Avinhão, junto ao general da ordem, M. de Cesena, para refugiar-se na corte do imperador Luís de Baviera, primeiro em Pisa e depois em Munique, onde permaneceu provavelmente o resto de seus dias. Aí sua atividade mudou de signo: da teologia passou primeiro à polêmica, e logo depois à política. Parece que viu cumprido seu desejo diante do imperador: "Tu me defende gladio, ego te defendam calamo". Foi enterrado no Convento de Franciscanos de Munique. A atividade literária de Ockham pode ser dividida em três etapas consecutivas: 1) A filosófico-teológica, pertencente à primeira época de Oxford. 2) A polêmica religiosa na defesa da posição dos franciscanos. 3) A polêmica política em apoio a Luís de Baviera, tal como se produziu nos últimos anos.

O padre Ph. Bochner classifica as obras de Ockham em políticas e não-políticas, incluindo nestas últimas as lógicas, as físicas e as teológicas.

— Lógicas. Entre as lógicas, sobressai a *Summa totius logicae* (antes de 1328), sua obra fundamental nesta matéria; *Expositio super librum Porphyrii; Expositio super librum Praedicamentorum; Expositio super librum Perihermeneias*.

— Físicas: *Expositio super octo libros Physicorum; Summulae in libros Physicorum*.

— Teológicas: *Ordinatio Ockham*. Comentário aos quatro livros das sentenças de Pedro Lombardo. Sua obra mais polêmica: *Tractatus de corpore Christi; Tractatus de sacramento altaris; Tractatus de praedestinatione et de praescientia Dei* etc.

— Políticas. A obra polêmico-política de Ockham foi dirigida especialmente contra João XXII e Bento XII. Mencionamos suas principais obras: *Dialogus inter magistrum et discipulum de imperatorum et pontificum potestate* (entre 1332-1339); *Octo quaestiones super dignitate et potestate papali; Tractatus de imperatorum et pontificum potestate; Breviloquium de principatu tyrannico papae* etc.

A atividade literária de Ockham nasce de uma única posição: "A aspiração à liberdade da pesquisa filosófica e da vida religiosa". "As asserções não devem ser — diz — ordenadas ou colocadas em censura por ninguém solenemente, porque nelas qualquer um deve ser livre para expressar livremente o que lhe parecer" (*Dialogus,* I, tract. II, q. 22). É a primeira vez que se faz semelhante reivindicação.

A partir dessa postura de liberdade total, Ockham enfrentou a escolástica tradicional

— leia-se tomismo — com uma atitude crítica. A "navalha de Ockham" foi direto às questões fundamentais. Assim: a) É preciso aplicar uma economia que suprima todos os entes não necessários... b) O conhecimento intuitivo intelectual do singular concreto é o único elemento positivo e ponto de partida para um conhecer real e verdadeiro. c) Não há leis absolutas derivadas das necessidades essenciais das coisas. Era a negação da metafísica. d) Os universais são simples conceitos representativos e, portanto, não reais. Os universais como conceitos só existem na mente: são termos, vozes, nomes. Daí o *nominalismo* que tem Ockham por pai e príncipe. e) O fundamento de todo conhecimento está na *experiência,* rechaçando tudo quanto transcende os seus limites. Temos em Ockham a origem do empirismo moderno, base da ciência empírica ou dos fatos.

— A mesma postura de liberdade dirige sua navalha a cortar tudo o que seja aderência inútil em filosofia natural (física) e teologia. Daqui nascem suas negações metafísicas, teológicas e morais. Ockham arrasa com tudo o que havia construído nestes campos a escolástica, particularmente a aristotélico-tomista. Assim: a) Nega a doutrina da analogia do ente e sustenta a sua unicidade. b) Ignora a teoria do ato e da potência, e nega a distinção real entre essência e existência. c) Afirma que o princípio de contradição não é aplicável em Deus. O princípio de causalidade também não é válido para os seres vivos. E sua formulação: "Toda causa tem seu efeito" é ilegítima. Tampouco se pode provar a finalidade para seres que carecem de consciência e vontade etc.

— Transporta para o âmbito da fé todo conhecimento e certeza que superam a própria experiência. Em conseqüência: a) Não se pode saber com certeza evidente — nem mediante o raciocínio, nem pela experiência — que a alma intelectiva seja a forma do corpo humano, nem que o entender de tal substância esteja no homem. Tudo isto o sabemos somente pela fé. "Todas as demonstrações da espiritualidade da alma deixam dúvidas e incertezas." b) Não se pode demonstrar com razões convincentes que a vontade seja livre. Somente a liberdade é testemunhada pela experiência íntima. c) Também não se pode demonstrar a existência de Deus nem com argumentos *a priori* nem *a posteriori*. Não basta ter a simples idéia de Deus para afirmar sua existência, porque muitos a têm e não admitem a existência de Deus. Também não é concludente partir da existência do movimento. "Omne quod movetur ab alio movetur" não é aplicável aos seres vivos. E não se pode demonstrar a impossibilidade do processo "ad infinitum" dos moventes movidos e das causas causadas. d) Mesmo assim não se pode demonstrar a *unicidade de Deus,* porque é indemonstrável a unicidade da primeira causa. E assim outras verdades relativas ao auto-reconhecimento de Deus, do futuro etc. Com a razão não se pode demonstrar que Deus conheça o futuro, nem que aja livremente, nem que esteja necessitado intrinsecamente de agir (*In I Sent.*, d. 35, 48, 72).

— As seqüelas de sua postura na moral não são menos radicais: a) Nega a moralidade intrínseca dos atos humanos. O critério de moralidade é realmente extrínseco: a vontade de Deus. b) Todos os atos humanos são bons ou maus, conforme sejam mandados ou proibidos por Deus. Mas nenhum ato humano é mandado ou proibido por Deus porque seja bom ou mau em si mesmo. c) A Deus lhe é lícito fazer tudo o que nas criaturas seria pecado e que nele não é porque não há ninguém que o proíba. Poderia mandar às criaturas que o odiassem, e então o ódio a Deus seria bom e meritório (*In IV Sent.*, q. 9). Tal é, em resumo, a doutrina *ética voluntarista* de Ockham.

— Com relação à sua doutrina política, poderíamos resumi-la nestes pontos: a) O poder reside no povo. b) O poder imperial teve sua origem na vontade do povo romano. Tal poder passou dos romanos aos gregos, aos francos e aos germanos. c) Nenhum poder humano pode ser superior ao imperial. Nada no mundo seria capaz de destruí-lo (*Diálogo*, 3, 2, 1, 27-29). d) O poder do imperador estende-se sobre toda a terra. e) O imperador — como autoridade suprema, cristã e romana — tem o direito de escolher o papa, embora de fato essa eleição a façam os cardeais. f) Em conseqüência, o imperador tem o direito de julgar um papa que caiu em heresia. Da mesma forma pode depô-lo por esse motivo e por qualquer outro delito. g) Não tem sentido a existência de dois poderes supremos na cristandade. Basta um só, e este deve ser o do imperador, por ser historicamente anterior ao do papa (*Diálogo*, 3, 2, 3). h) O poder do papa sobre os bens temporais e sobre os estados pontifícios não é bíblico nem autêntico (*Breviloquium*).

BIBLIOGRAFIA: *Ópera omnia philosophica et theologica*, aos cuidados de E. M. Buytaert, G. Mohan, Lovaina, 25 vols., 1961ss. (em publicação); *Opera philosophica et theologica ad fidem codicum manuscryptorum edita*. St. Bonaventure University, New York 1967ss.; *Opera politica*, por R. F. Bennet e H. S. Hoffler, 3 vols.; *Tratado sobre los principios de la teología*. Aguilar, Buenos Aires 1980; *Sobre el poder tiránico del papa*, Trad. de Pedro R. Santidrián. Madrid 1991; E. Gilson, *A filosofia na Idade Média*, 591-640, com a bibliografia ali reunida.

Odes de Salomão (séc. II)

*Hinos e cantos.

Oráculos sibilinos cristãos (117-138)

Coleção de oráculos que imitam os livros sibilinos pagãos. Estão escritos em hexâmetros e são precedidos de um prólogo em prosa em que se afirma terem sido pronunciados pela Sibila grega em diferentes ocasiões. Alguns padres aceitaram sua autenticidade; a crítica moderna atribui-os a autores judeus e cristãos. O exame interno desses oráculos revela neles tendências monoteístas e messiânicas. Daí que se atribua sua origem a judeus e cristãos anônimos.

As datas para os oráculos judeus oscilam entre o período dos macabeus e o da época do imperador Adriano (117-138). A datação dos oráculos e autores cristãos seria a partir do século II de nossa era.

BIBLIOGRAFIA: J. Quasten, *Patrología,* I, 163-166.
*Hinos e cantos.

Oraison, Marc (1914-)

O sacerdote francês Marc Oraison simboliza, para o grande público, certa contestação no seio da Igreja Católica. Suas tomadas de posição nos temas da sexualidade, seus enfrentamentos com a hierarquia, os incidentes ocorridos em algumas de suas conferências, asseguraram-lhe uma fama que seus adversários qualificam de escandalosa. No entanto, suas idéias de sacerdote, médico, teólogo e psicoterapeuta, ilustram uma mudança na Igreja Católica.

Depois de uma experiência religiosa e vocacional muito movimentada, ordenou-se sacerdote em 1948. Descobriu a psicanálise — Hesnard, Dalbiez, *Freud e outros — e preparou sua tese de teologia sobre *Vida cristã e sexualidade,* que defendeu em março de 1951. Sua aparição em 1952 provocou violentas polêmicas no clero. Em abril do mesmo ano, foi advertido pelo Santo Ofício, e em 1953 a obra foi colocada no *Índex. A partir desse momento, Oraison dirigiu sua atividade para resolver os problemas de seminaristas e sacerdotes "em dificuldade". Participou na fundação de uma clínica especializada em problemas psiquiátricos. Como suas intervenções determinavam o abandono do caminho sacerdotal por parte dos consulentes, Oraison foi condenado por Roma em 1966: negação do *imprimatur* para suas obras, proibição de prosseguir seus trabalhos de psicanálise e de falar em público. Medidas anuladas posteriormente.

A vida de Oraison, depois do *Vaticano II, prosseguiu com menos tensão com a hierarquia. Interessou-se pelos problemas dos "blousons noirs", escrevendo um livro em colaboração com um deles: *Grito de socorro de um blouson noir.* Mas Oraison continuou sua pesquisa. Publicou *A culpabilidade* (1974), um estudo sobre o sentimento do pecado nas pessoas religiosas. Em 1975 publicou *A questão homossexual,* para enfocar realidades condenadas até agora pela Igreja. E outros trabalhos posteriores, sempre em torno de problemas psiquiátricos relacionados com a religião. A esse respeito, no fundo da temática de Oraison está o que ele considera "imobilização das estruturas eclesiásticas que esterilizam o sacerdócio". Defende a desclericalização da Igreja, "demasiado submetida ao racionalismo tomista e despreocupada com a vida".

BIBLIOGRAFIA: *Ilusão e angústia; Por uma educação moral dinâmica; Psicologia e sentido do pecado.*

Orígenes (186-254)

Nascido de pais cristãos em Alexandria, Orígenes foi o membro mais eminente da escola catequética alexandrina. Dedicado totalmente ao estudo dos filósofos gregos e aos textos sagrados, primeiro desenvolveu uma atividade impressionante como diretor da escola catequética e, depois, como pregador em Cesaréia de Palestina, onde prosseguiu como mestre e escritor. Morreu em Tiro, em conseqüência das torturas a que foi submetido durante a perseguição de *Décio. Orígenes apresenta um estilo inconfundível, tanto em sua vida quanto em seus escritos, marcados por seu afã de ser discípulo cristão. Seu desejo de martírio e sua posterior autocastração são exemplos deste empenho de ser cristão até as últimas conseqüências.

Sua produção literária foi amplíssima. São *Jerônimo atribui-lhe cerca de 800 obras. O edito de Justiniano (543) contra ele e o juízo do V Concílio Ecumênico (553), que o incluía entre os hereges, provocaram a perda de boa parte da produção do alexandrino. Suas obras estão divididas em quatro blocos gerais: a) *Bíblicas e exegéticas*, entre as quais se deve contar, em primeiro lugar, sua edição da Bíblia (AT) em seis línguas, conhecida com o nome de *Hexapla*. Os *scholions,* ou notas sobre passagens difíceis da Bíblia, e os *comentários ou tomos,* análises minuciosas de livros inteiros bíblicos. b) *Teológicas*, como o livro *De principiis*, que é a primeira tentativa de teologia sistemática. c) *Apologéticas.* Destas somente conservamos o seu livro *Contra Celsum,* destinado a rechaçar o *Discurso verdadeiro* deste autor. d) *Ascéticas.* Dois escritos: *Sobre a oração* e *Exortação ao martírio,* além de duas cartas e fragmentos de outras obras.

A doutrina de Orígenes constitui o primeiro grande sistema de filosofia cristã. Distingue, no cristianismo, doutrinas essenciais e doutrinas acessórias. Todo aquele que recebeu o dom da palavra tem a obrigação de interpretar as primeiras e explicar as segundas. Orígenes empreendeu uma e outra pesquisa.

— Seu trabalho exegético dos textos bíblicos deixa claro o significado oculto e, por conseguinte, a justificativa profunda das verdades reveladas. Distingue um triplo significado na Escritura: *o somático, o psíquico e o espiritual,* que se relacionam entre si como as três partes do homem: o corpo, a alma e o espírito (*De princ.*, IV, 11).

— A passagem do significado literal ao alegórico das Escrituras é a passagem da fé ao conhecimento. Acentua a diferença entre um e outro e afirma a superioridade do conhecimento que compreende em si a fé (*In Joannem*, XIX, 3). Ao aprofundar-se, a fé se transforma em conhecimento.

— As Escrituras são, pois, o ponto imprescindível, porém mínimo, para o conhecimento completo. Existe um Evangelho eterno que vale para todas as épocas do mundo e somente a poucos é dado a conhecer (*De princ.*, IV, 1s).

— Contra os hereges afirma a espiritualidade de Deus. Deus não é um corpo e não existe num corpo. É de natureza espiritual e muito simples. Para expressar essa unidade, Orígenes emprega as palavras *mônada* e *ênada* — termos pitagórico e neoplatônico, respectivamente — que expressam a singularidade absoluta de Deus.

— O Logos ou verbo é o exemplar da criação, a idéia das idéias, e todas as coisas são criadas pelo Logos, que atua como mediador entre Deus e as criaturas. É certamente co-eterno com o Pai, mas não o é no mesmo sentido. A eternidade do Filho depende da vontade do Pai. O Espírito Santo é criado não diretamente por Deus, mas através do Logos.

— Orígenes explica a formação do mundo sensível pela queda das substâncias intelectuais que ocupavam o mundo inteligível. O mundo visível não é, pois, outra coisa senão a queda e a degeneração do mundo inteligível e das puras essências racionais que o habitam.

— As almas foram criadas por Deus exatamente iguais umas às outras, mas o pecado, num estado de pré-existência, fez com que fossem revestidas pelos corpos, e assim as diferenças qualitativas entre as almas se devem ao comportamento destas antes de sua entrada neste mundo. Desfrutam do livre-arbítrio e seus atos dependem não só de sua livre escolha, mas também da graça de Deus, que é distribuída conforme sua conduta no estado de pré-encarnação.

— Interpreta a ação da mensagem cristã como uma ação educadora que conduz o homem gradualmente para a vida espiritual. Essa é a função do Logos que se encarnou em Cristo. "Jesus afasta a nossa inteligência de tudo aquilo que é sensível e a conduz ao culto de Deus que reina sobre todas as coisas" (*Contra Celsum*, III, 34). Nisto consiste a obra da Redenção.

— A educação do homem como retorno gradual à condição de substância inteligente e livre verifica-se através de graus sucessivos de conhecimento. Do mundo sensível, o homem eleva-se à natureza inteligível, que é a do Logos, e do Logos até Deus. Mediante esse processo, todas as almas — inclusive o diabo e os demônios —, mediante um sofrimento purificador, conseguirão a união com Deus. Todas as coisas serão restauradas e regressarão a seu último princípio: Deus. Assim se realizará o ciclo do retorno do mundo a Deus, e Deus será tudo em todos. Tal é a chamada *apocatástasis* ou restauração universal.

Tais são os traços fundamentais do sistema de Orígenes, no qual pela primeira vez o cristianismo recebe uma formulação doutrinal orgânica e completa. O platonismo e o estoicismo constituem as duas raízes fundamentais pelas quais se une à filosofia grega.

Não obstante, a síntese cristã de Orígenes está longe de ser completa. Frente a grandes conquistas e acertos na interpretação do cristianismo, como são a exigência da liberdade humana e o destino da humanidade inteira vinculado à redenção de Cristo, há outros pontos que Orígenes não soube ver e situar, como o sacrifício de Cristo ou a ressurreição da carne.

BIBLIOGRAFIA: *Obras:* PG 11-17; *Contra Celsum.* Versión, introducción y notas de D. Ruiz Bueno (BAC); J. Quasten, *Patrología,* I, 338-397; Tradução francesa das *Homilias sobre o Gênesis,* com estudo de H. de Lubac (SC 7). Paris 1944.

Pacem in terris (1963)

João XXIII.

Pacômio, São (290-346)

Monaquismo.

Padres apostólicos (séc. I-II)

Com esse nome são conhecidos um grupo de escritores da Igreja primitiva que trataram, ou supõe-se que trataram, da vida dos apóstolos. Essa denominação de *padres apostólicos* deve-se a J. B. Cotelier, que fez (1672) a *editio princeps* de cinco desses padres que "floresceram nos tempos apostólicos". Esses cinco primeiros escritores são: *Barnabé*, supostamente o companheiro de apostolado de Paulo; *Clemente*, bispo de Roma, terceiro sucessor de Pedro e que, segundo Santo *Irineu, tratou dos apóstolos Pedro e Paulo; *Hermas*, que se fez discípulo de Paulo; *Inácio, bispo de Antioquia, que pôde conhecer os apóstolos; e *Policarpo, a quem Santo *Irineu relacionou com São *João.

A partir de 1765, quando se publicou a *Bibliotheca veterum patrum,* incluíram-se nos padres apostólicos *Pápias, a quem São *Jerônimo qualifica de "ouvinte de João"; um autor desconhecido do belo discurso apologético, dirigido ao também desconhecido *Diogneto. Finalmente, e a partir de 1873 quando foi descoberta, faz parte dos padres apostólicos a *Didaqué ou *Doutrina dos doze apóstolos.*

As obras em concreto desse grupo de escritores são as seguintes: a *Didaqué,* que pode ser a primeira em sua composição, pelo ano 70; *Duas cartas de São Clemente; Sete cartas de Santo Inácio às Igrejas; Carta e martírio de São Policarpo; Carta de Barnabé; Carta a Diogneto; Fragmentos de Pápias; Pastor de Hermas.*

Todos esses escritos, dentro de sua diversidade, têm alguns traços comuns:

— Foram escritos entre o ano 70 d.C. e o ano 170.

— Representam a passagem ou ponte entre os escritos canônicos do NT e a literatura subseqüente dos finais do séc. II, quando aparece outro tipo de escritos: apologistas, santos padres, historiadores etc. "Depois dos Evangelhos, Atos e Cartas dos Apóstolos, não há conjunto algum de obras que nos dêem uma impressão tão imediata, tão íntima, tão cálida da vida da Igreja".

— Os padres apostólicos constituem a fonte primeira da tradição viva não canônica. Descobrem-nos a fé e a práxis de uma Igreja que caminha, nutrindo-se da Eucaristia e do Evangelho, permanecendo na oração do Senhor e obediente aos pastores, representantes do único pastor, Cristo.

— Essa Igreja primitiva, tal como aparece nos escritos dos padres apostólicos, apresenta-se como exemplo vivo da Igreja de todos os tempos: fiel ao Senhor e aos apóstolos, à espera da segunda vinda.

BIBLIOGRAFIA: *Padres apostólicos*. Edição bilíngüe completa. Versão, introdução e notas de Daniel Ruiz Bueno. (BAC) ⁵1985; B. Altaner, *Patrología*. Madrid 1945, com abundante bibliografia; J. Quasten, *Patrología*, I, 1-109.

Padres capadócios (séc. IV)

*Basílio; *Gregório Nazianzeno; *Gregório de Nissa.

Padres da Igreja

O estudo da doutrina dos autores da Antigüidade cristã recebe o nome particular de *patrologia,* que se pode definir como o estudo ou ciência dos padres da Igreja. Estende-se tanto aos escritores ortodoxos como heterodoxos, embora se ocupe com preferência dos que representam a doutrina eclesiástica tradicional, isto é, dos chamados padres e doutores da Igreja. A patrística inclui no Ocidente todos os autores cristãos até São *Gregório Magno (604); no Oriente chega geralmente até São *João Damasceno (749).

Embora a patrística — como ramo da ciência teológica — seja relativamente recente, podemos dizer que suas origens remontam aos primeiros séculos da Igreja. Foi *Eusébio (265-340) quem primeiro se propôs "tratar daqueles que, seja de palavra ou por escrito, foram os mensageiros da Palavra de Deus em cada geração". Seguiram-lhe no empenho homens como São *Jerônimo e Santo *Isidoro com suas respectivas obras *De viris illustribus*. No Oriente escreveram sobre o tema Fócio (séc. IX) e Suidas de Constantinopla (pelo ano 1000); o primeiro com sua *Biblioteca* ou *Myriobiblon*, e o segundo com seu *Dicionário*, monumento de erudição bizantina, que nos brindam importantes dados sobre grande número de obras patrísticas.

O humanismo teve especial interesse pela literatura cristã antiga. Fez grandes coleções e excelentes edições de textos patrísticos, ao longo dos séculos XVI-XVII. O século XIX distinguiu-se pelo descobrimento de novos textos, principalmente orientais, e pelo início de novas edições críticas em séries latina e grega e às quais se acrescentaram depois as coleções de literatura cristã oriental. Ao mesmo tempo apareceram as cátedras de patrologia nas universidades e centros de estudo eclesiásticos. Nosso século "preocupou-se, em especial, com a história das idéias, conceitos e termos da literatura cristã e da doutrina dos autores eclesiásticos. Além disso, os papiros do Egito, recentemente descobertos, permitiram aos sábios recuperar muitas obras patrísticas que se haviam perdido" (Quasten).

— Hoje se consideram "padres da Igreja" somente os que reúnem estas quatro condições necessárias: ortodoxia de doutrina, santidade de vida, aprovação eclesiástica e antigüidade. Todos os demais escritores são conhecidos com o nome de escritores da Igreja ou escritores eclesiásticos, tal como os chamara São Jerônimo.

O título de "doutor da Igreja" não se identifica com o de "padre da Igreja". A alguns doutores da Igreja falta-lhes a nota de antigüidade. Têm, no entanto, além das três notas características — doutrina ortodoxa, santidade de vida e aprovação da Igreja — dois requisitos importantes: erudição eminente e expressa declaração da Igreja. Por declaração de Bonifácio VIII (1298), os santos

*Ambrósio, *Jerônimo, *Agostinho e Gregório Magno foram considerados "doutores egrégios da Igreja" e reconhecidos como "os grandes padres da Igreja". A Igreja grega venera somente três grandes mestres ecumênicos: *Basílio Magno, *Gregório de Nazianzeno e *Crisóstomo. A esses três a Igreja Romana acrescenta *Atanásio, constando desta maneira quatro grandes padres do Oriente e quatro do Ocidente.

A autoridade dos padres na Igreja católica baseia-se na doutrina da Igreja, que considera a *tradição* como fonte de fé. A Igreja considera infalível o "unânime consenso dos padres" quando versa sobre a interpretação da Escritura.

— A literatura patrística está escrita em grego, latim, armênio, copta, siríaco.

BIBLIOGRAFIA: Além das duas grandes coleções de Migne, *Patrologia Latina* (PL) e *Patrologia Graeca* (PG), que constam de 221 e 161 volumes respectivamente, citamos as seguintes coleções: *Los Santos Padres*. Seleção de homilias e sermões, de E. Caminero, 5 vols. Madrid 1878-1879; "Biblioteca de Autores Cristianos" (BAC). A série patrística consta de numerosos textos em grego, latim e castelhano e amplas introduções, desde 1949.

Padres do deserto (séc. III-IV)

*Monaquismo; *Sentenças dos Padres.

Paládio, São (365-425)

*Monaquismo.

Palamas, São Gregório (1296-1359)

Nasceu em Constantinopla e morreu em Tessalônica. Monge ortodoxo, teólogo e orientador intelectual da *hesiquia*. Nomeado bispo de Tessalônica em 1347, aclamado santo e nomeado pai e doutor da Igreja ortodoxa em 1368.

Nascido numa família ilustre, vinculada à corte imperial, Palamas estudou a filosofia clássica na universidade imperial. Em 1316, renunciou a tudo para tornar-se monge em *Athos. Durante 25 anos dedicou-se ao estudo da Escritura e dos padres, iniciando-se na vida espiritual e na oração contemplativa. Obrigado a abandonar seu retiro do Monte Athos por causa das incursões dos turcos, retirou-se com dez colegas para a vida eremítica na Macedônia. Voltou a Athos em 1331, onde foi eleito abade de uma comunidade de monges.

A partir desses anos, envolveu-se numa prolongada série de controvérsias públicas com humanistas e teólogos — tanto latinos quanto ortodoxos — que o levaram à excomunhão por pressões de tipo político em 1344. Sua luta principal foi contra Barlaão da Calábria, monge ortodoxo que propalava certo agnosticismo teológico e negava que os conceitos racionais pudessem expressar, inclusive metaforicamente, a oração mística, assim como sua comunhão humano-divina. Barlaão chegou a compor um poema satírico em que difamava a *hesiquia,* aludindo a seus seguidores como "aqueles que têm a sua alma no umbigo": alusão evidente aos ascetas e místicos que praticavam a meditação hesiquiástica (meditação de quietude) sentados e com o olhar colocado debaixo do peito para poder alcançar a experiência mística.

Basicamente, a obra de Palamas defende a doutrina hesiquiástica, como o fez primeiro em sua *Apologia dos santos hesiquiastas* (1338), conhecida com o nome de *Tríada* por sua divisão em três partes. Na *Apologia* põe as bases teológicas para a experiência mística. Esta pressupõe a implicação, não só do espírito, mas de toda a pessoa, corpo e alma. A *hesiquia* aspira a uma transformação do homem interior, realizada por uma iluminação que o une a Deus no mais fundo de seu espírito. É "a deificação do homem inteiro".

— A oração hesicasta aspira a alcançar a forma mais intensa de comunhão do homem com Deus na forma de visão da "luz divina" ou da "energia incriada". Para chegar a ela, é necessário adotar uma postura especial do corpo que pressupõe uma concentração — do olhar e dos sentidos — e uma invocação metódica do nome de Jesus: "Jesus, Filho de Davi, tende piedade de mim". Esse estado espiritual dos hesicastas não se concede a todos, mas aos puros de coração.

Sua obra fundamental é o *Livro da santidade*, texto do misticismo ortodoxo-bizantino e fruto de uma série de públicas confrontações com teólogos e humanistas que o levaram à excomunhão, já referida, em 1344, por pressões políticas. Ocupa o resto de seus dias em trabalhos pastorais de sua diocese, Tessalônica, e na composição de outras obras e escritos menores.

Palamas é um dos principais autores do pensamento cristão oriental. A sábia fusão de platonismo e aristotelismo serviu-lhe para transmitir sua experiência mística. Sua aclamação de santo, em 1368, quinze anos depois de sua morte, e de "padre e doutor da Igreja Ortodoxa", deu à sua doutrina e à sua vida o referendo do mestre que soube "ensinar e fazer".

BIBLIOGRAFIA: *Espiritualidad rusa. San Serafín de Sarov, Macario de Optina, Juan de Kronstad y Silvano del Monte Athos*. (Col. Neblí). Rialp, Madrid 1982; M. J. Le Guillou, *L'esprit de l'ortodoxie grecque et russe*, 1961; A. J. Philippou, *The Ortodox Ethos*, 1964.

Pânfilo de Alexandria (240-309)
*Apologistas.

Panteno (+200)
*Clemente de Alexandria.

Pápias (60-130)
*Marcos, Evangelista; *Jerônimo São.

Papini, Giovanni (1881-1956)
*Literatura atual e cristianismo.

Pascal, Blaise (1623-1662)

É difícil, para não dizer impossível, fazer uma síntese do que foi esse homem. Matemático, físico, filósofo e homem profunda e sinceramente cristão são qualificativos que configuram somente em parte o perfil de Pascal. Nele se conjugam o homem científico, pesquisador, inventor, filósofo moralista e religioso mergulhador no mar interior de si mesmo e de todos os homens. A influência de Pascal em *Rousseau, *Bergson, nos existencialistas e, em geral, em todo homem que procura a verdade e Deus é evidente. Sua figura e sua obra são exemplares para os científicos e para os cristãos de hoje.

Nascido em Clermont-Ferrand em 1623, foi educado por seu pai num ambiente cultural seleto. Cedo sentiu um irresistível interesse pelos estudos científicos, matemáticos e físicos. Fruto dessas primeiras afeições e estudos serão o seu primeiro escrito científico sobre as *cônicas* e a invenção da máquina calculadora para tornar mais fácil o cálculo dos impostos. A estes lhe seguirão muitos outros até o fim de sua vida.

Aos 23 anos, Pascal tinha uma fé rotineira, para quem "tudo o que é objeto da fé, não pode sê-lo da razão". A partir de 1646, tanto seu pai quanto ele converteram-se numa piedade do tipo jansenista. É a chamada "primeira conversão". Seguiu-lhe o período conhecido como mundano, caracterizado pela importância excessiva dada à pesquisa científica, a ânsia de glória e o gosto pela vida de sociedade. O estudo desta etapa mundana revelou um Pascal desejoso de conhecer o homem e a sociedade. Nos finais de 1653, iniciou sua "segunda conversão", manifestada através de "um grande desprezo pelo mundo e um desgosto quase insuportável por todas as pessoas que pertencem a ele". Na noite de 23 de novembro de 1654, consumou-se a segunda conversão. A graça o "levou ao esquecimento do mundo e de tudo, fora de Deus". Essa noite ficou confiada a um pedaço de pergaminho que levou costurado no forro de sua roupa, sem que ninguém o percebesse, até sua morte: o *Memorial,* que conclui com a "submissão total a Jesus Cristo e a meu diretor".

A partir dessa data, a vida e a atividade de Pascal adquiriram uma dimensão nova: sua vinculação a *Port-Royal e ao jansenismo, e seu compromisso de escrever uma *apologia* do cristianismo, cristalizado nos *Pensamentos.*

De sua residência em Paris, com breves estadas em Port-Royal, Pascal esteve em contato com os jansenistas, principalmente com *Arnauld e *Nicole, a instâncias dos quais empreendeu a defesa de *Jansênio e sua doutrina frente aos jesuítas. Assim nasceram as que se conhecem hoje como *Cartas provinciais,* ou simplesmente *provinciais,* "escritas a um provincial por um de seus amigos sobre o objeto da presente disputa da Sorbonne". Foram escritas entre 23 de janeiro de 1656 e 24 de março de 1657. São 18 cartas, nas quais o alvo centra-se nos jesuítas. Os "jesuítas colocaram o cristianismo em perigo ao acomodá-lo no mundo; substituíram a contrição-arrependimento, fundados no amor de Deus, pela atrição, que procede do temor ao inferno". "Outra forma de compromisso com o mundo é a substituição da verdadeira moralidade pelo legalismo e da lei moral por uma série de preceitos ocasionais. Os jesuítas descartam o dever, e no seu lugar colocam a licitude e a procura de razões que podem tornar lícitas ações que estão em evidente contradição com a consciência moral".

O verdadeiro valor das *Provinciais* não está, no entanto, em sua crítica à teologia imoral jesuítica de sua época. A novidade das *Provinciais* está no estilo breve, conciso, direto, que torna Pascal, disse Boileau, o "criador do francês moderno". E em desmascarar o falso cristianismo. Talvez tais cartas preparassem o material do que, na sua intenção, deveria ser a *apologia do cristianismo,* e que fica na forma de *Pensamentos* que hoje conhecemos. Da projetada apologia do cristianismo, conservam-se mil fragmentos, alguns apenas esboçados, outros totalmente acabados. Pode-se descobrir o esquema de sua obra no fragmento 187: "Os homens — diz Pascal — menosprezam a religião; sentem aversão por ela e temor de que seja verdadeira. Para superar tal atitude, é necessário começar por mostrar que a religião não é em absoluto contrária à razão, mas venerável, infundindo respeito por ela; portanto, deve-se fazer amável e conseguir que os bons desejem que seja verdadeira; finalmente, deve-se mostrar que é verdadeira; venerável, porque ela conhece bem o homem; amável, porque promete o verdadeiro bem". Por isso, o plano de sua obra compreende duas partes: na primeira, quer demonstrar que a religião não é contrária à razão; na segunda, que é contrário à razão rejeitar sua evidência.

A linha seguida por Pascal nos *Pensamentos* pode ser traçada desde o interior do homem até Deus. Começa declarando o estado atual do homem. Após sua queda original, é um ser cego que tateia em vão num mundo de sombras, suspenso entre o nada e o infinito: um complexo de grandeza e de miséria. Esse paradoxo humano, combinação de miséria e grandeza, leva-o a procurar com sinceridade uma realidade verdadeira e superior. Finalmente, deve-se examinar se nos revelou, de alguma forma, essa fonte de grandeza que encontramos em nós. Nesse exame, conclui-se que a religião cristã, reforçada pelos milagres e profecias, destaca-se como a verdadeira.

Várias são as provas pelas quais, segundo Pascal, podemos chegar até a crença verdadeira, até a "visão desse Deus de Abraão, de Isaac e de Jacó", o único capaz de decifrar o nosso paradoxo humano. Entre as diversas razões, aponta uma particular e própria: o conhecimento do "coração". Entre a razão e a sensibilidade, o conhecimento do coração — "a lógica do coração" — é o resultado de uma integração da universalidade racionalista dentro da fé pessoal. Dessa forma ganha sentido e valor o que é: "O coração tem razões que a inteligência não tem". É uma prova auxiliar, não principal. Trata-se da famosa "aposta" na jogamos por uma todas as demais coisas. Podemos e devemos apostar na existência de Deus. Nesta aposta arriscamos uma série de bens finitos, mas ganhamos um bem infinito. Se se ganha, ganhamos tudo; se se perde, não perdemos nada. Deve-se apostar, portanto, que existe Deus, que é infinito, e jogamos contra algo finito. O caráter utilitário da prova indica-nos que ela é dirigida para os incrédulos: um passo prévio para dispor o espírito à procura do verdadeiro Deus. Não é uma prova que demonstre a verdade do cristianismo. Com ela não se demonstra que o cristianismo seja uma religião verdadeira: continua um mistério. Se é "o coração o que sente Deus e não a razão", deve-se procurar um "Deus vivo" e não uma "verdade eterna", ou um "organizador do universo", o chamado "deus dos filósofos". Deve-se procurar Deus em Jesus Cristo, o único que salva do ateísmo e do deísmo, e o único que permite o que é mais importante e decisivo: a salvação. Devemos comunicar-nos com Deus através da mediação com Jesus Cristo. Desta forma, o conhecimento de Deus deve ser ao mesmo tempo o conhecimento de nossa miséria. Em conseqüência, o problema que se deve tratar racionalmente é o das provas da verdade de Jesus Cristo, baseadas nos milagres e nas profecias. Assim sabemos qual é a verdadeira religião.

— Os que se extraviam, fazem-no por não verem uma destas coisas. Pode-se conhecer Deus sem conhecer a própria miséria, e a miséria sem Deus. Mas não se pode conhecer Jesus Cristo sem conhecer, ao mesmo tempo, a Deus e a própria miséria.

— Jesus estará em agonia até o fim do mundo: se não deve dormir durante esse tempo (735).

— Não conhecemos Deus senão por Jesus Cristo. Sem esse mediador, fica suprimida toda comunicação com Deus; por Jesus Cristo conhecemos a Deus. Todos os que pretenderam conhecer Deus e demonstrá-lo sem Jesus Cristo, não tinham mais do que provas impotentes (729).

BIBLIOGRAFIA: *Oeuvres complètes*. Ed. de L. Brunschvich, 1904-1914, 14 vols.; J. Mesnard, *Pascal: el hombre y su obra,* 1973.

Pastor, Ludwig von (1854-1928)

Nascido em Aquisgrana, Pastor lecionou em Innsbruck a partir de 1880. Foi diretor do Instituto Histórico de Áustria em Roma. Terminada a 1ª Guerra Mundial, foi representante da Áustria diante da Santa Sé, cargo que lhe permitiu continuar a obra à qual havia dedicado sua vida desde que, ainda estudante, pensara contrapor à *História dos papas* do protestante *Ranke, uma história objetiva e documentada.

Com sua morte, em 1928, deixa uma *História dos papas* que abrange desde os princípios do século XIV até finais do XVIII. O grande mérito de Pastor apóia-se, principalmente, na exploração sistemática das fontes, tanto do Arquivo do Vaticano, o primeiro de que se pôde aproximar, influindo ele mesmo na decisão de *Leão XIII de abri-lo a todos os pesquisadores, como de outros numerosos arquivos europeus. Seu mérito completa-se por ter-nos oferecido uma reconstrução substancialmente livre de preocupações apologéticas, e superior, por isso mesmo, a muitas sínteses da historiografia liberal, dominadas muito freqüentemente por concepções aprioristicas, muito mais do que pela procura da verdade através da exploração das fontes. Não são muito sólidas as acusações que lhe fizeram baseadas em motivos confessionais. A obra de Pastor continua sendo válida em seu conjunto, pelo menos como ponto de partida insubstituível para qualquer pesquisa e como fonte de informação de altíssimo valor.

BIBLIOGRAFIA: *Historia de los papas,* 16 vols., em 22 tomos. Barcelona 1910-1937; G. Martina, *La Iglesia de Lutero a nuestros días,* I, 27s., sobre historiografia da Igreja.

Patrologia

*Padres da Igreja.

Paulino de Antioquia (353-431)

*Jerônimo, São.

Paulo, Apóstolo, São (10-67 d.C.)

Saulo ou Saul, conhecido mais tarde como Paulo, nasceu em Tarso, Ásia Menor, de família hebréia, na primeira década do séc. I. Cidadão romano por seu nascimento numa cidade livre, foi educado, desde sua juventude, pelo sábio rabino Gamaliel, nas doutrinas dos fariseus. Grande inimigo da nascente Igreja e implicado na morte de Estêvão, o primeiro mártir cristão, sua vida mudou bruscamente por seu encontro no caminho de Damasco com o Senhor ressuscitado. Jesus manifestou-lhe a verdade da fé cristã e lhe deu a conhecer sua missão especial de apóstolo dos gentios (At 9).

Isso aconteceu pelo ano 36. A partir desse momento, dedicou toda a sua vida ao serviço de

Cristo, que o havia "alcançado". Depois de permanecer três anos no deserto da Arábia, voltou a Damasco, subiu a Jerusalém (pelo ano 39), e depois retirou-se para a Síria-Cilícia. Começou sua pregação em Antioquia e, em seguida, empreendeu sua primeira viagem apostólica (entre o ano 45-49): anunciou o evangelho em Chipre, Panfília, Pisídia e Licaônia. E então mudou seu nome de Saulo para Paulo, pelo qual será conhecido.

No ano 49 participou do Concílio Apostólico de Jerusalém, no qual foi reconhecida sua missão como apóstolo dos gentios, depois de a assembléia ter admitido que a lei não obrigava os cristãos convertidos do paganismo. Vêm em seguida a sua segunda e terceira viagens apostólicas entre os anos 50-52 e 53-54, respectivamente. No ano 58 foi detido em Jerusalém e mantido na prisão em Cesaréia da Palestina até o ano 60. No outono desse ano, o procurador Festo enviou-o em escolta a Roma, onde Paulo permaneceu dois anos (61-63). Cancelado o seu processo, ficou livre. É provável que nesta situação se dirigisse à Espanha, conforme seu desejo (Rm 15,24), e a outras regiões do Oriente. O último cativeiro em Roma terminou com o martírio, segundo a tradição mais primitiva, e que pode ser colocado pelo ano 67.

— A figura e a atividade de Paulo nos foram transmitidas fundamentalmente pelos *Atos dos Apóstolos,* dos quais é o personagem principal, e pelas *14 cartas* que se conservam e que formam uma terceira parte dos livros canônicos do Novo Testamento. A literatura apócrifa tratou também de engrandecer a vida e os feitos de Paulo, ornamentando-os de fantasia e milagres. Sobre o valor dos *Atos dos Apóstolos* (*Lucas) como fonte para a vida de Paulo, ninguém duvida que oferece dados de primeira mão. De suas 14 cartas, 7 são consideradas autênticas: *Romanos, 1 e 2Coríntios, Gálatas, Filipenses, 1Tessalonicenses e Filêmon.* A opinião dos estudiosos varia sobre a autenticidade de *Efésios, Colossenses e 2Tessalonicenses.* As cartas pastorais — *1 e 2Timóteo e a de Tito* — consideram-se escritas depois de sua morte. Os dados dos apócrifos não têm, em seu conjunto, valor histórico.

— Paulo é, antes de tudo, um pregador do "querigma apostólico", proclamação de Cristo crucificado e ressuscitado conforme as Escrituras. Seu evangelho não é "coisa sua", é o evangelho da fé comum aplicado à conversão dos gentios. Suas *cartas*, então, nada mais são do que confirmação e ampliação da mensagem transmitida de viva voz às comunidades. Para nós, as cartas são, hoje, a voz e a doutrina de Paulo. Damos uma breve nota sobre elas:

— *Carta aos Romanos*. Escrita pelo ano 57, em Corinto, foi dirigida à comunidade de Roma, composta por cristãos, convertidos do paganismo, e por alguns judeus convertidos. O tema central é a ação de Deus através de Jesus Cristo para salvar a humanidade destroçada pelo pecado. A salvação do homem realiza-se pela fé em Jesus, o Messias, manifestação suprema de Deus ao homem. Em conseqüência, há uma mudança no íntimo do homem, efetuada pelo Espírito de Deus, que acaba com o domínio do pecado e permite uma vida nova. A salvação realiza-se por uma nova solidariedade do homem com o Messias, Jesus, o novo Adão, princípio de uma humanidade nova.

— *Cartas 1 e 2Coríntios*. 1Coríntios foi escrita aos cristãos de Corinto, provavelmente no ano 56. Seu objetivo é restabelecer a unidade da comunidade perturbada por elementos estranhos à doutrina pregada por ele três anos antes. 1Coríntios contrapõe Cristo-sabedoria de Deus à vã sabedoria do mundo; a fé em Cristo à orgulhosa confiança na razão do espírito grego dominante na cidade. As duas Cartas aos Coríntios não são um tratado; são respostas a problemas práticos colocados pela mesma comunidade cristã. Destacam-se, principalmente, o tema da ressurreição dos mortos, a celebração da Eucaristia, os dons ou carismas.

— *Gálatas*. Escrita entre os anos 54-57, Gálatas é o manifesto da liberdade cristã. Paulo ensina que "o crescimento pessoal" a que Deus chama o homem não se obtém pela fidelidade minuciosa a um código de leis ou regras, mas pelo uso responsável da liberdade. A relação criadora do homem não se estabelece com um código, mas com Cristo, presente no profundo do ser. O guia da liberdade é o amor a si próprio e aos demais, que se identifica com o interesse ativo pelo bem do próximo (5,6.13.15). A carta é certamente autêntica e reivindica o apostolado de Paulo e sua doutrina. Reafirma a validade do Evangelho como contraditório à Lei e à espiritualidade legalista. O tema desta carta completa o tema da Carta aos Romanos.

— *Filipenses* é outra das cartas autênticas de Paulo. É a primeira das cartas chamadas do "cativeiro", por tê-la escrito no cárcere. Sua data de redação está entre os anos 55 e 57. Filipenses é a carta da alegria cristã, inclusive diante da perspectiva da morte. A vida do cristão está centrada em Cristo no presente com a esperança do futuro e se manifesta no afeto, união, amor e alegria da comunidade, de onde é desterrada toda a rivalidade e orgulho.

A Filipenses devemos unir as cartas aos Colossenses e aos Efésios, também chamadas cartas do cativeiro. Essas duas cartas, no entanto, nem todos as reconhecem como autênticas de Paulo. Para a primeira propõem-se diversas datas de composição, que oscilariam entre os anos 54-63. Para Efésios, dá-se uma data posterior, entre os anos 80-100 de nossa era.

Em *Colossenses,* Paulo apresenta a plenitude de Cristo, que começa por uma renovação interior do homem e continua por uma associação à própria vida de Cristo, declarando que a ascética é impotente para renovar o homem. O resultado é a nova qualidade das relações humanas, opostas às vigentes no mundo, e que rompem as barreiras entre os homens. Em *Efésios* podemos apreciar o grande documento da unidade eclesial.

— *1 e 2Tessalonicenses*. A primeira considera-se como autêntica de Paulo e foi escrita próximo ao ano 49-50. A autenticidade da segunda é incerta. Poderia ser atribuída a um discípulo de Paulo de finais do séc. I.

Em 1Tessalonicenses, Paulo aclara algumas dúvidas sobre a sorte dos mortos e sobre a vinda escatológica de Cristo. Corrige algumas deficiências na vida da comunidade, como a preguiça no trabalho e certa inquietude pela crença na volta iminente do Senhor. A 2Tessalonicenses propõe um ensino sobre a vinda do Senhor, que não coincide com a que se dá na primeira. Enquanto nesta se afirma claramente que não haverá sinais que anunciem a volta do Senhor, na segunda enumeram-se uma série de signos precursores. Tudo isso faz pensar num autor diferente e numa data também diferente da primeira.

— *Carta a Filêmon*. A mais breve das cartas de Paulo; é considerada "carta do cativeiro", já que Paulo a escreveu do cárcere a Filêmon, um cristão poderoso, convertido por ele, e recomenda a Onésimo, escravo de Filêmon, fugido depois de cometer um roubo.

— *Cartas a Timóteo (1 e 2) e a Tito*. Chamadas, desde o séc. XVIII, "cartas pastorais". São cartas individuais, não a comunidades cristãs. Tanto Timóteo quanto Tito foram companheiros e colaboradores de Paulo. A autenticidade dessas cartas é muito discutida. Tudo faz supor que foram escritas no final do século I. Seu texto gira em torno da organização e cuidado pastoral desses grupos de cristãos.

— *Carta aos Hebreus*. É, na realidade, um sermão que se envia por escrito para ser lido por outras comunidades, de estilo retórico e solene. Seu autor é um mestre judaico-cristão, muito versado na Escritura, com grande penetração teológica e grande domínio da língua. Seu estilo não se parece em nada ao de Paulo. Sua data de composição é incerta, embora anterior ao ano 96. Os estudiosos inclinam-se a não atribuí-la a Paulo, embora também não seja fácil atribuí-las a nenhum dos personagens do tempo. Seu autor, portanto, é anônimo.

A carta é dirigida aos hebreus, isto é, a cristãos convertidos do judaísmo. Adverte-os sobre a apostasia, oferecendo-lhes magníficas perspectivas sobre a vida cristã concebida como uma peregrinação em direção ao repouso prometido, à pátria celestial com Cristo como guia superior a Moisés. Para isso, contrapõe a pessoa de Cristo Sacerdote conforme a ordem de Melquisedec, e seu único sacrifício, o único válido, aos sacrifícios e sacerdotes do Antigo Testamento.

— Não é este o lugar e o momento de um estudo completo da personalidade e doutrina de Paulo. Basta afirmar a importância e influência decisiva que sua vida e sua obra escrita tiveram no cristianismo em geral e na vida dos cristãos em particular. Por sua vida, apresenta-nos como o modelo de seguidor de Cristo, o modelo de quem deixou tudo por ele. Como evangelizador e escritor, foi o apóstolo e o mestre para a Igreja de todos os tempos. As diferentes interpretações que, ao longo do tempo, deram-se de Paulo e sua doutrina não anulam o magistério perene que exerce desde sempre. Paulo é de Cristo, e Cristo da Igreja.

BIBLIOGRAFIA: G. Bornkamm, *Pablo de Tarso*. Salamanca 1982; G. Eichholz, *El evangelio de Pablo. Esbozo de una teología paulina*. Sígueme, Salamanca 1977; J. A. Fitzmyer, *Teología de San Pablo. Síntesis y perspectivas*. Cristiandad, Madrid 1975; "Cuadernos bíblicos", série de vários volumes sobre Paulo e suas cartas. Verbo Divino, Estella 1976s.

Paulo III, Papa (1468-1549)

*Trento, Concílio de.

Paulo VI, Papa (1897-1978)

Giovanni Battista Montini nasceu em Concesio, Brescia, de família piedosa da burguesia lombarda. Cursou seus estudos nos jesuítas, para passar aos 20 anos para o seminário, e ser ordenado sacerdote em 1920. Completou seus estudos superiores de Filosofia e Direito, ingressando depois na diplomacia vaticana. Passou os três primeiros anos de sua carreira como agregado à Nunciatura de Varsóvia, ficando definitivamente, e por mais de 30 anos, vinculado à Secretaria de Estado do Vaticano. A partir dos anos 30, transformou-se num dos mais próximos colaboradores do cardeal Pacelli, eleito papa em 1939 com o nome de *Pio XII. De 1954 a 1963 presidiu como arcebispo a diocese de Milão, sendo eleito nesse mesmo ano papa com o nome de Paulo VI.

Paulo VI, tímido, de inteligência brilhante, grande trabalhador, místico, contrastava com seu predecessor, *João XXIII, e dava a impressão de fragilidade. Parecia dominado pela dúvida e pela vacilação; no entanto, os anos e a distância devolvem-nos a imagem de um grande homem de Igreja, um intelectual que levou a bom porto o Concílio *Vaticano II e a obra de reforma dele nascida.

Dos três grandes capítulos de seu pontificado: o Vaticano II, as viagens apostólicas e os interesses sociais, ecumênicos e pastorais, o primeiro é, de longe, sua principal preocupação. Depois de sua eleição, declarou que tentou prosseguir a tarefa empreendida por seu predecessor. De 1962-1965 convocou e presidiu as quatro últimas sessões do Concílio *Vaticano II. Paulo VI dirigiu-as, dando aos intrincados problemas do momento uma compreensão acadêmica e um tratamento fruto de seus longos anos de experiência diplomática. Foi suficientemente aberto para manter o Magistério da Igreja em matéria de fé e de moral, fiel à tradição, e fiel também aos sinais dos tempos.

Essa abertura natural e calculada — olhando ao mesmo tempo para a frente e para trás —, o pontífice a usou na aplicação da reforma postulada pelo Concílio. Seus críticos atribuíam-na a sua timidez, indecisão e incerteza. Houve quem acreditasse ver nele a sombra de Hamlet. Entretanto, muitas de suas decisões dos anos posteriores ao Concílio são fruto de uma coragem e de uma decisão autênticas. Progressivamente começaram a funcionar as instituições previstas pelos textos conciliares. Organizaram-se as conferências episcopais em todos os países. Criaram-se as diferentes comissões de liturgia, de ecumenismo, de apostolado social, de leigos etc. Empreendeu importantes reformas da Cúria Romana e das indulgências (1967), do calendário litúrgico e do Missal Romano (1969), do breviário (1970), das ordens menores (1972), do consistório (1970). Ao mesmo tempo criou novos organismos para agilizar o aparelho eclesial burocrático e a criação pastoral do sínodo episcopal desde 1965.

Sua fidelidade à tradição — e a falta de inovação — ficou impressa em suas encíclicas, cartas apostólicas e discursos que, em ocasiões, suscitaram desaprovação e crítica dos elementos mais progressistas da Igreja. Por exemplo, a encíclica sobre o celibato sacerdotal (1967) e a *Humanae Vitae* (1968). Nesta última linha de plasmar e dirigir a reforma do Concílio estão suas encíclicas *Ecclesiam Suam* (1964), *Populorum Progressio* (1967), em que afirma que o progresso deve ser integral e afeta todos os aspectos: econômico, cultural e espiritual; a *Octogesima Adveniens* (1971) sobre questões sociais, e outras sobre a vida religiosa (1971) e sobre a evangelização (1976).

Com Paulo VI, a Igreja parece ter encontrado uma dimensão mundial, tomando parte ativa entre os que procuram a solução dos problemas deste mundo. Com as viagens, os encontros e os gestos, o papa ganhou a simpatia dos cristãos e dos não-cristãos. O papa esteve em Nova York, sede das Nações Unidas, em 1965; em Portugal e em Istambul, onde encontrou-se com o patriarca Atenágoras, em 1967; na América Latina em 1968; em Genebra e Uganda em 1969; no Extremo Oriente em 1970. Sem esquecer sua primeira viagem à Terra Santa (1964) e seu encontro com o arcebispo de Cantuária em 1970. Os temas tratados por Paulo VI nessas viagens eram basicamente os mesmos: a paz mundial, a justiça social, a fome e a ignorância no mundo, a fraternidade universal em Deus e a cooperação internacional.

BIBLIOGRAFIA: G. Alberigo-J. P. Jossua, *Recepción del Vaticano II*. Cristiandad, Madrid 1987; C. Floristán-J. J. Tamayo, *El Vaticano II, veinte años después*. Cristiandad, Madrid 1985; R. Laurentin, *Balances*. Taurus, Madrid 1964; J. L. González-T. Pérez, *Pablo VI*, 1964.

Pedro Lombardo (1100-1160)

O nome de Pedro Lombardo está vinculado às *Sumas* ou compêndios de teologia da escolástica medieval. Sua influência é patente nas escolas e autores medievais. Sua obra principal, a *Summa Sententiarum*, foi livro de texto até boa parte do séc. XVI.

Nascido em Lumello (Novara), estudou em Bolonha, para passar depois à escola de São Vítor em Paris e, de 1140, à escola-catedral de Paris. Foi nomeado bispo desta cidade em 1159, morrendo provavelmente em 1160.

As obras de Pedro Lombardo que chegaram até nós são um *Comentário às epístolas de São Paulo* e outro aos *Salmos*. Sua obra principal, como se sabe, são os *Libri quattuor Sententiarum,* conhecidos também como *Summa Sententiarum,* que lhe valeu o título de "Magister Sententiarum".

A *Summa Sententiarum* insere-se no gênero literário de summas ou compêndios, em que os professores expunham sua doutrina teológica para os alunos. São uma série de sentenças ou proposições que seguem uma ordem mais ou menos lógica sobre diferentes pontos ou teses de teologia. A essas sentenças tomadas das Escrituras ou da patrística, seguia o texto original, que não era mais do que a explicação das mesmas conforme o critério do mestre.

As *Sentenças* de Pedro Lombardo transformaram-se, muito cedo, num dos livros fundamentais do ensino filosófico-teológico medieval.

Embora sua originalidade filosófico-teológico fosse escassa, essas *Sentenças* tinham, entretanto, a vantagem de oferecer uma doutrina coerente e sistemática dos conteúdos da fé cristã.

A *Summa Sententiarum* está dividida em quatro livros. Os três primeiros tratam das coisas (*res*) que não são símbolos de outras coisas. O quarto ocupa-se dos signos (*signa*) que simbolizam outras coisas, isto é, os sete sacramentos. Temos assim: Livro I: *Deus;* Livro II: *As criaturas;* Livro III: *As virtudes e a salvação;* Livro IV: *Os sacramentos*. Um esboço do que seriam as *Summas* dos séc. XIII e XIV e os manuais posteriores de teologia.

Como dissemos, a *Summa Sententiarum* não nasce "ex novo". Copia com freqüência de outras summas e autores como Hugo de São Vítor, dos textos patrísticos coletados no *Decretum Gratiani* etc. Utiliza muitas das classificações de São *João Damasceno em *De fide orthodoxa*. Sua principal contribuição vem dos textos e opiniões de Santo *Agostinho, Santo *Hilário, Santo *Ambrósio, São *Jerônimo, São *Gregório Magno, *Cassiodoro, Santo *Isidoro, São *Beda etc.

"Ao expor sistematicamente a doutrina cristã, Pedro Lombardo preocupa-se mais em conservar o patrimônio da tradição que de em aprofundar-se nele. Não é um espírito original, mas um compilador, como ele mesmo confessa no prólogo, onde diz que seu objetivo é compendiar, numa obra breve, as *sentenças dos santos padres, para evitar que o estudante tenha o fatigante trabalho de recorrer a textos originais" (*Diccionario de filósofos*).

Numa condensada e obrigatória síntese do pensamento e do método de Pedro Lombardo, diremos que: a) apesar de sua afirmação de que "acredita nos pecadores, não nos dialéticos", nosso autor é um dialético que procura fazer valer todo o peso de sua razão em apoio à autoridade dos textos citados; b) emprega e serve-se de todos os meios possíveis para a compreensão dos textos patrísticos; c) é notável a influência que tem *Abelardo sobre ele, assim como o empenho de realizar um trabalho sistemático em teologia. Resumindo, é um dos escolásticos cujo peso se faz sentir em outros mestres, obrigando-os a um comentário sobre suas *Sentenças*. Somente F. de *Vitória e Cayetano conseguiram deixá-lo de lado nas escolas, impondo a *Summa* de Santo *Tomás.

BIBLIOGRAFIA: *Obras:* PL 191-192; São Boaventura, *Opera omnia,* nos tomos I-IV aparecem os *Libri quattuor Sententiarum.* Quaracchi 1882-1889; P. Delhaye, *Pierre Lombarde, sa vie, ses oeuvres, sa morale.*

Pedro, o Venerável (1092-1156)

*Abelardo, Pedro.

Péguy, Charles (1873-1914)

*Mounier, E.; *Literatura atual e cristianismo.

Petrarca, Francesco (1304-1374)

Nasceu em Arezzo e morreu em Arquà sui Cilli Euganei. Petrarca é considerado o iniciador e mestre do humanismo. Se *Dante ainda está ligado, doutrinalmente, à Idade Média, Petrarca afasta-se daquele mundo até mesmo em sua doutrina. Viu nos *Studia humanitatis* um instrumento muito eficaz e uma nova força espiritual para criar uma nova cultura e uma nova concepção da vida.

Em que consistia essa nova cultura e concepção da vida? Petrarca deixou-o bem claro em sua primeira obra *De sui ipsius et multorum ignorantia* (1337-1338), chamando a um retorno à antiga sabedoria romano-cristã representada por Cícero e Santo *Agostinho. A sabedoria clássica e cristã é a que se fundamenta na meditação interior, através da qual a personalidade do homem aclara-se e se forma. O modelo e o método neste retorno ao interior é, para Petrarca, Santo Agostinho. É o mais próximo de seu espírito e a quem procura retornar continuamente.

— Esse procedimento foi aplicado em sua obra posterior *De contemptu mundi* (entre 1347-1353), conhecida também como *Secretum*. Santo Agostinho compendia todas as exigências e ensinamentos de Petrarca. No diálogo entre Francisco e Agostinho, o poeta faz uma confissão de seu conflito interior. Confessa ser vítima da *acídia* — o tédio doloroso da vida — a doença medieval dos claustros. Encontra a resposta nas *Confissões* de Santo Agostinho, que sempre levava consigo. "Os homens se esquecem de si próprios e ficam sem admiração diante de si mesmos." Terminou reconhecendo que toda a sabedoria antiga tende a concentrar o homem em si mesmo e que o "noli foras ire" agostiniano e o "scito te ipsum" socrático são equivalentes.

— Descobre também que toda a sua vida está dividida entre a admiração pela natureza e a incitação da sabedoria. Em seu espírito, combatem o chamado do mundo e o convite à concentração interior. Essa é a luta característica de sua personalidade. Vive a experiência do contraste entre a fuga do mundo e a procura das honras, a coroação no Capitólio, a glória, o amor de Laura, o amor à natureza e o desejo de riquezas e de glória. O *contraste* é reconhecido como lei de vida em sua obra posterior *De remediis utriusque fortunae* (1366). "Tudo — afirma — acontece através do *contraste*, e o que se chama aventura na verdade é luta." "E a luta maior, mais dura, é a que se estabelece dentro do homem." "Nunca está completo; nunca é uno, mas está internamente em discordância e lacerado."

— Esse pessimismo petrarquiano fica suavizado com o anúncio e a esperança do renascer de uma era de paz. Anuncia o retorno à idade áurea do mundo, ou seja, à era da paz e da justiça: "Anime belle e di virtute amiche terranno il mundo...".

E o retorno à idade áurea é um regresso a "le opere antiche", aos costumes e às artes antigas. Para esse advento contribuiu com sua obra de poeta e de historiador. Seu poema *África*, seu livro *De viris illustribus* não são mais do que a tentativa de adiantar a vinda da idade de ouro com o exemplo das grandes figuras da Antigüidade. Nesta mesma linha inscreve-se sua obra *Rerum memorandarum libri IV* (incompleta). No *De vita solitaria* advoga pelo *otium*, garantia da liberdade do espírito contra a dispersão de quem se deixa dominar pelas ocupações mundanas, tal como se manifesta na vida dos eremitas cristãos.

— Numa síntese muito condensada do pensamento de Petrarca — não nos ocupamos de sua arte e poesia —, podemos concluir: a) em Petrarca, o culto à Antigüidade clássica e cristã leva consigo uma crítica à Idade Média, o descobrimento numa primeira formulação das linhas programáticas da consciência moderna; b) Petrarca contribui ainda com a formação do aspecto filosófico e especulativo do humanismo. Para isso faz uma crítica do aristotelismo em todas as suas formas, desde o averroísmo até a escolástica; c) ao aristotelismo Petrarca contrapõe uma *sabedoria* que não é uma filosofia em sentido intelectualista, mas uma concepção da vida em função de suas exigências morais e religiosas. Para isso aponta na direção de três homens: Platão, Cícero e Santo *Agostinho. Deles receberá a preocupação pelo homem e por todos os seus problemas morais e religiosos.

"O pensamento filosófico de Petrarca manifesta-se no desinteresse pela ordem da natureza, na aversão a toda forma de cosmologismo, na redução da filosofia ao problema da interioridade humana e o caráter essencialmente religioso da busca da sabedoria, orientada para uma fundamental finalidade soteriológica. Nessa orientação já existe um sensível afastamento da espiritualidade medieval, assim como uma clara antecipação da consciência moderna" (*Diccionario de filósofos*).

BIBLIOGRAFIA: *Francisci Petrarcae Opera omnia*. Basiléia 1581; *Diccionario Bompiani de Autores Literarios*. Planeta-Agostini, Barcelona 1987.

Pico de la Mirândola, João, Conde de Concórdia (1463-1494)

Esse jovem aristocrata do "quattrocento" italiano é chave para se entender o humanismo. Provocador em sua vida, em seus gestos e em seus escritos, encarna o desejo do saber universal além das formas e das escolas. Ensaiou um tipo de vida e de pensamento original, rompendo os moldes de seu tempo. Não se limitou ao estudo do latim e do grego — que começam a dominar nos ambientes cultos da Itália —, mas se iniciou no conhecimento das línguas orientais: hebraico, árabe e caldeu. Mergulhado na verdade filosófica e religiosa — acima de tudo — trata de procurá-la em Platão, Aristóteles e Averróis; estudou as Escrituras cristãs e os *Oráculos caldeus,* a *cabala* e o *Corão*. Viveu onde viveu a ciência: Ferrara, Pádua, Florença, Paris. Escutou *Savonarola, sem tomar partido por sua causa, e se aproximou de *Ficino, sem entrar em sua escola nem no círculo de seus amigos.

— Porém, o que mais se destacou neste jovem inquieto foi seu entusiasmo pelos novos ideais científicos. Estimulou-o a verdade filosófica e religiosa — que se apresenta nua a quem a procura com afã — e que deve ser transmitida aos demais tal como é, sem as roupagens da retórica. Em 1486 irrompeu na vida pública com a aparição em Roma de suas *900 Conclusões ou Teses (Conclusiones philosophicae, cabalisticae et theologicae)*. Das 900 teses, 402 foram tomadas das mais díspares fontes culturais: filósofos e teólogos latinos, peripatéticos árabes, platônicos, matemáticos, pitagóricos, teólogos caldeus, Hermes Trismegisto, cabalistas hebreus. As demais eram fruto de sua reflexão pessoal. Umas queriam introduzir novas verdades filosóficas; outras tentavam demonstrar a verdade sobre o cristianismo, como ponto de convergência da tradição cultural, religiosa, filosófica e teosófica de diversos países. Essas teses deveriam ser discutidas por sábios de todo o mundo, num congresso convocado e sufragado por Pico, e que não se levou a efeito.

— Passou à história do pensamento com *Oratio de hominis dignitate,* que precedeu às *Conclusões* como introdução. O homem é, para ele, o centro da realidade, colocado por Deus para que pudesse escolher livremente a meta de suas aspirações e viver, de acordo com sua escolha, a vida das bestas ou a dos seres divinos.

— Pico nega a proposição neoplatônica de que o homem é intermediário entre o mundo terreno e o divino. O homem não é *copula mundi,* nem *mensura mundi*, nem *microcosmos*. O homem não tem teto nem medida: pode ser o que quiser. O homem encontra-se fora dessa hierarquia e possui uma capacidade ilimitada para o auto-aperfeiçoamento espiritual. O valor da verdade filosófica encontra-se em sua capacidade de purificar a alma humana e de contribuir para a sua perfeição.

— Pico expressa essas idéias na célebre passagem do *Discurso sobre a dignidade do homem.* Diz assim: "Por fim me pareceu chegar a entender por que o homem é o ser vivo mais feliz e, por isso, o mais digno de admiração. E cheguei a entender também qual é a condição que lhe coube na sorte dentro do universo... Tu marcarás tua natureza segundo a liberdade que te entreguei, pois não estás submetido a nenhum caudal estreito. Não te fiz celeste nem terrestre, nem mortal nem imortal. Tu mesmo deves dar-te a forma que preferires para ti".

— Pico é um eclético: a) Sustenta que todas as filosofias contêm verdades de valor. b) Platão e Aristóteles coincidem substancialmente na concepção do ser e do uno (*De ente et uno,* 1492). c) Desenvolve a idéia de um fundo primitivo de sabedoria divina desde as obras dos herméticos até o cabalismo judeu que, segundo ele, encerrava uma tradição de saber essencial para a interpretação da Bíblia. d) Vê a natureza impregnada de um hálito divino. Em sua obra *Disputationes adversus astrologiam* (1493), opôs-se à astrologia e à magia convencional, qualificando-as de "inimigas da religião". Não obstante, Pico procura algo mais profundo do que a bela forma literária: a verdade filosófica e religiosa. "Com isso, a cultura renascentista, saindo da fase filológica e literária, começou a caminhar para uma concepção científica e ao mesmo tempo religiosa do universo".

BIBLIOGRAFIA: *Opera omnia*. Ed. de E. Garin, Turim 1971; P. O. Kristeller, *Ocho filósofos*. México 1974, com bibliografia; *Humanismo y Renacimiento*. Tradução e seleção de Pedro R. Santidrián, em que aparece o *Discurso sobre la dignidad del hombre*, 121.

Pietismo (séc. XVII)

*Pietistas.

Pietistas (séc. XVII)

O *pietismo* não deve ser confundido com o *quietismo*, nem muito menos com o *puritanismo*. Esse último é um movimento de reforma que surgiu e evoluiu nos séc. XVI-XVII na Igreja da Inglaterra e que se transportou às colônias da América do Norte, onde criou o "modelo de vida puritana" que todos conhecem. O *quietismo* é um produto da Igreja Católica. Nasceu na Espanha (*Molinos; *Fénelon) e teve ramificações na Itália e na França. O pietismo nasceu na Alemanha protestante do século XVII. Acentua a fé pessoal em protesto contra a secularização da Igreja. Surgiu como reação da guerra dos "trinta anos" na Alemanha e estendeu-se um pouco por toda a Europa sempre que a religião se divorciava da experiência pessoal. Foram vários os motivos imediatos desse movimento, entre eles o endurecimento escolástico do luteranismo diante dos seus adversários, e a influência vinda do exterior, das obras dos puritanos ingleses, como Richard Baxter, John *Bunyan e outros exilados na Holanda, como William Ames.

Embora, mais tarde, derivasse para uma literatura devocional, baseada em parte na tradição mística alemã, o próprio dos pietistas foi uma "teologia do coração", alimentada pelos escritos de Johann Arndt (1555-1621). Encontraram seu refúgio na Palavra pela leitura e meditação da Bíblia, reforçada pela força dos hinos da liturgia luterana. O principal representante desse movimento pietista na Alemanha foi F. Jacob Spener (1635-1705). Em seu ministério em Frankfurt, ficou impressionado com a vida decadente da cidade e organizou os primeiros *collegia pietatis,* nos quais os leigos cristãos reuniam-se regularmente para trocar suas experiências e fazer a leitura espiritual. Essas práticas transformaram-se em características dos *colegia pietatis*, recebendo seus freqüentadores o nome de pietistas.

Em sua obra mais famosa, *Pia desideria* (1675), Spener expôs as debilidades da ortodoxia e adiantou uma reforma cujos pontos principais são: a) maior uso privado e público das Escrituras; b) maior dedicação por parte dos leigos de suas responsabilidades sacerdotais como crentes; c) a necessidade de que a fé viva dê frutos práticos; d) que a formação para o ministério ressalte mais a piedade e o conhecimento do que a disputa; e) que a prédica dirija-se mais à edificação. Para isso, os *collegia pietatis* foram um instrumento muito eficaz, assim como foram entre os católicos os *Oratórios (*Filipe Néri; *Bérulle).*

O sucessor de Spener foi Auguste H. Francke (1663-1727), da Universidade de Halle. Baseado no princípio de que "um grão de fé verdadeira vale mais do que um quintal de erudição histórica, e uma gota de caridade mais do que um oceano de ciência", lançou-se a uma campanha intensa de alfabetização e de criação de escolas e de um seminário para mestres, nos quais se busca, fundamentalmente, "a piedade do coração". Francke é considerado um dos grandes pedagogos da fé e da piedade cristãs, assim como das letras humanas. Exemplo disso é seu livro *Doutrina mais breve e simples para dirigir as crianças à* *verdadeira piedade e ao espírito cristão* (1702), que constitui um verdadeiro plano de ensino. Francke teve muitos outros seguidores, entre eles o fundador dos Irmãos moravos, um dos quais foi *Comenius, o autor da *Didática magna* (*Educadores cristãos*). Desta forma, o pietismo não só se abriu às novas formas de educação cristã, mas também a uma nova pastoral, à ação missionária e litúrgica. O movimento pietista calou fundo no seio do protestantismo alemão e de regiões de sua influência. Desde o século XVIII, estimulou direta ou indiretamente todos os movimentos "revivalistas" dos séc. XIX e XX.

BIBLIOGRAFIA: J. M. Gómez-Heras, *Teología Protestante* (BAC).

Pio IV (1499-1565)

*Trento, Concílio de; *Símbolo dos Apóstolos.

Pio V (1504-1572)

*Catecismo.

Pio IX (1792-1878)

*Vaticano I; *Syllabus.

Pio X, São (1835-1914)

*Loisy; *Modernismo; *Teologia atual, Panorama da.

Pio XII (1876-1958)

Eugênio Pacelli, Papa Pio XII de 1939 a 1958, mostra em que medida o Magistério da Igreja adquire sua consciência e desenvolvimento pleno nos últimos tempos. Pio XII é o gesto, a voz e a presença da Igreja na guerra e na paz, na construção de um mundo novo, de uma nova ordem moral e espiritual, de um perfil e de uma disposição cristã diferente. A palavra e a presença da Igreja fizeram-se ouvir através de suas alocuções irradiadas, diretas, através de encíclicas, discursos, intervenções. Observou-se, no entanto, o caráter de preparação e antecipação que o pontificado de Pio XII teve com relação à Igreja e ao mundo do *Vaticano II e de nossos dias. Da mesma forma, acusa-se o estilo pessoal do papa diante do imobilismo das estruturas; o centralismo de Roma diante da iniciativa das Igrejas particulares, dos movimentos e dos indivíduos.

Contudo, não se pode passar por cima de algo que caracteriza e resume tanto a atividade de Pio XII como a de seu predecessor Pio XI: a solicitude pastoral por uma presença do Evangelho no mundo moderno, dentro e fora da Igreja. A necessidade de sair ao encontro dos problemas do mundo moderno permite-nos ressaltar as principais frentes de atuação do pontífice: 1) Atividade diplomática, baseada no princípio e no valor dos acordos, que trata de preservar os privilégios e a liberdade de ação da Igreja, mesmo em regimes irreconciliáveis com os princípios cristãos. Como exemplo, sua atividade diplomática com a Alemanha nazista, com a Itália de Mussolini, com a Espanha de Franco e o Portugal de Salazar. Muito discutida foi sua ação e política com o regime nazista e com sua posterior perseguição aos judeus. Tudo isso provocou uma áspera controvérsia. Faltou valentia a Pio XII para denunciar a perseguição e o holocausto judeu? Era favorável ao nazismo? Ignorava o que acontecia? Havia assinado o acordo com Hitler em 1933 e em 1937 participara da redação da encíclica *Mit brennender Sorge*. Sem nenhuma simpatia pelo nazismo, preferia as intervenções diplomáticas discretas mais que as declarações solenes.

— *Príncipe da paz*. Em 1939-1940, depois de se esforçar por impedir a declaração da guerra, aconselhou Mussolini a manter-se fora do conflito e às potências européias a negociarem para solucionar seus problemas. Durante toda a guerra, em numerosos discursos e nas rádio-mensagens de Natal, falou incansavelmente sobre os excessos da guerra e os benefícios de uma negociação e de uma paz baseadas num justo equilíbrio. Definiu assim as condições de uma paz cristã (*Summi Pontificatus,* 1940); as rádio-mensagens de Natal de 1939-1948 aspiravam a uma nova ordem internacional, acima dos interesses das partes e do nacionalismo dos beligerantes.

— No terreno doutrinal, Pio XII abordou importantes problemas, tanto para a Igreja quanto para o mundo: a Igreja como Corpo Místico de Cristo (*Mystici Corporis,* 1943); alocuções e discursos sobre o matrimônio, a família e a educação dos filhos; sobre problemas de medicina e moral, assim como sobre problemas de direito internacional.

Nessa atividade doutrinal, destacam-se três capítulos: a) a encíclica *Divino Afflante Spiritu* (1943) dá um novo impulso e direção aos estudos bíblicos dentro do catolicismo, atrasados pela atmosfera um tanto inquisitória que se arrastava desde Pio X com o modernismo; b) a encíclica *Humani Generis* (1950), que pela primeira vez denuncia os desvios da pesquisa teológica e exegética com especial atenção à "nova teologia"; c) *Mediator Dei* (1947) é uma encíclica sobre a liturgia que prenuncia as reformas do Vaticano II.

Talvez o que mais devamos ressaltar em Pio XII seja o novo impulso e a canalização das aspirações da Igreja e de um mundo que queria ser melhor. Evidentemente, nem sempre o conseguiu. Comunismo, ação católica e apostolado secular, novas formas de apostolado, pastoral dos padres operários, o não-avanço no campo ecumênico, são alguns dos temas que ficaram pendentes e que o Concílio Vaticano II teria de enfrentar.

BIBLIOGRAFIA: J. A. Hardon, *El cristianismo en el siglo XX.* Santander 1973; R. de Luis, *El Vaticano, cátedra de paz,* 1945; L. Pereña, *En la frontera de la paz.* Madrid 1961; D. Tardini, *Pío XII,* 1960.

Policarpo de Esmirna (59-155)

*Padres apostólicos; *Marcião.

Porfírio (232-304)

*João Damasceno; *Juliano Apóstata.

Port-Royal

*Jansênio.

Professio fidei tridentinae (1564)

*Símbolo dos Apóstolos.

Prudêncio, Aurélio (348-405)

Aurelius Clemens Prudentius nasceu em Saragoça. Governador e perito do direito, foi homem de confiança do imperador Teodósio, em cuja corte gozou de alta estima. Cansado da vida da corte, dedicou o resto de seus dias — desde 392 — a compor poemas sobre temas cristãos. Prudêncio foi o poeta latino que compôs o primeiro poema totalmente alegórico da literatura européia, chamado *Psychomachia*. Gozou de uma influência imensa na Idade Média, sendo imitado por poetas e escritores espirituais.

Entende-se a obra poética de Prudêncio sob diferentes pontos. Em primeiro lugar, o literário: a poesia do saragoçano que dá forma literária clássica aos temas cristãos. Em segundo lugar, encontra o conteúdo de sua poesia e inspiração na Bíblia, nas *Atas dos Mártires e em autores como *Tertuliano e Santo *Ambrósio. Finalmente, sua poesia — seus hinos em particular — entra na liturgia do Ocidente e é conhecida do povo culto. Sob esses pontos de vista, é considerado o primeiro poeta cristão por seu profundo conteúdo e mensagem.

Suas obras: o *Cathemerinon* ou livro das horas. Compreende doze poemas líricos sobre as horas do dia e sobre as festas cristãs. Predomina neles o simbolismo contínuo da luz e das trevas. Muitos desses poemas passaram a ser hinos das horas litúrgicas do breviário. Segue-lhe o *Peristephanon* ou poemário das coroas dos mártires. Contém catorze poemas sobre os mártires espanhóis e romanos. Esses dois livros de poemas são os que melhor nos conduzem à alma sensível e exaltada, ao mesmo tempo, de Prudêncio.

Há ainda outras quatro obras nas quais a poesia está mais a serviço da ortodoxia cristã. Assim, a *Apotheosis* é dirigida contra os que não aceitam a Trindade nem a divindade de Cristo. A *Hamartigenia* é um ataque contra *Marcião e seus seguidores, que defendiam o dualismo gnóstico. Na *Psycomachia* descreve a batalha da fé, apoiada pelas quatro virtudes cardeais, contra a idolatria e seus correspondentes vícios. Em seus dois livros *Contra Symmachum* responde ao senador que pedia que o altar voltasse ao Senado.

Em qualquer caso, Aurelio Prudêncio continua sendo o poeta cristão elegante e clássico, cujos versos e estrofes ainda ressoam em nossas igrejas.

BIBLIOGRAFIA: *Obras completas de Aurelio Prudencio*. Edição bilíngüe preparada por A. Ortega e I. Rodríguez (BAC); *Patrología*, III. *La edad de oro de la literatura patrística latina;* A. di Bernardino, *Patrología,* (BAC).

Psichari, Ernesto (1883-1914)

*Literatura autobiográfica.

Ptolomeu (séc. II)

*Ciência e fé.

Puebla, Documentos de (1979)

*CELAM.

Quadrato (séc. II)
*Apologistas.

Querigma
*Paulo Apóstolo, São.

Quesnay (1694-1774)
*Enciclopédia.

Quesnel, Pasquier (1634-1719)
*Jansenismo.

Quietismo

Para entender melhor os autores místicos e em geral a literatura mística cristã, é conveniente compreender o conceito e termo *quietismo*. "O quietismo é uma doutrina teológica e por sua vez uma posição metafísica, entendida, esta última, como disciplina de salvação mais do que como caminho de conhecimento" (Ferrater Mora, *Diccionario de filosofía*). Vinculado o conceito ao espanhol Miguel de *Molinos, seus antecedentes, segundo *Menéndez y Pelayo, são múltiplos: "A genealogia de Molinos — diz ele — remonta a muito mais tarde e chega até Sakya-Muni e os budistas indianos, e deles descende, passando pela escola de Alexandria e pelos gnósticos, até os begardos e os fraticellos e os místicos alemães do séc. XIV". Nessa genealogia quietista devemos pensar, em especial, num autor e em sua obra como é o *Pseudo-Dionísio Areopagita.

Costuma-se conceituar o quietismo como uma doutrina e atitude espiritual que põe a perfeição na passividade ou quietude da alma, na supressão do esforço humano, de forma que a ação da graça divina possa atuar totalmente. Assim, do ponto de vista religioso e cristão, o quietismo sempre enfatiza a contemplação, à qual se outorga superioridade, sobre todos os atos morais e religiosos, e ao qual lhe concede a única possibilidade de uma visão estática e direta do ser divino.

Nessa linha situa-se o quietismo de *Molinos. As análises que se fazem da contemplação no *Guia espiritual* e em suas *Cartas a um cavaleiro espanhol para animá-lo a fazer oração mental* não objetivam a nada mais do que a provocar essa quietude do espírito através da contemplação. Para isso distingue: a) entre contemplação imperfeita, ativa e adquirida, e contemplação infusa e passiva; b) entre um silêncio de palavras, um silêncio de desejos e um silêncio de pensamentos, é superior a todos esse último por ser o único que conduz ao recolhimento interior. Termina afirmando que a perfeição da alma não consiste em pensar muito em Deus, nem em falar dele, mas em amá-lo muito. Só então a alma chega a gozar de summa felicidade. "Aniquilada a alma e com perfeita nudez renovada, experimenta uma profunda paz e uma saborosa quietude, que a conduzem a uma perpétua união de amor que em tudo se alegra. Essa alma chegou a tal felicidade que não quer nem deseja outra coisa senão o que seu amado deseja."

Nesta situação, querer agir é ofender a Deus, que tudo deseja fazer no homem. A inatividade devolve a alma a seu princípio, o ser divino, no qual se transformou. Deus, a única realidade, vive e reina nele. A alma já não se ocupa da salvação nem de sua perfeição. Tampouco necessita realizar os exercícios ordinários de piedade. Inclusive diante das tentações, deve manter-se passiva, porque o espiritual não peca, pois não pode consentir.

O quietismo brotou na França, principalmente no caso de *Fénelon e de Madame *Guyon. Movimentos paralelos de quietismo encontram-se nos movimentos *pietistas e nos "quackers" protestantes, embora não sejam idênticos. Tanto a doutrina de Molinos quanto a de Fénelon foram condenadas pela Igreja.

BIBLIOGRAFIA : M. Menéndez y Pelayo, *Historia de los Heterodoxos Españoles* (BAC), 2 vols.; Helmut Hatzfeld, *Estudios literarios sobre mística española*. Gredos, Madrid 1968; Claudio Lendínez, *Treinta y tres proposiciones sobre Miguel de Molinos*. Júcar, Madrid 1974; J. R. Armogathe, *Le quiétisme* . PUF, Paris 1973.

Quiliasmo

Milenarismo.

Qumrã (séc. II a.C.-séc. I d.C.)

Mar Morto, Manuscritos do.

Rahner, Karl (1904-1985)

Jesuíta alemão, profundamente ligado à renovação da teologia católica e da Igreja. Desde 1948 foi professor de teologia dogmática em Innsbruck. Posteriormente lecionou também teologia nas Universidades de Munique e Münster. A partir de 1964, e durante três anos, participou dos trabalhos da comissão teológica do *Vaticano ll, dando ao mesmo tempo cursos sobre a concepção cristã do mundo na Faculdade de Filosofia de Münster, onde sucedeu Romano *Guardini. A aposentadoria de Rahner, em 1971, não interrom-

472 / Rahner, Karl

peu sua atividade científica e pastoral, já que continua sendo membro ativo do Sínodo Nacional da Alemanha.

Sua obra insere-se na corrente filosófica alemã de Heidegger, de quem foi discípulo, e nutre-se do pensamento teológico alemão tanto católico quanto protestante. É uma teologia aberta e profundamente tradicional, mas fortalecida com um novo alento de vida e cultura moderna. Sua numerosa produção vai de 1941 a praticamente seus últimos dias, em 1985. Cabe assinalar as seguintes obras: *Ouvinte da palavra* (1941); *Visões e profecias* (1952); *Liberdade de palavra na Igreja* (1953); *Missão e graça* (1959); *Cristologia* (1972); *Mudança estrutural da Igreja* (1973); *Curso fundamental da fé* (1976). Muitos de seus escritos foram coletados nos *Escritos de Teologia* (1954-1975) e na coleção "Quaestiones disputatae" (iniciada em 1958). Dirigiu também as obras enciclopédicas *Sacramentum mundi* (1969) e *Manual de teologia pastoral* (1971-1972).

Dessa abundante obra destacamos sua doutrina mais original, e que divulgou o que se conhece como "cristianismo anônimo". Para ele, cristão é todo aquele que "choca com o mistério". Quanto mais o homem se coloca questões fundamentais e se aprofunda na experiência da vida ou utiliza seus conhecimentos científicos, mais se adentra no mistério: "é o mistério que chamamos Deus".

Pois bem, "o cristão anônimo", tal como o entendemos, é o pagão que vive depois da vinda e pregação de Cristo, em estado de graça através da fé, da esperança e da caridade, embora não tenha conhcecimento explícito do fato de que sua vida é orientada pela graça salvadora que leva a Cristo... Deve haver uma explicação cristã que dê conta do fato que todo indivíduo que não opera em nenhum sentido contra a sua própria consciência e diz realmente em seu coração 'Abba' com fé, esperança e caridade, é na realidade aos olhos de Deus um irmão para os cristãos" (*Escritos de teologia*).

Sua idéia, seguida hoje por muitos outros teólogos, de que existam "cristãos anônimos" sem compromisso religioso algum, é altamente sugestiva. "Cristão anônimo é aquele que aceita a si mesmo numa decisão moral", ainda quando tal decisão não se faz de uma forma "religiosa" ou "teísta". Justificaria o chamado "cristianismo secular" ou "cristianismo horizontal" tal como o formulou a Assembléia de Upsala (1964) e tal como o formula a Teologia da *Libertação. Pode-se ser cristão sem referência a nenhum elemento religioso. E a Igreja fica como comunidade missionária sem nenhuma pretensão ou pressão social e política.

Como outros teólogos, Rahner recebeu vários "monitum". Sua teoria do cristianismo anônimo, aberto a todos e não monopolizado pela Igreja — um cristianismo disperso e arraigado em todo o mundo, um cristianismo sem fronteiras, fruto da graça de Deus oferecida acima de todas as categorias humanas — foi posta em questão. "A teologia não é um assunto privado e, submetida ao Magistério da Igreja, inclusive em sua tarefa de pesquisa, não pode esconder-se atrás de uma liberdade acadêmica" (*Paulo VI, 1975). Não obstante, permanece o mais valioso de sua doutrina: o diálogo constante mantido com o homem moderno, com a sociedade e suas condições. A teologia terá de fazer o possível para não se desentender com eles.

BIBLIOGRAFIA: *Graça divina em abismos humanos; Missão e graça; O caminho do homem novo; Teologia e Bíblia; Teologia e antropologia; Revelação e tradição; O dogma repensado; Estruturas em mudança; O homem e a graça; Curso fundamental de la fe.* Herder, Barcelona 1978; *Cristología. Estudio sistemático y exegético.* Cristiandad, Madrid 1975; *Sentido teológico de la muerte.* Herder, Barcelona 1975; *Escritos de teología; La infalibilidad de la Iglesia. Respuesta a H. Küng,* obra em colaboração dirigida por K. Rahner (BAC); *Dios con nosotros. Meditaciones* (BAC popular).

Raimundo de Peñafort, São (1185-1275)

Religioso dominicano de grande influência na vida política e religiosa de seu tempo. Fez seus estudos de direito em Bolonha (1210-1216), onde exerceu o magistério (1216). Fruto desse magistério é sua *Summa Juris*. Em 1219 regressou a Catalunha e ingressou nos dominicanos em 1222. Nomeado capelão e penitenciário do Papa Gregório IX, foi encarregado por este de compilar os decretos promulgados em 1234. Foi mestre geral da ordem de Pregadores (1238-1240), em cujo mandato se redigiram as novas constituições da ordem, promulgadas em Paris em 1240. De volta a Barcelona, dedicou especial atenção ao apostolado entre os judeus.

A obra teológica e moral de São Raimundo chegou até nós na *Summa de poenitentia et matrimonio* e na *Summa pastoralis*. As duas obras ocupam um lugar destacado dentro das *summas ou manuais de confessores. Assim como seu compatriota Raimundo *Lúlio, franciscano, preocupou-se com o apostolado de judeus e maometanos. Com esse motivo animou Santo *Tomás de Aquino a redigir a *Summa contra gentes*.

Raimundo Martí (séc. XIII)

*Domingos de Gusmão, São.

Ramírez, Santiago

*Neo-escolásticos.

Ranke, Leopold von (1795-1886)

Historiador alemão, conhecido por sua *História dos papas*. Essa obra pretende ser um estudo histórico imparcial e à margem das polêmicas que os papas suscitaram entre as diferentes confissões cristãs. Dois critérios fundamentais presidem a obra: 1) O uso das fontes originais. 2) Estudo e compreensão das diferentes tendências em relação à época em que surgiram. É a visão dos papas a partir de uma ótica protestante.

BIBLIOGRAFIA: L. Von Ranke, *Historia de los papas en los tiempos modernos*. Fundo de Cultura Econômica, México 1951.

Ratio studiorum (séc. XVI)

Tanto a Reforma como a Contra-Reforma deram um impulso formidável ao ensino tanto religioso como leigo. É a época dos *catecismos, da organização de novos *colégios e universidades, das associações da Doutrina Cristã, das congregações para o ensino etc. Com essas instituições surgem também novos métodos e planos de estudo, entre os quais sobressai a *Ratio studiorum da Companhia de Jesus*.

Um dos ideais que primeiro propôs Santo Inácio de *Loyola a seus companheiros foi "manter escolas públicas onde se ensinassem gratuitamente as ciências". Esse ideal surgiu muito cedo na Companhia, sobretudo na educação de jovens e de crianças.

O padre Rivadeneira escreveu: "Não sei se existe uma só coisa pela qual a Companhia possa consagrar-se desde agora ao maior serviço de sua

Divina Majestade que pela Educação literária da juventude". E em 1556, esse mesmo padre escreveu a Felipe II: "Entre outros ministérios que ela executa, não é o menor de seus deveres o ter colégios... nos quais se recebam gratuitamente, com os conhecimentos necessários para um bom cristão, as ciências humanas, desde os rudimentos da gramática até as faculdades mais elevadas... Fundaram-se na Espanha, em Portugal, na Itália, na Alemanha... E por toda a parte esses estabelecimentos responderam a favor dos povos, como comprovam os êxitos e os progressos que Nosso Senhor concedeu em pouco tempo para uma obra que ele parece ter feito sua".

O instrumento que canalizou e regulou esses ideais foram as *Constituições* e posteriormente a *Ratio studiorum*. Dez anos demorou Santo Inácio (1541-1551) para redigir as constituições. A terceira parte destas é composta de 17 capítulos e totalmente dedicada à educação e ao ensino. Os 10 primeiros capítulos enfocam o estilo dos colégios, e o restante o problema das universidades. Parece que Santo Inácio tomou o melhor da experiência universitária de seu tempo: de Salamanca, a subordinação de todos os saberes à teologia; de Paris, o trabalho pessoal dos alunos; e de Bolonha, os atos públicos e solenes em que intervêm e discutem os estudantes.

A *Ratio studiorum* é um trabalho posterior às constituições. Coleta a experiência dos primeiros decênios da docência da Companhia, dita um conjunto de disposições direcionadas à prática pedagógica dos colégios e a ordenar e dar unidade à organização dos centros da ordem em todo o mundo. A *Ratio* apresenta-se como obra coletiva da Companhia, sob o assessoramento dos vários cérebros mais especializados, e ao mesmo tempo como resultado das experiências nos próprios centros e colégios da época. Para formar esse ambicioso plano de estudos entraram os dados trazidos pelo padre Jerônimo Nadal e coletados no *De ratione studiorum Messinae*, colégio que funcionava desde 1548; dois tratados escritos pelo padre Polanco, *Sobre o modo de fundar colégios e Constituições que nos colégios da Companhia se devem observar;* finalmente, a obra do segoviano padre Ledesma, prefeito de estudos do Colégio Romano, *De studiis Collegii Romani;* e outros documentos menos conhecidos. Foi lento o processo de elaboração e redação da *Ratio.* Em 1581 criou-se uma comissão sob a direção do padre Acquaviva. Em 1584 nomeou-se uma nova comissão composta por representantes da Alemanha, Áustria, Espanha, França, Itália e Portugal. Depois de sete meses de estudo, fez-se um projeto para ser submetido à revisão de todos os membros da Companhia. Em 1591 fez-se uma nova redação. Em 1599, o padre Acquaviva aprovou a redação definitiva.

Na *Ratio* apresentam-se dois planos de estudos: os *superiores,* que compreendem a filosofia e a teologia; e os *inferiores,* divididos em cinco graus: os três primeiros dedicados à gramática, a seguir um curso de humanidades e depois um de retórica. Era uma educação fundamentalmente literária, com base nas humanidades clássicas, muito ao gosto da época. Busca-se o desenvolvimento de todo o homem que termina no bom dizer, bem alicerçado no bem saber e no bem pensar. O eixo de todo o ensino é o latim, baseado numa série de exercícios graduados. O grego fica em segundo plano. Todos os cursos estão relacionados entre si de menor a maior grau: desde a gramática à retórica, que é a classe superior.

A originalidade da *Ratio* reside em muitos fatores, tanto externos quanto internos. Entre os fatores externos pode-se contar a *oportunidade.* É um plano de estudos que vai ao encontro dos problemas de seu tempo. Um instrumento e um método pedagógico fruto do humanismo renascentista, que trata de proporcionar uma educação adequada para a época. Sob o ponto de vista do documento, é evidente que apresenta muitas inovações e que representa um passo adiante na educação. As críticas e louvores que recebeu ao longo desses quatro séculos constituem seu melhor aval. "O método opõe-se radicalmente às tendências da pedagogia moderna, que cada vez mais abandona as línguas clássicas para dar sua preferência às ciências positivas, às naturais e à história. Esse sistema tinha a vantagem de formar a mente, familiarizando-a com os clássicos e com a filosofia, acostumando-a a gostar da beleza, do raciocínio rígido, sem preocupar-se com as noções de detalhe. Naturalmente que tudo isto se tornava embebido pelos princípios cristãos."

BIBLIOGRAFIA: R.G. Villoslada, *Manual de Historia de la Compañía de Jesús*. Madrid 1954; F. Charmot, *La pedagogía de los Jesuitas*. Madrid 1956; J. Misson, *Les idées pédagogiques de S. Ignace de Loyola*. Paris 1932.

Ratzinger, Joseph

*Teologia atual, Panorama da.

Reforma (séc. XVI)

O termo *Reforma* aplica-se primordialmente à revolução religiosa que teve lugar na Igreja do Ocidente no século XVI. A Reforma levou consigo alguns homens que a tornaram possível, uma doutrina ou literatura e algumas conseqüências que poderíamos concretizar num estilo ou talante diferenciados.

A respeito dos autores da Reforma ou reformadores, seu pensamento e atividade podem ser consultados neste mesmo dicionário nos termos *Lutero, *Calvino, *Zwinglio, *Melanchton etc. Sua leitura fala não de uma, mas de várias reformas. O talante e a cultura do reformador e do lugar deram fôlego às distintas reformas ou Igrejas reformadas.

Não obstante, fala-se da Reforma como algo diferente das reformas ocorridas na Igreja antes e depois. Os reformadores do século XVI — diferentemente dos anteriores, sobretudo medievais — não somente atacaram a corrupção da Igreja, mas também foram a raiz teológica do problema, como era a perversão da doutrina da Igreja sobre a Redenção e a graça. Lutero e os demais reformadores deploraram e atacaram o sistema das indulgências como acobertador e falseador do livre dom da graça de Deus. Insistiu na não autoridade do papa sobre o purgatório e na não consistência dos méritos dos santos sobre a base do Evangelho. Daí passou a descobrir a chave teológica e moral de reforma da Igreja: a) a volta à Escritura com única norma *(sola Scriptura)*; b) a fé, não as obras, como princípio da justificação *(sola fides)*. A Reforma, em sua origem, procura voltar à primeira forma do cristianismo, tal como aparece nas fontes do Novo Testamento. Leva, portanto, uma intenção de crítica, revisão, interpretação e vivência do fato cristão. Isto se produziu ao longo dos séculos XVI-XVII.

A Reforma realizou-se frente à Igreja de Roma, insistindo nestes pontos-chave, além dos dois acima mencionados: 1) Sacerdócio universal dos fiéis, a quem foi dirigida diretamente a palavra da Bíblia, que podem interpretar livremente. 2) A supremacia e direção interior de Cristo versus a supremacia e poder exterior do papa. 3) O aspecto interior da fé e da graça que nos vem diretamente pela fé e aceitação da Palavra. Tudo isso supõe a crítica e revisão do sistema sacramental, as indulgências, as devoções, o celibato, a vida religiosa consagrada etc. 4) A revisão do próprio conceito de Igreja. É algo exterior ou é somente interior? Quem são os que pertencem à Igreja?

A Reforma é, pois, uma nova maneira de entender e viver o "fato cristão". Supõe, ao mesmo tempo, uma tarefa permanente de chegar ao ideal cristão ou utopia descrito no Evangelho. Além disso, abre um processo baseado no princípio de "Ecclesia semper reformanda".

Foi uma revolução e, como tal, dolorosa e catastrófica. "Em toda a história da Igreja, a reforma protestante constitui a maior das catástrofes, já que trouxe consigo males maiores do que as heresias da Idade Antiga, as seitas medievais e mesmo o cisma oriental de 1054" (G. Martina, *De Lutero a nuestros días*. I. *Epoca de la Reforma*).

Em primeiro lugar, a Reforma pôs fim à unidade européia, ou pelo menos à unidade religiosa baseada no catolicismo. O historiador Lortz resume os frutos do protestantismo no subjetivismo que deságua no racionalismo que leva ao laicismo, no nacionalismo e, finalmente, na subordinação da Igreja ao Estado. Com a mesma imparcialidade, os historiadores modernos reconhecem os valores parciais que constituem o estilo e o talante das Igrejas e dos homens da Reforma. Advirta-se, no entanto, que pelo fato de esta tê-los afirmado e colocado em primeiro plano, não se conclui que não existam na Igreja católica. Existem neles verdades parciais que a Igreja do séc. XVI era propensa a deixar um pouco na penumbra e que foram revalorizados pelos reformadores. "É certo que a Igreja Católica reconhece tais valores como parte de seu patrimônio doutrinal, mas isso não nos dispensa de reconhecer como um mérito do protestantismo a afirmação e a defesa de algumas verdades, embora parciais, e de alguns valores, embora unilaterais" (G. Martina). Entre muitos outros, assinalamos os seguintes: a aspiração a uma religião mais pura e íntima, baseada numa relação mais direta com o Deus vivo; o sentido do mistério ante o onipotente; certa austeridade de vida, alheia a compromissos fáceis com o mundo; o cultivo e a leitura freqüente da Bíblia em medida muito mais ampla do que se fazia entre os católicos; a importância atribuída à graça na vida cristã; participação mais ativa e responsável da liturgia, assim como maior consciência do verdadeiro sacerdócio dos fiéis; exaltação da liberdade e da interioridade da consciência etc.

Todos esses traços e outros dão às Igrejas e homens da Reforma o estilo e o talante de que antes falamos.

BIBLIOGRAFIA: Ricardo G. Villoslada, *Martín Lutero*. (BAC). Madrid 1973, 2 vols.; J. Lortz, *Historia de la Reforma*. Madrid 1963, 2 vols.; E. G. Léonard, *Histoire Générale du Protestantisme*, I. Paris 1961; M. Weber, *La ética protestante y el espíritu del capitalismo*. Madrid 1952.

Relato de um peregrino russo (1870)

Hesiquia; *Literatura autobiográfica.*

Renan, Ernest (1823-1895)

A vida e a obra de Renan podem ser estudadas longe da polêmica e da paixão que suscitaram em seu tempo. O "escândalo Renan" e seu impacto na Igreja da França, e com efeito em toda a Igreja, pode ser explicado desde uma perspectiva da própria pessoa e da época que lhe tocou viver: o séc. XIX. Protagonizou uma das grandes preocupações de seu tempo: o antagonismo entre ciência e religião. Seu pensamento filosófico foi uma curiosa amálgama de positivismo e religiosidade, que terminou em ceticismo.

Depois de sua ruptura com a Igreja em 1845, a obra filológica, histórica e crítica de Renan inspirou-se constantemente num positivismo exaltado. "A ciência e somente a ciência pode dar à humanidade aquilo sem o qual não pode viver, um símbolo e uma lei", escrevia em sua primeira obra *O porvir da ciência* (1848). Via o fim último da ciência na "organização científica da humanidade". A religião do futuro será "o humanismo, o culto de tudo o que pertence ao homem, a vida inteira santificada e elevada a um valor moral".

De acordo com o positivismo de Comte, o conhecimento positivo da realidade deve ter uma base experimental. Daí que o homem culto não possa acreditar em Deus. "Um ser que não se revela a si mesmo através de nenhuma ação é, para a ciência, um ser inexistente." Na opinião de Renan, o Deus pessoal e transcendente da fé judaico-cristã ficara privado de toda base racional pelo desenvolvimento da ciência. Ficava somente o saber positivo acerca do mundo, obtido por meio das ciências naturais e de investigações históricas e filológicas. A ciência, em seu sentido amplo, substituíra a teologia e a metafísica como ciências de informação sobre a realidade existente. Dada a inverificabilidade do absoluto, Renan deriva para o ceticismo no campo religioso: "Não podemos conhecer o infinito, nem sequer se há ou não infinito, nem tampouco podemos estabelecer se há ou não valores objetivos absolutos".

"A verdade é que podemos atuar como se houvesse valores objetivos e como se existisse um Deus." "A atitude mais lógica do pensador ante a religião — diz — é proceder como se fosse verdadeira. Deve comportar-se como se Deus e a alma existissem. A religião entra assim na esfera de outras muitas hipóteses, como o éter, os fluidos elétrico, luminoso, calórico, nervoso e mesmo o átomo, dos quais sabemos perfeitamente que somente são símbolos, meios cômodos para explicar fenômenos; mas que, não obstante, mantemos".

Essas idéias Renan levou-as ao campo do seu trabalho: o estudo da história, "verdadeira ciência da humanidade". Assim seus primeiros estudos sobre *Averróis e o averroísmo* (1852) tendem a demonstrar que a ortodoxia religiosa impede, entre os maometanos, a evolução do pensamento científico e filosófico. Sua *História das origens do cristianismo*, composta de seis volumes, escritos entre 1863-1881, baseia-se inteiramente no pressuposto de que as doutrinas do cristianismo não podem ser valorizadas do ponto de vista do milagre ou do sobrenatural, mas como a manifestação de um ideal moral em perfeito acordo com a paisagem e com as condições materiais em que nasceu. O primeiro volume desta história é sua famosa *Vida de Jesus* (1963), na qual colocou um importante prólogo em 1866, quando alcançou a 13ª edição. Fiel a seus princípios de rejeitar toda idéia que suponha "mistério", "milagre" ou "intervenção sobrenatural" nos processos religiosos, Renan apresenta em Jesus o "homem incomparável", negando-lhe, porém, a condição de Filho de Deus. "Quaisquer que sejam os fenômenos que se produzam no porvir, ninguém sobrepujará a Jesus. Seu culto se rejuvenescerá incessantemente; sua lenda provocará lágrimas sem conta; seu martírio despertará a ternura nos melhores corações e todos os séculos proclamarão que entre os filhos dos homens não há nenhum nascido que se lhe possa comparar" (palavras finais da *Vida de Jesus*). "Aquela amálgama confusa de pressentimentos, aquela alternativa de decepções e de esperanças, rejeitadas incessantemente pela odiosa realidade, tiveram seu intérprete no homem incomparável a quem a consciência universal concedeu com justiça o título de Filho de Deus, posto que ele fez dar à religião um passo ao qual não pode e não poderá provavelmente comparar-se a nenhum outro" (*Vida de Jesus*, c. l).

A obra, como se sabe, foi violentamente atacada pela Igreja de seu tempo. Jesus ficava reduzido a um amável messias, pregador de uma mensagem de suprema moralidade, mas despojado de seu mistério profundo de salvador e verdadeiro Filho de Deus. O cristianismo era apresentado como uma evolução natural dos desejos e ânsias de Israel de perfeição e justiça. Nada mais.

Na mesma linha colocamos sua *História do povo de Israel*, obra em cinco volumes, sendo que os dois últimos apareceram depois de sua morte (1887-1893). Nela demonstra como se formara entre os profetas uma religião sem dogmas nem cultos. Por isso, "embora o judaísmo desaparecesse, os sonhos de seus profetas se tornariam verdadeiros, de forma que, sem um céu compensatório, a justiça existirá sempre na terra graças a eles".

Temos de dizer, no entanto, que não foi o positivismo nem o ceticismo que mereceram as críticas e os aplausos a Renan. Foi seu estilo: "Essa capacidade de passar de um juízo a outro... essa atitude característica de aparentar saber tudo, e não ficar com nada, que o leva a rir e a duvidar de tudo, e a manter o ceticismo como a posição filosófica mais segura". Teve o segredo de saber levar às massas e aos homens cultos de seu tempo tanto a desmistificação sobrenatural de Cristo e do cristianismo quanto a beleza suprema de sua pessoa e de sua doutrina na história da humanidade. Renan foi uma bandeira que arrastou amigos e inimigos, pois os interesses que representava eram definitivos para ambos.

BIBLIOGRAFIA: *Oeuvres complètes* de E. Renan, 10 vols. Edição de Henrriette Psichari, 1947; J. Pommier, *La pensée religieuse de Renan*, 1925; H. W. Wardman, *E. Renan: A critical biography*, 1964.

Renascimento (séc. XV-XVI)

Este não seria o lugar para definir os limites do espaço e do tempo desse período da história que conhecemos como *Renascimento*. Embora difícil, e com risco de cair em tópicos, damos alguns traços da natureza específica desse movimento, que resiste até hoje a uma definição que seja comumente aceita. O Renascimento, como movimento europeu dos séculos XIV a XVI, vem caracterizado:

1) Por sua *diferença* com a Idade Média. Para alguns, o Renascimento pressupõe uma *ruptura* radical com a cultura medieval. Há quem veja nele uma exaltação da razão e das artes por trás da intolerância e do obscurantismo da Idade Média. Os primeiros em advertir a oposição com a idade precedente foram os humanistas e os historiadores da arte contemporânea dos grandes artistas. Essa diferença é interpretada por outros a partir da *teoria da continuidade*. O Renascimento descobriu no período medieval seus predecessores, isto é, seus aspectos cristãos e seus fermentos racionalistas. Finalmente, outros se mantêm num meio termo, qualificando-o como *a diversidade dentro da continuidade*. "Tanto literária quanto moralmente, o Renascimento consistiu mais em desenvolver plenamente certas tendências profundas do período medieval, com o risco às vezes de hipertrofiá-las do que de opor-se a elas" (Gilson).

2) *Afirmação exasperada da autonomia do temporal*. "O Renascimento segue uma tendência favorável a uma autonomia relativa do temporal e termina por exagerá-la. Na Idade Média

há um impulso para a fuga do mundo, para a renúncia aos valores terrenos, manifestada nos livros como *De contemplu mundi* e a *Imitação de Cristo*, por exemplo. Há também a tendência a subordinar direta e indiretamente à religião todas as atividades humanas, como se estas não tivessem outro fim imediato do que o de favorecer a difusão e o desenvolvimento do cristianismo. História, arte, filosofia, política etc. aparecem normalmente concebidas e apoiadas somente em função da Igreja, da religião.

O Renascimento reage contra as duas primeiras tendências: a fuga do mundo e a subordinação direta de tudo à religião; afirma-se numa terceira posição, reconhecendo a necessidade de uma autonomia real das atividades humanas com sua racionalidade específica intrínseca, mas termina por extremar tal autonomia e tende a transformá-la em independência e separação" (G. Martina).

Resumindo: tanto o Renascimento quanto seu aspecto literário, o Humanismo, não podem ser considerados como intrinsecamente pagãos, naturalistas, imanentistas, mas abrem uma nova problemática, típica da Idade Moderna: o velho equilíbrio que em alguns casos construíra o período medieval, e ao qual muitas vezes se aproximara fatigadamente, rompe-se agora sem que surja ainda um novo equilíbrio. Não se limita o sobrenatural, mas sim passa-o a segundo plano. Não se nega a autoridade da Igreja, mas a aceitação do espírito crítico empurra à desconfiança com relação a ela. A polêmica anticlerical contra a cúria, o clero secular e regular, diminui o prestígio da Igreja. Neste sentido e dentro destes limites, o espírito do Renascimento, nas antípodas, por outros tantos capítulos, como o da Reforma, prepara-lhe o terreno, pelo menos na Itália, e facilita-lhe o caminho.

Do ponto de vista literário, que é o que mais nos interessa aqui, supõe uma grande riqueza de pensamento, de autores e de instituições. Remetemos aos conceitos: *Humanistas;* *Educadores *cristãos;* **Ratio studiorum;* **Reforma;* **Contra-Reforma,* e aos correspondentes autores da época.

BIBLIOGRAFIA: J. Burckhardt, *La cultura del Renacimiento en Italia.* Barcelona 1964; J. Huizinga, *El otoño de la Edad Media.* Tradução de J. Gaos, Madrid 1962; P. O. Kristeller, *Renaissance Thought.* Nova York 1961-1965, 2 vols.; *Humanismo y Renacimiento.* Tradução e seleção de Pedro R. Santidrián, Madrid 1986; *Enciclopedia del Renacimiento.* Alianza, Madrid 1985.

Reuchlin, J. (1455-1522)

*Melanchton.

Ricardo de São Vítor (+1173)

*Escolas e universidades.

Ricci, Mateus (1552-1610)

Missionário jesuíta que viveu na China desde 1582. Ganhou a estima dos chineses por sua ciência e por sua explicação dos instrumentos científicos usados na Europa: relógios, esferas, sistemas de ensino etc. Seus métodos de apostolado basearam-se, fundamentalmente, na adaptação das práticas e ritos cristãos à cultura e mentalidade chinesa. Conseguiu a conversão ao cristianismo de muitos chineses.

Depois de sua morte, surgiu a controvérsia sobre os ritos chineses e, posteriormente, os malabares. Essa acomodação das práticas e ritos cristãos às tradições e à cultura chinesa e malabar (indiana) foi muito discutida e logo condenada em 1704 e, posteriormente, em 1715. A controvérsia não se limitou aos instrumentos e métodos do culto e da liturgia. Afetou também a doutrina: Em que medida se deve transmitir toda a mensagem cristã? E sobre a linguagem? Poderiam os missionários dar à linguagem budista e confucionista um significado cristão? E, em conseqüência, continuariam a usá-la?

Richard, Paulo (1939-)
*Libertação, Teólogos da.

Ripalda, Jêronimo de (1535-1618)
*Catecismo.

Robinson, John
*Tillich, Paul.

Romero, Oscar Arnulfo (1917-1980)
*Libertação, Teólogos da.

Rosales, Luis (1909-)
*Literatura atual e cristianismo.

Roscelino (c. 1125)
*Abelardo.

Rousseau, J. J. (1712-1778)
*Enciclopédia.

Ruysbroeck, J. D. (1293-1381)
*Eckhart; *Tauler.

Sailer, J. M. (1751-1832)

*Instituições morais.

Saint-Cyran, Abade de (1581-1643)

Amigo e colaborador de C. Jansênio, é considerado o co-autor da doutrina jansenista ou jansenismo (*Jansênio*). Desde 1623, vinculou-se à família *Arnauld e a *Port-Royal (*Pascal*), exercercendo uma grande influência no mosteiro como diretor espiritual. De 1638 a 1643 esteve no cárcere por ordem do cardeal Richelieu. Grande estudioso e admirador dos escritos de Santo Agostinho, quis reformar a Igreja na linha extrema do agostinismo.

BIBLIOGRAFIA: Saint-Beuve, *Histoire de Port-Royal*, 1867, 7 vols.; J. Orcibal, *Les origines du Jansenisme*, 1947-1961, 7 vols., especialmente o 2.

Saint-Simon, Claude Henri de Rouvroy (1760-1825)

Pioneiro na França do chamado "socialismo utópico, não científico". Duas idéias centrais unem suas doutrinas: 1) Somente as classes trabalhadoras colaboram para o bem-estar físico e moral da sociedade. 2) Somente elas merecem um tratamento privilegiado na nova sociedade socialista.

Em sua obra *O novo cristianismo* (1825) sustenta que o único princípio básico do cristianismo é que todos os homens devem ser irmãos. O dogma e o culto são aspectos descartáveis e acessórios. O cristianismo e a religião, no geral, deveriam transformar-se numa força de melhoria e promoção dos mais pobres.

Saint-Simon foi um homem sincero, que despertou grande simpatia e exerceu grande influência nas massas populares durante o séc. XVIII e princípios do séc. XIX.

Salisbury, João de (1115/1120-1180)

Nasceu em Salisbury e morreu em Chartres. "As obras deste inglês instruído na França e que morreu bispo de Chartres, não desmerecem da época do Renascimento, nem pela qualidade do seu estilo nem pela delicadeza do espírito que as inspira... Para dar uma idéia exata da variedade da Idade Média, nada melhor que se se deter um pouco nos escritos deste bispo do séc. XII, que foi também um delicado literato" (E. Gilson, *A filosofia na Idade Média*, 257).

Desde muito jovem (1136) o encontramos na França, onde recebeu sua grande formação humanista e filosófica. Entre seus mestres encontram-se *Abelardo e Gilberto de la Porrée. Em 1151 voltou à Inglaterra como secretário do Arcebispo de Cantuária, Teobaldo, e, posteriormente, do seu sucessor, Tomás Becket. Foi nomeado Arcebispo de Chartres (1176), vivendo nesta cidade até a sua morte (1180).

O interesse humanístico de João de Salisbury é evidente já na sua primeira obra, *Entheticus sive de dogmate philosophorum* (1155). Um poema em dísticos, cuja primeira parte é um manual de filosofia greco-romana. Seguem-lhe suas numerosas *Epistolae*, uma *Historia Pontificalis*, uma vida de *Anselmo de Cantuária e uma vida de Tomás Becket. Suas duas obras principais foram escritas a partir de 1159: são o *Polycraticus*, primeira obra medieval de teoria política, e o *Methalogicon*, uma defesa do valor e da utilidade da lógica.

João de Salisbury tenta fazer reviver a eloqüência de Cícero e de Quintiliano, isto é, a formação intelectual e moral completa do homem reto, capaz de expressar-se bem. Cícero é seu modelo de filósofo em seu estilo e em seu pensamento.

— "Nem o completo dogmatismo nem o ceticismo absoluto respondem à situação real do conhecimento humano, composto de certezas, de probabilidades e de ignorâncias." Não se trata, pois, nem de saber tudo nem de ignorar tudo. Um saber harmônico e razoável: eis o que, sem colocar em dúvida as verdades da fé, pretende João de Salisbury.

Dessa atitude partem suas posições fundamentais:

— Sobre os *universais*: "O mundo fez-se velho; tem-se dedicado a essa empresa mais tempo do que o requerido pelos césares para conquistar e governar o mundo. O ultra-realismo é errôneo. Os universais são construções mentais que não existem na realidade extramental".

— Sobre a *lógica*: é o instrumento do pensar, segundo queria Aristóteles. Tem predileção pelo sentido justo e pelas soluções claras, sente horror à obscuridade e ao verbalismo.

— Sobre o *fim*: o que interessa ao homem é chegar até o fim, e a investigação filosófica não é um jogo desinteressado. Se o verdadeiro Deus é a verdadeira sabedoria humana, então o amor de Deus é verdadeira filosofia. Não é filósofo completo o que se contenta com um conhecimento teórico, senão o que vive a doutrina ao mesmo tempo em que a ensina: "Philosophus, amator Dei est".

Essa é a concepção de vida desse espírito "que foi sem dúvida mais delicado que genial, porém tão fino, tão rico e tão perfeitamente cultivado que sua presença realça e enobrece, em nosso pensamento, a imagem de todo o século XII".

BIBLIOGRAFIA: PL 199 Edições críticas do *Polycraticus* e do *Methalogicon* por C. C. J. Webb, Oxford 1909.

Salmanticenses (1631-1712)

Com esse título se conhece o *Cursus theologicus Summam Divi Thomae complectens*.

É um comentário à *Summa* de Santo Tomás, realizado por um grupo de professores carmelitas descalços, professores de Salamanca entre 1631-1712.

Os *Salamanticenses* são considerados a última grande obra que produziu na Espanha a escolástica tardia dos séculos XVI-XVII. Sua autoridade chega até nossos dias, e exerceram grande influência na orientação moral dos manuais de moral aparecidos posteriormente.

BIBLIOGRAFIA: *Cursus theologicus Summam Angelici Doctoris Divi Thomae complectens*. Paris 1870-1883, 20 vols.; M. Solana, *Historia de la Filosofía Española. Era del Renacimiento (séc. XVI)*, III, 1941.

Sánchez, Tomás (1550-1610)

Jesuíta espanhol, famoso por suas *Disputationes de sancto matrimonii sacramento* (1602). Sánchez estudou os aspectos morais e canônicos do matrimônio e, desde o séc. XVII, é considerado um clássico nesta matéria.

Sartre, Jean-Paul (1905-1980)

Filósofo, novelista e dramaturgo, é o representante de uma forma de existencialismo que se reconhece ateu. "Sou o ateu perfeitamente lógico", diz. Ídolo da juventude e da intelectualidade francesa durante muitos anos, Sartre alimentou uma clientela numerosa e variada com novelas, peças de teatro, ensaios e estudos. Se a isso acrescentamos sua participação no rejuvenescimento do marxismo e numa ação múltipla para fazer dele instrumento de mudança da sociedade, teremos a explicação da popularidade do seu nome e da difusão das suas idéias.

Existencialismo e marxismo foram os dois pólos em torno dos quais giraram sua vida e seu pensamento. "Se o marxismo retoma sua inspiração originária e redescobre dentro de si a dimensão humanista, o existencialismo já não terá razão de ser." Deixará de existir como uma linha de pensamento diferente e será absorvido, retido e superado no "movimento totalizador da filosofia viva e pujante do nosso tempo". O marxismo é, sem dúvida, a única filosofia que expressa realmente a consciência do homem que vive num mundo de "escassez", num mundo em que os bens materiais estão distribuídos sem eqüidade e que, como conseqüência disso, caracteriza-se pelo conflito e pelo antagonismo entre as classes. E um marxismo humanizado, existencializado, seria a única filosofia autêntica da revolução. Sartre, pois, procurou combinar existencialismo e marxismo, reinterpretando esse último à luz de uma antropologia existencialista.

Se tivéssemos de resumir seu pensamento, diríamos que a sua filosofia propõe e analisa um *humanismo ateu*, em que "o homem é uma paixão, mas uma paixão inútil". Em que a liberdade do homem não serve para nada, já que "se esgota na busca de uma síntese impossível que deveria torná-lo Deus". A existência é "obscena", de uma superabundância viscosa, na qual a liberdade se interliga. O homem nada mais é do que o seu projeto; somente existe quando se realiza, é tudo um conjunto de seus atos, nada mais é do que a sua própria vida. O homem é totalmente e sempre livre ou nunca o será. No entanto, ao querer a liberdade, descobrimos que ela depende inteiramente da liberdade dos outros, e que a liberdade dos outros depende da nossa. Onde fica, então, a liberdade humana?

Da mesma forma, o existencialismo humanista de Sartre postula a não-existência de Deus. "Não pode haver um Deus, se por Deus entendemos um ser autoconsciente infinito." O conceito de Deus é em si mesmo contraditório, posto que trata de unir duas noções que se excluem reciprocamente, a do *ser-em-si* e a do *ser-para-si*. Por *em-si* entende-se a não consciência. *Para-si* vale tanto quanto a liberdade. O homem é livre, em sua própria liberdade, sempre referente a outra coisa; é consciência de outra coisa que não seja ele. Se existisse Deus, por força teria de ser ao mesmo tempo consciência pura, absoluta, e consciência de um *em-si*, do qual se distinguiria, que seria e não seria, identicamente e sob o mesmo respeito. Essa noção de *em-si-para-si* deve ser rejeitada por ser contraditória. A hipótese de Deus é impensável. Deus não existe.

Uma conclusão importante tirada por ele mesmo é que, se Deus não existe, os valores dependerão inteiramente do homem e são criação sua. O ponto de partida do existencialismo, segundo Sartre, é a frase de Dostoyevski: "Se Deus não existe, tudo é permitido". Se não há Deus, é obvio que não há nenhum plano divino pré-ordenado; não pode haver nenhum ideal comum da natureza humana, para cuja realização, mediante as ações do homem, tenha sido criado. O homem é enviado inteiramente a si mesmo, e não pode justificar sua escolha de um ideal, recorrendo a um plano divino para a raça humana. A idéia de que existam valores absolutos subsistindo por si mesmos, sem pertencer a uma mente divina, em algum reino celestial, é totalmente inadmissível para Sartre.

Muitas outras conclusões poderiam ser tiradas de suas doutrinas, entre elas seu declarado antiteísmo, sua negação do mundo sobrenatural, sua oposição ao fato cristão etc. Sua obstinada implantação da liberdade — o homem é liberdade — incapacita-o para não ver além dos fenômenos que nos rodeiam.

BIBLIOGRAFIA: A produção literária e crítica sobre Sartre é imensa. Algumas obras em português: *Marxismo e existencialismo; A náusea; Sartre no Brasil: a conferência de Araraquara; O muro; A imaginação; A defesa dos intelectuais; Com a alma na morte; Diário de uma guerra estranha*; E. Frutos, *El humanismo y la moral de Jean Paul Sartre* (crítica), 1949; R. Troisfontaines, *El existencialismo de Jean Paul Sartre*, 1950; Ch. Moeller, *Literatura do século XX e cristianismo*, II, 31-96.

Savonarola, Girolamo (1452-1498)

A figura de Jerônimo Savonarola tem o raro privilégio de não deixar ninguém indiferente.

Mereceu os títulos de santo, herege, mártir, reformador e profeta. O passar do tempo não conseguiu diminuir a paixão e o ardor que inspiraram esse florentino. Para isso contribuiu, sem dúvida, sua rica personalidade cheia de fogo e contrastes, seu papel político num cenário concreto como a Florença dos Médicis, seu enfrentamento à corte romana e à corrupção da Igreja, e sua missão de reformador e profeta do povo cristão. O caso Savonarola tipifica o protesto e a reforma que, ao longo da velha Europa, vinha-se realizando durante os séculos XIV e XV.

Nascido em Ferrara em 1452, ingressou aos 23 anos no convento dos dominicanos de Bolonha. Aí iniciou e completou sua formação escolástica baseada em Santo *Tomás, Santo *Alberto e Aristóteles. Logo começou a se destacar como pregador e teólogo. De Bolonha passou a Florença, onde viveu o triênio 1482-1485. A segunda e definitiva volta a Florença deu-se em 1490, agora por petição de Lourenço de Médicis, sendo nomeado no ano seguinte prior de São Marcos. Os últimos sete anos fizeram de Florença e do púlpito o cenário de sua atividade: começou seu papel de político, reformador, pregador arrebatado da multidão e líder do protesto contra o poder político e religioso. O enfrentamento a esse duplo poder e a denúncia que fez dos dois levaram-no à condenação. Quando em 1498 o governo uniu-se à Igreja no desejo de se desfazer dele, não foi difícil — com a ajuda da tortura — estabelecer as acusações de heresia que o levaram à forca e depois à fogueira.

— Quatro aspectos merecem destaque na atividade falada e escrita de Savonarola: a) o estudioso da doutrina teológico-política; b) o frade que se uniu e promoveu a proposta do partido e do povo contra o materialismo dos Médicis e o seu mau uso da autoridade; c) o asceta e reformador rígido e implacável que enfrenta a corrupção do papa, da corte romana e do clero; d) o pregador iluminado que revolucionou o povo florentino, exigindo uma vida austera e prometendo um futuro cheio de esperanças.

— Não se pode negar a Savonarola um conhecimento sólido do pensamento cristão dos padres, sobretudo de Santo *Agostinho, acentuando, principalmente, o problema soteriológico do homem e da vida. Em sua obra *O triunfo da cruz*, de caráter teológico-filosófico, sustenta a inaceitabilidade da religião dos filósofos e dos poetas, opondo a solidez inquebrantável da fé cristã. Rejeita toda possível síntese da religião cristã e da filosofia pagã. Está muito longe de compartilhar os ideais da *docta religio* e da *pia quaedam philosophia*. Rejeita também de uma forma radical, a astrologia, que humanistas como *Ficino e *Pico queriam integrar na religião.

— É conhecida sua postura política diante do poder dos Médicis primeiro, e a favor do invasor Carlos VIII da França depois, diante de quem foi embaixador por duas vezes. Rejeitou ao primeiro por abuso de autoridade e pelo paganismo materialista de sua corte. Savonarola aplicou neste caso a doutrina de seu *Compendium totius philosophiae, tam naturalis quam moralis*, e do *Trattato circa il reggimento de la città de Firenze* (1489). Nessas duas obras expressa-se a doutrina política de Savonarola sobre a função essencial do Estado, para permitir ao homem o pleno exercício das virtudes, para que este possa exercer seus fins naturais e preparar a consecução de sua bem-aventurança sobrenatural. Subordina o aspecto político ao religioso, recalcando o princípio medieval da unidade e do universal. No *Trattato* aplica essas idéias à cidade de Florença. E embora o bom governo, em sentido absoluto, tenha sua forma institucional na monarquia, propugna como mais oportuno para o povo florentino não a forma monárquica, mas o "reggimento civile", ou governo dos cidadãos, ou república. É o modelo de uma oligarquia moderada e ilustrada. Acaso não procurava Savonarola uma democracia teocrática em Florença?

— Do enfrentamento ao poder civil, passou Savonarola ao enfrentamento ao poder religioso. Sua pregação abriu-se ao horizonte mais longínquo de Roma, que entrou também numa época de paganismo e de corrupção. "Somente uma coisa há neste nosso tempo que nos deleita, pregava Savonarola aos florentinos em 1493: que todo ele está enfeitado com ouropéis. Nossa Igreja tem muitas belas cerimônias externas para dar solenidade aos ofícios eclesiásticos, com belas vestimentas, com muitos estandartes, com candelabros de ouro e prata. Tu vês ali aqueles grandes prelados com maravilhosas mitras de ouro, e esses homens te parecem de grande prudência e santidade. E não acreditas que possam equivocar-se, senão que tudo o que dizem e fazem deve observar-se no Evangelho. Eis como está construída a Igreja moderna. Os homens contentam-se com essas folhagens...". "Os que te odeiam, Senhor, são os pecadores e os falsos cristãos, e principalmente os que estão constituídos em dignidades. E estes são glorificados hoje por terem acabado com a rigidez e a severidade dos cânones, com as instituições dos santos padres, com a observância das boas leis... Vês hoje os prelados e os pregadores prostrados com seu afeto em terra, o cuidado das almas já não lhes inquieta o coração, somente pensam em tirar proveito" (*Sermões do advento*, XXIII, 1493).

O objetivo mais direto da prédica de Savonarola foi a pessoa de Alexandre VI e sua corte mundanizada. Foi chamado a Roma e excomungado em 1497.

— Há, finalmente, um aspecto nele que não pode passar despercebido: sua pregação, seus *sermões*, ao longo de oito anos, ao povo de Veneza desde o púlpito de São Marcos: "Seus sermões, que combinavam chamados ao arrependimento com comentários sobre os assuntos constitucionais, tinham uma capacidade de perturbação e fascinação que podemos recuperar de modo muito expressivo nos que tomaram forma muito abreviada ou se publicaram a partir de suas notas". Em seus sermões identificava-se completamente com os florentinos, aqueles que adulava ao mesmo tempo que repreendia. Através deles, reforçou a crença popular, já latente, de que Deus o tinha designado para um destino especial. Desencadeou uma verdadeira cruzada moral, convencendo os florentinos de que cumpriam um papel de designação divina na purificação de toda a Itália do pecado pessoal e da corrupção eclesiástica.

Sua personalidade cheia de encanto e de força fez com que, embora as cinzas de sua fogueira se atirassem ao Arno, suas idéias viessem à superfície em circunstâncias críticas da história da Igreja, sempre necessitada de reformadores.

BIBLIOGRAFIA: *Obras*: 1633-1640, 6 vols.; *Opere inedite*, 1835; A. Huerga, *Savonarola, reformador y profeta* (BAC).

Scaliger, Joseph Justus (1540-1609)

Erudito francês convertido ao calvinismo em 1562. Posteriormente foi professor em Leyden. Tornou-se famoso por suas edições de textos latinos, com que ganhou reconhecimento, por parte dos estudiosos, de pioneiro na crítica textual.

No campo da ciência e da história restaram-nos duas obras suas: *De emendatione temporum* (1583), na qual estabelece a ciência moderna da cronologia; e o *Thesaurus temporum*, reconstrução parcial da *Crônica* de *Eusébio de Cesaréia.

Scheeben, Matthias Joseph (1835-1888)

Teólogo da época romântica da Restauração. Desde 1860, professor de dogma no seminário de Colônia. Em suas diversas obras, acentua o aspecto sobrenatural da fé e da graça diante das tendências naturalistas e racionalistas do séc. XVIII. Foi contrário às idéias de *Döllinger e firme defensor da infalibilidade do papa. De Scheeben ficou uma obra popular, *As maravilhas da graça divina*, que ainda continua difundindo-se entre o povo. É considerado um dos grandes renovadores da teologia na segunda metade do séc. XIX.

Scheler, Max (1874-1928)

*Tillich; *Aranguren.

Schillebeeckx, Edward (1914-)

Nasceu em Amberes em 1914 e entrou para os dominicanos em 1934. Estudou no Studium Generale dominicano de Le Saulchoir e na Sorbonne de Paris. De 1953 a 1957, foi professor de estudo dominicano em Lovaina, de onde passou a professor de teologia dogmática na Universidade de Nimega (Holanda).

O estudo e a atividade de Schillebeeckx responde aos princípios da "nova teologia" iniciada em Le Saulchoir. Plenamente empenhado na renovação e "aggiornamento" da Igreja. Seu trabalho consistiu "em repensar a fé tradicional em função da situação presente no mundo". Foi o teólogo assessor do episcopado holandês no Concílio *Vaticano II. Depois foi consultor do episcopado holandês nos anos que seguiram ao Concílio, em que a Igreja da Holanda submeteu-se a uma profunda revisão. Em 1965 fundou, com outros teólogos, a revista internacional de teologia "Concilium", sendo também um dos principais inspiradores do *Novo Catecismo* holandês (1966).

Sua numerosa obra escrita pode ser encontrada na revista "Concilium" e em outras revistas especializadas, e em obras de grande impacto e difusão não só entre teólogos, mas também entre o público dos diferentes idiomas cultos. Como a de *Küng, *Rahner, De *Lubac, *Häring e outros, sua obra escrita transcendeu a cátedra e os círculos especializados para passar aos diversos setores da sociedade. Citamos algumas de suas obras: *A economia sacramental da salvação* (1952); *Maria, Mãe da redenção* (1954); *Cristo, sacramento do encontro com Deus* (1958); *Deus, futuro do homem* (1965); *Mundo e Igreja* (1966); *Compreensão da fé: interpretação e crítica* (1972); *Jesus. Uma tentativa de cristologia* (1974). Dois tomos sobre *A Igreja de Cristo e o homem de hoje segundo o Vaticano II* reúnem sua contribuição para as revistas especializadas.

Desde 1968, Schillebeeckx é objeto de observação e de críticas por parte da atual Congregação para a Doutrina da Fé. Em 1979 foi chamado a Roma para depor diante dela. "Os dogmas, segundo Schillebeeckx, têm um sentido dentro de uma perspectiva histórica determinada e utilizam noções tomadas de uma cultura particular." Essa historicidade leva-o a reinterpretar os dogmas, levando em conta as condições da existência dos homens. Por isso, a ortodoxia só é plenamente possível sobre a base de uma "ortopráxis": é na prática efetiva da Igreja que se realiza uma nova compreensão da mensagem da fé. A unidade de uma mesma fé e de uma mesma confissão só é reconhecível na "pluralidade de opiniões teológicas". E o "que é verdade para o teólogo, o é também para cada crente". Num mundo secularizado, "Deus manifesta-se normalmente sob a forma de ausência". Ao abordar os problemas do ponto de vista histórico, aplica-os também Schillebeeckx à figura de Jesus, cujo estudo tem-lhe valido duras críticas. (*Teologia atual, Panorama da).

BIBLIOGRAFIA: *Revelação e teologia; O matrimônio — realidade terrestre e mistério de salvação; Maria, mãe da redenção; Deus e o homem; Cristo, sacramento do encontro com Deus; La historia de un viviente*. Cristiandad, Madrid 1981; *Cristo y los cristianos*. Cristiandad, Madrid 1982; *El misterio eclesial. Responsables en la comunidad cristiana*. Cristiandad, Madrid 1983.

Schlegel, Friedrich (1772-1829)

Autor romântico e apologista, líder do movimento romântico em Berlim. Converteu-se ao catolicismo em 1808. Em suas conferências sobre filosofia e história moderna, dadas em Viena entre 1810-1812, defendeu a idéia medieval do império frente ao Estado napoleônico. Foi um dos restauradores da vida católica na Áustria e na Alemanha, colaborando com o grupo de intelectuais que trabalhavam com o "Apóstolo de Viena", o redentorista São Clemente Mª Hofbauer. O campo onde se movimentou Schlegel foi a literatura e a filosofia para a renovação do catolicismo.

Schmaus, Michael

*Teologia atual, Panorama da.

Schnackenburg, R.

*Teologia atual, Panorama da.

Schökel, Luis Alonso

*Teologia atual, Panorama da.

Schopenhauer, Arthur (1788-1860)

Filósofo alemão que influenciou grandemente a filosofia e a literatura dos séculos XIX e XX. Professor da Universidade de Berlim (1820), abandonou o ensino em 1831 para viver em seu retiro de Frankfurt. Sua filosofia é uma reação ao idealismo de Hegel e prepara, de alguma forma, a filosofia existencial do pessimismo. Seu pensamento foi fortemente influenciado pela filosofia e pelas concepções religiosas da Índia.

Schopenhauer inicia sua obra antes de chegar a ser professor em Berlim com a obra que o tornou conhecido em todo o mundo: *O mundo como vontade e representação* (1818). O restante surgiu ao longo dos 28 anos do seu retiro de Frankfurt. Destacam-se: *A vontade na natureza* (1836); *O livre-arbítrio* (1839); *Os dois problemas fundamentais da ética* (1841); *Dores do mundo; A vontade de amar*. E as duas obras póstumas: *Aforismos sobre filosofia de vida* e *Pensamentos e fragmentos*.

Constrói toda a sua filosofia sobre a representação que compreende o sujeito e o objeto e sobre o conceito de vontade e de força. O mundo é uma representação — não pode ser concebido senão como representado numa inteligência — e o substrato deste mundo aparente ou fenomênico é o que ele chama de "vontade". A realidade portanto se reduz a sua aparência. Para além dessa aparência, coloca-se a coisa em si, que devemos interpretar como uma vontade que se mostra em forma de impulso cego e irracional e que é sempre uma vontade de viver.

Em cada um de nós, tal vontade manifesta-se como exigência de felicidade e auto-afirmação que jamais está satisfeita. Por sua vez, o mundo é campo de luta onde cada um quer dominar. O mal, a dor e a crueldade do mundo expressam a natureza básica da realidade. O mal nunca poderá ser vencido, porque faz parte da realidade. A libertação da dor e do mal inspiraram Schopenhauer à análise pessimista das condições da vida que caracterizou sua filosofia. Pela contemplação estética, a castidade que nega a espécie e o ceticismo que esgota os desejos e paixões, o homem conseguirá libertar-se, refugiando-se no nirvana da religião da Índia. A salvação é alcançada assim mediante a renúncia à vontade de viver, da qual resulta a resignação. Nem o teísmo nem o panteísmo podem fazer nada contra o mal. O melhor é rejeitá-los. Nessa resignação, Schopenhauer fundamenta sua moral na piedade, que procede da consciência de identidade essencial dos seres.

BIBLIOGRAFIA: *Obras: O mundo como vontade e representação*; *Sobre a vontade na natureza*, 1934; *O livre arbítrio*, 1934; *O fundamento da moral*, 1896; *Parerga e Paralipômena*, 1926, 2 vols.; Adalbert Hamel, *A. Schopenhauer y la literatura española*, 1925.

Schutz, Roger (1915-)

O nome de Roger Schutz está vinculado a dois fatos fundamentais e singulares: a comunidade cristã interconfessional de *Taizé* e o movimento ecumênico. Os dois fatos estão intimamente ligados: em torno de Taizé, cristãos de todas as confissões, inclusive outros crentes ou agnósticos, encontram-se numa atmosfera de silêncio, oração, intercâmbio e diálogo.

Roger Schutz nasceu na Suíça em 1915. Depois de realizar seus estudos teológicos em Lausanne, dedicou-se como pastor calvinista ao cuidado pastoral. Em 1940 foi para a França, onde comprou uma velha mansão na colina de Taizé, próxima a Maçon. Quis fundar uma comunidade de cristãos "concebida como um sinal de unidade". Tentou combinar ação e oração, retiro e participação na miséria dos homens através do acolhimento aos refugiados políticos. Em 1942, foi para Genebra, fugindo da Gestapo, e retornou a Taizé em 1944 com mais três irmãos. Cinco anos depois, são sete os que emitiram seus primeiros votos: castidade, comunidade de bens e obediência.

Desde essa época, Taizé transformou-se num lugar de paz e de intercâmbio. Em 1958, o irmão Roger, assim quis chamar-se, encontrou-se pela primeira vez com o Papa João XXIII. Em 1962, visitou o patriarca Atenágoras. Nesse mesmo ano, inaugurou-se a igreja da comunidade, com o nome simbólico de Igreja da Reconciliação. Desde 1966, esse homem simples e crente transformou Taizé em centro ecumênico de um surpreendente movimento de jovens de todo o mundo. Na Páscoa de 1970, lançou a idéia de um concílio de jovens, que todos os anos, desde então, buscam as portas da comunidade, seja qual for sua religião.

Durante esses anos, a atividade do irmão Roger foi universal: convidado pessoal do Papa às quatro sessões do Concílio *Vaticano II (1962-1965); acompanhou *Paulo VI em sua viagem a Bogotá; visitas às "fraternidades" dispersas por todo o mundo, sobretudo nos países mais pobres; conferências a operários na Polônia; assembléias a multidões de jovens em Florença etc.

O pensamento do irmão Roger ficou impresso na *Regra da comunidade de Taizé*, redigida entre 1952-1953 e expressa o mais profundo da espiritualidade monástica e do sentido missionário do Evangelho. Suas obras: *Viver no hoje de Deus; A unidade, esperança de vida; Dinâmica do provisório* etc.; transmitem uma mensagem de paz e de serenidade na fé cristã para os monges de Taizé e para todo o mundo. *Luta e contemplação* (1973) resume, melhor do que nenhuma outra obra, seu ideal de um cristianismo comprometido com o mundo de hoje na vivência profunda do mistério cristão. Em 1974, os livreiros alemães concederam-lhe, em Frankfurt, o Prêmio da Paz.

BIBLIOGRAFIA: *Diccionario del cristianismo*. Herder, Barcelona 1974; *Las religiones*. Mensajero, Bilbao 1976; John Macquarrie, *El pensamiento religioso en el siglo XX; Teología de la renovación*. Sígueme, Salamanca 1972, 2 vols.; *2000 años de cristianismo*, t. 9.

Schwartz, Edward (1858-1940)

Filólogo clássico e especialista em patrística. Sua obra fundamental *Acta Conciliorum Oecumenicorum* (1914-1940) é uma edição crítica dos concílios gregos. Pela primeira vez publicam-se as *Atas* do Concílio de Éfeso (431) e de Calcedônia (451). São importantes também seus estudos sobre Santo *Atanásio (1904-1911).

BIBLIOGRAFIA: O. Clément, *L'Église orthodoxe*. PUF, Paris (1965); *Historia de la Iglesia católica*, I. *La Iglesia en el mundo greco-romano;* II. *Edad Media: La cristiandad en el mundo europeo y feudal* (BAC).

Schweitzer, Albert (1875-1965)

Teólogo francês de origem alsaciana. Desde 1912 foi médico-missionário na África Equatorial francesa, onde fundou o famoso hospital para negros em Lamborené (hoje Gabão). Em 1952 concederam-lhe o Prêmio Nobel da Paz. Além de seu trabalho e entrega pessoal, reunidos em suas *Memórias* (1924-1931), escreveu também obras de teologia e sociologia. Deu concertos e conferências na Europa e em outras partes do mundo para reunir fundos para seu trabalho missionário.

Suas obras mais conhecidas são a *Vida de Jesus* (1910) e a *Mística do apóstolo Paulo* (1931). Afirma que a vida e a obra de Jesus somente se podem entender na perspectiva do apocalíptico judaico contemporâneo. Segundo Schweitzer, Jesus decidiu salvar seu povo da tribulação final, oferecendo-se ele próprio à morte. Assim cumpriu, de alguma forma, suas esperanças de um fim eminente de um mundo que não se realizou. Mas o importante desse pastor luterano, médico e missionário, é sua contribuição e sua entrega à população negra e marginalizada da África e sua contribuição para a paz mundial. Seu livro *O problema da paz no mundo de hoje,* de tanta ressonância em sua época, continua válido para todo tempo.

BIBLIOGRAFIA: *Obras: Filosofía de la civilización, I. Decaimiento y restauración de la civilización; II. Civilización y ética*, 1962; *El cristianismo y las religiones*, 1950; *Mi vida y mi pensamiento*, 1961; J. Brabazon, *Albert S.: A. Biography*, 1975.

Segneri, Paulo (1624-1694)

Literatura autobiográfica; *Molinos.

Segundo, João Luís (1925-)

*Libertação, Teólogos da.

Sentenças dos Padres (finais do séc. V)

As *Sentenças dos Padres,* tradução da obra *Apothegmata Patrum,* é uma coleção anônima de máximas espirituais nascidas do *monaquismo egípcio. Esse livro de sentenças foi compilado provavelmente nos finais do século V. Contém *frases* dos mais famosos abades e solitários do deserto egípcio e anedotas sobre seus milagres e virtudes: *suas obras.* No séc. VI surgiu uma antologia de tais frases na ordem alfabética de seus autores, começando com o abade Antônio e terminando com o abade Or. Esta série conserva-se em algumas redações e traduções tardias.

A obra foi escrita originalmente em grego, mas logo se fizeram traduções para o latim, copta, armênio etc. Oferecem um quadro vivo da vida monástica no vale de Natrón. Essas *Sentenças dos Padres* representam uma fonte inestimável de informação para a história da religião e da civilização. "Trata-se, de fato, de palavras isoladas, de propósitos fragmentários, nos quais não cabe procurar um ensino completo de teologia ou de espiritualidade... Não se podem considerar tais *apotegmas* como uma espécie de livres e pequenas sentenças, como essas que pronunciam de boa vontade em nossos dias os homens de letras, aos dirigentes políticos ou aos dignatários eclesiásticos em suas entrevistas, encontros familiares ou coletivas de imprensa. Por mais espontânea que pareçam, freqüentemente, nos textos que utilizamos, os *apotegmas* são o fruto de um lento e longo amadurecimento no silêncio do deserto"... (Dom Lucien Regnault).

Para os cristãos, os apotegmas ou sentenças transformaram-se numa leitura muito freqüente e querida, pois lembram aqueles homens dos séculos II-III de nossa era que responderam ao Evangelho de forma tão original! "Em todas as fórmulas, o mais importante e revelador é a menção da salvação, com a aspiração profunda que implica no coração daquele que pergunta: "Como me salvarei?". "Dá-me uma palavra de salvação." Esses são os apotegmas.

As mais conhecidas sentenças ou *apotegmas dos padres* são uma versão latina de quatro coleções diferentes dos *Apotegmas*, todas elas escritas originalmente em grego, e relacionadas com as que mencionamos acima. A tradução para o latim com o título de *Verba Seniorum* foi feita pelo Papa Pelágio (556-561) e pelo Papa João III (561-574), ajudados pelo diácono Pascácio e pelo abade Martinho de Dúmio.

BIBLIOGRAFIA: G. M. Colombás, *El monacato primitivo*, I. *Hombres, hechos, costumbres e instituciones;* II. *La espiritualidad* (BAC); Id.; *La regla de San Benito* (BAC); *Las sentencias de los Padres del desierto. Los apotegmas de los padres*. Desclée de Brouwer, Bilbao 1989.

Sérgio, São (1314-1392)

Hesiquia.

Sertillanges, A. D. (1863-1948)

Teologia atual, Panorama da.

Servet, Miguel (1511-1553)

De Miguel Servet, conhecido em sua época como *Servetus* ou *Serveto,* interessa-nos aqui sua vida, sua vasta mas desordenada cultura, sua obra de medicina, geografia, astrologia e teologia.

Nasceu em Vilanova de Sixena (Lérida) e realizou seus estudos em Barcelona, Saragoça e Toulouse. Viajou pela Itália e pela Alemanha, estabelecendo relações com os principais reformadores do continente, entre eles *Melanchton e *Calvino.

Expulso da Alemanha, instalou-se na França, dedicando-se ao estudo da Matemática, da Astrologia e, principalmente, da Medicina. Paris e Lyon foram suas primeiras etapas do exílio, encontrando nelas um ambiente de letrados, sábios e impressores. Isso lhe permitiu publicar *Geografia e Ptolomeu*. Dedicou-se ainda aos estudos de Medicina, sobretudo em Vienne, onde viveu de 1541 a 1552.

Em Vienne (França) foi detido, na verdade, por Calvino em 1552. Foi processado, mas fugiu do cárcere no terceiro dia do processo. Em sua fuga até Nápoles, passou por Genebra, onde foi reconhecido e detido a 13 de agosto de 1553. Após uma acusação violenta, levada diretamente pelo próprio Calvino, que o acusava de libertinagem, de fraude, de corromper a juventude e, principalmente, de heresia, no dia 26 de outubro de 1553 o Conselho dos Duzentos condenou-se a ser queimado vivo com seus livros. No dia seguinte, o condenado foi conduzido à fogueira de Champel. Não se retratou. Com seus escritos amarrados em suas pernas, morreu pronunciando estas palavras: "Jesus, Filho do Deus eterno, tende piedade de mim".

Deixando de lado suas pesquisas e instituições como médico — Servet descobriu e descreveu a circulação do sangue nos pulmões — e sua obra astrológica, exposta em *Apologetica disceptatio pro astrologia* (1538), interessa-nos aqui sua doutrina filosófico-teológica. Esta se expõe, principalmente, em três obras teológicas: *Erros sobre a Trindade* (1531); *Diálogos sobre a Trindade* (1532); *Christianismi restitutio* (1553), a última e a mais importante obra de Servet. Nas duas primeiras, negava que o Filho fosse da mesma natureza do Pai e co-eterno com ele.

— A *Christianismi restitutio* ou restauração do cristianismo, sua obra principal, impressa em segredo e sob o anonimato, é uma obra eloquente e obscura, sem demonstração nem lógica, com piedosas efusões, de invectivas violentas, principalmente contra o papa e a Igreja Romana, de profecias, de textos tomados de múltiplas fontes. Sua filosofia mostra-o como panteísta. Calvino criticou-o que Deus comunica sua deidade a toda a criação, de que é "pedra sobre pedra, e madeira sobre madeira".

— Em seus *Diálogos de sobremesa*, *Lutero tratou Servet como "mouro". Servet não se considera de nenhuma confissão. Seu cristianismo, irregular e confusamente expresso, seria única e exclusivamente seu. Assim, sua teologia separa-o essencialmente dos católicos, sobretudo com relação ao dogma da Trindade. Segundo ele, Cristo não é Deus por natureza, mas chegou a sê-lo pela graça. É o intermediário entre o criador e a criatura, mas se diferencia dos dois. Para ele, a Trindade nada mais é que uma questão de modalidade: o Pai, o Filho e o Espírito Santo não representam senão três modalidades de manifestação divina.

— Da mesma forma, Servet opõe-se aos protestantes, apesar de se ater à autoridade da Escritura. Revela-se contra a doutrina da justificação pela fé. Rejeita a rígida predestinação dos calvinistas, que rebaixa o homem à categoria de "pedra" ou "tronco de árvore".

— Servet foi repudiado em seu propósito reformador de devolver à fé cristã sua pureza primitiva perdida, segundo ele, desde Constantino. "Afirmo que seus magistrados atuaram com toda justiça, escreve Melanchton a Calvino, condenando à morte um homem culpável de blasfêmia ao término de um processo formal." Assim se sancionava uma morte e uma repressão terrível empreendida pela Reforma.

BIBLIOGRAFIA: *Obras: Christianismi restitutio* (reimp. 1965); *Dialogi de Trinitate* (reimp. 1965); *De iustitia regni Christi* (reimp. 1965). Tradução recente de *Restitutio* e biografia de Servet.

Siger de Brabante (1240-1284)

Filósofo averroísta, criador do chamado "averroísmo latino" no séc. XIII. Desde 1266 ensinou em Paris a filosofia aristotélica tal como a interpretou Averróis (1126-1198).

A doutrina de Siger-Averróis afetava seriamente pontos fundamentais cristãos. Tal era, por exemplo, a eternidade do mundo; a negação da imortalidade pessoal da alma e, por conseguinte, os prêmios e castigos após a morte; a doutrina de "dupla verdade": o que pode ser verdade segundo a fé, pode não ser segundo a razão e vice-versa. Com essa consideração, a teologia poderia afirmar uma coisa sobre um assunto, e a filosofia outra.

O averroísmo se impôs durante algum tempo na Sorbonne. Em 1270, o arcebispo de Paris condenou 13 de suas proposições ou teses. Nesse mesmo ano, Santo *Tomás de Aquino escreveu *De unitate intellectus contra averroístas,* obra decisiva na implantação do novo aristotelismo. Em 1276, foi intimado por Simão du Val, inquisidor da França, por delito de heresia, ma não atendeu à intimação por ter fugido do país. O averroísmo voltou depois no séc. XIV à Universidade de Paris e a outras escolas da França e da Itália. No Renascimento teve também alguns indícios.

BIBLIOGRAFIA: E. Gilson, *A filosofia na Idade Média,* com a bibliografia aí publicada, p. 511s.

Símbolo dos Apóstolos

Com o nome de *Símbolo dos Apóstolos* ou *Credo dos Apóstolos,* inicia-se na Igreja uma série de fórmulas ou profissões de fé que chegaram até nossos dias. São fórmulas muito elaboradas e concisas que contêm um compêndio da teologia da Igreja. Servem para a proclamação ou confissão da fé da comunidade, e boa parte delas entrou na liturgia eucarística e na catequese.

A primeira dessas manifestações de fé é o propriamente chamado *Credo ou Símbolo dos Após-*

tolos, usado no Batismo e na Eucaristia, tanto pelos católicos quanto pela maioria das confissões protestantes. Sua forma atual, que consta de 12 artigos, não é anterior ao século VI. No entanto, o nome *Symbolum Apostolicum* indica-nos que é mais antigo. Uma tradição nos diz que os apóstolos, antes de separar-se para suas respectivas missões em diferentes países e nações, redigiram de comum acordo um breve sumário da doutrina cristã como base de seus ensinamentos e como regra de fé para os crentes.

As investigações recentes concluem que seu conteúdo essencial data da era apostólica. A forma atual, no entanto, desenvolveu-se gradualmente. Sua evolução está vinculada à liturgia batismal e à preparação ao catecumenato, e o texto é semelhante ao credo utilizado em Roma nos séc. III-IV. Na forma presente, já se encontra em Cesário de Arles e foi usado na França, Espanha, Irlanda e Alemanha, nos finais do século VI e princípios do VII. Esse credo foi reconhecido como afirmação oficial de fé da Igreja Católica do Ocidente pelo Papa Inocêncio III (1198-1216).

Existem também outras fórmulas de fé nascidas ao longo da história da Igreja, fruto da mesma necessidade de explicitar ou acentuar, tanto a fé em geral, quanto um dogma particular. Junto ao Credo dos Apóstolos, de uso nas Igrejas do Ocidente, encontramos o credo formulado pelo Concílio de Nicéia (325), conhecido como *Credo de Nicéia ou niceno*. Foi redigido para defender a fé ortodoxa contra o arianismo. Como apêndice do mesmo, há quatro anátemas antiarianos, que são considerados parte integrante do texto.

Deste credo há uma segunda versão, conhecida como *Credo Niceno-constantinopolitano* e que se usa na liturgia tanto do Oriente quanto do Ocidente. Desde o Concílio da Calcedônia (451) foi tido como o credo do Concílio de Constantinopla (381). Daí seu nome. O mesmo que o Credo dos Apóstolos ou o de Jerusalém, o Credo Niceno-constantinopolitano pretende excluir idéias heréticas, e em particular a heresia ariana que negava a igualdade do Filho com o Pai. Para isso afirma a consubstancialidade do Filho com o Pai (*homoousion*). Posteriormente, as Igrejas ocidentais acrescentaram a cláusula *filioque*, que afirma que o Espírito procede do Pai e do Filho. Esta cláusula foi parte e causa da ruptura da Igreja do Oriente e do Ocidente, já que aquela jamais aceitou tal cláusula.

Um terceiro credo ecumênico é o chamado *Credo Atanasiano,* atribuído a Santo *Atanásio. Hoje se reconhece que é posterior, provavelmente da segunda metade do séc. V. Esse credo, que teve seu reconhecimento no Oriente até o séc. XVI, ainda é reconhecido oficialmente pelos católicos, pelos anglicanos e pelos luteranos. Seu uso veio a ser pouco presente na liturgia. É extremamente polêmico em seu tom, detém-se nas afirmações sobre a Trindade, a Encarnação e os fatos da vida do Salvador. Termina com anátemas contra os que não acreditam em tais afirmações.

As fórmulas de fé ou credos continuaram até nossos dias. As Igrejas nascidas da Reforma adotaram as *Confissões de fé* para expressar e formular sua fé. Entre os católicos, existem duas fórmulas de fé promulgadas por dois papas depois de dois concílios. A primeira é a *Professio fidei tridentinae,* compêndio das doutrinas promulgadas no Concílio de Trento. Foi publicada por Pio IV, em 1564. Era a profissão de fé que deveriam fazer os oficiais da Cúria Romana e de todos os cargos eclesiásticos antes da posse. Em 1967, foi substituída por uma fórmula mais breve. A segunda fórmula de fé é o *Credo do povo de Deus* de *Paulo VI (1968), uma fórmula ampliada como recordação da fé vivida pela Igreja Católica no século XX.

BIBLIOGRAFIA: E. Denzinger, *Enchiridion symbolorum...*; J. Quasten, *Patrología,* I, 31s.; J. N. D. Kelly, *Primitivos credos cristianos.* Salamanca 1980; Vários, *Para decir el credo.* Verbo Divino, Estella 1988.

Simeão de Tessalônica (+1429)

Foi arcebispo de Tessalônica e autor de uma obra de grande influência na teologia e na espiritualidade ortodoxas: *O diálogo contra todas as heresias e sobre a única fé*. Consta de um breve tratado sobre a doutrina da fé e outro mais extenso sobre a liturgia e os sacramentos.

Simeão, São (c. 960)

*Hesiquia.

Sínodo dos Bispos

*Concílio.

Smangaliso Mkhatshwa (1939-)

Sacerdote católico sul-africano, tem sofrido várias detenções e prisões por sua oposição como cristão ao "apartheid" de seus concidadãos negros na África do Sul, durante os últimos vinte anos. Recentemente foi premiado com o título de doutor "honoris causa" das Universidades de Tubinga (Alemanha) e Washington (Estados Unidos). É fundador e diretor do Instituto de Teologia Contextual (ITC), versão africana da *Teologia da Libertação. Sua atividade discorre na direção do instituto, de conferências, de congressos, além de trabalhos sobre a situação social e religiosa da população negra no sul da África.

Sobre o ITC escreve: "A nossa é uma instituição independente, na qual há de tudo: católicos, protestantes, representantes das Igrejas independentes africanas e membros da Igreja Reformada Holandesa como Alex Bhiman, afastado de seu ministério por ter exigido que fossem tomadas decisões mais rígidas contra o *apartheid*".

"A teologia contextual — diz Smangaliso — é uma versão da *Teologia da Libertação*. Seu objetivo é contribuir para a construção de uma nova sociedade justa e livre de toda forma de opressão. Sublinha que a diferença com relação à América Latina é a peculiar situação social e política sul-africana, onde a luta de classes está vinculada à discriminação racial".

A missão principal do ITC é proporcionar à população uma análise que desperte sua consciência sobre a situação de escravidão em que vive e a ajude, conseqüentemente, a atuar". Por isso, diante do fim do *apartheid*, que ele considera próximo, pergunta: "Que sentido terá, então, a existência do ITC?", e responde: "O fim do *apartheid* não suporá a libertação total dos sul-africanos. Muitos anos se passarão até que se apaguem as atitudes psicológicas que permitiram tal monstruosidade, e isso só será possível através de um processo de reeducação. Continuarão as desigualdades econômicas e a pobreza da maioria negra. Que sentido tem que um novo governo proceda à redistribuição da terra, em poder de minoria branca, se os negros não vão ter nem o capital, nem a preparação técnica, nem a tecnologia apropriada para sua exploração e rendimento?".

A missão da Igreja será dar ao povo a formação necessária. "Sabe-se — conclui — que o princípio pietista de que não temos por que nos preocupar com o que ocorre na terra, porque nosso objetivo da salvação é o céu, é egoísta, e, se fosse levado adiante, impediria o progresso da humanidade.

BIBLIOGRAFIA: Vários, *Teología negra-Teología de la liberación*. Sígueme, Salamanca; Cl. Boff, *Teología de lo político. Sus mediaciones*. Sígueme, Salamanca, 1981.

Sobrino, Jon (1938-)

*Libertação, Teólogos da.

Soto, Domingo de (1494-1560)

*Domingos de Gusmão, São.

Sozomenes (séc. IV-V)

*Monaquismo; *Eusébio de Cesaréia.

Spener, Philip H. (1635 1705)

*Pietistas.

Stein, Edith (1891-1942)

A ficha pessoal, que dicionários e enciclopédias fazem desta mulher, é a seguinte: "Edith Stein, nome original de *Theresia Benedicta a Cruce,* nascida em Breslau, morta em Auschwitz (Polônia), católica convertida do judaísmo, monja carmelita, filósofa e escritora espiritual que foi executada pelos nazistas por sua ascendência judaica e considerada mártir moderna" (*Enc. Britânica*).

Décima primeira filha de um casal de comerciantes judeus, Edith Stein herdou um caráter enérgico e sensível, inquieto e, ao mesmo tempo, responsável. Sua carreira universitária iniciou-se na Universidade de Gotinga (1911) onde entrou no círculo de discípulos de Edmund Husserl, criador da corrente filosófica *Fenomenologia.* Anos depois, passou a ajudante de Husserl, nomeado catedrático de filosofia da Universidade de Friburgo. Fez o doutorado em filosofia em 1916 e permaneceu nesta cidade até 1922, dedicando-se totalmente à filosofia e ao estudo dos manuscritos de seu mestre.

Paralelamente à sua vida acadêmica, corre sua vida religiosa. Desde tenra idade (1904), Edith Stein abandonou sua fé judaica para entrar num ateísmo agnóstico. Não obstante, em Gotinga terá também seus primeiros contatos com o catolicismo. A 1ª Guerra Mundial produziu-lhe uma impressão tão viva que influiu decisivamente na profunda crise pessoal que atravessou em 1920. Esta circunstância preparou o terreno para sua conversão à religião católica. Decidiu receber o Batismo no verão de 1921, após a leitura da autobiografia de Santa Teresa, que realizou em 1922. A partir desta data, abandonou seu estudo ao lado de Husserl para dar aulas no Liceu Dominicano de Spira (1922-1932). Em 1933, teve de abandonar as aulas devido à legislação anti-semita dos nazistas. Em 1934, ingressou no carmelo de Colônia, tomando o nome de Teresa Benedicta de la Cruz. Primeiro a conversão e depois a entrada no carmelo não interromperam seu estudo e seus contatos com o mundo intelectual.

Em 1938, foi transferida para o Carmelo de Echt, na Holanda, acreditando estar a salvo da perseguição nazista. A condenação por parte do episcopado holandês (1942) da barbárie nazista provocou a ordem de Hitler de prender todos os católicos não arianos. Foi detida pela Gestapo em 1942 e levada, junto com sua irmã Rosa, ao campo de concentração de Auschwitz. Os sobreviventes desse campo de extermínio testemunham o auxílio prestado por Edith Stein a seus companheiros. Foi enviada à câmara de gás, onde morreu com sua irmã. Foi beatificada por João Paulo II em maio de 1987, em Colônia.

— A obra escrita por Edith Stein encontra-se no *Archivium Carmelitanum Edith Stein*, em Lovaina, Bélgica. Suas obras, em vias de publicação, estão classificadas da seguinte forma: a) *Reelaboração dos manuscritos*, que constituem a base da segunda e terceira parte das *Ideen* de Husserl. b) As *traduções* que fez de algumas obras de Newman e de Santo *Tomás. Deste último traduziu *De veritate* e talvez também *De ente et essentia*. c) A numerosa *correspondência* com intelectuais e outras pessoas sobre temas particulares e sobre problemas de estudo. d) As *obras de filosofia* como : *Sobre o problema da empatia; Contribuições para a fundamentação filosófica da psicologia e das ciências do espírito, I. Causalidade psíquica; II. Indivíduo e comunidade; A fenomenologia de Husserl e a filosofia de Santo Tomás de Aquino; O "ethos" da missão da mulher* etc. e) *Estudos de espiritualidade e mística: Os caminhos do silêncio interior; A ciência da* *cruz; Estudos sobre São João da Cruz* etc. Entre essas merece destaque sua autobiografia e *Ser finito e ser eterno,* talvez sua obra filosófica fundamental.

— De Edith Stein, afirma-se: "Jamais escreveu nada em que não acreditasse firmemente, não fez nada com espírito conformista" (R. Ingarden, companheiro de estudos). "A filosofia de E. Stein é uma combinação original de fenomenologia e pensamento escolástico. Da primeira tomou o método e os aspectos realistas; do segundo, principalmente o tomismo."

— Outro importante ingrediente de seu pensamento filosófico é a mística, em especial a de três autores: o *Pseudo-Dionísio, São *João da Cruz e Santa *Teresa de Jesus.

— Mas o interesse principal de sua filosofia está na construção de uma metafísica completa, novo degrau da filosofia perene que, sem deixar de ser estritamente filosófica, não descuida as riquezas proporcionadas pela experiência e por sua análise fenomenológica. A síntese fenomenológico-escolástica era para E. Stein uma síntese de razão e experiência, de temporalidade e eternidade, de finitude e infinitude, de existência e essência.

BIBLIOGRAFIA: *Obras completas:* I. *La ciencia de la cruz; Estudios sobre san Juan de la Cruz,* 1559; *Cartas a H. Conrad-Martius; Teresa Renata del Espíritu Santo: Edith Stein, una gran mujer de nuestro siglo,* 1953.

Strauss, Friedrich (1808-1874)

Discípulo de *Hegel e considerado da "esquerda hegeliana", Strauss dedicou-se a uma crítica radical dos textos bíblicos e tentou, assim como *Feuerbach, reduzir o significado da religião a exigências e necessidades humanas: simples antropologia. Seguindo as idéias e orientações de Ferdinand Baur, da escola de Tubinga, publicou em 1835 a *Vida de Jesus,* obra que logo se fez famosa e suscitou as violentas polêmicas que consummaram a divisão dos discípulos de Hegel.

"Essa obra foi a primeira tentativa radical, sistemática e completa de aplicar o conceito hegeliano da religião aos textos bíblicos. O resultado foi reduzir a fé religiosa a um simples *mito*. O Jesus da tradição é um mito: não pertence à história; é uma ficção produzida pela orientação intelectual de uma determinada sociedade."

O *mito* é uma idéia metafísica expressa mediante uma imagem, por um espírito contemplativo. Seu valor não reside no fato narrado, mas na idéia representada. O mito de Jesus foi originado pela ardente espera do Messias e pela personalidade do Jesus histórico. Partindo destes princípios, Strauss leva adiante a análise filosófica e histórica dos textos evangélicos, relegando ao mito e à lenda todo elemento sobrenatural ou, em geral, não fundado sobre o testemunho comprovado e concordante das fontes. A obra quer demonstrar a diferença entre a religião cristã, caracterizada por seus mitos, e a filosofia. No entanto, paradoxalmente, afirmará como conclusão que religião e filosofia são a mesma coisa: a unidade do infinito e do finito, de Deus e do homem. Em conseqüência, Jesus "não pode ser senão um daqueles *indivíduos cósmicos* nos quais se realiza a idéia substancial da história. Nele surge, pela primeira vez, a consciência da unidade do divino e do humano, e neste sentido é único e inigualável na história do mundo". "Já temos aqui o homem incomparável", moldado por *Renan, anos mais tarde, e a base da doutrina de Feuerbach.

Suas duas obras completam o pensamento religioso de Strauss: *A fé cristã em seu desenvolvimento e em sua luta com a ciência moderna* (1841-1842) e *A antiga e a nova fé* (1872). Na primeira, contrapõe o panteísmo da filosofia moderna ao teísmo da religião cristã. "A história do dogma cristão é a crítica do próprio dogma, já que revela o progressivo triunfo do panteísmo sobre o teísmo, chegando a reconhecer que Deus nada mais é do que o pensamento que age em todos, que os atributos de Deus nada mais são do que as leis da natureza e que o todo é imutável e absoluto refletido nos espíritos finitos desde a eternidade.

Na segunda, faz estas quatro perguntas: 1) Somos ainda cristãos? Responde que não, porque o teísmo já não existe. 2) Temos ainda uma religião? Afirma que sim, desde que por religião se entenda o sentimento de dependência que o homem tem do universo e suas leis. 3) Como entendemos o universo? A resposta a esta terceira pergunta contém sua profissão de materialismo. 4) Como devemos regular nossa vida? A resposta contém sua doutrina moral. O objetivo desta é levar uma vida social ordenada mediante a perfeita realização de nossa humanidade, utilizando para isso o princípio da "simpatia". Termina exaltando o industrialismo moderno e a burguesia. Ataca o cristianismo que detesta o afã de lucro e de êxito, assim como o socialismo. A poesia, especialmente a de Lessing e a de Goethe, será a educadora do povo, não a Bíblia (*Diccionario de filósofos*).

BIBLIOGRAFIA: *Das Leben Jesu*, 1835, 2 vols.

Suárez, Francisco (1548-1617)

Nasceu em Granada e morreu em Lisboa. Conhecido como "Doctor eximius", ingressou na Companhia de Jesus em 1564. Professor de teologia e filosofia em Segóvia, Ávila, Valladolid, Roma, Alcalá, Salamanca; por último, desde 1597, em Coimbra.

Sua extensa obra filosófico-teológica, 26 volumes *in folio*, compreende dois blocos: a) O bloco de *obras teológicas*. Quase todas elas desenvolvem a *Summa Teológica* de Santo *Tomás. Mas a obra de Suárez não é comentário. São tratados autônomos e independentes, que estudam de forma sistemática todos os problemas da teologia. São eles: *De divina substantia,* em que se encontra toda a teologia natural; *De angelis* estuda o problema do conhecimento intelectual; *De gratia* analisa as relações entre a liberdade divina e a liberdade criada; *De ultimo fine* e *De voluntario* expõem os princípios e as normas fundamentais da ética natural. b) A *obra filosófica* está contida nos dois grandes volumes de suas *Disputationes metaphysicae*. Nas 54 *Disputaciones metafísicas,* Suárez estuda com clareza e rigor o problema do ser independentemente das questões teológicas, embora sem perder de vista que sua metafísica ordena-se à teologia, à qual serve de fundamentação prévia. "Suárez é, desde Aristóteles, escreve *Zubiri, o primeiro ensaísta a fazer da metafísica um corpo de doutrina filosófica independente. Com Suárez, eleva-se ao nível de disciplina autônoma e sistemática."

— A metafísica de Suárez aborda, com muita agudeza, os pontos capitais da filosofia escolástica. Embora se mantenha fiel ao tomismo, não rechaça os desvios quando lhe parecem necessários. Algumas vezes recolhe antecedentes da filosofia pré-tomista; em outras, ao contrário, está mais próxima de Duns Scot e dos nominais; algumas expõem soluções originais e próprias como, por exemplo, na questão da *distinção real entre a essência e a existência,* em que se afasta dos tomistas. Na questão dos *universais,* não admite que a matéria *signata quantitate* seja o princípio individualizante. O decisivo do indivíduo é sua *incomunicabilidade*. Para a demonstração da existência de Deus, somente concede valor apodítico aos argumentos metafísicos. Afirma ainda a impossibilidade de ver e conhecer naturalmente a Deus, a não ser de forma indireta, refletido nas criaturas.

— Verdadeiramente notável e original é sua doutrina política exposta em seu tratado *De legibus* (1612). A tese fundamental dessa obra apóia-se em que, enquanto o poder eclesiástico procede imediatamente de Deus, o poder temporal procede somente do povo. De fato, todos os homens nascem livres, e o corpo político resulta da livre reunião dos indivíduos que, explícita ou tacitamente, reconhecem o dever de ocupar-se do bem comum. Em conseqüência: a) nega a teoria do direito divino dos reis, usada pelos protestantes, segundo a qual o rei teria seu poder imediatamente de Deus; b) afirma que a soberania reside somente no povo, que é superior ao rei, em quem se confia e de quem pode ser tirada quando não a empregar politicamente, isto é, no interesse comum, e sim com tirania.

— Suárez pertence à chamada "escolástica tardia do século XVI", que teve em Salamanca, Alcalá e Coimbra seus centros intelectuais de interesse. Quase todos esses escolásticos tinham uma formação adquirida em Paris e em Roma. Reafirmaram a tradição escolástica frente à crítica dos renascentistas; tornaram ao tomismo e às grandes obras sistemáticas da Idade Média, não para repeti-las, e sim para comentá-las e esclarecê-las. Abordaram-se também uma série de problemas sociais e políticos que o Renascimento atualizou, como por exemplo o direito internacional, a condição dos índios da América etc.

A obra de Suárez insere-se nesse ambiente da Contra-Reforma e da escolástica renascentista. "Durante os séculos XVII e XVIII, as *Disputationes* de Suárez — observa J. Marías — serviram de texto em inúmeras universidades européias, inclusive protestantes; Descartes, Leibniz, *Grócio, os idealistas alemães a conheceram e utilizaram. Pode-se dizer que a Europa, durante dois séculos, aprendeu metafísica com Suárez, embora tenha sido mais utilizada para fazer outra diferente do que para continuá-la segundo sua inspiração. Através de Suárez penetrou na filosofia moderna o mais fecundo do caudal da escolástica, que ficou assim incorporado a uma nova metafísica, feita sob outro ponto de vista e com método diferente" (*Historia de la filosofía,* 5ª ed., p. 200).

BIBLIOGRAFIA: *Obras: Misterios de la vida de Cristo* (BAC), 2 vols.; *Disputaciones metafísicas*. Edição bilíngüe, Gredos, 7 vols.; *Tratado de las Leyes y del Dios legislador,* 1918-1921, 11 vols. Edição crítica bilíngüe por Luciano Pereña, 1972-1975, 5 vols.; R. de Scorraille, *El Padre Francisco Suárez*, 1917, 2 vols.

Suidas de Constantinopla (séc. IX-X)

*Padres da Igreja.

Summa angelica (séc. XV)

*Summas dos confessores.

Summa antonina

*Antonino, Santo.

Summas dos confessores

Dentro das *summas*, produto das escolas e universidades da Idade Média, há um gênero conhecido como *Summas dos confessores*. Constituem o elo de ligação entre os livros *Penitentiales* e as *Institutiones morales* (moral casuísta) dos séculos XVII-XVIII. Começaram a difundir-se no século XIII, desenvolveram-se no XIV, alcançaram seu apogeu no XV e acabaram no séc. XVI.

A maior parte das *summas* segue uma ordem alfabética; outras adotam uma forma sistemática. Trata-se, simplesmente, de "prontuários" ou, se se preferir, "léxicos de teologia moral". Nelas pode-se encontrar, agrupado em torno de certos temas, tudo de que, para uma informação rápida, necessita um sacerdote ocupado com o ministério: moral, direito, liturgia, pastoral sacramental etc. São um *vademecum*, não um manual de teologia moral, pois até então não há nada ainda mais do que uma teologia indivisa, da qual a moral faz parte.

Durante esse longo período existiram muitas *summas*: a de São Raimundo de Peñafort e a de João de Friburgo no século XIII; a summa pisana e a summa astesana no século XIV; a summa de Santo Antonino, a Summa angelica, a summa batista no século XV; a summa silvestrina, a summa talínea e a *summula* de Cayetano no século XVI. Imitação ou continuação das summas dos confessores são os manuais para confessores, que têm vigência nos séculos XVI e XVII. Merece ser lembrado o de F. de Toledo, *Instructio sacerdotum*.

BIBLIOGRAFIA: B. Häring, *A lei de Cristo*, Herder 1960; M. Vidal, *Moral de* Atitudes, I, Ed. Santuário.

Summa contra gentes
*Tomás de Aquino, Santo.

Summa iuris
*Raimundo de Peñafort, São.

Summa theologica
*Tomás de Aquino, Santo.

Suso, Enrique (1295-1366)
*Tauler; *Eckhart.

Syllabus (1864)

Um dos documentos doutrinais mais significativos do velho estilo dos papas anteriores à segunda metade do século XIX é o *Syllabus*. É fruto e resultado das lutas da Restauração na Europa e da industrialização que seguiram às guerras napoleônicas e à Revolução Francesa. O socialismo, o liberalismo, o racionalismo haviam irrompido em cena, querendo afogar a fé e a tradição da Igreja.

Seguindo a linha da encíclica *Mirari vos* de Gregório XVI (1832), na qual se condenam o indiferentismo e a liberdade de consciência, "essa fonte infecta do indiferentismo da qual nasce esse delírio de que se deve assegurar e garantir a cada um a liberdade de consciência", Pio IX publica em 1864 dois documentos. Um, a encíclica *Quanta cura*, na qual condenava o racionalismo, o liberalismo etc., tal como o haviam pedido alguns bispos "ultramontanos" franceses e outros intelectuais, tais como L. Veuillot. Anexo a essa encíclica estava um catálogo (*Syllabus*) de 80 proposições condenadas, no estilo das que seguem:

— A Igreja deve separar-se do Estado e o Estado da Igreja (55).

— É lícito negar a obediência aos príncipes legítimos e até rebelar-se contra eles (66).

— Em nossa sociedade não convém que a religião católica seja a única religião do Estado, com exclusão de quaisquer outros cultos (77).

— O Romano Pontífice pode e deve reconciliar-se e consentir com o progresso, com o liberalismo e com a civilização moderna (80).

A última proposição, a 80, parece implicar o repúdio a toda a sociedade moderna. Os católicos intransigentes exultaram! Os anticlericais zombavam: o papa vai eliminar os trens em Roma. Os católicos liberais sentiram-se desaprovados e cheios de surpresa. Hoje o julgaríamos defasado e superado, mas é expressão de uma Igreja clerical, fechada sobre si mesma, que quer impor-se com o anátema, afastada da realidade.

BIBLIOGRAFIA: R. Aubert, *O pontificado de Pio IX*, tomo 21 da *História da Igreja* de Fliche-Martin.

Taciano, o Sírio (n. 120)

*Apologistas.

Taizé

*Schutz, Roger.

Tauler, João (1300-1361)

Discípulo de *Eckhart e dominicano como ele, Tauler ou Tauler representa o pólo eminentemente moral diante do predomínio da especulação metafísica daquele e do elemento afetivo de Suso. No pensamento e doutrina de Tauler é fácil encontrar elementos platônicos e neoplatônicos, sem esquecer outros procedentes de Santo *Alberto Magno e de Santo *Tomás. Tauler é um pregador e um místico interessado mais pela mística do que pela filosofia e pela razão.

Nascido em Estrasburgo, ingressou no convento dominicano dessa cidade e depois foi para o *Studium generale* de Colônia, onde realizou seus estudos. Foi aí que encontrou provavelmente o mestre Eckhart. Quase toda a sua vida transcorreu em Estrasburgo, onde se dedicou ao ensino e, em especial, à pregação. Não escreveu nenhuma obra. De seus famosos sermões, que vários ouvintes colocaram por escrito, somente 81 são considerados autênticos. Consideram-se apócrifos os tratados que lhe foram atribuídos, como *As instituições divinas; Medulla animae; As 10 cegueiras espirituais* etc.

Sobre o plano da doutrina eckhartiana da união da alma com o uno, Tauler constrói sua doutrina da "essência da alma", a qual também chama, "união íntima da alma" e "reduto inominável", como é o próprio Deus. Nessa essência, para além da própria essência da alma, reinam um silêncio e um repouso perpétuos, sem imagens, sem conhecimentos, sem ação, em pura receptividade em relação com a luz divina. Tal é a concepção mística de Tauler, baseada na possibilidade de retorno de uma alma criada por Deus à sua idéia incriada em Deus.

— No pensamento de Tauler ocupa um lugar central a teoria do *Gemüt* ou disposição estável da alma, que condiciona a atuação de todas as suas faculdades. É o coração ou a tendência original do homem enquanto filho de Deus, sua aspiração absoluta ao bem absoluto. É como uma agulha magnética que se volta, infalivelmente, para o norte. O homem pode desviá-la, mas jamais mudar sua tendência original. Está presente em todo homem e não se extingue em nenhum ser humano, nem sequer nos condenados.

— Sendo o *Gemüt* a atitude estável e permanente da alma com sua própria essência, deve transformar-se de impulso vago em consciência luminosa do fim, libertando-se de pensamentos, desejos e afetos até conseguir o pleno desprendimento de tudo. Esse impulso, tendência, coração, ímã que é o *Gemüt* deve tornar-se liberdade absoluta, desprendimento, respeito pelas criaturas, para transformar-se em liberdade absoluta no caminho que leva a Deus.

— O processo de retorno a Deus acontece em três etapas: o *amor doce*, o *amor sábio* e o *amor forte*. Nesse caminho, a alma despoja-se de sua condição de criatura e identifica-se na "essência" com o próprio Deus. "Perde-se em Deus e mergulha no mar sem fundo da divindade". A alma pode, então, entregar-se completa e confiadamente a Deus. Isso não quer dizer que Tauler afirme, como se disse, que a alma se torne divina, idéia na qual tanto insistiu seu mestre Eckhart.

A influência de Tauler é notável na história da espiritualidade cristã e particularmente notável é a que exerceu sobre Lutero. Este sentia uma profunda estima por Tauler, cujas obras utilizava com freqüência, anotando-as pessoalmente. "Dele tomou uma espiritualidade profunda, uma imensa confiança na misericórdia divina, a convicção da própria incapacidade e o desprezo pelas próprias ações. Mas Lutero acabou por interpretar à sua maneira alguns textos de Tauler, que em seu contexto original tinham um significado muito diverso" (G. Martina, *La Iglesia. De Lutero a nuestros días*, 96).

BIBLIOGRAFIA: B. Jiménez Duque-L. Sala Balust, *Historia de la espiritualidad*. Barcelona 1969, 4 vols; A. Royo Marín, *Los grandes maestros de la vida espiritual* (BAC), 1973. *Obras: Instituciones. Temas de oración.* Sígueme, Salamanca.

Teilhard de Chardin, Pierre
(1881-1955)

Cientista e pensador francês. Ingressou na Companhia de Jesus em 1898 e dedicou-se exclusivamente ao estudo e à pesquisa científica (Geologia). De 1922-1925 ensinou geologia no Instituto Católico de Paris. Em 1926 foi à China para tomar parte nas pesquisas que conduziram ao descobrimento do *sinantropo*. Participou posteriormente de diferentes expedições científicas à África. Da ciência passou ao campo da filosofia e da teologia, oferecendo em sua obra os resultados de pesquisas científicas e de intuições do entendimento e do coração. Tudo para superar "concepções do mundo medievais e escolásticas" e oferecer uma concepção mais de acordo com a mentalidade contemporânea.

T. de Chardin deixou uma extensa obra, rápida e amplamente difundida e que foi objeto de apaixonantes controvérsias. Os mais conhecidos dentre seus livros são: *O meio divino* (1926-1927); *O fenômeno humano* (1938-1940); *O grupo zoológico humano* (1949). Deve-se acrescentar a es-

sas três obras fundamentais, outros estudos que aparecem nas *Obras completas* preparadas por C. Cuénot, por exemplo *O aparecimento do homem* (1956); *A energia humana* (1962); *A ativação da energia* (1963); *Ciência e Cristo* (1965) etc. E as numerosas cartas, nas quais presta contas de suas pesquisas científicas.

Pode-se resumir a doutrina fundamental de Teilhard de Chardin nestes pontos: 1) Sua intuição, convencido como estava da evolução, estendeu o funcionamento a todos os setores do ser, desde a matéria originária da vida, ao homem, à história, à religião e ao cristianismo "evolucionismo integral". 2) Mediante um processo de concentração de uma matéria originária, o "material do universo, de uma simplicidade indefinível e de natureza luminosa", que continha de uma maneira latente, mas muito real, enormes energias físicas e espirituais — a "consciência" —, formaram-se faz muitos milhões de anos, primeiramente os astros, logo nosso sistema solar e, dentro dele, a Terra. 3) O processo de evolução seguido pelo universo vai sempre em direção a níveis mais altos de complexidade. Esses níveis são qualificados *de hilosfera, biosfera e noosfera*, segundo a ordem evolutiva e de aparição da matéria, da vida e da consciência. Mas dentro da última — a consciência — segue o processo de evolução para formas as mais complexas desta. A aparição do homem pressupõe um passo importante, mas não último ou definitivo, nesta evolução, já que o homem faz parte e dirige essa mesma evolução. 4) Avançando sempre para formas de maior socialização, o homem se faz consciente de que cada vez é mais pessoa e marcha para a constituição de uma humanidade superior ou super-humanidade: "A Terra ficará coberta por uma só membrana organizada... e se produzirá a planetização humana". Produzir-se-á uma unidade "biológica" e "crística", formada por pessoas movidas pelo altruísmo mais generoso e pela graça sobrenatural própria do cristianismo. 5) Tudo, pois, segundo Teilhard de Chardin, concorre para a realização de um "ponto ômega" para o qual o homem é impulsionado pelo amor e pela graça. Nesse "ponto ômega", o homem reconhecerá a "Deus criador", a quem se dirige com atos internos e externos de religião. Esse ponto ômega, que a humanidade deve realizar, consiste na incorporação da mesma ao Cristo da história e da Revelação pelos séculos dos séculos. Assim entra o homem na "cristosfera", com o que se cumprirá a missão que tem Cristo "de agregar a si o psiquismo total da terra" (*O fenômeno humano*).

Não há dúvida de que é grandiosa e fascinante a visão multiforme do cosmos, da história e do cristianismo que Teilhard de Chardin expôs de forma apaixonada; por isso o entusiasmo de uns e a reserva de outros. O conjunto de sua obra é uma mescla de ciência, poesia e fé religiosa que comumente impressiona quem não é capaz de, ou não deseja, respeitar os ideais de precisão do pensamento e de clareza da linguagem. A visão teilhardiana do mundo parece, no melhor dos casos, elevada e esperançosamente poética e, no pior, um enorme engano que pretende introduzir, sob pretexto de ciência, uma maneira de ver as coisas que, na realidade, não tem nada de científica" (F. Copleston, *Historia de la filosofía*, 9, 313).

"No entanto, continua Copleston, como expressão da mentalidade de um homem que era, ao mesmo tempo, um científico e um cristão convicto e que tratava não só de conciliar mas, principalmente, de integrar o que ele mesmo considerava uma visão científica do mundo com uma fé cristocêntrica, a versão teilhardiana da realidade tem inquestionável importância e é de uma grandeza que tende a fazer que, em comparação, resultem pedantes ou irrelevantes as objeções. Pode-se afirmar que foi um visionário ou um adivinho que apresentou em amplos e às vezes imprecisos e ambíguos desenhos um programa profético, um programa que outros estão convidados a estudar em detalhe, a esclarecê-lo, a dar-lhe maior rigor e precisão e a defendê-lo com sólidos argumentos" (Copleston, *o.c.*).

BIBLIOGRAFIA: *Oeuvres*, 9 vols., 1955-1965; *O fenômeno humano*; *O aparecimento do homem*; *A visão do passado*; *O meio divino;* C. Tresmontant, *Introducción al pensamiento de Teilhard de Chardin*, 1958; Henri de Lubac, *La pensée religieuse de T. de Ch.*, 1962.

Teodoro, Monge (+368)

*Monaquismo.

Teodoro de Mopsuéstia (+428)

*Escolas teológicas, Primeiras.

Teodoro, São (759-826)

*Hesiquia.

Teodoto (séc. II)

*Gnósticos.

Teologia atual, Panorama da (homens e obras)

Aos homens já registrados dentro do pensamento católico atual — teólogos, filósofos, literatos, sociólogos etc. — acrescentamos um marco histórico de referência sobre cujo fundo possam ser melhor interpretados. Resumidamente, apresentamos o panorama atual da teologia desde o século XIX até nossos dias.

O séc. XIX passou à história da teologia católica como o "século da apologética". A maioria das obras importantes da época apresentam-se como defensoras do cristianismo e da fé. Ao mesmo tempo, revelam a situação da teologia tradicional, combatida em diferentes frentes, especialmente pela filosofia, história, ciência e inclusive pela moral. Tratava-se de uma confrontação, polêmica e em todos os níveis, do catolicismo imperante ainda no Ocidente com o espírito e conquistas da modernidade. Por sua seriedade, merece citar-se a obra de autores como Hermes e Moehler na Alemanha, Laforet e Dechamps na França, Taparelli e Liberatore na Itália, Balmes e Ceferino González na Espanha e *Newman na Inglaterra. Junto deles, muitos outros no campo da pesquisa científica e histórica.

Foi *Leão XIII quem iniciou a grande decolada da renovação eclesiástica produzida ao longo do século XX. Sua encíclica *Aeterni Patris* marcou um hiato decisivo no desenvolvimento da pesquisa teológica. O mesmo podemos dizer da *Providentissimus Deus* sobre os estudos bíblicos. O séc. XX desperta com ares de renovação, que se irão plasmando ao longo do século.

1. O primeiro problema que teve de enfrentar a teologia do séc. XX foi o *modernismo*. Questões como a formação do cristianismo, a natureza dos escritos bíblicos, a historicidade das doutrinas e os próprios conceitos de inspiração, inerrância e inclusive revelação começam a ser considerados desde outras perspectivas. Entre os promotores das novas correntes, destacaram-se: A. *Loisy (1857-1940) na França, E. Buonaiutti (1881-1946) na Itália e G. Tyrrell (1861-1909) na Inglaterra. As taxativas condenações de Pio X no decreto *Lamentabili* e na encíclica *Pascendi* colocaram um freio e um parêntese no desenvolvimento teológico do catolicismo.

2. O ressurgir dos estudos teológicos promovidos por Leão XIII materializou-se em diversas formas. Retrospectivamente pode-se afirmar que a maior influência nos rumos da teologia posterior correspondeu aos avanços na pesquisa histórico-crítica e na exegese bíblica. Ao contrário, a principal conquista em sua época foi o auge que experimentou a teologia escolástica, e especialmente o tomismo, conhecido mais comumente por neo-escolástica e neotomismo.

a) *Neo-escolástica e neotomismo*. Sem entrar no que diferencia essas duas correntes de filosofia e de teologia católicas, é evidente o auge delas nos centros e nas universidades católicas desde princípios do séc. XX até a 2ª Guerra Mundial. Os centros mais importantes dessas correntes são a Universidade Católica de Lovaina e as Universidades Pontifícias Romanas Gregoriana e Angelicum. A esses centros de pensamento deve-se acrescentar o Studium Generale dos dominicanos de Le Saulchoir (França) e dos jesuítas de Fourvier (França). Dessa corrente citamos o jesuíta L. *Billot (1846-1931), cuja interpretação do tomismo criou escola; o cardeal D. Mercier (1851-1926), o grande restaurador da *neo-escolástica com sede em Lovaina. Sem esquecer a equipe de teólogos dominicanos: A. Gardeil, A-D. Sertillanges, G. Thery, R. Vaux, M. D. Roland-Gosslin, R. *Garrigou-Lagrange, Dubarle, Y. M. *Congar, M. *Chenu e outros. A esse grupo de dominicanos uniram-se outros jesuítas como Pesch, Lerger, H. de *Lubac, J. *Daniélou, junto aos mais recentes da "teologia querigmática" e da "teologia nova", de que falaremos depois.

Um papel de primeira ordem na sobrevivência da escolástica e do tomismo foi o das revistas especializadas. Merecem ser citadas a "Revue Thomiste", a "Revue des Sciences Philosophiques et Théologiques" (1907), a "Gregorianum" (1920) e outras.

b) *Estudos históricos*. O surgimento de estudos histórico-críticos que beiram os primeiros decênios do século XX contribuiu de modo mais eficaz para prestigiar a teologia católica. O contato com as fontes patrísticas, o melhor conhecimento do marco histórico em que surgiram e se desenvolveram as diferentes doutrinas, a crítica textual e a depuração dos testemunhos tradicionais foram as principais conquistas da pesquisa católica. Fruto desse trabalho é a aparição da "Revue d'Histoire Ecclésiastique" (1900). Em 1903 iniciou-se o *Dictionnaire de Théologie Catholique*, ao que segue poucos anos depois o *Dictionnaire d'Archéologie Chrétienne et de Liturgie* e o *Dictionnaire d'Histoire et de Géographie Ecclésiastique*. Seguindo a tradição iniciada por *Migne nos meados do século passado, com a publicação da *Patrologia Graeca e Latina* (PG, PL), aparecem agora o *Corpus Scriptorum Christianorum Orientalium*, os *Texts et documents pour l'étude historique du christianisme* e a *Bibliothèque de Théologie Historique*, além de outras coleções de documentos e textos caros ao grande público.

Dentro destes estudos de história merece uma atenção especial o trabalho dedicado aos estudos patrísticos e à Idade Média, suas fontes e suas doutrinas. Por trás de cada uma destas tarefas há nomes importantes que não se devem esquecer, como B. Altaner (1858-1958), A. d'Alés (1851-1938), F. Ehrle (1934), M. *Grabmann (1875-1949), H. de *Lubac (1896-1991), J. Lebreton (1873-1956), E. *Gilson (1884-1965) e outros.

c) Mais espinhoso e delicado foi o trabalho realizado no campo da exegese bíblica. Os problemas exegéticos, textuais, históricos e literários da Bíblia se haviam tornado iniludíveis devido aos progressos da pesquisa e das ciências naturais, aos avanços da crítica textual e filológica, aos surpreendentes encontros arqueológicos no Oriente e à necessidade de responder criticamente às tendências liberais da exegese protestante. Tudo isso abrira interrogações em torno da historicidade dos primeiros capítulos do Gênesis, da autenticidade mosaica do Pentateuco e da própria exatidão neotestamentária sobre a figura de Jesus. E de quebra, afetava também as doutrinas arraigadas na teologia católica.

A renovação dos estudos bíblicos dentro da Igreja Católica está vinculada ao Papa Leão XIII, que propôs as pautas da renovação em sua encíclica *Providentissimus Deus*. Mas a figura que dominou a exegese católica de todo esse período é a do dominicano francês M. J. *Lagrange (1855-1938), fundador em 1890 da Escola Bíblica de Jerusalém, que dirigiu até sua morte, e fundador igualmente da "Revue Biblique". Lagrange deixou uma obra ampla e variada, acusada na época de conivências modernistas, mas que chega até nossos dias com os trabalhos da equipe de professores e de pesquisadores da Escola de Jerusalém.

Os estudos bíblicos continuaram renovando-se com instituições tão prestigiosas quanto o Instituto Bíblico de Roma, com biblistas tão responsáveis como A. Wikenhauser, R. Schnackenburg, L. Cerfaux, P. Benoit, F. M. Braun, A. Bea, C. Spicq, H. Schlier, E. Peterson. E ultimamente, até nossos dias, com os novos nomes de N. Lohfink, X. León-Dufour, J. Mateos e L. A. Schökel.

3. Nos anos anteriores à 2ª Guerra Mundial houve diversas tentativas de renovação teológica, que se ligarão, anos mais tarde, com o Concílio *Vaticano II. Referimo-nos de forma especial à chamada "teologia querigmática" e à "teologia nova".

Desde a faculdade teológica de Innsbruck (Alemanha), um grupo de jesuítas, entre os quais se destacaram J. A. Jungmann, F. Lakner, H. Rahner, J. B. Lotz e outros, constataram com crescente desgosto que a teologia já não preparava para a pregação. Surgiu a chamada "teologia querigmática", preparada pelo aspecto salvífico e direto para a vida. Esse movimento querigmático cristalizou-se em obras como a *Dogmática* de M. Schmaus, e a *Initiation théologique* dos dominicanos de Le Saulchoir.

Nos mesmos anos surgiu na França um movimento paralelo de renovação da teologia, que recebe o nome de "teologia nova" (1942). A partir desta data até os anos 50, fala-se de "erros que ameaçam arruinar os fundamentos da fé". No centro das polêmicas em torno da "teologia nova" encontravam-se homens que depois haveriam de ter uma parte muito importante e decisiva nos documentos do *Vaticano II. Citamos os nomes de H. Bouillard, D. M. *Chenu, Y. de Montcheuil, H. de Lubac, Y. M. Congar e J. Daniélou. A nova tecnologia vem caracterizada por três pontos:
a) Um modo de fazer teologia menos especulativo e mais histórico. Percorre-se toda a história da Igreja e da teologia, especialmente a patrística e medieval, com a tentativa de chegar até as ori-

gens evangélicas. b) A Igreja é o ponto de estudo preferido: revê-se o próprio conceito de Igreja, sua natureza e função. Descobre-se o aspecto de Igreja como "Corpo Místico", "Povo de Deus" (*Congar; *Lubac). c) Preocupação pela abertura da Igreja ao mundo e por questões em torno da vida de fé numa sociedade descristianizada (K. *Rahner).

4. Os anos que precederam o Concílio Vaticano II estão marcados por uma consolidação das correntes renovadoras anteriores e pela aparição de novos núcleos de reflexão teológica. O clima teológico foi dominado pelo desejo de uma compreensão cristã do mundo. Apareceram diversas tentativas de teologia das "realidades terrestres", e a expressão "sinais dos tempos" começa a participar da linguagem teológica. A teologia católica abre-se ao diálogo com o ateísmo e acentua-se a influência dos pensadores protestantes (*Bultmann, *Tillich, *Bonhoeffer) de modo surpreendente. A teologia dogmática, com raízes mais bíblicas e pastorais, conheceu uma floração de autores que tiveram um papel decisivo na preparação do Concílio e nas discussões posteriores até nossos dias. Além dos já mencionados, como K. Rahner, é justo mencionar aqui E. *Schillebeeckx, P. Schoonenberg, J. Ratzinger, J. Alfaro, H. U. von Balthasar, sem esquecer homens que se incorporam desde a história e a crítica teológica como H. *Küng, desde a teologia moral como *Häring, a teologia política como J. B. *Metz ou desde a Teologia da Libertação.

BIBLIOGRAFIA: Y. Congar, *Situação e tarefas da teologia hoje*; H. Vorgrimler-H. Van der Gucht, *La teología en el siglo XX*. Ed. Católica, Madrid 1973, 3 vols.; R. Winling, *La teología del siglo XX. La teología contemporánea*. Sígueme, Salamanca 1987; J. L. Segundo, *Teología abierta*. Cristiandad, Madrid 1983-1984, 3 vols.

Teologia da libertação

*Libertação, Teólogos da.

Teologia nova (1948)

*Teologia atual, Panorama da; Libertação, Teólogos da.

Teologia querigmática

*Teologia atual, Panorama da.

Teresa de Jesus, Santa (1515-1582)

Teresa de Cepeda e Ahumada nasceu em Ávila e morreu em Alba de Torres. Aos 18 anos ingressou no Carmelo da Encarnação de Ávila (1533) e depois de 30 anos de vida religiosa sentiu-se chamada para fundar um mosteiro onde se vivesse sem mitigações, em plena pobreza e austeridade, a regra que Inocêncio IV aprovara para os carmelitas no séc. XIII. Com a ajuda inicial do provincial dos carmelitas, e após superar as dificuldades colocadas por outras freiras e pelas mesmas autoridades da cidade, fundou, no ano 1563, e na mesma Ávila, o primeiro mosteiro da Reforma. Ganhou *São João da Cruz para a sua causa e abriu em 1568 o primeiro convento de carmelitas descalços. Vieram depois outras funções femininas em Castilla e em Andaluzia, principalmente, até dúzia e meia, como o conta a própria Teresa com grande vivacidade e finura psicológica no *Livro das fundações*. Suas viagens e peregrinações mostram-nos que, em 1582, ano de sua morte, esteve em Ávila, em Medina, em Valladolid, em Palência, em Burgos, para chegar fatigadíssima a Alba de Torres em 20 de setembro. Ainda com incríveis esforços, foi no dia seguinte à capela para comungar. Morreu em 4 de outubro de 1582. Foi declarada doutora da Igreja Universal em 1970.

— Com Teresa de Jesus nasceu um dos movimentos de espiritualidade mais vivos da Igreja da Contra-Reforma: a escola mística de Teresa de Ávila e de João da Cruz, e um florescente movimento teológico que, partindo de Salamanca, exerceu em toda a Europa uma considerável influência. O programa teresiano não consistia tanto numa reforma no sentido de reação contra os abusos que se introduziram lentamente, quanto na afirmação de um ideal de vida religiosa eremítico-contemplativa, em grande medida original e em franco contraste com as tendências em vigor entre os calçados.

— Mais interessante e mais original do que a reforma é sua própria vida e experiência religiosa tal como nos ficou nas passagens contadas pelas pessoas que a conheceram, nas muitas cartas que escreveu e em suas obras ascético-místicas. Leitora assídua e cheia de curiosidade por saber e entender a teologia, Teresa é uma "grande divulgadora de conceitos sagrados". Mulher de inteligência sumamente desperta e vivíssima sensibilidade, descobriu por si mesma o mundo da cultura, afirmando que "grande coisa é o saber e a literatura para todos". Afirma que a inteligência humana sem leituras e meditações fica estéril, e intui que o mais importante na vida é o amor de Deus, porque "a questão não está em pensar muito, mas em amar muito".

— Dessa inteligência e sensibilidade nasceu uma devoção popular, humilde, afetiva, que recorreu a comparações correntes como a do jogo de xadrez, a dama, as propriedades da água, a cozinha etc. E daí nasceu também seu estilo inconfundível, que Frei Luís de León louvou pela delicadeza e claridade com que trata das coisas sublimes, pela sua maneira de se exprimir, pela pureza e facilidade do seu estilo, pela graça e pelo bom uso das palavras e por uma elegância desataviada, que agrada ao extremo.

— O mais interessante, no entanto, e o mais original é que toda a obra da santa é uma *autobiografia do reino interior,* ou a particularidade de sua vida de fundadora. Interessa-lhe falar de suas próprias experiências, dos favores divinos que alcançou. Nessa "intimidade surpreendente", que captou Américo Castro, aparecem paisagens interiores antes inexploradas. Neste sentido, coloca-se a obra de Teresa à frente de toda a literatura psicológica, especialmente autobiográfica, dos séculos posteriores. A relação com as *Confissões* de Santo *Agostinho é evidente, e também a identificação com seu sistema, com seu descobrimento da alma.

— Na obra escrita de Santa Teresa distinguem-se três tipos: a) a *correspondência epistolar* ou *cartas*; b) os *livros de circunstâncias*; c) os *autobiográficos e doutrinais*.

a) As *cartas*, que representam a forma mais próxima da conversação, têm um valor filológico, histórico, na vida e nas obras da santa. Representam estados vivos da alma, instantes ricos em força e oportunidade.

b) Entre os livros de circunstâncias devemos incluir: *Livro das fundações; Livro das relações; Livro das constituições* etc. Embora dedicados à narração dos fatos externos da ordem, encontramos detalhes interessantes da psicologia e da espiritualidade da santa.

c) A parte mais densa e interessante é o autobiográfica e doutrinal. Encontramos o *Livro da vida; O caminho de perfeição; As Moradas* e os *Conceitos*.

— O *Livro da vida* é uma obra-mestra de confissão íntima e de autobiografia. O interesse literário está na forma tão bela em que se alternam os fatos com os favores sobrenaturais e com as conclusões teóricas de mística. O interesse religioso apóia-se no desvelamento gradual da alma em sua experiência religiosa cristã. A mística aparece viva na pessoa de Teresa.

— *As Moradas* ou *Castelo interior* é o livro doutrinal mais importante da santa. "Para analisar a alma na experiência mística, baseia-se na metáfora de um castelo todo de diamante e muito claro cristal, onde há muitos aposentos, assim como no céu há muitas moradas." Essas sete moradas correspondem a diversos estados de perfeição: formam os diversos graus da vida de purificação, de iluminação e, por último, de unidade.

Nas últimas moradas realiza-se "o divino e espiritual matrimônio". De tal forma faz-se uma com Deus, que se pode dizer que "esta borboleta já morreu, com grande alegria de ter encontrado repouso, e que nela vive Cristo".

— Os *Conceitos do amor de Deus* são o complemento de *As Moradas*. De sua poesia, a crítica nos diz que possuía o mais alto grau de criação poética, mas não dominava a forma adequada. Conseguiu, no entanto, belas criações como: "Que meus olhos te vejam, doce Jesus bom"; "Vivo sem viver em mim" etc.

Para terminar, recolhemos o testemunho de Frei Luís de Leão: "Conheci e vi a Madre Teresa de Jesus enquanto esteve na terra, mas, agora que vive no céu, conheço-a e vejo-a quase sempre em duas imagens vivas que nos deixou de si, que são suas filhas e seus livros".

BIBLIOGRAFIA: *Obras completas de Santa Teresa de Jesús* (BAC), 3 vols., Id., *Obras completas de Santa Teresa de Jesús* (BAC), 1 vol.; Efrén de la Madre de Dios e Otger Steggink, *Tiempo y vida de Santa Teresa* (BAC), Madrid 1968, com a bibliografia aí publicada.

Teresa do Menino Jesus, Santa (1873-1897)

*Literatura autobiográfica.

Tertuliano (160-225)

Quinto Septimio Florencio Tertuliano nasceu em Cartago, de pais pagãos. Teve uma educação esmerada e, provavelmente, exerceu a profissão de advogado em Roma. Sua conversão ao cristianismo deu-se entre 193-197, recebendo a seguir a ordenação sacerdotal. A partir daí desenvolveu uma intensa atividade polêmica em favor de sua nova fé. No meio de sua vida, passou à seita dos *montanistas* e começou a polemizar contra a Igreja Católica com uma violência não menor à utilizada anteriormente contra os hereges. Seu caráter polêmico levou-o a fundar sua própria seita, os "tertulianistas". Morreu muito velho, sem que se possa determinar uma data.

A atividade literária de Tertuliano é muito ampla e de caráter exclusivamente polêmico. Costumam-se distinguir três grupos de obras: a) *apologéticas*, em defesa do cristianismo; b) *dogmáticas*, em refutação das heresias; c) *prático-ascéticas*, sobre questões de moral prática e de disciplina eclesiástica. Ao primeiro grupo pertence seu livro mais conhecido, *Apologéticas*, dirigido no ano de 197 aos governadores das províncias do Império. É importante também neste grupo seu *De testimonio animae*, destinado a fundamentar a fé no testemunho da alma "naturaliter christiana". Entre as obras dogmáticas está *De praescriptione haereticorum*, filosoficamente um dos mais significativos. *Adversus Marcionem, Adversus Hermogenem* e *Adversus Valentinianos* dirigiram-se contra os *gnósticos. Dentro deste mesmo caráter dogmático, encontramos *De baptismo*, que declara inválido o batismo dos hereges; *De carne Christi*, afirmando a realidade do Corpo de Cristo, e *De resurrectione*, em defesa da ressurreição da carne. Seu tratado *De anima* é o primeiro escrito de psicologia cristã.

Entre os tratados prático-ascéticos estão: *De patientia; De oratione; De paenitentia; De pudicitia; De exhortatione castitatis; De monogamia; De spectaculis; De idololatria; De corona; De cultu feminarum* etc. Como se pode ver, uma série de obras destinadas a dirigir e a educar os cristãos do Império em temas de caráter prático.

O traço característico de Tertuliano é a inquietude. "Pobre de mim que ardo sempre na febre da impaciência." Não era para ele o trabalho paciente e rigoroso da pesquisa diante da fé. Tinha, no entanto, uma habilidade polêmica excepcional e uma fluente oratória pouco comum. Toma as posições mais simples e extremistas, indiferente diante de toda crítica e de toda exigência de método.

Sua doutrina ou sua atitude doutrinal pode resumir-se nestes pontos:

— O ponto de partida de Tertuliano é a condenação da filosofia. Da filosofia nascem somente as heresias. "Não há nada comum entre o filósofo e Cristo, entre o discípulo da Grécia e o dos céus" (*Apol.*, 46).

— A verdade do cristianismo tem seu único fundamento na tradição. Somente a Igreja tem o direito de interpretar as Sagradas Escrituras.

— Junto à tradição, o testemunho da alma, como testemunho da linguagem ou do sentido comum, testemunha a favor da fé. Mas a alma não é para ele o princípio da interioridade, o canto íntimo onde ressoa do alto a voz da verdade divina. É a voz do sentido comum, a crença que manifesta o homem da rua na linguagem ordinária.

Toma dos estóicos a corporeidade dos seres. Não há nada incorpóreo; apenas o que não existe. A alma é também corpo. Não há mais diferença senão a que existe entre um corpo e outro. Deus é um corpo *sui generis*; também se transmite a alma de pai para filho junto com o corpo, através da geração (*traducianismo*).

— Afirma a imortalidade da alma e a ressurreição da carne. O testemunho do sentido comum é a prova da imortalidade da alma. E a Ressurreição de Cristo é a garantia da ressurreição do homem.

Sua atitude mental — "credo quia absurdum", expressão que não se encontra em seus escritos — deve ser entendida como "que a fé é mais certa quanto mais repugna aos valores naturais do homem: é acreditável que o Filho de Deus morresse, ressuscitasse, porque é inconcebível.

Por tudo o mais e por seus erros, Tertuliano continua sendo o principal apologeta, que escreveu num latim perfeito, que constrói frases lapidares, que forja uma terminologia que servirá para construir a teologia posterior. Seu rigorismo e sua heresia não o impediram de ser reconhecido como um dos grandes defensores do cristianismo.

BIBLIOGRAFIA: *Obras*: PL 1 e 2; Pellicer de Ossau Sales e Tobar, *Obras de Quinto Septimio Florente Tertuliano*. Barcelona 1639; G. Prado, *El Apologético de Tertuliano* (Coleção Excelsa, 7). Madrid 1943; *Padres apologetas griegos*. Edição bilíngüe (BAC); J. Quasten, *Patrología*, I, 530s.

Tillich, Paul Johannes (1866-1965)

Teólogo alemão, nacionalizado americano. Em 1929 sucedeu Max Scheler na cátedra de filosofia e psicologia de Frankfurt. Em 1933 foi para a América, onde ensinou teologia filosófica na Union Theological Seminary de Nova York até 1955. Harvard e Chicago ocuparam os últimos anos de sua docência como teólogo protestante.

Tillich deixou uma densa obra e numerosos discípulos, que seguiram e aplicaram sua doutrina. Seu pensamento aparece como uma ponte entre o sagrado e o profano. Não confunde as duas esferas, mas tende a explicitar o sentido religioso, implícito nas profundezas do ser, de todo ser. A tentativa apóia-se nestes conceitos-base: o limite, a ruptura, a correlação e o abismo. É um pensamento no *limite*, porque é onde se definem as coisas. O ser no limite significa não um ser estático, mas uma posição de *ruptura* entre o ser e o não-ser. A ruptura segue a *correlação*, categoria básica de Tillich, resposta aos problemas do homem e da história. E finalmente o *abismo*, que permite a Tillich superar a oposição da moderna teologia protestante entre o Deus da razão e o Deus da fé. No abismo de todo ser reúnem-se e harmonizam-se unitariamente o ser em si e o Uno-Trino da Bíblia.

Sobre essa base filosófica de fundo hegeliano, Tillich constrói sua teologia, que pode ser resumida nestes pontos:

— Insistência em que a Bíblia não é a única fonte da teologia. Esta deve ser predominantemente apologética e querigmática, isto é, deve interessar-se pelas diferentes formas de cultura e ser uma tarefa essencialmente racional para chegar à compreensão do especificamente cristão. Em sua

Teologia sistemática (3 vols., 1951-1957), Deus é apresentado como "aquele que nos concerne, em última instância" ou "a essência de nosso ser". Deus não é um ser, mas o próprio ser. A linguagem da teologia e da religião é essencialmente simbólica. A única exceção é Deus que, como vimos, define como o *mesmo ser*. "O homem desta infinita e incansável profundidade de todo ser é Deus." "Talvez se esqueça tudo o que se aprendeu sobre Deus, inclusive a própria palavra, para desta maneira saber que conhecendo que Deus é o profundo, conhecemos muito sobre ele. Neste sentido, ninguém pode chamar-se ateu ou não-crente. Somente é ateu quem seriamente afirma que a vida é superficial."

— Com relação ao fato cristão, afirma que Cristo, "enquanto símbolo da participação de Deus nas situações humanas", é a resposta necessária para a situação existencial do homem pecador. Com ele mudou-se a existência, pois revelou-nos um Deus libertador. Para Tillich, o Novo Testamento somente se refere à história de Jesus para elevá-lo a valor simbólico universal, cujos momentos decisivos são a *cruz*, símbolo do encadeamento do homem ao finito e negativo da existência, e a *ressurreição*, símbolo da vitória.

— Fiel a seu método da "correlação", Tillich insinua e demonstra, em termos arduamente exeqüíveis, que não existe contradição entre o natural e o sobrenatural e que, portanto, o Deus da razão e o Deus da fé e a revelação são dois aspectos de uma mesma realidade. Corrige assim o sobrenaturalismo de *Barth, demasiado preocupado em identificar a mensagem imutável do Evangelho com a Bíblia ou com a ortodoxia tradicional. Sua teologia apologética destina-se a responder aos problemas da *situação de hoje*. "Deve-se lançar a mensagem como se lança uma pedra sobre a situação de hoje." A *situação* é o que se deve levar a sério.

A influência de Tillich cresceu ainda mais depois de sua morte. Seu pensamento com relação ao conceito de Deus foi seguido e popularizado por John Robinson, autor de *Honest to God* (1963). Mais recentemente, Don Guppitt iniciou um duro ataque à doutrina tradicional cristã sobre Deus em sua obra *Tomando o lugar de Deus* (1980), na qual advoga por um conceito cristão-budista de Deus similar ao de Tillich.

BIBLIOGRAFIA: *Teologia sistemática*; John Macquarrie, *El pensamiento religioso en el siglo XX*. Herder, Barcelona 1975.

Tillmann, F. (+1953)

*Vaticano II; *Instituições morais.

Tischendorf, C. (1815-1874)

*Codex sinaíticus.

Tomás de Aquino, Santo (1224-1274)

Conhecido com diferentes nomes, como "Doctor Angellicus", "Doctor Communis", "Divus Thomas", "Anjo das escolas" e outros. Encontramo-nos diante de uma figura excepcional, tanto por seu pensamento e por sua obra, quanto por sua influência na vida e no pensamento da Igreja posterior.

Tomás, da família dos condes de Aquino, nasceu no castelo de Rocaseca (Aquino-Nápoles). Realizou seus primeiros estudos na abadia beneditina de Monte Cassino. Iniciou os estudos superiores na Universidade de Nápoles, ingressando em 1243 nos dominicanos dessa mesma cidade. De 1245 a 1248 estudou em Paris sob o magistério de Santo *Alberto Magno, a quem seguiu até Colônia, onde permaneceu entre 1248-1252. Nesse último ano voltou a Paris como "leitor" da Escritura e das *sentenças* de *Pedro Lombardo no *studium generale* dos dominicanos, incorporado à universidade. Os anos 1252-1259 constituíram a primeira etapa de sua docência na Sorbonne, caracterizada pelas lutas dos seculares contra os mendicantes. Tomás foi objeto da ira e das invectivas dos canônicos e mestres seculares, até o ponto de ver diminuída e suprimida a sua faculdade de ensinar. Superada a contenda, foi nomeado, em 1257, mestre da Universidade de Paris. Em 1259 voltou à Itália, desempenhando o cargo de mestre em teologia na corte pontifícia de Agnani, Orvieto e Viterbo. Em 1265 foi encarregado de organizar os estudos da ordem em Roma. Retornou a Paris em 1269 para lecionar durante três anos em sua cátedra de teologia. Dedicou os últimos anos de sua vida à Universidade de Nápoles, onde começou como estudante (1272-1274). Morreu no mosteiro cisterciense de Fossanova, enquanto se dirigia ao Concílio de Lyon.

Em sua curta vida realizou uma profundo e vasto trabalho "verbo et calamo". Chama a atenção sua grande atividade falada e escrita. Além das aulas, em menos de 20 anos, de 1252 a 1274, escreveu 895 lições sobre os livros de Aristóteles, 803 sobre a Escritura, 850 capítulos sobre os evangelhos, 2.652 artigos na *Summa theologica*. A edição de suas obras completas é de 25 volumes *in folio*.

Numa tentativa de síntese, podemos fazer esta classificação de suas obras: 1) *Comentários* às obras de Aristóteles, *Boécio, *Pseudo-Dionísio e outros. 2) *Questões disputadas (Quaestiones disputatae)*: Temas que apresentava o mestre em datas determinadas do curso acadêmico. 3) *Quaestiones quodlibetales*: Temas de livre escolha a que o professor submetia os alunos em momentos solenes do curso. Como seu nome indica, eram temas livres. Restam umas 12 dessas questões. 4) *Comentários da Sagrada Escritura*, fruto das aulas de teologia, em que o texto da Bíblia era a base. O mestre *in sacra página* devia explicar e comentar em aula o texto sagrado. 5) *Opúsculos* ou estudos breves sobre dogma, moral, filosofia etc. Entre eles está seu primeiro opúsculo *De ente et essentia*, base de sua filosofia (1252). 6) *Summas*: Obras de criação pessoal ou manuais para estudantes de uma matéria determinada. De Santo Tomás restam-nos dois: a) *Summa de veritate fidei catholicae contra gentiles* (1259-1264), composta como manual para missionários e pregadores para o triplo mundo judeu, árabe e pagão da Idade Média. b) *Summa Theologiae* ou *Summa Theologica,* sua obra mestra, cujas duas primeiras partes foram escritas entre 1265-1271, enquanto que a terceira, até a questão 90, foi escrita de 1271 a 1273. A morte impediu-o de concluir essa obra. 7) *Conferências e sermões*, frutos de sua prédica que foi simultânea com a cátedra ao longo de sua vida.

A simples trajetória de sua vida como mestre de teologia e o elenco de seus livros tal como acabamos de expor não nos diz na realidade quem e como era esse homem. Chesterton viu nele certo tipo "não tão comum na Itália como o é entre raros italianos. Sua corpulência fez com que se comparasse humoristicamente a essas cubas ambulantes, comuns nas comédias de muitas nações. Ele mesmo brincava sobre isso... Mas, principalmente, sua cabeça era suficientemente poderosa para reger aquele corpo. Sua cabeça era de um tipo muito real e facilmente reconhecível, a julgar pelos retratos tradicionais e pelas descrições pessoais".

Os testemunhos que seus companheiros e primeiros biógrafos deixaram são coincidentes. "Uma de suas principais recreações corporais era passear sozinho pelo claustro com a cabeça erguida." "Seus sonhos eram sonhos diurnos, eram sobre o dia e sobre o dia de batalha. Como os sonhos do galgo, eram sonhos de caça, perseguindo o erro como se persegue a verdade, seguindo todos os subterfúgios e volteios da falsidade." "Tomás foi muito cortês — diz *Dante —, era de bom trato para conversar e suave no falar." "Não parecia perturbar-se por nada, olhando sempre para as coisas superiores. Jamais quis falar de si mesmo. Conhecemos anedotas de sua vida, mas o segredo ficou com ele. Sua experiência contemplativa e mística foi-nos transmitida.

Sabemos os argumentos do professor, mas ignoramos sua experiência mística.

O volume de sua obra e atividade permite-nos perceber sua capacidade de trabalho e sua entrega à verdade. Pelo que nos restam de seus manuscritos, sabemos que estão cheios de emendas, censuras, supressões e aditamentos. Há parágrafos que passaram por três ou quatro redações. Com letra corrida e quase taquigráfica, nervosa, vamos seguindo o escritor em seu robusto pensamento. Três ou quatro amanuenses redigiram o que ele preparou em rascunho ou notas amplas. Seus biógrafos calcularam de 16 a 18 horas de trabalho diário.

A essa capacidade de trabalho temos de acrescentar sua prodigiosa memória — sabia de cor a Bíblia e as *Sentenças* de Pedro Lombardo —, sua curiosidade insaciável e sua capacidade intelectual. É um puro intelectual, distinguido pelo respeito à opinião dos outros, por sua capacidade crítica e por sua criação e elaboração de síntese. Vejamo-lo na síntese de sua obra:

— Santo Tomás marca uma etapa decisiva na filosofia e na teologia escolástica. Culmina a obra de seu mestre Alberto Magno. Graças à especulação tomista, o aristotelismo faz-se flexível e dócil a todas as necessidades da interpretação dogmática.

Para isso, tratou primeiro de estabelecer o verdadeiro significado do aristotelismo, tomando-o dos textos originais do Estagirita, que traduziu diretamente do grego. Dos intérpretes islâmicos valeu-se como fontes independentes. Em seus textos originais, Aristóteles é para Santo Tomás o fim último da pesquisa filosófica, pois chega até onde poderia chegar a razão. Para além está somente a verdade sobrenatural da fé.

— Harmonizar a filosofia com a fé, a obra de Aristóteles com as verdades que Deus revelou ao homem e das quais a Igreja é depositária, esse é o trabalho a que se propôs Santo Tomás.

Para isso vale-se de dois pressupostos: a) Separar claramente a filosofia da teologia; a pesquisa racional, baseada em princípios evidentes da teologia, cujo pressuposto é a revelação que aceitamos pela fé. b) Fixar um critério que permita ver a disparidade e a separação entre o objeto da filosofia e o da teologia, do ser das criaturas e de Deus.

— Esse princípio é a chave do sistema tomista. É o que ajudará: a) a determinar as relações *entre razão e fé*; b) a estabelecer a *regula fidei;* c) a centrar ao redor da função da abstração, a capacidade de conhecer do homem; d) a formular as provas da existência de Deus como *dato a posteriori* da experiência: dos efeitos, da ordem, do nascimento, da contingência e da finalidade dos seres; e) a esclarecer os dogmas fundamentais da fé.

Esse princípio ficou formulado em sua primeira obra *De ente et essentia* como distinção real entre essência e existência. E fica expresso também na analogia do ser, que tanto utiliza. Para Santo Tomás não há identificação entre o ser de Deus e o das criaturas. Os dois significados do termo ser (*ens a se-ens ab alio*) nem são idênticos nem completamente diferentes. Santo Tomás o expressa dizendo que o ser não é unívoco nem equívoco, e sim análogo, o que implica proporções diferentes. Essa proporção é uma relação de causa e efeito: o ser divino (*ens a se*) é causa do ser finito (*ens ab alio*).

— Santo Tomás constrói sobre essas bases a síntese mais completa e sistemática da doutrina cristã. Daí para a frente impõe-se nas escolas, não sem dificuldade, essa interpretação que Santo Tomás tem de Deus, do homem, da alma, do conhecimento humano, da ordem social, do poder político, da Igreja e da vida sobrenatural.

BIBLIOGRAFIA: *Obras: Summa contra gentiles; Summa theologica; Suma Teológica,*Tradução em português de Alexandre Correia, S.Paulo 1934s; S. Ramírez, *Introducción a Tomás de Aquino* (BAC), com a bibliografia publicada; C. Copleston, *El pensamiento de Santo Tomás de Aquino*, 1960; E. Gilson, *A filosofia na Idade Média*, 488ss.; Pedro R. Santidrián, Tomás de Aquino (Biblioteca de grandes personagens). Madrid 1984.

Tomás de Celano (1190-1260)

*Francisco de Assis.

Tomás de Kempis (1379-1471)

Nasceu em Kempen (perto de Colônia), daí o nome com que é conhecido: Tomás de Kempen ou Kempis. Em 1392 mudou-se para Deventer (Holanda), centro e casa matriz dos Irmãos da vida comum. Nessa escola, dedicada à educação e ao cuidado com os pobres, estudou suas primeiras letras. Aí mesmo estudou teologia sob a direção de Florenz Radwyns, que em 1387 fundara a congregação de Windesheim, de cônegos regulares agostinianos que viviam em comunidade sob a regra de Santo *Agostinho. Em 1408 fez seus votos religiosos no mosteiro de Agnietemberg. Em 1413 foi ordenado sacerdote. Durante mais de 70 anos permaneceu nesse mosteiro, dedicado à oração, à cópia de manuscritos e à direção de noviços.

Tomás de Kempis é o melhor representante da chamada "devotio moderna", movimento religioso iniciado por Gerard Groote, e fundador dos Irmãos da vida comum. Esse movimento, que se estende por toda a Europa ao longo dos séculos XV-XVI, põe sua ênfase: a) na meditação e na vida interior; b) dá pouca ou menos importância às obras rituais e externas; c) não atende o aspecto especulativo da epiritualidade escolástica dos séculos XIII-XIV, para incidir no aspecto prático da vida cristã. Um movimento que influirá de forma decisiva em leigos e religiosos, principalmente na época imediatamente anterior e posterior à Reforma. Insiste sobretudo na conversão interior, na meditação da vida e paixão de Cristo e na freqüência aos sacramentos.

Fruto dessa espiritualidade, em que foi educado T. de Kempis, é sua obra mais conhecida, *De imitatione Christi*. Embora tenha-se discutido quem seja o autor do livro, este continua sendo atribuído a T. de Kempis, sem dúvida o livrete mais difundido da literatura cristã depois da Bíblia. Seu êxito inicial deve-se, sem dúvida, às mesmas características da *devotio moderna*, que então se inciava. De linguagem e estilo simples, tem a originalidade de pôr diante do cristão, clérigo ou leigo, a vida e o exemplo de Cristo.

— A *Imitação de Cristo* é uma obra dividida em 4 livros. I. *Conselhos úteis para a vida espiritual,* que, dividido por sua vez em 25 capítulos, em que se desenvolvem temas como: a imitação de Cristo e o desprezo a todas as vaidades; o humilde sentir de si mesmo; a doutrina da verdade; os afetos desordenados etc. II. *Exortação à vida interior* (12 capítulos). III. *Do consolo interno que leva o estar centrado em Cristo* (59 capítulos.). IV. *Do sacramento da eucaristía* (18 capítulos.).

Talvez alguém estranhe ou se decepcione com esse livro. Somente no 1º capítulo do livro I fala-se expressamente da imitação de Cristo. Seus chamados constantes ao auto-exame e à humildade, à autonegação e controle ou renúncia própria obscurecem um tanto a procura do modelo Cristo. Não obstante, é a via da renúncia a que leva a Cristo: "Tota vita Christi crux et martyrium fuit". Um livro imprescindível na história da espiritualidade cristã.

BIBLIOGRAFIA: *Opera omnia*. Colonia 1759. Existem inumeráveis traduções de *A imitação de Cristo* em português. Sobre a vida e espiritualidade de T. de Kempis, em *Historia de la Iglesia Católica*, III. *Edad Nueva (1303-1648)* (BAC); A. Royo Marín, *Los grandes maestros de la vida espiritual* (BAC).

Tradicionalistas

*Chateaubriand; *De Maistre; *Bonald.

Trento, Concílio de (1545-1563)

É reconhecido como o XIX Concílio Ecumênico pela Igreja Romana. O Concílio de Trento representa os ideais da Contra-Reforma católica e estabelece uma base sólida para a renovação da disciplina e da vida espiritual da Igreja. Foi motivado pelo avanço da Reforma protestante e pelas repetidas demandas de um concílio geral, surgidas desde a cristandade, ao longo da Idade Média. Embora convocado por Paulo III em 1537, de fato reuniu-se em Trento em 1545. Diversas circunstâncias, tanto internas quanto externas e de diferente ordem, precederam e acompanharam o desenvolvimento do Concílio, que se prolongou até 1563.

O Concílio não conseguiu restabelecer a unidade. Esse fracasso aparente não diminuiu em nada a importância substancial do Tridentino. "Poderíamos sintetizar em três pontos o alcance histórico de Trento: demonstra a forte capacidade de recuperação da Igreja para superar uma gravíssima crise; enfatiza a unidade dogmática e disciplinar; finalmente, abre uma época nova na história da Igreja, e de certa forma, fixa seus traços principais desde o séc. XVI até nossos dias" (G. Martina, *La Iglesia de Lutero a nuestros días*).

Costumam-se distinguir três períodos ou etapas na marcha do Tridentino:

Período I (1545-1547). "O santo sínodo propôs, antes de mais nada, condenar e anatemizar os principais erros e heresias de nosso tempo e ensinar a verdadeira e católica doutrina." Em conseqüência, neste primeiro período: estabelece-se o Concílio de Nicéia como base da fé; confirma-se a validade das Escrituras e da tradição como fontes da fé cristã, assim como a única autoridade da Igreja para interpretar validamente a Escritura. Perfila-se a teologia dos sacramentos em geral. Os decretos sobre o pecado original e sobre a justificativa e os méritos chegaram até a raiz do sistema luterano.

Período II (1551-1552). Convocado, novamente, por Júlio III, o Concílio chegou a conclusões importantes sobre a Eucaristia, a Penitência e a Unção dos Enfermos. O tema principal deste período é o da *transubstanciação* do pão e do vinho na Eucaristia. Rejeitam-se as doutrinas de *Lutero, *Calvino e *Zwinglio sobre esse ponto e se define o ponto de vista da Igreja.

Período III (1562-1563). Depois de um lapso de 10 anos, voltou-se ao terceiro período com a convicção de que já não era possível a conciliação com os protestantes. Definiu-se o caráter sacrificial da Missa; estabeleceu-se a doutrina das ordens sagradas: bispos, sacerdotes; matrimônio cristão; criaram-se os seminários nas dioceses e regulou-se a nomeação dos bispos, obrigando-os à residência e à renúncia de outros bispados e benefícios. O Concílio recomendou e iniciou outras reformas que o papa devia concluir: a revisão da *Vulgata, a publicação do *Catecismo do Concílio de Trento* ou *Catecismo Romano,* e a reforma do *Breviário*. Além de definir a Missa como verdadeiro sacrifício, formulou a doutrina sobre as indulgências, a veneração dos santos, das imagens e relíquias, sobre as quais os protestantes incidiam tanto.

Pio IV, papa nesse terceiro período, confirmou os decretos do Concílio em 1564 e publicou um resumo de seus princípios doutrinais. A observância de seus decretos disciplinares foi imposta sob sanções. Nos finais do século, muitos dos abusos que motivaram a Reforma protestante haviam desaparecido. Os papas seguintes foram aplicando e completando o trabalho do Concílio., Abria-se assim a *Contra-Reforma.

Concílio.

BIBLIOGRAFIA: *Concilium Tridentinum*, 13 vols. publicados (1901-1961) sobre as fontes do Concílio de Trento; Hefele-Leclercq, *Histoire des Conciles*, t. 9 e 10, 1930-1938; G. Martina, *La Iglesia, de Lutero a nuestros días*, 1974, 4 vols.; R. García-Villoslada-B. Llorca, *Historia de la Iglesia Católica*, III (BAC).

Tyndale, William (1494-1536)
Tomás Morus.

Tyrrell, George (1861-1909)
*Loisy; *Laberthonnière.*

Ultramontanos

*De Maistre; *Döllinger; *Syllabus.

Unamuno, Miguel (1864-1936)

Natural de Bilbao, concluiu o bacharelato nesta cidade, estudando filosofia e letras na Universidade de Madri. Sua primeira orientação filosófica foi dominada pelo positivismo. Em 1894, três anos depois de ganhar sua cátedra de grego clássico na Universidade de Salamanca, ingressou no partido socialista e começou a escrever no jornal "A luta de classes", de Bilbao. Em 1897, experimentou uma crise religiosa que o fez voltar a repensar os problemas religiosos da infância e seus próprios problemas como indivíduo, inaugurando assim o que podemos chamar *seu existencialismo*. Nesta época, descobriu a obra e a personalidade de Kierkegaard, com quem tem numerosas afinidades.

De sua cátedra em Salamanca, desdobrou uma atividade extraordinária, dando aulas, escrevendo na imprensa diária e cultivando quase todos os gêneros literários: ensaio, teatro, contos, poesia, crônicas de estudo, crítica etc. Seus livros de maior significação filosófica, como *Do sentimento trágico da vida*, revelam uma grande influência da teologia protestante e uma primordial preocupação com os problemas do indivíduo enquanto ser limitado. "A limitação provoca a frustração do eu em sua ânsia de ser tudo sem deixar de ser ele mesmo. Essa problemática, somada aos conflitos fé-razão, lógica-biótica, tempo-eternidade, configura o horizonte existencialista em que se movem as reflexões unamunianas"

(M. A. Quintanilla, *Diccionario de filosofía contemporánea*).

A tese fundamental de Unamuno é a mesma que a do pragmatismo e de toda filosofia da ação: a subordinação do conhecimento, do pensamento, da razão à vida e à ação. "A vida — diz em *Vida de Dom Quixote e Sancho* —, é o critério da verdade e não a concórdia lógica, que é somente da razão. Se minha fé me leva a aumentar ou criar vida, para que quereis mais provas de minha fé?" (c. 31). Além disso, em sua doutrina há um elemento irracional: a afirmação do caráter obscuro, arbitrário, inconsciente e irracional de toda doutrina ou crença. Esse fundo irracional em que se apóia a filosofia unamuniana tem como base o inconsciente: é uma exaltação da fé pela fé, do crer pelo crer, da vida pela vida, que não precisa de nenhum critério racional e objetivo, pois a fé e o crer não são mais que a própria vida.

Mas a vida para ele não é algo abstrato: é minha própria vida, meu próprio eu, que sou um homem de carne e osso. Concebe o homem como um ser de carne e osso, como uma realidade verdadeiramente existente, como um "princípio de unidade e um princípio de continuidade". Um indivíduo real e atual com "fome de sobrevivência e afã de imortalidade". A crença na imortalidade, em minha imortalidade, não consiste em uma pálida e desbotada sobrevivência das almas. Unamuno espera e proclama "a imortalidade de corpo e alma", e precisamente do próprio corpo, o qual se conhece e sofre na vida cotidiana. Essa esperança na ressurreição dos corpos, de base fundamentalmente cristã, é rastreada por ele nos numerosos exemplos da sede de imortalidade, desde os mitos e as teorias do eterno retorno até o afã de glória. E até na voz constante de uma dúvida que se insinua no coração do homem quando este afasta como molesta a idéia de uma sobrevivência.

— Como para Unamumo o homem é tudo em sua raiz, o tema de Deus só tem sentido quando aparece no horizonte existencial da ânsia humana de imortalidade. E como o homem aspira a ser mais homem, e o que o homem deseja ser não é outra coisa que Deus, assim Deus transforma-se no ideal do homem e da humanidade. O homem cria Deus. Deus em mim, para mim e a partir de mim, como iluminação de minha ânsia de imortalidade. Deus é pessoal enquanto o homem tem experiência pessoal dele, sente-o atuar e viver em si mesmo. O Deus-razão é um Deus arbitrário. Só tem sentido o Deus-amor, que responde ao que o homem precisa: um Deus vontade, amor, ideal, sofrimento, fim inefável e inacessível.

A fé e somente a fé consegue o encontro com esse Deus-amor. É uma fé porque cria o querer — daí sua definição da fé como "criar o que não vemos" —, um crer de caráter imanentista, num esforço agônico de superação, que nunca se alcança totalmente. No entanto, as verdades de fé, em sentido dogmático, são dogmas mortos (*Diccionario de filósofos*).

Que dizer desse pensamento e filosofia unamunianos? Devemos exaltá-lo como um grande místico ou cristão? Deve-se rebaixá-lo à condição de "herege e pai de hereges", como alguém disse dele? "A esperança unamuniana — conclui Ch. Moeller — participa da esperança bíblica por seu *projeto*: eternidade, caridade, ressurreição, peregrinação pela infinitude de Deus; mas se opõe a ela por seu *fundamento*, pois repudia radicalmente toda luz. Como uma ponte sobre dois pilares, a esperança cristã apóia-se na chamada feita por Deus e em sua promessa de salvar-nos. A esperança unamuniana, ao contrário, é como uma ponte estendida sobre o vazio; seu vertiginoso arco repousa sobre um só pilar; nossa abismal recusa a morrer". Eis, sem dúvida, a razão porque o autor do *sentimento trágico* não cite jamais este texto da Bíblia: "Deus é luz...".

"Unamuno pregou a esperança durante toda a sua vida 'apostólica'; a cruz que sempre levava sobre o peito, procedente de sua mãe e a que fez acrescentar à célebre estátua de Victorio Macho, testemunham sua adesão definitiva à cruz, única salvação" (Ch. Moeller, *Literatura del siglo XX y cristianismo*, IV, 161-163).

BIBLIOGRAFIA: *Obras completas*. Ed. de M. García-Blanco, 1950-1958, 16 vols.; Julián Marías, *Miguel de Unamuno* 1948; Id.; *La filosofía española actual: Unamuno, Ortega, Morente, Zubiri*, 1948; Hernán Benítez, *El drama religioso de Unamuno*, 1949; Ch. Moeller, *Literatura del Siglo XX y cristianismo*, IV.

Undset, Sigrid (1882-1949)

**Literatura atual e cristianismo;* **Literatura autobiográfica.*

Valentim (séc. II)

Gnósticos.

Valla, Lourenço (1407-1457)

Todos parecem estar de acordo em apontar Lourenço Valla como o principal humanista da primeira metade do séc. XV. Encarna um tipo de humanista muito original, não vinculado a nenhuma escola e considerado o "ousado precursor do livre pensamento".

Valla representa, em primeiro lugar, um manifesto do método escolástico medieval e da lógica aristotélica. Ataca esta como esquema abstruso, artificial e abstrato, que não serve para expressar nem para conduzir a um conhecimento concreto e verdadeiro. A lógica aristotélica é racional e depende em grande parte do barbarismo lingüístico. Assim se expressa em sua primeira obra dialética: *Disputationes contra aristotelicos* (publicada depois de sua morte).

A pouca simpatia por Aristóteles o fez estar mais atento aos estóicos e *epicureos*. Seduziu-o a idéia destes últimos, ao sublinhar o anelo humano de prazer e felicidade. Assim o expressou em seu jornal de estilo ciceroniano *De voluptate et summo bono*, no qual se equilibra para manter-se na doutrina tradicional sem se inclinar demais para o epicurismo, que tanto atraiu humanistas como *Morus e *Erasmo. No *Diálogo sobre o livre-arbítrio* trata de esclarecer o pensamento de *Boécio e responde à pergunta "se a presença de Deus e a liberdade da vontade humana são compatíveis". Responde afirmativamente.

Dois campos asseguram sua fama de humanista: 1) Seu culto quase místico do latim, cuja ignorância e abandono são, segundo ele, a causa da noite medieval e o fim dos valores humanísticos. Com razão pode-se considerar o restaurador desse latim renascentista e culto, que será a expressão do pensamento humanístico e cien-tífico dos séculos XV ao XVII. Sua obra *Elegantiarum linguae latinae libri sex* (1444) é o ponto de partida para esse movimento. 2) Sua condição de filólogo levou-o a adentrar no terreno muito mais profundo da *redditio ad fontes*: o retorno às fontes, ponto de partida do humanismo renascentista. Em seu *In Novum Testamentum ex diversorum utriusque linguae codicum collectione adnotationes* (1449) não se limita a realizar um novo trabalho gramatical ou filológico, mas procura devolver à fé cristã as contribuições da antiga razão, restituir a pureza dos textos bíblicos e indicar aos eruditos os caminhos do verdadeiro cristianismo. Essas anotações foram para Erasmo um verdadeiro achado. Nessa mesma linha da *redditio ad fontes* está seu estudo da *Doação de Constantino* (1442), na qual prova o caráter apócrifo do documento da doação constantiniana ao papa. Valla é assim modelo e exemplo dos novos humanistas procuradores da novidade na pesquisa dos velhos manuscritos e pergaminhos.

BIBLIOGRAFIA: *Opera omnia*. Basiléia 1540; *Scritti filosofici e religiosi*. Ed. de G. Radetti, Florença 1953; P. O. Kristeller, *Ocho filósofos del Renacimiento*. México 1974, 35-36, em que estuda a contribuição de Valla ao pensamento humanista do Renascimento; *Humanismo y Renacimiento*. Estudo e seleção de textos por Pedro R. Santidrián. Madrid 1986.

Valverde, José Mª (1926-)

Literatura atual e cristianismo.

Van der Meersch, Maxence (1907-1951)

Literatura atual e cristianismo.

Vaticano I, Concílio (1869-1870)

Considerado pela Igreja Católica de Roma seu vigésimo concílio ecumênico, celebrou-se na Basílica de São Pedro, em Roma, de 8 de dezembro de 1869 a 18 de julho de 1870. Foi convocado e presidido pelo Papa Pio IX, que "desejava remediar com um meio extraordinário os males extraordinários que afligem a Igreja" (Bula *Aeterni Patris*, 1868). Foram convidados ao Concílio os não católicos, que não participaram. Não se convidaram os chefes de Estado. Participaram 731 padres católicos de todo o mundo: dois terços eram europeus e, destes, a metade italianos. Não houve nenhum bispo representante de raça negra. No entanto, foram os bispos de fala francesa e alemã os que tiveram intervenções mais notáveis e decisivas.

Os trabalhos do Concílio estiveram centrados em torno das constituições *Dei Filius* e *Pastor Aeternus*.

A constituição *Dei Filius* foi votada em 24 de abril de 1870 e foi a conclusão das discussões sobre as relações entre a razão e a fé. Diante dos erros do racionalismo, do panteísmo, do fideísmo etc., o Concílio definiu a existência de um Deus pessoal que a razão pode alcançar, embora afirmando a necessidade da Revelação. Não pode haver nenhum conflito entre a razão e a fé. Eis o texto:

— "Se alguém disser que é uma só e a mesma a substância ou essência de Deus e a de todas as coisas, seja anátema".

— "Se alguém disser que Deus vivo e verdadeiro, criador e Senhor nosso, não pode ser conhecido com certeza pela luz natural da razão humana através das coisas que foram feitas, seja anátema".

A constituição *Pastor Aeternus* foi votada em 18 de julho de 1870, em meio a aclamações e a uma tremenda tempestade. O documento contém essencialmente a afirmação do primado e da infalibilidade do papa. O debate foi prolixo e apaixonado. O fato do primado e de sua perpetuidade não apresentava dificuldade, mas os qualificativos de "plena, ordinária, imediata, episcopal", aplicados à jurisdição pontifícia, ocasionaram ásperas discussões. Muito mais o texto em que se afirmava a infalibilidade do papa quando fala "ex cathedra" e a irreformabilidade de suas decisões sem necessidade do "consensus Ecclesiae". O texto foi aprovado por 533 padres; 55 se ausentaram de Roma para não votar contra na sessão definitiva; 2 votos foram negativos.

— "Ensinamos e declaramos que a Igreja Romana, por disposição do Senhor, possui o primado de potestade ordinária sobre todas as outras, e que essa potestade de jurisdição do Romano Pontifice, que é verdadeiramente episcopal, é imediata...

— Ensinamos e definimos ser dogma divinamente revelado que o Romano Pontífice, quando fala 'ex cathedra'... goza daquela infalibilidade de que o Redentor divino quis que estivesse provida sua Igreja na definição da doutrina sobre a fé e os costumes; e portanto, que as definições do Romano Pontífice são irreformáveis por si mesmas e não pelo consentimento da Igreja".

Embora a aceitação das decisões conciliares fosse geral, houve repúdios como os de *Döllinger e de grupos universitários alemães. Fruto disso foi também a Igreja de "os velhos católicos", que logo se uniram à Igreja jansenista de Utrecht. No entanto, o Concílio Vaticano I, há mais de um século de distância, é visto hoje sob diferentes perspectivas. Alguns o consideran como a reação da Igreja em retirada, frente a um mundo que cada vez mais se afirmou como "consciência secularizada". Outros viram no Vaticano I a defesa da Igreja como instituição clerical e fechada diante de um mundo aberto para a modernidade. Seja o que for, "devemos reconhecer que suas definições aumentaram, às vezes, a tensão entre a sociedade política e a Igreja. Esse foi o pretexto para medidas anticlericais em vários países", com o conseqüente aumento do anticlericarismo em alguns deles. Mas não seria justo ver somente tais conseqüências negativas. Devemos reconhecer que a declaração da infalibilidade pontifícia separou ainda mais Roma das diferentes Igrejas cristãs; que a mesma infalibilidade como doutrina era difícil de entender e mais difícil ainda o seu exercício. De fato, somente se exerceu uma vez em 1954 por Pio XII, ao proclamar a Assunção de Maria em corpo e alma aos céus. Mas reforçou a autoridade do Papa, precisamente no momento em que perdia sua autoridade temporal. O Concílio Vaticano II pôde também completar melhor a definição e função da Igreja e o poder dos bispos.

BIBLIOGRAFIA: R. Aubert, *Vaticano I*, tomo 12 da *Historia de los Concilios ecumenicos*. Eset, Vitoria 1970; R. Aubert, em Fliche-Martin, *Historia de la Iglesia*, tomo 21, Valência 1977; J. Collantes, *La cara oculta del Vaticano I* (BAC). Madrid 1970.

Vaticano II, Concílio (1962-1965)

O Concilio Vaticano II é reconhecido como o XXI concílio ecumênico da Igreja Romana. Anunciado por *João XXIII, em janeiro de 1959, aconteceu de 1962 a 1965. Foi convocado "como meio ou instrumento de renovação espiritual para a Igreja e como ocasião que permita a todos os cristãos separados de Roma procurar juntos a unidade". Preparado durante três anos por comissões de trabalho, em que intervêm especialistas e teólogos de todo o mundo, o Concílio Vaticano II adquiriu um tom e uma qualificação verdadeiramente ecumênicos. É considerado o maior acontecimento religioso de nosso tempo.

São notáveis as diferenças que o Vaticano II oferece com relação aos demais concílios: a) o clima de expectativa que suscitou na Igreja e fora dela; b) a preparação esmerada dos temas submetidos a debate; c) a participação de, praticamente, todos os bispos da Igreja, em número superior a dois mil; d) a presença de *observadores*

da maioria das Igrejas e comunidades separadas de Roma; e) a participação dos leigos.

A diferença essencial, entretanto, deste concílio com relação a outros é o estilo e a disposição com que estuda e define a mensagem cristã no mundo de hoje. O Concílio obedeceu e realizou tudo a que o Papa João se propusera: o *aggiornamento* da Igreja diante dos retos do mundo de hoje. Esse aggiornamento cristaliza um novo clima e um novo rosto da Igreja. O "ar fresco" de fora penetra nas constituições, decretos e declarações que o Concílio vai elaborando e aprovando ao longo de três anos.

1) *Constituições*: constituição sobre a sagrada liturgia (1963); constituição dogmática sobre a Igreja (1964); constituição dogmática sobre a Revelação Divina (1965); constituição pastoral sobre a Igreja e o mundo moderno (1965).

2) *Decretos*: decreto sobre os meios de comunicação social: sobre as Igrejas Orientais; sobre o ecumenismo; sobre o ministério pastoral dos bispos; sobre a vida religiosa; sobre a formação sacerdotal; sobre o apostolado dos leigos; sobre a atividade missionária; sobre os presbíteros.

3) *Declarações*: declaração sobre a educação cristã; declarações sobre as religiões não-cristãs; declaração sobre a liberdade religiosa.

Cada um desses documentos oferece a todos os cristãos a "nova consciência" que a Igreja tem e apresenta ao mundo o "novo perfil" do cristão e do cristianismo. A legislação e a aplicação posteriores, concluídas fundamentalmente por *Paulo VI, criaram o clima do que se chamou "pós-concílio". Renovação bíblica, ecumênica, litúrgica, pastoral, nova interpretação da vida dos leigos e sua atuação na Igreja e no mundo foram os resultados mais destacados nesses 25 anos que nos separam do Concílio.

— Depois de assinalar a reflexão que a Igreja fez sobre si mesma: "Igreja, que dizes de ti mesma?", deve-se dimensionar a reflexão que a Igreja fez sobre o mundo de hoje. Neste sentido, a *constituição pastoral sobre a Igreja no mundo moderno* pode considerar-se como a melhor mensagem e colaboração que a Igreja oferece ao mundo de hoje.

— Sobre a literatura e estudos nascidos do Concílio Vaticano II, podem-se ver principalmente as encíclicas e documentos posteriores dos papas Paulo VI e João Paulo II. A seguir, alguns estudos sobre esse tema.

BIBLIOGRAFIA: *Compêndio do Vaticano II,* Vozes, 1968; *Documentos do Vaticano II — Constituições, Decretos e Declarações,* Petrópolis, 1966; *El Concílio de Juan y Pablo. Documentos pontifícios sobre la preparación, desarrollo e interpretación del Vaticano II.* Introdução, direção e índices por J. L. Martín Descalzo (BAC); M. A. Molina. *Diccionario del Vaticano II* (BAC); R. Latourelle, *Vaticano II: Balance y perspectivas (Veinte años después: 1962-1987).* Sígueme, Salamanca 1987s.; 3 vols.

Veuillot, Louis (1813-1883)

*Syllabus.

Vicente de Paulo, São (1576-1660)

*Literatura autobiográfica.

Vidal Garcia, Marciano (1937-)
*Instituições morais.

Vidas dos santos
*Legenda áurea.

Vilhena, Isabel de (1430-1490)

Primeira escritora em catalão, Elionor Manuel de Vilhena, mais conhecida como Sóror Isabel de Vilhena, nasceu em Valência. Morreu como abadessa de seu convento, na mesma cidade de Valência. É considerada a escritora espanhola mais importante do século XV.

Duas obras da freira escritora chegaram até nós. A primeira é a *Vita Christi*, que destaca os episódios evangélicos nos quais intervêm mulheres. A obra — escrita provavelmente para contestar a misoginia do *Llibre de les dones* escrevera Jaime Roig, médico do convento do qual ela era abadessa — consta de uns 60 folhas grandes. Contém no texto diferentes ilustrações pintadas pela escritora, as quais apresentam diversos momentos da vida de Cristo, com uma legenda de oito linhas explicando a cena.

A outra obra de Sóror Isabel é o *Speculum animae*, recentemente descoberta na Biblioteca Nacional de Paris. Como a *Vita Christi*, o *Speculum* "contém ilustrações feitas pela freira para fomentar a imaginação das freiras que não sabiam meditar". O medievalista Albert Hauf está preparando a edição crítica dessas duas obras da religiosa valenciana.

Vítor, Escola de São (séc. XI-XII)

Escola de cônegos regulares situada em Paris. Foi fundada em 1113 por Guillermo de Champeaux (*Abelardo). Dela saíram grandes sábios, teólogos, místicos e poetas, especialmente no séc. XII. Os autores mais importantes dessa escola, conhecida pelos Vitorianos, são Adão de São Vítor, famoso por suas seqüências em latim ritmado; Hugo de São Vítor, Ricardo de São Vítor e Válter de São Vítor.

A importância dessa escola apóia-se, junto à de Chartres, na influência exercida na escolástica posterior e na fundação da Universidade de Paris.

BIBLIOGRAFIA: E. Gilson, *A filosofia na Idade Média*, 283s.

Vitória, Francisco de (1492-1546)

Teólogo e filósofo de direito, esse frade dominicano nasceu em Burgos e morreu em Salamanca. Estudou em Paris e foi professor de teologia nessa mesma universidade (1516-1522). Regente catedrático no estudo de São Gregório de Valladolid (1523-1525), ocupou a primeira cátedra de teologia da Universidade de Salamanca de 1526 até a sua morte. Vitória foi, antes de mais nada, um professor e um orador brilhante, que tratou de problemas de atualidade com grande independência de juízo e soube unir o rigor do método escolástico à elegância humanística da exposição.

Sua obra fundamental são as *Relectiones theologicae*, publicadas depois de sua morte. São lições extraordinárias dadas aos alunos da universidade em circunstâncias solenes, segundo o costume da época e desenvolvem temas de grande interesse. Entre elas, destacam-se as que tratam do poder civil, do direito público eclesiástico e, principalmente, as que tratam das questões colocadas pelo descobrimento e conquista da América.

Outra das obras são seus *Comentários* à parte moral da *Summa theologica* de Santo *Tomás. Tais comentários coletam suas lições durante o curso acadêmico.

— Vitória passou à história do pensamento por sua *filosofia política* e como criador do *direito civil* ou *direito internacional*:

1. Para ele, a comunidade política constitui uma instituição de direito natural e é autônoma no sentido dos fins temporais do homem. Todo grupo humano exige uma autoridade que assegura o bem comum.

— O poder reside, derivado originalmente de Deus, imediatamente na comuniddade como tal. O governante que participa da comunidade submete-se não só ao direito divino e natural, mas também ao positivo.

— Quanto ao direito eclesiástico, sustenta que o papa não tem a plenitude do poder e somente tem sobre o temporal um poder indireto em matérias que afetem o bem espiritual. Diferente do Estado, a Igreja é de direito divino.

Nega ao papa, em conseqüência, a soberania universal. Sua jurisdição estende-se somente aos cristãos.

— Dentro da Igreja, o papa está acima do Concílio.

2. A contribuição mais importante de Vitória para a filosofia política pertence ao campo do *direito civil*. Sua idéia central é a do orbe — *totus orbis* — como comunidade universal dos povos fundada no direito natural.

— Todo povo é convidado a formar e a constituir-se em Estado. Os povos organizados politicamente encontram-se unidos entre si pelo vínculo da natureza humana comum, que dá lugar à pessoa moral do orbe.

— A sociedade internacional resulta da sociabilidade natural do homem, de alcance universal. Seu vínculo é o *ius gentium*, que Vitória concebe como um direito universal da humanidade, que dimana da autoridade do orbe.

— Conseqüência da idéia do orbe é o reconhecimento da personalidade jurídico-internacional das comunidades políticas não-cristãs. Além disso, existe um direito de *comunicação* entre os povos, ao qual nenhum deles pode subtrair-se sem justa causa.

3. A originalidade de sua doutrina tem sua aplicação *no problema da legitimidade da ocupação da América*. Vitória desfaz os argumentos apresentados pelos reis e pelos teólogos para ocupar e manter as novas terras. Constrói outra série de argumentos válidos como o *ius communications* e a incapacidade efetiva dos índios, transformando assim a conquista em *tutela e proteção*. A difusão do Evangelho justificaria a conquista somente na medida necessária para permitir sua pregação, porque a fé não pode ser imposta pela força.

— Finalmente, seria lícita uma intervenção, por razões humanitárias, no caso de graves violações.

— Vitória, portanto, é um pioneiro da filosofia política e do direito civil, que mais tarde reformularão *Suárez, *Belarmino e o próprio *Grócio.

BIBLIOGRAFIA: *Obras: Relecciones teológicas*. Edição crítica, com códices, notas e introdução por P. Luis G. Alonso Getino. Madrid 1933-1936, 3 vols.; *Obras de Francisco de Vitoria. Relecciones teológicas*. Edição bilíngüe (BAC); Luis Alonso Getino, *El maestro Fray Francisco de Vitoria. Su vida, su doctrina e influencia*, 1930; A. Truyol y Sierra, *Los principios del Derecho Público en Francisco de Vitoria*, 1949.

Vives, Luís (1492-1540)

Luís Vives nasceu em Valência. Hoje está provada a sua descendência judaica, razão que explicaria, em parte, sua ausência da Espanha. Essa informação, que faz de Vives "o grande exilado e o primeiro dos exilados espanhóis", é importante para se entender sua vida e sua obra. Em 1508, ingressou na Universidade de Valência, para no ano seguinte passar à de Paris, onde permaneceu até 1512. A partir desse ano, encontramo-lo em Bruges, cidade que fará sua e onde viverá até o final de seus dias. "Amo Bruges como a minha Valência natal", disse mais tarde. De 1517 a 1522 foi professor em Lovaina, lugar de encontro de humanistas, erasmistas e reformadores. Fruto dessa primeira estadia nos Países Baixos é a publicação de 13 de suas obras, que marcaram sua predileção por temas filosóficos e religiosos.

A etapa culminante do Vives professor foi a Inglaterra (1523-1528), de onde se destacaram três acontecimentos importantes: foi professor de Oxford no Colégio de Corpus Christi. Foi introduzido na corte de Henrique VIII como homem de conselho, compatriota e amigo da rainha Catarina de Aragão e preceptor de suas duas filhas. E, sobretudo na Inglaterra, viveu a amizade de dois humanistas excepcionais: *Morus e *Erasmo. Do primeiro disse: "Nasceu para respeitar e cultivar a amizade e para ajudar seus amigos".

Os últimos anos de sua vida (1528-1540) foram marcados pelo afastamento e pela penúria em sua casa de Bruges. Mas o que caracterizou essa época foi a "transformação intelectual e espiritual de Vives". Os livros que escreveu no último período de sua vida são mais criativos e originais. Até 1528, fora um membro significativo do círculo erasmiano, mas, nos últimos anos de sua vida, transformou-se num dos mais importantes reformadores da educação européia e um filósofo de destaque universal na história do pensamento do séc. XVI.

Morreu em 6 de maio de 1540, em Bruges, sem ter retornado à Espanha, onde sua vida foi marcada por certa depressão e tristeza. Não conheceu a jovialidade do Renascimento, "idade do descobrimento do mundo e do homem". Sua vida de casado foi regida pela rigidez, assim o demonstram suas convicções sobre o sexo. Morreu com a certeza de que o homem pode ser muito menlhor no futuro.

Luís Vives é um escritor de expressão latina. Seu primeiro livro apareceu em 1514 e sua obra póstuma foi publicada em 1543. Nesse intervalo escreveu um total de 54 obras, além da numerosa correspondência com amigos e humanistas de seu tempo. Um trabalho tão extenso como o do valenciano não se resume a um só tema. Mas, como em todos os humanistas, há uma série de matérias comuns ao humanismo e uma preocupação própria e distintiva de Vives. Distingue-se nele "um forte compromisso temporal", isto é, um "intelectual que fez da problemática de seu tempo a preocupação máxima de suas reflexões". Assinalou-se, com razão, sua preocupação social e política, assim como seu fervor religioso de homem leigo, até afirmar que foi "o mais cristão dos humanistas" (Noreña). Eis um roteiro para classificar seus escritos:

— *Obras em torno do problema da vivência e renovação do cristianismo.* Luís Vives começou como escritor religioso, seguindo a linha da devoção moderna e de Erasmo. Como este, viu seus livros no *Índex* por seus *Comentários à cidade de Deus*. Mas seria um erro ver em Vives um simples epígono de Rotterdam. "A literatura religiosa do espanhol deixou uma profunda marca até influir no livro oficial da oração comum da Igreja Anglicana" (Noreña). Pessoalmente dou fé nisso baseado nas *fórmulas* que introduz em seus *Diálogos*. Muitos se perguntaram que tipo de cristão é Vives. Podemos dizer que seu cristianismo é sincero, apesar de sua remota descendência judaica. Mas é um cristão crítico e atípico, que une fé e razão. "O cristianismo — diz — é o homem perfeito. Como na *devotio moderna*, sua fé e sua devoção centram-se em Cristo, tal como aparece no Novo Testamento. Isso não o impede de distanciar-se da Igreja oficial, a qual submete, como todos os humanistas, a duros juízos. Rejeita também visceralmente a chamada cultura medieval, que considera uma perversão do pensamento clássico. Embora conheça todos os movimentos teológicos da época, não participa com os reformadores de um e outro símbolo de seu tempo.

— *Obras lítero-filosóficas da renovação dos saberes.* Aqui seu pensamento é amplo e de certo ecletismo, distante e culto, que o impede de identificar-se com um só autor. Suas principais obras nessa linha são *De disciplinis* (1531) e *De anima et vita* (1538).

— *Obras no plano político e social e no plano da educação*. O pensamento social e político de Vives está em sua correspondência epistolar, sobretudo a de sua estada na Inglaterra, e em suas obras. *De concordatia et discordia in humano genere* (1529); *De pacificatione* (1529); *De Europae statu et tumultibus* (carta a Adriano VI, 1522); *De Europae desidiis et de bello turchico* (1526). São obras de caráter político. De caráter social são *De communione rerum* (1527) e *De subventione pauperum*, um plano para a ajuda aos pobres de Bruges, o aspecto mais conhecido do educador e pedagogo. Obras como *De institutione feminae christianae*; *De ratione studii puerilis* (1526); *Os diálogos da educação (... Linguae Latinae exercitatio* 1538) fazem de Vives o grande mestre da educação humana e cristã.

— "Daí parte a necessidade de cultivar o espírito e enfeitá-lo com o conhecimento das coisas, com a ciência e a prática das virtudes. Do contrário, mais do que homem temos uma besta. Deve-se assistir às cerimônias sagradas com a maior atenção e reverência. Tudo quanto nela ouvires ou vires deves considerá-lo como algo grande, admirável e divino, que está por cima de teu alcance. Em tuas orações deves encomendar-te com freqüência a Cristo, colocando nele toda a tua fé e confiança" (*Diálogos sobre a educação*, diálogo 25).

BIBLIOGRAFIA: *Obras completas de Luis Vives*. Edição de Gregório Mayans, Valência 1782-1790, reimpressão em Madrid 1953; *Obras completas*. Tradução de toda a obra de Vives por Lorenzo Riber, Madrid 1947-1948, 2 vols.; Carlos G. Noreña, *Juan Luis Vives*, 1970; *Diálogos de Luis Vives*. Tradução, introdução e notas de Pedro R. Santidrián, Madrid 1987.

Voltaire (1694-1778)

François Marie Arouet, que a partir de seus 24 anos fez-se chamar "Monsieur Voltaire", nasceu em Paris e morreu também em Paris. Considerado um dos principais pensadores e promotores do *Iluminismo francês, é um dos grandes e mais conhecidos escritores clássicos. Sua influência no pensamento contemporâneo foi decisiva para a formação de uma atitude leiga e finalmente hostil para a religião. Por sua sutileza, ironia e sarcasmo, envolvidos numa frase perfeita e feliz, mereceu o qualificativo de "venenoso" e "perverso". Conseguiu um tipo de pensar e de ser "volteriano": entre cético e frívolo.

Dos aspectos originais que se podem estudar em Voltaire — sua filosofia e suas idéias, por exemplo — interessa-nos o aspecto religioso de seu pensamento. Já em outra parte (*Deísmo*) vimos que concebe a religião natural como "os princípios da moralidade da espécie humana". É também o criador ou formulador dos princípios do deísmo. Mas o ponto fundamental de toda a sua atitude é a luta contra o *fanatismo*, "causa de grande parte dos males que afligem toda a humanidade". "Nessa luta, Voltaire é sincero e movido também por um impulso que se poderia chamar religioso. Aparentando ceticismo, sente a oposição ao fanatismo como uma missão e como um dever imposto pela dignidade do homem."

Encerrado nessa concepção puramente natural e racionalista própria do deísmo, incluiu em sua luta contra o fanatismo todas as religiões positivas, especialmente o cristianismo. Apesar de ser um fino historiador, interpreta como *intolerância religiosa* os simples excessos do poder temporal de reis e governantes. Inclina-se a ver nesses casos um retorno do poder político à classe sacerdotal, que utilizava tais meios para aumentar sua riqueza e seu poder terreno. Identifica as práticas religiosas do cristianismo com superstições vãs; e a verdadeira fé com crenças falsamente religiosas.

Voltaire lutou contra o fanatismo e suas conseqüências ao longo de toda a sua vida e, em especial, no último período. Realizou a luta através de seus escritos, empenhados quase todos eles em tal tarefa, qualquer que seja sua forma. Assim, suas tragédias, particularmente *Maomé ou o fanatismo* (1742), voltam constantemente ao tema.

Buscam também esse objetivo seus numerosos ensaios de crítica bíblica e religiosa, por exemplo *A tumba do fanatismo* (1767); *A defesa de meu tio* (1769); *A Bíblia finalmente explicada* (1776); *Um cristão contra seis judeus* (1777). Nesses ensaios, que às vezes apresentam a forma de sainetes satíricos, toma seus argumentos de toda a crítica bíblica dos deístas e livre-pensadores dos séc. XVII-XVIII, e em particular de Bolingbroke, a quem dedica uma de suas obras.

Outra arma de luta de Voltaire são os *ensaios filosóficos* propriamente ditos, que indicam de certa forma sua carreira de escritor. Nesta linha estão suas *Cartas filosóficas* (1754); *Observações aos Pensamentos de Pascal* (1742); *O filósofo ignorante* (1761) e as *Cartas de Nemmius a Cícero* (1771). Em todos esses ensaios filosóficos, inspirados nas idéias de Bayle, Clarke, Locke e outros, discorre sobre a religião, brinca com ela e ironiza. Mas o meio preferido por ele, em sua luta contra o fanatismo, foram as "novelas curtas, os contos e a *Enciclopédia*. Foram esses três meios os mais eficazes para a difusão de suas idéias entre o grande público do séc. XVIII. A partir do conjunto de verbetes da *Enciclopédia* de *Diderot, escrito por ele, publicou separadamente o *Dicionário filosófico manual*, no qual extravasou todos os seus preconceitos sobre a religião e expôs sua filosofia em geral.

Em sua longa e agitada vida, viveu as experiências de um homem intelectual e público: desde o cárcere na Bastilha (1717), e o exílio na Inglaterra (1726-1729), até as mais fervorosas homenagens populares. A paixão de Voltaire é seu repúdio de todo obscurantismo em nome da razão, obscurantismo personificado na religião e na Igreja de seu século. Seu grito de "esmaguemos a infâmia", referente à Igreja de todos os tempos como protetora da ignorância, da superstição e do fanatismo, foi acolhido por toda uma corrente de anticlericalismo e de pensamento desligada de toda crença. Tal corrente difundiu-se primeiramente na aristocracia e, depois da

Revolução Francesa, em amplos setores da burguesia liberal.

BIBLIOGRAFIA: *Oeuvres complètes* de Voltaire. Ed. de Moland, Paris 1883-1885, 52 vols.; Id., *Correspondance génerale*. Std. de Th. Besterman, Paris 1953s.; René Pomeau, *La religión de Voltaire*, 1956. Muitas obras de Voltaire estão traduzidas para o português.

Vorágine, Tiago de (1230-1298)

*Legenda áurea.

Vulgata (c. 383)

*Jerônimo, São.

Waugh, Evelyn (1903-)

*Literatura atual e cristianismo.

Wesley, John (1703-1791)

Pregador evangélico e fundador, junto com seu irmão Charles, do movimento metodista na Igreja da Inglaterra. Foi estudante na Universidade de Oxford, onde, por sua vida regular de estudo e oração com outros companheiros, chegou a ser conhecido como "o metodista". Seu primeiro destino foi o de missionário na Geórgia, na América do Norte (1735-1737), para retornar à Inglaterra e experimentar uma profunda conversão que o fez dedicar toda a sua vida a evangelizar, dentro da Igreja Anglicana. O contato com Peter Böhler, pietista morávio, e com a leitura dos comentários de *Lutero à Carta de São Paulo aos Romanos, fizeram-no ver que sua missão na vida era a pregação da boa nova do Evangelho, onde houvesse um púlpito para proclamá-la. Seu entusiasmo chocou as igrejas anglicanas, que lhe fecharam as portas. Por isso preferiu pregar às massas ao ar livre e a grupos reduzidos nas casas. A partir de 1742, atravessou a cavalo quase toda a Inglaterra, chegando a percorrer até 13.000 quilômetros por ano. Sua missão foi de caráter "revivalista", dirigida à Igreja da Inglaterra, a qual desejou alertar diante das novas necessidades da era industrial que se avizinhava. Sua prédica ao ar livre dirigia-se principalmente a lavradores, pescadores e operários. Seguindo o método iniciado na Universidade de Oxford, formou também grupos ou associações de leigos e logo de pregadores seculares, itinerantes como ele, na pregação da Palavra. Esses grupos ou pequenas Igrejas locais estenderam-se pela Irlanda, Escócia e, principalmente, pela América do Norte, chegando a formar o que se conhece hoje como Igrejas Reformadas Metodistas, fora do controle da Igreja da Inglaterra.

A pregação e a obra de J. Wesley inspiram-se no movimento "revivalista" inglês, imbuído no pietismo e no puritanismo da época. Sua doutrina fundamental é baseada na justificação pela graça por meio da fé individual. Daí a insistência na conversão. "O sincero desejo de salvar-se do pecado pela fé em Jesus Cristo e de dar provas disso na vida e na conduta" é a condição única para ser admitido na Igreja.

Sua experiência e sua atividade de missionário itinerante estão reunidas em seus *Diários de campanha*. Sua obra de organizador e legislador está nas *Regras* (1743) para as sociedades metodistas. O *Livro dos ofícios*, de caráter anglicano, guarda seu espírito e insiste na prédica da Palavra e no canto de hinos, em sua maior parte compostos por ele. Desta forma, Wesley e seus "evangelizadores" pregaram e cantaram a fé em

Cristo. Nesta obra, seu irmão Charles tem o mérito de ser o principal colaborador, sobretudo na composição de hinos, dos quais é considerado como o maior compositor em língua inglesa.

O movimento "revivalista" de Wesley influiu muito nas chamadas Igrejas livres da Inglaterra: presbiterianos, congregacionalistas e batistas. A própria Igreja Anglicana, embora oposta à prédica metodista, sofreu sua influência. A vida inglesa passou por uma profunda transformação em sua moral privada e pública. O nome de Wesley ficará para sempre como o do grande pregador que "revitalizou a vida religiosa e moral dos ingleses".

*Pietistas.

BIBLIOGRAFIA: Martín Schmidt, *John Wesley: A Theological Biography,* 1962-1971, 2 vols.

West, Morris (1916-)

*Literatura atual e cristianismo.

Wiclef, João (1330-1384)

Os historiadores modernos viram em Wiclef uma das figuras-chave para interpretar a Idade Média eclesiástica tardia. Faz parte dessa elite de homens, como *Marsílio de Pádua, João Huss, Jerônimo de Praga, os "lolardos" e outros — entre os quais se contam também os santos e santas do calendário — que promoveram a reforma da Igreja e lutaram para impô-la. A importância de Wiclef consiste na radicalidade de sua atitude polêmica mais do que em sua doutrina. Pode-se dizer que o movimento determinante de sua atividade é a luta contra a autoridade eclesiástica. Também não é difícil ver nele uma figura que ilumina e explica o complexo fenômeno da posterior Reforma luterana.

João Wiclef nasceu de uma família de lavradores. Sua vida foi marcada por três etapas perfeitamente diferenciadas. A primeira, de formação e estudo em Oxford, que se prolongou até

1371. Nessa época foi mestre no colégio Balliol. Iniciou a carreira eclesiástica, que usa como meio para prolongar e financiar seus estudos, que lhe permitiram colocar-se como eminente filósofo e teólogo. A partir de 1372, começou sua segunda etapa como líder e agitador radical de um movimento para denunciar o governo e a corrupção da Igreja. Finalmente, em sua terceira etapa, entre 1378-1379: um período de estudo, reflexão e afastamento na paróquia de Lutterworth. Aqui se radicalizaram ainda mais suas idéias que expôs por escrito e propagou por meio de missionários "evangélicos pobres", convertidos depois, muitos deles, nos famosos "lolardos". Morreu violentamente, defendido por seus nobres patronos da ira do povo.

— A vida, a obra escrita e a atividade de Wiclef devem ser entendidas a partir da exigência de limpar a teologia e a prática cristãs das degenerações e excrescências de sua época. Queria levar à consciência e ao ânimo dos fiéis a diferença entre a Igreja como é e o ideal da Igreja como devia ser. Isso pressupõe uma visão crítica e histórica ao mesmo tempo: ambas estão presentes em Wiclef, como o estão, mais ou menos claramente, em muitos outros contemporâneos seus.

— Para Wiclef, os responsáveis pela corrupção da Igreja e suas crenças são: o papa, os bispos, monges, padres, o clero em seu conjunto. Quase toda a sua doutrina é uma ata de acusação contra o sistema eclesiástico em todas as suas formas e instituições. Firmemente convencido da natureza e missão da Igreja, afirma: a) Somente os predestinados são os verdadeiros membros da Igreja. b) O Corpo Místico de Cristo pode viver à margem da hierarquia. Tal como estão as coisas, seria desejável e saudável para a Igreja que não houvesse papa nem cardeais. c) Vê a Igreja de seu tempo como a perversão completa do cristianismo e a critica em todos os seus aspectos. Do ponto de vista social, o clero é a causa principal das misérias civis, já que monopoliza uma quantia enorme de dinheiro e riqueza que seriam suficientes para satisfazer as necessidades dos pobres. Os mosteiros especialmente tornam estéreis as terras e despovoam os campos. E, do ponto de vista cristão, a abominação eclesiástica é ainda maior.

— No fundo da polêmica Wiclefiana, existe a contraposição espiritualista entre a Igreja como Corpo Místico e a Igreja como organismo social, entre a religião que vive na alma e a que somente estava na rotina. Por isso, tratou de procurar seus *fundamentos*, sobretudo na terceira época de refúgio em sua igreja rural. E o que primeiramente propôs foi um retorno à revelação tal como contém a Bíblia do Antigo e do Novo Testamento, tomada literalmente e entendida em seu verdadeiro espírito. Para esse fim, escreveu sua obra *A verdade da Sagrada Escritura*, apontando esta como norma única da fé. Propôs também que a Bíblia deveria ser lida por todos os cristãos e não somente pelo clero. Para facilitar a leitura, traduziu a Bíblia para o inglês do texto latino da Vulgata e mandou-a para "evangelistas pobres" por toda a Inglaterra para difundi-la.

— Em 1379, escreveu seu livro sobre *O poder do papa*. Determina estas proposições: o papa não é de instituição divina; não é infalível; a Igreja pode prescindir dele etc. Em sua *Apostasia* e em seu *Tratado da eucaristia*, escritos entre 1379-1380, afirma que a mensagem de Cristo é perfeita, não há nada que acrescentar a ela. Deve-se repudiar, portanto, tudo o que lhe é incorporado: a penitência auricular, o dogma da transubstanciação etc. Sobre esta última, pronuncia-se contra Santo *Tomás e *Duns Scot. Para Wiclef, a transubstanciação é um milagre inútil. O que importa não é a recepção material do Corpo de Cristo, mas a comunhão espiritual com ele: a Eucaristia é, sobretudo e antes de tudo, um símbolo.

Para concluir, Wiclef insiste na necessidade de uma verdadeira piedade, consistente no exercício das virtudes cristãs, não nos ritos em si, e muito menos no culto supersticioso ou nas práticas exteriores, como o culto às relíquias, a compra de indulgências, funerais especiais.

— Foi imensa a obra de Wiclef na Inglaterra. Cedo se estendeu pelo continente, particularmente em Praga, onde teve muitos divulgadores como João Huss, Jerônimo de Praga e muitos outros. As teses de Wiclef respondiam a uma situação geral da Igreja, e ali onde a coerção da hierarquia não pôde impedir sua penetração, exerceram uma enorme influência. Sem dúvida, por isso o Concílio de Constança (1414-1418) de alguma forma uniu, no castigo, Huss e Wiclef: condenou o primeiro à fogueira (1415) e, do segundo, condenou 45 proposições ou erros. Posteriormente (1428) foram desenterrados seus ossos e queimados.

BIBLIOGRAFIA: L. P. Hughes, *A History of the Catholic Church*. London 1934-1947, 3 vols.; John Stacey, *John Wyclef and Reform* 4 1964.

Wilkins, John (1614-1672)
Ciência e fé.

Wulf, M.
Neo-escolásticos.

Zaragüeta, João (1883-1974)
Zubiri.

Zolli, Eugênio
Literatura autobiográfica.

Zubiri, Xavier (1898-1981)

Nasceu em San Sebastián, Espanha, e estudou filosofia em Lovaina, a qual completou em Madrid com o doutorado. Catedrático de história da filosofia na Universidade Complutense desde 1926. Em 1941 abandonou a cátedra oficial para dedicar-se a realizar cursos em diversas universidades e instituições. Zubiri foi reconhecido como um dos grandes mestres do pensamento e da filosofia durante mais de meio século na Espanha. Em volta de sua pessoa e de seus escritos, girou um número de filósofos, pensadores, científicos e humanistas com influxo notável em diversas áreas da vida espanhola. De seu grupo de amigos, discípulos e companheiros cabe citar *Aranguren, Pedro Laín Entralgo, Zaragüeta, J. Marias e uma geração mais próxima de nós de estudiosos e seguidores do mestre, entre os quais cabe mencionar González de Cardeal (teólogo), I. Ellacúria (teólogo da libertação, assassinado em 1989 em El Salvador).

Duas notas distinguem a pessoa e o pensamento de Zubiri, segundo Laín Entralgo, baseadas em sua autenticidade, integridade e precisão. A pri-

meira delas é sua *atualidade*. "A atualidade de Zubiri não consiste, logicamente — diz Laín — num simples estar no dia. ...A essencial atualidade dessa filosofia vem de ser 'hoje' e 'no ato' a forma pessoal ou zubiriana de uma tradição que parte de Anaximandro, Heráclito e Parmênides, passa por Platão e Aristóteles, e depois pela especulação dos filósofos cristãos, continua com o pensamento dos filósofos modernos, cristãos ou não, e vai prosseguir enquanto o homem como tal continue existindo...".

"A segunda nota essencial da obra filosófica zubiriana é a *fundamentalidade*. Mas essa condição genérica de toda autêntica filosofia personaliza-se na de Zubiri por algo duplamente peculiar e decisivo: a atribuição de um caráter formalmente teologal ao fundamento da filosofia que ele criou e a metódica e rigorosa exploração intelectual da teologalidade, *sit venia verbo,* enquanto dimensão essencial da existência humana e, por conseguinte, enquanto nota fundante do sistema filosófico de que ele é o autor". Para Zubiri, de fato, a fundamentalidade da existência humana faz-se patente e atual em nossa religação ao que nos faz existir, "ao que faz que haja"... "Ut infirma per media ad summa redducantur", era a fórmula do *Pseudo Areopagita para expressar a função do homem na economia da criação. "As criaturas, disse São *Paulo, abrigam uma esperança: de serem também elas libertadas do cativeiro da corrupção para participarem da liberdade gloriosa dos filhos de Deus" (Rm 8,21).

Ter cumprido, estar cumprindo essas ordens nos decênios centrais e finais do século XX, e ter dado, estar dando forma a esse cumprimento através da ciência, da história e da metafísica, eis a chave da obra filosófica, cujas notas constitucionais e constitutivas teve a ousadia de nomear e descrever. Por isso, a obra de Zubiri deve ser entendida como um poderoso, rigoroso, esplêndido esforço até a salvação intelectual através da história, da ciência e da metafísica" (*La filosofía de Javier Zubiri:* El País 13.14-2-1981).

Zubiri procurou elucidar e apreender o que constitui realmente a realidade, tanto em seu ser real enquanto real como em seu ser tal. A realidade é prévia ao ser; longe de ser a realidade um tipo de ser, por mais fundamental que se suponha, o ser se funda na realidade. A realidade, portanto, é algo "seu". Fundamental, dentro deste pensamento, é a relação possível entre uma "filosofia intermundana", que é a que Zubiri desenvolveu com mais detalhe, e uma "filosofia transmundana", à qual parece apontar com freqüência. Isso pressupõe que a realidade é primeiro inteligível. A realidade se dá como realidade sentida, podendo o homem ser definido como "animal de realidades" ou "inteligência que sente", "cuja função primária é enfrentar-se sentidamente com a realidade das coisas".

Toda a sua obra gira em torno desta realidade primeira. Começa com *Natureza, História, Deus* (1944); *Sobre a essência* (1962); *Cinco lições sobre filosofia* (1963); para terminar com *Inteligência sensitiva* (1980); *Inteligência e logos*; *O homem e Deus*; *Sobre o homem*, e *Estrutura dinâmica da realidade* (póstuma).

BIBLIOGRAFIA: *Homenaje a Zubiri*. 1973; Ferrater Mora, *Diccionario de filosofía*, com abundante bibliografia.

Zwinglio, Ulrich (1484-1531)

Reformador da Igreja da Suíça, iniciou seu trabalho na cidade de Zurique. Pregador de grande persuasão, conferencista brilhante, sintonizou-se com a Reforma luterana na Alemanha nos pontos essenciais, porém por diferentes caminhos e métodos.

Seu trabalho como reformador pode ser sintetizado nestes pontos: a) Justificação pela fé. b) Simplificação do sistema litúrgico e sacramental. c) Uma Igreja de caráter popular e democrático, não hierárquica. d) A Bíblia como base e fundamento único da revelação de Deus em Cristo. Sobre essas linhas — basicamente coincidentes com as da reforma luterana — estabeleceu Zwinglio as diferenças de sua própria reforma.

— O retorno às fontes, princípio comum do Renascimento, foi concebido e atualizado por Zwinglio de forma mais de acordo com o ideal humanístico. Para ele, o retorno a tais fontes significou voltar a uma sabedoria religiosa originária na qual concluem e concordam a Escritura e os filósofos pagãos. "Toda verdade que foi dita, quem quer que a tenha dito, sai da própria boca de Deus; do contrário não seria verdade."

— Em sua obra principal *Commentarius de vera et falsa religione* (1525) fala de Deus no sentido de um teísmo universalista. Deus é o ser, o sumo bem, a unidade, a própria natureza. Em seu tratado *De providentia* (1530) nos diz: "Se a providência não existisse, Deus não existiria; suprimida a providência, também se suprime Deus".

— A vontade livre de Deus desejou todo o acontecido no mundo: determinou tanto o pecado de Adão quanto a Encarnação do Verbo, e determina, em virtude de uma escolha gratuita, a salvação dos homens. Esta última deve-se a uma livre decisão de Deus, que a dá ou a nega segundo seu arbítrio, não obrigado a nada, mas que ele determina só com a sua vontade o que é justo e injusto. E a escolha se efetua *ab aeterno*. Não segue a fé, mas a precede: os escolhidos são tais antes de crer.

— Concordando com *Lutero na apresentação da fé como única disposição para a justificação, ele diz: "A fé basta-se por si mesma; nada que venha do exterior pode ajudá-la ou sustentá-la. Ela pode tudo, mas não é movida por nada, porque é a própria escolha de Deus na consciência: as cerimônias, os símbolos, a exteriorização de religiosidade ficam absolutamente excluídos". Foi até mais longe que Lutero na interpretação da Eucaristia que, para ele, ficou reduzida a uma pura cerimônia simbólica, na qual o Corpo de Cristo já não era seu corpo real, mas a comunidade dos fiéis que se convertem realmente no Corpo de Cristo no ato de evocar novamente na cerimônia seu sacrifício. O enfrentamento com Lutero neste ponto foi total.

— Afastou-se também deste em sua concepção da Igreja. Nascido e educado numa sociedade democrática como a da Suíça, Zwinglio concebeu a vida religiosa dos cristãos como uma comunidade política que voltou às formas da sociedade cristã originária. Reconheceu como possível, embora muito difícil, a comunidade de bens entre os cristãos. Com isso situou a reforma no plano social e transformou-a num instrumento de renovação e na base de uma nova organização política.

A diferença da educação humanista e teológica de Zwinglio com relação a Lutero — Zwinglio é erasmiano e teologicamente da *via antiqua* (tomismo e escotismo) e da *via moderna* (ockhamismo) — poderia estar na base destas diferenças. No entanto, como dissemos, existem coincidências substanciais na compreensão da Reforma.

BIBLIOGRAFIA: *Obras: Corpus Reformatorum*, 88-89. Ed. De Geor Finsler, 1905-1928; R. C. Walton, *Zwingli's Theocracy*.

Bibliografia

1. Obras de caráter geral, dicionários, enciclopédias etc.

a) História da Igreja

García Villoslada, R., *Historia de la Iglesia Católica* (BAC 54, 76, 104, 199, 411), Editorial Católica, Madrid, 5 vols.

Fliche-Martin, *Historia de la Iglesia*, Edicep, València, 30 vols.

Lortz, J., *Historia de la Iglesia en la perspectiva del pensamiento*, Cristiandad, Madrid, 2 vols.

Jedin, H., *Manual de historia de la Iglesia*, Herder, Barcelona, 8 vols.

García Villoslada, R., *Historia de la Iglesia en España* (BAC 17, 18, 19, 20, 21 e 22), Editorial Católica, Madrid, 5 vols.

Vários, *Diccionario de Historia eclesiástica de España*. SCIC, Madrid (em vias de publicação).

Société d'histoire chrétienne, *2.000 años de cristianismo*, Sedmay, Madrid, 10 vols.

b) Dicionários e enciclopédias

Cross, F. L., *The Oxford Dictionary of the Christian Church*, Londres 1958.

Livinstone, E. A., *The concise Oxford Dictionary of the Christian Church*, Oxford 1980.

Vacant-Mangenod, *Dictionnaire de Théologie Catholique*, Paris, 1903-1950, 15 vols.

Hastings, J., *Encyclopaedia of Religion and Ethics*, Edimburgo 1908, 12 vols.

Encyclopaedia britannica, Chicago [15]1989.

Diccionario biográfico universal, Nauta, Barcelona 1986, Tomo VI: *Diccionario biográfico y geográfico*, 1956.

Diccionario Bompiani de autores literarios, Hora, Barcelona 1987.

Ferrater-Mora, J., *Diccionario de filosofía*, Alianza Editorial, Madrid, [6]1979, 4 vols.

Centro de Estudos filosóficos de Gallarate, *Diccionario de Filósofos*, Ríoduero, Madrid 1986.

Flores d'Arcais, G., Gutiérrez Zuloaga, I., *Diccionario de ciencias de la Educación*, Edições Paulinas, Madrid 1990.

Benito, A., *Diccionario de Ciencias y Técnicas de la Comunicación*, Ediciones Paulinas, Madrid 1991.

Brosse, O. De la-Henry, A. M. Y Rouillard, Ph., *Diccionario del cristianismo*, Herder, Barcelona 1974.

2. Mundo da Bíblia: textos e dicionários

Bíblia de Jerusalém. Dirigida por J. A. Ubieta. Desclée de Brouwer, Bilbao 1978; *Sagrada Biblia*, Tradução de Nácar-Colunga (BAC 1). Editorial Católica, Madrid [37]1989. E outras versões.

Apócrifos del Antiguo Testamento, Edição de A. Díaz Macho, Cristiandad, Madrid 1982.

Evangelios apócrifos, Los, Ed. de A. De Santos Otero (BAC 148). Editorial Católica, Madrid [6]1988.

Gnósticos, Los, Tradução de J. Monserrat Torrente. Gredos, Madrid 1983.

Ravasi, G., Rosano, P., Girlanda, A., *Diccionario de teología bíblica,* Edições Paulinas, Madrid 1990.

León-Dufour, X., *Vocabulário de Teologia Bíblica*, Vozes, 1972.

León-Dufour, X., *Diccionario del Nuevo Testamento,* Cristiandad, Madrid 1977.

3. Igreja primitiva: autores, textos, coleções

Migne, J., *Patrologiae cursus completus:*
PG: *Patrología Graec,* Paris 1857-1866, 162 vols.
PL: *Patrología Latina,* Paris 1844-1864, 221 vols.
Corpus scriptorum ecclesiasticorum latinorum (CSEL), Viena 1886s.
Corpus Christianorum, série grega e latina, Brepols, Turnhout 1977s. (em publicação).
Sources Chrétiennes, Ed. du Cerf, Paris 1949 (uma valiosa coleção de textos, com introduções, estudos e notas).
Padres apostólicos, Edição bilíngüe preparada por D. Ruiz Bueno (BAC 65).
Padres apologistas griegos, Edição bilíngüe preparada por D. Ruiz Bueno (BAC 116).
Actas de los mártires, Edição bilíngüe preparada por D. Ruiz Bueno (BAC 75).
Historia eclesiástica, de Eusébio de Cesaréia. Edição bilíngüe de A. Velasco (BAC 149-150).

4. Patrística

Colombás, G. M., *El monacato primitivo* (BAC 351, 376), 2 vols.
Colombás, G. M., Aranguren, I., *La Regla de San Benito* (BAC 406).
Itinerario de la Virgen de Egeria, Ed. crítica de A. Arce, Editorial Católica, Madrid 1980.
Obras de Santo Irineu, Santo Ambrósio, São Cipriano, São João Crisóstomo, São Gregório Magno, Aurélio Prudêncio, Santo Agostinho, podem ser encontradas em BAC, Editorial Católica.
Quasten, J., *Patrología,* Edição preparada por I. Oñativia (BAC 206, 217, 412).

Jedin, H., *Breve historia de los concilios,* Herder, Barcelona 1960.

Fábrega y Grau, A., *Historia de los concilios ecuménicos.* Balmes, Barcelona 1960.

Denzinger, E., *Enchiridion symbolorum...*, Herder, Freiburg im Breisgau.

Vives, J., *Los padres de la Iglesia,* Herder, Barcelona 1971.

Altaner, B. e Stuiber, A., *Patrologia,* S. Paulo 1988.

Campenhausen, H. Von, *Los Padres latinos — Los Padres griegos,* Cristiandad, Madrid 1974, 2 vols.

5. Idade Média

Daniel-Rops, *A Igreja no tempo dos bárbaros*; *A Igreja das cruzadas*; Buhler, J., *Vida y cultura en la Edad Media.* México 1957; Huizinga, J., *El otoño de la Edad Media.* Madrid ⁵1965.

Cohen, G., *Literatura cristiana medieval,* Andorra 1958.

Génicot, L., *La espiritualidad medieval,* Andorra 1959.

Gilson, E., *La filosofia en la Edad Media,* Gredos, Madrid 1982.

Beda, o Venerável, São (Textos), *A History of the English Church and people.* Tradução de *Historia gentis anglorum,* Penguin Books, Londres 1986.

Dante Alighieri, *Obras completas* (BAC 157).

Francisco de Assis, São, *Escritos e biografias de S. Francisco de Assis; crônicas e outros testemunhos do primeiro século franciscano,* Fr. Ildefonso Silveira e Orlando dos Reis (orgs.), Petrópolis, 1993; *Escritos completos. Biografia* (BAC 399).

Clara, Santa, *Escritos y documentos complementarios* (BAC 314).

Domingos de Gusmão, São, *Fuentes para su conocimiento* (BAC 490).

Boaventura, São, *Obras* (BAC), 6 vols.

Tomás, Santo, *Summa Theologica*.

Suma Teológica,Tradução em português de Alexandre Correia, S.Paulo 1934s

Summa Theologica, Edição bilíngüe (BAC), 16 vols.

Summa contra gentiles

Bernardo, São, *Obras completas* (BAC), 6 vols.

Duns Escoto, J., *Obras del Doctor Sutil* (BAC 193, 277), 2 vols.

Lúlio, Raimundo, *Obras literárias* (BAC 31).

Fraile, Guillerme, *Historia de la Filosofía,* II (BAC 480).

Fernández, Clemente, *Filósofos medievales* I e II (BAC 409, 418).

Royo, A., *Los grandes maestros de la vida espiritual* (BAC 347).

6. Humanismo e Renascimento. Reforma.

Kristeler, P. O., *Ocho filósofos del Renacimiento italiano*, México 1970.

Kristeler, P. O., *Renaissance Thought*, Nova York 1961-1965, 2 vols.

Bataillon, M., *Erasmo y España*, México 1979.

García, Villoslada, R., *Martín Lutero* (BAC maior 3-4).

Léonard, G., *Historia general del protestantismo*, Barcelona 1967, 2 vols.

García Villoslada, R., *Causas y factores históricos de la ruptura protestante*, Bérriz 1961.

Lortz, J., *Historia de la Reforma*, Taurus, Madrid 1963, 2 vols.

Menéndez y Pelayo, M., *Historia de los Heterodoxos españoles* (BAC 150,151), 2 vols.

Huerga, Álvaro, *Savonarola, reformador y profeta* (BAC 397).

Textos: *Corpus Reformatorum* (Brunswich), Berlim 1850s; Leipzig 1893s. Contém textos de Calvino, Zwinglio, Melânchton etc.

Lutero, Martinho, *Obras*, Buenos Aires, 8 vols.

Calvino, Jean, *Institución de la religión cristiana*, R. Ijswijk 1983, 2 vols.

Servet, Miguel, *Christianismi restitutio*, 1553. Versão espanhola.

7. Contra-Reforma. Quietismo. Pietismo

Jedin, H., *Historia del Concilio de Trento*, Pamplona 1972, 3 vols.

Tellechea, J. I., *Tiempos recios*, Salamanca 1977.

Delumeau, J., *El catolicismo de Lutero a Voltaire*, Barcelona 1973.

Cassirer, E., *La filosofía de la Ilustración*, México 1943.

Barsotti, D., *Cristianismo ruso*, Salamanca 1966.

Textos. Para os textos dos autores dessa época, ver a bibliografia ao final de cada um deles. Além disso, pode-se consultar:

Fernández, Clemente, *Los filósofos escolásticos* (s. XVI e XVII) (BAC 472).

Jímenez, B., *Teología de la mística* (BAC 224).

Pacômio, L., *Diccionario teológico interdisciplinar*, Salamanca 1982-1983, 4 vols.

Moliner, J. M., *Historia de la espiritualidad*, Burgos 1971.

Jímenez Duque, B.-Sala Balust, L., *Historia de la espiritualidad,* Barcelona 1969, 4 vols.

Lossky, V., *Teología mística de la Iglesia de Oriente*. Herder, Barcelona 1982.

Fietz, M., *Textos de espiritualidad oriental*, Rialp, Madrid 1960.

De Fiores Stéfano-Goffi Tullo, *Nuevo Diccionario de Espiritualidad*. Edições Paulinas, Madrid 1983.

8. Séculos XIX-XX

Ranke, L. Von, *Historia de los papas en los tiempos modernos*. Fundo de Cultura Econômica, México 1951.

Schamaus, M., Grillmeier, A. Scheffczyk, L., *Historia de los Dogmas* (BAC Enciclopedias), 4 vols.

Rodríguez de Yurre, G., *El marxismo* (BAC maior), 2 vols.

Rodríguez de Yurre, G., *La estrategia del comunismo hoy* (BAC maior).

Vorgrimler, H. e Vander Gucht, R., *La teología en el siglo XX* (BAC maior), 3 vols.

Metz, J. B., *Teología del mundo*, Salamanca 1970.

Moltman, J., *Teología política. Etica política*, Salamanca 1987.

Winling, R., *La teología del siglo XX. La teología contemporánea (1945-1980)*.

Moeller, Ch., *Literatura do século XX e cristianismo*.

Valverde, J. Mª-Riquer, L., *Historia de la literatura universal*, Planeta, Barcelona 1986.

Poupard, P., *Diccionario de las Religiones*, Herder, Barcelona 1987.

Abbagnano, N., *Historia de la filosofía*, Barcelona 1981, 3 vols.

Copleston, F., *Historia de la filosofía*, Barcelona 1983, 9 vols.

Índice temático

Temas, obras e autores ordenados por campo de interesse.

1. Escritores do Novo Testamento
Apocalipse
Apocalíptico
Bíblia
Cartas católicas
Codex Sinaiticus
Codex Vaticanus
Evangelho-Evangelhos
João Evangelista, São
Judas, Apóstolo, São
Lucas, São
Mar Morto, Manuscritos do
Marcos, São
Paulo, Apóstolo, São
Pedro, Apóstolo, São
Tiago, Apóstolo

2. Padres Apostolicos. Apologistas.
Apologistas
Didaqué
Diogneto, Carta a
Justino, São
Lactâncio
Padres apostólicos
Tertuliano

3. Historiadores. Literatura apócrifa. Gnósticos e hereges
Atas dos mártires
Apócrifos
Cassiodoro
Confissões de fé
Constituição eclesiástica dos apóstolos
Constituições apostólicas
Dídimo, o Cego
Eusébio de Cesaréia
Gnósticos
Hegesipo
Marcião

4. Patrística: Padres e doutores da Igreja
Agostinho, Santo
Afraates
Ambrósio, Santo
Areopagita, Pseudo-Dionísio
Ario
Aurélio Prudêncio
Basílio Magno, São
Cipriano, São
Cirilo de Alexandria, São
Cirilo de Jerusalém, São
Clemente de Alexandria
Crisóstomo, São João
Dâmaso, São
Doutores da Igreja
Germano, São
Gregório Magno, São
Gregório Nazianzeno, São
Gregório de Nissa, São
Gregório de Tours
Hilário de Poitiers, Santo

Hipólito de Roma, Santo
Irineu, Santo
Isidoro de Sevilha
Jerônimo, São
João Damasceno, São
Máximo, o Confessor, São
Orígenes
Padres da Igreja

5. *Monaquismo. Espiritualidade. Mística*

Beda, o Venerável, São
Bento de Núrsia, São
Bernardo de Claraval, São
Cabasilas, Nicolau
Cabasilas, Nilo
Cassiano
Domingos de Gusmão, São
Eckhart, Johann
Faber, Frederick
Francisco de Assis, São
Granada, Frei Luís de
Hesiquia
Inácio de Loiola, Santo
João da Cruz, São
Macário, o Grande
Molinos, Miguel de
Monaquismo
Palamas, Gregório São
Pietistas
Quietismo
Sentenças dos Padres
Tauler, João
Teresa de Jesus, Santa
Tomás de Kempis

6. *Credos e profissões de fé. Concílio. Catecismos. Ensino*

Catecismo
Concílio. Concílios
Concílio de Trento
Concílio Vaticano I
Concílio Vaticano II
Concórdia, Livro da
Confissões de fé
Conselho Mundial das Igrejas
Constituições apostólicas
Didascalia Apostolorum Syriaca (séc. III)
Doutores da Igreja
Doutrina social da Igreja
Educadores cristãos
Encíclica-Encíclicas
Escolas teológicas
Escolas e universidades
Índex de livros proibidos
Símbolo dos apóstolos

7. *Escolástica: Filosofia. Teologia. Moral. Utopia cristã.*

Abelardo, Pedro
Adelardo, de Bath
Alano de Lille
Alberto Magno, Santo
Alcuíno
Anselmo de Cantuária, Santo
Antonino de Florença, Santo
Bacon, Roger
Biel, Gabriel
Bocchio
Bradwardine, Tomás
Boaventura, São
Cartuxo, Dionísio
Cusa, Nicolau de
Duns Scot, John
Eriúgena, Johannes Scotus
Gerson, João
Hales, Alexandre de
Joaquim de Fiore
Legenda áurea, Tiago de Vorágine

Índice temático / 593

Lúlio, Raimundo
Nuvem do Não-Saber, A
Ockham, Guilherme de
Pedro Lombardo
Raimundo de Peñafort, São
Salisbury, João de
Simeão de Tessalônica
Tomás de Aquino, Santo
Vítor, Escola de São

8. Mulheres escritoras
Ângela de Foligno,
    Santa
Arnauld, Jacqueline Marie
Catarina de Sena, Santa
Gertrudes, Santa
Egéria
Heloisa
Hildegarda, Santa
Stein, Edith
Teresa de Jesus, Santa
Teresa de Lisieux,
    Santa
Vilhena, Isabel de

9. Humanistas. Científicos.
  Reformadores.
Agrippa von Nettesheim,
    Heinrich
Barônio, César
Bessarión, João
Erasmo de Rotterdam
Ficino, Marcílio
Humanistas
    (séc. XIV-XVI)
Huss, João
Marsílio de Pádua
Morus, Tomás
Petrarca
Pico de la Mirândola
Savonarola, Jerônimo

Vives, J. Luís
Wiclef, João

10. Poetas
Aurélio Prudêncio
Dante Alighieri
Frei Luís de Leão
Hinos e cantos cristãos
Hopkins, Gerard M.
João da Cruz, São
Literatura cristã atual,
    Panorama da

11. Reforma. Renascimento.
  Contra-reforma
Bayo, Miguel
Belarmino, São Roberto
Béze, Teodoro
Bucer, Martinho
Bunyan, John
Calvino, João
Canísio, São Pedro
Carlos Borromeu, São
Contra-Reforma
Copérnico, Nicolau
Cranmer, Thomás
Educadores cristãos
    (séc. XVI-XVII)
Karlstadt
Lutero, Martinho
Melanchton, Filipe
Néri, São Filipe
Pietistas
Quietismo
Ratio studiorum
Reforma
Renascimento
Scaliger, Joseph
Servet, Miguel
Trento, Concílio de
Wesley, John
Zwinglio, U.

12. Autores modernos:
Filosofia. Teologia
Moral. Literatura.
Baltasar Gracián
Báñez, Domingo
Bossuet, Jacques-B.
Cano, Melchior
Cayetano, Tomás de Vio
Fénelon, François de Salignac
Grócio, Hugo
Hume, David
Kant, Emmanuel
Ligório, Afonso Mª de,
Mabillón, Jean
Maldonado, João
Mansi, Giovanni
Medina, Bartolomeu D.
Molina, Luís de
Pascal, Blaise
Ranke, Leopold Von
Salamanticenses
Sanchez, Tomás
Simeão de Tessalônica
Suarez, Francisco
Vitória, Francisco de

13. Escritores
"heterodoxos".
Não cristãos
Ario
Arnauld, Antoine
Bruno, Giordano
Celso
Deísmo
Diderot, Denis
Enciclopédia, A
Feuerbach, Ludwig
Freud, Sigmund
Gide, André
Huxley, Aldous
Iluminismo
Jansênio, Cornelio
Juliano Apóstata
Labertonniére, Lucien
Lamennais, F. Marie-Joseph
Loisy, Alfred
Marx, Karl
Modernismo
Nestório
Nietzsche, Friedrich
Renan, Ernest
Saint-Cyran, Abade de
Saint-Simon, Cl.
Sartre, Jean Paul
Schopenhauer, Arthur
Voltaire

14. Escritores
contemporâneos.
Filósofos. Teólogos.
Literatos. Historiadores. Educadores.
Líderes Sociais
Adam, Karl
Aranguren, J. L. L.
Barth, Karl
Batiffol, Pierre
Baur, Ferdinand Christian
Beauduin, Lambert
Berdiaev, Nicolái
Bergson, Henri
Bernanos, Georges
Blondel, Maurice
Boff, Leonardo
Bonhoeffer, Dietrich
Cabrol, Fernand
Câmara, Helder
Camus, Albert
Casel, Odo
Congar, Yves Marie
Couturier, Paul Irenée
Cullmann, Oscar
Chateaubriand, François

Chesterton, Gilbert
Delehaye, Hyppolite
De Maistre, Joseph
Denifle, Heinrich
Döllinger, Johann
Freire, Paulo
Gilson, Etienne
Grabmann, Martín
Greene, Graham
Gratry, Auguste
Guardini, Romano
Guéranger, Prosper
Häring, Bernard
Harnack, Adolf
Hecker, Isaac Thomas
Kierkegaard, Sören
King, Martin Luther
Küng, Hans
Lacordaire, Henri Dominique
Lagrange, Marie Joseph
Literatura autobiográfica
Literatura cristã atual, Panorama da.
Lubac, Henri de
Marcel, Gabriel
Maritain, Jacques
Mauriac, François
Merton, Thomas
Metz, Johann Baptist
Migne, Jacques Paul
Miret Magdalena, E.
Moltmann, Jürgen
Mounier, Emmanuel

Newman, J. H.
Niebulu, Reinhold
Oraison, Mare
Panorama da teologia atual
Rahner, Karl
Scheeben, Matthias Joseph
Schelegel, Friedrich
Schillebeeckx, Edward
Schutz, Roger
Schwartz, Edward
Schweitzer, Albert
Smangaliso, Mrhatshwa
Teólogos da Libertação
Teilhard de Chardin, Pierre
Tillich, Paul Johannes
Unamuno, Miguel de
Zubiri, X.

15. Papas. Concílios

Clemente Romano, São
João XXIII
João Paulo II
Leão I, Magno, São
Leão XIII
Paulo VI
Pio IX (Syllabus)
Pio XII
Concílios
Trento, Concílio de
Vaticano I, Concílio
Vaticano II, Concílio

Índice alfabético de autores e temas deste dicionário

Nota. *Neste índice aparecem somente aqueles autores e temas que, de uma forma mais ou menos extensa, constam no Dicionário. O asterisco colocado antes de algumas verbetes remete ao verbete onde poderá encontrar-se um nome ou uma obra determinada.*

Abelardo, Pedro
  (1079-1142) 9
Abércio (séc. II) 12
Adam, Karl (1876-1966) 13
Adão de São Vítor
  (1112-1177) 13
Adelardo de Bath (séc. XII) 13
Afraates (séc. IV) 13
Agostinho, Santo (354-430) 14
Agrippa von Netteshein, H.
  (1486-1535) 19
Alano de Lille (+1203) 19
Alberto Magno, Santo
  (1206-1280) 19
Alcuíno (730-804) 21
Altaner, B. (1885-1958) 23
Ambrósio, Santo (339-397) 23
Ames, William (1576-1633) 25
Anacoretismo (séc. II-III) 25
Anfilóquio de Icônio
  (séc. IV) 25
Ângela de Foligno
  (1248-1309) 25
Ângela de Mérici (séc. XVI) 25
Ano cristão 25
Anselmo de Cantuária,
  Santo (1033-1109) 25
Anselmo de Laon (c. 1117) 28

Antão, Abade, Santo
  (c. 251-356) 28
Antoniano, Sílvio
  (séc. XVI) 28
Antonino, Santo
  (1389-1459) 28
Apeles de Laodicéia
  (310-390) 28
Apocalipse, Livro do
  (séc. I) 28
Apocalíptico 30
Apócrifos 32
Apolinário de Laodicéia
  (310-390) 35
Apologistas (séc. II-III) 35
Apotegmas dos padres
  (finais séc. V) 37
Aranguren, José Luís López
  (1909-) 38
Areopagita, Pseudo
  Dionísio (séc. IV-V) 40
Aretas (séc. X) 42
Ario (256-336) 42
Aristides de Atenas
  (séc. II) 44
Aristides, J. B. (1953-) 44
Arnauld, Antoine
  (1612-1694) 45

598 / Índice alfabéticos de autores

Arnauld, Jacqueline Marie
Angélique (1591-1661) 45
Arndt, Johann (1555-1621) 46
Astete Gaspar (1537-1601) 46
Atanásio, Santo (279-373) 49
Ata dos Mártires (séc. II-V) 49
Atenágoras de Atenas
(séc. II) 51
Atenágoras, Patriarca
(1886-1972) 51
Atos dos Apóstolos (séc. I) 51
Auger, Edmond
(1530-1591) 51
Averróis (1126-1198) 51
Azor, João (1536-1603) 51

Bacon, Roger (1214-1294) 52
Balmes, Jaime (1810-1848) 53
Baltasar Gracián
(1601-1658) 53
Balthasar, H. Urs von
(1905-1988) 55
Báñez, Domingo
(1528-1604) 55
Bardasanes (154-226) 56
Barlaão de Calábria
(1290-1348) 56
Barnabé, Carta de (Séc. I-II) 56
Barônio, César (1538-1607) 56
Barth, Karl (1886-1968) 56
Bartolomeu de las Casas
(1474-1566) 58
Basílides (séc. II) 61
Basílio Magno, São
(331-379) 61
Batiffol, Pierre
(1861-1929) 63
Baur, Ferdinand Christian
(1792-1860) 63
Baxter, Richard
(1615-1691) 64
Bayle, Pierre
(1647-1706) 64
Bayo, Miguel
(1513-1589) 64
Beaudin, Lambert
(1873-1960) 65

Beckett, Santo Thomas
(1118-1170) 65
Beda, o Venerável, São
(672-735) 65
Belarmino, São Roberto
(1542-1621) 67
Bell'Huomo (séc. XVII) 68
Belloc, Hilaire (1870-1953) 68
Benoit, Pierre (1886-1962) 68
Bento de Núrsia, São
(480-547) 68
Berdiaev, Nikolái
(1874-1948) 71
Bergson, Henri (1859-1941) 72
Bernanos, Georges
(1888-1948) 75
Bernardo de Claraval, São
(1091-1153) 77
Bérulle, Pierre de
(1575-1629) 80
Bessarión, João
(1403-1472) 80
Betti, Hugo (1892-1953) 81
Beza, Teodoro de
(1519-1605) 81
Bíblia 81
Biel, Gabriel (1420-1495) 84
Billot, Louis (1846-1931) 85
Blondel, Maurice
(1861-1949) 85
Bloy, Léon (1846-1917) 87
Boaventura, São
(1221-1274) 87
Boécio (486-525) 90
Boff, Leonardo (1938-) 91
Bonald, Louis de
(1754-1840) 93
Bonhoeffer, Dietrich
(1906-1945) 93
Bossuet, J. B. (1627-1704) 95
Bradwardine, Thomas
(1290-1349) 98
Breviário, Reforma do
(1562-1563) 99
Bruno, Giordano
(1548-1600) 99

Bryennios, Filoteo
  (1833-1914) 102
Bucerus, Martinho
  (1491-1551) 102
Bula "Aeterni Patris"
  (1868) 102
Bulgakov, Miguel
  (1816-1882) 102
Bultmann, Rudolf
  (1884-1976) 102
Bunyan, John (1628-1688) 104

Cabasilas, Nicolau
  (1320-1390) 107
Cabasilas, Nilo
  (1298-1363) 108
Cabrol, Fernand
  (1855-1937) 108
Calasâncio, São José
  (1556-1648) 109
Calvino, João (1509-1564) 109
Câmara, Hélder (1909-) 113
Camus, Albert
  (1913-1960) 114
Canísio, São Pedro
  (1521-1597) 116
Cano, Melchior
  (1509-1560) 117
Caramuel (1606-1682) 117
Carlos Borromeu, São
  (1538-1584) 117
Carta de Judas (séc. I) 117
Carta de São Tiago (séc. I) 117
Cartas católicas 117
Cartas de João (séc. I) 119
Cartas de Paulo (séc. I) 119
Cartas de Pedro (séc. I) 119
Cartuxo, Dionísio
  (1402-1471) 120
Cartuxo, Ludolfo
  (+1378) 120
Casel, Odo (1886-1948) 120
Cassiano, João (360-431) 120
Cassiodoro (485-580) 121
Catarina de Gênova, Santa
  (1447-1510) 122

Catarina de Ricci, Santa
  (1522-1590) 122
Catarina de Sena, Santa
  (1347-1380) 122
Catecismo 124
Cayetano, Tomás de Vío
  (1469-1534) 127
CELAM (1955) 127
Celso (séc. II) 130
Cenobismo (séc. III-V) 131
Cesbron, G. (1931-1979) 131
Chateaubriand, François R.
  (1768-1848) 131
Chenu, M. D. (1895-1990) 132
Chesterton, Gilbert Keith
  (1874-1936) 132
Ciência e fé 134
Cipriano, São (200-258) 137
Cirilo de Alexandria, São
  (375-444) 139
Cirilo de Jerusalém, São
  (315-387) 141
Clara, Santa (1194-1253) 143
Claudel, Paul (1868-1955) 143
Clemente de Alexandria
  (150-215) 143
Clímaco, São João
  (570-649) 145
Codex Sinaiticus (séc. V) 145
Codex Vaticanus (séc. IV) 145
Comenius (1592-1670) 145
Companhia de Jesus
  (1540) 145
Concílio 145
Concórdia, Livro da (1580) 148
Condren Ch. de
  (1584-1641) 148
Confissão de Augsburgo
  (1530) 149
Confissões de fé 149
Congar, Yves Marie-Joseph
  (1904-) 150
Conselho Mundial das Igrejas
  (1948) 151
Constituição eclesiástica dos
  apóstolos (séc. IV) 153

Constituições apostólicas
  (c. 380) 154
Contra-Reforma 154
Conversações de Malinas 156
Copérnico, Nicolau
  (1473-1543) 156
Couturier, Paul I
  (1881-1953) 157
Cranmer, Thomas
  (1489-1556) 157
Crisóstomo, São João
  (347-407) 159
Croiset, J. (1656-1738) 161
Cullmann, Oscar (1902-) 161
Cusa, Nicolau de
  (1400-1464) 162

D'Ailly, Pierre
  (1350-1420) 166
D'Alembert, M.
  (1717-1783) 166
Dâmaso, São (304-384) 166
Daniélou, J. (1905-1974) 166
Dante, Alighieri
  (1265-1321) 167
Décio (c.250) 171
Deísmo 173
Delehaye, Hippolyte
  (1859-1941) 173
De Maistre, Joseph
  (1753-1821) 174
Denifle, H. (1844-1905) 174
Devotio moderna 175
Didaqué (50-70) 175
Didascalia apostolorum
  syriaca (séc. III) 176
Diderot, Denis
  (1713-1784) 176
Dídimo, o Cego
  (313-398) 177
Diodoro de Tarso (séc. IV) 177
Diogneto, Carta a
  (séc. II-III) 177
Döllinger, Johann
  (1799-1890) 178

Domingos de Gusmão,
  Santo (1170-1221) 179
Donato (séc. VI) 181
Doutores da Igreja
  (séc. XIII) 181
Doutrina social da Igreja 183
Duns Scot, John
  (1266-1308) 185

Eckhart, Johann
  (1260-1327) 188
Educadores cristãos
  (séc. XVI-XVII) 191
Efrém, Santo (306-373) 195
Egéria (séc. IV-V) 196
Eliot, Thomas (1888-1965) 196
Ellacuria, Inácio
  (1930-1989) 196
Encíclica 196
Enciclopédia, A
  (1750-1780) 198
Epifânio, Santo (+ 403) 200
Erasmo de Rotterdam,
  Desidério (1467-1536) 200
Eriúgena, Johannes Scotus
  (810-877) 205
Escolas teológicas, Primeiras (séc. II-V) 206
Escolas e universidades
  (séc. IX-XIII) 210
Eunômio (séc. IV) 213
Eusébio de Cesaréia
  (265-340) 213
Êutiques (378-454) 214
Evágrio (345-399) 214
Evangelho, Evangelhos
  (séc. I) 214

Faber, Frederick W.
  (1814-1863) 217
Fabri, Diego (1911-) 217
Feijóo, Benito
  (1676-1764) 217
Fénelon, François de S.
  (1651-1715) 217
Feuerbach, Ludwig
  (1804-1872) 219

Índice alfabéticos de autores / 601

Ficino, Marcíilio
(1433-1499) 222
Filipe Néri, São
(1515-1595) 224
Filocalia 224
Fílon da Alexandria
(20 a.C.-50 d.C.) 225
Flávio Josefo (37-100) 225
Florino (séc. II) 225
Fócio (810-897) 226
Fourier, São Pedro
(1768-1830) 226
Francisco de Assis, São
(1181-1227) 226
Francisco de Sales, São
(1567-1622) 228
Francke, Auguste H.
(1663-1727) 230
Freire, Paulo (1921-1997) 230
Freud, Sigmund
(1856-1939) 231

Galileu Galilei
(1564-1642) 233
Gardeil, A. (1859-1931) 233
Garrigou-Lagrange, R.
(1877-1964) 233
Gemelli, A. (1878-1959) 233
Germano, São (634-733) 234
Gerson, João (1363-1429) 234
Gertrudes, Santa
(1256-1302) 235
Gide, André (1869-1951) 235
Gil de Roma (1243-1316) 238
Gilson, Etienne
(1884-1978) 239
Gnosticismo 239
Gnósticos (séc. II-III) 239
González, Ceferino
(1831-1894) 242
Grabmann, Martin
(1875-1949) 242
Graciano (c. 1140) 243
Granada, Frei Luís de
(1504-1588) 243
Gratry, Auguste
(1805-1872) 245

Greene, Graham
(1904-1991) 246
Green, Julien (1920-) 249
Gregório XVI
(1765-1846) 249
Gregório de Nissa, São
(335-395) 249
Gregório de Tours, São
(540-596) 251
Gregório Magno, São
(540-604) 252
Gregório Nazianzeno, São
(330-390) 254
Gregório, o Taumaturgo
(213-276) 255
Grócio, Hugo (1583-1645) 255
Groote, Gérard
(1340-1384) 256
Guardini, Romano
(1885-1968) 256
Guéranger, Prosper
(1805-1875) 257
Guilherme de Champeaux
(1070-1121) 257
Gutiérrez, Gustavo (1928-) 257
Guyon, Madame
(1648-1717) 257

Hales, Alexandre de
(1186-1245) 257
Häring, B. (1912-) 258
Harmônio (séc. II) 261
Harnack, Adolf
(1851-1930) 261
Hecker, Isaac Th.
(1819-1888) 262
Hegel, Georg (1770-1831) 262
Hegesipo, Santo (séc. II) 262
Heraclião (145-180) 263
Hermas, O Pastor de
(séc. II) 263
Hermias (c. 200) 263
Hesiquia 263
Hesíquio, Sinaíta
(séc. VIII-IX) 266
Hesiquismo 267

602 / Índice alfabéticos de autores

Héxapla 267
Hilarião, Santo (291-371) 267
Hilário de Poitiers, Santo
  (315-367) 267
Hildegarda, Santa
  (1098-1179) 267
Hilton, Walter (+1396) 268
Hinos e cantos 268
Hipácia (375-415) 270
Hipólito de Roma
  (170-236) 270
Hirscher, J. B. (séc. XIX) 272
Hofbauer, São Clemente Mª
  (1751-1820) 272
Holbach, F. (1723-1789) 272
Hopkins, Gerard Manley
  (1844-1889) 272
Hugo de São Vítor
  (1096-1141) 274
Humanistas
  (séc. XIV-XVI) 274
Hume, David (1711-1776) 276
Huss, João (1370-1415) 279
Husserl, Edmund
  (1859-1938) 279
Huxley, Aldous
  (1894-1963) 279

Iconoclastas
  (séc. VIII-IX) 282
Ildefonso de Toledo, Santo
  (607-667) 282
Iluminismo (séc. XVIII) 282
Inácio de Antioquia, Santo
  (+110) 282
Índex de livros proibidos
  (1557) 282
Instituições morais
  (séc. XVII) 283
Instituto de Teologia
  Contextual 285
Irineu, Santo (c. 130-200) 285
Isidoro de Pelusio, Santo
  (+ 435) 287
Isidoro de Sevilha, Santo
  (560-636) 287

Jacopone de Todi
  (1230-1306) 289
Janduno, João de
  (1280-1328) 289
Jansênio, Cornélio
  (1585-1638) 289
Jerônimo, São (347-420) 292
Jerônimo de Nadal
  (séc. XVI) 295
Jerônimo de Praga
  (1370-1416) 295
Joana de Chantal, Santa
  (1572-1641) 295
Joana Inês da Cruz, Sóror
  (1651-1695) 295
João Batista de la Salle, São
  (1651-1719) 295
João da Cruz, São
  (1542-1591) 295
João Damasceno, São
  (675-749) 298
João de Ávila, São
  (1499-1569) 300
João Evangelista, São
  (séc. I-II) 300
João Paulo II (1920-) 302
João XXIII (1881-1963) 304
Joaquim de Fiore
  (1145-1202) 306
Juliana de Norwich
  (1342-1413) 309
Juliano Apóstata (332-363) 309
Jungmann, J. A.
  (1889-1975) 310
Justino, São (séc. II) 310

Kant, Emmanuel
  (1724-1804) 311
Karlstadt (1480-1541) 313
Kazantzakis, Nikos
  (1885-1957) 313
Kierkegaard, Sören
  (1813-1855) 313
King, Martin Luther
  (1929-1968) 316
Knox John (1513-1572) 317

Índice alfabéticos de autores / 603

Knox, Roland (1888-1957) 318
Kosuke Koyama (1929-) 318
Küng, Hans (1928-) 318

Laberthonnière, Lucien
 (1860-1932) 321
Lacordaire, Henri D.
 (1802-1861) 322
Lactâncio (240-317) 323
Lagrange, M. J.
 (1855-1938) 323
Lain Entralgo, Pedro
 (1910-) 324
Lamennais, F. R.
 (1782-1854) 324
Leão, Frei Luís de
 (1528-1591) 325
Leão I, Papa, São (+461) 328
Leão XIII (1810-1903) 329
Lebreton, J. (1873-1956) 332
Lefèvre d'Etaples
 (1455-1537) 332
Le Fort, Gertrudis von
 (1876-1971) 334
Legenda áurea (1264) 334
Lenda dourada (1264) 336
Libertação, Teólogos da 336
Liberatore, G. (1810-1892) 336
Liégé, P. A. (1922-1979) 339
Liga de Malinas
 (1921-1925) 339
Ligório, Afonso Mª de, Santo
 (1696-1787) 340
Literatura autobiográfica 348
Literatura atual e cristianismo 343
Livros penitenciais
 (séc. VII-XII) 352
Loisy, Alfred (1857-1940) 353
Loyola, Inácio de, Santo
 (1491-1556) 353
Lubac, Henri de
 (1896-1991) 356
Lucas, Evangelista, São
 (séc. I) 357
Luciano de Samosata (125-192) 359

Luísa de Marillac, Santa
 (1591-1660) 359
Lúlio, Raimundo
 (1235-1315) 359
Lutero, Martinho
 (1483-1546) 362

Mabillon, Jean
 (1632-1707) 366
Macário de Alexandria
 (+ 395) 366
Macário de Moscou
 (1816-1882) 366
Macário, o Grande, São
 (300-390) 367
Maldonado, João
 (1533-1583) 367
Manjón Andrés
 (1846-1923) 367
Manning, H.
 (1809-1892) 368
Mansi, Giovanni D.
 (1692-1769) 368
Mansur (675-749) 368
Manuais para confessores 368
Marcel, Gabriel
 (1889-1973) 368
Marcião (séc. II) 371
Marcionismo (séc. II) 371
Marco (séc. II-III) 372
Marcos, Evangelista, São
 (séc. I) 372
Marechal, J. (1878-1944) 373
Margarita Mª Alacoque,
 Santa (1647-1690) 373
Maria da Encarnação, Sóror
 (1566-1618) 373
Marías, Julián (1914-) 373
Maritain, Jacques
 (1882-1973) 373
Mar Morto, Manuscritos do
 (séc. II a. C.-I d. C.) 375
Marshall, Bruce 376
Marsílio de Pádua
 (1275-1343) 376
Martín Descalzo, José L.
 (1930-1991) 378

604 / Índice alfabéticos de autores

Martinho de Dúmio, Abade
  (séc. VI) 378
Marx, Karl (1818-1883) 378
Mater et Magistra (1961) 381
Mateus, Evangelista, São
  (séc. I) 381
Mateus, João 382
Mauriac, François
  (1885-1970) 382
Máximo, o Confessor, São
  (580-662) 382
Mbiti, John (1931-) 384
Medellín, Documentos de
  (1968) 348
Medina, Bartolomeu de
  (1527-1580) 384
Melanchton, Filipe
  (1497-1560) 385
Méndez Arceo, Sérgio
  (1907-) 388
Menéndez y Pelayo, Marcelino (1856-1912) 388
Mercier, D. J. (1851-1926) 388
Mersenne, J. (1588-1648) 388
Merton, Thomas J.
  (1915-1968) 388
Metafrastes, Simeão
  (séc. X) 389
Metz, Johann B. (1928-) 389
Migne, Jacques P.
  (1800-1875) 392
Míguez Bonino, José
  (1924-) 393
Milenarismo 393
Milcíades (+314) 393
Militão de Sardes
  (séc. II-III) 395
Minúcio, Félix (c. 170) 395
Miret Magdalena, E. 395
Modernismo 395
Mogila, Pedro
  (1597-1646) 396
Molina, Luís de
  (1535-1600) 396
Molinismo (séc. XVI-XVII) 397

Molinos, Miguel de
  (1628-1696) 397
Moltmann, Jürgen
  (1926-) 399
Monaquismo, Textos e autores do (séc. III-V) 401
Monte Athos 404
Moral casuística 404
Moral para confessores 405
Morte de Deus 405
Morton, Robinson (1900-) 405
Morus, Tomás, Santo
  (1478-1535) 405
Mosteiro de Santa Catarina
  (Sinai) 408
Mounier, Emmanuel
  (1905-1950) 408

Neo-escolásticos
  (séc. XIX) 410
Nestório (381-450) 412
Newman, John H.
  (1801-1890) 413
Nicodemos Agiorita
  (1748-1809) 417
Nicole, P. (1625-1695) 418
Niebuhr, Reinhold
  (1892-1971) 418
Nietzsche, Friedrich W.
  (1844-1900) 420
Nil Majkov (1433-1508) 423
Novaciano (séc. III) 423
Nuvem do Não-Saber, A
  (séc. XIV) 423

Ockham, Guilherme de
  (1295-1350) 426
Odes de Salomão (séc. II) 430
Oráculos sibilinos cristãos
  (117-138) 430
Oraison, Marc (1914-) 431
Orígenes (186-254) 432

Pacem in terris (1963) 435
Pacômio, São (290-346) 435
Padres apostólicos (séc. I-II) 436

Índice alfabéticos de autores / 605

Padres capadócios
  (séc. IV) 437
Padres da Igreja 437
Padres do deserto
  (séc. III-IV) 439
Paládio, São (365-425) 439
Palamas, São Gregório
  (1296-1359) 439
Pânfilo de Alexandria
  (240-309) 441
Panteno (+ 200) 441
Pápias (60-130) 441
Papini, G. (1881-1956) 441
Pascal, Blaise (1623-1662) 442
Pastor, Ludwig von
  (1854-1928) 446
Patrologia 447
Paulino de Antioquia
  (353-431) 447
Paulo, Apóstolo, São
  (10-67) 447
Paulo III, Papa
  (1468-1549) 452
Paulo VI, Papa
  (1897-1978) 452
Pedro Lombardo
  (1100-1160) 455
Pedro, o Venerável
  (1092-1156) 457
Péguy, Charles
  (1873-1914) 457
Petrarca, Francesco
  (1304-1374) 457
Pico de la Mirândola
  (1463-1494) 460
Pietismo (séc. XVII) 462
Pietistas (séc. XVII) 462
Pio IV (1499-1565) 464
Pio V (1504-1572) 464
Pio IX (1792-1876) 464
Pio X, São (1835-1914) 464
Pio XII (1876-1958) 464
Policarpo de Esmirna, São
  (59-155) 467
Porfírio (232-304) 467
Port-Royal 467

Professio fidei tridentinae
  (1564) 467
Prudêncio, Aurélio
  (348-405) 467
Psichari, Ernesto
  (1883-1914) 468
Ptolomeu (séc. II) 468
Puebla, Documentos de
  (1979) 468

Quadrato (séc. II) 469
Querigma 469
Quesnay, François
  (1694-1774) 469
Quesnel, P. (1634-1719) 469
Quietismo 469
Quiliasmo 471
Qumrã 471

Rahner, Karl (1904-1985) 471
Raimundo de Peñafort, São
  (1185-1275) 474
Raimundo Martí 475
Ramírez, Santiago 475
Ranke, Leopoldo von
  (1795-1886) 475
Ratio studiorum (séc. XVI) 475
Ratzinger, Joseph 478
Reforma (séc. XVI) 478
Relato de um peregrino russo (1870) 481
Renan, Ernest (1823-1895) 481
Renascimento
  (séc. XV-XVI) 484
Reuchlin, J.
  (1455-1522) 486
Ricardo de São Vítor
  (c. 1173) 486
Ricci, Mateus (1552-1610) 486
Richard, Paul (1939-) 487
Ripalda, J. de (1535-1618) 487
Robinson, John 487
Romero, Oscar Arnulfo
  (1917-1980) 487
Rosales, Luis (1909-) 487
Roscelino, J. (c. 1125) 487

606 / Índice alfabéticos de autores

Rousseau, J. J.
(1712-1778) 487
Ruysbroeck, J.
(1293-1381) 487

Sailer, J. M.
(1751-1832) 488
Saint-Cyran, Abade de
(1581-1643) 488
Saint-Simon, Claude H.
(1760-1825) 488
Salisbury, João de
(1115-1180) 489
Salamanticenses
(1631-1712) 490
Sanchez, Tomás
(1550-1610) 491
Sartre, Jean P. (1905-1980) 491
Savonarola, Girolano
(1452-1498) 493
Scaliger, Joseph J.
(1540-1609) 497
Scheeben, Matthias J.
(1835-1888) 498
Scheler, Max (1874-1928) 498
Schillebeeckx, Edward
(1914-) 498
Schlegel, Friedrich
(1772-1829) 500
Schmaus, M. 500
Schnackenburg, R. 500
Schökel, L. A. 500
Schopenhauer, Arthur
(1788-1860) 501
Schutz, Roger (1915-) 502
Schwartz, Edward
(1858-1940) 504
Schweitzer, Albert
(1875-1965) 504
Segneri, P. (1624-1694) 505
Segundo, João L.
(1925-) 505
Sentenças dos Padres
(finais do séc. V) 505
Sérgio, São
(1314-1392) 506

Sertillanges, A. D.
(1863-1948) 506
Servet, Miguel
(1511-1553) 506
Siger de Brabante
(1240-1284) 509
Símbolo dos Apóstolos 509
Simeão de Tessalônica
(1429) 512
Simeão, São (c. 960) 512
Sínodo dos bispos 512
Smangaliso Mkhatshwa
(1939-) 512
Sobrino, Jon (n. 1938) 513
Soto, Domingo de
(1494-1560) 513
Sozomenes (séc. IV-V) 514
Spener, Philip J.
(1635-1705) 514
Stein, Edith (1891-1942) 514
Strauss, Friedrich
(1808-1874) 516
Suarez, Francisco
(1548-1617) 518
Suidas de Constantinopla
(séc. IX-X) 521
Summa angelica (séc. XV) 521
Summa antonina 521
Summa dos confessores 521
Summa contra gentes 521
Summa iuris 522
Summa Theologica 522
Suso, Henrique
(1295-1366) 522
Syllabus (1864) 522

Taciano (n. 120) 523
Taizé 523
Tauler, João (1300-1361) 524
Teilhard de Chardin, P.
(1881-1955) 526
Teodoro, Monge
(+ 368) 529
Teodoro de Mopsuéstia
(428) 529
Teodoro, São (759-826) 529

Índice alfabéticos de autores / 607

Teodoto (séc. II) 529
Teologia atual, Panorama da (homens e obras) 529
Teologia da libertação 534
Teologia querigmática 535
Teologia nova (1948) 535
Teresa de Jesus, Santa (1515-1582) 535
Teresa do Menino Jesus, Santa (1873-1897) 538
Tertuliano (160-225) 538
Tillich, Paul (1866-1965) 541
Tillmann, F. (1953) 543
Tischendorf, C. (1815-1874) 543
Tomás de Aquino, Santo (1224-1274) 543
Tomás de Celano (1190-1260) 548
Tomás de Kempis (1379-1471) 548
Tradicionalistas 549
Trento, Concílio de (1545-1563) 549
Tyndale, W. (1494-1536) 551
Tyrrell, G. (1861-1909) 551

Ultramontanos 552
Unamuno, Miguel de (1864-1936) 552
Undset, Sigrid (1882-1949) 555

Valentim (séc. II) 556
Valla, Lourenço (1407-1457) 556
Valverde, José Mª (1926-) 557
Van der Meersch, M. (1907-1951) 557
Vaticano I (1869-1870) 558
Vaticano II (1962-1965) 560
Veuillot, L. (1813-1883) 562
Vicente de Paulo, São (1576-1660) 562
Vidal, Marciano (1937-) 563
Vidas dos santos 563
Vilhena, Isabel de (1430-1490) 563
Vítor, Escola de São (séc. XI-XII) 563
Vitória, Francisco de (1492-1546) 564
Vives, Luís (1492-1540) 566
Voltaire (1694-1778) 569
Vorágine, Tiago de (1230-1298) 572
Vulgata (c. 383) 572

Waugh, Evelyn (1903-) 572
Wesley, John (1703-1791) 572
West, Morris (1916-) 574
Wilkins, John (1614-1672) 577
Wulf, M. (+1864) 577
Wiclef, João (1330-1384) 577

Zaragüeta, João (1883-1974) 577
Zolli, Eugênio 577
Zubiri, Xavier (1898-1981) 578
Zwinglio, Ülrich (1484-1531) 580